JN411390

역주 유양잡조 1

譯註酉陽雜俎

The Translation with annotations of Yuyang Japjo

지은이 단성식(段成式, 803~863)은 만당(晩唐) 때의 문인으로 자는 가고(柯古)이다. 상서랑(尙書郎)과 길주자사(吉州刺史) 등을 역임했으며, 박학하고 시문에도 뛰어났다. 특히 비서(秘書)에 관심이 많아 당대의 수많은 비서를 본 것으로 유명하다. 이 외에 불교에 조예가 깊어 『유양잡조』에도 불교관련 정보와 이야기를 많이 수록하고 있다. 따로 『여릉관하기(廬陵官下記)』를 지었으나 현재는 전해지지 않는다. 그의 시문의 편린이 『전당문(全唐文)』과 『전당시(全唐詩)』에 전한다.

옮긴이 정환국(鄭煥局)은 성균관대학교에서 한문학을 전공하고 동아시아학술원 연구교수를 거쳐 현재 동국대학교 국어국문학과에 재직하고 있다. 그동안 『초기소설사의 형성과정과 그 저변』, 『역주 천예록』, 『역주 신단공안』 등의 저역서를 냈다. 초기 동아시아의 형성과정과 그에 따른 서사의 면모를 규명하기 위한 연구의 일환으로 이 책을 번역하게 되었다.

역주 유양잡조譯註酉陽雜俎 1

1판 1쇄 인쇄 2011년 8월 25일 **1판 1쇄 발행** 2011년 9월 5일

지은이 단성식 **옮긴이** 정환국 **펴낸이** 박성모 **펴낸곳** 소명출판
등록 제13-522호 **주소** 137-878 서울시 서초구 서초동 1621-18 (란빌딩 1층)
대표전화 (02) 585-7840 **팩시밀리** (02) 585-7848
이메일 somyong@korea.com **홈페이지** www.somyong.co.kr

ISBN 978-89-5626-615-2 94820 값 33,000원
ISBN 978-89-5626-614-5 (전2권)

이 번역도서는 2006년 정부재원(교육인적자원부 학술연구조성사업비)으로 한국연구재단의 지원에 의하여 연구되었음.

역주 유양잡조 1

譯註酉陽雜組

단성식 지음
정환구 옮김

일러두기

1. 이 책은 단성식(段成式)이 찬저한 『유양잡조(酉陽雜俎)』의 원문을 교감하고 번역, 주석한 것이다. 『유양잡조』는 전집 20권과 속집 10권 등 총 30권에 1,196개의 항목으로 구성되어 있다.
2. 원문은 1981년 중화서국에서 나온 점교본(點校本)을 저본으로 하되, 기타 이본과 『태평광기(太平廣記)』 등의 다른 자료를 대조하여 교감하였다. 1,196개의 항목은 저본과 이마무라 요시오(今村與志雄)의 일역본을 참조하여 재조정한 것이다. 항목 구분은 숫자를 기입하여 표시하였다.
3. 번역은 이 교감된 원문과 조정된 항목에 따라 진행하였다. 직역을 위주로 했으나, 앞뒤 맥락이 잘 닿지 않거나 직역이 난해한 경우는 의역을 하여 가독성을 높이고자 하였다.
4. 번역문은 한글 전용을 원칙으로 하되, 필요할 경우 한자를 병기하여 독자의 이해를 도왔다.
5. 번역상의 이해를 위해서 적절한 약물을 이용하거나 글자 크기를 조절하였다. 이를테면, 원문주의 경우 [ ]로 표시하여 구분하였다. 또 한시(漢詩)나 기타 운문은 글자 크기를 작게 하여 시각적인 효과를 높였다.
6. 원문 가운데 작은 글씨로 '一曰○' '一作○'이라는 원주를 단 곳이 많다. 이는 오류의 문제가 아니라 참조 사항이므로 필요에 따라 번역에 반영하였으며, 따로 주석을 통해 이 사실을 밝히지는 않았다.
7. 주석은 번역한 내용 중 파악하기 어려운 전고나 인물, 기타 사실에 대해 달았다. 주석의 원칙은 원전의 이해도를 높이는 일반적인 예를 따랐다. 단 간단한 정보 차원의 주석은 따로 각주로 뽑아 달지 않고 해당 부분에 ( )로 열어 간단하게 설명하는 방식을 취했다.
8. 기타 번역상의 제반 문제들은 현재 통행되는 번역의 원칙을 따랐다.

역주 유양잡조 1_ 차례

역주 유양잡조 전체 차례

해제

1. 찬저자 단성식(段成式)

찬저자 단성식(段成式, 803~863)은 만당(晩唐) 때의 문인이다. 자는 가고(柯古)이며, 제남의 임치(臨淄) 출신이다. 벼슬은 음직으로 상서랑(尙書郎)에 오른 이후, 외직으로 길주자사(吉州刺史) 등을 거쳐 말년에 태상소경(太常少卿)을 역임하였다. 그의 집안은 4대조인 단지현(段志玄)이 대장군으로 번국공(樊國公)에 봉해진 이래, 부친 단문창(段文昌)이 재상의 반열에 오르는 등 비교적 명문이었다. 특히 단문창은 동중서문하평장사(同中書門下平章事), 검남서천절도사(劍南西川節度使) 등 내외의 요직을 역임하였다. 단성식은 유년기와 젊은 시절엔 부친의 임지를 따라 촉(蜀) 땅과 장안(長安)·성도(成都), 그리고 양주(揚州)·형주(荊州) 등을 유력하였다. 부친이 죽자 장안의 수행리(修行里) 옛집에서 지내다가 이듬해 처음으로 교서랑(校書郎)으로 벼슬살이를 시작하였다. 이때가 그의 나이 34세였다. 이 시절 그는 황실문고에서 수많은 희귀본 서책을 열람하였거니와, 이는 『유양잡조』 편찬의 동인이 되기도 했다. 이어 45세 때인 847년에 길주자사가 된 후 처주자사(處州刺史, 855), 강주자사(江州刺史, 860) 등의 외직을 역임하고 다시 장안으로 돌아와 863년 61세로 생을 마쳤다.

이처럼 단성식은 비교적 늦은 나이에 음직으로 제수되어 낭직(郎職)과 자사 등의 내외직을 지냈다. 한편 이 책의 서문에서 '태상소경(太常少卿) 단성식'이라고 소개하고 있는 바, 태상시(太常寺)의 차관(4품직)을 지낸 또 다른 관력을 확인할 수 있다. 그러나 이 관직은 말년에 예우 차원에서 내려졌거나 추증되었을 가능성도 없지 않다. 아무튼 단성식은 짧은 관력에다 직계도 그리 높지 못했다. 반면 문한(文翰)으로 남다른 재능을 발휘하였다.

역사서에는 그를 '박학강기(博學强記)'(『신당서』 권89)하고 '연정고학(硏精苦學)'(『구당서』 권167)한 인물로 평가한 바 있다. 이는 많은 서적을 섭렵한 결과로 보이는데, 그의 집에는 역사서뿐만 아니라 비서(秘書)가 많았던 사실이 확인된다. 거기에 교서랑으로 황실문고에서 지낼 때의 경험도 한몫했다. 또한 불서(佛書)에도 깊은 조예가 있었던 것으로 전해지는 바, 불교관련 이야기는 『유양잡조』에서 큰 비중을 차지한다는 점에서 이를 뒷받침해 준다.

이런 서책에 대한 관심과 열독은 그를 정통 시문보다는 이문(異聞)이나 일사(逸事) 따위의 '이야기'를 정리하는 쪽으로 이끌었던 것으로 보인다. 물론 당대의 걸출한 시인 이상은(李商隱)·온정균(溫庭均) 등과 교유한 점, 그리고 『전당문(全唐文)』에 10여 편의 산문과 『전당시(全唐詩)』에 시 30여 편이 전해지는 것으로 보아, 시문에도 뛰어났던 것으로 판단된다.

한편 단성식은 젊은 날에 『어록(語錄)』이란 제명의 책을 엮었다. 또 만년에는 『여릉관하기(廬陵官下記)』라는 필기소설집을 따로 저술했다고 한다. 『어록』은 현재 그 내용을 확인할 수 없지만 기존의 글들을 모은 산

문집 정도로 추정된다. 『여릉관하기』는 그가 길주자사로 있던 848년 경 길주의 여릉군(廬陵郡)에 있으면서 정리한 잡록이다. 이 책의 일부는 『유양잡조』에 편입되었다. 그래서 『여릉관하기』는 『유양잡조』를 완성하기 전 단계의 저작으로 보기도 한다. 아무튼 정통의 시문보다는 이런 필기패설류에 관심이 남달랐던 것만큼은 분명하다.

결과적으로 단성식의 문한적 편력은 『유양잡조』에 집약되어 있는 바, 이 책을 통해서 그의 학적 지평을 열었고, 후대의 영향 또한 괄목할만하다.

2. 『유양잡조』의 편찬과 판본

『유양잡조』는 당대(唐代) 및 그 이전 시기의 다양한 이야기와 풍속, 동식물, 기이한 현상과 인물 등을 분야별로 엮은 박물적 성격의 필기소설집이다. 전집 20권과 속집 10권 등 총 30권의 방대한 분량이다. 현재 남아 있는 전집과 속집 체제로 정리된 경위는 분명하지 않지만 대략적인 윤곽을 그려보면 이렇다. 서문과 전체 내용으로 볼 때 취재원은 찬저자인 단성식이 부친을 따라 유력하거나 자신이 관직생활을 하는 동안의 견문과 전언, 그리고 기존 서책에서의 발췌라는 두 큰 줄기로 잡혀진다. 찬저자 자신의 견문과 전래되던 서책이 『유양잡조』 성립의 근간인 셈이다.

그런데 이 책 안에는 「낙고기(諾皐記)」(전집 권14~15), 「지낙고(支諾皐)」(속집 권1~3), 「사탑기(寺塔記)」(속집 권5~6), 「금강경구이(金剛經鳩異)」(속집 권7) 등의 독립된 작품이 개별 권수에 편차되어 있다. 이들 작품 중에는 따로 서문이 존재한다. 「사탑기」의 경우, '무종(武宗) 계해 3년'이라 하여 843년에 장안의 여러 사찰을 방문하고 정리한 것이라고 밝히고 있다. 이로 볼 때 개별 작품집을 엮어 놓았다가 『유양잡조』를 편집하면서 이를 재배치한 것으로 판단된다. 그렇다면 『유양잡조』가 편집된 시점은 언제쯤일까.

전집 20권과 속집 10권을 훑어보면, 전집은 주로 당대(唐代)와 그 이전 시기로 나누어지는 반면, 속집은 찬저자와 동시기의 소재가 집중된 편이다. 전집과 속집의 시기적 편차가 짚어지는 대목이다. 그러나 그 반대인 경우도 있어서 이를 일률적으로 볼 수는 없는 형편이다. 한편 전집 권18 「송(松)」 항목에 "갑자년(844)에 솔방울을 맺었는데, 그 맛이 신라(新羅)와 남조(南詔)의 것과 차이가 없었다"는 언급이 나오는 바, 이는 전집에 기술된 시기 중 가장 늦다. 그리고 속집의 가장 늦은 시기의 기록은 853년이다. 속집 권5에 편재되어 있는 「사탑기」 서문에 "그 후 3년 동안 나는 장안에서 벼슬을 하다가 안성(安成, 길주의 속한 현)의 자사(刺史)로 나갔다가 대중(大中) 7년(853)에 다시 장안으로 돌아왔다"는 기록이 보이기 때문이다. 이런 정황으로 볼 때 전집이 먼저 편재된 뒤에 속집이 다시 엮어졌을 가능성이 크다.

그런데 853년은 단성식이 길주자사로 나갔다가 임기를 마치고 장안으로 돌아온 해였다. 『여릉관하기』는 바로 이 길주자사로 나갔을 때 엮은 것으로 전해진다. 그렇다면 『유양잡조』의 전집과 속집 사이에 『여릉관하기』가 끼어 있는 셈이다. 정리해 보면, 단성식은 전집을 먼저 정리하고 나서 길주자사를 역임한 이후 장안으로 돌아온, 그의 나이 51세 이후 전체 30권을 완성한 것으로 판단된다.

이렇게 완성된 『유양잡조』는 처음부터 간행되지는 않았던 것으로 추정된다. 『유양잡조』 점교본을 낸 방남생(方南生)은 1214년의 영강주등본(永康周登本)을 가장 이른 시기의 판본으로 보았다. 그런데 이 판본은 전집 20권만 간행되었고, 속집은 간행되지 않았다. 그 후 1223년에 다시 간행되는데, 여기엔 속집이 포함되었다. 그리고 1250년에 다시 한 번 간행된 사실이 확인이 되나, 현재 이들 판본은 모두 전해지지 않는다.

중국에서 현전하는 가장 이른 시기의 판본으로는 만력(萬曆) 36년(1608) 조기미(趙琦美)가 교정을 하고 이운곡(李雲鵠)이 간행한 이운곡각본(李雲鵠刻本, 이른바 '趙本')이다. 이 판본은 뒤에 『사부총간초편(四部叢刊初編)』에 전재되었으며 선본에 해당한다. 그 뒤 명말청초(明末淸初)에 모진(毛晉)이 교정한 진체비서본(津逮秘書本, 이른바 '毛本')도 주요한 이본 중에 하나이다. 이 판본은 다시 『사고전서(四庫全書)』에 전재되었다. 이리하여 『유양잡조』는 이운곡각본과 진체비서본 두 계열의 판본이 유전되었다. 진체비서본은 이운곡각본에 비해 오자와 탈루가 많은 편이다. 이외에도 명대의 판본으로 상준(商濬)이 『패해총서(稗海叢書)』에 수록한 패해본(稗海本)과 청대(淸代)에 장해붕(張海鵬)이 편한 『학진토원(學津討源)』 총서에 수록된 학진토원본(學津討源本) 등이 주요 이본에 해당한다.

두 계열의 고본들은 비교적 근자에 와서 다시 정리되었다. 1981년 방남생이 선본인 조본(趙本)을 저본으로 하고, 학진토원본과 모본 및 패해본을 참조하여 점교본을 낸 것이다. 이 점교본은 현재 가장 신뢰할 수 있는 『유양잡조』 원문이다. 그럼에도 이 점교본 역시 오탈자나 잘못된 문맥에서 자유롭지 못하다. 이는 『유양잡조』의 유전 시기가 긴 데다 원본이 상태가 그만큼 불완전했음을 반영한다.

『유양잡조』는 중국뿐만 아니라 조선과 일본에서도 판각되었다. 특히 조선간본은 시기나 질적인 면에서 매우 중요한 이본이다. 1492년에 '唐段少卿酉陽雜俎'란 제목으로 간행된 본이 이것이다. 당시 경상감사로 있던 이극돈(李克墩) 등이 경북 안동에서 인간(印刊)하여 조정에 헌증(獻贈)하였다. 이 판본은 송대의 간본을 가지고 새로 간행한 목판본이다. 다만 속집이 빠진 것으로 볼 때 영강주등본 계열의 초기 간본을 저본으로 하지 않았을까 추정이 된다. 아무튼 현재까지 남아있는 『유양잡조』 간본으로는 동아시아에서 가장 앞선 것이다. 뿐만 아니라 조본 계열의 오탈자가 적은 선본이라는 점에서도 그 가치가 크다. 이 간본은 현재 성균관대학교 존경각에 소장되어 있다.

일본에서도 비교적 이른 시기에 간행된 사실이 확인된다. 현재 남아 있는 판본으로는 원록(元祿) 10년인 1697년에 간행한 것이 있다. 『유양잡조』 일역본을 낸 이마무라 요시오(今村與志雄)는 이 간본이 명대의 진체비서본의 번각본(飜刻本)과 강호시대(江戶時代) 화각본(和刻本)을 참조한 것이라고 밝히고 있다. 따라서 일본에도 이미 에도시대 초기의 판본이 존재했음을 알 수 있다. 다만 원록간본은 진체비서본 계열로 오탈자가 많고 편차가 심한 편이다.(현재 국립중앙도서관에 복본 소장)

이처럼 『유양잡조』의 간행은 중국뿐만 아니라 동아시아 전역에서 이루어졌다. 이는 초기서사 자료로서는 보기 드문 사례이거니와 그만큼 중요한 독서물의 하나였음을 반증한다.

3. 자료적 성격과 주요 내용

먼저 『유양잡조』의 내용을 권별로 요약하면 다음과 같다.

권수	수록 제목	내용 개요	항목
전집 권1	忠志·禮異·天咫	임금의 사적, 하늘의 영험	39
전집 권2	玉格·壺史	도교·도사의 기험	50
전집 권3	貝編	불가의 경전	79
전집 권4	境異·喜兆·禍兆·物革	변경, 화복의 조짐 등	43
전집 권5	詭習·怪術	기괴한 풍속과 술법	22
전집 권6	藝絶·器奇·樂	기예, 음악, 기물	19
전집 권7	酒食·醫	술과 음식 및 명의	25
전집 권8	黥·雷·夢	문신, 우레, 꿈이야기	48
전집 권9	事感·盜俠	사물의 감응, 괴도·유협	12
전집 권10	物異	기이한 물건들	89
전집 권11	廣知	세간의 속설	40
전집 권12	語資	일화의 자료	26

전집 권13	冥蹟·尸穸	명계, 무덤의 비화	35
전집 권14	諾皐記上	귀신·요괴에 관한 기록	42
전집 권15	諾皐記下	귀신·요괴에 관한 기록	28
전집 권16	廣動物之一-羽篇·毛篇	동식물 잡찬-금수류	60
전집 권17	廣動物之二-鱗介篇·蟲篇	동식물 잡찬-어패·곤충류	67
전집 권18	廣動物之三-木篇	동식물 잡찬-나무	61
전집 권19	廣動物之四-草篇	동식물 잡찬-풀	67
전집 권20	肉攫部	맹금류	37
속집 권1	支諾皐上	귀신·요괴 습유	17
속집 권2	支諾皐中	귀신·요괴 습유	32
속집 권3	支諾皐下	귀신·요괴 습유	28
속집 권4	貶誤	잘못된 사례	43
속집 권5	寺塔記上	장안 사찰 유람기	8
속집 권6	寺塔記下	장안 사찰 유람기	10
속집 권7	金剛經鳩異	『금강경』의 영험	22
속집 권8	支動	기타 동물	63
속집 권9	支植上	기타 식물	50
속집 권10	支植下	기타 식물	34

※ 항목 수는 중화서국점교본과 今村與志雄 일역본을 참조하여 조정하였음.

책명의 '유양(酉陽)'은 지금 호남성의 원릉현(沅陵縣)에 있는 소유산(小酉山)을 가리킨다. 이 산명을 끌어다 쓴 이유는 알려져 있지 않다. 다만 이 산의 석실에는 예로부터 천권이 넘는 비서(秘書)가 보관된 것으로 알려져 있었나. 그러니 이에 착안하여 붙인 것이 아닌가 싶다.(단성식의 호는 따로 알려진 것이 없는데, 정황상 '유양'이 그의 호일 가능성이 많다) 또 서문에서 『유양잡조』의 내용을 지괴(志怪)와 소설(小說)로 분류하고 이것을 '여가에 떠오른 내용을 기록하였다'고 한 바 있다. 따라서 기이한 일이나 정보를 그때그때 기록, 도마에 음식을 벌여놓은 듯이 다종의 이야기를 풀어놓았다고 해서 '잡조(雜俎)'라 한 것이다.

이처럼 책명과 위의 내용분류표에서 확인할 수 있듯이 『유양잡조』의 체제는 일률적이지 않다. 그럼에도 크게 ① 기이하거나 비일상적인 현상이나 인물에 관한 것, ② 종교와 풍속에 관한 것, ③ 동식물에 관한 것 등으로 대별할 수 있다. ①은 전집 권1, 권4, 권6~10, 권11~15, 속집 권1~3이, ②는 전집 권2~3, 권5, 권11, 속집 권4~7이, ③은 전집 권16~

20, 속집 권8～10이 해당된다. 싣고 있는 내용도 동식물 따위 단순한 정보에서부터 비일상적인 흥미진진한 서사를 갖춘 이야기까지 진폭이 크다. 그러니 몇 가지로 대별한 것도 편의상의 구분에 지나지 않는다. 그런 만큼 개별 항목의 소재원은 풍부하고 다양하다. 우선 대상으로만 봐도 황제, 도사, 고승, 이인, 여성 등 비범한 존재들이 망라되어 있을 뿐만 아니라 귀신과 요괴 같은 비일상적인 존재들, 그리고 수많은 동식물까지 포함한다. 그 외에 술과 음식을 비롯해 꿈, 문신 등 세인의 관심이 갈 만한 소재도 풍부하다.

또한 다룬 내용의 시간적, 공간적 배경도 광범위하다. 시간적으로는 그가 살던 당대를 중심으로 하되, 저 먼 전설의 시대까지 포괄한다. 그리고 공간적으로는 당시 수도였던 장안(長安)과 낙양, 그리고 중국 전역이 망라되어 있다. 또 변방으로 신라(新羅)와 서역(西域), 그리고 중국 남방 지역까지를 아우른다. 특히 이들 주변국은 중요한 이야기의 소재처로 배치되어 있다. 이것만 봐도 『유양잡조』는 중국 내부의 자료를 넘어선 서역을 포함한 동아시아의 지평 속에서 논의되어야 할 작품임을 알 수 있다.

이처럼 『유양잡조』는 광범위한 시공간을 자랑하며 지리박물적 성격과 필기소설적 성격을 겸비한 학술·문예의 총집인 셈이다. 여기서 특히 주목되는 내용을 개괄하면 다음과 같다.

첫째, 초기서사와 관련한 비일상적인 자료가 망라되어 있다. 『유양잡조』는 인간 세상에서 믿기 어려운 현상과 사건을 핵심에 두고 있다. 그 소재도 다기하여 자연의 기이한 현상에서부터 이인(異人), 귀신, 요괴, 정령, 명계(冥界), 영험, 이국(異國), 기이한 동식물 등으로 무한 확대의 경향을 보인다. 특히 전집 권14～15의 「낙고기」와 속집 권1～3의 「지낙고」는 초기 서사와 비일상성의 문제를 다루기에 적격의 자료로 인정된 바 있다. 하여간 이런 성격은 『유양잡조』의 가장 유력한 특징임으로 더 구체적인 언급이 필요치 않을 성 싶다.

둘째, 종교와 민간신앙에 관한 자료가 풍부하다. 종교사상 방면으로는 도교와 불교의 원천 소스가 방대하다. 전집 권2의 「옥격(玉格)」은 도교의 비경(秘境)을, 「호사(壺史)」는 도사들의 일화를 모은 것으로, 도교 이해를 위한 필수적인 내용을 담고 있다. 이외에도 도사・술사들이 작품의 곳곳에서 등장하여 믿기지 않는 사태를 촉발시킨다. 권3의 「패편(貝編)」은 불교의 경전이나 중국 및 주변국의 불교적 영험 등을 소개하였다. 불교에 대한 길라잡이적인 성격이라 하겠다. 또한 속집에서는 찬저자 자신이 장안의 사찰을 순례하고 남긴 「사탑기(寺塔記)」가 있으며, 『금강경(金剛經)』의 영험을 경험한 사례들도 풍부하다. 이외에도 고승과 이승(異僧)들이 자주 등장하는 바, 『유양잡조』의 전편은 도사와 이승들이 요소요소에 배치되어 생동감을 부여하는 형국이다.

도교와 불교 못지않게 민간의 신앙이나 풍속에 대한 정보와 소개도 전면에 넘쳐난다. 주로 전집 권5~11에 집중되어 있거니와, 『유양잡조』는 이들 민간의 신앙과 풍속을 통해 이 시기 민중들의 사유와 그 양태를 추적하는데 귀중한 정보를 담고 있다.

셋째, 당나라 역사를 이해할 수 있는 흥미로운 자료가 많다. 『유양잡조』는 왕과 그 주변, 그리고 지방의 동향이 일화 속에 산포되는 방식으로 구성된 점이 또 하나의 특징이다. 위진시대의 중국 내부와 주변국과의 역학 관계도 일화를 통해 비상하게 등장하거니와, 특히 당대의 급변하는 사회분위기와 동향이 비상하게 드러난다. 이 점은 지방의 소요와 이에 대한 중앙 정부의 대응을 통해서 예각화되었다. 당대 하대로 갈수록 중앙 정부의 통제력이 약해져 지방관으로 나간 세력가들이 반란을 일으키고 왕을 참칭하는 사건이 자주 벌어지곤 했다. 바로 이 국면이 이 책에 잘 포착된 것이다. '역적', '역도'로 표현되는 이납(李納), 이희열(李希烈), 전열(田悅) 등이 일화 속에 자주 거론된다. 이들의 행위나 패착이 몇몇 서사의 주요 근간을 이루고 있는 셈이다. 이는 당대 하대의 변화와 중앙과 지방의 역학관계가 잘 드러난 예다.

또 한 가지 특기할 점은 무종(武宗) 연간에 발생한 이른바 불교 혁파 논의이다. 속집 권5의 「사탑기(寺塔記)」 서문에 "무종 계해 3년(843) 여름 …… 자은사(慈恩寺)에 들렀을 때, 관에서 사찰을 통합하려 한다는 소문에 승려들이 동요하고 있다"는 언급이 나온다. 이런 정황은 다른 불교 관련 항목에서도 나오는 바, 그 추이를 사찰 철폐의 대상인 승려와 불교의 입장에서 살펴볼 수 있어서 흥미롭다. 주지하듯이 중국불교사에서 이 사원 훼철은 중요한 전환점이었다. 이외에도 수당(隋唐) 교체기와 현종(玄宗) 시대 자료도 적지 않다. 따라서 『유양잡조』는 당나라 시대 급변하는 정세를 새롭게 이해하는 데도 좋은 자료에 해당된다.

넷째, 당대의 생활사 자료가 풍부하다. 혼인과 장례 같은 예식에서부터 술과 음식, 기예와 음악·미술은 물론 문신을 하는 풍습이나 다양한 놀이문화 따위도 자주 등장한다. 이를테면, 전집 권1의 「예이(禮異)」에는 혼인의 풍속이 소개되어 있다. 지금의 혼인 풍습과 대동소이한 점이 많아 눈길이 간다. 또한 권13의 「시석(尸穸)」에서는 당대의 상례(喪禮)와 그 절차 등을 자세히 다루었다. 그런가하면 권7의 「주식(酒食)」에는 당시 술의 종류와 술 담그는 법, 그리고 온갖 식재료와 음식이 등장한다. 권8의 「경(黥)」의 첫째 항목은 "장안의 시정 불량배들은 대부분 머리를 깎고 살갗에다 문신을 새겼는데, 여러 사물의 모양을 하고 있었다"로 시작한다. 그리고 문신을 새기는 풍조가 만연한 당시의 세태를 비판한다. 이 시기 문신은 불량함을 상징하거나 때로는 호신의 용도였다. 더구나 여성들에게는 미용의 차원에서 애용되기도 하였다. 이 또한 현대의 문신에 대한 인식과 별반 다르지 않다. 이외에도 바둑이나 쌍륙 따위의 놀이, 기타 지금은 남아 있지 않은 연희들까지 등장한다. 그러므로 당대의 생활풍속사 이해에 『유양잡조』는 빠질 수 없다. 더구나 이것이 당시의 인정세태와 어우러져 단편 서사를 구현한다는 점에서 초기서사의 맥락에서도 주목할 수밖에 없다.

이외에 중국 권역 밖의 생활과 습속도 단편적이기는 하나 적지 않다. 이는 특히 중국의 생활상과 비교할 수 있다는 점에서 『유양잡조』는 이 시기 동아시아 지역의 생활사를 규견하는 역할로 또 다른 기대를 갖게 하는 작품이다.

다섯째, 동식물 관련 정보가 다양하고 풍부하여 도감적 성격이 강하다. 『유양잡조』에는 총 8권에 걸쳐 동식물의 명칭과 특징, 자생지 등이 소개되어 있다. 전집 권16~19까지 '광동물(廣動物)'이라고 하여, 이를 금수와 물고기·곤충류, 나무와 풀로 각각 분류하여 해당 동식물을 소개하고 있다. 또 권20에는 따로 「육확부(肉攫部)」라고 하여 맹금류를 특화, 소개하고 있기도 하다. 그리고 속집 권8~10까지 3권에 걸쳐 '지동(支動)', '지식(支植)'이라고 하여 기타 동식물, 즉 앞 광동물에서 빠진 동식물을 추가로 정리하였다. 일종의 동식물 보유편이라고 할 만하다. 여기 소개된 동식물은 주로 중국 영역 밖의 주변과 먼 지역에서 서식하는 것들이다. 현재 그 존재 여부를 확인할 수 없거나 아예 자취가 사라진 개체도 있는 것으로 보인다. 이런 점들 때문에 서양에서는 진작 이 분야에서 『유양잡조』를 주목한 바 있다.

여섯째, 중국 이외의 주변국과 변방에 대한 정보가 풍부하다. 전집 권4의 「경이(境異)」는 주로 중국의 동서 지역과 남쪽 지역의 여러 민족 및 국가들을 열거하며, 해당 지역의 특징과 장안과의 거리 따위를 세세하게 밝혀 놓았다. 그리고 권10의 「물이(物異)」에도 기이한 물건들이 나는 이국(異國)들이 등장한다. 「낙고기」나 기타 동식물 관련 정보에서도 주변국은 끊임없이 거론된다. 그 가운데 서역 지역의 부단한 소개는 중국의 문화가 실크로드를 통한 서역과의 교역을 통해서 풍성해질 수 있었다는 점을 반증해준다. 한반도 지역과의 관련된 소재도 당연히 적지 않다. 주로 신라와 고구려 관련 내용이 많아, 유명한 '신라국 김가(金哥) 이야기'라든지 신기한 피리 등의 소재가 꾸준히 활용된다. 권14의 30항에서 한 선비가 신라의 사신을 따라 일본 지역으로 비정되는 새우의 나라 '장수국(長鬚國)'을 다녀온 이야기는 특히 주목을 요한다. 이 선비는 신라 사신의 인도로 동해의 바다세계인 하왕국(蝦王國)을 구경하고 등주(登州)로 귀환하는 환상적인 경험을 한다. 이는 당나라 시기 신라와 일본의 해로를 통한 중국행의 실상을 우의적으로 보여주는 예라 하겠다. 이런 주변국과 변경의 다양한 면모는 한대(漢代) 이후 중국과 동아시아, 그리고 서역과의 관계성을 흥미진진하게 반영한 예이다. 그리고 이를 이야기를 통해서 전달하고 있다는 점에서 다른 어떤 자료보다도 당대와 당대 이전의 동아시아 권역을 논의하는데 유익하다.

일곱째, 근원설화, 또는 전래동화의 성격을 갖는 소재가 많다. 『유양잡조』에는 우리가 어려서부터 익히 들었던 동화 같은 이야기가 적지 않다. 먼저 거론했던 '신라국 김가 이야기'(즉 방이 설화)는 『흥부전』의 근원설화로 알려져 있으나, 내용상 '도깨비 방망이'의 소재로 더 적합하다. 속집 권1에는 남방에 전해오는 '섭한(葉限) 이야기'가 있다. 이는 바로 서양의 신데렐라 동화의 동양버전이다. 그만큼 줄거리가 흡사하다. 또 속집 권4의 '혼자(渾子) 이야기'는 다름 아닌 청개구리 설화에 해당한다. 다만 말을 안 듣는 존재가 청개구리가 아니라 불효자나 망나니로 설정되고, 장소도 곤명지(昆明池) 같은 구체적인 공간인 점이 차이라면 차이다. 뿐만 아니다. 변방에서 거짓 적침(敵侵)을 알렸다가 낭패를 본, 이른바 '양치기 소년'의 일화도 있다. 이외에도 야차(夜叉)나 소인(小人), 지하와 저승 이야기 등은 수시로 등장한다. 이처럼 어린 시절에 친숙했던 이야기가 다채롭고 풍부하게 들어있거니와, 이런 동화류의 근원이 『유양잡조』인 것이다. 지금 거론된 이들 동화류의 지역 분포를 살펴봐도 흥미롭다. 도깨비 방망이는 신라(동쪽 지역), 신데렐라 이야기는 중국 남방 지역(광동 대만 인근 지역), 청개구리 이야기는 중국 장안, 그리고 양치기 소년 일화는 서북 변방 지역으로 비정된다. 이들 동화의 원천이 중국 내부보다는 사방의 '주변'에서 형성된 것임을 알 수 있다. 그리고 이런 이야기가 동서양을 막론하고 유전된다는 사실을 환기할 때 우리에게 친숙한 동화들이 결국은 이런 동아시아 전역에서 형성되고 또 그것을 공동으로 향유해 왔음을 알 수 있다.

4. 학술적 가치와 후대의 영향

앞에서 살핀 대로 『유양잡조』는 자료의 보고이지만, 가장 큰 특징을 대별해 보자면 아무래도 지리박물지적 성격과 필기소설적 성격이다. 이 두 가지 성격을 복합적으로 가진 자료가 그전까지 없었다는 점에서 『유양잡조』는 그 자체로 이미 학술사적 가치가 높다. 기실, 중국 소설의 기원은 다양한 요인과 시각에서 논의되고 있지만, 박물지리적 배경과 필기・야사적 내용이 결합되면서 발전했다는 점이 핵심이다. 따라서 이 두 가지 면은 공히 중국 서사 발전의 원천인 셈이다. 『유양잡조』가 이 두 가지 면을 고루 갖추고 있다는 점에서 서사문학사에서의 의의는 보장받은 바 있다. 그렇긴 하지만 양자를 나누어 간단히 설명을 덧붙이기로 한다.

먼저 박물지리적 성격이다. 『유양잡조』 이전에 나온 지리박물지로는 『산해경』과 곽박(郭璞)의 『수경(水經)』과 장화(張華)의 『박물지(博物志)』가 있다. 『수경』과 『박물지』는 모두 진(晉)나라 때 나왔다. 이들 지리박물지는 중국의 지역, 또는 변방에 대한 관심과 세계인식의 총화로 일컬어진다. 이런 궤를 유지하고 있는 『유양잡조』는 이와 같은 전통에 맥을 같이하면서도 이전 자료들에 비해 더 뚜렷한 중국과 주변이라는 인식이 강하게 발현된 결과물로 판단된다. 또한 지리와 박물 부분을 이전 자료들보다 체계적으로 정리하였다. 특히 박물학 분야는 뚜렷한 계통과 분류 아래 집적되었다. 이리하여 『유양잡조』는 신화소가 우세한 『산해경』 이후 주로 중국 내의 지리에 대한 성격이 강한 『수경』과 박물학 분야에만 집중되었던 『박물지』의 한계를 아우르는 새로운 지리박물지를 구축할 수 있었다.

초기 필기야사류로는 곽씨(郭氏)의 『현중기(玄中記)』(晉), 간보(干寶)의 『수신기(搜神記)』(東晉), 유의경(劉義慶)의 『세설신어(世說新語)』(宋), 임방(任昉)의 『술이기(述異記)』(梁), 장작(張鷟)의 『조야첨재(朝野僉載)』(唐) 등이 있다. 이들 작품은 『유양잡조』의 형성에 직간접적인 영향을 미쳤다. 특히 『세설신어』와 『조야첨재』는 『유양잡조』에 자주 인용되는 책들이다. 그런데 앞의 작품들은 주로 한 방면에 집중된 경향을 보인다. 이를테면, 『현중기』와 『수신기』·『술이기』는 신화적인 색채가 강한 기이한 이야기가 주조라면, 『세설신어』와 『조야첨재』는 일상의 법도와 인물의 일화를 중심으로 다루고 있다. 하지만 『유양잡조』는 이런 요소들을 혼합한 면이 강하다. 다기한 소재를 형식에 구애되지 않고 이야기 체계로 풀어낸 것이다. 일종의 '열린 서사체계'를 구축하고 있다. 앞으로 이 점에 대해서는 서사문학사의 관점에서 더 논의할 사안이다. 『유양잡조』 이후에도 홍매(洪邁)의 『이견지(夷堅志)』 같은 필기소설집이 나왔다. 『이견지』의 경우 특히 『유양잡조』의 필기적 성격에 다가가 있다. 따라서 중국 필기소설류의 전통과 변화에서 『유양잡조』의 위치는 각별하다.

그러나 무엇보다 주목할 점은 『유양잡조』가 송대에 편찬된 『태평광기(太平廣記)』의 성립에 지대한 영향을 미쳤다는 사실이다. 주지하듯이 500권의 방대한 분량을 자랑하는 『태평광기』는 필기패설의 총화이다. 이 『태평광기』의 출전서목에 『유양잡조』는 첫 자리를 차지할 만큼 많이 인용되어 있다. 『태평광기』의 편찬은 『유양잡조』에 힘입은 바가 큰 셈이다. 또한 후대의 중국 서책에 주요 자료로 인용된 바 있다. 인용한 자료의 유형만 봐도 경전주석서는 물론 역사서, 물명서, 예론서, 지리서, 의학서, 필기소설서 등 거의 전 영역에 걸쳐 있다. 요컨대 이러한 인용자체만 봐도 후대에의 영향은 충분히 짐작할 수 있다.

『유양잡조』는 한국에도 전래되어 적잖은 반향을 일으켰다. 우리의 경우, 이미 고려시대부터 『산해경』·『수신기』 등과 함께 전래되어 읽혀졌던 예가 자주 보인다. 고려중기 이후 문인들의 한시에 『유양잡조』에만 나오는 전고들이 원용되고 있는 점에서 이를 확인할 수 있다. 그리고 조선조에 들어오면 『유양잡조』는 중국 서적 가운데 중요한 거래품목이었다. 표연말(表沿沫)의 「필원잡기서(筆苑雜記序)」에 『수신기(搜神記)』와 함께 기괴서(奇怪書)로서 인용되고 있음을 참조해 볼 때["豈若搜神·雜俎等編, 摘奇

抉怪, 誇涉獵之廣博, 供談者之戱劇而止耶?"], 불경(不經)하고 괴탄(怪誕)한 서적으로 치부되었거니와 이는 그만큼 수용 사례가 많았다는 점을 반증해 준다. 그 구체적인 예가 앞에서 언급한 1492년 간행한 『당단소경유양잡조(唐段小卿酉陽雜俎)』이다. 간행 직후 홍문관에서 '불경괴탄지서(不經怪誕之書)'라고 하여 탄핵하는 글이 올라와 간행 주체와 공박하는 사건이 벌어질 정도였다. 뒤미처 채수(蔡壽)의 「설공찬전(薛公瓚傳)」이 조야에 물의를 일으킨 예와 같다. 이는 조선전기 소설류에 대한 비판의 맥락에서 이해되는 바, 그 중심에 『유양잡조』가 있었던 것이다. 이후 표면적으로 드러나지는 않지만 조선에서 『유양잡조』는 지괴소설류로서 문인들의 비상한 관심 속에 읽혀졌다.

그런 한편, 『유양잡조』는 또 다른 측면에서 애독되었다. 조선조 전반에 걸쳐 이 책이 거론된 예가 매우 많다. 조선전기에는 김안로(金安老)의 『퇴락당집(退樂堂集)』이나 퇴계의 『퇴계집(退溪集)』 등 문집류에 보인다. 조선중기로 넘어가서는 『지봉유설(芝峰類說)』·『성호사설(星湖僿說)』·『오주연문장전산고(五洲衍文長箋散稿)』 같은 총서·유서를 비롯, 『열하일기』·『여유당전서(與猶堂全書)』·『연경재집(研經齋集)』·『청장관전서(靑莊館全書)』 등의 문집류, 『해동역사(海東繹史)』 같은 역사서 등 다방면의 자료에서 확인이 된다. 그런데 해당 자료에서는 대체로 상례(喪禮)나 책명, 이역(異域), 물명 등 주로 전거나 고증의 사례로 나온다. 요컨대 조선시대에 『유양잡조』는 지괴·필기적인 성격에서 비상한 관심의 대상이 되었지만, 이에 못지않게 고증적인 이해를 위해 많이 원용되고 있었던 것이다.

이처럼 9세기에 나온 『유양잡조』는 물명의 원천 소스로, 이야기의 기초 자료로, 또 서사의 원형으로써 중국뿐만 아니라 동아시아 전역에 적잖은 파급력을 자랑하였다. 앞으로 더욱 기대되는 부분은 초기 동아시아 세계의 형성과 그에 따른 서사체계의 성격을 규명하는데 이 책의 이용 가능성이다. 이 점에서 『유양잡조』는 이제 중국의 문화전통에 한정되는 자료를 넘어 동아시아 지평을 확보하는데 적극적으로 논의될 필요가 있다.

유양잡조

유양잡조 서문

酉陽雜俎序

태상소경(太常少卿) **단성식**(段成式) **찬**(撰)

무릇 역상(易象)[1]의 방대한 글들은 괴이함에 가깝고, 시인들의 남기(南箕)[2]의 그윽함은 희작에 가깝다. 유가에 독실한 자가 붓을 놀리는 나머지에 괴이하거나 장난 섞인 글을 짓더라도 유가의 도를 해치는 것은 아니다. 그러나 『시경』과 『서경』 같은 큰 국 맛이나, 사서(史書) 같은 도마에 오른 구운 고기 맛이나, 자서(子書) 같은 젓 담은 맛에는 미칠 수 없다. 더구나 올빼미 구이는 자라 음식에 비하면 부끄러운 법, 어찌 젓가락을 댈 수 있으랴. 참으로 이런 글에 빠져 있으면서도 부끄러워할 줄을 모르는 유가 바로 지괴(志怪)와 소설(小說)의 글들이다. 성식(成式)은 배움이 조악하

1 역상(易象): 『주역(周易)』의 상사(象辭). 즉 주역의 풀이와 그에 관련한 문구이다.

2 남기(南箕): 별자리 이름으로, 남방 7수(宿) 중의 하나이다. 『시경(詩經)』 「소아(小雅)」 '대동(大東)'편에 "남쪽 기성(箕星)은 키질을 할 수도 없고, 북쪽 북두성은 술을 떠 마실 수도 없네[維南有箕, 不可以簸揚 : 維北有斗, 不可以挹酒漿]"라고 하였는데, 별이 키나 국자처럼 생겼으나 실제 이용할 수 없다는 뜻으로, 일종의 뜬구름 잡는 상황을 빗댄 용어이다.

고 글이 번잡한 데다 생각도 깊지 못해, 최인(崔駰) 같이 진룡(眞龍)의 탄식[3]은 없고, 공장(孔璋)처럼 호랑이를 그리다 말았다는 기롱[4]만 있을 뿐이다. 그럼에도 식사를 하고 난 여가에 잡히는 대로 떠오르는 내용을 기록하여 '유양잡조(酉陽雜俎)'라 이름한다. 모두 30편으로 20권이다. 이것으로 저간의 맛을 기록했다고 할 순 없지만 말이다.

---

3 최인(崔駰) 같이 진룡(眞龍)의 탄식 : 최인은 후한(後漢) 때의 학자로, 자는 정백(亭伯). 박학하기로 유명하였으며, 특히 부(賦)와 송(頌)을 잘 지었다. 그래서 반고(班固)와 이름을 나란히 하였는데, 당시 황제인 장제(章帝)는 반고를 총애하고 최인은 무시하였다. 이것을 두고 춘추시대 섭공(葉公)이 용을 너무 좋아했다가 천룡(天龍)으로부터 혼쭐이 난 고사에 빗대어 총애를 뺏긴 탄식이라는 의미로 쓴 것이다. 『후한서』「최인전(崔駰傳)」에, "帝曰 : 公愛班固而忽崔駰, 此葉公之好龍也"라는 언급이 보인다.

4 공장(孔璋)처럼 호랑이를 그리다 말았다는 기롱 : 공장은 동한(東漢) 말기의 학자인 진림(陳琳). 공장은 그의 자이다. 그는 왕찬(王粲)과 함께 문장으로 이름이 났으며, 건안칠자(建安七子) 중의 한 사람이다. 당시의 국서(國書)와 격문이 모두 그의 손에서 나왔을 정도로 문재를 과시했다. 그러나 조식(曹植)은 그의 사부(辭賦)를 평가하면서, 스스로는 사마천과 동렬로 자부하지만 이는 '호랑이를 그리려다가 외려 개가 된 꼴[畫虎不成, 還爲狗者]'이라며 비웃었다. 이 언급은 조식의 「여장덕조서(與張德祖書)」란 글에 나온다.

유양잡조 권1

임금의 사적【忠志】

1. 고조(高祖)[1]는 젊은 시절 무용이 비범했다. 수나라 말, 한번은 12명을 데리고서 '무단아(無端兒)'[2]라 불리던 도적떼 수만을 격파했다. 또 용문(龍門)[3]에서의 전투에서 한 통의 화살을 다 쏘는 동안 80명을 명중시키기도 했다.

---

1 고조(高祖) : 당나라를 건국한 이연(李淵, 565~635). 본래 선비족(鮮卑族) 계통의 무장으로, 아들 이세민(李世民)과 함께 장안(長安)을 점령하여 당나라를 세우고 수나라의 군웅들을 평정한 후 제위에 올랐다. 그가 선비족 계통이었기 때문에 당나라 왕조는 순수한 한족 혈통이 아니다.

2 무단아(無端兒) : 도적떼의 두목 이름. 수나라 양제(煬帝) 11년인 615년에 산서(山西) 지역을 지키고 있던 고조는 용문(龍門)으로 진격해 무단아를 토벌한 사실이 있다.

3 용문(龍門) : 수나라 때의 산서 하동군(河東郡)에 속한 지명으로, 현재 산서성 하진현(河津縣)의 서쪽 지역. 특히 등용문(登龍門) 고사로 유명하다.

2. 태종(太宗)[4]은 구레나룻이 구불구불했다. 일찍이 장난삼아 구레나룻으로 활을 당겨 화살을 잿는데, 그때마다 네 개의 깃이 달린 커다란 화살대를 즐겨 썼다. 그 길이는 보통 화살보다 네 치 정도가 길었으며, 쏘면 문짝을 꿰뚫었다.

3. 한번은 태종이 서궁(西宮)[5]에서 고기잡이를 구경하다가 물고기가 뛰는 것을 보고 그 이유를 물었더니, 어부가 '산란기라 그렇습니다'고 하였다. 태종은 그물질을 그만 두게 하였다.

4. 골리간국(骨利幹國)[6]에서 준마 백 마리를 바쳤는데, 그 중 열 마리가 특히 뛰어났다. 태종이 각각 이름을 붙였다. '결파유(決波騟)'[7]라고 이름을 붙인 놈은 뒷다리 가까이에 며느리발톱이 있어, 대문 턱 세 개를 넘어 달려도 넘어지지 않았다. 그래서 임금이 더 애지중지했다. 수(隋)나라의 내고(內庫)[8]에 팔짱을 낀 모양의 옥으로 만든 원숭이가 있었는데, 두 팔이 서로 꿰여있어 고리가 연결된 것 같았다. 그걸 가져다 재갈에 달아 다른 말과 구분하였다. 그런데 태종은 뒤에 시신(侍臣)들과 함께 말을 타고 놀다가 이 장식이 맘에 들지 않아 채찍으로 쳐서 부수어 버렸다.[태종이 준

---

4 태종(太宗) : 이세민(李世民, 598~649). 이연의 넷째 아들이며 당나라 제2대 황제(재위 626~649년)로, 당나라를 세계제국으로 이끈 걸출한 인물로 평가받고 있다. 그의 구불구불한 구레나룻은 유명하여, 당대 전기(傳奇)인 두광정(杜光庭)의 「규염객전(虯髥客傳)」은 바로 그를 주인공으로 한 작품이기도 하다.

5 서궁(西宮) : 장안 궁성의 서쪽에 위치한 홍의궁(弘義宮)을 가리킨다. 이 궁은 622년에 조성되었으며, 이후 대안궁(大安宮)으로 이름을 바꾸었다고 한다.

6 골리간국(骨利幹國) : 쿠리칸(Kourikan). 돌궐 부족의 하나. 수나라 말기와 당나라 초기에 몽골 고원의 사막 이북지역에서 유목생활을 하였으며, 특히 이곳에서 생산되는 말이 유명하였다. 여기 고사는 647년에 그 추장이 당태종에게 말을 헌상한 일을 일컫는다.

7 결파유(決波騟) : '결파'는 말의 달리는 기세가 마치 파도를 헤치듯 날래고 힘차서 붙인 이름이며, '유'는 검붉은 색 말을 가리킨다.

8 내고(內庫) : 궁궐 안에 있는 창고.

마 열 마리의 이름을 지었다[9] —원주]

5. 정관(貞觀)[10] 연간에 갑자기 흰 까치가 침전(寢殿) 앞의 홰나무 위에다 둥지를 틀었다. 이 둥지는 요고(腰鼓)[11]처럼 생겨 합환(合歡)하는 모양새였다. 주변의 신하들이 절을 올리며 경하해하자, 현종(玄宗)[12]은,

"짐은 항상 상서로운 조짐을 좋아하던 수(隋)나라 양제(煬帝)[13]를 비웃었소. 좋은 조짐이란 현자를 얻는데 있으니, 어찌 이런 일 따위를 축하한단 말이오."

라고 하면서, 그 둥지를 부수고 까치도 궁 밖으로 쫓아버리도록 했다.

6. 고종(高宗)[14]이 처음 침상을 붙잡고 걸음마를 배우던 시절에 붓을 가지고 장난을 쳤다. 측근이 시험 삼아 그의 앞에 종이를 가져다 놓자, 종이 한 가득 어지럽게 획을 긋더니 모서리에 초서로 '칙(敕)'자를 그려 놓

---

9 이름을 지었다 : 십준마로 결파유 외에, 등상백(騰霜白), 교설총(皎雪驄), 응로총(凝露驄), 현광총(懸光驄), 비하표(飛霞驃), 발전적(發電赤), 유금과(流金騧), 상린자(翔麟紫), 분홍적(奔虹赤) 등이 있었으며, 태종은 이 열 마리 준마를 사자(使者)로 예우했다고 한다.

10 정관(貞觀) : 당나라 태종(太宗)의 연호로, 해당기간은 627~649년.

11 요고(腰鼓) : 타악기. 장구의 일종으로, 크기가 작아 무릎 위에 올려놓고 연주하였다.

12 현종(玄宗) : 예종의 셋째 아들인 이륭기(李隆基, 685~762). 그는 제위에 올랐을 당시 대단히 총명하였으며, 치세인 개원(開元)・천보(天寶) 연간은 당나라의 전성기이기도 했다. 그러나 양귀비(楊貴妃)와의 염문과 755년 안록산(安祿山)의 난이 일어나면서 제위 후반에는 국망의 위기에 직면하기도 했다. 특히 이 시기는 당대 문화가 번성하여, 그와 관련한 고사와 일화가 많다.

13 양제(煬帝) : 양광(楊廣, 569~618)으로 수나라 제2대 황제. 사치가 심하여 곳곳에 이궁(離宮)을 지었으며 대운하(大運河)를 비롯한 토목 공사를 크게 일으켜 백성들의 원망을 샀다. 대군을 보내어 고구려를 침입하였다가 을지문덕(乙支文德)에게 패하여 한쪽 눈을 잃기도 하였다.

14 고종(高宗) : 이치(李治, 628~683). 태종의 아홉 번째 아들로, 처음에 진왕(晉王)으로 봉해졌다가 태자가 되었다. 즉위 후 황후를 폐하고 태종의 재인(才人)이었던 무씨(武氏)를 황후로 세웠으니, 그녀가 측천무후(則天武后)이다. 특히 이적(李勣)을 파견하여 신라와 함께 고구려를 멸망시켰다.

지 않은가. 태종은 급히 종이를 태워버리게 하고는 이 일이 밖으로 새나가지 못하게 했다.

7. 측천무후(則天武后)[15]가 태어나던 밤에 까투리들이 모두 장끼처럼 울었다. 그녀의 오른손 중지에는 검은 털이 나 있었는데, 왼쪽으로 말아 돌리면 검은 점 같았고, 펼치면 길이가 한 자 남짓이었다.

8. 낙빈왕(駱賓王)[16]이 서경업(徐敬業)[17]을 위해 격문을 지어 대주(大周)[18]의 죄과와 악행을 맹렬히 규탄하였다. 측천무후는 격문을 읽다가, '미모는 남에게 양보하지 않으려 하고, 여우처럼 알랑거림은 임금을 홀린다네[蛾眉不肯讓人, 狐媚偏能惑主]'라는 구절에서는 미소만 지었다. 그러다 '한 움큼의 흙이 아직 마르지 않았거늘 육척(六尺)의 외로운 아이[19]는 어디에 있는가?[一抔之土未乾, 六尺之孤安在]'라는 구절에 이르러서는 싫은 기색으로,

"재상은 어째서 이런 사람을 잃었는가?"

---

15 측천무후(則天武后): 무조(武曌, 624~705). 태종 때에 입궁하여 태종 사망 후 삭발하고 비구니가 되었으나 고종의 눈에 띄어 총애를 받게 되었다. 간계를 써서 황후 왕씨(王氏)를 모함하여 쫓아내고 655년 스스로 황후가 되었다. 병약한 고종을 대신해 정무를 맡아보며 독재 권력을 휘둘렀으며, 683년 고종이 죽자 자신의 아들 중종(中宗)·예종(睿宗)을 차례로 즉위시켰다. 690년 국호를 주(周)로 개칭하고 스스로 황제라 칭하며 약 15년간 지배하기도 했다.

16 낙빈왕(駱賓王): 640~684. '초당사걸(初唐四傑)' 중 한 명이다. 출신이 낮아 불우하였고 장안(長安)의 주부(主簿)였을 때 측천무후의 노여움을 사 임해(臨海)로 좌천되었다. 684년 서경업(徐敬業)이 양주(揚州)에서 측천무후에 반대해 궐기하자 가담하여 이 격문을 지은 것이다. 반란이 실패한 후 처형되었다는 설과 함께 자취를 감추었다는 설도 있다. 문집으로 『낙임해집(駱臨海集)』이 있다.

17 서경업(徐敬業): ?~684. 당나라 건국의 주역인 공신 이적(李勣)의 손자로, 조부와 부친이 죽자 영공(英公)을 습작(襲爵)하였다. 측천무후가 정권을 장악하자, 거병(擧兵)을 하였다가 실패, 조부와 부친의 관작을 추탈당하고 자신의 성도 서씨(徐氏)로 바뀌게 되었다.

18 대주(大周): 즉 측천무후. 그녀가 집권하면서 국명을 당(唐)에서 대주(大周)로 바꾸었다.

19 육척(六尺)의 외로운 아이: 측천무후의 아들로 고종 사후 제위에 올랐다가 무후에 의해 폐위되었던 중종(中宗, 656~710)을 가리킨다.

라고 하였다.

9. 경룡(景龍)[20] 연간에 중종(中宗)[21]은 학사들을 불러 사냥에 참여하게 한 일이 있었다. 이들은 토배행(吐陪行)[22]으로 뒤따랐는데, 앞은 방형이며 뒤는 둥근 행렬이었다. 마침 커다란 수리 두 마리가 날기에 중종은 머리를 들어 쳐다보았다. 방좌제(放挫啼)[23]가,

"신이 잡아오겠나이다."

라고 아뢰면서, 죽은 쥐를 매의 다리에 묶어놓고 눈을 쭉 뀐 후 풀어놓아 미끼로 삼았다. 그러자 커다란 수리 두 마리가 과연 매에 걸린 미끼를 공격할 즈음, 토끼가 그 앞에서 튀어나왔다. 임금은 채찍을 휘둘러 토끼를 죽이고서 '어찌 되었느냐'고 묻자, 호종한 신하들이 모두 만세를 불렀다.[24]

10. 삼월삼짇날에는 시신들에게 세류권(細柳圈)[25]을 하사하였다. 그것을 허리에 차면 전갈의 독을 피할 수 있다고 한다.

11. 한식날에는 시신들에게 첩채구(帖綵毬)[26]와 수초선내(繡草宣臺)[27]를

---

20 경룡(景龍): 중종의 연호로, 해당기간은 707~709년.

21 중종(中宗): 이현(李顯, 656~710). 고종의 일곱 번째 아들로, 당나라 제4대 황제. 그러나 재위에 오른 지 2개월 만에 어머니 측천무후에 의해 폐위되었다가 훗날 무후의 정치적 실패와 705년 우림군(羽林軍)의 변을 기회로 제위를 회복하였다. 그러나 외척 위씨(韋氏)의 권세가 커져 다시 유명무실한 존재로 있다가 결국 황후와 결탁한 그의 딸 안락공주(安樂公主)에 의해 독살되었다.

22 토배행(吐陪行): 미상인데, 시가를 지어 부르며 뒤따르는 행렬 정도로 짐작된다.

23 방좌제(放挫啼): 미상인데, 사냥할 때 도움을 주는 직책명 정도로 추정된다.

24 만세를 불렀다: 미끼 앞에 나타난 토끼 때문에 하마터면 수리 잡는 걸 실패할 뻔 했는데, 중종이 갑자기 나타난 토끼를 급히 죽임으로써 결과적으로 수리를 잡을 수 있었다는 뜻이다.

25 세류권(細柳圈): 가는 대나무 가지를 가지고 둥글게 구부려 만들어 놓은 것.

26 첩채구(帖綵毬): 채구는 비단으로 장식한 축구공. 따라서 첩채구는 여기에 글귀를 써넣거나 혹은 써넣은 글을 부착한 장식으로 추정된다.

하사했다.

12. 입춘에는 시신들에게 채화수(綵花樹)[28]를 하사했다.

13. 섣달그믐에는 북문학사(北門學士)[29]들에게 입술 기름과 밀랍 기름을 하사했다. 푸른색으로 아로새긴 상아통에다 담아주었다.

14. 한번은 중종이 꿈을 꾸었는데, 흰 까마귀가 날자 수십 마리의 박쥐가 뒤쫓아 와 땅에 떨어졌다. 놀라 잠에서 깬 중종은 승려 만회(萬回)[30]를 불러 물었더니,

"성상(聖上)께서 하늘로 오르실 때가 되었습니다."

라고 대답하였다. 이튿날 황제는 붕어했다.

15. 예종(睿宗)[31]이 한번은 내고(內庫)를 둘러보다가 금색의 채찍 하나를 발견하게 되었다. 길이는 넉 자이고 몇 개의 마디에는 벌레가 갉아먹은 곳이 있었다. 용이 서려 있는 모양으로, 손잡이 위에 상아로 된 명찰이 달렸고, '코끼리 귓가죽'이라 적혀 있었다. 어떤 이가 말하기를 '수나라

---

27 수초선대(繡草宣臺) : 미상이나 화초의 무늬를 수놓아 만든 소반이나 대야 따위로 추정된다.

28 채화수(綵花樹) : 비단으로 조화(造花)를 만들어 장식한 나무.

29 북문학사(北門學士) : 고종 이래 기용하였던 원만경(元萬頃), 범이빙(范履冰) 등을 가리킨다. 궁궐 안에서 『열녀전(烈女傳)』, 『신궤(臣軌)』 등을 저술했으며, 결정하기 어려운 국사에도 은밀히 참여해 재상의 일을 보조하였다. 정식 관리가 아니어서 남문이 아닌 북문으로 출입했기에 붙여진 명칭이다.

30 만회(萬回) : 당대의 승려로, '만회(萬迴)'라고도 한다. 현장(玄奘)과 동시대의 고승으로, 그의 형을 따라 안서도호부(安西都護府)에 가서 불법을 전파하였다. 이 책 권3에도 그와 그의 형에 관한 일화가 나온다.

31 예종(睿宗) : 이단(李旦, 662~716). 고종의 여덟 번째 아들. 예왕(豫王)에서 다시 기왕(冀王)에 봉해졌다가 측천무후가 자기 아들 중종(中宗)을 폐한 뒤 그를 황제의 자리에 앉혔다. 그러나 690년 측천무후는 그를 끌어내리고 자신이 직접 황제가 되었다. 측천무후가 몰락한 후에도 정권투쟁에서 부침을 거듭하였다.

궁궐 창고에 있던 오래된 물건이다'고 하였다. 임금이 기왕(冀王)으로 있던 때 침실 벽에 달팽이가 기어간 흔적이 '천(天)'자 모양을 만든 적이 있었다. 두려운 마음에 급히 닦아 없앴는데, 며칠 뒤 다시 처음처럼 천 자가 드러났다. 이리하여 즉위할 때에 옥을 새기고 황금으로 주조해 달팽이 형상을 만들어서는 불상과 도교의 신상 앞에 각각 두었다.

16. 현종(玄宗)은 궁궐 안에서 스스로 '아만(阿瞞)'[32]이라 칭하였고 또 '아(鴉)'라고도 불렀다. 수안공주(壽安公主)[33]는 조야나희(曹野那姬) 소생인데, 아홉 달 만에 태어났다고 해서 결혼을 시키지 않고 늘 도복을 입고 제사를 주관하도록 했다. 어릴 적 별명은 '충랑(蟲娘)'인데, 임금은 '사랑(師娘)'이라고 불렀다. 현종이 태상황(太上皇)으로 있을 때 대종(代宗)[34]이 문안을 드리자,

"네가 동궁(東宮)[35]에 있을 때 평판이 대단히 좋았지."

라고 하면서 수안공주를 가리켰다.

"충랑(蟲娘)은 내 딸이니 너는 나중에 칭호 하나를 내려 주어라."

대종이 영무(靈武)[36]에 있을 때 소징(蘇澄)에게 명하여 부인으로 삼게 하고, 봉호를 수안(壽安)이라 하였다.

17. 천보(天寶)[37] 말, 교지(交趾)[38]에서 용뇌(龍腦)[39]를 진상했는데, 생김새

---

32 아만(阿瞞) : 아문(我們), 즉 '우리'라는 뜻이며, 아(鴉) 또한 오(吾)로 '나'라는 뜻이다.

33 수안공주(壽安公主) : 현종의 스물아홉 명의 딸 중 한 명으로, 이 얘기가 『신당서』에도 나온다. 뒤에 남편이 되는 이는 소징(蘇澄)이 아니라 '소발(蘇發)'로 되어 있다. (『신당서』 권83 · 「諸帝公主」조 참조)

34 대종(代宗) : 이예(李豫, 727~779). 현종의 손자이며, 숙종의 맏아들이다. 762년 숙종이 죽자 즉위하였다. 재위 기간은 762~779년.

35 동궁(東宮) : 황태자 · 태자 또는 왕세자를 일컫거나 그들의 궁을 가리킨다. 대개 이들의 거처가 왕궁 동쪽에 있어 생긴 명칭이다.

36 영무(靈武) : 영하성(寧夏省) 삭현(朔縣) · 평라현(平羅縣) 일대로 당대 이전에는 '호지성(胡地城)'으로 불렸다. 756년 안록산의 난 때 숙종이 즉위한 곳이다.

37 천보(天寶) : 당나라 현종의 연호로, 해당기간은 742~755년.

가 매미 애벌레 같았다. 파사(波斯)[40]의 상인이 말하기를, '오래된 용뇌수(龍腦樹) 마디에서 방형으로 만들어지며, 궁중에서는 서용뇌(瑞龍腦)라고 부른다'고 하였다. 임금[玄宗]이 귀비(貴妃)[41]에게만 열 개를 하사했는데, 그 향기가 십여 걸음 거리에서도 짙게 맡아졌다. 한여름 친왕(親王)과 함께 바둑을 두던 임금은 하회지(賀懷智)[42]에게 비파(琵琶)를 켜게 하였다. 양귀비가 바둑판 앞에 서서 이를 구경하였다. 임금이 몇 수를 무르려고 하는데, 귀비가 강국(康國)[43]의 발바리를 자리 옆에 풀어놓는 것이었다. 그러자 발바리가 바둑판 위로 올라가 바둑판을 흩어버렸고 임금은 잘됐다며 아주 기뻐하였다. 마침 바람이 양귀비의 옷깃에서 하회지의 두건 위쪽으로 불어왔다. 한참을 그러다 몸을 돌리자 바람이 잦아졌다. 하회지가 돌아와 보니 온 몸에 이상한 향기가 그득하였다. 이에 두건을 풀어서 비단 주머니 속에다 보관해 두었다. 훗날 상황(上皇)이 궁궐로 복귀하여 양귀비를 그리워 마지않자, 하회지는 보관해 두었던 두건을 바치면서 지

38 교지(交趾) : 베트남 북부 통킹·하노이를 포함한 손코이강 유역의 지명. 한무제(漢武帝) 때에 처음 남월(南越)을 정복하고 교지군(交趾郡)을 포함한 영남구군(嶺南九郡)을 설치하였고, 수(隋)나라와 당나라 때는 교지현이 설치되어 825년까지 존속하였다. 일반적으로 베트남의 북쪽을 교지국, 남쪽을 안남(安南)으로 불러왔다.

39 용뇌(龍腦) : 향료. 용뇌수(龍腦樹)의 수액을 응고시킨 결정체. 용뇌수는 말레이시아 원산으로 높이 50m 이상 자라며 표피에 구멍을 뚫어 수액을 채취한다. 이 책 18권 「목편(木篇)」 참조.

40 파사(波斯) : 즉 페르시아. 중국에서는 이 지역을 서양과의 문명교류의 중심으로 여겼으며, 이곳을 통해서 서역의 귀중품을 많이 받아들여 '페르시아 상인'이라는 용어는 고유명사처럼 되었다. 실제로 중국의 초기 무역은 페르시아 지역과 떼놓고 설명할 수 없을 만큼 절대적이었다.

41 귀비(貴妃) : 즉 양귀비(楊貴妃). 현종의 총애를 독차지했던 미녀로, 안록산의 난이 일어나 장안에서 촉(蜀) 땅으로 피난하는 도중 병사들의 반란으로 인해 마외파(馬嵬坡)에서 죽임을 당하였다. 주지하듯이 현종과 양귀비에 관련된 고사가 문학 작품에 자주 등장한다.

42 하회지(賀懷智) : 비파의 달인이겠으나 미상이다.

43 강국(康國) : 사마르칸트 지역에 있었던 서역국 중의 하나. 대완국(大宛國)과 접해 있었으며, 옛날 강거(康居)의 후예인 것으로 파악된다. 당나라 때는 이곳의 음악이 유명하여 '호선악(胡旋樂)'으로 일컬어졌다.

난날의 일을 자세히 아뢰었다. 상황은 주머니를 열어보고는 울면서,

"이것은 서용뇌의 향기로군!"

이라고 하였다.

/

18. 안록산(安祿山)[44]의 총애는 더할 나위가 없어 현종으로부터 하사받은 것도 헤아릴 수 없다. 하사 받은 품목으로는 다음과 같은 것이 있다. 상락주(桑落酒, 산서성 지역의 뽕잎주), 활미양굴리(闊尾羊窟利, 미상), 마락(馬酪), 가무하는 기예인 두 부대[音聲人兩部], 야저조(野猪鮓, 젓을 담근 멧돼지고기), 붕어와 회 뜨는 칼[鯽魚幷鱠手刀子], 청주(淸酒), 대금(大錦, 비단의 일종), 소조진부보여(蘇造眞符寶輿, 보여의 일종), 여감전(餘甘煎, 졸인 감자), 요택야계(遼澤野雞, 요동의 택지산 들닭), 오출탕(五朮湯), 금석능탕(金石凌湯)[45] 약동과 시관을 집으로 보내 달인 금석능탕 한 제[金石凌湯一劑及藥童昔賢子就宅煎], 증리(蒸梨, 찐배), 금박에 옻칠한 수소머리 장식의 수저[金平脫犀頭匙箸], 금박 은박에 옻칠한 만두쟁반[金銀平脫隔餛飩盤], 옻칠 세공의 다리 달린 소반[平脫着足疊子], 사자 문양의 황금병[金花獅子瓶], 가는 비단실로 짠 신[熟線綾接靿], 머리쪽이 큰 금그릇[金大腦盤], 은박에 옻칠한 파호[銀平脫破觚], 팔각화조병풍(八角花鳥屛風), 은으로 조각한 철자물쇠[銀鑿鏤鐵鎖], 백단향을 붙인 침상[帖白檀香牀], 녹백의 직물로 짠 자리[綠白平細背席], 거위털로 짠 양탄자와 집에 설치해 준 반짝이는 장식[繡鵝毛氈兼令瑤令光宅張設], 금란과 자주와 붉은 색 비단, 그리고 마보[金鸞紫羅緋羅立馬寶], 계포(鷄袍), 용수초로 짠 자리[龍鬚夾帖], 여덟 말들이 금제 은술병[八斗金渡銀酒甕], 은병과 옻칠해 만든 밥주걱, 그리고 비단으로 짠 광주리[銀瓶平脫掏魁織錦筐], 은조리(銀

---

44 안록산(安祿山) : ?~757. 돌궐계 출신의 무장(武將)으로, 현종의 신임을 얻어 국경방비군 전체의 3분의 1 정도의 병력을 장악했다. 황태자와 양국충(楊國忠)이 현종과의 이간을 꾀하자 양국충을 제거한다는 명목으로 반란을 일으켜 755년 대군을 거느리고 장안으로 쳐들어갔다. 이듬해 대연황제(大燕皇帝)라 칭하고, 한때 화북(華北)지방의 주요부를 점령했으나 둘째아들인 경서(慶緖)와 반목하다가 살해되었다.

45 금석능탕(金石凌湯) : 탕약의 한 종류이겠으나 미상이다.

笊籬), 옻칠한 은식대반[銀平脫食臺盤], 유화가 그려진 찬장[油畫食藏]. 또 양귀비가 안록산에게 하사한 것으로, 금박을 입힌 장신구[金平脫裝具]와 옥합(玉盒), 그리고 금박에 옻칠한 철면 주발[金平脫鐵面椀]이 있다.

19. 숙종(肅宗)[46]이 영무(靈武)의 한 역에 도착할 즈음 황혼녘에 덩치가 큰 부인이 한 쌍의 잉어[47]를 들고 있었다. 그녀는 군영 문 앞에서,

"황제는 어디 있소?"

라고 하는 것이었다. 사람들은 정신이 나간 자라고 생각하고 급히 임금에게 아뢰고는 조용히 그녀의 행동거지를 살폈다. 그녀는 말이 끝나자 큰 나무 아래 멈추어 섰다. 군인들이 가까이 접근하여 보니 팔 위에 비늘이 보이는 게 아닌가. 이윽고 날이 어두워졌고 그녀는 사라져버렸다. 숙종이 황제로 즉위하여 장안의 궁궐로 돌아왔는데, 괵주자사(虢州刺史)[48] 왕기광(王奇光)이 여와(女媧)의 무덤[49]에 대해 이렇게 아뢰었다.

"천보(天寶) 13년(754)에 큰 비가 내리고 어두컴컴한 가운데 무덤이 갑자기 땅으로 가라앉았습니다. 그러다가 이 달 1일 밤, 물가에 있던 어떤 자가 바람이 불고 우레가 치는 소리를 듣다가 새벽에 무덤이 솟아난 것을 보았답니다. 그 위에는 두 그루의 버드나무가 한 길 정도의 높이로

---

46 숙종(肅宗) : 현종의 셋째 아들 이형(李亨). 황태자 때 안록산의 난이 일어나 마외(馬嵬)로 피신했다가 영무로 돌아와 황제가 되었다. 이후 곽자의(郭子儀)와 함께 난을 종식시키고 장안을 수복하였다.

47 한 쌍의 잉어 : 잉어는 '어부(魚符)'를 상징한다. 좌우로 각각 나눠져서 서로 맞춰볼 수 있게 만들었고 머리 부분은 비어 있어 허리에 찰 수 있었다. 신하의 신분증표로 쓰였으며, 출병하거나 징발할 때 혹은 주부장관(州部長官)을 교체할 때에 신표로 사용하였다.

48 괵주자사(虢州刺史) : 괵주는 당대의 주명(州名)으로, 지금 하남성 영보현(靈寶縣)의 남쪽. 자사는 지방장관을 가리킨다.

49 여와(女媧)의 무덤 : 상고시대의 여제(女帝). 복희씨(伏羲氏)의 누이로 뱀의 몸에 사람 얼굴을 하고 있었다. 태고 적 천지가 무너지려 하자 이를 보수하였고, 황토를 가지고 인류를 창조했다고 전한다. 여와의 무덤에 대한 의견은 분분하여 산동·산서·섬서 일대의 여러 곳이 비정되고 있다. 그러나 여기처럼 영무 지역설은 따로 없다.

자라있었고, 아래에는 큰 돌이 있었습니다. 이것을 그림으로 그려 올리나이다."

임금이 처음 장안을 수복하고는[50] 축사(祝史)[51]를 시켜 그녀가 나타난 곳에 가서 제사를 지내게 했다. 그곳에 가서 살펴보니, 예전의 그 부인이 바로 여와신이라는 느낌이 들었다.

20. 대종(代宗)이 즉위하던 날 상서로운 구름이 나타나고 누런 기운이 해를 감쌌다. 처음, 초주(楚州)[52]에서 국가를 안정시켜주는 보물 열두 가지를 헌상했다. 임금은 이에 감국(監國)[53]의 조칙을 내렸다.

"하늘이 보배를 내려 초주에서 이를 바쳐왔도다. 신명은 역수의 상서로움을 만들었으니, 합벽(合璧)은 재앙의 기운을 안정시켜 주도다."

애초 초주에는 진여(眞如)라는 비구니가 있었는데, 홀연 누군가가 천상으로 데리고 가버렸다. 그곳 천제가 말하기를, '하늘 아래 땅에 재앙이 있으니, 이 보물로 진정시키라'고 했다. 보물은 모두 열 두 개로 초주자사(楚州刺史) 최선(崔侁)이 표문을 올리고 헌상하였다. 첫째는 현황(玄黃)으로, 홀과 같이 생겼고 길이는 여덟 치에 구멍이 있다. 인간세상의 병화와 염병을 막아준다. 둘째는 옥계(玉雞)로, 털이 나 있으며 백옥이다. 왕노릇 하는 자가 효애로 천하를 다스리면 나타난다. 셋째는 곡벽(穀璧)으로, 백옥이다. 좁쌀 알갱이만 한데 따로 새겨놓은 흔적이 없다. 왕노릇 하는 자가 이것을 지니고 있으면 오곡이 풍성하게 익는다. 넷째는 서왕모백환(西王母白環)이다. 두 개인데 이것이 있는 곳에 다른 나라 사람들이 귀순하여

---

50 장안을 수복하고는 : 즉 안록산을 제압하고 장안을 수복했다는 뜻이다.

51 축사(祝史) : 신을 모시는 일을 업으로 하는 관리.

52 초주(楚州) : 당대의 조추라는 지명은 두 곳으로 비정된다. 즉 안휘성 봉양현(鳳陽縣) 일대와 강소성 회안현(淮安縣)이다. 그러나 이 두 곳도 이설이 있어 정확히 어느 곳을 가리키는지 불분명하다.

53 감국(監國) : 태자가 군주를 대신하여 국사를 처리하는 것으로, 762년에 숙종은 병이 위중하여 황태자 이예(李豫)에게 감국을 명하였다.

복종한다. 다섯째는 벽색보(碧色寶)이다. 여섯째는 여의보주(如意寶珠)로 크기가 달걀만 하다. 일곱째는 홍말갈(紅靺鞨)로 크기가 커다란 좁쌀만 하다. 여덟째는 낭간주(琅玕珠)이다. 두 개로 보통 옥구슬보다 커서 지름이 한 치 서 푼이 넘는다. 아홉째는 옥결(玉玦)로 옥가락지처럼 생겼으며 4분의 1은 떨어져 나간 상태였다. 열 번째는 옥인(玉印)으로, 크기가 손바닥 반 만 하였다. 사슴 형상으로 가공하여 도장 속에 박아놓았다. 열한 번째는 황후채상구(皇后採桑鉤)로 젓가락처럼 가늘고 그 끝이 굽었다. 열두 번째는 뇌공석(雷公石)으로 도끼 모양에 구멍이 없다. 이 보물들을 해 아래 두면 모두 허연 기운이 하늘에 잇닿았다.

특이한 예속【禮異】

21. 전한(前漢) 시대에는 황제가 승상을 접견할 때면, 알자(謁者)[54]가, '황제께선 승상을 위해 일어나시오!'라고 알렸다. 어사대부가 황제를 알현하면, 황제는 '삼가 사례하오!'라고 하는 게 예였다.

22. 한(漢)나라의 위패는 길목(桔木)[55]의 껍질로 싸서 격자창 안에 두고 면포를 펴 휘장 밖을 둘렀다. 밖으로 내지 않을 때는 능묘의 위에 대나무를 엮은 통으로 인형을 만들어 두었다. 머리는 없는 채로 생시와 마찬가지로 앉고 일어날 수 있었다.

---

54 알자(謁者) : 한(漢)나라 때 설치한 관직으로, 빈객을 안내하여 인도하는 역할을 수행하였다. 뒤에 복야(僕射) 벼슬이 생기면서 폐지되었다.

55 길목(桔木) : 미상이나, 길고(桔槔) 즉 두레박을 만드는 재료인 해당 나무를 가리키는 것으로 판단된다.

23. 무릇 절(節)[56]은 다음과 같다. 나라를 지킬 때는 옥절(玉節)을 사용하고, 도읍과 지방을 지킬 때는 각절(角節)을 사용하고, 산방(山邦)에 사절로 갈 때는 호절(虎節)을 사용하고, 토방(土邦)에 사절로 갈 때는 인절(人節)을 사용하고, 택방(澤邦)에 사절로 갈 때는 용절(龍節)을 사용하고, 관문에서는 부절(符節)을 사용하고, 재화를 취급할 때는 새절(璽節)을 사용하고, 도로를 통행할 때는 정절(旌節)을 사용한다. 옛날 평안할 때는 벽(璧)을 사용하고, 큰일이 있는 경우에는 규(圭)를 사용하고, 공업을 이룬 경우에는 장(璋)을 사용하고, 변방을 방위할 때는 형(珩)을 사용하고, 전투에서는 거(璩)를 사용하고, 성을 포위하게 되면 환(環)을 사용하고, 재난이 발생하면 준(僎)을 사용하고, 큰 가뭄이 들면 용(龍)을 사용했으니 용절(龍節)을 가리킨다. 큰 상(喪)에는 종(琮)을 사용한다.

24. 북제(北齊)[57]에서는 남조(南朝)[58]의 사신을 맞이할 때 태학박사(太學博士)[59]가 감사(監舍)가 되어 사신을 맞이하였다. 이때 전조(傳詔)[60] 2인은 말을 탄 채 신번(信幡)[61]을 등에 지고 앞쪽에 위치하고, 양거(羊車)[62]에는 2인이 칼을 차고 전조의 뒤에 위치한다. 감사(監舍) 1인과 전객령(典客令) 1인은 진현관(進賢冠)[63]을 쓴다. 붉은 옷을 입고 말을 타면서 십여 개의 일산

56 절(節) : 사신으로 갈 때 사용하던 징표. 호절(虎節), 인절(人節), 용절(龍節)은 금속으로 만들었으며, 부절(符節), 정절(旌節)은 대나무로 만들었다. 새절(璽節)은 도장이다.

57 북제(北齊) : 남북조시대에 고양(高洋)이 세운 왕조(550~577). 동위(東魏)의 황제인 효정제(孝靜帝)를 밀어내고 그곳 영토를 그대로 인수, 국호를 제(齊)라 하고 도읍을 업(鄴)에 정하였다. 뒤에 북주(北周)에게 멸망되었다.

58 남조(南朝) : 남북조시대에서 송(宋), 남제(南齊), 양(梁), 진(陳)의 네 개 왕조. 북제가 존립하던 시기에는 양과 진이 남조에 들어 있었다.

59 태학박사(太學博士) : 북제의 최고 교육기관이었던 국자시(國子寺)에 소속된 학관.

60 전조(傳詔) : 조명(詔命)을 전하는 관원.

61 신번(信幡) : 의장용(儀仗用)으로 쓰이던 깃발.

62 양거(羊車) : 궁정에서 양이 끄는 작은 수레로, 아름답게 장식을 하여 궁실의 비빈(妃嬪) 등이 타고 다녔다.

63 진현관(進賢冠) : 문관(文官)이나 유생이 쓰던 관. 지위에 따라서 관량(冠梁)의 수가 달랐다. 황제를 만날 때 착용하는 예모(禮帽)로 사용되었다.

을 든 태학생이 함께 하고, 진홍색 적삼을 입은 한 명이 사신의 수레 앞에서 인도한다. 또 진홍색 적삼의 6인이 말을 타고 두건을 착용하고서 정사(正使)와 부사(副使)의 수레 승차를 호위하는데, 그들이 탄 말은 수레의 후미에 둔다. 철갑을 착용한 자가 백여 명이고 의장을 갖춘 자도 백여 명으로, 이들 모두 옷의 띠처럼 채색종이를 잘라 장식하였고 흰 깃털을 창 사이에 달아 장식하였다. 머리 장식, 붉은 겉옷, 모자는 다섯 가지 색깔로 하며, 겉옷은 머리장식의 색깔에 맞추었다. 나무로 창칼을 만들었고 채색 비단으로 하마번(蝦蟆幡)[64]을 만들었다.

25. 양(梁)나라에서는 신년 초하루에 북조(北朝)[65]의 사신더러 수레를 타고서 궐 아래 도착해 단문(端門, 정전의 남쪽 정문)으로 입궐하게 했다. 단문의 상층부에는 '주명관(朱明觀)'이라고 쓰여져 있고, 그 다음 문은 '응문(應門)'이라 쓰여 있는데, 문 아래에 그림 장식의 큰북 하나가 있다. 그 다음 문은 '대양문(大陽門)'인데, 왼쪽에는 높다란 누각이 있고 커다란 종을 걸어놓았다. 오른쪽으로는 조당(朝堂)이 있고, 그 문을 열면 좌우에 또한 두 개의 그림 장식의 큰북이 있다. 북조의 사신이 문에 들면 종과 경쇠를 쳤다. 마도(馬道)[66]의 북쪽에 이르면 종이 걸린 내도(內道)의 서북쪽에 서 있게 한다. 그리고나서 선성왕(宣城王)[67] 등 몇 사람을 뒤쪽에서 인도하여 들어오면 경쇠를 치고 길의 동북쪽을 향해 선다. 종이 매달린 곳 바깥쪽으로는 동서편에 곁채가 있는데 모두 조정의 신료들이 늘어서 있다. 마도의 남쪽, 근도(近道)의 동쪽에는 여곤륜(茹崑崙)[68]에서 온 사신이, 마도의

64 하마번(蝦蟆幡) : 개구리, 두꺼비 따위를 그려놓은 의장용 깃발.

65 북조(北朝) : 해당 시기의 북조는 북위(北魏)와 동위(東魏)의 두 왕조이다.

66 마도(馬道) : 궁중에서 말이 다닐 수 있도록 허가된 길.

67 선성왕(宣城王) : 소대기(蕭大器, 523~551). 양무제(梁武帝) 소연(蕭衍)의 황손이자, 간문제(簡文帝) 소강(蕭綱)의 장자. 양나라 무제가 다스릴 때인 532년에 선성군왕에 봉해진 적이 있었다.

68 여곤륜(茹崑崙) : 중인도반도, 또는 서역을 통칭한 것으로 판단된다. '곤륜(崑崙)'은 과거 중인도반도의 각국을 지칭하는 개념이었으며, '여(茹)'는 중국에 들어온 외국의

서쪽 길 가까이에는 고구려(高句麗)・백제(百濟)의 사신이 자리한다.[69] 그리고 궁전에 오르는 관원은 모두 3천쯤이다. 자리를 잡은 후 양나라 임금이 동당(東堂)에서 나와,

"재계하느라 밖에 머물러 있는 터 편전으로 모시지 못하였소!"

라고 말을 한다. 그런 후에 종과 북을 치고 가마에 오르면 경필(警蹕)[70]을 하면서 동쪽 계단으로 모셔 휘장 안에 남면(南面)을 하고서 좌정한다. 휘장은 기름 먹인 짙은 녹색의 천막으로 무척이나 높다. 밧줄로 네 기둥을 묶고 검게 칠한 곡궤(曲几)[71]를 기대어 놓았다. 좌정한 후에 양나라의 제신들이 서문을 통해 들어온다. 모두 관복과 박산원유관(博山遠遊冠)[72]을 착용하는데, 갓끈의 끝에는 비취새의 깃털과 진주로 장식을 하였고, 쌍쌍의 패물을 차고 검을 휴대하고 검은 신을 신는다.

처음 들어설 때에 2인이 앞에서 인도하고, 그 다음 2인이 나란히 가며, 그 다음 1인은 아상(牙箱)을 받들고 검상(劍箱)을 옮긴다. 별도의 20인은 모두 성복(省服)[73]을 갖추었다. 종자는 백여 명이다. 선성왕 앞으로 몇 걸음에 이르면 북쪽을 향해 중석(重席)[74]이 놓여 있어 거기에 자리를 하여 두 번 절을 올리고 차례로 물러난다. 왕공(王公)들을 오르도록 하여 옥을 비치는데, 이때 양나라 황제는 일어나지 않는다.

대성(大姓)을 지칭하는 바, 주로 서역쪽을 언급할 때 사용하는 것으로 판단된다.

69 고구려(高句麗)・백제(百濟)의 사신이 자리한다 : 여기에 신라의 사신이 빠져 있다. 실제로 6세기까지 신라는 중국과의 외교가 거의 없었고, 오히려 중국 북방을 통해서 로마문화를 많이 흡수한 것으로 밝혀진 예도 있다. 신라가 중국과 본격적인 외교를 시작한 시점은 이 이후이다.

70 경필(警蹕) : 황제가 지나가는 앞길의 통행을 금하고 깨끗이 하는 것.

71 곡궤(曲几) : 곡목궤(曲木几). 구불구불한 나무로 만든 탁자.

72 박산원유관(博山遠遊冠) : 박산 문양으로 장식한 원유관. 박산은 바다 가운데 있는 전설 속의 산으로 신선이 산다고 한다. 원유관은 진한(秦漢) 이래 임금을 조하(朝賀)할 때 착용하는 관의 이름이다.

73 성복(省服) : 궁궐에서 숙위(宿衛)하는 이들의 복장. 호위를 위해 주변을 살핀다는 의미에서 이렇게 부른다.

74 중석(重席) : 자리를 층이 지게 포개어 놓은 것으로, 포갠 자리의 수로 신분의 고하를 표시했다.

26. 위나라 사신 이동궤(李同軌),[75] 육조(陸操)[76]가 양나라에 갔을 때의 절차이다. 낙유원(樂遊苑) 서문 안에 설치된 청유(青油)를 칠한 막사로 들어갔다. 양나라 임금이 세 가지 의장을 갖추고 가마를 타고 남문을 통해 들어가면 육조 등은 동쪽을 바라보고서 재배한다. 임금이 북으로 임광전(林光殿)에 들어가면 그때서야 사신들을 안내하여 들인다. 이때 임금은 검은 장막에 앉아 남면한다. 빈객과 관료들이 모두 좌정하면 서사인(書舍人)[77] 은령(殷靈)을 시켜 명을 내리고 위로의 말을 한다. 그러면 사신들의 답사가 있다. 궁정 복판에다가는 종을 매달아 놓고서 궁전 위에서 백희(百戲)를 벌이며, 못 가운데에다 술잔을 흐르게 하여 술을 마신다. 양나라 임금 술잔에는 '어배(御杯)'라고 쓰여 있고, 그 나머지 잔에는 각각의 관명과 성이 쓰여 있어, 자기 앞으로 잔이 흘러오면 마시게 된다. 또 고사(故事)를 그려놓고서 물결을 따라 돌고 돌게 하다가 처음으로 돌아오게 되면 비로소 자리를 끝낸다. 이 과정이 처음부터 끝까지 끊어지지 않고 계속된다.

27. 양나라 임금은 늘 전조동(傳詔童)[78]을 시켜 군신들에게 세단주(歲旦酒), 벽악산(辟惡散), 각귀환(却鬼丸) 등 세 가지를 하사하였다.

28. 북조(北朝)의 혼례에서는 푸른 베로 만든 장막을 집처럼 꾸며 대문 안팎에 설치하는데, 이를 '청려(青廬)'라고 한다. 여기에서 교배례를 행한다. 신부를 맞이할 때는 신랑집에서 많게는 백여 명에서 적게는 십 수

75 이동궤(李同軌) : 500~546. 동위(東魏) 효정제(孝靜帝) 때에 중서시랑(中書侍郎), 통직산기상시(通直散騎常侍)를 지냈다. 양무제 때에도 사신으로 파견된 적이 있고, 경학과 불교, 의술에 뛰어났다.

76 육조(陸操) : 북위(北魏) 문성제(文成帝)의 공신인 육려(陸麗)의 동생 육기린(陸騏驎)의 아들로, 무정(武定, 542~549) 말에 탁지상서(度支尚書)를 지냈다. 그가 양나라에 사신으로 간 일은 뒤에 다시 나온다.

77 서사인(書舍人) : 즉 중서사인(中書舍人). 임금의 명을 받들어 전하는 직책이다.

78 전조동(傳詔童) : 소태감(小太監)이라고도 하며, 처음 보임된 내시를 가리킨다.

명을 거느리는 바, 그 부유한 정도에 따라서 수레의 규모가 정해졌다. 이들은 모두 '신부는 어서 나오시오!'라고 목청을 높이는데, 신부가 수레에 오른 뒤에야 멈췄다. 신랑이 신부 집에 인사를 가는 날에는 신부 집에서 친척과 하객의 여자들이 다 모여들어 각자 가지고 온 매를 가지고 사위를 때리는 장난을 한다. 심지어 이 때문에 골병이 드는 자도 있다.['聟'자는 『설문해자(說文解字)』에서 '壻'자로 나온다—원주]

29. 율령에, '갑이 장가를 가게 되면 을과 병이 함께 갑을 놀리게 된다. 곁에 있는 궤짝을 감옥이라 하고 궤 속에 들어가게 한 다음 덮어버린다. 이때 갑이 기절하게 되면, '귀신(鬼薪)'[79]의 형으로 논죄한다'는 내용이 있다.

30. 근래 혼례에서는 신부를 맞이할 때 좁쌀 석 되를 절구에 채워놓고 깔개자리 하나로 우물을 덮고, 모시풀 3근으로 창을 막고, 화살 3개를 문지방 위에다 둔다. 신부가 수레에 오르면 신랑은 말을 타고서 그 수레를 세 바퀴 돈다. 처녀가 시집간 이튿날 그 집에서는 기장밥에 국을 끓이고, 수레를 타고 떠날 때에는 폐슬(蔽膝)[80]로 얼굴을 가린다. 신부가 신랑의 집 대문에 들게 되면 시부모 이하 사람들이 모두 뒷문에서 나와 대문으로 들어가면서, '신부의 발걸음이 문지방을 넘었다'고 말한다. 또 신부는 대문으로 들어와서 먼저 돼지우리와 부엌에 절을 한다.

○ 혼인을 하게 되면 신랑 신부가 절을 하거나, 혹은 거울의 끈을 함께 묶는다.

○ 또 며느리를 얻은 집에서는 신부를 가지고 놀리기도 한다.

---

79 귀신(鬼薪) : 형벌의 명칭. 일종의 사역형으로, 처음에 종묘에 쓸 땔감을 해오게 시킨 데서 붙여진 이름이다.

80 폐슬(蔽膝) : 조복(朝服)이나 제복(祭服)을 입을 때 가슴 쪽에서 쭉 늘여 무릎까지 가리는 천.

○ 선달에 며느리를 보게 되면 시어머니를 대면하지 않는다.

31. 혼례의 납채에는 합환(合歡), 가화(嘉禾), 아교(阿膠), 구자포(九子蒲), 주위(朱葦), 쌍석(雙石), 면서(緜絮), 장명루(長命縷), 건칠(乾漆) 등의 품목이 있다. 아홉 가지 사물에는 모두 알리는 바가 있으니, '아교'와 '건칠'은 그 굳음을 취한 것이요, '면서'는 그 유순함을 취한 것이요, '구자포'와 '주위'는 서로의 마음을 굽히고 펼 수 있기 위함이다. '가화'는 복을 나눔이요, '쌍석'은 두 사람의 믿음이 확고하라는 의미이다.

32. 북조(北朝)의 부인네들은 늘 동짓날에 신과 버선, 그리고 가죽신을 올린다. 정월에는 키와 빗자루, 장생화(長生花, 작약꽃)를 올린다. 입춘에는 춘서(春書)를 올린다. 그리고 청색 비단으로 표적을 만들어 거기에 용의 형상을 새겨 넣는데, 간혹 두꺼비를 새기기도 한다. 5월에는 오시도(五時圖)와 오시화(五時花)[81]를 만들어 올렸다. 이것은 휘장 위에 장식한다. 이날에는 또 장명루(長命縷)와 완전승(宛轉繩)[82]을 올리는데, 사람 모양으로 엮어 허리에 찬다. 하짓날에는 부채 및 분가루 주머니를 올린다. 이에 대한 글이 다 있다.

33. 진한(秦漢) 이래로 천자에게는 '폐하(陛下)', 황태자에는 '전하(殿下)', 장수에게는 '휘하(麾下)', 사신에게는 '절하(節下)' 또는 '곡하(轂下)', 2천 섬 지기 장사(長史, 삼공의 아랫 벼슬)에게는 '각하(閣下)', 부모에게는 '슬하(膝下)', 비슷한 부류끼리는 서로 '족하(足下)'라고 부른다.

81 오시도(五時圖)와 오시화(五時花) : 일반적으로 사시(四時)이지만, 특별히 늦여름을 한 철로 더하여 오시(五時)라 하고, 그에 관한 그림을 그리고 해당 철에 대한 꽃을 만들었는데, 바로 이를 뜻한다.

82 장명루(長命縷)와 완전승(宛轉繩) : 즉 장수를 의미하는 실과 부부의 금슬을 뜻하는 끈.

하늘의 불가사의【天咫】

34. 옛날 얘기로, '달에는 계수나무와 두꺼비가 있다'고 한다. 그래서 이서(異書)에는 월계수의 높이가 5백 길이며, 그 아래 어떤 사람이 늘 도끼질을 하며 나무를 찍어도 벌어졌던 곳이 다시 붙어버린다고 한다. 그 사람의 이름을 오강(吳剛)[83]이라 하는데, 서하(西河) 사람으로 신선술을 익히다가 죄를 지은 바람에 유배되어 이곳에서 나무를 베게 되었다고 한다.

35. 불가의 책에는, '수미산(須彌山)[84] 남쪽에 염부수(閻扶樹)[85]가 있는데, 달이 지나가면 나무 그림자가 달 속에 비춘다'고 나와 있다. 어떤 이는, '달 속의 두꺼비와 계수나무는 땅의 그림자이며 빈 곳은 물의 그림자다'고 하는 바, 이 말이 비교적 타당하다.

36. 승려 일행(一行)[86]은 식견이 넓어 모르는 것이 없었다. 특히 역수(易數)에 뛰어나 심오한 이치로 과거를 꿰뚫을 수 있어 당시 학자들이 그의 재능을 다 이해할 수 없을 정도였다. 어릴 적에는 집이 가난하여 이웃집의 왕씨 노파가 전후로 도와준 돈만 해도 도합 수십 만 전이나 되었다. 그러다 일행은 개원(開元)[87] 연간에 임금의 총애를 입어, 그의 진언이면

---

83 오강(吳剛) : 신화 속의 인물로, 후한(後漢)의 서하군(西河郡) 사람이라 알려져 있다. 그는 달 속의 선인으로 알려져 이상은(李商隱)은 그를 소재로 「동학팽도사참료(同學彭道士參寥)」라는 시를 지어 『장자(莊子)』에 등장하는 팽조(彭祖)와 견주기도 하였다. 참고로 중국에서 달 속의 선인으로, 송무기(宋無忌)란 전설적인 인물도 거론되어 있다.

84 수미산(須彌山) : 고대 인도의 우주관에서 세계의 중심에 있다는 상상의 산.

85 염부수(閻扶樹) : 수미산 남쪽 먼 바다에 있는 섬인 남염부제(南閻浮提)에 있다는 과수.

86 일행(一行) : 673~727. 당대(唐代)의 기승(奇僧)으로, 성은 장씨(張氏). 역법과 과학지식에 해박해 『개원대연력경(開元大衍曆經)』을 편찬하였다. 한편, 초현실적인 기적(奇蹟)을 많이 남겨 일종의 마술가로 지목받기도 했는데, 이 책에도 그에 관한 기이한 일화가 많다.

안 되는 일이 없었다. 그는 늘 노파의 은혜에 보답할 생각을 하고 있었다. 마침 조만간 왕씨 노파의 아들이 살인죄를 저질렀으나 아직 판결이 내려지지 않은 상태였다. 노파가 일행을 찾아와 구해 주기를 요청하였다. 헌대 일행은 난처해했다.

"할머니가 금이나 비단을 원하신다면 열 배로 보답하겠습니다만, 명철한 임금이 법을 집행하고 있어 살려달라고 하기가 어렵군요. 어쩐단 말입니까?"

왕씨 노파는 삿대질을 하며 욕설을 퍼부었다.

"이런 중놈을 안들 무슨 소용이 있겠어!"

일행은 뒤쫓아 가서 사과했지만 노파는 끝내 뒤도 돌아보지 않았다. 그래서 일행은 속으로 계획을 세웠다. 수백 명의 인부를 동원하여 혼천사(渾天寺)[88] 경내 실내에 있는 것들을 다 치우고 커다란 항아리를 안으로 옮겨 놓으라고 했다. 또 몰래 그곳에 상주할 종 둘을 뽑아 베주머니를 주면서 일렀다.

"어느 마을 귀퉁이에 황폐한 정원이 있을 게다. 너희들이 그리 들어가 몰래 엿보다보면 낮부터 황혼 사이에 어떤 물체가 안으로 들어올 게야. 일곱 개일 텐데 이걸 모두 주머니에다 집어넣어야 하느니라. 만에 하나라도 놓친다면 너희를 매질할 테다."

종들은 그의 말을 따라 그곳으로 갔다. 유시(酉時, 오후 5~7시)가 지나자 과연 돼지 몇 마리가 다가 왔다. 종들이 이 돼지를 모두 사로잡아 돌아왔다. 일행은 아주 좋아하며 항아리 속에 넣으라고 하더니 나무 뚜껑으로 덮어 육일니(六一泥)[89]로 봉한 뒤 범어(梵語) 수십 자를 붉게 써넣었다.

87 개원(開元) : 당나라 현종(玄宗)의 연호로, 해당기간은 713~741년.

88 혼천사(渾天寺) : 미상이다. 참고로 이 책 속집 권5~6의 「사탑기(寺塔記)」 상·하는 물론 기타 다른 내용에도 위진남북조시대와 수당(隋唐) 시대를 망라한 사원과 사찰이 많이 거론되고 있으나, 당대(唐代) 장안(長安)과 낙양(洛陽)에 있었던 일부 사찰 외에는 제대로 알려진 예가 거의 없다. 따라서 앞으로 거론되는 사원과 사찰은 밝힐 수 있는 경우만 주석을 통해 제시하기로 한다.

제자들은 무슨 일인지 알 수가 없었다. 이튿날 아침, 환관이 문을 두드리며 급히 임금께서 찾는다고 하였다. 일행이 편전에 도착하자, 현종이 맞이하며 물었다.

"태사가 어젯밤에 북두성이 보이지 않는다고 하는데 이는 무슨 조짐이오? 대사께서 이 불길한 조짐을 물리칠 수 있겠소?"

"후위(後魏) 시절에 화성이 사라진 적이 있습니다만 지금 북두성이 보이지 않는 변고는 예로부터 없던 일입니다. 하늘이 장차 폐하께 큰 경고를 내리려나 봅니다. 무릇 평범한 지아비와 지어미가 마땅한 대접을 받지 못하면 서리가 내리고 한발이 찾아듭니다. 융성한 은덕의 감동이 있어야만 물리칠 수 있사옵니다. 감동시킬 적실한 것으로 마른 해골을 장사지내고 감옥에 갇힌 이를 풀어주는 이상이 있겠습니까? 불문에서는 원한을 품은 마음은 일체의 선을 파괴하고 자비로운 마음은 일체의 마귀를 항복시킨다고 합니다. 신의 하찮은 소견으로는 천하에 대사면을 하는 것보다 좋은 게 없겠나이다."

현종은 그의 말을 따라 사면을 단행하였다. 그날 밤 다시 태사가, '북두칠성 가운데 하나가 나타났다'고 아뢰었고, 7일 째 되자 모두 나타났다.

나는(단성식) 이 일이 퍽이나 괴이쩍지만 사람들 사이에 비상하게 전해지고 있기 때문에 부득이 기록한다.

37. 영정(永貞)[90] 연간에 동시(東市)[91]에 사는 왕포(王布)라는 이가 있었다. 그는 글을 아는 데다 천만 꿰미의 금전을 비축하고 있어서 대부분의 장

89 육일니(六一泥) : 항아리의 틈새를 봉하는데 사용하던 진흙의 일종. 지렁이가 배설한 흙이라고 하여 '구인니(蚯蚓泥)'라고 하며 한방에서 주로 쓰인다.

90 영정(永貞) : 당나라 순종(順宗)의 연호로, 해당기간은 805년.

91 동시(東市) : 당대(唐代) 장안(長安)의 중앙로였던 주작문(朱雀門) 동편에 있었던 시장으로, 그 서쪽 맞은 편에 따로 '서시(西市)'가 있었다. 특히 이 동시에서 상공업품과 서역의 물품이 많이 교역되었다.

사꾼들이 그에게 의지하였다. 그에게는 아리땁고 총명한 열네다섯 살 정도의 딸이 있었다. 그런데 양쪽 콧구멍에 콩깍지 같은 혹이 늘어져 있었다. 그 뿌리는 삼실처럼 가늘었고 길이는 한 치쯤 되는데, 건들기만 해도 통증이 가슴 속 깊이 파고들었다. 아비는 수백만의 돈을 써가며 백방으로 치료를 했지만 아무 차도가 없었다. 그러던 어느 날 범승(梵僧)[92]이 밥을 동냥하러 왔다가 왕포에게 제안을 하였다.

"당신의 딸이 이상한 병에 걸렸다는데 한번 보게 해준다면 내가 낫게 할 수 있소이다."

왕포는 이 제안을 아주 반기며 당장 딸을 보여주었다. 그 중은 새하얀 약을 꺼내더니 콧속으로 불어 넣었다. 조금 지나자 혹 같은 것이 떨어져 나가고 누런 물이 조금 흘러나오면서 통증을 전혀 느낄 수 없게 되었다. 왕포는 그에게 백금을 주어 사례하였다. 그러나 범승은,

"빈승은 도를 닦는 사람입니다. 후한 사례는 받지 않을 테니, 이 혹덩이나 주셨으면 합니다."

라고 하면서 떨어진 혹덩이를 보배 다루듯 챙겨 떠났다. 나는 듯 금세 떠났다. 왕포는 그 사람이 성현의 화신이 아닌가 싶었다. 그런데 범승이 대 여섯 방(坊)[93]을 갔을 즈음, 다시 옥처럼 아름다운 어떤 소년이 백마를 타고 와서 문을 두드렸다.

"좀 전에 호승(胡僧)이 다녀가지 않았습니까?"

92 범승(梵僧) : 옛날 인도, 티베트나 기타 서역에서 중국에 들어온 외국 승려. '호승(胡僧)'이라 하기도 한다. 이들은 한대(漢代) 이후 불교가 중국에 정착하는데 적잖은 공헌을 했던 바, 경전의 한역(漢譯)에 특히 큰 역할을 담당했다. 그러나 후대로 오면서 중국인 승려들에게 그 위치를 내어 주게 되었고, 점차 이방인 취급을 받게 되었다. 이 책에도 범승은 기이한 일을 벌이는 요승(妖僧)의 면모로 등장한 예가 많다.

93 방(坊) : 당대 장안성(長安城)의 행정 구역으로, 수대(隋代)에 '리(里)'를 개편한 것이다. 장안성 안에는 황성(皇城)의 남쪽으로 90개의 방, 동서쪽으로 12개 방 등 총 112개의 방으로 나뉘어져 있었다. 동시(東市)의 남쪽으로는 안읍(安邑), 승평(昇平), 수죽(脩竹), 수정(脩政), 청룡(青龍) 등의 여섯 개 방이 있었던 바, 여기서 대여섯 방을 지났다는 말은 이 지역을 지나갔다는 의미이다.

왕포는 서둘러 그를 맞아들여 호승이 한 일을 자세히 알려 주었다. 그랬더니 그는 탄식을 하며 불쾌해 했다.

"내 말이 변변치 못한 잼병이라 결국 그 중놈에게 뒤처지고 말았군!"

왕포는 이 말에 눈이 휘둥그레졌다. 대체 무슨 사연인가를 캐물었더니 그가 이렇게 말하는 것이었다.

"상제께서 악신(樂神) 둘을 잃었는데 근자에 그대 딸의 코 속에 숨어 있다는 걸 알게 되었소. 나는 천상의 사람으로, 상제의 명을 받잡고 이것들을 잡으러 왔는데, 뜻 밖에도 그 놈의 중이 먼저 탈취해 가고 말았소. 이제 나는 견책을 피하기 어렵게 되었구려!"

왕포가 예의를 표할 즈음 머리를 들었더니 이미 그는 사라지고 없었다.

38. 장경(長慶)[94] 연간의 일이다. 8월 보름날 밤에 어떤 사람이 달을 구경하고 있었다. 그런데 숲속에서 빛이 하늘로 뻗친 게 꼭 베를 펼친 듯 하였다. 그 사람이 빛을 찾아가 보았더니 등이 금빛인 두꺼비 한 마리가 있었다. 달 속에서 온 것이 아닌가 싶었다. 공부원외랑(工部員外郎) 장주봉(張周封)[95]이 예전에 이 일을 말해주었다. 그 사람의 성과 이름은 잊었다.

39. 태화(太和)[96] 연간에 이름은 기억나지 않는 정인본(鄭仁本)의 외사촌 동생이 왕씨 성을 가진 수재(秀才)[97]와 함께 숭산(嵩山)[98]으로 유람을 하였

94 장경(長慶) : 당나라 목종(穆宗)의 연호로, 해당기간은 821~824년.

95 장주봉(張周封) : 이 책의 찬자 단성식의 친구로, 뒤에서도 자주 거론되는 인물이다.

96 태화(太和) : 당나라 문종(文宗)의 연호로, 해당기간은 827~835년.

97 수재(秀才) : 과거(科擧)를 준비하는 선비를 가리킨다. 원래 한나라 때 인재를 선발하던 시험의 과목을 뜻하는 용어로, 명청 시기에는 부학(府學), 주학(州學), 현학(縣學)에 입학한 생원(生員)을 지칭하기도 하였다. 당대에는 명경과(明經科), 준사과(俊士科), 수재과(秀才科), 진사과(進士科) 등 네 과로 나누었다가 뒤에 준사과와 수재과가 없어지고 명경과와 진사과만 남게 되었다.

98 숭산(嵩山) : 하남성 등봉현(登封縣) 북쪽에 있는 산으로, 오악(五嶽) 중의 하나.

다. 덩굴풀을 부여잡고 산골 물을 건너가니 경계가 매우 그윽하고 맑았다. 그러다가 귀로를 잃어버려 날이 저무는데도 어디로 가야할지 갈팡질팡하고 있었다. 그렇게 방황을 하던 중 느닷없이 수풀 속에서 코를 골며 자는 소리가 들려왔다. 잡목을 헤치고 살펴보니 새하얀 베옷을 입은 어떤 사람이 두건 같은 걸 베고서 잠이 깊이 들어 있었다. 당장 그를 불러 길을 물었다.

"우린 우연히 소롯길을 들었다가 길을 잃었소. 그대는 큰 길로 가는 방향을 아시오?"

그 사람은 머리를 들어 흘낏 보더니 말없이 다시 잠을 청하였다. 두세 차례 불러서야 일어나 앉아 돌아보았다.

"이리 오시오!"

두 사람이 앞으로 다가가자 어디에서 왔는지를 묻고는 웃으며 말했다.

"그대들은 칠보(七寶)가 모여 달이 만들어졌음을 알고 있소? 달의 형세는 탄환과 같고 그 그림자는 햇빛에 비추어 드러난 거요. 그 볼록한 곳에서는 늘 8만 2천 호(戶)의 사람들이 수리를 하고 있는데 나 또한 그 가운데 하나요."

그리고는 베고 있던 두건을 열었다. 거기에는 끌, 도끼 등의 몇 가지 물건이 들어있었다. 옥설반(玉屑飯)[99] 두 덩이를 두 사람에게 주며 말하였다.

"이걸 나눠 드시오. 불로장생하기에는 부족할지라도 일생 동안 질병은 없을 것이오."

이윽고 일어나면서 두 사람에게 한 가닥 길을 가리켜 주었다.

"저리로 간다면 저절로 큰 길에 이르게 될 것이외다."

말이 끝나자마자 어디론가 사라져 버렸다.

---

99 옥설반(玉屑飯) : 옥가루로 만든 밥. 일종의 신선의 음식으로, 먹으면 질병에 걸리지 않는다고 한다.

유양잡조 권2

도교의 비경【玉格】

1. 도교에서 열거하는 삼계제천(三界諸天)[1]은 그 숫자가 불교와 같다. 다만 이름만 다를 뿐이다.

○ 삼계(三界) 밖을 '사인경(四人境)'[2]이라 하는데, 상융(常融) · 옥륭(玉隆) · 범도(梵度) · 고혁(賈奕)을 일컬어 사천(四天)이라 한다.

---

1 삼계제천(三界諸天) : 도교에서 욕계(欲界), 색계(色界), 무색계(無色界)를 삼계라 하며, 다시 욕계에는 육천(六天), 색계에는 십팔천(十八天), 무색계에는 사천(四天)이 있다고 한다.

2 사인경(四人境) : 삼계 위의 사종민천(四種民天)을 가리킨다. '사범천(四梵天)'이라고도 하며, 여기 열거된 사천의 정식 명칭은 각가 태허무상상융천(太虛無上常融天) · 태석옥륭등승천(太釋玉隆騰勝天) · 용변범도천(龍變梵度天) · 태극평육고혁천(太極平育賈奕天) 등이다.

○ 사인천(四人天) 밖을 '삼청(三淸)'[3]이라 하는데, 대적(大赤)·우여(禹餘)·청미(淸微)이다.

○ 삼청의 위를 '대라(大羅)'[4]라고 한다. 또 구천(九天), 파리(波利) 등 아홉 가지의 명칭이 있다.

2. 하늘은 둥글며 12강(綱)으로 되어 있다. 이 강은 360번의 회전을 관장하는 바, 이를 1주(周)라 하며, 이를 통해 3,600주를 운행하는 것을 '양패(陽孛)'라고 한다. 땅은 네모나며 12기(紀)로 되어 있다. 땅의 기(紀)는 330번의 회전을 관장하는 바, 이를 1도(度)라고 하며, 이를 통해 3,300도를 회전하는 것을 '양식(陽蝕)'이라 한다. 하늘과 땅의 거리는 40만 9천 리이며 사방의 거리는 1억 9천리이다.

3. 명산(名山)이 360곳이며, 복지(福地)[5]가 72곳인데, 곤륜(崑崙)은 하늘과 땅이 합쳐지는 곳이다.

○ 또 구지(九地)[6]와 사십육토(四十六土), 팔주선궁(八酒仙宮)이 있는데, 죄를 지은 자를 유배시키는 곳이라고 한다.

---

3 삼청(三淸) : 사종민천(四種民天) 위에 있다는 옥청(玉淸), 상청(上淸), 태청(太淸)의 삼청경(三淸境)을 말한다. 일반적으로 도교의 천제가 거처하는 곳을 '삼청전(三淸殿)'이라고 하며, 도교 자체를 삼청이라고 하기도 한다.

4 대라(大羅) : 즉 대라천(大羅天). 삼청의 위에 있다고 하며, 도교의 최고신인 원시천존(元始天尊)이 거처하며 교화를 담당한다고 한다.

5 복지(福地) : 동천복지(洞天福地). 신선의 땅으로 명산의 깊은 골짜기에 있는 곳으로 전해진다. 상상의 신천지로, 십육동천(十六洞天)과 삼십육소동천(三十六小洞天) 등이 있다고 하며, 현실 세상에서 신선이 거처하는 곳을 유토피아로 상정, 복지라 하기도 하였다.

6 구지(九地) : 구천(九天)과 대응되는 곳으로, 땅 속 깊숙한 지하세계를 가리킨다. 색윤지(色潤地)·강색지(剛色地)·석지색택지(石脂色澤地)·윤택지(潤澤地)·사율택지(舍栗澤地)·금강철택지(金剛鐵澤地)·수제택지(水制澤地)·대풍택지(大風澤地)·동연무색강유지(洞淵無色綱維地) 등이다.

4. 나풍산(羅酆山)[7]이 있으니, 북방의 북부지역에 있다. 둘레는 3만 리, 높이는 2천 6백리이다.

5. 동천육궁(洞天六宮)은 둘레가 1만 리이며 높이가 2천 6백리이다. 이곳이 육천(六天) 귀신들의 집이다.

6. 육천(六天)은 첫째 주절음천궁(紂絶陰天宮), 둘째 태살양사궁(泰煞諒事宮), 셋째 명진내범궁(明辰耐犯宮), 넷째 호조죄기궁(怙照罪氣宮), 다섯째 종령칠비궁(宗靈七非宮), 여섯째 감사연원궁(敢司連苑宮)이다. 사람이 죽으면 모두 이 중 한 곳에 도착하게 된다. 그래서 사람들은 육천궁의 이름을 항상 생각하는 경향이 있다.

○ 공동(空洞)[8]의 소천(小天)은 삼음(三陰)[9]이 다스리는 곳이다.

○ 또 내범궁(耐犯宮)의 주인이 태어나면, 주절천(紂絶天)의 주인은 죽는다.

○ 화복과 수명은 호조죄기궁의 제사천(第四天)의 귀관(鬼官)인 북두군(北斗君)에 의해 다스려진다. 그는 칠신북두(七辰北斗)[10]를 주관하는 귀관이다. 항량성(項梁城)[11]이 지은 「풍도궁송(酆都宮頌)」[12]은 이렇다.

---

7 나풍산(羅酆山) : '풍도산(酆都山)'이라고도 한다. 이 산은 북방 지역에 위치해 있으며, 죽은 귀신이 모이는 곳으로 알려져 있다. 그래서 '죽음'을 상징하게 되었다. 참고로 하남성 낙양에 위치한 '북망산(北邙山)'은 죽으면 간다는 공동묘지를 가리켜 후대 문학 작품에 자주 인용된다.

8 공동(空洞) : 원기(元氣)를 만들어 내는 태허(太虛)의 경계를 말한다.

9 삼음(三陰) : 역에서 괘의 삼음효(三陰爻)를 가리키는데 합하여 곤(坤)괘가 된다. 음이 왕성한 경우를 상징한다.

10 칠신북두(七辰北斗) : 칠신은 해와 달, 그리고 오성(五星)이라 불리는 수성, 목성, 금성, 화성, 토성을 가리킨다.

11 항량성(項梁城) : 미상. 도홍경(陶弘景)의 『진령위업도(眞靈位業圖)』에도 '항량성(項梁城)이 「풍도궁송」을 지었다'고 나와 있다. '항량의(項梁義)', '양항성(梁項成)'으로 표기되어 있기도 하며, 그에 대한 추정들이 있으나, 모두 불확실하다.

12 풍도궁송(酆都宮頌) : 풍도신(酆都神)이 사는 궁궐의 노래라는 뜻. 풍도신은 불교에서 말하는 염라대왕과 같은 지옥신이다. 그 구체적인 내용은 전체 내용이 남아있지 않

주절(紂絶)은 제신(帝晨)을 표시하고 紂絶標帝晨
양사(諒事)는 중아(重阿)를 얽었도다. 諒事構重阿
불길은 소한(霄漢)의 연기와 같으며 炎如霄漢烟
무성함은 경요(景耀)의 꽃과도 같다지. 勃若景耀華
무양(武陽)은 신봉(神鋒)을 지녔으며 武陽帶神鋒
염조(恬照)는 청하(淸河)를 삼킨다네. 恬照呑淸河
개합(開闔)은 단정(丹井)에 임하였고 開闔臨丹井
운문(雲門)은 높다랗게 솟았다네. 雲門鬱嵯峩
칠비(七非)는 기령(奇靈)과 통하는데 七非通奇靈
연원(連苑)도 또한 마(魔)를 퍼뜨리네. 連苑亦敷魔
육천(六天)이 북도(北道)에 비껴 있으니 六天橫北道
이야말로 귀신의 집이로다. 此是鬼神家
……

모두 2만자로 되어있는데, 오직 천궁(天宮)의 이름을 가지고 지은 것이다. 밤중에 작은 소리로 이 송을 읽으면 귀신과 도깨비를 물리칠 수 있다.

7. 풍도(酆都)[13]의 벼는 이름을 '중사(重思)'라고 한다. 그 쌀이 석류 열매와 같은데 낟알이 점점 커지면 맛이 마름과 같아진다. 두경(杜瓊)[14]이 「중사부(重思賦)」를 지은 바 있는데, 다음과 같다.

아 알 수 없다.

13 풍도(酆都) : 지금의 사천성 풍도현인데, 이곳에서 후한 때 음장생(陰長生)이 득도하여 승천했다고 해서 후대에 복지 가운데 하나로 받아들여졌다. 원래는 평도현(平都縣)이었는데, 수나라 때 이 현명으로 고쳤다. 한편, 이곳에서 어떤 도사가 지옥을 구경했다고 하여, 도교에서 '지옥(地獄)'으로 통한다.

14 두경(杜瓊) : 삼국시대(三國時代) 촉(蜀) 땅 사람으로, 자는 백유(伯瑜). 음양술수에 밝았으며, 홍려태상(鴻臚太常)을 지냈다. 참고로 「중사부」의 후반부는 다음과 같다. "四節旣享, 祝人以祀. 神禾鬱乎, 浩京巨穗. 橫我玄臺, 爰有明祥. 帝者以熙, 此之謂也."

보슬보슬 봄날이 무성하니	霏霏春茂
푸르러라, 중사의 빛이여.	翠矣重思
구름의 기운을 받고 받아	雲氣交被
아름다운 곡식 시절 좇아 자랐구나.	嘉穀應時

8. 하계(夏啓)는 동명공(東明公), 문왕(文王)은 서명공(西明公), 소공(邵公)은 남명공(南明公), 계찰(季札)은 북명공(北明公)이 되어,[15] 사계절에 따라 사방의 귀신을 돌아가며 주재한다. 지극한 충효를 다한 사람은 명을 다한 후엔 지하세계의 주인이 되었다가 1백 40년이 되면 하선(下仙)의 가르침을 받고 대도(大道)를 전수한다. 또 상성(上聖)의 덕으로 수명을 마치면 삼관(三官)[16]의 서(書)를 받아 지하세계의 주인이 되었다가 1천년이 되면 삼관의 오제(五帝)로 이동한다. 다시 1천 4백년이 되면 태청(太淸)에서 노닐 수 있게 되며 구궁(九宮)의 중선(中仙)이 된다. 또 선상(善爽)의 귀신된 자와 삼관의 청귀(淸鬼)인 자가 있는데, 간혹 선대에 공적이 있어서 삼관(三官)의 자리에 오르기도 한다. 이들은 후대에 이르러 세상에 변화가 생기면 성씨가 바뀌면서 다시 태어나게 된다. 이는 칠세(七世)의 음덕이 뿌리와 잎처럼 서로 파급되는 경우로, 수명이 다할 즈음이면 다리뼈 하나를 남겨 삼관으로 돌려보내고 나머지 뼈는 몸을 따라 옮겨간다. 남자는 왼쪽을 남기고, 여자는 오른쪽을 남긴다. 대개 글을 받고서 지하세계의 주인이 된 자는 2백 8십 년이 되어야 지선(地仙)의 지위를 얻을 자격을 갖출 수 있었다.

---

15 하계(夏啓)는 동명공(東明公) …… 북명공(北明公)이 되어 : 하계는 하(夏)나라 우(禹)임금의 아들로 알려져 있으며, 소공(邵公)은 소공석(邵公奭)이며, 계찰(季札)은 춘추시대 오(吳)나라의 충신이다. 양(梁)나라 도홍경(陶弘景)이 찬한 『진고(眞誥)』에, 계하를 동명공이라 하여 두군사(斗軍師)로 삼고, 문왕을 서명공이라고 하여 북제사(北帝師)로 삼는 등 네 사람을 사방의 귀신으로 삼았다는 내용이 나와 있다.

16 삼관(三官) : 도가에서 하늘, 땅, 물을 일컫는 말.

9. 염제갑(炎帝甲)[17]은 북태제군(北太帝君)으로서 천하의 귀신을 주관한다. 삼원품식(三元品式), 명진과(明眞科), 구유장(九幽章)은 모두 형률이다. 연원(連苑), 곡천(曲泉), 태살(泰煞), 구유(九幽), 운야(雲夜), 구도(九都), 삼령(三靈), 만략(萬掠), 사극(四極), 구과(九科)는 모두 치소(治所)이다. 삼십육옥(三十六獄)에는 유사적(流沙赤) 등의 이름이 있는데, 이 중 명령옥(溟澪獄)은 북악(北岳)의 옥이다. 또 이십사옥(二十四獄)에는 구평(九平), 원정(元正), 여청(女青), 하북(河北) 등의 이름이 있다. 사람이 오천 가지의 악행을 범하면 오악귀(五獄鬼)가 되고, 육천 가지의 악행을 범하면 이십팔옥(二十八獄)의 죄수가 된다. 그리고 만 가지 악행을 범하면 벽려(薜荔)[18]에 떨어진다.

10. 죄를 기록하는 명부로 흑색과 녹색 백색이 있고, 또 붉은 색의 서책도 있다. 형벌로는 몽산(蒙山)의 바윗돌을 짊어지는 것, 태산(太山)을 짊어지는 것, 야산(夜山)의 바윗돌을 짊어지는 것, 하원(河源) 및 서진(西津)의 물을 막는 것, 동해(東海)를 단번에 없애는 것과 뇌풍(雷風) 및 적야하(積夜河)의 지옥에 떨어지는 것 등이 있다.

11. 귀관(鬼官)에는 75품(品)이 있고, 선위(仙位)에는 아홉 가지가 있다. 태제(太帝)는 27위, 천군(天君)은 1천 2백 위, 선관(仙官)은 2만 4천 위, 영사(靈司)는 32위, 사명(司命)은 3품(品), 9품, 7성(城), 9계(階) 등 27위가 있으며, 모두 72만(萬)의 서열이 있다.

12. 노자(老子)는 서방으로 유사(流沙, 즉 서역)를 넘어 81국을 두루 다녔다. 오익(烏弋)과 신독(身毒)[19]은 불교를 믿고 있었는데, 이들 나라를 포함

---

17 염제갑(炎帝甲) : 염제의 휘(諱)는 경갑(慶甲)이기 때문에 이렇게 일컬은 것이다. 주지하듯이 염제 신농씨(神農氏)는 불을 관장하는 고대의 신으로, 중국 신화사에서 중원의 신인 황제(黃帝)와 함께 남방의 신으로 구도화되어 있다.

18 벽려(薜荔) : Preta의 음역으로, '벽려다(薜荔多)'로 표기하기도 한다. 아귀(餓鬼)를 가리키는데, 깊은 지옥 중에 아귀가 득실대는 '벽려옥(薜荔獄)'이 있다고 한다.

3천의 나라를 교화시켰다. '구만품계경(九萬品戒經)'이란 경전이 있는데, 한(漢)나라 때에 입수한 대월지(大月支)의 『복립경(復立經)』[20]이 그것이다. 공자(孔子)는 원궁(元宮)의 신선이 되었다.

13. 부처는 33천선(天仙)으로 연빈관주(延賓官主)가 된다. 그 도가 천축의 옛선생에게서 나왔던 바, 즐겨 무위(無爲)의 경지에 들었다.

14. 『석노지(釋老志)』[21]에는 또, '부처는 서역에서 득도하였다'고 나와 있다. 도승력(陶勝力)[22]은 말하기를, '소방제(小方諸)의 나라에서는 부처를 많이 신봉하여 죽지 않는다. 오생정(五笙精)을 복용하고 『하귀장(夏歸藏)』[23]을 읽어서 날아다닐 수 있었다'고 했다. 불경은 보살의 가르침이다.

---

19 오익(烏弋)과 신독(身毒) : 모두 서역의 나라 이름. 오익은 '오익산리(烏弋山離)'의 약칭이며 한대의 서역의 소국으로, 알렉산더의 동방 원정 때 일종의 거점 지역이었다. 신독(身毒)은 Sindhu의 음역으로, 역시 서역의 나라이름 중에 하나이다.

20 대월지(大月支)의 『복립경(復立經)』 : 대월지(大月支)에서 전래된 불경이겠으나, 구체적인 내용은 알려져 있지 않다. 대월지는 '월지(月氏)'라고도 하며, BC 5세기경에 중앙아시아 아무르강 유역에서 일어났다. 중국 서북방 지역에 위치하여 중국과 지속적인 교역과 정쟁이 있어왔다. 특히 한나라 때 북방지역에서 흉노(匈奴)와 세력 다툼을 벌였으며, 한나라는 월지를 이용 이른바 '이이제이(以夷制夷)'로 흉노를 제압, 북방 지역을 차지할 수 있었다.

21 『석노지(釋老志)』 : 『위서(魏書)』의 한 편으로, 불교와 도교에 관한 기록이다. 당나라 이전 시기의 불교와 도교에 대한 중요한 기록물 중에 하나이다.

22 도승력(陶勝力) : 남조 때 양(梁)나라 출신 도홍경(陶弘景, 456-536). 자는 통명(通明). 그는 강남의 구곡산(句曲山)에 은거하며 무제(武帝)를 도와 '산중재상(山中宰相)'이라 일컬어졌으며, 특히 갈홍(葛洪)과 함께 남방 도교의 두 조사로 일컬어지며, 이들에 의해 중국의 도교는 구체적인 사상으로 자리 잡게 되었다. 갈홍의 『포박자내편(抱朴子內篇)』과 도홍경의 『진고(眞誥)』는 도교의 대표적 서적이다. 이 내용도 『진고』에 나온다.

23 『하귀장(夏歸藏)』 : 이른바 삼역(三易) 가운데 하나로 알려진 역법서이다. 통상 '귀장(歸藏)'이라고 한다. 이외에도 『연산(連山)』과 『주역(周易)』을 합쳐 삼역이라 하는데, 『연산』은 복희(伏羲)가 만들어 하(夏)나라에서 사용했으며, 『귀장』은 황제(黃帝)가 만들어 상(商)나라에서 사용했던 바, '하귀장'이라고 한 것은 오류로 판단된다.

15. 방제산(方諸山)[24]은 을지(乙地)에 있다.

16. 태극진선(太極眞仙) 가운데 장주(莊周)는 위편랑(闈編郎)이 되었다. 81계(戒)를 받고 1천 2백가지 선(善)을 실천하면 동천(洞天)에 들어간다. 또 2백 3십 계를 받고 2천 가지 선을 실천하면 산상(山上)에 올라 영관(靈官)이 된다. 1만 가지 선을 실천하면 옥청(玉淸)에 오르게 된다.

17. 백지(白誌)[25]가 배에 드러나면 경간(瓊簡)에, 눈에 푸른 힘줄이 있으면 금적서(金赤書)에, 음부에 복골(伏骨)이 있으면 임찰청서(琳札靑書)에, 가슴에 언골(偃骨)이 있으면 성서(星書)에, 눈에 사규(四規)가 있으면 방제(方諸)에, 손금에 사균(四囷)이 있으면 녹적(綠籍)에 이름이 있는 자이다. 이상의 상(相)을 지니고 있으면 모두 상선(上仙)으로, 배우지 않더라도 도에 이를 수 있다. 그 다음으로 코에 현산(玄山)이 있거나 배에 현구(玄丘)가 있어도 신선의 상(相)이다. 간혹 구기(口氣)가 불결하고 더러운 것을 그대로 참고 있으면, 현구(玄丘)의 상을 훼손하게 된다.

18. 오장(五臟), 구궁(九宮), 12실(室), 사지(四支), 오체(五體), 삼초(三焦), 구규(九竅), 180기관(機關), 360골절(骨節), 3만 6천 신(神)이 그 곳을 따라 자리한다. 혼(魂)은 정(精)을 근본으로 삼고, 백(魄)은 눈을 집으로 삼는다. 삼혼(三魂)을 구속할 수 있고, 칠백(七魄)을 제어할 수 있다. 경신일(庚申日)[26]에는 복시(伏尸)[27]가 사람의 잘못을 고자질하고, 본명일(本命日)[28]에는 천조(天

24 방제산(方諸山) : 『진고』에 나오는 상상의 산명으로, 정사방형(正四方形)의 모양을 하고 있다고 한다. 높이는 9천 장(丈)이고 한 면의 넓이가 1,300리로 사방을 합치면 5,200리가 된다고 한다. 남방의 회계산(會稽山)을 가리킨다는 설도 있다.

25 백지(白誌) : '염자(黶子)'라고도 하며, 피부에 낟알 만하게 돋은 굳은 살. 일반적으로 사마귀라 한다.

26 경신일(庚申日) : 도교에서는 1년에 6번, 60일을 주기로 한 번씩 돌아오는 경신일에 잠을 자지 않는 것으로 수행의 방편을 삼았다.

27 복시(伏尸) : 인간의 몸에 깃들어 있다는 삼시(三尸)를 가리킨다. 경신일에 인간의 몸

曺)[29]에서 사람의 행실을 따진다.

삼시(三尸)[30]가 하루에 세 번 조견(朝見)한다. 상시(上尸)는 '청고(靑姑)'로 사람의 눈을 공격하며, 중시(中尸)는 '백고(白姑)'로 사람의 오장을 공격하며, 하시(下尸)는 '혈고(血姑)'로 사람의 위를 공격한다. 또한 명(命)을 일러 현령(玄靈)이라 한다. 또 거론되기를, '하나는 사람의 머리속에 자리를 잡아 생각과 욕심을 많게 하고 거마(車馬)를 좋아하며, 그 색깔은 흑색이다. 하나는 사람의 배에 자리를 잡아 음식을 탐하게 하고 성내기를 좋아하게 하는데, 그 색깔은 청색이다. 하나는 사람의 발에 자리를 잡아 호색하게 하고, 죽이기를 즐겨하게 한다. 일곱 번 경신일(庚申日)을 지키면 삼시를 궤멸할 수 있고, 세 번 경신일을 지키면 삼시를 항복시킬 수 있다'고도 한다.

19. 선약(仙藥)에는 다음과 같은 것이 있다. 종산백교(鍾山白膠), 낭풍석뇌(閬風石腦), 흑하채호(黑河蔡瑚), 태미자마(太微紫蔴), 태극정천(太極井泉), 야진일초(夜津日草), 청진벽적(靑津碧荻), 원구자내(圓丘紫柰), 백수영합(白水靈蛤), 팔천적해(八天赤薤), 고구여량(高丘餘粮), 창랑청전(滄浪靑錢), 삼십육지(三十六芝), 용태례(龍胎醴), 구정어(九鼎魚), 화조교리(火棗交梨), 봉림명배(鳳林鳴醅), 중앙자밀(中央紫蜜), 붕악전류(崩岳電柳), 현곽기총(玄郭綺葱), 야우복골(夜牛伏骨), 신오황조(神吾黃藻), 염산야일(炎山夜日), 현상강설(玄霜絳雪), 환강수자(環剛樹子), 적수백자(赤樹白子), 회수옥정(佪水玉精), 백랑상(白琅霜), 자장(紫醬), 월례(月醴), 홍단(虹丹), 홍단(鴻丹).

에서 빠져나가 옥황상제에게 그 사람의 잘못을 일러바친다고 한다.

28 본명일(本命日) : 생일의 간지(干支)와 같은 날짜.

29 천조(天曺) : 도교에서 말하는 천상의 관서(官署).

30 삼시(三尸) : 도교에서 인체를 공격하는 세 가지 신(神)으로, 상충(上蟲)은 흉중(胸中)에, 중충(中蟲)은 명당(明堂)에, 하충(下蟲)은 복위(腹胃)에 있다고 한다. '팽거(彭倨)', '팽질(彭質)', '팽교(彭矯)'라 부르기도 한다.

20. 약초(藥草)의 다른 이름은 다음과 같다. 단산혼(丹山魂)은 웅황(雄黃), 청요녀(靑要女)는 공청(空靑), 영화범유(靈華汎腴)는 훈륙향(薰陸香), 북제현주(北帝玄珠)는 소석(消石), 동화동자(東華童子)는 청목향(靑木香), 오정금(五精金)은 양기석(陽起石), 유단백고(流丹白膏)는 호분(胡粉), 정경옥생(亭炅獨生)은 계설향(雞舌香), 도행신골(倒行神骨)은 융염(戎塩), 백호탈치(白虎脫齒)는 금아석(金牙石), 영황(靈黃)은 석유황(石硫黃), 육허유생(陸虛遺生)은 용골(龍骨), 장양우현(章陽羽玄)은 백부자(白附子), 녹복석모(綠伏石母)는 자석(慈石), 강신복태(絳晨伏胎)는 복령(茯苓), 칠백령소(七白靈蔬)는 해백화(薤白華), 또는 수택(守宅), 또는 가지(家芝)이다. 복룡이(伏龍李)는 소아수(蘇牙樹)로 모두 24가지 다른 이름이 있다.

21. 도적(圖籍)의 부도(符圖)에 7천 장(章)이 있는데, 다음과 같은 것들이다. 「자일옥검(雌一玉檢)」, 「사규명경(四規明鏡)」, 「오주중경(五柱中經)」, 「비구질(飛龜帙)」, 「비황자경(飛黃子經)」, 「녹로교경(鹿盧蹻經)」, 「함경도(含景圖)」, 「와인도(臥引圖)」, 「원지도(園芝圖)」, 「목지도(木芝圖)」, 「대외잡지도(大隗雜芝圖)」, 「견우경(牽牛經)」, 「옥새기(玉璽記)」, 「납성기(臘成記)」, 「옥안기(玉案記)」, 「단대경(丹臺經)」, 「일월주식경(日月廚食經)」, 「금루경(金樓經)」, 「삼십육수경(三十六水經)」, 「중황장인경(中黃丈人經)」, 「협룡자녹대경(協龍子鹿臺經)」, 「옥태경(玉胎經)」, 「관씨경(官氏經)」, 「봉강경(鳳綱經)」, 「육음옥녀경(六陰玉女經)」, 「백호칠변경(白虎七變經)」, 「구선경(九仙經)」, 「십상화경(十上化經)」, 「등중유수섭제경(滕中有首攝提經)」, 「삼강육기경(三綱六紀經)」, 「백자변화경(白子變化經)」, 「은수경(隱首經)」, 「입군경(入軍經)」, 「천추경(泉樞經)」, 「적갑경(赤甲經)」, 「금강팔첩록(金剛八疊錄)」.

22. 노자(老子)의 어머니는 '현묘옥녀(玄妙玉女)'라고 한다. 하늘이 천지의 기운을 내려 탄환과 같은 기세로 입으로 들어가서 노자를 잉태하게 되었다. 경태궁(瓊胎宮)에서 정신을 응축한 지 3천 7백년, 적명(赤明)[31]의 운이 열리는 갑자년이 되던 해에 부도개천(扶刀蓋天)의 서나왕국(西那王國)

울요산(鬱寥山) 단현(丹玄)의 언덕에서 태어났다.

○ 또, '노자는 81년을 모태에 있었으며, 태어날 때 왼쪽 겨드랑이를 가르고 나왔다. 나면서부터 백발이었다'고 한다.

○ 또, '청제(青帝)가 영겁의 끝에 원기로써 운을 열어주어 노자는 홍씨(洪氏)의 태에 자신을 의탁했다'고 한다.

○ 또 이런 설도 있다. 노자의 어머니는 본래 원군(元君)이다. 해의 정기가 입으로 들어오자 이를 삼켜 잉태하였다. 세 가지 빛의 기운이 몸을 에워싸고 오행(五行)의 짐승이 몸을 보위하였는데, 이렇게 72년이 되어 진국(陳國) 고현(苦縣)의 뇌향(賴鄉) 와수(渦水)의 북쪽 구정(九井)의 서쪽 오얏나무 아래에서 출생하였다. 서른여섯 개의 호(號)와 일흔 두 개의 다른 이름을 갖고 또 아홉 가지 이름이 있으며, 모두 1천 2백의 노자가 있다. 노자는 또 '구대상황(九大上皇)', '동진제일군(洞眞第一君)', '대천법왕(大千法王)', '구령노자(九靈老子)', '태상진인(太上眞人)', '천로현중법사(天老玄中法師)', '상청태극진인(上淸太極眞人)', '상경군(上景君)' 등의 호가 있다. 그 몸은 키가 아홉 자, 혹은 두 길 아홉 자라 한다. 귀문이 세 개이며, 또 귀에 고리가 붙어 있다고 한다. 또 귓바퀴가 없다고도 한다. 눈썹은 북두성과 같고 녹색으로 그 가운데 다섯 치 되는 붉은 털이 나 있다. 눈은 네모나고 눈동자는 녹색인데 힘줄이 관통하고 있으며 붉은 빛이 난다. 코는 마루가 둘이며, 입은 네모나고 치아의 수는 48개이며, 턱은 네모난 구릉 같고, 뺨은 가로지른 언덕 같다. 용안(龍顔)에 황금빛이 나고 이마에는 주름이 셋이며, 배에는 사마귀가 셋이고, 정수리는 세 개의 기러기발이 있다. 손이 열 개, 발이 다섯 개이며, 몸에는 푸른 털이 나있으며 피는 하얗고 정수리에서는 붉은 기운이 돈다.

23. 사람이 죽어도 모습이 산 것 같고, 다리의 피부는 퍼렇거나 상하

---

31 적명(赤明) : 도교의 연호 가운데 하나. 붉은 기운이 밝아온다는 뜻이다. 참고로 도교 연호로는 이 외에도 '용한(龍漢)', '개황(開皇)' 등이 있다.

지 않고, 눈빛이 사그라들지 않으며 머리카락은 다 빠지는데, 이는 모두 시해(尸解)[32]한 경우이다. 한낮에 죽어 떠나면 '상해(上解)'라 하며, 밤중에 죽어 떠나면 '하해(下解)'라 한다. 새벽 무렵이나 저물 무렵이면 '지하주자(地下主者)'라고 한다. 태을(太乙)이 주검을 지키고, 삼혼(三魂)이 뼈를 에워싸고 칠백(七魄)이 살을 지킨다. 태영(胎靈)이 기(氣)를 거둬들이는 것을 이른바 '태음연형(太陰練形)'이라고 한다. 조성자(趙成子)[33]는 사후 5,6년이 되어 살이 썩고 뼈만 남았는데, 체내에 피가 돌았으며 체외로는 붉은 빛이 났다. 또, 만약 사람이 잠시 죽었는데 태음이 임시로 삼관(三官)을 찾아가게 되면, 혈은 막히고 맥은 흩어지나 오장은 저절로 살아있고 백골은 옥과 같으며 삼광(三光)이 빛나고, 태신(太神)은 안에서 닫힌다. 그렇게 3년에서 30년에 이르기도 한다.

24. 또 이런 설도 있다. 한낮에 시해하면 저절로 신선이 되는 것이니 시해라고 할 수 없다. 녹피공(鹿皮公)[34]은 옥화(玉華)를 삼켜 유충(流蟲)이 주검에서 나왔고, 왕서성(王西城)은 용태(龍胎)로 양치를 하고서 죽음을 고하였으며, 경정(瓊精)을 마시고 관을 두드렸다. 구계자(仇季子)는 금액(金液)을 삼켰는데 그 냄새가 백리에 퍼졌다. 계주(季主)는 상산(霜散)을 복용하고서 자유자재로 출몰했으며 머리와 다리가 다른 곳에 있었다. 흑적(黑狄)은 붉은 무지개를 삼키고서 물에 투신했으며, 영생(寗生)은 석뇌(石腦)를 복용하고서 불 속으로 나아갔다. 백성(栢成)은 기를 들이켜 위장이 세 번 썩었다.

---

32 시해(尸解) : 도교 용어. 사람의 육신을 남겨놓고 신선이 되어 떠나가는 것을 가리킨다.

33 조성자(趙成子) : 도교의 선인으로, 『진고(眞誥)』에 이 내용이 나온다.

34 녹피공(鹿皮公) : 전설상의 신선. 이하 거론된 인물들은 모두 도교의 선인들로, 유향(劉向)의 『열선전(列仙傳)』과 도홍경의 『진고(眞誥)』에 거론되어 있다. 여기 내용도 대개 이들 자료에서 끌어온 것이다. 그런데 '흑적(黑狄)'은 『진고』에 '묵적(墨狄)'으로 나와 있는 바, 오류로 판단된다.

25. 구곡산(句曲山)[35]의 오지(五芝)를 구하려는 자는 금가락지 두 쌍을 바위 사이에 던져두고 뒤돌아보지 말아야만 얻을 수 있다. 첫째 영지(靈芝)는 이름이 용선(龍仙)으로, 먹으면 태극선(太極仙)이 될 수 있다. 둘째 영지는 이름이 참성(參成)으로, 먹으면 태극대부(太極大夫)가 될 수 있다. 셋째 영지는 이름이 연태(燕胎)로, 먹으면 정일낭중(正一郎中)이 될 수 있다. 넷째 영지는 이름이 야광동초(夜光洞草)로, 먹으면 태청좌어사(太淸左御史)가 될 수 있다. 다섯째 영지는 이름이 백과옥(白科玉)으로, 먹으면 삼관진어사(三官眞御史)가 될 수 있다.

26. 진인(眞人)이 보검으로 시해한 경우는 가장 높은 급에 해당한다. 검의 단련은 7월 경신(庚申)일, 8월 신유(辛酉)일에 한다. 길이는 석 자 아홉 치, 너비는 한 치 너 푼, 두께는 서 푼 반, 끝쪽은 아홉 치가 되어야 한다. 이것의 이름은 자간(子干)이며, 자(字)는 양비(良非)이다.

27. 청오공(靑烏公)은 화산(華山)[36]으로 들어가 471년 동안 열두 번 시해를 시도했으나 세 번을 통과하지 못했다. 그 뒤 금작(金汋)을 복용하고서 태극에 오를 수 있었는데, 시도한 가운데 세 번을 통과하지 못하면 선인(仙人)일 뿐, 진인(眞人)의 지위엔 오를 수 없다고 여겼다.

28. 부선생(傅先生)은 초산(焦山)[37]에 들어간 지 7년이 됐는데, 노자가 나

---

35 구곡산(句曲山) : 강소성 구용현(句容縣) 동남쪽에 있는 산으로, 도홍경이 이곳에 은거하였기 때문에 남방 도교의 성산으로 불리어진다.

36 화산(華山) : 일명 태화산(太華山). 섬서성 화음현(華陰縣) 남쪽에 위치해 있으며, 오악 중 서악(西嶽)에 해당한다. 이 산의 중봉(中峰)인 연화봉(蓮花峰)과 동봉(東峰)인 선인봉(仙人峰), 그리고 남봉(南峰)인 낙안봉(落雁峰)은 '화악삼봉(華嶽三峰)'이라 하는데, 이곳에서도 도교에 관련된 일화들이 대거 만들어졌다.

37 초산(焦山) : 지금 강소성 단도현(丹徒縣) 동쪽에 있는 산으로, '부옥산(浮玉山)'으로도 불린다. 장강 가운데 우뚝 솟아 있으며, 후한 때의 처사인 초선(焦先)이 은거한 데서 붙여진 이름이다.

무 끌을 주면서 두께가 다섯 자나 되는 너럭바위를 뚫게 하였다. 그러면서, '이 바윗돌에 구멍을 내면 반드시 득도할 것이다'고 하였다. 부선생은 47년이 지나 바윗돌을 뚫었으며, 거기서 신단(神丹)을 얻었다고 한다.

29. 범령자(范零子)는 사마계주(司馬季主)[38]를 따라 상산(常山)[39]의 석실(石室)에 들어갔다. 석실의 동북쪽 모퉁이에는 돌궤짝이 있었다. 계주는 이것을 열어보지 말라고 지시했는데, 범령자는 집에 돌아가고픈 생각이 들어 열어보고 말았다. 그랬더니 집의 부모와 어른들, 자식들이 가까이 있는 듯 눈에 들어와 구슬픈 생각이 찾아들었다. 계주는 마침내 그를 석실에서 쫓아내 버렸다. 몇 해 지나서 다시 구리 궤짝 하나를 지키도록 했다. 그러나 또 지시를 어겼고 다시 전처럼 집안 식구들을 보게 되었으며, 끝내 득도하지 못하고 말았다.

30. 위국현(衛國縣)[40]의 서남쪽에 과혈(瓜穴)이란 동굴이 있다. 겨울이건 여름이건 늘 물이 흘러나오는 게, 마치 천이 늘어진 것 같았다. 거기서 가끔 오이잎이 흘러나왔다. 전해오기를, 부진(苻秦)[41] 시절에 이반(李班)이란 자가 자못 도술을 좋아하여 이 굴속으로 들어갔다. 3백보쯤 들어가자 앞이 확 트이고 궁궐 같은 집이 나타났다. 그 안의 평상 위에는 경서가 있었고, 두 사람이 마주하고 앉아있었다. 그들은 수염과 머리털이 새하얀 모습이었다. 이반이 평상 아래로 다가가 절을 하자 한 사람이 돌아보며 말하였다.

---

38 사마계주(司馬季主): 한대(漢代) 초(楚) 땅 사람. 장안에 유학하면서 동시(東市)에서 점을 봐주며 생계를 꾸렸으며, 가의(賈誼) 등 당대의 문인들과 교유한 일화로 유명하다.

39 상산(常山): 산동성 제성현(諸城縣) 남쪽에 있는 산으로 도교와 관련한 고사가 많이 전해진다. 참고로 지금 절강성 상산현(常山縣)에도 상산이 있다.

40 위국현(衛國縣): 후한 때 설치된 현명으로, 지금의 산동성 관성현(觀城縣) 서쪽 지역.

41 부진(苻秦): 부씨(苻氏)가 지배하던 전진(前秦)왕조를 가리킨다. 해당기간은 350~394년.

"그대는 돌아가는 것이 좋겠소. 여기에 오래 머물지 마시오."

이반이 인사를 하고 나와 동굴 입구에 이르자 오이 몇 개가 있었다. 이것을 집으려고 하자 돌로 변해버렸다. 지나온 길을 더듬어 집에 돌아오니, 집에서는, '나갔다 돌아오신지 이미 40년이 지났다'고 하는 것이었다.

31. 장백산(長白山)[42]은 옛날의 소연산(肅然山)[43]이라고 전해 온다. 산마루 남쪽에선 종소리가 들려오곤 하는데, 남연(南燕)[44] 시절에 상문(桑門)[45]의 승려 혜소(惠霄)라는 이가 광고(廣固)[46]에서 오는 길에 이 고개에 이르렀다가 종소리를 들었다. 그 소리를 따라 앞으로 조금 더 다가가자 홀연 절 하나가 나타났다. 절문과 본당이 휘황찬란했다. 안으로 들어가 점심을 동냥하니, 한 사미승이 복숭아를 따서 혜소에게 주었다. 잠시 뒤 다시 복숭아 하나를 주며 혜소에게 말하였다.

"여기 오셔서 벌써 꽤 머물렀으니 떠나시는 게 좋겠습니다."

혜소가 나와 고개를 돌려보았더니 절이 온데 간 데 없어졌다. 광고성에 도착해서 제자를 만났더니, '화상을 못 뵌 지 벌써 2년이나 지났습니다'고 하는 것이었다. 소혜는 복숭아 두 개를 먹는 동안 2년이 지났음을 그제야 깨달았던 것이다.

32. 고당현(高唐縣)[47]의 명석산(鳴石山)에는 높이가 백여 길이 되는 바위

---

42 장백산(長白山): 산동성 추평현(鄒平縣) 남쪽에 있는 산으로, 현재 중국에서 말하는 장백산, 즉 백두산과는 다른 곳이다.

43 소연산(肅然山): 산동성 내무현(來蕪縣) 서북쪽에 있는 산으로, 태산(泰山)의 동쪽 산록에 해당한다.

44 남연(南燕): 북조(北朝) 십육국 가운데 하나. 선비족인 모용덕(慕容德)이 400년에 세운 왕조로, 산동의 광고(廣固)에 도읍하였다. 모용씨(慕容氏)가 세운 맨 마지막 왕조로, 이에 앞서 전연(前燕), 후연(後燕), 서연(西燕) 등이 있었다.

45 상문(桑門): 범어인 '사문(沙門)'의 다른 번역. 원래 사문은 범어 Sramana의 음역으로, 불가 또는 승려를 지칭하는데, 이것의 다른 역어가 상문인 것이다.

46 광고(廣固): 즉 광고성(廣固城). 지금 산동성 익도현(益都縣) 서북쪽에 위치해 있으며, 진(晉)나라 회제(懷帝) 시대의 난리(일명 永嘉의 난) 때 축성했다고 전해진다.

가 있다. 사람이 어떤 것으로든 바위를 두드리면 그 소리가 몹시 맑고 컸다. 진(晉)나라 태강(太康)[48] 연간에 일사(逸士) 전선(田宣)이 이 바위 아래 은거하고 있었다. 그는 바람에 낙엽 흩어지고 달 아래 서리 내릴 때면 늘 바위를 두드리며 즐겼다. 그런데 그럴 때마다 하얀 홑옷을 입은 어떤 사람이 바위 위를 서성이다가 새벽 무렵이면 돌아가는 걸 목격하곤 하였다. 뒤에 전선은 사람을 시켜 바위를 치게 하고 자신은 바위 위에서 몰래 동정을 살폈다. 조금 뒤 과연 그가 나타났다. 전선은 급히 옷소매를 붙잡고서 따져 물었다. 그랬더니 이렇게 말하였다.

"성은 왕(王)이며, 자는 중륜(中倫)이라고 합니다. 위(衛)나라 사람으로, 주(周)나라 선왕(宣王) 때 소실산(少室山)[49]에 들어가 도를 배웠지요. 근래 방호(方壺)[50]를 자주 찾아가곤 하는데 오고 가는 중에 이곳을 지나게 되었답니다. 마침 이 바위의 소리가 좋아 그럴 때마다 듣게 된 것이지요."

전선이 그에게 양생술을 가르쳐 주십사 청하자, 참새알 크기의 돌 하나만을 남겨두고 가버렸다. 처음에는 백여 걸음 허공 위로 날아가는 것이 보이긴 했으나 차츰 연기와 안개에 가로막히고 말았다. 전선이 이 돌을 입에 머금자 백일 동안 배고픈 줄 몰랐다.

33. 형주(荊州)[51]의 이수(利水) 가운데 두 개의 바윗돌이 대궐문처럼 서 있다. 이를 '소석(韶石)'이라 한다. 진(晉)나라 영화(永和)[52] 연간에 하늘을 나는 신선이 있어 백설 같은 옷을 입고 이 바윗돌에서 쉬다가 열흘 만에

47 고당현(高唐縣) : 한대에 설치한 현으로, 청하군(淸河郡)에 속해 있었다. 지금 산동성 우성현(禹城縣) 서남 일대.

48 태강(太康) : 진(晉)나라 무제(武帝)의 연호로, 해당기간은 280~289년.

49 소실산(少室山) : 즉 숭산(嵩山). 한나라 때 외방(外方)을 태실(太室), 중악(中岳)을 소실(少室)로 구분하였는데, 숭산이 중악에 해당하기 때문에 이렇게 불렀다.

50 방호(方壺) : 방호산(方壺山), 혹은 방장산(方丈山)이라 한다. 바다 속에 있다는 삼신산(三神山) 가운데 하나.

51 형주(荊州) : 당대의 주명으로, 지금 호북성 강릉현(江陵縣) 지역.

52 영화(永和) : 동진(東晉)의 목제(穆帝)의 연호로, 해당기간은 345~356년.

떠나갔다. 이 일을 사람들이 다 보았다고 한다.

34. 패구(貝丘)[53]의 서쪽 옥녀산(玉女山)에는 이런 전설이 있다. 때는 진(晉)나라 태시(泰始)[54] 연간이었다. 북해(北海)[55] 사람 봉구(蓬球)는 자가 백견(伯堅)이었다. 산에 들어가 나무를 하다가 홀연 이상한 향기가 나기에 바람을 따라 그 향기가 나는 곳을 찾아가던 중 이 옥녀산에 이르게 되었다. 그곳에는 넓게 트인 궁전이 겹겹이 들어서 있고 누대가 높다랗게 서 있는 것이었다. 봉구가 궁문으로 들어가 살펴보니 다섯 그루의 옥나무가 보였다. 거기서 좀 더 앞으로 가자 단정한 모습의 절세미녀인 네 부인이 전당 위에서 탄기(彈碁) 놀이[56]를 하고 있었다. 봉구를 보더니 모두 화들짝 놀라서 일어났다.

"봉군(蓬君)께서 어쩌다 이곳에 오셨습니까?"

"향기 나는 곳을 찾아오다보니 여기에 이르렀습니다."

그러자 그녀들은 다시 돌아가 놀이를 계속했다. 한 소년이 누대에 올라 거문고를 타자, 그녀들이 그에게 소리쳤다.

"원휘(元暉)야! 어째서 혼자 누대에 올랐느냐?"

한편, 봉구는 나무 아래 서있다 보니 배가 조금 고팠다. 그래서 혀로 나뭇잎 위의 이슬을 핥았다. 잠시 뒤에 어떤 여인이 학을 타고 서편에서 와서는 그녀들을 꾸짖었다.

"옥화(玉華) 너희들! 무슨 일로 이런 속인을 여기에 오게 한 것이냐?"

그러면서 왕모(王母)는 즉시 왕방평(王方平)[57]을 선실(仙室)로 보냈다. 봉

---

53 패구(貝丘): 당대의 현명으로, 지금 산동성 청평현(淸平縣) 서남쪽에 옛 성터가 남아 있다.

54 태시(泰始): 서진(西晉) 무제(武帝)의 연호로, 해당 기간은 265~274년.

55 북해(北海): 당대의 군명으로, 지금의 산동성 익도현(益都縣) 지역.

56 탄기(彈碁) 놀이: 이 놀이에 대해서는 이 책 속집 권4의 「폄화(貶話)」 부분에 나온다. 그곳을 참조할 것.

57 왕방평(王方平): 후한(後漢) 시대 사람으로 이름은 원(遠), 방평은 그의 자이다. 중산대부(中散大夫)까지 지냈으나 관직을 버리고 입산해 신선이 되었다고 한다. 신선의

구는 두려워하며 궐문을 나왔다. 다시 돌아보았으나 순간 아무 것도 보이지 않았다. 집에 도착하니 이미 건평(建平)[58] 연간이 되어 있었다. 옛날 거처하던 촌락은 모두 묏자리가 되어 있었다.

35. 진(晉)나라 허정양(許旌陽)[59]은 오맹(吳猛)[60]의 제자이다. 당시 강동(江東)에는 뱀으로 인한 해가 많았다. 오맹이 이를 제거하고자 제자 백여 명을 뽑아 고안(高安)[61]에 도착했다. 그곳에서 숯 백 근을 준비, 길이를 재어 자른 뒤 제단 위에 두도록 했다. 그러던 어느 날 밤 이 숯이 모두 옥녀(玉女)로 변해 그의 제자들을 유혹하였다. 새벽이 되어 오맹이 제자들의 이름을 다 불렀는데, 옷이 더럽혀지지 않은 자가 없었으나 허정양만은 깨끗했다. 이리하여 허정양과 함께 요강(遼江)[62]에 도착하여 커다란 뱀과 맞닥뜨렸다. 오맹이 연로한 탓에 힘으로 제압할 수 없게 되자, 마침내 허정양이 갈지자 걸음으로 접근하여 검을 휘두르며 뱀의 머리에 올라타 베어 죽였다.

36. 손사막(孫思邈)[63]은 종남산(終南山)[64]에 은거할 때 선율화상(宣律和尙)[65]

계보에서 높은 자리를 차지한다.

58 건평(建平) : 남연(南燕) 모용덕(慕容德)의 연호로, 해당기간은 400~405년. 앞의 태시 연간으로부터 백여 년이 흘렀다는 뜻이다.

59 허정양(許旌陽) : 즉 허손(許遜). 동진(東晋)의 선인(仙人)으로 자는 경지(敬之). 그는 효렴(孝廉)으로 천거되어 촉(蜀) 땅의 정양령(旌陽令)이 되었으나, 당시 진나라 황실이 혼란에 빠지자 관직을 버리고 강호를 유람하다가 대동군(大洞君) 오맹(吳猛)을 따라 신선이 되었다.

60 오맹(吳猛) : 진나라 때 선인으로, 자는 세운(世雲). 그는 예장(豫章)의 무녕현(武寧縣)에 살고 있었는데, 그곳 현령 간경(干慶)이 죽게 되자 하늘에 호소하여 다시 살아나게 했다는 일화가 전해질 정도로 상선(上仙)의 경지에 오른 인물이다.

61 고안(高安) : 당대의 현명으로, 지금 강서성 고안현.

62 요강(遼江) : 미상. 호남성 의장현(宜章縣) 일대를 흐르는 '요수(遼水)'가 있으나 거리상으로 차이가 많다.

63 손사막(孫思邈) : ?~682. 당나라 때의 명의(名醫)이며 도사. 섬서성 출신으로, 노장사상과 제자백가에 두루 능통하였으며, 조정의 부름에도 응하지 않고 명산에 은거하

과 친해 늘 왕래하며 서로의 교리를 깊이 이해했다. 당시 큰 가뭄이 들자 서역의 승려가 곤명지(昆明池)[66]에다 제단을 세우고 기우제를 지내자고 제안하였다. 이에 임금은 관리에게 영을 내려 향등(香燈)을 준비하도록 했다. 7일째 되는 날 곤명지의 물이 몇 자 줄었다. 그러자 밤에 갑자기 어떤 노인이 선율화상을 찾아와 도움을 청했다.

"저는 곤명지의 용입니다. 오래도록 비가 내리지 않은 것은 저 때문이 아닙니다. 호승(胡僧)이 저의 뇌(腦)를 이용, 약으로 쓰고자 천자를 속여 기우제를 언급한 것입니다. 저의 목숨이 조석에 달렸으니 화상께서는 법력으로 보살펴주시길 비옵니다."

그러나 선율화상은 거절하였다.

"빈도는 계율을 지킬 뿐입니다. 하지만 손선생이라면 구해드릴 겁니다."

이리하여 그 노인은 손사막이 거처하는 석실로 찾아가 도와달라고 하였다.

"내가 알기로 곤명의 용궁에는 선방(仙方) 3천 수(首)[67]가 있다던데, 이것을 자네가 내게 전수해 준다면 구해주기로 하지."

"그 비방은 상제께서 허투로 전하는 걸 금하셨습니다. 허나 시급 화급하니 굳이 아낄 필요가 없겠지요."

그러더니 이윽고 비방을 받들고 이르렀다. 손사막이 받으면서 말했다.

여 저작에만 몰두하였다. 그가 남긴 『비급천금요방(備急千金要方)』과 『천금익방(千金翼方)』은 의료사의 중요한 저작으로 알려져 있다.

64 종남산(終南山) : 지금의 섬서성 장안현(長安縣) 서쪽에 있는 산으로, 동으로 남전현(藍田縣), 서쪽으로 미현(郿縣)과 접해 있었다. 한대 이후 장안의 진산(鎭山)으로 '중남(中南)', '지폐(地肺)', '진령(秦嶺)' 등으로도 불리었다.

65 선율화상(宣律和尙) : 선율사(宣律師) 도선(道宣, 596~667). 당대의 고승으로, 종남산에서 손사막과 교유하였다. 뒤에 다시 나온다.

66 곤명지(昆明池) : 한나라 무제(武帝)가 조성한 인공 호수. 지금의 섬서성 장안현(長安縣) 서남쪽에 위치해 있으며, 풍광이 아름답기로 유명하다.

67 3천 수(首) : '3십 수'로 전해지기도 한다.

"자네는 이제 돌아가게. 호승은 염려할 것 없고."

이때부터 곤명지의 물이 갑자기 불어나더니 며칠이 지나자 언덕까지 넘쳤다. 호승은 부끄럽기도 하고 분을 못이긴 나머지 죽고 말았다. 손사막은 『천금방(千金方)』 30권을 저술했는데, 각 권마다 한 가지 비방이 들어 있었다. 그러나 사람들은 이를 알지 못했다. 그가 죽고 난 후에도 가끔 그를 보았다는 사람이 있다.

37. 현종(玄宗)이 촉(蜀) 땅으로 행차하던 중[68] 손사막이 무도(武都)의 웅황(雄黃)[69]을 요청하는 꿈을 꾸었다. 현종은 환관에게 명하여 웅황 열 근을 가지고 아미산(峨眉山)[70] 정상으로 보냈다. 환관이 산 중턱 아래 올랐을 즈음 어떤 사람을 만나게 되었다. 그는 복건(幅巾)을 쓰고 갈옷을 입었으며 수염과 귀밑머리가 희디 흰 모습이었다. 두 청의(青衣) 동자가 둥글게 상투를 묶고서 양쪽에서 부축하며 병풍 곁에서 뫼시고 있었다. 그는 손으로 커다란 절구 모양의 돌을 가리켰다.

"여기에다 약을 두거라. 돌 위에는 황제에게 올릴 표문이 있느니라."

환관이 돌 위를 살펴보니 붉은 글씨로 100여 글자가 쓰여 있었다. 이 글자들을 기록했는데, 베껴 쓰는 족족 사라져버렸다. 다 쓰자 돌 위에 글자는 다시 남아있지 않았다. 잠시 뒤 흰 기운이 모락모락 피어나더니 홀연 아무 것도 보이지 않았다.

---

68 촉(蜀) 땅으로 행차하던 중 : 안록산의 난으로 현종이 양귀비와 함께 장안을 탈출하여 촉 땅으로 향하던 그때를 말한다.

69 무도(武都)의 웅황(雄黃) : 무도(武都)는 당대의 무주(武州) 무도현(武都縣)으로, 지금 감숙성 무도(武都)의 동쪽 지역이다. 이곳은 예로부터 웅황의 산지로 유명하다. 웅황은 '석웅황(石雄黃)'이라고도 하며, 삼류화비소를 주성분으로 하는 광석으로 살균작용을 한다. 산의 양지쪽에서 캔 것은 웅황이고, 음지쪽에서 캔 것은 자황(雌黃)이다.

70 아미산(峨眉山) : 사천성 아미현(峨眉縣)의 서남쪽에 있는 명산으로, 대아(大峨), 중아(中峨), 소아(小峨) 등의 봉우리가 솟아 있어 '삼아(三峨)'라고도 부른다. 이 산 역시 구곡산과 마찬가지로 도교의 성지로 알려져 있다.

38. 동주사마(同州司馬) 배항(裴沆)[71]이 전에 한 애기이다.

재종당숙이 낙양(洛陽)에서 정주(鄭州)[72]로 가게 되었다. 길을 떠난 지 며칠 째 늦은 오후였다. 우연히 말에서 내렸는데, 길옆에서 누군가가 신음하는 소리가 들렸다. 쑥대를 헤치고 더듬어가니 가시덤불 아래 병든 학 한 마리가 날개를 늘어뜨리고 주둥이를 떨구고 있었다. 날개 죽지 위에 상처가 난데다 깃털도 없었다. 그 소리가 이상하던 차에 갑자기 흰옷을 입은 노인이 지팡이를 짚고 수십 걸음을 걸어오다가 멈춰섰다.

"그대는 나이도 젊은데 어찌하여 이 학을 불쌍히 여길 줄을 모르오. 사람의 피 한 방울을 묻혀주면 날아갈 수 있다오."

자못 도리를 알고 성품이 퍽 고상했던 재종당숙은 급히 말하였다.

"이 팔뚝을 찔러 피를 내주시오. 어려워할 것 없소이다."

"그대는 심지가 굳기도 하구려. 허나 삼세(三世)에 걸쳐 사람이라야만 그 피가 효과가 있거늘, 그대는 전생에 사람이 아니었소. 오직 낙양에 사는 호로생(胡蘆生)이란 이가 삼세에 다 사람이었다오. 이번 행차에 바쁜 일이 없으면 낙양에 가서 호로생에게 부탁해 보겠소?"

당숙은 흔쾌히 그러겠다며 되돌아가 이틀이 지나지 않아 낙양에 당도했다. 호로생을 찾아가 그 일을 자세히 말해 주고는 간절히 부탁하였다. 호로생은 처음부터 꺼리는 기색이 없이 두건 속에서 돌로 만든 두 손가락만한 작은 그릇을 꺼냈다. 그리고 침을 들어 팔뚝을 찌르자 피가 흘러내려 그 그릇에 가득 찼다. 당숙에게 주면서,

"입에 올리지는 마오."

라며 주의를 주었다. 당숙이 이것을 가지고 학이 있는 곳에 당도하자 노인도 이미 와 있었다. 그는 기뻐하며,

---

71 동주사마(同州司馬) 배항(裴沆) : 동주(同州)는 당대의 주명으로, 지금 섬서성 대려현(大荔縣)에 옛 성터가 있다. 사마는 주(州)의 도독부에 도독(都督) 밑에 소속되어 있었던 지방관이다. 배항(裴沆)이란 인물은 미상이다. 참고로 당대 전기집(傳奇集)인 『전기(傳奇)』에 등장하는 '배항(裴航)'과는 별개의 인물이다.

72 정주(鄭州) : 당대의 주명으로, '관주(管州)'라고 했다가 고쳤다. 지금 하남성 정주시.

"참으로 미더운 선비구려!"

라고 하고는 그 피를 남김없이 학에게 발라주었다. 그는 인연이 맺어졌다고 하면서 다시 당숙을 맞았다.

"내 거처가 여기서 멀지 않으니 가서 잠시 머무르시오."

당숙은 그가 범상치 않은 사람으로 판단하고 '장인(丈人)'으로 부르면서 그를 따라갔다. 겨우 몇 리를 가자 한 장원에 도착하였다. 댓잎이 초가에 떨어져 마당과 집이 어수선했다. 갈증을 심하게 느낀 당숙이 차를 부탁하자 노인은 흙그릇 하나를 가리켰다.

"그 안에 약간의 마실 게 있으니 가져다 드시오."

당숙이 감실 같이 생긴 그릇 안을 보니, 살구씨 하나와 삿갓처럼 생긴 부채가 있었다. 그리고 음료가 가득 차있었는데 그 빛깔이 희디희었다. 힘껏 들어 올려 마시자 다시는 배고픔과 갈증을 느낄 수 없었다. 음료의 맛은 살구즙 같았다.

당숙은 그가 은자임을 알고서 절을 올리고 시종이 되겠다고 청하였다.

"그대는 세상에서 작으나마 봉록이 있으니 여기 머무른다 할지라도 결국에는 뜻을 이루지 못할 것이네. 그대의 숙부는 진실로 깨달은 바가 있어 내가 오래도록 교유했으나 그 사실을 그대는 모를 거요. 지금 편지를 보내고자 하는데 그대에게 부탁하면 필시 전달이 되겠군."

그러더니 두건 같은 물건을 싸서 주었다. 크기가 죽그릇만 했다. 그는 열어보지 말라고 당부하였다. 다시 당숙을 데려가 다쳤던 학을 보여주었다. 학의 상처 난 곳에 깃털이 이미 자라나 있었다.

"그대가 좀 전에 살구즙을 마셨으니 아마도 오래 살아 구족(九族)의 친척까지 조문하게 될 걸세. 그러니 주색(酒色)을 조심하시게."

당숙은 낙양으로 돌아오는 길에 노인이 맡긴 물건이 궁금하여 열어보려 하자, 보자기의 네 귀에서 붉은 뱀이 머리를 드러내는 것이었다. 그래서 그만두고 말았다. 이것을 받은 당숙의 숙부가 당장 풀어봤다. 마른 보리밥 같은 물건이 한 되쯤 들어있었다. 당숙의 숙부는 뒤에 왕옥산(王屋

山)[73]에서 유람하다가 최후에 어떻게 되었는지 모른다. 그리고 당숙은 97세까지 수를 누렸다.

39. 명경과(明經科)에 급제한 조업(趙業)은 정원(貞元)[74] 연간 파주(巴州)[75]의 청화현령(淸化縣令)으로 선임되었다. 삶에 뜻을 잃고 병을 얻은 데다가 눈까지 어두워졌다. 40여 일 동안 음식을 먹지 못한 상태였다. 그런데 느닷없이 공중에서 우레 치는 소리가 들리더니 잠시 뒤 북만한 붉은 기운이 침상으로 굴러 들어왔다. 그 기운은 위로 튀어 올라 심장이 있는 곳에 머물렀다. 처음에는 정신이 흐릿해져 마치 꿈 속인가 싶었다. 벌써 붉은 옷에 납작한 두건을 쓴 자가 그를 데리고 동쪽으로 가고 있었다. 산이 끊어진 곳까지 나오니 강물이 동서로 흐르고 많은 사람들이 한참을 서서 바라보고 있었다. 다시 동쪽으로 가니 황금과 푸른 옥으로 장식한 다리 하나가 나타났다. 그 다리를 건너 북으로 가서 어느 성에 당도했다. 조사(曺司) 안에 들어가니 거기에는 일반 백성과 관리들이 아주 많았다. 그 가운데 소를 죽인 일로 자신과 소송을 벌였던 매부 가혁(賈奕)도 보였다. 조업은 이곳이 명사(冥司)[76]가 아닌가 의심이 들어 재빨리 도망을 쳐 어느 벽 틈으로 들어갔다. 이 벽은 시커먼 돌로 된 것 같았고 높이는 몇 길이나 되었으며, 꾸짖고 윽박지르는 소리가 들렸다. 아까 붉은 옷을 입은 자가 큰 건물의 마당으로 그를 이끌고 들어갔다. 관리가 전하기를, '담당자가 사람을 오인했다!'고 하였다.

다시 가혁을 만나 시비를 따졌으나 가혁이 막무가내로 고집을 부려 자신의 무죄를 밝혀낼 길이 없었다. 그런 중에 갑자기 지름이 한 길 되

73 왕옥산(王屋山) : 산서성 양성현(陽城縣)에 있는 산. 도교에서 중시하는 곳으로, 예로부터 천하제일의 동천(洞天)으로 알려져 있다.

74 정원(貞元) : 당나라 덕종(德宗)의 연호로, 해당 기간은 785~804년.

75 파주(巴州) : 당대의 주명으로, 지금 사천성 무문(茂汶) 지역인 강족(羌族) 자치구.

76 명사(冥司) : 앞의 조사(曺司)는 살아있는 사람들의 소송을 맡은 곳인데 비해, 명사(冥司)는 죽은 사람들의 소송을 맡은 관청이다.

는 커다란 거울이 공중에 그냥 매달렸다. 올려다 보니 가혁이 짐승 잡는 칼을 휘두르는 모습, 조업이 문을 등지고 괴로운 표정을 짓고 있는 모습이 또렷이 보였다. 그러자 가혁은 비로소 자기의 죄를 자백하였다. 붉은 옷을 입은 자가 다시 그를 사인원(司人院)으로 데리고 갔다. 거기에는 거친 베옷을 입고 자하관(紫霞冠)을 쓴 이가 있었는데, 그 모습이 존귀해 보였다. 다짜고짜 꾸짖었다.

"무슨 이유로 복두(幞頭) 2개를 훔치고 활주(滑州)[77] 시장에서는 도토리 석 되를 숨겼느냐!"

이 말에 조업은 쉴 새 없이 머리를 조아리며 사죄하였다. 붉은 옷을 입은 자가 다시 그를 이끌고 나왔다.

"상청(上淸)에서 놀아 보겠느냐?"

그러더니 함께 어느 산에 올랐다. 아래로는 물이 흐르고 있었고, 그 물은 높은 곳에서 아래로 떨어져 물거품이 솟구쳐 올랐다. 이 물결을 따라 들어간 사람이 만을 헤아렸다. 헌데 그들은 몸이 물결을 따라 흘러가는 줄 모르고 있었다. 한참을 지나 큰 바위 위에 머물렀는데, 거기서 청백색의 흐릿한 길이 보였다. 붉은 옷을 입은 자는 두 명으로 변하여 한 사람은 길을 인도하고 또 한 사람은 길을 재촉하였다. 큰 바위 벼랑 위에 올라섰다. 널찍한 게 한 점 먼지도 없었다. 다시 몇 리를 가자 테두리에 홍람색(紅藍色)을 띤 풀이 있었다. 줄기와 잎이 무성하고 가시는 없었다. 풀꽃은 너울너울 공중으로 흩어져 날리고 있었다. 또 상추와 같은 풀이 땅에 쫙 깔렸는데 그 또한 꽃이 날렸다. 처음 꽃이 나올 때는 마발(馬勃)[78] 같더니 탁 터지면서 크기가 작은 오이만 해지는데, 적황색이었다. 그 곳을 지나가자 산채만한 불이 하늘까지 가로질러 뻗쳐 있었다. 불길이 끊어지길 기다렸다가 지나가자 커다란 성에 도착하게 되었다. 성 위

---

77 활주(滑州) : 당대의 주명으로, 지금 하남성 활현(滑縣).

78 마발(馬勃) : 말불버섯이라는 것으로, 습지의 썩은 나무 따위에서 자라며, 약재로 쓰인다.

에는 망루가 겹겹하고 대로에는 과수가 줄지어 있었다. 선녀들이 줄을 지어 번갈아가며 노래를 하고 악기를 연주하는데 그 모습이 절세의 미인이었다. 세 번 중문을 지나는데, 당청이 밝게 빛나 땅과 벽을 거울처럼 비쳐볼 수 있을 만큼 맑았다. 위로 하늘은 볼 수 없는 것이 마치 진홍색의 해무리가 뒤덮은 것 같았다. 정전(正殿)은 세 겹으로, 모두 존귀한 분들을 모셔 놓았다. 조업은 예전에 만난 적이 있는 것 같은 한 도사를 보고 제자가 되길 청했지만 받아들여지지 않았다. 여러 악기 가운데 거문고 같은 것은 길이가 네 자에 줄이 아홉으로, 위쪽의 한 자 남짓 되는 부분은 각이 지고 널찍하였으며 중간에 두 가닥의 선이 나있어 변성이 가능하였다. 또 술통 모양으로 생긴 게 있는데 줄이 셋에 길이는 세 자이며, 배부분은 위가 넓고 아래는 좁으며 뒤가 불룩하게 솟아있었다.

얼마 뒤 궁궐의 남쪽에 있던 건물에서 과록(過錄)[79]을 꺼내 왔다. 그 안에서는 진홍 갓에 자주색 옷을 입은 자가 붉은 옷을 입은 두 사람에게 청사에 앉아 있으라고 명하였다. 그리고는 먼저 '무신록(戊申錄)'을 보라고 명을 내리는데, 그 기록부는 인간세상의 소장과 비슷했다. 맨 위에는 사람의 생년이, 그 다음에는 성명과 연령이 기록되어 있었다. 그리고 아래에는 태어난 달과 날이 기록되어 있었다. 별도의 행에는 육십 갑자(甲子)가 횡으로 적혀 있는데 있었던 잘잘못이 날짜 아래에 다 기록되었고, 없는 경우 '없음'이라고 써 있었다. 조업이 직접 그 기록을 살펴보니 이름과 생년월일이 하나도 착오가 없었다. 과록에 쓰인 숫자는 억조가 넘었다. 붉은 옷을 입은 자가,

"매번 60년에 한 번씩 천하 사람들의 과록을 보면서 선악을 비교 검토하여 운명의 수를 늘리거나 줄이지."

라고 일러주었다. 그를 따라 북문으로 나가 전에 왔던 곳에 이르게 되었다. 그는 손을 잡고 헤어지며 말했다.

---

79 과록(過錄) : 명부에서 사람의 죄과를 기록한 문서나 책.

"여기서 다닌 것은 그대의 혼이라네. 갈 길을 찾아가되 뒤돌아보지 말게. 그러면 꼭 집에 도착할 수 있을 걸세."

그의 말처럼 했더니 발걸음이 차츰 급해지다가 거꾸러졌는데 꿈에서 깨어나는 듯 싶었다. 그런데 깨어난 그때는 조업이 죽은 지 이미 7일째였다. 조업은 『혼유상청기(魂遊上淸記)』를 지었는데, 이 일을 아주 자세하게 기록했다.

40. 사론(史論)이 제주(齊州)[80]에 있을 때 사냥을 나갔다가 어느 현(縣)의 접경에까지 가게 되었다. 어떤 절간에서 쉬는데, 심상치 않은 복숭아 향기가 났다. 그곳의 승려에게 묻자, 승려는 미처 숨기지 못하고,

"최근 어떤 불자께서 복숭아 두 개를 시주했습니다."

라고 하면서 불경을 읽는 책상 아래에서 복숭아를 꺼내 사론에게 바쳤다. 크기가 밥주발 만 한 것으로, 마침 시장하던 차라 다 먹어 버렸다. 씨는 계란 만하였다. 사론이 어디에서 난 것인지 물었다. 승려는 웃으며 이실직고를 하였다.

"좀 전에 말한 것은 실은 거짓말입니다. 이 복숭아는 여기서 10여 리 떨어진 길이 험한 곳에서 소승이 우연히 가다가 발견하였답니다. 신기한 것 같아 몇 개를 따 왔습지요."

"지금 그곳에 말을 타고 가보고 싶은데 스님도 함께 갑시다."

승려는 부득이 사론을 인도하여 북쪽으로 거친 잡목 사이를 지났다. 5리쯤을 갔을 때 강줄기가 나타났다.

"중승(中丞)[81]께서는 여길 건너지 못할까봐 걱정입니다."

사론은 꼭 가보기로 결심한 탓에 승려에게 의지하기로 했다. 승려는 옷을 벗고 사론을 업은 채 헤엄을 쳐 건너편 언덕으로 올랐다. 다시 서

80 제주(齊州) : 당나라 때의 주명으로, 지금 산동성 역성현(歷城縣) 지역.

81 중승(中丞) : 본래 어사중승(御史中丞)의 줄임말로, 어사대부를 보좌하는 직책인데, 여기서는 자사(刺史)를 이렇게 부른 것으로 판단된다.

북쪽을 지나 작은 시내 둘을 건넌 후 산을 오르고 계곡을 넘어 몇 리를 지나서야 한 곳에 다다랐다. 기이한 샘과 괴석이 있는 게 인간세상 같지 않았다. 거기에 있는 수백 그루의 복숭아나무는 줄기가 땅을 쓸 듯 늘어져 있었고 높이는 두세 자쯤 되었다. 그 향기가 코를 찌를 듯 하였다. 사론과 승려가 각각 한 꼭지를 따서 먹자 배가 불러왔다. 사론은 옷을 벗어 힘닿는 대로 모조리 싸가려고 하였다.

"이 곳은 영험한 곳입니다. 많이 가져가면 안 됩니다. 소승이 장로(長老)[82]께 들으니, 옛날 어떤 사람도 이곳에 와서 대여섯 개를 숨겨가려다 길을 잃고 나가지 못했답니다."

사론 역시 이 승려가 평범한 사람이 아니라는 생각이 들어서 두 개만을 가지고 되돌아 왔다. 승려는 이 일을 남에게는 말하지 말라고 간절히 당부하였다. 제주로 돌아온 사론은 사람을 보내 승려를 불렀으나, 이미 떠나고 없었다.

도사들의 일화【壺史】

41. 무유서(武攸緖)[83]는 측천무후(則天武后)의 조카이다. 열네 살 때 장안(長安)의 저자에 숨어들어 점을 봐주며 생활을 꾸렸는데, 한 곳에서 대엿새를 넘기지 않았다. 그러다 마침내 중악(中岳, 즉 숭산)으로 옮겨 은거하면서 천마(天麻)와 복령(茯苓)을 복용하였다. 귀족과 왕공(王公)이 준 사슴가

82 장로(長老) : 불가에서 비구들 중 법랍이 높은 어른을 지칭하는 용어이다. '주지승(住持僧)'을 뜻하기도 한다.

83 무유서(武攸緖) : 655~723. 측천무후 때 전중감(殿中監) 등을 역임하였으며, 안평군왕(安平郡王)에 봉해졌다. 그러나 벼슬을 버리고 숭산(嵩山)에 은거하여 측천무후가 몰락한 가운데도 화를 모면하였다.

죽 옷과 등나무로 만든 기물에는 먼지가 쌓이고 넝쿨이 자랐는데도 버려두고 사용하지 않았다. 만년에는 살이 거의 붙어있지 않았지만 눈에서는 자줏빛이 났고 낮에도 별과 달을 볼 수 있었다. 또 몇 리 밖에서 하는 말까지 알아들을 수 있었다. 안락공주(安樂公主)[84]가 시집갈 때에 임금이 조서를 보내 불러 국사에 힘써달라고 명하자, 그는 잠시 고상한 지조를 굽히고서 장안에 돌아왔다. 임금께서 가까이 하는 귀인들이 문안인사를 드리러 찾아와도 날씨 얘기 말고는 한 마디도 나누지 않았다. 국공(國公)에 봉해졌으며 산으로 돌아갈 때에 칙명으로 학사들에게 시를 지어 전송하도록 했다.

42. 현종(玄宗)은 나공원(羅公遠)[85]에게서 은신술을 배웠다. 그런데 나공원이 옷의 띠나 두건의 늘어진 끈 따위를 제대로 숨기지 못하자, 현종이 힐난을 했다. 그러자 나공원은 직언을 서슴지 않았다.

"폐하께서는 천하의 일에 발을 빼지 못하면서 도술을 유희로 삼고 있습니다. 만약 저의 술법을 다 전해준다면 반드시 옥새를 품고 민가에 들어갈 터인데, 그렇게 되면 장차 어복(魚腹)의 곤란[86]이 생길 것입니다."

현종은 성이 나서 그에게 마구 욕을 퍼부었다. 나공원은 급기야 궁전의 기둥 안으로 달아나 임금의 잘못을 극언하였다. 현종은 더욱 화가 나서 기둥을 바꾸고 부수도록 명하였다. 그런데 다시 주춧돌에서 큰소리가 나는 것이었다. 주춧돌을 교체하고 보니 주춧돌 속에 또렷이 나공원의 모습이 드러났다. 그런데 길이는 한 치 남짓만 했다. 그것을 열 개 남짓

---

84 안락공주(安樂公主) : 중종(中宗)의 막내딸. 중종이 죽은 뒤 측천무후의 딸 태평공주(太平公主)와 정권투쟁을 벌이기도 했다. 황후 위씨(韋氏)의 사랑을 독차지하며 호화로운 생활을 한 것으로 유명하다.

85 나공원(羅公遠) : 당나라 때의 도사로, 여기 내용처럼 은신술에 뛰어났다고 한다.

86 어복(魚腹)의 곤란 : 어복은 '백룡어복(白龍魚腹)'의 줄임말로, 백룡은 고귀한 신분의 인물을 가리키며, 어복은 변장하고 미행(微行)하는 것을 가리킨다. 춘추시대 오나라 부차(夫差)가 미행한 것을 오자서(伍子胥)가 간언하여 그만두라고 한 일이 있었다.

조각으로 부수었으나, 저마다 나공원의 모습을 하고 있었다. 현종이 두려운 마음이 들어 사과하자, 순간 그의 모습이 사라졌다. 훗날 환관이 촉(蜀) 땅 길에서 그를 보게 되었는데, 나공원은 웃으며 말했다.

"나를 위해 폐하께 사과해 주시오."

43. 형화박(邢和璞)[87]은 오로지 황노(黃老)의 도를 터득하여, 남의 마음을 짚는데 고수였다. 영양서소(潁陽書疏)[88]를 지었다. 위급한 일이 닥치면 순간 허공 속으로 들어가 버리거나 풀에 숨어 전혀 보이지 않게 된다고 전하기도 한다. 나는(단성식) 은자 정방(鄭昉)을 만난 적이 있다. 그가 형화박 얘기를 해주었다.

형주(荊州)에 머물고 있었던 최사마(崔司馬)라는 이는 형화박과 친구 사이였다. 그는 병든 지 여러 해가 되어 장차 죽을 처지였지만 속으로는 늘 형화박을 믿고 있었다. 하루는 그가 누워있는 방 북쪽 담벼락에서 누군가가 무엇을 쪼개는 듯한 소리가 들렸다. 곁에 있는 이를 시켜서 알아보게 했으나 보이는 게 전혀 없다고 하였다. 누워있던 방의 북쪽은 집안사람들이 거처하는 곳이다. 이런지 7일째가 되었지만 그 소리는 그치지 않았다. 그러다 느닷없이 그 담장에서 좁쌀 만한 크기의 빛이 스며 들어왔다. 곁에 있는 이에게 물었지만 역시 보이지 않는다고 했다. 하루가 지나자 구멍은 소반만 해 졌다. 최사마가 그 구멍으로 엿보니 담 밖은 바로 들판이었고, 여러 사람들이 가래와 괭이를 짊어지고 구멍 앞에 서있었다. 그가 묻자 저들은 모두,

"형진인(邢眞人)께서 이곳에 구멍을 내라고 분부하셨습니다. 최사마의 병이 위중하니 공력을 배로 들이라고도 하셨고요."

---

87 형화박(邢和璞) : 당나라 때의 도사. 현종 때 유명한 도사 장과(張果)와 이름을 나란히 하였으며, 남의 수명을 아는 능력을 지녔다고 전해진다.

88 영양서소(潁陽書疏) : 이 자료는 미상이다. 『영양서(潁陽書)』라는 책에 주소를 단 것으로 판단되나, 이 또한 미상이다.

라고 하는 것이었다. 이윽고 납작한 두건과 붉은 옷을 입은 견마잡이 대여섯이 소리를 쳤다.

"진인(眞人)께서 오셨다!"

형화박이 가마에 앉아 있는데 하얀 칼집을 차고 인끈을 늘어뜨린 채 오명선(五明扇)을 쥐고 있었다. 구멍에서 몇 걸음 떨어진 곳에 수십 명의 호위하는 자들이 도열해 있었다.

"공의 수명이 다하였으나 내가 그대를 위해 두 세 차례 따져서 12년을 연장시켰으니, 이젠 아프지 않을 걸세."

형화박의 말이 끝나지마자 담은 예전처럼 되었고, 최사마는 열흘 만에 병이 다 나았다.

○ 또 형화박이 종남산(終南山)에 거처한 적이 있었다. 그때 도술을 좋아하는 이들이 거처 옆에 집을 짓고서 그를 많이 따랐다. 최서(崔曙)[89]가 젊은 시절에 또한 그를 따르고 있었다. 땔나무를 하고 샘물을 긷는 이들도 모두 당대의 명사들이었다. 한번은 형화박이 그들에게 이렇게 일렀다.

"사흘이나 닷새가 되면 어떤 별난 손님이 찾아올 것이니, 그대들은 나를 위해 맛난 음식을 준비해 주시게."

이리하여 며칠 동안 수륙의 진미를 갖춰 정자에다 잔치상을 차려 놓았다. '함부로 엿보지 말라'는 주의가 있었기에 문도들은 모두 문을 닫고 감히 기침도 하지 못하였다. 형화박이 하산하면서 한 손님을 데리고 왔다. 그는 키가 다섯 자에 몸집이 석 자였으며, 머리가 몸의 절반은 되었다. 붉은 빛의 널따란 옷을 입었고 상아로 만든 홀(笏)을 비스듬히 쥐고 있었다. 그의 속눈썹은 성기면서 길었는데, 색깔은 마치 껍질을 깎아놓은 오이 빛깔 같았다. 수염이 흔들리도록 크게 웃으면 입술 끝이 귓가에

89 최서(崔曙): 당나라 때의 시인으로, 현종 때 진사에 급제하였다. 그는 도사들과 교유하며 자신의 운명을 예견했다고 한다. 실제로 「시명당화주시(試明堂火珠詩)」라는 시를 지었는데, 이듬 해 갑자기 죽었다.

닿았다. 형화박과 함께 신이 나 얘기하는 내용 대부분이 인간세상의 일이 아니었다. 그때 최서가 참지 못하고 달려나와 뜰을 지나갔다. 손님이 지나가는 최서를 빤히 쳐다보고는 형화박을 돌아보았다.

"저이는 태산노사(泰山老師)가 아니었소?"

"맞소!"

"다시 태어나 저리 본모습을 한참 잃었으니 불쌍하구먼!"

날이 저물어서야 그가 돌아갔다. 형화박은 최서에게 물었다.

"아까 그 손님은 상제(上帝)를 즐겁게 해주는 신하라네. 태산노사에 관해 말한 걸 들었는가?"

그러자 최서는 눈물을 흘렸다.

"제가 실은 태산노사의 후신입니다. 기억이 나지는 않지만, 어릴 적에 늘 선친이 그런 말씀을 하는 것을 들었습니다."

○ 태위(太尉) 방관(房琯)[90]이 형화박에게 죽을 때의 일을 예측해 달라고 요청하자 이렇게 답했다.

"당신이 동남쪽으로부터 와서 서북쪽에서 멈추게 되면 운명이 다할 거요. 숨지는 곳은 객관도 아니고 절간도 아니요, 길도 아니고 관사도 아닐 게요. 물고기를 먹어 병이 생길 것이며 구자판(龜玆板) 안에서 쉬게 될 게요."

뒤에 방관이 원주(袁州)[91]에서 한주(漢州)[92]로 임명되었다가 파직되어 돌아가는 길에 낭주(閬州)[93]를 지나게 되었다. 그곳 자극궁(紫極宮)[94]에서 묵

90 방관(房琯) : 697~763. 당나라 문신으로 자는 차율(次律). 현종, 숙종(肅宗) 2대에 걸쳐 문부상서(文部尙書), 동중서문하평장사(同中書門下平章事) 등을 역임하였다. 안록산의 난 때는 장안을 점거한 적군을 토벌하는 총지휘를 맡았으나 실패하여, 숙종이 즉위한 후 빈주자사(邠州刺史)로 좌천되기도 하였다. 그는 불교의 인과설(因果說)과 노자의 허무설(虛無說)에 대해 관심이 많았다고 한다.

91 원주(袁州) : 당대의 주명으로, 지금의 강서성 의춘현(宜春縣).

92 한주(漢州) : 당대의 주명으로, 지금의 사천성 광한현(廣漢縣).

93 낭주(閬州) : 당대의 주명으로, 지금의 사천성 낭중현(閬中縣) 지역.

었는데, 마침 일꾼이 목재를 가지고 일을 하고 있었다. 방관은 나뭇결의 형태가 괴이하여 물어봤다. 자극궁의 도사는,

"몇 달 전에 장사꾼이 구자(龜茲)[95]에서 생산된 널판 몇 장을 바쳤기에 지금 이걸로 지붕에 덧붙일까 합니다."

하고 알려주었다. 방관은 비로소 형화박의 말이 떠올랐다. 잠시 뒤 자사(刺史)가 회를 준비해 놓고 방관을 초청하였다.

"형군(邢君)은 신인(神人)이로구나!"

방관은 탄복하였다. 이 사실을 자사에게 자세히 말해주고 또 구자판을 부탁하였다. 그 날 밤에 방관은 회를 먹고 병이 나 죽고 말았다.

44. 왕교(王皎)선생은 다른 술수에는 뛰어났으나 운수(運數)에 관한 것은 일찍이 말한 적이 없었다. 천보(天寶) 연간에 우연히 어떤 손님과 한밤에 밖에 앉아서 손으로 별과 달, 해를 가리키며,

"시절이 장차 어지러워지겠군."

이라고 했다. 이를 이웃집 사람이 소문을 냈다. 그때 현종은 보령이 높아 마음에 얽매이고 꺼려하는 바가 많았다. 그 소문이 누군가에 의해 임금에게 보고되었다. 임금은 몰래 명을 내려 왕교를 주살하도록 했다. 사형을 집행하는 자가 그의 머리를 수십 번 내리쳐 죽였는데, 그의 뇌를 부수고 보니 머리뼈의 두께가 한 치 팔 푼이나 되었다. 왕교는 전에 달해시랑(達奚侍郎)[96]과 왕래를 하는 사이였다. 안사(安史)의 난이 평정된 뒤에 왕교가 홀연 지팡이를 짚고 짚신을 신고서 달해의 집에 찾아왔다. 그

---

94 자극궁(紫極宮) : 한대 이후 제주(諸州)에 설치했던 도교의 사당.

95 구자(龜茲) : 서역의 국명으로 '구자(丘茲)', '굴지(屈支)'라고도 표기한다. 한대에는 서역 36국 중에 하나였으며, 지금 신강(新疆) 위구르 자치구에 속한 지역이다. 이 지역이 한 때 중국에 편입되어 현명이 되기도 했는데, 지금 섬서성 유림현(楡林縣) 북쪽을 가리키기도 한다.

96 달해시랑(達奚侍郎) : 서역에서 귀화하여 시랑 벼슬을 한 인물로 판단되나 미상이다. 달해(達奚)는 호성(胡姓)의 하나이다.

가 이인(異人)임을 알만 하다.

45. 적천사(翟天師)는 이름이 건우(乾祐)이며 협중(峽中)[97] 사람이다. 키는 여섯 자이고 손은 크기가 한 자 남짓이어서 남에게 읍을 할 때면 손이 가슴 앞을 넘어섰다. 누울 때는 늘 속이 빈 베개를 벴다. 만년엔 종종 장래의 일에 대해 말하곤 했다. 한번은 기주(夔州)[98]의 시장에 들어가 큰 소리를 쳤다.

"오늘 밤 여덟 명이 이곳을 지나갈 테니 그들을 잘 대해줘야 할 걸."

그러나 사람들은 이해를 못했다. 그 날 밤 불이 나서 수백 채가 타버렸는데, 여덟 명이란 바로 '화(火)'를 뜻하는 것이었다. 그가 산에 들어갈 때면 호랑이들이 무리지어 그를 따라 다녔다. 또 한번은 강 언덕에서 제자 수십 명과 함께 달빛을 감상하고 있었다. 누군가가,

"저 달 속에는 무엇이 있을까요?"

라고 묻자, 적천사는 씩 웃었다.

"내 손가락이 가리키는 곳을 보거라."

제자들 가운데 두 명이 중천의 달을 구경할 수 있었는데, 화려한 누각과 황금 궁궐이 꽉 차 있었다. 그러나 숨을 몇 번 들이 쉬는 사이 사라져 보이지 않았다.

46. 촉(蜀) 땅의 어느 도사가 미치광이 행세를 했다. 속명은 회대(灰袋)로, 적천사(翟天師)의 만년 제자였다. 적천사는 그의 문도들에게, '이 사람을 속이지 말라. 나도 그에 미치지 못한다'며 늘 주의를 줬다. 한번은 큰 눈이 내리는 중에 갈옷을 입고 청성산(青城山)[99]에 들어갔다. 날이 저물어

97 협중(峽中) : 즉 삼협(三峽). 지금의 사천성 봉절현(奉節縣) 지역.

98 기주(夔州) : 당나라 때의 주명으로, 지금의 사천성 봉절현 지역.

99 청성산(青城山) : 사천성 관현(灌縣) 서남쪽에 있는 산. 이 산은 앞에서 나온 구곡산(句曲山) 등과 함께 도교의 영산으로, 북방 도교의 성지이다. 특히 장도릉(張道陵), 범장생(范長生), 손사막(孫思邈) 등 역대의 주요한 도사들이 은거한 곳으로 유명하

절에 투숙을 하려고 그곳 중에게 묵어가게 해달라고 부탁했다.

"빈승(貧僧)은 가사 한 벌 뿐입니다. 날씨가 이렇게 추운데 이러다간 아무도 살지 못할까 걱정입니다."

그래도 도사는,

"침상만 빌리면 충분하오."

라고 할 뿐이었다. 한 밤중이 되자 눈은 더 쏟아지고 바람까지 불었다. 중은 도사가 이미 죽은 게 아닌가 싶어 다가가 살펴보았다. 그런데 침상에서 몇 자 떨어진 곳에 불을 때는 듯 증기가 피어오르고 윗옷에 땀이 배어있었다. 중은 그가 이인임을 알아보았다. 날이 밝기도 전에 도사는 인사도 없이 떠났다. 그는 촌락에 자주 머물렀으나 매번 이틀 밤을 넘기지 않았다. 또 입에 종기가 나서 아무 것도 먹지 않은 지 몇 개월이었다. 조만간 죽을 것만 같았다. 그래서 평소 그를 신처럼 떠받들던 어떤 이가 도량을 지어 재(齋)를 올렸다. 갑자기 일어난 도사는 여러 사람들에게,

"내 입 안을 들여다보아라. 무슨 물건이 있느냐?"

라고 물었다. 입을 벌리는데 입이 마치 키처럼 커져 오장이 다 드러났다. 같이 있던 사람들이 너무 놀라 절을 올리고 사정을 여쭈었다. 그러나 그는,

"이곳이 싫구나 싫어!"

라고만 하였다. 뒤에 그가 어떻게 되었는지 알 길이 없다. 나는(단성식) 촉군(蜀郡)의 곽채진(郭采眞) 존사(尊師)를 만나 이 얘기를 들었다.

47. 수재 권동휴(權同休)의 친구가 원화(元和)[100] 연간에 과거에 낙방하고 소호(蘇湖) 지방[101]을 유람하게 되었다. 병을 얻어 궁한 형편이었다. 사환

며, 이들에 의해 천사도라는 북방 도교가 성립되었다.

100 원화(元和) : 당나라 헌종(憲宗)의 연호로, 해당기간은 806~820년.

101 소호(蘇湖) 지방 : 지금의 강소성 오현(吳縣)에서부터 절강성 오흥현(吳興縣)에 걸친 지역으로 옛날 오월(吳越) 지역에 해당한다.

은 그 마을의 촌사람으로, 고용한 지 이미 1년이 된 상황이었다. 병중이라 감두탕(甘豆湯)[102]이 생각난 그는 사환더러 저자에 가서 감초(甘草)를 사오라고 시켰다. 그러나 한참이 지나도 사환은 가지 않았고 끓인 물만 가지고 왔다. 수재는 그가 주인의 지시를 잘 따르지 않는다 싶었으나, 다시 보니 꺾은 나뭇가지를 손에 한 가득 쥐고 있었다. 그것을 두세 번 비빈 후에 불 위로 가까이 가져가자 순간 감초로 변하였다. 너무도 신기하여 그가 필시 도사일 거란 생각이 들었다. 조금 뒤에 거친 모래를 가지고 몇 번을 끌어 모아 주물럭거리자 이번에는 팥으로 변해 있었다. 탕을 끓여내자 감두탕과 다를 바가 없었고 아픈 것도 점차 차도가 있었다.

"내 처지가 이렇게 어려운데다 조금도 움직이질 못하겠구려."

라며 수재는 때가 낀 옷을 벗어 그에게 주었다.

"이것으로라도 술과 고기를 조금 장만해 보구려. 나는 마을 어른을 만나서 노자라도 조금 구걸해 볼 요령이오."

사환은 씩 웃었다.

"이걸로는 아무 것도 마련할 수가 없으니 제가 어떻게 해 보겠나이다."

말라죽은 뽕나무 하나를 찍어내어 몇 광주리에 담을 양의 나뭇조각을 만들었다. 이것을 소반 위에다 모아두고는 물을 뿜자, 모두 쇠고기로 변하는 것이었다. 잠시 뒤 몇 개의 병에 물을 담자 맛난 술로 변하였다. 이것으로 촌로들이 모두 술을 취하도록 마시고 고기를 배불리 먹을 수 있었고 비단 3천 필도 챙겼다. 수재가 부끄러워하며 그에게 사례하였다.

"저는 본래 교만하고 어리석어 도를 알지 못한 지 오래입니다. 이제 제가 그대의 종이 되고자 합니다."

"나는 원래 이인으로 약간의 잘못이 있어서 그 벌로 미천한 신분에 떨어졌소. 그러니 수재에게 부림을 받는 게 마땅하오. 만약 기한을 다 채우지 못하면 다시 다른 사람에게 노역을 당해야 하오. 청컨대 수재께서

102 감두탕(甘豆湯) : 쌀뜨물에 팥을 넣어 끓인 탕으로, 따로 '감두갱(甘豆羹)'이 있다.

평상시의 태도를 바꾸지 마시오. 그래야 내 일을 마칠 수 있다오."

수재는 그러라고 했지만 매번 불러서 지시할 때면 안색이 변하고 긴장이 되어 마음이 편치 못했다. 마침내 사환은 하직인사를 하였다.

"수재께서 이러시니 과연 제 일을 마무리하는데 방해가 되는구려."

그러면서 수재에게 장점과 단점, 성공과 실패의 운명에 관한 이야기를 들려주었다. 또한 만물 가운데 변하지 않는 것이 없으나 오직 진흙 속의 붉은 칠한 젓가락과 머리카락은 약의 힘으로도 변화시킬 수 없다는 말까지 했다. 떠나갔지만 어디로 갔는지 알 길이 없었다.

48. 보력(寶曆)[103] 연간 형주(荊州)에는 노산인(盧山人)이 있었다. 그는 늘 요박(橈朴)[104]과 석회(石灰)를 파느라 백적(白洑)[105]의 남쪽에 있는 초시(草市)[106]를 왕래하였다. 때때로 기이한 행적을 슬쩍 드러냈으나 사람들은 제대로 알아차리지 못했다. 상인 조원경(趙元卿)은 호사가로 그를 쫓아 노닐고자 하여, 그가 파는 물품을 가지고 자주 장사를 나갔다. 과일과 차를 시장에 벌려 놓고는 일부러 이익을 내는 방법부터 물었다. 그러나 노산인은 속 마음을 알아차렸다.

"그대의 의중을 보니 장사에 마음이 있지 않은 것 같은데, 어디에 있는가?"

"장자(長者)께서 마음을 감추고 덕을 숨기고 있지만 통찰력이 점쟁이보다 뛰어나다는 걸 알고 있습니다. 원컨대 한 말씀 가르쳐 주십시오."

노산인이 빙그레 웃었다.

"그럼 지금 시험해 보시게. 그대의 주인이 점심때면 기괴한 봉변을 당할 게요. 만약 내 말처럼 하면 그 화를 모면할 것이니, 이 말을 전해주게.

---

103 보력(寶曆) : 당나라 경종(敬宗)의 연호로, 해당기간은 825~827년.

104 요박(橈朴) : 후박나무 따위를 굽혀 만든 물건인 듯한데, 미상이다.

105 백적(白洑) : 형주의 한 지역이겠으나 미상이다.

106 초시(草市) : 당송시대 도성 밖에 열린 장터를 말한다. 대개 시골 장터를 뜻하기도 한다.

떡장수가 전대를 지고서 올 걸세. 그 안에는 2천 냥의 돈이 들어있는데, 절대 탐할 생각을 말게. 그저 대문에 빗장을 지르고 처자식에게 주의시켜 그를 가볍게 대하지 못하도록 하게. 떡장수는 점심때가 되면 필시 악다구니를 늘어놓을 텐데 그러면 꼭 온 식구들을 데리고 물가로 피신해야 하네. 그렇게 한다면 3천 4백 푼만 없어질 걸세."

당시 조원경은 장씨 성을 가진 이의 집에서 머무르고 있었다. 급히 돌아가서 그 말을 장씨에게 전해 주었다. 장씨도 평소 노산인을 신망하고 있었던 터라 문을 닫아걸고 엿보았다. 점심때가 가까워오자 과연 노산인이 말한 인상착의를 한 사람이 나타났다. 그는 문을 두드리며 떡을 사라고 하였다. 아무런 대꾸가 없자 성을 내며 대문을 걷어찼다. 장씨는 대나무평상을 겹쳐 쌓아 그를 막았다. 순식간에 모여든 사람이 수백 명이었다. 장씨는 후문을 통해 처자식을 데리고 자리를 피했다. 점심때가 지나자 그 사람도 자리를 떴고, 수백 걸음을 못 가서 갑자기 엎어져 죽고 말았다. 그런데 떡장수의 아내가 나타나자, 몰려든 사람들이 장씨의 일을 자세하게 얘기해 주었다. 아내는 너무 애달파하다가 소리를 지르며 장씨를 찾았다. 자기 남편의 죽음은 장씨 때문이라고 무고를 하였으나, 관아에서는 판결을 내리지 못하였다. 사람들이 장씨가 대문을 닫고 자리를 피한 정황을 다 얘기해 주자, 식견있는 사람이 장씨에게 제의하였다.

"당신은 분명히 죄가 없지만 그의 장례를 치러주는 것이 좋겠소."

장씨가 이 제의를 흔쾌히 이행하기로 하자 죽은 이의 아내도 화색이 되었다. 관을 사서 수레에 실어보내니 딱 3천 4백 푼이 들었다. 이로 인해 노산인에게 몰려든 사람이 구름 같았다. 노산인은 이를 견딜 수가 없어 몰래 떠나가 버렸다. 복주(復州)[107]의 경계에 이르러 육기(陸奇)라는 수재(秀才)의 장원(莊園) 어귀에 배를 정박했다. 그런데 어떤 이가 육기에게 노산인이 보통사람이 아니라고 전해주었다. 그래서 육기는 노산인을 만

107 복주(復州) : 당대의 주명으로, 지금 호북성 면양현(沔陽縣) 지역.

나뵈었다. 그때 육기는 서울에 올라가 아는 이에게 투숙할 예정이어서 이에 대한 궁금증을 풀어달라고 부탁했다.

"당신은 올해 움직여서는 안 되오. 조석으로 화가 미칠 거요. 당신의 거처하는 집 뒤에 돈이 담긴 항아리가 판때기로 덮여 있는데, 이것은 그대의 것은 아니오. 돈의 주인은 지금 세 살 밖에 되지 않았으니 신중하여 한 푼도 써서는 안 되오. 쓴다면 필시 화가 일어날 게요. 내 당부를 지킬 수 있겠소?"

육기는 놀라는 표정을 지으며 사례하였다. 물결이 잔잔하지 않은데도 그는 떠났다. 육기는 웃으며 처자식에게,

"노산인의 말이 이 같으니 우리가 다시 무엇을 구하겠는가!"

라고 말하고는 심부름하는 아이를 시켜 삽으로 땅을 파게 하였다. 몇 자 파지 않아 과연 나무판이 나왔고, 판을 거두자 커다란 항아리가 나왔다. 그 안에는 돈이 가득 들어있었다. 육기는 기뻐 어쩔 줄을 몰랐고 그의 아내가 치마로 날라 새끼로 꿰니 1만 냥에 달했다. 그런데 여자아이가 갑작스런 머리 통증을 호소하며 못 견뎌 하였다.

"노생의 예언처럼 되려나 보구나!"

육기는 급히 말을 타고 뒤좇아 가서는 당부를 어긴 걸 사죄하였다. 노생은 성을 냈다.

"그대가 그 돈을 쓰면 필시 가족에게 화가 생긴다고 했지 않소. 가족과 이끗 가운데 어느 것이 중하고 가벼운지 그대 스스로 헤아려 보시오."

배를 저어 떠나면서 뒤도 돌아보지 않았다. 말을 달려 되돌아온 육기는 제사를 지내고 그 돈을 이전대로 묻어 놓았다. 그랬더니 여자아이가 말끔히 나았다.

노산인이 또 복주(復州)에 도착하여 몇몇과 한가롭게 길을 가다가 옷을 잘 차려입은 대여섯 명을 만났다. 모두 술냄새가 코를 막을 지경이었다. 노생이 갑자기 이들을 꾸짖었다.

"너희들이 하는 짓거리를 고치지 않으니 생명이 얼마 남지 않았으리

라!"

이들은 늘어서서 흙먼지 속에서 절을 하였다.

"이제 감히 그러지 않겠습니다. 감히!"

동행하던 이들이 의아해 하니,

"저들 무리는 모두 강에서 도적질하는 놈들입니다."

라고 알려주었다. 그의 기행이 이와 같았다.

조원화(趙元和)의 말에 의하면, '노산인의 모습은 나이가 일정해 보이지 않으며 그가 음식을 먹는 것도 본 적이 없다'고 한다. 노산인이 일찍이 조생에게 말한 게 있다.

"세상의 자객 가운데 형체를 숨길 수 있는 자가 적지 않다네. 도사로서 형체를 숨기는 술법을 할 줄 알면서도 20년 동안을 사용하지 않으면 형체를 바꿀 수 있네. 이를 '탈리(脫離)'라고 하지. 그런 상태로 다시 20년이 지나면 지선(地仙)에 이름을 올리게 되지."

또, '자객이 죽으면 그 시신도 보이지 않는다'고도 했다. 그가 말하는 바는 기괴한 것이 많은데, 그도 신선의 부류였던 것이다.

49. 장경(長慶)[108] 초, 은자 양은지(楊隱之)가 침주(郴州)[109]에 살면서 늘 도사를 찾아다녔다. 당거사(唐居士)라는 이는 그곳 사람들의 전언에 의하면 백 살이라고 하였다. 양은지가 그를 찾아가 뵈니, 묵어가라고 하였다. 밤이 되자 당거사는 딸을 불렀다.

"하현(下弦) 달 하나를 가져 오너라."

딸이 벽 위에다 달을 붙여놓는데, 종잇조각 같은 것이었다. 당거사는 즉시 일어나 주문을 외웠다.

"오늘 밤 손님이 오셨으니 광명을 내려주오!"

---

108 장경(長慶) : 당나라 목종(穆宗)의 연호로, 해당 기간은 821~824년.

109 침주(郴州) : 당대의 주명으로, 호남관찰사(湖南觀察使)의 관할지역. 지금 호남성 침현(郴縣).

그 말이 끝나자, 온 방안이 마치 촛불을 늘어놓은 듯 훤해졌다.

50. 남방의 한 백성이 길을 가다 비바람을 만나 한 노인과 함께 나무 아래에서 비를 피하게 되었다. 그가 노인을 공경하여 좋은 자리를 양보하고 한 쪽 구석에 앉았더니 비가 그치자 노인이 그에게 단약 세 알을 주었다.

"급한 일이 생기면 복용하게나."

그 후 한 해 남짓 지나 그의 아내가 갑자기 병이나 죽고 말았다. 며칠이 지나 문득 노인이 단약을 준 일이 떠오른 그는 이로 단약을 쪼개 입에 넣어주었다. 그러자 온기가 조금 돌고 안색이 살았을 적과 같아졌다. 지금 죽은 지 이미 4년이 되었지만 그 모습이 마치 죽지 않고 술에 취한 듯 하고 손톱이 여전히 자라나고 있다 한다. 그 사람은 부인을 지금까지 가마에 태우고서 데리고 다닌다고 하는데, 이 얘기를 들려준 자가 사명산(四明山)[110]에서 그를 보았다고 한다.

110 사명산(四明山) : 지금 절강성 은현(鄞縣) 서쪽에 위치한 산으로, 청성산과 함께 이 지역 도교의 성지로 알려져 있다.

유양잡조 권3

불교 경전【貝編】

1. 불문(佛門)에는 삼계(三界),[1] 이십팔천(二十八天),[2] 사주(四洲)[3]로부터 화엄장세계(華嚴藏世界),[4] 팔한팔열지옥(八寒八熱地獄)[5] 등이 있다. 그 법(法)에

1　삼계(三界) : 중생이 생사유전(生死流轉)한다는 세 단계의 미망(迷妄)한 세계. 즉 욕계, 색계, 무색계를 가리킨다.

2　이십팔천(二十八天) : 욕계의 육천(六天), 색계의 십팔천(十八天), 무색계의 사천(四天)에 대한 총칭.

3　사주(四洲) : 불교의 우주관에 의하면 중앙에 수미산(須彌山)이 있고 동비제가주(東毘提訶州), 남섬부주(南贍部州), 서우화주(西牛貨州), 북구노주(北俱盧州)의 4개 대륙이 있다고 한다.

4　화엄장세계(華嚴藏世界) : '연화엄장세계(蓮華嚴藏世界)'라고도 하며, 비로사나불(毘盧舍那佛)의 정토(淨土)로 무한히 변화하는 세계이며, 일반인들에게는 극락(極樂)에 해당한다.

5　팔한팔열지옥(八寒八熱地獄) : 팔한지옥과 팔열지옥. 팔한지옥은 알부타(頞部陀), 니

는 삼신(三身),[6] 오위(五位),[7] 사과(四果),[8] 칠지(七支)[9]로부터 십팔계(十八界),[10] 삼십칠도품(三十七道品)[11] 등이 있다. 불문에 귀의한 자라면 이것을 다 말할 수 있다. 지금 다 거듭 밝히지는 않고 그 사적이 특별히 기이한 것만을 기록한다.

2. 만지천(鬘持天)[12]의 십주처(十住處)와 십륙분(十六分) 중의 전륜왕(轉輪王)[13]은 그 즐거움이 두 가지에 미치지 못한다.

랄부타(尼剌部陀), 알찰타(頞哳吒), 확확바(臛臛婆), 호호바(虎虎婆), 올발라(嗢鉢羅), 발특마(鉢特摩), 마하발특마(摩訶鉢特摩)이며, 팔열지옥은 탄갱(炭坑), 비시(沸屎), 소림(燒林), 검림(劍林), 도도(刀道), 철자림(鐵刺林), 함하(鹹河), 동궐(銅橛) 등이다.

6 삼신(三身) : 부처의 삼신(三身). 즉 법신(法身), 응신(應身), 화신(化身)으로, 법신은 자성(自性)을, 응신은 수용(受用)을, 화신은 변화(變化)를 규정한다.

7 오위(五位) : 다섯 가지 만유의 제법. 소승불교에서는 75개의 법을 십일색법(十一色法), 일심법(一心法), 사십육심소섭(四十六心所法), 십사불상리법(十四不相離法) 등 다섯 가지로 나누며, 대승불교에서는 100개의 법을 팔심(八心), 오십일심소(五十一心所), 십일색(十一色), 이십사불상인(二十四不相因), 육무위법(六無爲法) 등으로 나누고 있다.

8 사과(四果) : 네 가지 결과, 또는 응보. 즉 수다원과(須陀洹果), 사다함과(斯陀含果), 아나함과(阿那含果), 아라한과(阿羅漢果).

9 칠지(七支) : 말과 행동에서 삼가야 할 일곱 가지 일. 즉 몸이 삼가야 할 것으로 살생(殺), 도둑질(盜), 음란함(婬) 세 가지이며, 말로 삼가야 할 것으로 허위(噓僞), 이매설(二枚舌), 매사(罵辭), 과장(誇張) 네 가지이다.

10 십팔계(十八界) : 18가지 감각의 영역. 이것은 육근(六根), 육경(六境), 육식(六識)으로 나뉘는데, 이는 육관(六官), 즉 눈(目), 귀(耳), 코(鼻), 혀(舌), 몸(身), 마음(心)의 지각작용의 총칭이기도 하다.

11 삼십칠도품(三十七道品) : 열반의 이상경(理想境)에 나아가기 위하여 닦는 도행(道行)의 종류. 이는 다시 사념처(四念處), 사정근(四正勤), 사여의족(四如意足), 오근(五根), 오력(五力), 칠각지(七覺支), 팔정도(八正道)로 나뉜다.

12 만지천(鬘持天) : 사천왕천(四天王天)으로, 이곳에는 열 가지 거처할 곳으로, 백마니(白摩尼), 준애(峻崖), 과명(果命), 백공덕행(白功德行), 상환희(常歡喜), 행도(行道), 애욕(愛欲), 애경(愛境), 의동(意動), 유희림(遊戲林) 등이 있다.

13 전륜왕(轉輪王) : 범어 Cakravartirajadml 음역으로, 윤보(輪寶)를 굴리면서 일체를 굴복시키고 수미(須彌) 4주(洲)를 통솔하는 대왕이다. 천하를 위엄으로 다스리는 이상적인 왕으로 상정되어 있다.

3. 네 종류의 즐거움[14]은 무원(無怨)과 수념(隨念), 그리고 천녀불념여천(天女不念餘天) 등이며, 신체의 향기는 백 유순(由旬)[15]이나 간다. 가류파타천(迦留波陀天)[16]을 여기서는 '상적(象跡)'이라고 하며, 십지(十地)가 있다.

4. 눈을 깜빡거리지 않고, 벌들이 오묘한 소리를 낸다.[17]

○ 육천(六天)의 향풍(香風)이 다 이 하늘로 들어간다.

○ 사천왕(四天王)의 십지채지(十地彩地).[18]

○ 질다라지(質多羅地)의 팔림(八林).[19]

○ 공후천(箜篌天)의 십지(十地)[20]와 금류하(金流河).

○ 무영산(無影山).[21]

○ 영유(影遊)[22]가 있다.

---

14 네 종류의 즐거움 : '무원(無怨)', '수념능행(隨念能行)', '여천불능승기위덕(餘天不能勝其威德)', '천녀불념여천(天女不念餘天)' 등이다.

15 유순(由旬) : 범어 Yojana의 음역으로, '유연(由延)', '유순(兪旬)'으로도 표기한다. 옛날 인도의 이수(里數) 단위로, 군대가 하루에 행진하는 거리, 즉 약 40리(혹 30리)에 해당한다. 또 대유순은 80리, 중유순은 60리, 소유순은 40리로 구분한다.

16 가류파타천(迦留波陁天) : 사천왕(四天王) 중 두 번째에 해당하며, 비구니가 선업을 닦으면 도달하게 되는 곳으로, 모두 열 곳이 있다. 즉 행연화(行蓮華), 승봉(勝蜂), 묘성(妙聲), 향락(香樂), 풍행(風行), 만희(鬘喜), 보관(普觀), 상환희(常歡喜), 애향(愛香), 균두(均頭) 등이다.

17 눈을 깜빡거리지 …… 소리를 낸다 : 이하 언급들은 모두 사천왕(四天王)의 세계에서 볼 수 있는 행동이나 지역들을 나열한 것이다.

18 십지채지(十地彩地) : 사천왕의 세 번째 거주처의 열 곳으로, 즉 환희안(歡喜岸), 우발색(優鉢色), 분타리(分陀利), 중채(衆彩), 질다라(質多羅), 산정(山頂), 마투(摩偷), 욕경(欲境), 청량지(淸涼池), 상유희(常遊戲).

19 팔림(八林) : 사천왕천 중 상자의천(常恣意天)의 열 가지 지역 중 다섯 번째 질다리지에 있는 사환희(四歡喜), 유희행(遊戲行), 의청량(意淸凉), 풍악림(風樂林), 음악성(音樂聲), 엽음(葉音), 화림(花林), 여의림(如意林) 등 여덟 숲을 말한다.

20 공후천(箜篌天)의 십지(十地) : 사천왕의 네 번째 거주처가 '삼공후천(三箜篌天)'인데, 이곳은 다시 열 곳으로 나뉜다. 즉 건타라(乾陀羅), 응성(應聲), 희락(喜樂), 탐수(探水), 백신(白身), 공오락(共娛樂), 희락행(喜樂行), 공행(共行), 화생(化生), 집행(集行) 등이다.

21 무영산(無影山) : 공후천의 두 번째인 응성(應聲)에 있는 산 이름.

22 영유(影遊) : 공후천의 세 번째인 희락천(喜樂天)에 있는 새의 이름.

○ 오수(烏隨).

○ 영유가 날아가는 곳에는 그 못이 그 색을 같이한다.

○ 이 새들은 게(偈)를 읊조린다.

○ 백신천(白身天)이 있다.

○ 몸의 색이 구물두화(拘勿頭花)와 같다.

○ 발이 없으며 부드럽다.

○ 발을 따라 위 아래로 움직인다.

○ 악유희천(樂遊戲天)이 있다.

○ 거위를 타고 전(殿)에 오른다.

○ 보수(寶樹)[23]는 가지와 잎새가 궁전 같다.

○ 삼십삼천(三十三天)에는 구십구(九十九) 나유(那由)[24]의 천녀(天女)가 있다.

○ 억념수(憶念樹)에서는 생각하는 대로 물건이 생겨난다.

○ 십화지(十花池).[25]

○ 천주전(千柱殿).[26]

○ 육시림(六時林)[27]이 있는데, 하루에 육시(六時)가 구비되어 있다.

5. 천복윤전(千輻輪殿)은 천비(天妃)인 사지(舍支)[28]가 앉아있는 곳이다.

---

23 보수(寶樹) : 공후천의 여섯 번째인 공희락천(共喜樂天)에 있다는 나무 이름.

24 나유(那由) : 즉 나유타(那由他). nayuta의 음역으로, 수사(數詞)이다. 보통 1백만, 또는 1천만을 뜻한다.

25 십화지(十花池) : 삼십삼천의 첫 번째인 선법당(善法堂)에 있는 열 가지 화지(華池). 즉 난타연화지(難陀蓮華池), 마가난타연화지(摩訶難陀蓮華池), 환희연화지(歡喜蓮華池), 대환희연화지(大歡喜蓮華池), 유희연화지(遊戲蓮華池), 정억념연화지(正憶念蓮華池), 일절의연화지(一切義蓮華池), 정분별연화지(正分別蓮華池), 여의수연화지(如意樹蓮華池), 인타라복처자재대광명연화지(因陀羅覆處自在大光明蓮華池) 등이다.

26 천주전(千柱殿) : 선법당(善法堂)의 원림(園林)에 있는 궁전의 이름.

27 육시림(六時林) : 육시(六時)가 갖추어진 숲이란 뜻. 육시는 불가에서 하루를 신조(晨朝), 일중(日中), 일몰(日沒), 초야(初夜), 중야(中夜), 후야(後夜) 등 여섯 단위로 나누는 것을 말한다.

○ 그녀의 옷은 씨줄과 날줄이 없다.

○ 이곳에서 장차 죽게 될 자는 먼지가 몸에 달라붙는다.

○ 마전(馬殿)[29]은 천 마리의 거위가 수레를 끈다.

○ 금강(金剛) 실로 만든 혁대.[30]

○ 행림(行林)[31]은 하늘을 가다 이르는 곳이다.

○ 뭇까마귀들은 가슴이 황금으로 되어 있다.

○ 큰 코끼리가 백 마리인데, 머리에는 상아가 10개 이며, 상아의 끝에는 백곡지(百浴池)가 있고 정수리에는 산이 있으니 '계장엄(界莊嚴)'이라 부른다. 코에는 강물이 흐르는데 염모나하(閻牟那河)[32]만 하다. 이 강물이 세계로 흩어져 떨어져 안개가 된다. 옆구리에는 두 개의 동산이 있는데, 하나는 가림(喜林)이며 또 하나는 낙림(樂林)이다. 코끼리의 이름은 이라바나(伊羅婆那)[33]이다.

○ 광명림(光明林)[34]의 사방에는 의수(意樹)라는 게 있다. 제석(帝釋)이 아수라(阿修羅)와 싸울 때 그 숲의 네 나무 사이로 들어갔다가 승패를 미리 보게 되었다.

○ 갑주림(甲胄林)[35]은 갑옷과 투구가 나무를 따라 자라나므로 도저히

---

28 사지(舍支) : '사지(舍脂)'라고 표기한다. 원문의 '사우(舍友)'는 잘못된 표기이다. 산스크리트어 Saci의 음역으로, 힌두신화에서 인도라의 아내로, 신의 아내를 인격화한 예이다. 창조의 여신으로 받아들여지고 있다.

29 마전(馬殿) : 삼십삼천의 네 번째인 선견성천(善見城天)의 말이 끄는 궁전으로, 이 궁전은 말이 끌어 신속하게 움직일 수 있다고 한다.

30 금강(金剛) 실로 만든 혁대 : 삼십삼천의 다섯 번째인 발사타(鉢私他)에서는 천의무봉한 옷을 걸치고 금강(金剛)의 실로 만든 혁대를 찬 천인(天人)이 있다고 한다.

31 행림(行林) : 삼십삼천의 여섯 번째인 구타(俱咤)에 있다는 원림(園林).

32 염모나하(閻牟那河) : 중인도 솔록근나국(窣祿勤那國)에 있는 강. 현장(玄奘)의 『대당서역기(大唐西域記)』에 의하면, 이 나라 대성(大城)의 동남 지역을 흐르는 강이라고 소개하고 있다.

33 이라바나(伊羅婆那) : Airavana의 음역으로, 삼십삼천의 여덟 번째인 환희원(歡喜園)에 있는 흰코끼리로 천왕(天王)의 가르침을 듣고 앞의 내용처럼 변신했다고 한다.

34 광명림(光明林) : 삼십삼천의 아홉 번째인 광명(光明)에 있는 숲으로, 청정무구한 지역이다.

깨뜨릴 수 없다.

6. 연(蓮)은 마유(摩偸)[36]에서 나며 맛있는 음료이다. 1천 2백의 선업을 닦은 자가 이 천(天)에서 산다. 상묘(上妙)의 감촉[37]은 가전린제조(迦旃鄰提鳥)의 감촉과 같은데, 이 새는 전륜왕이 세상에 출현할 때 나타난다.

7. 개합림(開合林)[38]에서는 눈을 뜨면 늘 광명세계를 볼 수 있다.

8. 야마천(夜摩天)[39]은 허공에 정지해 있다. 염파풍(閻婆風)이 잡아주고 있기 때문이다.

9. 적애산(積崖山)[40]은 높이가 3백 유순(由旬)인데, 칠탑(七榻)과 칠상(七箱)이 있다.

10. 처음 하늘이 생겨날 때 오상(五相)이 있었다. 첫째 빛이 몸을 뒤덮었고 옷을 입지 않았다. 둘째 물건을 보게 되면 갖기를 원하는 마음이 생겨났다. 셋째 얼굴에 수치심이 생겨났다. 넷째 의심이 생겨났다. 다섯

---

35 갑주림(甲胄林) : 천왕(天王)이 교화를 펴던 숲으로 알려져 있다.

36 마유(摩偸) : madhu의 음역으로, 사람이 도취한 음료라는 의미를 갖고 있다. 사천왕의 세 번째 거주처의 이름이기도 하다.

37 상묘(上妙)의 감촉 : 삼십삼천의 스물세 번째인 월행천(月行天)에서 연화(蓮華)의 향이 느껴지는 감촉을 뜻한다. 이 느낌은 바다에 산다는 새 가전린제(迦旃鄰提)의 형언할 수 없는 감촉과 같다고 한다.

38 개합림(開合林) : 삼십삼천 중 서른두 번째인 위덕염륜(威德焰輪)에 있는 숲으로, 이곳에 있으면 눈이 열린다고 한다. 이곳은 밤낮의 구분이 없고, 하루는 인간 세상의 200년에 해당한다고 한다.

39 야마천(夜摩天) : 욕계육천(欲界六天) 중 세 번째. 야마(夜摩)는 사자(死者)의 신으로 지옥을 관장한다.

40 적애산(積崖山) : 즉 '취적애산(聚積崖山)'. 야마천에 있는 산으로, 산 전체가 칠보로 이루어져 있다고 한다.

째 두려움이 생겨났다.

○ 또 오목(五木)이 있다. 첫째 연지(蓮池) 가까이 있는 것은 꽃이 피지 않는다. 둘째 숲 가까이에 있어 벌이 나무를 떠난다. 셋째 천녀(天女)의 노랫소리를 듣고서 포기하려는 마음이 생긴다. 넷째 나무 가까이에선 꽃이 시든다. 다섯째 궁전에선 공중을 다니지 못한다.

○ 또한 몸의 빛을 보게 되면 옷의 촉감이 금강(金剛)과 같아진다. 비유리경(毘琉璃鏡)에 비추어도 그 길이 보이지 않는다.

11. 천녀(天女)[41]가 쇠미해 가는 상에는 아홉 가지가 있다. 첫째, 피부가 늘어지는 것. 둘째, 머리의 꽃이 흩어져 떨어지는 것. 셋째, 머리에 있던 붉은 꽃이 노란색으로 변하는 것. 넷째, 바람이 꿰매지 않은 옷에 불 때 인간의 옷처럼 부딪쳐 닿는 것. 다섯째, 날아다니는 데에 피로감을 느끼는 것. 여섯째, 닿은 물이 흐려지는 것. 일곱째, 나무의 꽃을 따려 하는데 높아서 닿지 않는 것. 여덟째, 천자(天子)를 보는데도 예쁘게 굴지 않는 것. 아홉째, 머리칼이 흐트러지고 거친 것.

○ 또한 입술을 움직여 멈추지 않는 것과 옥구슬로 된 머리 장식이 무겁게 느껴지는 것이다.

12. 열두 가지 이구(離垢)[42]에 대한 보시가 이 천(天)에서 생겨난다. 새들의 파란 그림자가 만 유순(由旬)을 뒤덮는다.

13. 마니주(摩尼珠)[43] 속에 금자(金字)로 된 게(偈)가 있다.

---

41 천녀(天女) : 욕계육천(欲界六天)에 거처하며 색계제천(色界諸天)의 음욕(淫慾)을 관장한다고 알려져 있다. 또 태양과 달을 통치하는 간달파(乾達婆, Gandharva)의 아내이기도 하다.

42 이구(離垢) : 불순한 세계를 뜻한다. 따라서 이런 불순한 정념과 타락한 환상을 제거한다는 의미이다.

43 마니주(摩尼珠) : 보주(寶珠)를 일상적으로 이르는 말. 불행과 재난을 없애 주고 더러

14. 사천왕천(四天王天)[44]에 열둘의 잃어버린 땅덩이가 있다. 수라(脩羅)[45]와 싸울 적에 등분된 것이다.

○ 삼십삼천(三十三天)[46]에는 여덟 종류의 잃어버린 땅덩이가 있다. 열천불위제석소지(劣天不爲帝釋所識) 등이다.

○ 야마천(夜摩天)에는 여섯의 잃어버린 땅덩이가 있다. 식열생참(食劣生慚) 등이다.

15. 도솔타천(兜率陀天)[47]에는 넷의 잃어버린 땅덩이가 있다. 불락아왕설법성(不樂鵝王說法聲) 등이다.

○ 화락천(化樂天)[48]에는 넷의 잃어버린 땅덩이가 있다. 천업장진(天業將盡), 기족무영(其足無影) 등이다.

16. 타화자재천(他化自在天)[49]에는 넷의 잃어버린 땅덩이가 있다. 보시봉사거(寶翅蜂捨去) 등이다.

운 물을 깨끗하게 하는 따위의 덕이 있다.

44 사천왕천(四天王天) : 욕계육천(欲界六天)의 첫째 하늘. 수미산 중턱에 있는 사천왕과 그 권속들이 사는 곳이다. 지국천(持國天), 증장천(增長天), 광목천(廣目天), 다문천(多聞天)이 있어, 위로는 제석천을 섬기고 아래로는 팔부중을 지배하여 불법에 귀의한 중생을 보호한다.

45 수라(脩羅) : 즉 아수라(阿脩羅). 거대한 마물(魔物)의 형상을 하고 싸우기를 좋아하는 귀신이다. 대양(大洋)이나 동굴에 살면서 그 지역을 지배한다. 인도에서 가장 오래된 신 중에 하나이다.

46 삼십삼천(三十三天) : 육욕천, 십팔천, 무색계 사천(四天)과 일월성수천(日月星宿天), 상교천(常憍天), 지만천(持鬘天), 견수천(堅首天), 제석궁천(帝釋宮天)을 통틀어 이르는 말.

47 도솔타천(兜率陀天) : 욕계육천 중 네 번째 하늘로 야마천 위에 있다. 이곳은 마음의 충족과 감사의 의미를 갖고 있다.

48 화락천(化樂天) : 욕계육천의 다섯째 하늘. 이 하늘에 나면 모든 대상을 마음대로 변하게 하여 즐겁게 할 수 있다.

49 타화자재천(他化自在天) : 욕계육천의 여섯째 하늘. 욕계(欲界)에서 가장 높은 하늘로 마왕(魔王)이 살며, 여기에 태어난 이는 다른 이의 즐거움을 자기의 즐거움으로 만들어 즐길 수 있다고 한다.

17. 색계천(色界天)의 아래에 있는 돌은 108,383년이 지나야 땅에 닿는다.

18. 염부제(閻浮提)[50]의 사람은 신장이 세 주(肘)[51] 반에서 네 주에 이른다. 뼈는 45개, 맥(脈)은 13개이다. 몸에 사는 벌레로 모등(毛燈)과 진혈(瞋血)이 있다.

○ 선도마충(禪都摩蟲)은 핏속을 떠돌아다닌다.

○ 선색충(善色蟲)은 똥 속에 있으면서 사람을 편안하게 해준다.

○ 기근충(起根蟲)은 배불리 먹으면 기뻐한다.

○ 환희충(歡喜蟲)은 뭇사람들의 꿈을 볼 수 있다.

○ 또 전탄몽(瘨瘓朦) 등이 있다.

19. 사바라인(賒婆羅人)[52]은 입술에 구멍을 낸다.

○ 타면인(駝面人)의 눈에는 여러 사람이 있다. 발이 둘인 사자는 날개가 있다. 개의 낯을 한 여인도 있다. 지다가(吱多迦)라는 이름의 숲이 있는데, 나찰(羅刹)이 거주하는 곳이다. 눈 깜짝할 사이에 수백에서 1천 유순(由旬)을 간다. 주(洲)에는 적지(赤地), 흑옥(黑玉), 동강백(銅康白) 등이 있다.

20. 울단월(鬱單越)[53]에는 계다가(雞多迦) 등 천하(天河)가 70개 있다.

---

50 염부제(閻浮提) : 수미산 남쪽에 있다고 하는 땅. 북쪽은 넓고 남쪽은 좁은 세모꼴인데 염부나무가 무성하며, 오직 이 땅에서만 부처가 출현한다고 한다. 뒤에는 인간 세계 또는 현세를 통틀어 이르는 말이 되었다. 남섬부주 · 남염부제 · 남염부주 · 염부주 등으로 불린다.

51 주(肘) : 길이의 단위로 1주는 두 자, 또는 한 자 다섯 치에 해당한다.

52 사바라인(賒婆羅人) : 염부제에 있는 기형(奇形)의 인물. 이곳에는 이 외에도 취의인(取衣人), 낙타면인(駱駝面人) 등이 더 있다.

53 울단월(鬱單越) : 즉 '울다라구류(鬱多羅究留)'. Uttara-kuru의 음역으로, 불가에서 말하는 사대륙 가운데 하나로, 여기서는 인간의 수명이 천년이 간다고 한다.

21. 자재무외(自在無畏)한 사천왕(四天王)의 여부는 압음림(鴨音林)[54]과 같다.

○ 기린타수(麒麟陀樹)[55]가 있다.

○ 가지다라(迦吱多那) 등 25종의 사슴 이름이 있다.

○ 산에 우두전단(牛頭旃檀)이 많다. 아수라(阿修羅)와 싸우다 부상을 당한 천인(天人)이 여기에서 향을 쏘인다.

22. 제라가수(提羅迦樹)의 꽃은 햇빛을 보면 개화한다.

○ 구니타수(拘尼陀樹)의 꽃은 달빛을 보면 개화한다.

○ 무우수(無憂樹)는 여인이 만지면 꽃이 핀다.

○ 시리사수(尸利沙樹)[56]는 발로 밟으면 자라난다.

○ 또 백용(白龍), 활아(活鵝), 선비경계(旋鼻境界) 등의 꽃이 있다.

23. 구타니(瞿陀尼)[57]의 여인들은 우유가 주식이다. 10억의 취락과 1만 2천의 성을 지닌 대국이다.

○ 다가다지(多伽多支)에는 다섯 개의 큰 강물이 있으니, 월력하(月力河) 등이다. 불바제(弗婆提)에는 세 개의 거대한 숲이 있으니, 욕만(峪鬘)[58] 등이다.

○ 대성(大城)이 셋인데,[59] 작은 성은 300,503,556개의 취락으로 구성되어 있다.

---

54 압음림(鴨音林) : 울단월에 있는 백운지산(白雲持山)의 원림.

55 기린타수(麒麟陀樹) : 울단월의 승가사산(僧迦賒山)의 함비라림(鉿毘羅林)에 있다고 하는 나무.

56 시리사수(尸利沙樹) : 이른바 '합혼수(合婚樹)'라고 하는 나무이다.

57 구타니(瞿陀尼) : '구가니(瞿伽尼)'라고도 표기하며, 수미산의 서쪽 대륙으로, 소가 주요 산물이다.

58 욕만(峪鬘) : 삼대림(三大林)으로 이 외에도 수미림(須彌林), 유수림(流水林)이 있다.

59 대성(大城)이 셋인데 : 삼대성(三大城)은 선문성(善門城), 산락성(山樂城), 보유희성(普遊戲城)이 그것이다.

24. 남주(南洲)[60]에서는 귀와 머릿털을 장식한다.

○ 북주(北洲)에서는 눈을 장식한다.

○ 서주(西洲)에서는 이마와 배를 장식한다.

○ 동주(東洲)에서는 어깨와 허벅지를 장식한다.

25. 섬부(贍部)[61]에서 자라는 자는 백전(白氈)을 보며, 울림월(鬱林越)에서 사는 자는 적전(赤氈)을 보니, 어미 보기를 거위처럼 한다. 구타이(瞿陀夷)에서 사는 자와 황옥(黃屋)에서 사는 자는 어미 보기를 소처럼 한다. 불바제(弗婆提)에서는 청전(青氈)을 보며, 어미 보기를 말처럼 한다.

26. 아수라(阿修羅)는 귀(鬼)로 마신(魔神) 및 아귀(餓鬼)를 통솔하는 신통력을 가지고 있다. 또 축생(畜生)을 통섭한다. 바다 속 지하 8만 4천 유순(由旬)에 있다.

27. 주수(酒樹)[62]가 있다.

○ 또 어떤 나무가 있어 벌들이 꿀을 흘리면 그 색이 황금같다.

○ 바라바수(婆羅婆樹)의 열매는 항아리 같다.

28. 네 채녀(婇女)[63]는 여영(如影) 등으로, 각기 12억 나유타(那由他)[64] 시

---

60 남주(南洲) : 수미산 주변의 사대륙을 일컫는 것으로, 남주는 염부제, 북주(北洲)는 울단월, 서주(西洲)는 구타니(瞿陀尼), 동주(東洲)는 불바제(弗婆提)이다.

61 섬부(贍部) : 남염부제의 주(洲). 이하 울림원은 북구로주(北俱盧洲), 구타이는 서우화주(西牛貨洲), 불바제는 동비제가주(東毘提訶洲) 등이 있다.

62 주수(酒樹) : 아수라왕이 거처하는 광명성(光明城)에 네 개의 원림이 있는데, 이곳에서 서식하는 주천유수(酒泉流樹). 여기에는 이외에도 금색수(金色樹) 등이 있다.

63 네 채녀(婇女) : 아수라왕의 시녀로, 여영(如影)을 비롯해 제향(諸香), 묘림(妙林), 승덕(勝德) 등이다.

64 나유타(那由他) : 항하사(恒河沙)의 만 배가 되는 수인 아승지(阿僧祇)의 만 배가 되는 수. 불가에서 가장 큰 수에 해당한다. '나유다(那由多)'로 표기하기도 한다.

녀(侍女)를 두고 있다. 수명이 5천 살이며, 땅의 이름은 월만(月鬘)이다.

○ 불견정산(不見頂山)[65]에는 녹미(鹿迷), 봉선(蜂旋), 적목어(赤目魚), 정주(正走), 수행(水行), 주공(住空), 주산굴(住山窟), 애지(愛池), 어구(魚口) 등 열 세 곳이 있다.

○ 황만림(黃鬘林)[66]이 있다.

29. 함비라성(鋡毘羅城)[67]이 있다.

○ 전시(戰時)엔 수족이 잘렸다가도 다시 생겨난다. 몸의 절반 또는 머리가 잘리면 즉사한다.

30. 귀괴(鬼怪)는 염부제(閻浮提) 아래 500유순(由旬) 거리에 있고, 서른여섯 종류가 있다. 마라식만귀(魔羅食鬘鬼)[68]는 귀자마(鬼子魔)를 의미한다. 차질가조(遮叱迦鳥)는 물고기만 먹는데, 아귀(鵝鬼)가 이 새의 몸을 빌린다.

31. 축생(畜生)[69]에는 34억의 종류가 있다. 염부제(閻浮提)에 사는 용은 57억 마리로, 구타니(瞿陀尼)에선 더러운 물에 내려오지 않는다. 서주(西洲) 사람은 더러운 물을 먹으면 요절하고, 단월(單越) 사람은 찬바람을 싫어한다.

○ 용은 냉풍을 뿜지 않으며, 불바제주(弗婆提洲)에선 우레소리와 번갯

65 불견정산(不見頂山) : 아수라지(阿修羅地)의 네 산 가운데 세 번째 산. 첫째는 환희산(歡喜山), 둘째는 금염광산(金焰光山), 넷째는 가애광산(可愛光山)이다.

66 황만림(黃鬘林) : 앞에 나온 함비라성의 원림 가운데 하나이다.

67 함비라성(鋡毘羅城) : 아수라지의 세 번째 성. 여기에는 화만아수라왕(花鬘阿修羅王)이 거처한다.

68 마라식만귀(魔羅食鬘鬼) : 불가에서 말하는 서른여섯 종의 아귀(餓鬼) 가운데 하나이다.

69 축생(畜生) : 남이 길러주는 생류(生類)라는 뜻. 고통이 많고 즐거움이 적으며 성질이 무지하여 식욕과 음욕만이 강하고, 부자 형제의 차별이 없이 서로 잡아먹고 싸우는 새, 짐승, 벌레, 고기 따위. 중생으로서 악업을 짓고 매우 어리석은 이는 죽어서 축생도에 태어난다고 한다.

불을 일으키지 않는다. 동주(東洲)에서 싫어하기 때문이다.

○ 우레소리가 도솔천(兜率天)에서는 범패소리로 들리며, 염부제(閻浮提)에서는 바다의 조수 소리로 들린다.

○ 비가 도솔천에서는 마니보주(摩尼寶珠)로 내리며, 호세성(護世城)에서는 맛난 반찬으로 내린다. 바닷속에서도 연이어 도는 수레바퀴처럼 끊임없이 비가 내린다. 아수라(阿修羅)에서는 무기의 비로 내린다. 염부제(閻浮提)에서는 청정수(淸淨水)의 비가 내린다.

32. 지옥(地獄)은 136곳이다.

○ 삼각생사(三角生死)는 선(善), 불선(不善)을 기록하지 않는다.

○ 단생사(團生死)는 제천(諸天)이다.

○ 청출사(靑出死)는 지옥(地獄)이다.

○ 황출사(黃出死)는 아귀(餓鬼)이다.

○ 적업(赤業)은 축생(畜生)이다.

33. 활지옥(活地獄)[70]에는 열여섯 개의 별처(別處)가 있다. 하천(下天)의 5천년이 이 지옥에서는 하루 밤낮이다. 금강충(金剛蟲)[71]이 있다. 옹열(瓮熱)[72]이 있다. 황람화(黃藍花)[73]가 있다. 심미니어(心彌泥魚)[74]가 있다.

○ 배통(排筒)[75]이 있다.

---

70 활지옥(活地獄) : 팔열지옥의 하나. 염부제(閻浮提) 아래 1천 유순 되는 곳에 있다는 지옥. 산 목숨을 죽인 자가 이 지옥에 떨어진다고 한다.

71 금강충(金剛蟲) : 금강으로 된 입을 가진 벌레. 지옥 별처의 첫 번째에 있다. 인체로 들어가 안을 뜯어 먹는다.

72 옹열(瓮熱) : 지옥 별처의 세 번째에 있다. 쇠가마에 사람을 집어넣고 열을 가해 끓인다.

73 황람화(黃藍花) : 활지옥의 네 번째 별처인 다고처(多苦處)에서 자라는 꽃이다.

74 심미니어(心彌泥魚) : 활지옥의 여섯 번째 별처인 불희처(不喜處)의 애하(愛河)에서 사는 물고기이다.

75 배통(排筒) : 미상인데, 지옥에서 통에 집어넣어 고통을 주는 형벌 중에 하나인 것으로 짐작된다.

34. 흑승지옥(黑繩地獄)[76]이 있다.

○ 전다극(旃茶劇)이 있다.

○ 외취처(畏鷲處)가 있다.

35. 합지옥(合地獄)[77]에는 상 · 중 · 하 세 종류의 대꼬챙이가 동즙하(銅汁河)로 꽂아져 있다.

○ 큰 바다에는 독수리 뱃속에서 불을 달구는 사람이 있다. 사람의 살을 바르는 곳에선 견고한 갑옷 입은 사람이 입구에서 불을 뿜고, 야간(夜干)과 주주충(朱誅蟲)이 살을 먹는다.

○ 철개미가 있다.

○ 누화처(淚火處)[78]에서는 거타나회(佉佗羅灰)를 눈에 가득 채운다. 납지(鑞池)의 자라[79]가 있다.

36. 호규지옥(號叫地獄)[80]이 있다.

○ 발류화처(髮流火處)가 있다.

○ 화말충처(火末蟲處)에는 404가지의 고통이 있다. 불길이 2백 주(肘)나 된다.

37. 대호규지옥(大號叫地獄)[81]이 있다.

---

76 흑승지옥(黑繩地獄) : 팔대지옥의 두 번째. 이곳의 별처로 등환수고처(等喚受苦處), 전다처(旃茶處), 외취처(畏鷲處) 등이 있다.

77 합지옥(合地獄) : 팔대지옥의 하나. 죄인을 모아 두 대철위산 사이에 넣으면 두산이 합쳐져서 눌려 죽으며, 또 큰 쇠구유 속에 넣고 눌러 짜는 등의 고통이 있는 지옥이다.

78 누화처(淚火處) : 합지옥의 열 번째 장소로 화루(火淚)가 나와서 몸을 태우며, 눈알을 뽑고 그 자리에 구타나회(佉佗羅灰)를 채워 넣는다고 한다.

79 납지(鑞池)의 자라 : 팔대지옥의 네 번째인 규환지옥(叫喚地獄)에 뜨거운 백납(白鑞)이 담긴 못이 있으며 여기에 큰 자라가 사는데, 이 자라를 말하는 듯하다.

80 호규지옥(號叫地獄) : 팔대지옥의 다섯 번째. 고통을 견디지 못하여 큰 곡성을 내므로 호규라 한다.

81 대호규지옥(大號叫地獄) : 활지옥, 흑승지옥, 합지옥 등 여러 지옥에서 고통을 받아

○ 광활하기가 3거사(居賖)[82]에 달하며, 입에서 확충(確蟲)이 나온다. 화만처(火鬘處)[83]는 금서가(金舒迦)의 화염색깔이고, 혈육니(血肉泥)의 빛깔이 난다. 적수(赤樹)와도 같다. 물고기 뱃속에서 고통을 겪는다.

38. 초열지옥(焦熱地獄)[84]이 있다.

○ 열 두 곳의 염처(炎處)가 있는데, 불길이 열 방향에서 생겨나며 그 안에 굶주린 불이 있다.

○ 침풍(針風)이 용의 입 안에서 생겨난다. 미니어(彌泥魚)라는 것이 있다.

○ 가마의 크기가 50유순(由旬)으로, 끓어올라 날리는 거품의 높이가 반 유순이다. 36억 유순을 불어오다가 내려온다. 발괴오처(髮愧烏處)가 있다. 지분충(地盆蟲)이 있다.

○ 쇠북 속에다 두고 두드리며 험악한 소리가 난다.

○ 머리가 천 개인 용이 있다.

39. 아비지옥(阿鼻地獄)[85]은 열여섯 곳의 별처가 있다.

○ 멀쩡한 옷이 해지고 빨아도 금방 때가 탄다.

○ 아비에서 윤생(輪生)할 상은 죽을 때 몸을 보면 여덟 살 아이 같고 얼굴이 아래쪽을 향하고 있으며 공중에서 바람이 분다. 3천년 동안 고통

크게 곡성을 지르는 지옥이라는 뜻이다.

82 거사(居賖) : Krosa의 음역으로, 구노사(拘盧舍)의 약칭이다. 일반적으로 소가 우는 소리를 들을 수 있는 거리로, 2리 또는 5리로 알려져 있다.

83 화만처(火鬘處) : 대호규지옥의 열네 번째 지역.

84 초열지옥(焦熱地獄) : 팔대지옥의 하나. 살생, 투도, 사음, 음주, 망어를 범한 이가 떨어지는 지옥으로, 이곳에서는 뜨거운 철판 위에 눕히고 벌겋게 달은 철봉으로 치고, 큰 석쇠 위에 올려놓고 뜨거운 불로 지지며, 또 큰 쇠꼬챙이로 아래로부터 몸을 꿰어 불에 굽는 등의 고통을 받는다 한다.

85 아비지옥(阿鼻地獄) : 팔대지옥의 하나. '아비규환(阿鼻叫喚)'이라는 말이 여기서 생긴 것으로, 팔대지옥의 가장 깊은 지옥이기도 하다.

을 받는 것이 아가니타천(阿迦尼吒天)[86]의 즐거움보다 낫다. 지옥의 더러운 기운은 욕계(欲界)의 육천(六天)을 부패시킬 수 있다. 출산(出山)과 몰산(沒山) 두 산이 그 기운을 막아준다. 오구처(烏口處),[87] 흑두처(黑肚處),[88] 일각이각처(一角二角處)[89]가 있다.

40. 팔한지옥(八寒地獄)[90]은 통설과 같은 게 많다.

41. 팔한지옥에 윤생하는 경우는 세 가지가 있다. 죄가 가벼우면 사람의 모습, 그 다음은 동물의 모습이지만, 고통이 극에 달하면 없어진다. 육헌(肉軒)이나 육병(肉屛) 등이다. 지금 절에 가보면 지옥변(地獄變)[91]이 그려져 있는데, 오직 자격옥(子隔獄)[92]이 불경의 논의와 비슷해 그 고통이

86 아가니타천(阿迦尼吒天) : 색계천 가운데 최고의 천(天)으로, '색구경천(色究境天)'이라고 한다.

87 오구처(烏口處) : 아비지옥의 첫 번째 장소. 까마귀 주둥이[烏口]를 죄인의 입에 꽂아 넣는다고 한다.

88 흑두처(黑肚處) : 아비지옥의 여섯 번째 장소. 흑토사(黑肚蛇)가 죄인의 몸을 발가락부터 조금씩 먹는다고 한다.

89 일각이각처(一角二角處) : 아비지옥의 열두 번째 장소. 이곳의 일각처(一角處)에서는 죄인을 가마솥에 삶고, 이각처(二角處)에서는 억 개의 칼이 죄인의 몸을 도려낸다고 한다.

90 팔한지옥(八寒地獄) : 모진 추위로 고통을 받게 하는 팔대지옥의 하나. 남섬부주의 밑으로 5백 유순 되는 곳, 팔열 지옥의 곁에 있다고 한다. 참고로 팔열지옥과 그 기능은 다음과 같다. 알부타(頞部陀)는 매서운 추위로 몸이 부르트는 지옥이며, 니랄부타(尼剌部陀)는 추위로 몸의 부르튼 것이 터지는 지옥이며, 알찰타(頞哳吒), 확확바(臛臛婆), 호호바(虎虎婆)는 추위에 못 견뎌 내는 소리로 이름한 것이고, 올발라(嗢鉢羅)는 심한 추위로 몸이 퍼렇게 어혈지며 가죽과 살이 얼어 터져서 푸른 연꽃같이 되는 지옥이고, 발특마(鉢特摩)는 살과 가죽이 벌겋게 되며 부르터져 붉은 연꽃같이 되는 지옥이며, 마지막으로 마하발특마(摩訶鉢特摩)가 있다.

91 지옥변(地獄變) : 불가의 지옥에 관한 그림으로, 당대(唐代)에 유행하였다. 변(變)은 불교 경전 가운데 설화를 그림으로 그린 것을 말한다. 당대에는 지옥변 외에도 경변(經變), 유마변(維摩變), 화엄변(華嚴變), 서방변(西方變) 등 다양한 불화가 유행하였다.

92 자격옥(子隔獄) : 각 지옥에 부속한 소지옥(小地獄)으로, 본래 지옥과는 구별되는 곳이다.

고스란히 실려있다. 인간세상을 그려놓은 부분은 하나도 근거가 없다.

42. 전설에 따르면, 지옥 안에 음우두(蔭牛頭)와 아방(阿傍)[93]이 있는데, 무정업(無情業)에 감응해 출현한 것이라고 한다.

43. 사람이 점차 죽을 때에 발뒤꿈치가 가장 차가우면 이는 지옥으로 떨어질 상이다.

44. 기세계(器世界)[94]가 파괴되면 생지옥이 없어진다.

45. 아수라(阿修羅)에는 일체관견지(一切觀見池)가 있는데, 전쟁의 승패가 다 이 못 안에 드러난다.

46. 만지천(鬘持天)의 경림(鏡林) 안에서는 천인(天人)이 스스로 선악의 인연을 볼 수 있다.

○ 정행천(正行天)[95]의 파리수(頗梨樹)에서는 사람의 불법여부를 볼 수 있다.

○ 비류박천(毗留博天)[96]에서는 이것을 항상 살필 수 있다.

○ 도리천(忉利天)[97]에서는 인간세계에서 일곱 번 윤생(輪生)한 일이 궁전의 벽에 드러난다.

○ 여덟 번째 윤생은 없다. 파리사다천(波利邪多天)에는 파리사다수(波利

---

93 음우두(蔭牛頭)와 아방(阿傍) : 세습되는 지옥의 귀신들. 음우두는 소머리를 한 귀신이며, 아방은 이들의 고문역을 맡고 있다고 한다.

94 기세계(器世界) : 중생을 담는 그릇인 일체의 국토산하.

95 정행천(正行天) : 공후천(箜篌天)의 열 번째 하늘.

96 비류박천(毗留博天) : 사천왕천의 하나인 광목천(廣目天)에 있다.

97 도리천(忉利天) : 남섬부주(南贍部洲) 위에 8만 유순 되는 수미산 꼭대기에 있다. 중앙에 선견성(善見城)이 있고 성 안에 제석천(帝釋天)이 있다.

邪多樹)가 있는데, 염부제(閻浮提) 사람들의 선(善)과 불선(不善)의 상을 나타낸다. 선을 행하면 백 유순을 비추고, 불선을 행하면 시들어 마른다. 선을 반쯤 실천하면 반쯤 무성하다.

○ 미세행천(微細行天)[98]의 보수(寶樹)의 가지와 잎에는 천인의 그림자와 모습이 다 보인다. 상중하의 업(業)도 그 가운데 나타난다.

○ 염마나바라천(閻摩那婆羅天)의 바라수(娑羅樹)에는 인과응보가 드러난다. 그곳 궁전은 거울처럼 깨끗하기 때문에 천인의 업보가 다 나타난다.

○ 또 둘째 나무 가운데 천주전(千柱殿)이 있다. 업망(業網)이 있어 여러 지옥의 열여섯 격처(隔處)가 다 그 가운데 나타난다.

47. 야마천(夜摩天)에 무구경지(無垢鏡池)가 있다. 이 못에는 자신의 이마 위에 떠오르는 과업과 업과가 드러난다.

48. 또 염부나시탑(閻浮那施塔)의 그림자 안에는 욕계(欲界)의 죄복(罪福)과 삼악(三惡)이 드러난다. 천체현상의 이상한 것을 말하자면, 장차 월식이 있을 때에는 기름이 물에 가라앉고 새가 아래로 날며, 일식이 있을 때에는 사방이 붉어진다.

49. 이십팔수【二十八宿】

묘(昴)는 우두머리이다. 하룻밤에 30시(時)를 간다. 모양은 머리 깎는 칼과 같다. 성(姓)은 비야니(鞞耶尼)이고 제사에는 젖을 사용한다. 화(火)에 속한다.

○ 필(畢)은 모양이 삿갓과 같다. 목(木)에 속한다. 제사는 사슴고기를 사용한다. 성은 파라타(頗羅墮)이다.

○ 자(觜)는 일(日)에 속한다. 달의 아들로, 성은 비리거야니(毘梨佉耶尼)

98 미세행천(微細行天) : 삼십삼천의 열두 번째로, 이곳에 칠보림(七寶林)이 있다.

이다. 모양은 사슴의 머리와 같고, 제사에는 과일을 사용한다.

○ 삼(參)은 일(日)에 속한다. 성은 천바사실희(天婆斯失絺)이다. 모양은 부인의 검정사마귀 같고, 제사에는 제호(醍醐)를 사용한다.

○ 정(井)은 일(日)에 속한다. 성은 삼(參)과 같다. 모양은 발자국과 같고, 제사에는 맵쌀에 꿀을 섞어 사용한다.

○ 귀(鬼)는 목(木)에 속한다. 성은 포파라비(炮波羅毘)이다. 모양은 부처의 가슴 같고, 제사는 정(井)과 같다.

○ 류(柳)는 사(蛇)에 속한다. 성과 제사는 삼(參)과 같다. 모양은 뱀과 같다.

○ 성(星)은 화(火)에 속한다. 모양은 강언덕 같고, 성은 빈가야니(賓伽耶尼)이다. 제사에는 오마(烏麻)를 사용한다.

○ 장(張)은 복덕천(福德天)에 속한다. 성은 구담미(瞿曇彌)이다. 모양과 제사는 정(井)과 같다.

○ 익(翼)은 임천(林天)에 속한다. 성은 교진여(憍陳如)이다. 제사에는 흑두(黑豆)를 사용한다. 모양은 정(井)과 같다.

○ 진(軫)은 비사리제(毘沙梨帝)에 속한다. 모양은 사람의 손과 같다. 성은 가차연(迦遮延)이고, 제사에는 강아지풀이나 피를 사용한다.

○ 각(角)은 희락천(喜樂天)에 속한다. 성은 질다라(質多羅)이다. 모양은 위(胃)와 같고 제사에는 꽃을 사용한다.

○ 항(亢)은 성이 가전연(迦旃延)이다. 제사에는 푸른 콩을 사용한다.

○ 저(氐)는 성이 다라니(多羅尼)이다. 제사에는 꽃을 사용한다.

○ 방(房)은 자천(慈天)에 속한다. 성은 아람바(阿藍婆)이다. 모양은 구슬목걸이 같고 제사에는 주육(酒肉)을 사용한다.

○ 심(心)은 도리천(忉利天)에 속한다. 성은 가라연(迦羅延)이다. 모양은 보리와 같고 제사에는 맵쌀을 사용한다.

○ 미(尾)는 엽사천(臘師天)에 속한다. 성은 차야니(遮耶尼)이다. 모양은 전갈꼬리 같고 제사에는 과수의 뿌리를 사용한다.

○ 기(箕)는 청정천(淸淨天)에 속한다. 성은 지차가(持叉迦)이다. 모양은 쇠뿔 같다.

○ 두(斗)는 성이 막가라(莫迦邏)이다. 모양은 사람사는 지경에 나는 돌 같고, 제사는 정(井)과 같다.

○ 우(牛)는 범천(梵天)에 속한다. 성은 범람마(梵嵐摩)이다. 모양은 소머리 같고, 제사는 삼(參)과 같다.

○ 여(女)는 비뉴천(毘紐天)에 속한다. 성은 제리가차야니(帝利迦遮耶尼)이다. 모양은 심장 같고 제사에는 새고기를 사용한다.

○ 허(虛)는 성이 익(翼)과 같다. 모양은 새 같고, 제사에는 검정콩즙을 사용한다.

○ 위(危)는 성이 단라니(單羅尼)이다. 모양은 삼(參)과 같고, 제사에는 멥쌀을 사용한다.

○ 실(室)은 사두천(蛇頭天)에 속한다. 갈천(蝎天)의 아들이다. 성은 염부도가(閻浮都迦)이고, 제사에는 피를 사용한다.

○ 벽(壁)은 성이 타난도(陀難闍)이다.

○ 규(奎)는 성이 아슬타(阿瑟吒)이다. 제사에는 유락(乳酪)을 사용한다.

○ 루(婁)는 건달바천(乾闥婆天)에 속한다. 성은 아함바(阿含婆)이다. 모양은 말 머리 같고, 제사에는 보리를 사용한다.

○ 위(胃)는 성이 태가비(馱伽毘)이다. 모양은 솥의 다리 같다.

50. 항(亢), 허(虛), 삼(參), 위(胃) 등 네 별은 전쟁의 대진에 들어가지 않는다.

51. 진수(軫宿) 자리로 태어난 사람은 일곱 걸음 안에 뱀의 화가 없다.

○ 각수(角宿) 자리로 태어난 사람은 예능에 뛰어나다.

○ 여수(女宿) 자리로 태어난 사람은 항(亢), 삼(參), 위(危) 삼수(三宿)의 날에 일을 하면 성공하지 못한다.

○ 허수(虛宿)와 각수(角宿) 자리는 길하다.

52. 1천 6백 찰라(刹那)[99]를 1가나(迦那)[100]라고 한다. 그 육십 배를 횡호율다(橫呼律多, '摸呼律多'의 오류)라고 하며, 서른 배를 일일야(一日夜)라 한다.

53. 야차(夜叉)[101]의 입에서 나오는 연기가 혜성(彗星)이 된다.

○ 용왕(龍王)의 몸에서 나오는 빛을 우류가(憂流迦)라고 하는데, 이는 천구(天狗, 즉 유성)를 의미한다.

54. 한나라 명제(明帝)가 처음으로 백마사(白馬寺)[102]란 절을 지었다. 절 안에 달아놓은 깃발의 그림자가 궁중 안으로 들어오기에 괴이쩍어 측근들에게 물었다.

"부처는 무슨 신령함이 있기에 사람들이 그를 존경해 섬기는가?"

55. 오장나국(烏仗那國)[103]에는 부처의 발자국이 있다. 이 발자국을 따라

---

99 찰라(刹那): 불교에서 시간의 최소단위를 나타내는 말. 120의 찰나를 1달찰나(怛刹那, tat-ksana의 음역으로 순간의 시간, 약 1.6초), 60달찰나를 1납박(臘縛, lava의 음역으로 경각의 뜻, 약 96초), 30납박을 1모호율다(摸呼栗多, muhūrta의 음역으로, 약 48분), 30모호율다를 1주야(晝夜, 24시간)로 하고 있으므로, 이에 따르면 1찰나는 75분의 1초(약 0.013초)에 해당한다.

100 가나(迦那): 즉 가라(迦羅). Kala의 음역으로, 아주 미세한 양이나 부분을 나타내는 단위. 즉 일모(一毛)의 백분의 일에 해당한다.

101 야차(夜叉): 불교에서 악귀 가운데 하나. 범어 Yaksa(藥叉)의 음역으로, '열차(閱叉)', '야걸차(夜乞叉)'라고도 한다. 원래 사천왕(四天王) 중 비사문천(毘沙門天)의 권속으로 불법을 수호하는 수호신이었으나 후대로 오면서 나찰(羅刹)과 함께 명부의 귀신이 되었다. 천야차(天夜叉), 지야차(地夜叉), 허공야차(虛空夜叉)의 3종이 있으며, 천야차, 허공야차는 날아다니지만 지야차는 날지 못한다.

102 백마사(白馬寺): 하남성 낙양현 동쪽에 세워졌던 중국 최초의 사원. 당시 마등(摩騰)과 축법란(竺法蘭) 두 승려가 서역에서 불경을 백마에 싣고 왔기에 이런 이름이 붙여졌다고 한다. 백마사는 중국에 불경과 불교가 전래되는 초창기에 매우 상징적인 의미를 갖는다.

103 오장나국(烏仗那國): Uddiyana의 음역으로, 고대 북인도 지역에 있던 나라. 현재 간다

가면 복(福)과 수(壽)가 생기는데, 그 수량은 크고 작음이 있다.

56. 나게라갈국(那揭羅曷國)[104]의 성 동쪽 탑 안에는 부처의 정골(頂骨)이 있다. 머리 둘레는 두 자이다. 선악(善惡)을 알려는 자는 향을 발라 그 뼈로 찍어보면 자취가 선명하여 선악의 흔적이 다 드러난다.

57. 북천축(北天竺)의 건태라국(健馱羅國)[105]에는 큰 솔도파(窣堵波)[106]가 있다. 부처의 예언에 의하면, 일곱 번 불에 타고 일곱 번 세워진 후에 불법이 다할 것이라 했다 한다. 현장(玄奘)[107]은, '성이 무너진 지 이미 3년이 되었다'고 전한 바 있다.

58. 서역(西域)의 부처가 성불한 자리에는 경계의 표시로 관자재보살(觀自在菩薩)[108] 동상 두 개를 둔다. 그 나라 사람들 사이에 서로 전해오기를,

---

라 북부 스와트 지역에 해당한다.

104 나게라갈국(那揭羅曷國) : Nagarahara의 음역으로, 역시 북인도 지역에 있던 나라 이름. 현장(玄奘)의 『서역기(西域記)』에 의하면, '동서 6백 여리 남북 250여 리이며 도성의 둘레는 20여 리로, 석가여래의 정골(頂骨)이 안치되어 있다'고 나와 있다.

105 건태라국(健馱羅國) : Gandhara의 음역으로, 간다라 지역에 있던 나라. 이른바 간다라 예술을 탄생시킨 나라로 유명하다. 인더스강 중류에 있는 파키스탄 페샤와르 주변의 옛 지명. BC 4세기 알렉산더왕이 침입한 이후 동서간 문화교류가 활발하게 진행되었으며, 기원전후 수세기 동안 독특한 불교문화를 이루는 계기가 되었다. 이 시기의 불교문화를 간다라문화라고 하는데, 2세기 쿠샨왕조를 일으킨 카니슈카왕 때 전성기를 맞이하였다. 특히 불상 조성에 헬레니즘 양식을 반영하여 중국과 한국, 일본 등 동아시아 불교미술에 큰 영향을 끼쳤다.

106 솔도파(窣堵波) : 범어 Stupa의 음역으로, 불사리나 경전 등을 봉안하기 위해 세운 불탑.

107 현장(玄奘) : 602~664. 당나라의 고승으로, 삼장법사(三藏法師)로 불린다. 속성명은 진위(陳褘)이다. 정관 원년(627)에 오인도(五印度)로 17년간 구법여행을 다녀와 유명한 『대당서역기(大唐西域記)』를 남겼다. 뿐만 아니라 인도에서 돌아올 때 많은 경전을 가지고 들어와 이를 한역(漢譯)하여 당대 불교의 진홍에 큰 역할을 하였다. 그래서 중국 역경사(譯經史)에서도 남북조시대의 구마라집 이후 가장 중요한 인물로 거론된다.

108 관자재보살(觀自在菩薩) : 관세음보살과 같다. 일체 중생의 온갖 소리를 모두 자유자재로 관찰하고, 천개의 눈과 손으로 모든 중생을 고통에서 구제해 주는 보살이다.

보살(菩薩)의 몸이 가라앉으면 불법이 또한 다할 것이라 한다. 수(隋)나라 말기에 이미 가슴까지 가라앉았다고 한다.

59. 건타국(乾陀國)[109]의 두하안(頭河岸)엔 계백상수(繫白象樹)가 있다. 꽃과 잎이 대추나무와 비슷하고 12월에 열매가 익는다. 전해오기를, 이 나무가 죽으면 불법 또한 소멸한다고 한다.

60. 북조(北朝) 시대에 서주(徐州)의 각성현(角城縣)[110] 북쪽에 거주하던 승려는 흰 베로 만든 법복을 입었다. 간혹 푸른색 베로 만든 가사를 입기도 했다.

61. 파사(波斯)의 속국 중 아분다국(阿犇荼國)이 있다. 성의 북쪽 커다란 숲 속에 가람(伽藍)이 있다. 옛날 부처가 여기서 설법을 했는데, 이를 듣는 비구(比丘)들은 '함박사(函縛屣)'[111]를 신었다. 함박은 신발이란 말이다.

62. 영왕(寧王) 헌(憲)[112]이 병으로 앓아눕자 임금(즉 현종)이 환관에게 명하여 의원과 약재를 보내, 가는 길이 환관들로 잇달았다. 승려 숭일(崇一)이 치료를 하여 헌이 차도가 있자, 임금은 기뻐하여 숭일에게 특별히 붉은 명주 옷과 어대(魚袋)[113]를 하사하였다.

---

109 건타국(乾陀國) : 서역에 있던 나라로, 『서역기』에 의하면 건타라국과 동일국이라고 하였다. 이 나라는 한때 불교도를 박해한 것으로 알려져 있다.

110 각성현(角城縣) : 진대(晉代)의 현명으로, 북제(北齊) 때는 문성현(文城縣), 북주(北周) 때는 임청현(臨淸縣) 등으로 개명되었다. 지금 강소성 회음현(淮陰縣) 남쪽에 고성(古城)이 있다.

111 함박사(函縛屣) : 『서역기』에는 '극박사(亟縛屣)'로 나와 있다. 짚신 따위이겠으나 미상이다.

112 영왕(寧王) 헌(憲) : 이헌(李憲, 679~741). 예종의 아들로 영왕에 봉해졌다. 황위를 동생 이융기(李隆基)에게 양보했으니 그가 곧 현종(玄宗)이다.

113 어대(魚袋) : 금은으로 장식한 물고기 모양의 부계(符契). 좌우 두 쪽으로 나누어 관직의 명칭과 성명을 새겨 왼쪽은 궁정에 비치하고 오른쪽은 궁정 출입 때 사용하였다.

63. 양(梁)나라 간문제(簡文帝)[114]는 「울니납가사를 주신 데 대해 감사드리는 표문(謝賜鬱泥納袈裟表)」을 지었다.

64. 위(魏)나라 사신 육조(陸操)[115]가 양(梁)나라에 도착하자 양나라 왕은 작은 가마에 앉아 사자의 재배(再拜)를 받았다. 중서사인(中書舍人) 은경(殷炅)을 보내 노고를 위로했다. 육조는 중운전(重雲殿)에 도착하여 안내에 따라 전각에 올랐다. 그때 양나라 왕은 보살옷을 입은 채 북면하였고, 태자(太子) 이하도 보살옷을 입었다. 시위하는 이들도 법도가 있었다. 육조는 서쪽을 바라보고 서열에 맞게 섰고, 그의 휘하 모두가 서상(西廂)에서 동면(東面)하였다. 한 도인(道人)이 부처를 예찬하는 가사를 부르는데, 그 불교 가사는 모두 3권이다. 가사 중 제3권에는, "위주(魏主)와 위상고(魏相高)[116]가 남북 두 지경의 사민을 아울렀네[魏主魏相高幷南北二境士女]"라는 내용이 있다. 예불이 끝나자 사신과 군신들이 모두 재배를 했다.

65. 위(魏)나라의 이건(李騫)과 최할(崔劼)[117]이 양(梁)나라의 동태사(同泰寺)[118]에 도착했다. 주객(主客) 왕극(王克)과 사인(舍人) 하계우(賀季友) 및 세

중국에서는 당송대까지 사용하다가 명대에는 폐지하였다.

114 간문제(簡文帝) : 소강(蕭綱, 502~551). 남조 양(梁)나라의 황제. 『문선(文選)』을 편찬한 소명태자(昭明太子) 소통(蕭統)의 동생이다. 549년에 무제의 뒤를 이어 즉위했다. 이 표문은 미상이다.

115 육조(陸操) : 앞에 이미 거론된 인물로, 538년에 양나라에 사신으로 파견된 바 있다. 이때는 위나라가 실권을 장악하고 있던 시기이다.

116 위주(魏主)와 위상고(魏相高) : 위주는 당시 실권을 쥐고 있던 동위(東魏)의 효정제(孝靜帝)이며, 위상고는 북제(北齊)의 발해왕 고환(高歡)이다. 이 두 사람이 남북 지역을 양분하여 백성들을 보살핀다는 뜻이다.

117 이건(李騫)과 최할(崔劼) : 모두 북위 출신의 문신으로, 541년 양나라에 사신을 왔을 때의 일이다. 이건(李騫, 508~?)은 14세에 국자감 학생으로 선발되는 등 총명하기로 유명하였다. 최할은 자가 언현(彥玄)으로, 북위(北魏)·동위(東魏)·북제(北齊)에서 두루 벼슬을 하였고, 청렴하고 진퇴와 출처가 분명한 것으로 알려져 있다.

118 동태사(同泰寺) : 강소성 강녕현(江寧縣)에 있으며, 양나라 대통(大通) 연간에 세워졌다. 양나라의 대표적인 사찰이다.

승려가 절문에서 영접하였다. 부도탑에 이르니, 부처의 곁에 널빤지와 붓을 들고 있는 자가 있었다. 승려가 이건에게 말하였다.

"이는 시두(尸頭)[119]입니다. 사람의 죄를 기록합니다."

"그렇다면 저이는 승려 중의 동호(董狐)[120]이군요."

다시 두 사람이 법당으로 들어가니 부처 앞의 구리 바리때에서 등불이 타올랐다. 최할이 말했다.

"해와 달이 떠오르는 듯 합니다. 불길이 쉼이 없군요."

66. 노현(盧縣)[121]의 동쪽에 금유산(金榆山)이 있다. 옛날 낭법사(朗法師)[122]가 제자를 시켜 이 산에 들어가 느릅나무 열매를 채취하여 하구(瑕丘)[123] 저자에 가서 바꿔오도록 했다. 그랬더니 모두 돈으로 변해 있었다.

67. 후위(後魏)의 호후(胡后)[124]가 사문(沙門)[125]인 보공(寶公)[126]에게 국가의 복운을 물은 적이 있었다. 그러자 보공은 좁쌀을 쥐고 닭에게 주면서 '주주(朱朱)'하고 불렀다. 대개 이주(爾朱)[127]를 가리킨다.

---

119 시두(尸頭) : 부처 옆에서 사람의 죄과를 기록하는 자.

120 동호(董狐) : 춘추시대 진(晉)나라 사관(史官). 왕의 위협에도 굴하지 않고 올바른 역사를 기록했다고 해서 사관의 사표가 된 인물이다.

121 노현(盧縣) : 당대의 현명으로, 지금 산동성 임평현(茌平縣) 서남쪽 지역.

122 낭법사(朗法師) : 북조(北朝) 전진(前秦) 때 천축에서 온 승려로, 젊어서 불도징(佛圖澄)에게서 수학하였으며 참위설에 밝았다. 신통사(神通寺)라는 절에 거처하며 그곳 골짜기에 은거했는데, 이 골짜기를 '낭공곡(朗公谷)'이라 한다.

123 하구(瑕丘) : 당대의 현명으로, 지금 산동성 곤주현(袞州縣) 서쪽 지역.

124 호후(胡后) : ?~528. 북위(北魏)의 영황후(靈皇后). 호국진(胡國珍)의 딸로, 선무제(宣武帝)의 후궁으로 들어가 황자 원후(元詡)를 낳았는데, 그가 숙종(肅宗) 효명제(孝明帝)이다. 그녀는 숙종이 즉위한 처음에 수렴청정을 하기도 했으며, 불교에 심취하였다.

125 사문(沙門) : 불문에 들어가서 도를 닦는 사람을 뜻한다. 원래 불가의 사람 일반을 지칭했으나, 뒤에 승려만을 지칭하는 용어가 되었다.

126 보공(寶公) : 육조시대의 고승인 보지(寶誌). 선업이 높고 영험한 자취가 많았다. 제(齊)나라 무제(武帝)는 그가 민중을 현혹시킨다고 투옥시켰으나 아침이면 저자 거리를 돌아다니는 등 자유자재여서 마침내 그에게 탄복하여 '지공(誌公)'으로 높였다고 한다.

○ 또 조법화(趙法和)가 점을 쳐주라고 하자, 보공은 이렇게 말했다.

"커다란 대나무 화살은 화살깃이 필요하지 않고 동상(東廂)의 지붕은 급히 손을 봐야한다네."[128]

조법화는 머지않아 부친상을 당했다.

68. 역성현(歷城縣)[129]의 광정사(光政寺)에 경쇠가 있다. 반달처럼 생겼고 매끄럽고 빛이 나는 게 물방울 마냥 말끔했다. 두드리면 소리가 백리까지 퍼졌다. 북제(北齊) 시절에 도읍인 업(鄴)[130] 땅으로 옮겨 치게 했더니, 그 소리가 전혀 나지 않는 것이었다. 다시 본사(本寺)로 돌려보내 두드리자 소리가 예전과 같이 잘 들렸다. 사람들은,

"경쇠의 신성함이여, 광명한 정치를 그리워하나 보다."

라고들 하였다.

69. 국초(國初)[131]에 승려 현장(玄奘)이 오인도(五印度)[132]에 가서 불경을 가져왔는데, 서역 사람들이 그를 존경하였다. 나는(단성식) 왜국(倭國)의 승려 금강삼매(金剛三昧)[133]를 만난 적이 있다. 그의 전언이다.

---

127 이주(爾朱) : '주(朱)'자가 둘이어서 '이주(二朱)'의 의미를 갖는다. 이주(爾朱)는 이주영(爾朱榮, 493~530)이라는 인물을 암시한 것으로, 이주는 528년에 호후(胡后)를 살해하고 국정을 농단하게 된다. 앞의 주주(朱朱)는 '구구', 즉 닭을 부를 때 내는 소리를 표기한 것이다.

128 대나무 화살은 …… 손을 봐야한다네 : 대나무 화살은 상주가 사용하는 죽장(竹杖)을 의미하며, 동상(東廂)은 상주가 거처하는 움막을 의미한다. 실제로 이 말을 한지 10여일 뒤 조법화는 부친상을 당했다고 한다.

129 역성현(歷城縣) : 당대의 현명으로, 지금 산동성 제남시(濟南市) 부근.

130 업(鄴) : 북제의 수도로 하남성 임장현(臨漳縣) 서쪽 지역이다. 이곳은 춘추시대 제나라의 수도가 된 이래 삼국시대 위(魏)나라 등이 수도로 이용한 고도(故都)이다.

131 국초(國初) : 즉 당나라 초기.

132 오인도(五印度) : 다섯 인도. 즉 동서남북의 천축과 중천축(中天竺). 현장은 『서역기』에서 '오천축(五天竺)의 둘레는 9만여 리이며 세 면이 큰 바다와 연접했으며, 북으로는 설산(雪山)을 등지고 있다'고 서술하였다.

133 금강삼매(金剛三昧) : 그의 행적은 자세하지 않은데, 이 책의 속집 권2 「지낙고(支諾

"중천축(中天竺)에 간 적이 있는데, 절 안의 그림은 대개 현장의 삼대 짚신과 수저는 물론 채색 구름을 타고 하늘로 오르는 내용이었답니다. 이는 서역에는 없는 것으로, 매번 불재를 올리는 날이 되면 이들 그림에 합장 재배를 하더군요."

70. 또 이런 말도 했다. "나란타사(那蘭陀寺)[134]의 공양간에 한여름이면 수만 마리의 커다란 파리들이 서식하는데, 승려들이 공양간에 올 때가 되면 날아 뜰에 있는 나무로 모여들더군요."

71. 승려 만회(萬回)는 스물 남짓인데도 어리석어 보이고 말이 없었다. 그의 형은 요양(遼陽)으로 수자리를 떠나서 한참동안 소식이 끊긴 상태였다. 그러던 중 누군가가 형이 죽었다는 소식을 전해주어 그의 집에서는 재를 올리게 되었다. 그런데 만회가 갑자기 소반을 챙기더니 소리를 쳤다.

"형이 있는 곳에 이 음식을 보내주고 오겠습니다."

그러면서 나는 듯이 문을 나섰다. 말을 달려 쫓아도 따라갈 수 없었다. 저물녘에 돌아왔고 형의 서신을 가지고 왔는데, 봉한 종이가 아직 마르지 않은 상태였다. 그가 하루 사이에 만 리를 왕복했기에 '만회'라고 일컫게 된 것이다.

72. 측천무후(則天武后)가 잔혹한 관리를 신임하여 무고한 죄를 얽게 하자, 지위가 좀 높은 이들 중엔 이 무고죄에 걸려 처자식과 헤어지는 자가 많았다. 박릉왕(博陵王) 최현휘(崔玄暉)[135]는 지위와 인망이 다 최고였기

皐)」 중편에 그의 일화가 다시 나온다. 정황으로 보건대, 그는 이미 인도에 다녀온 이후 중국에서 구법 중에 단성식과 만난 것으로 판단된다.

134 나란타사(那蘭陀寺): 중인도 마갈타국 왕사성의 북쪽에 있던 절. 405년 이후에 지은 것으로, 7세기 초 현장(玄奘)이 인도에 유학할 무렵에는 인도 불교의 중심지로 많은 고승들이 배출되었다.

135 최현휘(崔玄暉): 측천무후 때의 청렴하고 공정한 관리로 유명하다. 그는 젊어서부터

에 그의 모친의 걱정이 이만저만하지 않았다.

"한번 만회(萬迴)를 모셔오는 것이 좋겠구나. 그 스님은 보지(寶誌)와 같은 분이니, 어떻게 해야 할지, 그리고 운수는 어떤 지도 알 수 있지 않겠니?"

이리하여 만회가 도착하자, 모친은 눈물을 흘리며 절을 올렸다. 그리고 은수저 한 쌍을 시주하였다. 만회는 갑자기 계단을 내려와 그 수저를 지붕 위로 던져버리고는 팔을 내저으며 가버렸다. 온 집안사람들이 불길해 하였다. 하루는 지붕 위로 올라가 수저를 찾고 보니 그 아래에서 책 한 권이 나왔다. 펼쳐보니 참위서(讖緯書)였다. 급히 태워버리도록 했다. 며칠 후 관리가 그의 집에 들이닥쳐 참위서를 찾는다고 한바탕 난리를 쳤으나 찾을 길이 없었다. 이것으로 최현휘는 누명에서 벗어날 수 있었다. 당시 무지막지한 관리들이 도둑을 시켜 밤에 인가에다 저주인형을 숨기거나 참위서를 몰래 가져다 놓고는 달포쯤 지나 밀고할 때에 증거물로 삼는 일이 많았다. 최현휘는 만회가 아니었더라면 멸족을 당했을 것이다.

73. 범승(梵僧) 불공(不空)[136]은 총지(總持)[137]의 경지에 들어 온갖 귀신을 부릴 줄 알았다. 그래서 현종이 그를 존경하였다. 가뭄이 든 해 현종이 기우제를 지내도록 명하였다. 그러자 불공은,

"며칠 지나서 하는 것이 좋습니다. 지금 기도를 하면 필시 폭우가 내

학문과 절조가 높았으며, 뒤에 박릉군왕(博陵郡王)에 봉해졌다.

136 불공(不空) : 705~774. 불공금강(不空金剛) 혹은 불공삼장(不空三藏)으로 불린다. 인도의 승려로 당나라로 건너와 불경 번역과 포교활동에 힘썼다. 4대 번역가의 한 사람으로 산스크리트어와 한자의 음운(音韻)의 대응조직을 확립하여 번역사에 큰 공을 세웠다. 또한 이 과정에서 밀경(密經)을 인도에서 들여와 번역, 전파함으로써 당대 밀교가 성행하는데 결정적인 역할을 하였다.

137 총지(總持) : 다라니. 석가의 가르침의 요체로써, 신비적 힘을 가진 것으로 믿어지는 주문(呪文)을 가리킨다. 비교적 긴 장구(章句)로 되어 있는 주문으로 불법을 마음속에 간직하여 잊지 않게 하는 힘이다. 뛰어난 기억력이란 의미도 가지고 있다.

릴 겁니다."

라고 하였다. 그래도 현종은 그에게 제단을 만들고 비를 빌도록 했다. 역시나 며칠째 폭우가 쏟아져 그치지 않아 시내와 시장에는 홍수로 쓸려간 자가 나오게 되었다. 현종은 급히 불공(不空)을 불러 멈추게 하였다. 불공은 마침내 절 마당에서 진흙으로 대여섯 마리의 용을 빚어 급류가 흐르는 곳으로 가서 범어로 꾸짖었다. 한참 뒤 다시 토룡(土龍)을 내려 놓고 큰 소리로 웃었다. 그러자 비가 금세 그쳤다.

74. 현종은 또 술사(術士) 나공원(羅公遠)을 불러 불공과 함께 기우제를 지내기도 했다. 누가 더 공력이 센 지 비교해 보고자 한 것이다. 임금이 그들을 불러 물었더니 불공이 답하였다.

"신은 어제 백단향(白檀香)으로 만든 용을 태웠습니다."

임금은 측근을 시켜 궁정에 고인 물을 떠와 냄새를 맡았더니, 과연 백단 향기가 났다.

75. 불공이 또 나공원과 함께 편전에 같이 있은 적이 있다. 그때 나공원이 수시로 손을 뒤집어 등을 긁었다.

"존사(尊師)의 여의(如意)[138]를 빌릴까 합니다!"

그러면서 불공은 편전 위의 광택이 나고 매끄러운 화석(花石)을 내리치자, 여의가 갑자기 자기 앞으로 왔다. 나공원이 두세 차례나 집으려 했으나 잡을 수 없었고, 임금이 집으려 하자,

"삼랑(三郎)[139]께서는 일어나지 마십시오. 이것은 그림자일 뿐이랍니다!"

138 여의(如意) : 범어로 '아나율(阿那律)'이라 하며, 자루 끝을 손가락 모양으로 만들어 가려운 데를 긁을 때 쓰는 도구이다. 뼈나 대나무, 옥이나 돌 등으로 만들었으며, 길이는 세 자 정도이다.

139 삼랑(三郎) : 즉 현종(玄宗). 그가 예종(睿宗)의 셋째 아들이기에 이렇게 부른 것이다.

라고 하면서 손을 들어 나공원의 여의를 보여주었다.

○ 또 북망산(北邙山)[140]에 커다란 뱀이 있어 나무꾼이 목격하곤 했다. 그 뱀의 머리는 산언덕만 했다. 밤이면 늘 이슬의 기운을 들이쉬었다. 이 뱀이 불공을 보고는 사람이 하는 말을 했다.

"제자는 악의 응보를 받았습니다. 화상께서는 어떻게 제도(濟度)해 주시겠습니까? 저는 늘 황하의 물길을 뒤집어 낙양성을 잠기게 하여 제 거처를 상쾌하게 하고자 합니다만……."

불공은 계율을 내려주어 세상의 고(苦)와 공(空)임을 설파하였다.

"네가 성난 마음으로 이 고를 받아들여 다시 원한을 품는다면 내 힘이 어찌 미치겠는가! 의당 내 말을 생각해봐야 하리니 그 몸 스스로 옛날을 버려야 훗날이 올 것이다."

한 달쯤 되어 나무꾼이 뱀이 계곡에 죽어있는 걸 발견했는데, 악취가 수 십리에 퍼졌다.

○ 불공은 매번 기우를 할 때 별다른 규칙은 없었다. 다만 수놓은 자리 몇 개를 설치하고 손으로 몇 마디 되는 나무로 신상(神像)을 만들어 키질 하듯 하면서 주문을 외우다가 던졌다. 그러면서 자리에서 일어나 나무 신상의 입과 뿔을 살폈다. 이때 눈을 깜박이면 비가 내렸다.

76. 승 일행(一行)은 운수를 궁리한 끝에 기이한 술법을 갖게 되었다. 개원(開元) 연간에 가뭄이 들어 현종이 그에게 기우제를 지내게 했다. 일행은, '용의 형상을 한 그릇 하나가 있어야만 비를 부를 수 있다'고 하였다. 임금이 내고(內庫)에 명을 내려 두루 찾아보게 했으나, 다들 비슷한

---

140 북망산(北邙山) : 하남성 낙양현(洛陽縣) 동북에 있는 산. 이 산은 예로부터 귀인(貴人)의 묘가 많은 곳으로 유명한데, 이후로 이른바 죽음, 또는 장례를 치르는 곳이란 뜻으로 쓰이게 되었다.

것이 없다 하였다. 며칠 후 오래된 거울의 손잡이에 서린 용을 보고는 그것을 가리키며 기뻐하였다.

"여기 진짜 용이 있군요!"

이것을 가지고 도량으로 들어갔는데 그날 밤에 비가 내렸다. 어떤 이는 말하기를, '그 거울은 양주(揚州)에서 바친 것으로 모양을 만들 때 어떤 이인(異人)이 와서 문을 닫고 방에 들어가기를 청하고는 며칠 만에 문을 여니 그 모양이 완성되었으며 그 사람은 이미 사라졌다'고 한다. 거울의 그림이 있어 함께 세상에 전하는데, 그 거울은 5월 5일 양자강(揚子江)에서 주조했다 한다.

77. 형주(荊州)에는 정원(貞元, 785~804) 초에 미치광이 승려가 있었는데, '사승(些僧)'이란 이였다. 그는 「하만자(河滿子)」[141]를 잘 불렀다. 일찍이 술에 취한 역졸(役卒)이 그를 욕보이며 노래를 시켰다. 사승은 소리를 내어 노래하였는데, 그 가사의 내용은 모두 역졸이 예전에 저지르고 숨겨온 못된 짓이었다. 역졸은 깜짝 놀라며 후회하였다.

78. 수주(蘇州)에는 정원(貞元) 연간에 의사(義師)라는 이가 있었는데, 그 생김새가 미치광이 같았다. 백성 가운데에 열 칸짜리 점포를 낸 자가 있었다. 그런데 의사가 갑자기 도끼질을 해서 그 처마를 무너뜨렸다. 백성은 저지할 수가 없었다. 그 사람은 평소 의사의 신통함을 알았기에 절을 올리고 말하였다.

"제자가 생활할 방도를 여기에 의지하고 있습니다."

그랬더니 돌아보며 말하기를,

"너는 아까워하고 있는 것이냐!"

하고는 도끼를 땅에 내던지고 가버렸다. 그날 밤에 시장에 불이 났는

141 「하만자(河滿子)」: 당대 교방(敎坊)의 악곡(樂曲)의 하나.

데 오로지 의사가 처마를 훼손한 집 몇 간만이 남게 되었다. 의사는 늘 무너진 절에 머물렀는데 겨울이고 여름이고 할 것 없이 크게 불을 놓아 해진 깃발이나 나무불상을 다 태워버렸다. 살아 있거나 불에 익힌 잉어를 좋아하여 익을 때까지 기다리지 않고 먹었다. 얼굴에 때가 끼어도 닦지 않았으며 닦으면 문득 비가 내렸으므로 오중(吳中)지방 사람들은 비가 내릴 징조로 여겼다. 임종할 때는 목초액 몇 곡(斛)을 마시고 염불하고 앉아 다시는 음식을 들지 않았다. 백성들이 날마다 그를 살폈는데 앉은 지 7일이 되자 죽었다. 당시는 한 여름이었는데도 살색이 변하지 않았고 사지가 꺾이지 않았다. 안국사(安國寺)[142]의 승려 숙지(熟地)는 늘 나무로 만든 부처 형상을 태웠다. 종종 사람들과 얘기를 나눴는데 요체를 잘 알고 있었다. 그런데 그 절의 승려들도 숙지에 관해서는 잘 몰랐다고 한다.

79. 예종(睿宗)[143]이 처음 함량전(含涼殿)에서 태어났을 때 측천무후(則天武后)가 전각 안에 부처를 봉안하여 옥으로 된 불상이 있었다. 커서 그 곁에서 한가롭게 살펴볼 때 옥 불상이 홀연 말하기를,

"너는 훗날 천자가 될 것이다."

라고 하였다.

142 안국사(安國寺) : 당대 장안과 낙양에 같은 이름의 절이 있었다.

143 예종(睿宗) : 현종의 부친인 이단(李旦). 측천무후에 의해 황제가 되었으나 690년 측천무후가 정식으로 황제를 칭하고 국호를 주로 바꾸면서 그는 태자로 강등되었다. 측천무후가 죽고 벌어진 권력다툼 끝에 현종과 태평공주에 의해 다시 왕위에 올랐다.

유양잡조 권4

변경의 기문【境異】

1. 동방 사람은 코가 크고 혈(穴)이 눈으로 통해 있으며, 근력이 그곳에서 나온다. 남방 사람은 입이 크고 혈이 귀로 통해 있다. 서방 사람은 얼굴이 크고 혈이 코로 통해 있다. 북방사람은 혈이 음부로 통해 있고 목이 짧다. 중앙 지역 사람은 혈이 입으로 통해 있다.

2. 무계(無啓)[1]의 백성들은 혈거생활을 하며 흙을 먹는다. 그곳 사람은 죽어도 심장이 썩지 않으며, 매장을 한 지 백 년이 지나면 다시 사람으로 변한다. 녹민(錄民)[2]은 무릎이 썩지 않고, 매장한 지 120년이 지나면

1 무계(無啓) : 즉 '무계(無脊)'. 『산해경』에 등장하는 신화국으로, 위와 같은 내용이 『산해경』 「해외북경(海外北經)」에 실려 있다.

사람으로 변한다. 세민(細民)은 간이 썩지 않고, 매장한 지 8년이 되면 사람으로 변한다.

3. 비옥한 땅에 사는 사람은 아름답고, 척박한 땅에 사는 사람은 추하다.

4. 제(帝)의 딸 택(澤)[3]은 질투심이 많아 시중 드는 계집종들을 사방 산으로 쫓아버려 몸을 의탁할 곳이 없었다. 그리하여 동쪽으로 가서 여우와 짝을 맺어 아들을 낳으니, 이름이 앙(殃)이다. 다시 남으로 가서는 원숭이와 사귀어 아들을 낳으니 이름이 계(溪)이다. 북으로 가서는 확가(玃猳)와 밀통하여 창(傖)을 낳아 길렀다.

5. 돌궐(突厥)[4]의 선조는 사마(射摩)이다. 사리해(舍利海)의 신(神)은 아사덕굴(阿史德窟)의 서쪽에 거처하였다. 사마는 신이한 능력이 있어 해신의 딸이 매일 밤마다 흰사슴으로 사마를 맞이해 바다로 들어갔다가 날이 밝으면 내보내주었다. 수십 년 동안 이렇게 하였다. 한 번은 부락에서 대규모 사냥이 있었다. 밤이 되자 해신의 딸이 사마에게 말하였다.

"내일 사냥할 때에 당신의 선조가 태어난 굴에 가보면 금뿔이 달린 흰 사슴이 뛰어나올 거예요. 당신이 그 사슴을 활로 쏘아 맞힌다면 죽을 때까지 나와 왕래할 수 있지만 맞추지 못한다면 인연이 끊어질 거예요."

날이 밝아 굴로 들어가 포위를 하였다. 과연 굴 안에서 금뿔의 흰 사

2 녹민(錄民) : 여기 녹민과 아래 '세민(細民)'은 다른 자료에는 등장하지 않은 바, 미상이다.

3 택(澤) : 미상. 중국 신화에서 황제(黃帝)의 딸 여와(女媧)나 염제(炎帝)의 딸 등이 이런 존재로 상정되기는 하나, 택(澤)이란 이름으로 나온 예는 여기뿐이다.

4 돌궐(突厥) : 6세기 중엽 알타이 산맥 부근에서 일어나 약 2세기 동안 몽골 고원에서 중앙아시아에 걸친 지역을 지배한 터키계 유목 민족. 6세기 말에 수나라·당나라의 공격으로 동서로 분열되었는데, 동돌궐은 8세기 중엽에 위구르에, 서돌궐은 7세기 중엽에 당나라에 복속되었다.

슴이 뛰어나왔다. 사마는 측근을 시켜 단단히 포위하도록 하였다. 사슴이 펄쩍 뛰어 포위망을 벗어나려 하자 그만 죽이고 말았다. 사마는 화가 나서 손수 가미(呵嚂)[5]의 수령을 베어 죽였다. 그리고 맹서하였다.

"이 놈을 죽인 이후로는 사람으로 하늘에 제사를 지내겠다."

즉시 가미 부락의 자손들을 잡아 죽여 제사를 지냈다. 지금 돌궐은 사람을 제사의 깃발로 이용하는데 항상 가미 부락에서 사람을 잡아다 쓴다. 사마가 가미를 죽이고 저물녘에 돌아오자 해신의 딸은,

"당신 손으로 사람을 죽여서 피비린내가 나는군요."

라고 하였다. 이때부터 이들의 인연은 끊어지고 말았다.

6. 돌궐은 요신(祆神)[6]을 섬긴다. 사당은 없고 양탄자를 누벼 모양을 만들고 가죽 주머니에 담아서는 옮겨간 곳에서 지소(脂蘇)[7]를 칠한다. 간혹 장대 위에 매달고서 사철 제사를 올린다.

7. 견곤(堅昆)[8] 부락은 낭종(狼種)[9]이 아니다. 그 선조가 태어난 굴이 곡만산(曲漫山)의 북쪽에 있다. 그들 스스로, '선대에 신(神)과 암소가 이 굴에서 교접하였다'고 한다. 그 사람들은 머리털이 누렇고 눈은 녹색이며 붉은 코밑수염과 구레나룻을 하고 있다. 코밑수염과 구레나룻이 모두 검은 자는 한나라의 장수 이릉(李陵)[10]과 그 병사들의 후예이다.

---

5 가미(呵嚂): 돌궐 내 종족의 하나로 추정되나 미상이다. 참고로 『태평광기』에는 '아미(阿嚂)'로 표기되어 있다.

6 요신(祆神): 이른바 배화교(拜火教)를 말한다. 일반적으로 조로아스터교라고 불리는데, 이 배화교가 바로 조로아스터교를 지칭하는 것인지에 대해서는 이설이 있다. 남북조시대에 중국에 전래되었으며, 장안과 낙양 등지에 요사(祆祠)가 산재해 있었다고 한다.

7 지소(脂蘇): '지수(脂酥)'라고도 하며, 두부의 일종이다.

8 견곤(堅昆): 고대에 예니세이 강 상류 지역에서 유목 생활을 하던 민족. 기원전 3세기 말에 흉노에게 정복되었다. 키르기스인의 선조로 알려져 있다.

9 낭종(狼種): 돌궐을 가리킨다. 그 선조가 승냥이에게서 태어났다는 전설이 있어서 이렇게 칭한다.

8. 서도(西屠)[11]의 습속은 이에 칠을 하여 검게 만든다.

9. 요(獠)[12]는 장가(牂牁)[13]에 거주한다. 그곳 부녀자들은 7개월 만에 자식을 낳는다. 사람이 죽으면 관을 세워서 묻는다.

10. 목이이(木耳夷)는 옛날 뇌서(牢西)이다. 사슴뿔로 기물을 만들어 쓰며, 죽으면 몸을 굽혀놓고 태워 그 뼈는 매장한다.

○ 목이이 사람은 옻칠을 한 듯 거무스름하다. 조금만 추워도 모래로 자신을 덮고는 얼굴만 내놓는다.

11. 목음주(木飮州)는 주애군(珠崖郡)[14]의 하나로, 그 땅에는 샘이 없다. 그래서 그곳 사람들은 우물을 파지 않고 모두 나무의 수액을 받아서 물로 사용한다.

12. 목복(木僕)[15] 사람은 거북이 같은 꼬리가 몇 치쯤 된다. 나무 위에 살며 사람을 잡아먹는다.

---

10 이릉(李陵) : 한나라 때의 무장(武將). 이광(李廣)의 손자로, 무제(武帝)의 명을 받고 흉노(匈奴)를 토벌하러 갔다 중과부적으로 항복하였다. 위 전설도 이때 이 지역에 그의 자손이 생겼음을 암시한다. 한편 사마천(司馬遷)이 그를 변호했다가 궁형(宮刑)을 당하기도 하는 등 그의 이야기는 매우 비극적으로 전해진다.

11 서도(西屠) : 북베트남 남쪽 지역에 거주하던 종족으로, 한나라 때 마원(馬援)이 남방 원정을 하여 처음 중국에 알려진 바 있다.

12 요(獠) : 중국 서남방 변경에 거주하던 소수민족.

13 장가(牂牁) : 지금의 귀주성 덕강현(德江縣) 지역으로, 수나라 때에 이곳에 장가현(牂柯縣)을 두었다.

14 주애군(珠崖郡) : 당대의 군명으로, 애주(崖州)에 속해 있었다. 지금의 광동성 경산현(瓊山縣) 동남쪽 지역.

15 목복(木僕) : 역시 미상인데, 중국 서남쪽 변방에 '미복(尾濮)'이라는 지역이 있다는 언급이 있는 바, 내용상 이 지역을 가리키는 것으로 판단된다.

13. 아살부(阿薩部)[16]에서는 벌레와 사슴을 많이 잡아 그 살을 조각내서 겹겹이 쌓고 돌로 눌러서 즙이 나도록 한다. 파사(波斯) · 불림(拂林, 동로마제국) 등의 나라에서 쌀이나 풀씨를 구해와 고기즙 안에 넣어 발효시키는데, 며칠이 지나면 술로 변하고 마시면 취한다.

14. 효억국(孝億國)은 둘레가 3천 여리이며 평원에 자리 잡고 있다. 십여리에 걸쳐 나무로 목책을 만들고, 그 안에 2천 여 가구의 백성들이 산다. 나라 전체에 커다란 목책을 둘러놓은 곳이 5백여 곳이다. 기후가 늘 따뜻하여 겨울에도 초목이 시들지 않고 양과 말을 기르기에 적합하며 낙타와 소는 없다. 풍속이 순박하며 성격이 정직하여 여행객을 좋아한다. 신체가 장대하며 들창코에 머리털은 누렇고, 눈은 녹색이며 수염은 붉고, 머리카락을 묶지 않는다. 얼굴은 핏빛이다. 무기로는 오로지 창 한 가지가 있다. 오곡(五穀)을 재배하기에 적합하고 금과 철이 난다. 옷은 삼베옷을 입는다. 그곳 사람들은 모두 배화교를 섬겨 불법(佛法)은 알지 못한다. 사당은 3백여 개가 있다. 기마병, 보병, 갑옷병 1만이 있다. 그들은 장사를 높이 사지 않으며, 자신들을 '요억인(孝億人)'이라고 부른다. 남자나 여자 할 것 없이 모두 허리띠를 차고 다닌다. 하루 동안에 한 달 먹을 음식을 만들어 놓고, 늘 저장된 음식을 먹는다.

15. 잉건국(仍建國)에는 우물이나 하천이 없어서 식물을 기르려면 비가 내리길 기다려야만 싹이 튼다. 땅에 있는 수지(樹脂)로 칠을 하고 거기에 빗물을 받아서 사용한다. 우물을 파더라도 바닷물 같아서 짜다. 이곳에서는 바다 조수가 빠지기를 기다렸다가 평지를 연못으로 만들어 물고기를 가두워 놓고 양식으로 삼는다.

---

16 아살부(阿薩部) : 미상. 이하 여러 나라들이 거론되나 대개 미상이다. 따라서 밝힐 수 있는 나라에 한해서 주석을 통해 보충하기로 한다.

16. 파미란국(婆彌爛國)은 장안으로부터 거리가 25,550리이다. 이 나라의 서쪽에는 높고 험하며 가파른 바위산이 있는데, 거기에는 원숭이가 많이 서식하고 있다. 원숭이 중에서는 아주 큰 것이다. 늘 밭작물에 해를 끼치고 매년 20만 내지 30만 마리가 동시에 출현한다. 나라에서는 봄이 찾아오면 병사를 모아 이들 원숭이와 싸움을 벌이는데, 해마다 수 만 마리를 죽이지만 그 소굴을 완전히 소탕하지 못했다.

17. 발발력국(撥拔力國)[17]은 서남해에 있다. 오곡을 먹지 않고 육식만 한다. 늘 소의 혈맥에 침을 놓아 피를 뽑은 다음 우유를 섞어 날로 먹는다. 옷은 없고 허리 아래를 양가죽으로만 가린다. 그 곳 여자들은 깔끔하고 단정하기에 나라 사람들이 이들 여자를 약탈하여 외국 상인에게 팔아 그 값을 몇 배로 남긴다. 땅에서 산출되는 것은 상아와 아말향(阿末香) 뿐이다. 파사(波斯)의 상인이 이 나라에 들어가려 할 때는 수천 명이 집단을 이루어 채색 옷감을 기증하고 나이를 불문하고 피를 내어 맹서를 해야만이 그곳의 물품을 교역할 수 있다. 예로부터 외국에 속한 적이 없으며 싸울 때는 상아로 만든 방패와 들소의 뿔로 만든 창, 갑옷과 화살 등을 사용한다. 보병은 20만이다. 대식국(大食國)[18]이 자주 이 나라를 습격한다.

18. 곤오국(昆吾國)은 날벽돌을 쌓아 언덕처럼 만드는데, 부도(浮屠)와 모양이 비슷하며 3층으로 되어 있다. 건조시킨 유해를 그 위에다 올려놓고 마르지 않은 유해는 아래쪽에 안치하며, 가까운 곳에 장사 지내는 걸 가장 큰 효로 여긴다. 커다란 담요를 모아 놓고 그 안에다 의복과 비단을 매달고 곡을 하며 제사를 지낸다.

17 발발력국(撥拔力國) : 정확한 위치는 미상이나, 대식국, 즉 사라센제국의 남쪽 바다에 있었다는 기록이 보인다.

18 대식국(大食國) : 중국 당·송대에 아라비아를 가리키던 말로, 중동지방에서 유럽까지 세력을 뻗쳤던 사라센제국을 지칭한다.

19. 구자국(龜玆國)[19]에서는 정월 초하루에 소, 말, 낙타를 싸움시키며 논다. 7일 동안 그 승부를 보고 한 해 동안 양과 말의 감소와 번식을 점친다.

20. 파라차(婆羅遮)[20]에서는 저마다 개의 머리와 원숭이 얼굴을 한 가면을 쓰고서 남녀가 밤낮 없이 춤추고 노래한다. 8월 15일에는 행상(行像)과 투색(透索)[21]을 하며 논다.

21. 언기국(焉耆國)[22]은 정월 초하루와 2월 8일이 되면 파마차(婆摩遮)에서 3일 동안 야외 제사를 지낸다. 4월 15일에는 숲에서 놀이를 한다. 5월 5일은 미륵(彌勒)이 태어난 날이다. 7월 7일에는 선조의 제사를 지낸다. 9월 9일에는 삼씨를 뿌린다. 10월 10일에는 왕이 염법(厭法)[23]을 행한다. 왕이 가족을 거느리고서 궁전을 나서면 수령이 왕을 대신하여 밤낮으로 왕의 일을 처리한다. 10월 14일부터는 한 해를 마칠 때까지 풍악을 울린다.

22. 발한나(拔汗那)[24]에서는 12월 19일이면 왕과 수령의 두 패로 나뉘어 각각 갑옷을 착용한 사람 1명씩 내보낸 채 기왓장과 돌, 몽둥이를 쥐고

---

19 구자국(龜玆國) : '굴지국(屈支國)'으로 표기하기도 하며, 지금의 신강(新疆) 위구르 자치구의 중심 지역으로, 이른바 실크로드의 길목으로 일컬어진다.

20 파라차(婆羅遮) : 미상이나, 다음 조목에 나오는 파마차(婆摩遮)와 연관된 나라로 보인다.

21 행상(行像)과 투색(透索) : 어떤 놀이나 의식일 텐데 미상이다.

22 언기국(焉耆國) : 신강(新疆) 위구르 자치구의 카라샤르 지역에 있었던 나라. 지금도 이 일대에 언기족 자치현이 있다.

23 염법(厭法) : 나라에서 꺼리는 문제를 없애기 위한 의례 따위.

24 발한나(拔汗那) : 중앙아시아 시르강 상류 지역의 지명. 한대(漢代)에는 '대완(大宛)'이라고 불렸다. 오늘날의 우즈베키스탄 페르가나주와 타지키스탄 레니나바드주가 이 지역에 해당된다. 유사 이전부터 이란계 주민에 의한 농경문화가 발달하여 동서 교통의 요지였다. BC 2세기에 장건(張騫)이 이 지방에 관한 일을 대완이라는 명칭하에 처음으로 중국에 전하였다.

서 서로 치고받는다. 갑옷을 입은 자가 죽게 되면 멈추는데 이로써 그 해의 풍년과 흉년을 점쳤다.

23. 소도식닉국(蘇都識匿國)[25]에는 야차성(夜叉城)이 있다. 성에는 예로부터 야차(野叉)가 있었다고 하는데, 그 동굴이 아직도 있다. 굴 가까이에서 사는 사람들은 5백여 가구로, 굴 입구에는 작은 집을 짓고 자물쇠를 채워놓았으며 1년에 두 번 제사를 올린다. 굴 입구에 접근하는 이가 있으면 연기가 솟아나 먼저 닿는 자가 죽게 된다. 시체는 굴 안에 던져 놓는다. 그 굴은 깊이가 얼마인지 알 수 없다고 한다.

24. 마복파(馬伏波)[26]의 잔병(殘兵) 10가구가 돌아오지 않은 채 수흡현(壽洽縣)[27]에 그대로 살고 있었다. 이들은 서로 혼인을 하여 2백 호까지 되었다. 객지에서 떠돌며 살기에 '마류(馬流)'라고 부른다. 옷과 음식류는 중국과 동일하다. 산천이 바뀌고 동주(銅柱)[28]가 바다 속으로 들어가 사라지더라도 이들로 그 흔적의 표식을 삼을 수 있다. 또한 '마류(馬留)'라고도 한다.

25. 삼협(三峽)은 오랑캐의 풍속을 바꾸지 않고 그대로 따른다. 무령(武寧)[29]의 오랑캐는 속대로 만든 두건을 잘 썼는데, 이를 '저수(苧綬)'라고

---

25 소도식닉국(蘇都識匿國) : 정확한 지역은 미상이나, 『신당서(新唐書)』 「서역전(西域傳)」에 의하면, 조국(曹國)이 동조(東曹), 서조(西曹), 중조(中曹)로 나뉘어 있었던 바, 동조의 이칭으로 '소도식닉(蘇都識匿)'이 쓰인 예가 보인다.

26 마복파(馬伏波) : 복파장군(伏波將軍) 마원(馬援). 후한(後漢)의 무장으로 자는 문연(文淵). 건무(建武) 17년(42)에 복파장군이 되어 남정, 베트남 지역인 교지국(交趾國)을 원정하였다.

27 수흡현(壽洽縣) : 『수경주(水經注)』에 의하면, '수령현(壽泠縣)'으로 나온다. 진대(晉代)에까지 남아 있었으며, 지금의 베트남 중남부 지역에 해당한다.

28 동주(銅柱) : 마원이 교지를 정벌하고서 그 표식으로 세운 구리 기둥이다. 기록에 의하면, 마원은 이 구리 기둥을 임읍(林邑)이란 곳에 세운 것으로 나와 있다.

29 무령(武寧) : 당대의 현명으로, 지금 강서성 무령 지역.

한다. 벼에 연월(年月)을 기록한다. 장사를 지낼 때는 비녀를 하늘로 향하게 하는데, 이를 일러 '자북두(刺北斗)'라 한다. 전설에 의하면, 반호(盤瓠)[30]가 죽었을 때 그 시체를 나무 위에 두고 비녀로 찌르자 뒤에 코끼리로 변했다고 한다.

26. 임읍현(臨邑縣)[31]에 안시박(鴈翅泊)이란 곳이 있다. 이 물가 언덕에는 나무가 자라지 않는다. 토착민들은 봄 여름이 오면 늘 이 못에서 그물로 기러기를 잡아 그 날개로 더위를 쫓는다.

27. 오모(烏耗)[32]의 서쪽에 현도국(懸渡國)이 있다. 산과 계곡 때문에 통행이 어려워 동아줄을 끌어 당겨서야 그곳에 갈 수 있다. 그곳의 썩은 동아줄을 당겨보면 2천리에 달할 정도이다. 그곳의 토착민은 바윗돌 사이에서 밭을 경작하며 돌을 쌓아 집을 만든다. 손을 마주 모아서 물을 마시니, 이른바 '원음(猿飮, 원숭이처럼 마신다는 뜻)'이다.

28. 선선(鄯鄯)[33]의 동쪽, 용성(龍城)[34]의 서남쪽은 1천리에 달하는 지역이 모두 소금밭이다. 길손이 이곳을 지나갈 때면 소와 말도 모포를 깔고

30 반호(盤瓠) : '반호(槃瓠)'로도 표기한다. 전설상의 인물 고신씨(高辛氏)의 개로, 그 털은 오색이었다. 오장군(吳將軍)이라는 자의 머리를 물고와 황제(黃帝)에게 바치니, 황제는 딸을 그의 아내로 삼아주었다. 반호는 그 아내를 업고 남산(南山)의 석실로 들어가 자손을 번식시켰는데, 그들이 중국 서남지역에 퍼지게 되었다고 한다. 주로 중국 남방 신화에서 자주 등장한다.

31 임읍현(臨邑縣) : 당대의 현명으로, 지금 산동성 임읍현 북쪽에 옛 성터가 남아있다.

32 오모(烏耗) : 오장국(烏仗國). 즉 '오장나(烏仗那)'로 추측되는 지역. 오장나에 대해서는 앞의 권3 55번 참조.

33 선선(鄯鄯) : 신강 위구르 자치구의 선선현(鄯鄯縣) 지역. 이곳은 육지의 소금 산지로 유명하다.

34 용성(龍城) : 여러 곳이 남아 있는데, 여기서는 한나라 때 지금 몽골의 악이혼하(鄂爾渾河) 경계에 있었던 지역으로 비정된다. 참고로 용성(龍城)은 한나라 때 흉노(匈奴) 지역을 일컫는 말이기도 했다.

눕는다.

29. 영남(嶺南)[35]의 시내 골짜기엔 종종 머리가 날아다니는 존재가 있었다. 그래서 '비두요자(飛頭獠子)'[36]라는 호칭도 있다. 머리가 날기 하루 전에는 목둘레에 붉은 실과 같은 흉터가 생겨나는데, 이때 처자식은 이를 지키면서 주변을 살핀다. 밤이 되면 몸이 아픈 환자인양 하다가 갑자기 머리에 날개가 생기면서 몸에서 떨어져 날아가 버린다. 그 머리는 강기슭의 진흙 속에서 게나 지렁이 따위를 찾아 먹는다. 날이 밝아올 즈음 다시 날아서 돌아오는데, 꿈에서 깨어난 것 같으며 배는 잔뜩 불러있다고 한다.

○ 범승(梵僧)인 보살승(菩薩勝)[37]이 또 말해 주기를, '도파국(闍婆國)[38]에 머리가 날아다니는 자가 있는데, 그는 눈에 눈동자가 없고, 한 사람이 취락을 이루고 있다'고 하였다.

○ 우씨(于氏)의 『지괴(志怪)』[39]에 의하면, 남방의 낙민(落民)으로 머리가 날아다니는 자가 있다. 그곳 풍속에 제사지내는 곳을 충락(蟲落)이라 부르기 때문에 '낙민'이라고 한다.

○ 진(晉)나라 주환(朱桓)[40]에게 계집종이 한 명 있었는데, 그녀의 머리가 밤이면 날아다녔다.

---

35 영남(嶺南) : 당대의 십도(十道)의 하나인 영남도(嶺南道). 지금 광동성과 광서성을 통괄하였으며, 치소는 광주(廣州)에 두었다. 모두 73주와 314개의 현을 관할하였다.

36 비두요자(飛頭獠子) : 머리가 날아다니는 요자. 요자는 중국 남방의 소수민족을 지칭한다.

37 보살승(菩薩勝) : 구체적인 사항은 미상인데, 이 책 권17의 2번에 '인도의 승려 보리승(菩提僧)의 이야기'라는 언급이 있는 바, 이 보리승과 같은 인물이 아닌가 싶다.

38 도파국(闍婆國) : 지금의 인도네시아 자바섬 지역에 있었던 나라.

39 우씨(于氏)의 지괴(志怪) : 미상인데, 간보(干寶)의 『수신기(搜神記)』를 잘못 기록한 것이 아닌가 싶다. 『수신기』는 진(晉)나라 때의 지괴집(志怪集)으로, 모두 20권이다. 후대 지괴필기류의 전통에 큰 영향을 끼쳤다.

40 주환(朱桓) : 177~238. 삼국시대(三國時代) 오(吳)나라의 무장으로, 손권(孫權)의 수하에 있었다.

30. 『왕자년습유기(王子年拾遺記)』[41]에 나오는 이야기이다. 한나라 무제(武帝) 때에 인지국(因墀國)[42]의 사신이, '남방에 몸을 분리할 수 있는 자가 있다. 먼저 머리를 남쪽으로 날아가게 하고, 왼손은 동해로, 오른손은 서쪽 못으로 날아가게 한다. 날이 저물어 머리는 어깨 위로 돌아왔지만, 양손은 질풍을 만나 바다 바깥으로 날려가고 말았다'고 하였다.

31. 근래 한 바닷길을 여행한 이가 신라(新羅)로 가다가 바람에 밀려 어떤 섬에 도착하게 되었다. 그런데 섬의 산 가득 검은 칠을 한 수저가 있었다. 그 곳에는 커다란 나무가 많았는데, 그가 위를 올려다보니 그 수저는 바로 이 나무의 꽃잎과 꽃술이었다. 그래서 백여 짝을 주워 돌아와 써봤으나 두꺼워서 쓰기에 불편했다. 그 뒤로는 가끔 그것으로 차를 저었는데, 젓는 대로 녹아 없어져버렸다.

좋은 조짐【喜兆】

32. 집현전(集賢殿)[43] 학사(學士) 장희복(張希復)[44]이 이런 말을 한 적이 있다.

41 『왕자년습유기(王子年拾遺記)』: 동진(東晉) 때 왕가(王嘉)가 펴낸 지괴소설집으로 모두 10권이다.

42 인지국(因墀國): 서역에 있던 나라 이름으로, 이곳에서 사자 형상의 발이 다섯 개 달린 짐승을 중국에 헌상한 적이 있다.

43 집현전(集賢殿): 원래 명칭은 집현전서원(集賢傳書院)이다. 서적의 간행과 편집, 문장의 찬집과 경전의 교정을 담당하던 부서로, 개원(開元) 5년(717)에 설치하였다. 학사와 직학사(直學士)를 두었다.

44 장희복(張希復): 단성식의 친구로, 자는 선계(善繼)이다. 속집 권5 「사탑기(寺塔記)」에 다시 나온다.

'상공 이규(李揆)[45]가 재상에 임명되기 한 달 전이었다. 날이 저물 무렵 평상만한 커다란 두꺼비가 침실에 나타났다가 잠깐 사이 어디론가 사라졌다.' 또 이런 말도 했다.

'이규가 처음 신주(新州)[46]의 자사로 임명되었는데, 재상으로 임명될 즈음 우물물이 갑자기 불어나 한 자 남짓이나 깊어졌다.'

33. 상공 정인(鄭絪)[47] 댁은 소국방(昭國坊)[48] 남문에 있었다. 한번은 누군가가 느닷없이 기와조각을 내던졌다. 이러기를 대엿새 밤 동안 쭉이었다. 그래서 정공은 안인방(安仁坊) 서문에 있는 집으로 피신했으나 기와조각이 따라서 날아들었다. 한참이 지나서야 소국방의 집으로 다시 돌아올 수 있었다. 원래 정공은 불문(佛門)에 귀의하여 사방 한 발인 선실(禪室)에 거처했었다. 집에 돌아와 선실에 들어가려는데 거미가 방 안 가득 줄을 쳐 놓았다. 땅에서 한두 자나 떨어져 있었고 그 숫자를 헤아릴 수 없었다. 그날 밤 날아오던 기와조각도 잦아들었고, 이튿날 재상에 임명되었다.

34. 내가 대리승(大理丞)[49] 정복(鄭復)[50]을 만나 그에게 들은 이야기다. 회서(淮西)[51]에 군대를 동원했을 때 유면(劉沔)[52]은 소장(小將)이라 장군이 그

---

45 이규(李揆) : 711~784. 현종, 숙종(肅宗), 대종(代宗), 덕종(德宗) 등 4대에 걸쳐 벼슬하였다. 그가 재상이 된 것은 759년으로, 여기 이야기는 동중서문하평장사(同中書門下平章事)에 임명된 일화이다.

46 신주(新州) : 당대의 주명으로, 지금의 광동성 신흥현(新興縣) 지역.

47 정인(鄭絪) : 752~829. 자는 문명(文明). 중서시랑과 동중서문하평장사를 역임하였으며, 헌종(憲宗)이 즉위하면서 재상이 되었다. 그와 동족인 정여경(鄭餘慶)도 이 때 재상의 반열에 올랐는데, 마침 이들의 집이 장안 소국방(昭國坊)에 있었다. 그래서 정인을 남재상(南宰相), 정여경을 북재상(北宰相)이라 불렀다.

48 소국방(昭國坊) : 장안의 방리(坊里) 가운데 하나로 뒤에 다시 나온다.

49 대리승(大理丞) : 대리시(大理寺)의 승(丞). 대리시는 당대에 형옥을 담당하는 관서로, 종6품직이 행정사무를 담당하고 형의 경중을 바로잡는 업무를 했다.

50 정복(鄭復) : 단성식의 친구로, 뒤에 나오는 정복례(鄭復禮)와 동일인이다.

51 회서(淮西) : 회수(淮水)의 서쪽. 이 지역을 지배하던 회서절도사(淮西節度使) 오소성(吳少誠)이 죽고나서 그의 아들 오원제(吳元濟)가 반란을 일으킨 사건이 있었다.

를 막대하였다. 그래서 매번 적을 생포하거나 복병을 수색하는 일을 시켰다. 그러나 그때마다 유면은 반드시 책임을 완수하였으며 전후로 중상을 입고 죽을 뻔한 적도 네 차례였다. 그 후 달빛이 어둡고 바람이 심하던 날 다시 유면에게 적을 생포하라는 명이 떨어졌다. 격분한 유면은 적진 깊숙이 잠입해 들어갔다. 필사의 각오였던 것이다. 10여 리를 침입해 들어간 끝에 앉아서 막 졸음이 들려는 찰나였다. 갑자기 어떤 사람이 그를 깨우더니 초 두 개를 주며 말하였다.

"그대는 앞으로 귀한 몸이 될 것이요. 마음속에 이 초를 간직한다면야 걱정할 게 없소이다."

유면은 뒤에 장군에 임명되었는데, 늘 쌍 깃발 위에 촛불 그림자가 비추는 것을 볼 수 있었다. 그러다 그 뒤 다시는 초가 보이지 않자, 병을 핑계대고 본가로 귀향해버렸다.

재앙의 조짐【禍兆】

35. 양신긍(楊愼矜)[53] 형제는 부귀했으나 늘 마음이 편치 못했다. 그래서 매일 아침마다 불상에 예를 올리고 가호가 있기를 묵묵히 기도하였다. 그런데 어느 날 갑자기 불상 앞에 있는 흙으로 만든 평상 위에 세 무

52 유면(劉沔) : 784~848. 서주(徐州) 출신의 무장으로, 오원제(吳元濟)의 난을 평정한 후 삼장군(三將軍)을 역임하고 서북 변경의 이민족을 방어하는 데 공을 세웠다.

53 양신긍(楊愼矜) : 수나라 제왕(齊王)인 양간(楊暕)의 증손이며 태부경(太府卿)을 지낸 양융례(楊隆禮)의 아들이다. 양융례는 청렴하기로 유명했는데, 그도 아버지의 유풍을 닮아 당나라 현종 때 간의대부(諫議大夫), 시어사(侍御使), 어사중승(御使中丞) 등을 역임하며 소신 있는 정사를 펼쳤다. 그래서 당시 권세를 휘두르던 이림보(李林甫)에게 미움을 받기도 하였다. 그의 형인 신여(愼餘)와 동생 신명(愼名)도 명망이 있었다.

더기의 먼지더미가 쌓였다. 마치 무덤과 같았다. 신긍은 꺼려하면서도 아이들 장난일거라며 쓸어버리도록 했다. 그날 밤은 별 일이 없었지만 머지않아 집안에 화가 생기고 말았다.

36. 초공(楚公) 강교(姜皎)[54]가 선정사(禪定寺)[55]에 놀러 간 적이 있었다. 경조윤(京兆尹)이 성대한 연회를 준비하여 술을 마시게 되었다. 그 자리에 절색의 기녀가 있었다. 그녀가 술잔을 올리고 쪽진 머리를 가다듬는데 손의 움직임이 보이지 않아 사람들이 괴이하게 여겼다. 어떤 사람이 술에 취해 장난을 쳤다.

"손가락이 여섯 개인가 보군!"

그러면서 확인차 억지로 끌어냈다. 기녀는 끌려오다 자빠졌는데, 그것은 바로 말라비틀어진 해골이었다. 강교는 결국 화를 입었다.

37. 소간(蕭澣)[56]이 처음 수주(遂州)[57]에 부임했을 때, 번찰(幡刹)[58] 두 개를 절에 시주, 불재에 공양하였다. 재가 끝난 후 음악이 연주되자 갑자기 천둥 번개가 사납게 내리쳤고 번찰이 수십 조각으로 찢어졌다. 이듬해 천둥 번개가 쳤던 그 날에 소간은 죽고 말았다.

---

54 강교(姜皎) : 673~722. 현종이 번저(藩邸)에 있을 때의 심복으로, 현종이 즉위하자 측근으로 있으면서 격구(擊毬)나 투계(鬪鷄) 같은 놀이는 물론 주변 인물을 정탐하는 역할을 하였다. 뒤에 초국공(楚國公)에 봉해졌다.

55 선정사(禪定寺) : 장안에 있던 사찰이나 구체적으로는 알려져 있지 않다.

56 소간(蕭澣) : 어사대부를 지낸 소옹(蕭顒)의 아들로, 자는 명문(明文). 그 외의 행적은 잘 알려져 있지 않다.

57 수주(遂州) : 당대의 주명으로, 지금의 사천성 수녕현(遂寧縣) 지역.

58 번찰(幡刹) : 절 앞에 세우던 깃발을 다는 나무 기둥.

사물의 변이【物革】

38. 자의대부(諮議大夫) 주경현(朱景玄)[59]이 포용(鮑容)[60]을 만나 들려준 얘기다. 진사도(陳司徒)[61]가 양주(揚州)에 있을 때, 동시(東市)의 탑 그림자가 홀연 거꾸로 보였다. 어떤 노인이, '바다 그림자가 뒤집어지면 이렇게 된다'고 알려주었다고 한다.

39. 상시(常侍) 최현량(崔玄亮)[62]이 낙양에 있을 때였다. 모래 기슭을 걷다가 돌 하나를 주웠다. 크기는 달걀 만한데 검고 매끈한 게 좋아 보여 손으로 만지작거리며 갔다. 1리쯤 갔을 때 돌이 쩍하고 갈라지더니 그 안에서 뱁새만한 새가 나와 날아가 버렸다.

40. 진사 단석(段碩)은 남효렴(南孝廉)[63]과 일찍부터 알고 지냈다. 그는 회를 잘 떠, 뜬 회는 비단처럼 얇고 실처럼 가늘어서 입으로 불면 날릴 것처럼 가벼웠다. 칼을 놀리는 소리가 민첩한 게 박자에 딱딱 맞았다. 마침 손님이 모였기에 재주를 자랑하려고 물고기를 도마에 올려놓았다. 그

59 주경현(朱景玄) : 오군(吳郡) 출신으로, 한림학사(翰林學士)를 지냈다. 그가 저술한 『당조명화록(唐朝名畵錄)』은 당나라 회화의 진면목을 보여준다.

60 포용(鮑容) : '포용(鮑溶)'의 오기로 여겨진다. 그는 시에 능하였고 한유(韓愈), 맹교(孟郊) 등과도 교제하였다.

61 진사도(陳司徒) : 진소유(陳少遊, 724~784). 어려서부터 노장(老莊) 사상에 밝았으며 여러 문인들에 학문적 추숭을 받았다. 회남절도사(淮南節度使), 동중서문하평장사(同中書門下平章事) 등을 역임하였다.

62 최현량(崔玄亮) : 768~833. 795년 진사에 급제한 후 간의대부(諫議大夫), 우산기상시(右散騎常侍) 등을 역임하였다. 이때 그는 황제의 측근으로 시종하는 상시(常侍)로 있었다.

63 남효렴(南孝廉) : '효렴'이란 나라에서 특별 선발한 인재로, 한대(漢代)부터 향거리선(鄕擧里選)의 취지에서 시작되었다. 주로 효와 청렴을 겸비한 자를 선발하여 내외직에 제수했다. 후대에는 정식 관리 선발제도를 뒤흔드는 폐단을 낳는 계기도 되었다. 여기서는 효렴인 남아무개라는 뜻이다.

런데 갑자기 비바람이 사납게 불고 천둥치는 소리가 나더니 뜬 회가 모두 나비가 되어 날아가 버렸다. 남효렴은 놀라운 데다 두려운 나머지 칼을 부러뜨리고 다시는 회를 뜨지 않았다.

41. 개성(開成)[64] 말에 하양(河陽)[65]에 있는 황어지(黃魚池)의 얼음이 꽃으로 변했다. 그 모양이 채색 비단 같았다.

42. 하양성(河陽城) 남쪽에 사는 왕씨(王氏)의 장원에는 작은 연못이 있었다. 못가에는 커다란 버드나무가 여러 그루 있었다. 개성 말 버들잎이 못 속으로 떨어져서 물고기로 변하였는데, 크기가 잎과 같았고 먹어도 맛이 없었다. 겨울이 되어 그 집은 관의 소송을 당했다.

43. 무주(婺州)[66]의 승려 청간(淸簡)의 집 정원에 있던 순무가 어느날 갑자기 연꽃으로 변했다.

---

64 개성(開成) : 당나라 문종(文宗)의 연호로, 해당기간은 836~840년.

65 하양(河陽) : 당대의 현명으로, 지금 하남성 맹현(孟縣).

66 무주(婺州) : 당대의 주명으로, 지금 절강성 금화현(金華縣).

유양잡조 권5

해괴한 풍속【詭習】

1. 대력(大曆)[1] 연간에 동도(東都)[2]의 천진교(天津橋)[3]에 양팔이 없는 거지 아이가 있었다. 오른발에다 붓을 끼고 경문(經文)을 베껴 써서 돈을 구걸했다. 글을 쓸 때면 먼저 두세 번 붓을 한 자 남짓 위로 던졌다가 발가락에 끼었는데, 한번도 떨어뜨린 적이 없었다. 필적은 관청에서 쓰는 해서로, 남이 손으로 쓴 것도 여기엔 미치지 못할 정도였다.

2. 우적(于頔)[4]이 양주(襄州)[5]에 있을 때였다. 왕고(王固)라는 산인(山人)이

---

1 대력(大曆) : 당나라 대종(代宗)의 연호로, 해당기간은 766~779년.
2 동도(東都) : 낙양을 가리킨다. 따로 장안(長安)은 상도(上都)라고 한다.
3 천진교(天津橋) : 낙수(洛水) 위에 세운 다리로, 낙양의 동서를 관통하는 요로였다.

자신을 뵙자고 하였다. 성질이 급했던 우적은 그가 엎드려 느릿느릿 절을 하자 글을 아는 선비로 예우해 주지 않았다. 가는 날엔 주연에도 참석하지 않자, 왕고가 몹시 서운해 하였다. 그런데 그가 사원(使院)[6]에 갔을 때는 판관(判官) 증숙정(曾叔政)[7]이 각별한 예우로 맞아주었다. 그래서 왕고는 증숙정에게 이렇게 말했다.

"나는 상공(즉 우적)께서 기이한 걸 좋아한다 하기에 먼 길을 마다하지 않고 찾아왔으나, 지금 실로 그 기대가 어긋나고 말았습니다. 저에게는 여태까지 볼 수 없었던 한 가지 장기가 있지요. 지금 돌아가는 길에 공의 후한 대접을 받았기에 한번 보여 드리겠습니다."

그리고서 증숙정의 거처를 찾아가 품속에서 무언가를 꺼냈는데, 한 치 되는 대와 직경이 또 한 치쯤 되는 작은 북이었다. 한참을 있더니 대 뚜껑을 열어놓고 나뭇가지를 잘라 북을 잇달아 두드렸다. 그러자 대통속에서 거미 수십 마리가 열을 지어 나오더니 두 무리로 나뉘는 게 마치 진을 치는 듯했다. 세 번 혹은 다섯 번 북을 칠 때마다 그 소리에 맞춰 진의 모양을 바꾸었다. 천형지축(天衡地軸)과 어려학렬(魚麗鶴列)[8] 같은 진의 형태를 죄다 만들어냈다. 또한 그 전진과 후퇴, 흩어지고 합쳐지는 형세는 사람이 할 수 있는 수준이 아니었다. 이렇게 진의 형태를 수십 번

---

4 우적(于頔) : 당나라 헌종 때의 무장. 오소성(吳少誠)이 반란을 일으키자, 양주자사(襄州刺史)로 있던 그는 이에 편승하여 조정에 양주(襄州)를 대도독부(大都督府)로 승격시켜주기를 청한 후 전사(戰士)를 모집하고 무기를 비축하여 한수(漢水) 이남의 땅에서 세력을 과시하였다. 조정이 어지러운 틈을 타 전횡을 일삼아, 백거이(白居易)는 「관우(官牛)」라는 작품에서 그를 풍자하기도 했다.

5 양주(襄州) : 당대의 주명으로, 지금 호북성 양양현(襄陽縣) 지역.

6 사원(使院) : 절도유후(節度留侯)가 일을 처리하는 관서. 절도사가 출정이나 입조(入朝), 또는 사망한 경우 그 후임자가 없을 때 유후가 그 일을 대신하는데, 그때 사용하는 관서이다.

7 증숙정(曾叔政) : 미상인데, 당시 유후(留侯)로 있었던 것으로 판단된다.

8 천형지축(天衡地軸)과 어려학렬(魚麗鶴列) : 모두 진의 형태를 표현한 것으로, 천형지축은 처지 사이에 지렛대와 축을 세운 것 같은 진이고, 어려학렬은 물고기가 학처럼 길게 무리진 진형을 말한다.

이나 바꾼 뒤에야 대통속으로 들어갔다. 증숙정은 그것을 보고 크게 놀라 우적에게 이 사실을 전했으나 그때는 왕고가 이미 떠난 뒤였다. 후회막급한 우적은 그를 물색해 찾았지만 찾을 길이 없었다.

3. 장분(張芬)[9]은 한때 위남강(韋南康)[10]의 친수행군(親隨行軍)으로 있었다. 그는 교묘한 기예가 출중하였고, 힘은 일곱 자 길이의 비석을 들 만하였으며 두 바퀴가 달린 수차(水車)를 멈출 수도 있었다. 언젠가는 복감사(福感寺)[11]에서 공을 찼는데 탑의 절반 높이까지 올라갔다. 그가 찬 힘의 세기는 다섯 말의 무게에 맞먹는 것이다. 해를 향해 있는 큰 죽순을 고른 후,[12] 대를 엮어 만든 죽롱(竹籠)을 거기에 씌우고 죽순이 자라날 때마다 수시로 흙을 북돋아 주면서 늘 한 치쯤 남겨두었다. 대나무의 높이를 재어 넉 자가 되면 그때부터는 그냥 자라도록 둔다. 그렇게 가을이 깊어지면 죽롱을 제거하고 대나무를 자른다. 그러면 마디가 열 개에 색깔이 금색인 한 자 정도의 대나무가 된다. 그것으로 활을 만들었다. 그는 또 벽위에 사방 한 길 넓이로 칠을 하고 활을 쏘아서 '천하태평(天下太平)'이란 글자를 만들어내기도 했다. 글자체가 단정한 것이 마치 사람이 손으로 쓴 것 같았다.

4. 건중(建中)[13] 초, 하씨(夏氏) 성을 가진 하북(河北)의 장군이 있었다. 그

---

9 장분(張芬) : 미상이나, 이 책의 속집 권4의 「폄오(貶誤)」 항목에 중승(中丞)을 지낸 인물로 다시 나온다.

10 위남강(韋南康) : 위고(韋皐, 734~808). 주차(朱泚)의 반란 때 공을 세워 봉의군절도사(奉義軍節度使)로, 토번(吐蕃)의 침략을 격파하여 대장군이 되었다. 남강군왕(南康郡王)에 봉해졌다. 오래도록 촉(蜀) 땅을 통치하면서 큰 세력을 형성하였으며, 단성식의 부친인 단문창(段文昌)이 그의 수하로 있었다.

11 복감사(福感寺) : 사천성 성도(成都)에 있던 사찰.

12 해가 잘 비추는 곳의 큰 죽순을 고른 후 : 이 부분은 탄궁(彈弓)을 만드는 과정을 설명한 것이다.

13 건중(建中) : 당나라 덕종(德宗)의 연호로, 해당기간은 780~783년.

는 활을 당기는 힘이 수백 근(斤)에 달하였다. 일찍이 격구장(擊毬場)에서 동전 십여 개를 겹쳐놓고 말을 달리며 공을 치는 막대기로 타격을 하였다. 한 번 칠 때마다 동전이 하나씩 날아가는데 높이가 예닐곱 길이나 되었다. 묘기 부리는 솜씨가 이와 같았다. 또 새로 진흙을 바른 담벼락에 가시로 수십 군데를 찔러 표시하고서 볶은 콩을 가지고 한 길 거리에서 하나씩 던졌는데, 모두 그곳에 꽂혔다. 백에 하나 어긋남이 없었다. 말을 달리면서 한 장의 종이에 글을 쓸 수 있는 재주도 있었다.

5. 원화(元和) 연간에 강회(江淮)의 술사(術士) 왕경(王瓊)이 한번은 단군수(段君秀)의 집에 있게 되었다. 그는 자리한 손님에게 기와조각에 거북이 껍질 문양을 그려 품에 품게 하였다. 한 식경쯤 지나 꺼내보니 한 마리 거북이 되어 있었다. 이것을 마당에 풀어줬더니 담을 따라 돌다가 서편으로 가서 저물녘이 되자 다시 기와로 변해버렸다. 또 꽃을 가지고 밀폐된 그릇 속에다 넣고 가만히 덮어놓았는데 저녁이 되자 꽃이 피어났다.

6. 원화(元和) 말, 균주(均州)[14]의 운향현(鄖鄕縣)에 일흔된 한 백성이 있었다. 그는 수달 십여 마리를 길렀다. 고기잡이가 생업으로, 하루걸러 한번씩 수달을 풀어놓았다. 그때마다 깊은 도랑의 수문 안에다 가둬놓고서 굶겼기 때문에 그물질하는 수고 없이도 이익이 적지 않았다.[15] 노인이 손뼉을 치면서 부르면 수달 무리가 다 모여들어 옷깃에 달라붙고 무릎에 깔고 눕는 게 마치 길들인 개와 같았다. 호부낭중(戶部郎中) 이복(李福)이 직접 이 광경을 목격했다고 한다.

---

14 균주(均州) : 당대의 주명으로, 지금의 호북성 구균현(舊均縣) 북쪽 지역. 운향현은 지금 호북성 운현(鄖縣).

15 이익이 적지 않았다 : 이 굶긴 수달을 이용해 물고기를 잡았다는 뜻이다.

기괴한 술법【怪術】

7. 대력(大曆) 연간으로, 남방에서 온 한 술사가 형주(荊州)의 척기사(陟屺寺)[16]에 머물고 있었다. 그는 술을 좋아해서 취하지 않은 때가 거의 없었다. 한번은 절에서 큰 불재를 열어 모인 사람들이 수천을 헤아렸다. 그 자리에서 그가 갑자기,

"내게 한 가지 재주가 있소. 기와조각을 깨서 진주 구멍에 넣는 놀이[17]를 대신할 만하외다."

라고 하더니, 그릇 하나에 여러 가지 색깔을 합해 넣고는 말이 뛰 듯 걷다가 눈을 부라리더니 천천히 수십 마디의 주문을 외웠다. 바야흐로 물을 들이켜 두세 번 벽 위로 내뿜자, '유마문질변상(維摩問疾變相)'[18]의 그림이 나타났다. 오색이 펼쳐진 게 새로 그린 것 같았다. 반나절쯤 지나자 색이 점차 옅어지더니 저물녘에는 아예 사라지고 금속(金粟)[19]의 윤건(綸巾)과 추자(鶖子)[20]의 옷에 그려진 꽃만 이틀이 지나도록 여전히 남아 있었다. 내가 이 절의 승려 유숙(惟肅)을 만나서 들은 이야기로, 그 술사의 이름은 잊었다.

8. 승상인 위공(魏公) 장연상(張延賞)[21]이 촉(蜀)에 있을 때였다. 당시 난

---

16 척기사(陟屺寺): 후량(後梁)의 선제(宣帝)에 의해 건립된 사찰로 형주(荊州)에 있었다.

17 기와조각을 깨서 진주 구멍에 넣는 놀이: 이 시기에 유행한 놀이의 하나이겠으나 미상이다.

18 유마문질변상(維摩問疾變相): 벽화의 제재로, 유마힐(維摩詰)과 문수보살(文殊菩薩)이 철학적 대화를 나누는 장면을 그린 것이다.

19 금속(金粟): 금속여래(金粟如來)를 가리킨다. 잘 알려져 있는 유마거사(維摩居士)는 바로 이 금속여래의 화신으로 전해진다.

20 추자(鶖子): 부처의 대제자(大弟子)인 사리불(舍利佛)을 가리킨다.

21 장연상(張延賞): 727~787. 덕종 때의 재상. 원래 이름은 보부(寶符)였는데, 현종이 연상이라는 이름을 하사하였다. 검남서천절도사(劍南西川節度使)로 있으면서 사천(四川) 지역의 재정을 확충하였으며, 안록산의 난 때 피신해 온 현종을 호위하기도

타(難陀)[22]라는 범승이 있었다. 그는 여환삼매(如幻三昧)[23]의 능력을 얻어 물과 불 속에 뛰어들고 쇠와 금을 관통하는 등 무궁한 변화를 부렸다. 처음 촉땅에 들어올 때 세 명의 비구니와 함께 동행했는데, 술에 만취하여 미친 듯 노래를 불러 주둔해 있던 장수가 그를 처단하려 하였다. 난타는 장수에게 다가가,

"저는 불문에 몸을 의탁했으나 따로 약차(藥叉, 즉 야차)의 술수를 할 줄 압니다."

라고 하면서 세 비구니를 가리켰다.

"저들은 음악에 특출나지요."

이에 장수는 죽이기는커녕 도리어 그를 존경하게 되었고, 그더러 그곳에 머물게 하며 술과 고기를 마련하여 밤이면 손님들을 불러 모아 폭음을 일삼았다. 난타는 배자와 두건을 빌려 분과 눈썹먹을 사와서는 세 비구니더러 꾸미게 했다. 그녀들이 앉아서 힐끗힐끗 쳐다보며 미소를 짓는 양이 세상에 드문 자태였다. 술기운이 무르익자 난타는 비구니들에게 일렀다.

"압아(押衙)[24]를 위해 곡에 맞춰 춤을 춰 보거라."

그러자 천천히 앞으로 나와 마주보며 춤을 추는데, 명주실을 끄는 듯 눈발이 휘도는 듯, 휙 나서고 발끝을 차는 춤사위가 그 짝을 찾기 어려울 정도로 눈부셨다. 이들의 춤은 한참 뒤 곡이 끝난 뒤에도 멈추지 않았다. 그러자 난타가 소리쳤다.

"계집의 짓거리가 사특하구나!"

했다.

22 난타(難陀) : 건중 연간(780~783)에 촉 땅에 들어온 서역의 승려로, 기이한 술수로 많은 일화를 남겼다. 『송고승전(宋高僧傳)』에 「당서역난타전(唐西域難陀傳)」으로 입전되어 있다.

23 여환삼매(如幻三昧) : 요술사가 요술을 부리는 것과 같은 자유자재의 능력.

24 압아(押衙) : 의장시위(儀仗侍衛)를 관리하는 직책으로, 여기서는 주둔부대의 장수에 대한 호칭으로 사용되었다.

그러면서 느닷없이 벌떡 일어나더니 주둔군 장수가 찬 칼을 빼앗았다. 좌중의 사람들은 그가 술에 취해 돌았거니 싶어 놀라 달아났다. 난타는 칼을 뽑아 그 비구니들을 베어 버렸다. 이들은 모두 바닥에 엎어졌고 흐르는 피가 몇 길이나 퍼졌다. 장수는 너무 놀라 측근을 불러서는 난타를 포박하였다. 난타는 웃었다.

"당황하지 마시오!"

천천히 비구니를 일으키자, 세 개의 지팡이였으며 피는 곧 술이었던 것이다.

또 한 번은 주연이 있는 자리에서 사람을 시켜 자신의 목을 치고 귀를 기둥에 박도록 했다. 그러나 피가 나지 않았고 몸통은 자리에 그대로 있어 술이 오면 목에 난 상처를 통해 부어 마셨다. 얼굴이 벌게진 채 노래를 부르고 손으로는 박자를 맞추었다. 주연이 끝나자 몸통이 저절로 일어나 목을 가져다가 제 자리에 붙이니 흔적이 전혀 남지 않았다.

가끔 남의 흉사(凶事)를 예언하였는데, 모두가 수수께끼와 같은 말 뿐이었다. 사건이 발생한 뒤에야 그 의미가 드러났다. 성도(成都)의 어떤 백성이 며칠 동안 그를 공양하려 했으나, 난타는 머물려고 하지 않았다. 그래서 빗장을 걸고 만류했는데도 벽 모서리 속으로 달려 들어가 버렸다. 그 백성이 급히 잡아당겼으나 조금씩 들어가서는 가사의 끝만 남았다가 이마저도 조금 뒤에는 보이지 않았다. 이튿날 벽 위에는 그의 초상이 생겼다. 그 모양이 흡사 해와 같았다. 날마다 색깔이 차츰 엷어져 7일째에는 먹의 흔적만 남게 되었고, 8일째에는 그 흔적마저 사라졌다. 난타는 이미 팽주(彭州)[25]에 가 있었던 것이다. 그 뒤로는 어디로 갔는지 알 길이 없다.

9. 우부낭중(虞部郎中)[26] 육소(陸紹)[27]가 원화(元和) 연간에 사촌 형을 정수

25 팽주(彭州) : 당대의 주명으로, 지금 사천성 팽현(彭縣).

26 우부낭중(虞部郎中) : 공부(工部)에 속한 관원. 도로와 원유(苑囿), 사냥 등에 관한 사

사(定水寺)[28]에서 만난 적이 있었다. 이 절의 승려가 꿀떡과 과일을 준비했는데 이웃 사원의 승려도 육소와 친분이 두터워 측근을 시켜 자리에 초대했다. 한참 만에 이수재(李秀才)라는 이와 함께 와서 둘러 앉아 우스갯소리를 하며 자리가 자못 흥겨웠다. 절의 승려가 제자들더러 새 차를 끓여오게 하여 빙 돌아가며 따라주었다. 그런데 이수재에게는 따라주질 않자 육소가 불평을 했다.

"차를 이수재에게 따라주지 않다니, 어떻게 된 거요?"

그러자 그 중이 씩 웃으며,

"이런 수재께서도 차 맛을 안단 말이요?"

라고 하면서 남은 차를 따라주었다. 이웃 사원의 승려가 거들었다.

"이수재는 술사(術士)이니, 좌주께서는 경솔히 말해서는 아니 됩니다."

그러자 이 절의 승려는 다시,

"껄렁한 젊은이를 뭐 꺼릴 게 있겠소!"

라고 하자, 이수재가 돌연 화를 냈다.

"나와 스님은 평소 면식이 없거늘, 어찌 내가 껄렁한 무리인 줄 안단 말이오!"

승려는 다시 큰 소리를 쳤다.

"술집 깃발이나 바라보고 변장(變場)[29]에서 노는 자 가운데 어찌 괜찮은 자가 있겠소?"

이수재는 앉아 있는 이들에게,

"제가 어쩔 수 없이 귀한 손님들을 놀래켜 드려야겠군요."

라고 하더니, 소매 속에서 손을 꺼내 양 무릎에 얹고는 그 중을 꾸짖

무를 담당하였다.

27 육소(陸紹) : 단성식의 친구로, 복건관찰사(福建觀察使)를 지낸 육서(陸庶)의 아들이다.

28 정수사(定水寺) : 장안에 있던 사찰로 주작문(朱雀門) 서쪽에 있었다. 590년경에 세워졌으며, 이 절에는 장승요(張僧繇)가 그린 벽화가 유명했다.

29 변장(變場) : 당나라 때 대중에게 고사(故事)를 설창하며 들려주던 장소. 여기서 이른바 당대와 오대 시기에 유행했던 민간문학인 '변문(變文)'이 형성되었다.

었다.

"거칠게 구는 중아! 어찌 그리도 무례하단 말이냐? 지팡이야 어디 있느냐? 좀 때려주어야겠구나."

그와 동시에 승려의 방문 뒤에 있던 지팡이가 느닷없이 뛰어 올라 잇달아 가격했다. 그때 다른 사람들도 몸을 숨겼는데, 지팡이는 사람을 살피며 그 틈새로 이 승려를 때렸다. 마치 어떤 물체가 붙잡고 그러는 것 같았다. 이수재가 다시 꾸짖었다.

"저 놈의 중이 담으로 도망가니 붙잡아라!"

승려는 담벼락을 등지고 손을 공손히 모은 상태로 얼굴이 파랗게 된 채 가쁜 숨을 내쉬며 살려달라고 애걸하였다. 이수재가 다시,

"중은 계단으로 내려오라."

하였다. 종종걸음으로 내려온 승려는 수 없이 머리를 땅에 조아렸다. 코피가 나고 이마가 깨진 지도 모르고 연신 머리를 박았다. 주위 사람들이 봐달라고 간청을 하자 그제야 이수재는 천천히 입을 열었다.

"옷깃을 마주한 인연이 있으니, 이 중을 죽여서 허물을 만들 필요야 없겠지."

그러더니 나머지 손님들에게 읍을 하고는 떠나갔다. 그 승려는 반나절이 지나서야 말을 한 수 있었는데, 정신이 나간 듯한 모습으로 어찌된 영문인지 몰라 했다.

10. 원화(元和) 말, 염성(鹽城)[30]의 비각(飛脚)[31]인 장엄(張儼)이 공문서를 전하기 위해 입경하다가 송주(宋州)[32]에 이르렀다. 거기서 어떤 사람을 만나 동행하게 되었다. 그는 정주(鄭州)[33]에서 투숙하고 아침에 나온 길이라

30 염성(鹽城) : 당대의 현명으로, 초주(楚州)에 속해 있었다. 지금의 강소성 염성현.

31 비각(飛脚) : 신속하게 문서를 전달하는 심부름꾼.

32 송주(宋州) : 당대의 주명으로, 지금의 하남성 남구현(南邱縣) 지역.

33 정주(鄭州) : 당대의 주명으로, 지금의 하남성 정주시.

고 하면서,

"당신은 내가 손쓰는 걸 얻게 되면 수 백리를 더 갈 수 있소."

라고 하였다. 이어 두 개의 작은 구덩이를 대여섯 치 깊이로 파고서는 장엄을 등지게 서게 한 후 발꿈치를 구덩이 입구 쪽으로 향하게 하고서 두 발을 침으로 찔렀다. 그러나 장엄은 처음부터 통증을 느끼지 못했다. 또 무릎부터 정강이뼈 사이를 두세 번 침으로 땄더니 검은 피가 구덩이 안에 가득 찼다. 장엄은 확실히 발을 움직이는 게 가볍고 민첩하다는 느낌이 들었다. 겨우 정오 정도에 변주(汴州)[34]에 당도할 수 있었다. 그런데 그 사람은 섬주(陝州)[35]에 가서 투숙하자고 하는 것이었다. 그건 도저히 불가능하다고 하며 사양했으나,

"당신, 슬개골을 잠시 풀어 놓는 게 좋을 것 같소. 아프지 않을 거요. 그러면 하루에 8백 리를 다닐 수 있다오."

라고 하였다. 장엄은 무서운 마음에 이도 거절했다. 그러자 그도 억지로 권하지는 않았다.

"나는 일이 있어 저녁때까진 섬주에 가야하오."

그렇게 떠나가는데 발걸음이 나는 듯 하더니 순간 보이지 않았다.

11. 촉(蜀) 땅에 비계사(費雞師)라고 하는 이가 있었다. 그는 본래는 복주(濮州)[36] 사람으로, 눈은 붉은데다 검은자위가 없었다. 내가 장경(長慶) 연간(821~824)에 처음 그를 봤었는데, 그때 나이가 이미 일흔 남짓이었다. 남의 재액을 풀어줄 때면 꼭 닭 한 마리를 잡아 뜰에서 제를 올렸다. 또 계란만한 강돌을 가져다가 환자에게 쥐게 하고는 걸으면서 크게 숨을 들이마시며 꾸짖는 자세를 취하게 했다. 그러면 닭이 빙빙 돌다가 죽고

34 변주(汴州) : 당대의 주명으로, 지금의 하남성 개봉(開封)에 치소가 있었다.

35 섬주(陝州) : 당대의 주명으로, 지금의 하남성 섬현(陝縣) 지역. 참고로 변주에서 섬주까지는 770리 거리이다.

36 복주(濮州) : 당대의 주명으로, 지금의 하남성 복성현(濮城縣) 지역.

돌도 네 조각으로 깨졌다. 우리 옛집에 있었던 영안(永安)은 처음부터 그를 믿지 않았다. 그런데 한번은 비계사가,

"너는 큰 곤경을 치를 걸."

이라고 하면서, 부적을 환약처럼 말아서 억지로 집어 삼키게 했다. 그리고 다시 왼쪽 신과 양말을 벗기고 발 한가운데에 부적을 붙였다. 또 시종 창해(滄海)에게는,

"너는 조만간 병이 날 걸."

이라고 하면서, 웃통을 벗고 문을 등지게 하고는 문밖에서 그림 두 세 개를 그리고 큰 소리를 쳤다.

"지나가라, 지나가!"

그러자 먹물이 등으로 스며들었다.

12. 장수사(長壽寺)[37]의 승려 변(䛒)이 해준 이야기이다. 언젠가 형산(衡山)[38]에 있을 때, 한 마을의 아무개가 독사에게 물려 얼마 후 죽고 말았다. 그는 머리카락이 빠지고 살이 한 자 남짓이나 부어올랐다. 그의 아들은,

"잠씨(昝氏) 노인이 있다면 뭐가 걱정이겠습니까?"

라고 하면서 잠씨를 불러왔다. 그는 도착하자 재를 시신 둘레에 뿌리고 네 문을 열어놓고 더 걱정스러워했다.

"만약 독이 발을 통해 들어갔다면 구할 수가 없는데……."

그러면서 밟는 시늉을 하며 주먹을 꽉 쥐었다. 그러나 한참이 지나도 뱀은 나오지 않았다. 잠씨는 몹시 화를 내며 밥 몇 되를 가져다가 도닥거려 뱀 모양을 만들고는 저주를 하였다. 그러자 갑자기 한 마리 뱀이 꿈틀거리더니 문을 나갔다. 잠시 후, 밥으로 만든 뱀이 또 다른 뱀 한 마리를 데리고 돌아와서 죽은 이의 머리로 들어가 서둘러 부종을 빨아냈다. 그러자 시신의 부은 살이 점차 빠졌고, 뱀은 거죽이 굳어지며 쪼그라

37 장수사(長壽寺) : 낙양의 남시(南市)에 있었던 사찰.

38 형산(衡山) : 호남성 형산현에 있는 산으로, 오악(五嶽) 중 남악에 해당한다.

들더니 죽고 말았다. 결국 그는 살아났다.

13. 왕잠(王潛)[39]이 형주(荊州)에 있을 때였다. 그곳 백성 장칠정(張七政)이 골절상을 잘 치료하였는데, 마침 어떤 군인이 정강이를 다쳐서 그에게 치료를 부탁했다. 장칠정은 약주를 붓고 살집을 째고서 부서진 뼈 한 조각을 제거하였다. 손가락 둘 만한 크기였다. 고약을 바르고 봉합하자 며칠 만에 그전처럼 좋아졌다. 그런데 2년 남짓 지나 갑자기 정강이에 통증을 느껴 다시 장칠정에게 물었더니,

"전에 당신에게서 빼낸 뼈가 날이 차면 아프게 된다오. 빨리 찾아보시오."

라고 알려주었다. 과연 침상 아래에서 그 뼈를 찾아 더운 물로 씻어 솜 안에다 두게 하였더니 통증이 즉시 가셨다. 한번은 장칠정과 친하던 왕공의 자제 한 사람이 마술을 보여달라고 부탁했다. 장칠정이 말먹이 풀을 한 움큼 쥐고서 두세 번 주무르자 모두 나비가 되어 날아갔다. 또 벽에다 한 여인을 그려놓고 잔 가득 술을 따라 마시자, 잔에는 술 한 방울 남지 않았고 그림 속의 여인 얼굴이 벌게졌다. 그리고 반나절쯤 되자 그림이 축축하게 젖어 떨어져 버렸다. 장칠정은 이런 그의 비법을 남에게 전수해 주려고 하지 않았다.

14. 한차(韓佽)[40]가 계주(桂州)[41]에 있을 때 사악한 적당인 봉영(封盈)[42]은 안개를 몇 리에 걸쳐 끼게 하는 능력이 있었다. 이에 앞서, 봉영이 들길

---

39 왕잠(王潛) : ?~829. 당나라 헌종(憲宗) 때의 문신으로, 자는 홍지(弘志). 목종 때 형남절도사(荊南節度使)가 되어 관리들의 악정을 고발하는 등 이 지역에서 명성을 떨쳤다.

40 한차(韓佽) : 당대의 문신. 806년 진사에 급제, 계관관찰사(桂管觀察使) 등을 역임하였다. 인사를 공정히 하였고 매관행위를 근절시켜 당대의 명망이 있었다.

41 계주(桂州) : 지금의 광서성 장족자치구(壯族自治區)의 계림(桂林). 이 지역은 중국에서도 절경으로 유명하다.

42 봉영(封盈) : 미상이다. 다만 한차와 관련하여 계주에서의 치적을 언급할 때 꼭 언급이 되거니와, 이 소재는 여러 자료에 나온다.

을 가다가 노랑나비 수십 마리를 발견하고 이것들을 쫓아 커다란 나무 아래에 이르렀다. 헌데 나비는 어느새 사라져버렸다. 나무 아래를 파자 돌로 된 상자가 나왔다. 그 안에는 팔뚝만한 비단 글씨가 들어 있었다. 이것으로 요사한 술수를 깨우치니, 그에게 달라붙은 자들이 문전성시를 이루었다. 그가 공언하였다.

"어느 날 계주(桂州)를 공격할 것인데, 자줏빛 기운이 있으면 내가 필시 승리하리라."

그 날이 되자, 과연 비단을 펼쳐놓은 듯 자줏빛 기운이 산에서부터 계주성까지 뻗쳤다. 그런데 흰 기운이 곧장 자줏빛 기운과 부딪치자 마침내 그 기운이 흩어졌다. 그러자 하늘엔 홀연 안개가 자욱하더니 한낮이 되어서야 조금씩 걷혔다. 계주의 집집마다 있던 나무에는 보리만한 작은 구리 불상이 물방울 지듯 떨어졌는데, 그 수를 헤아릴 수가 없었다. 그 해에 한차는 숨을 거두었다.

15. 해주사마(海州司馬)[43] 위부(韋敷)가 가흥(嘉興)[44]에 들리러 가던 도중에 승려 희둔(希遁)을 만났다. 그는 수명을 늘리는 법술에 뛰어난 자였다. 그는 또 천간(天干)과 지지(地支)를 약이나 침 따위를 대신해 잘 사용했다. 위부가 흰머리카락 뽑는 것을 보더니 이렇게 일러주었다.

"빈도가 공을 위해 택일을 해줄 테니 그때에 뽑으십시오."

대엿새가 지나 희둔은 위부더러 흰머리 절반을 뽑으라 하였는데, 그 자리에 검은 옥과 같은 색깔의 머리카락이 자라났다. 이렇게 세 차례 머리카락을 뽑자 머리가 다시는 허옇게 변하지 않았다. 동석한 이들 가운데 머리카락 뽑을 때를 일러달라고 하는 이가 있었다. 그러자 희둔은,

"뽑을 때가 약간씩 차이가 있지요."

---

43 해주사마(海州司馬) : 해주는 당대의 주명(州名)으로, 지금 강소성 동해현(東海縣). 사마는 종5품직으로 주로 지방의 군정을 맡아보았다.

44 가흥(嘉興) : 당대의 현명으로, 지금의 절강성 가흥현.

라고 하며 이별하였다. 그런데 헤어지고 난 후에 그의 수염 색깔이 과연 거무스름해졌다. 그의 능력이 이와 같았다.

16. 사람들은, '석민(石旻)이 기이한 술수를 지녔다'고 한다. 양주(揚州)에 있을 때 나는 몇 년간 열흘이 멀다하고 그를 만났는데, 그의 예언은 열에 하나도 맞지 않았다. 집안에 두통과 천식을 앓는 자가 있어서 그의 약을 복용했지만 효과도 없었다. 그런데 개성(開成) 초, 장안의 친척과 지인들 사이에서 석민의 술수는 측량할 길이 없다고 하는 소문이 퍼졌다. 많이 전해지는 이야기로 다음과 같은 것이 있다. 보력(寶曆)[45] 연간에 석민이 상서(尙書) 전휘(錢徽)[46]를 따라 호주(湖州)에 가서 학원(學院)에 머무른 적이 있다. 전휘의 자제들은 모두 그를 '문장(文丈)'[47]이라 불렀다. 전휘의 아들 형제들이 토탕병(兎湯餠)[48]을 먹고 싶어 했다. 그러나 그때는 여름철이어서 사냥꾼이 며칠이 지나서야 잡아올 수 있었다. 자제들과 함께 먹던 석민은 웃으며,

"토끼의 가죽은 남겨 두시게. 애오라지 한 가지 일이 있으니 말일세."

라고 하면서 그 가죽을 땅에 대고 못을 박은 다음 벽돌을 올려놓고 칠했다. 그 위에 붉은 글씨로 예언을 썼다. 그리고는 혼잣말을 하였다.

"늦어서 한스럽구나! 늦어서 한스러워!"

전씨 형제가 왜 그러냐고 묻자,

"그저 그대들과 함께 토끼해를 기억하려고!"

라고만 했다. 태화(太和) 9년(835)이 되어 전가복(錢可復)이 봉상(鳳翔)에서

---

45 보력(寶曆) : 당나라 경종(敬宗)의 연호로, 해당기간은 825~826년.

46 전휘(錢徽) : 755~829. 시인으로 유명하며 대력십재자(大曆十才子) 가운데 한 사람인 전기(錢起)의 아들이다. 현종 때에 진사에 급제한 후 한림학사, 중서사인(中書舍人) 등을 역임하고 문종(文宗) 때에 이부상서로 퇴임하였다. 여기 등장하는 자제들은 전가복(錢可復)과 전방의(錢方義)으로, 이들도 문명을 떨쳤다.

47 문장(文丈) : 높은 재주와 아름다운 덕을 지닌 노인에 대한 존칭.

48 토탕병(兎湯餠) : 토끼 고기를 넣거나 그 육수로 우려 만든 탕면.

화를 입었는데,[49] 그 해가 바로 토끼해인 을묘년이었다.

17. 강서(江西)에 대나무를 잘 다루는 자가 있었다. 그는 대나무 마디 몇 개면 그릇을 만들었다.

○ 또 웅호로(熊葫蘆)라는 이는 표주박을 발로 차 날리기를 공 날리기보다 쉽게 한다고 한다.

18. 쥐를 막는 방법은 이렇다. 7일날 쥐 아홉 마리를 대통 속에 넣고 땅에다 묻는다. 이때 저울로 9백 근의 흙을 달아 구덩이를 덮는다. 깊이는 각기 두 자 다섯 치로 하여 견고하게 쌓는다. 『잡오행서(雜五行書)』[50]엔, '정부(亭部)[51]의 흙을 가지고 부뚜막을 칠하면, 수재와 화재, 도적을 피할 수 있다. 집의 네 귀퉁이를 칠하면 쥐가 갉아 먹지 못하고, 창고를 칠하면 쥐가 벼를 먹지 못한다. 그리고 쥐구멍을 막으면 온갖 쥐가 자취를 감춘다'고 나와 있다.

19. 옹익견(雍益堅)[52]의 말이다. 밤을 주재하는 신의 주문을 지니고 있으면 효험을 보는데, 밤에 길을 갈 때나 취침할 때에 두려움이나 악몽을 막을 수 있다. 그 주문은 '바사바연저(婆珊婆演底)'[53]라고 한다.

---

49 봉상(鳳翔)에서 화를 입었는데 : 전가복은 전휘의 맏아들로, 그가 봉상부(鳳翔府)에서 정주(鄭注)가 일으킨 난으로 죽은 사건이다. 당시 이훈(李訓)과 정주가 문종(文宗)의 후원을 받아 환관 세력을 일소하고 전가복 등과 갈등하다가 835년 봉상부에서 그를 죽인 일이 있었다.

50 『잡오행서(雜五行書)』: 일서(逸書). 이 책은 5세기 말 가사협(賈思勰)의 『제민요술(齊民要術)』에 인용된 적이 있는데, 주로 농업과 관련된 주술적 지식이 기록되어 있다.

51 정부(亭部) : 정장(亭長)의 관사(官舍). 정(亭)은 행정기구의 말단 단위.

52 옹익견(雍益堅) : 단성식과 동시대의 인물로 판단되나 미상이다.

53 바사바연저(婆珊婆演底) : 범어 Vasanta-vayanti의 음역으로, 잠을 주재하는 신의 주문으로만 알려져 있다.

20. 송거사(宋居士)의 말이다. 주사위를 던지고 "이체미체(伊諦彌諦), 미게나체(彌揭羅諦)"라는 주문을 집중해서 만 번을 하면 부르는 대로 주사위의 숫자가 나온다.

21. 운안정(雲安井)[54]은 장강(長江)으로부터 거슬러 올라가는 별개의 물줄기로 총 30리 거리이다. 운안정과 가까운 곳 15리 되는 지역은 거울처럼 물이 맑아 운항하기에 걱정할 것이 없다. 그러나 장강에 가까운 곳 15리는 모두 험한 여울과 암석이어서 거슬러 올라가기가 어렵다. 도사 적건우(翟乾祐)[55]가 상인이나 나그네들이 고생하는 걸 염려하여 한성산(漢城山)[56] 위에다 단을 쌓고 용들을 불러 명을 내렸다. 이에 모두 14곳에서 노인으로 변한 용들이 부름을 받고 왔다. 적건우는 그들에게 여울과 물결이 위험하여 사물을 해치고 사람을 힘들게 하는 사실을 알리고 그 지역을 모두 평탄하게 만들도록 했다. 그러자 하룻밤 사이에 바람이 불고 우레소리가 진동하더니 14리에 걸친 여울물이 다 평탄해졌다. 그런데 오직 하나의 여울물은 그대로였고 용도 가지 않았다. 적건우는 다시 신리(神吏)를 보내 가서 다스리도록 엄히 영을 내렸다. 사흘이 지나 어떤 여자가 찾아왔다. 적건우가 불렀는데도 오지 않은 이유가 무엇이냐며 나무라자, 그 여자가 말하였다.

"제가 그동안 오지 않은 이유는 도사께서 널리 구제하려는 뜻을 돕고자 해서였을 뿐입니다. 부유한 상인들이야 돈에 여유가 있지만 고용돼서 짐을 져서 나르는 자들은 다 힘이 부족하지요. 운안의 가난한 백성들 중

54 운안정(雲安井): 운안현(雲安縣)에 있는 염정(鹽井). 운안은 지금의 사천성 봉절현(奉節縣) 지역.

55 적건우(翟乾祐): 당나라 현종 시절에 유명한 도사. 이 책에는 특히 현종 시절에 도사와 얽힌 일화들이 많이 소개되고 있는 바, 이는 현종의 도선적 취향과도 연관이 있어 보인다. 아무튼 당대(唐代)의 도사들은 그 면면들이 잘 드러나 있지는 않지만, 정치와 민생 사이에서 매우 중요한 역할을 수행했으며, 당대 전기(傳奇) 등의 문학 작품에도 비상하게 등장한다.

56 한성산(漢城山): 미상.

에는 강어귀로부터 재물이나 짐을 짊어지고서 운안정 가까운 여울물까지 날라주는 것으로 생계를 해결하는 자가 많습니다. 지금 만약 가벼운 배로 쉽게 건너게 되고 강이 평탄하여 걱정이 없게 된다면, 마을의 빈민들은 짐을 져다주고 돈을 벌 곳이 없어져서 생계를 해결할 방도가 끊어질 겁니다. 곤란해질 사람들이 많습니다. 저는 차라리 여울물이 험해서 짐꾼들을 넉넉하게 해줄지언정 배를 운항하기 편하도록 해서 부유한 상인들을 평안케 하지는 않겠습니다. 제가 오지 않았던 이유가 바로 이 때문이었습니다."

적건우는 그 말을 옳다 하여 여러 용들에게 여울물을 예전처럼 복구하도록 했다. 그러자 순식간에 비바람이 불고 우레가 치더니 긴 여울이 예전 그대로 돌아갔다. 천보(天寶) 연간(742~756)에 조서가 내려와 적건우는 상경하여 융성한 대접을 받았다. 한 해 남짓 지나 고향으로 돌아갔고, 머지않아 득도하여 세상을 떠났다.

22. 현종(玄宗)이 일행(一行)을 궁으로 불러들였다.

"대사께서는 무슨 능력이 계시오?"

"본 것을 잘 기억한답니다."

현종은 후궁에 명을 내려 궁녀의 명부를 가져오라 하여 그에게 부여주었다. 쭉 훑어보게 한 다음 명부를 덮었다. 그런데 너무나 정확하고 익숙하게 기억하는 것이 평소에 자주 읽어둔 듯 싶었다. 이렇게 몇 장이 지나가자 현종은 자신도 모르게 어탑에서 내려와 예를 갖추고 그를 '성인(聖人)'이라 불렀다.

이에 앞서 일행은 불가에 귀의하면서부터 숭산(嵩山)에서 보적(普寂)[57]을 스승으로 섬겼다. 한번은 보적이 절에다 공양을 차려놓고 승려 및 사

57 보적(普寂) : 651~739. 장안의 흥당사(興唐寺)의 고승. 속성은 풍씨(馮氏). 형주(荊州)의 옥천사(玉泉寺)에서 신수선사(神秀禪師)에게 사사했으며 그의 사후 뒤를 이어 불교계를 통섭하였다.

문(沙門)들과 성대한 모임을 열었다. 수백 리 안의 수도승들이 날에 맞춰 모임에 참석했다. 모두 천여 명이었다. 당시 노홍(盧鴻)[58]이란 자는 도덕이 높고 학식이 깊은 사람으로 숭산에 은거하고 있었다. 보적은 그에게 이 모임을 환영하는 글을 지어달라고 부탁해, 당일날 노홍이 글을 가지고 절에 도착하였다. 보적은 그것을 받아서 궤안 위에 두었다. 범종이 울리자 노홍은 보적에게 청하였다.

"제가 지은 문장은 수천 마디가 되나 그 글자와 언어가 괴벽한 것이지요. 여러 스님들 가운데 총명한 이를 선발해주시면 제가 직접 전수해 주겠소."

그래서 일행을 불러오게 했다. 일행은 종이를 펴더니 미소를 지으며 쓱 한번 보고는 다시 궤안 위에다 두었다. 노홍은 일행의 소탈한 행동을 얕잡아보면서도 속으로는 괴이하다 싶었다. 이윽고 승려들이 불당에 모였을 때, 일행은 소매를 떨치고 앞으로 나섰다. 큰 소리로 흥이 나는 대로 맞추어 외우는데 하나도 빠뜨린 게 없었다. 노홍은 깜짝 놀랐다. 한참 뒤 보적에게,

"대사께서 훈도할 인물이 아닌 것 같소이다. 저 자가 배우고자 하는 대로 놔둬야 할 것이오."

라고 하였다. 일행은 이때부터 대연(大衍)[59]을 궁리하여 스승을 찾아 수천리의 길을 마다하지 않았다. 한번은 천태산(天台山)[60] 국청사(國淸寺)[61]를 찾았다. 한 사원에는 수십 보 높이의 오래된 소나무가 있고 문 앞에는

---

58 노홍(盧鴻) : 숭산(嵩山)에 은거하던 도사로, 자는 호연(顥然). 현종이 불러 출사, 조정에서 중용되었던 인물이다.

59 대연(大衍) : 본래 『역경』에 나오는 용어로, 숫자 50을 가리킨다. 일행이 이를 근거로 천문학을 궁구하여 만든 역법을 '대연력(大衍曆)'이라고 한다.

60 천태산(天台山) : 지금의 절강성 천태현(天台縣) 북쪽에 있는 산. 한(漢)나라 때 유신(劉晨)과 완조(阮肇)가 이 산에서 채약(採藥)한 고사가 유명하다.

61 국청사(國淸寺) : 598년 수(隋)나라 문제(文帝)의 칙명으로 창건한 절로, 천태산 중턱에 자리 잡은 고찰이다. 정상 부근에 있는 복림사(福林寺)와 산 아래에 있는 수선사(修禪寺)와 함께 이곳 삼대 명찰이다.

시냇물이 흐르고 있었다. 일행은 절문과 작은 담장 사이에 서 있다가 사원의 승려가 마당에서 셈하는 소리를 듣게 되었다. 그 소리가 적이 급했다. 이윽고 문도들에게 물었다.

"오늘 어떤 제자가 내게 산법(算法)을 배우러 올 것이다. 지금쯤 문 앞에 이르렀을 터인데 아직 도착한 사람이 없느냐?"

그는 셈하던 걸 물리고 다시 입을 열었다.

"문 앞의 냇물이 거꾸로 서쪽으로 흘러가는걸 보니 틀림없이 그 자가 왔을 게야!"

일행은 그 말을 듣고서 들어가 머리를 조아리며 법을 청했다. 그 산법을 남김없이 전수받기에 이르렀다. 그러자 원래 동으로 흐르던 절문 앞의 냇물이 그때 갑자기 흐름을 바꾸어 서쪽으로 흐르게 되었다.

○ 형화박(邢和璞)[62]이 윤음(尹愔)[63]에게 이런 이야기를 한 적이 있다.

일행은 아마도 성인일 것이다! 한(漢)나라의 낙하굉(洛下閎)[64]이 대연력(大衍曆)을 만들고는 '8백 년 뒤 1일의 차이가 생기면 성인이 나타나 이를 바로잡을 것이다'고 했는데, 올해가 기한이 끝나는 때이다. 그런데 일행이 대연력을 만들어 오차를 바로잡았으니, 낙하굉의 말을 믿을 만하다.

○ 일행은 또 도사 윤숭(尹崇)을 방문하여 양웅(揚雄)[65]의 『태현경(太玄

---

62 형화박(邢和璞) : 이 책 권2의 43번 참조.

63 윤음(尹愔) : ?~741. 당대의 도사. 유자였던 윤사정(尹思貞)의 아들로, 『노자』를 읽고 도사가 되었다고 한다. 현종의 예우를 받아 도사의 복장을 착용하고 궁정 도서를 관장하였다.

64 낙하굉(洛下閎) : 한나라 무제 때의 역법가. 『한서』「율력지(律曆志)」에는 '낙하갱(落下閎)'으로 나와 있다.

65 양웅(揚雄) : 전한(前漢)의 문인으로, 자는 자운(子雲). 성도(成都) 출신으로, 사부(辭賦)에 뛰어나 사마상여(司馬相如)와 견주어졌으며, 또한 고문기자(古文奇字)와 박물지리에 뛰어나 『태현경(太玄經)』·『법언(法言)』·『방언(方言)』 등의 저서를 남겼다. 이 중 『태현경』은 『주역』을 모방하여 지은 일종의 역서이다.

經)』을 빌렸다가 며칠 후에 윤숭에게 돌려준 적이 있었다. 그러자 윤숭이 물었다.

"이 글의 내용은 너무 심원하여 내가 몇 년 간을 탐구했으나 아직도 이해하지 못하고 있지요. 당신은 연구해 보시지도 않고 이리 급히 돌려줍니까?"

"그 의미를 이미 터득했소."

그러면서 자신이 지은 『대연현도(大衍玄圖)』 및 『의결(義訣)』 1권을 꺼내어 윤숭에게 보여주었다. 윤숭은 탄복해마지 않았다.

"안연(顏淵)[66]이 다시 태어났다 하겠습니다!"

○ 개원(開元) 말, 하남윤(河南尹)이 된 배관(裴寬)[67]은 부처를 깊이 신봉하여 보적선사(普寂禪師)를 스승으로 삼고 밤낮으로 찾아뵈었다. 어느 날 배관이 선사를 찾아뵙자,

"지금 부득이한 일이 있어 정담을 나눌 겨를이 없겠구려. 그러니 천천히 돌아가서 쉬고 계시오."

배관은 쉬려고 빈방으로 갔는데, 보적이 대청을 깨끗이 치우고 분향을 한 채로 단정히 앉아있는 것이 보였다. 이윽고 갑자기 문을 두드리는 소리가 들렸고,

"천사님! 일행 화상(和尙)이 도착했습니다."

라며 잇달아 알려왔다. 일행이 들어오자 보적은 절을 올렸다. 절을 올리고 나서 귓속말을 하는데, 그 모습이 지극히 공경스러웠다. 일행은 고개만 끄덕이며,

"그렇게 하시지요."

66 안연(顏淵) : 공자의 제자인 안회(顏回). 주지하듯이 안빈낙도의 상징적인 인물이다.

67 배관(裴寬) : 681~755. 현종 대의 문신. 개원(開元) 말기에 하남윤(河南尹)이 되어 선정을 베풀었으며, 문장은 물론 기사(騎射), 탄기(彈棋), 투호(投壺) 등 다방면에 뛰어났다. 또한 불가의 서적을 애독하기로도 유명했다.

라고만 하였다. 이렇게 말이 끝나면 절을 하고, 절을 하고 나면 또 말하기를 세 차례나 하였다. 그때마다 보적은,

"예, 예 그렇게 하시지요!"

라고 하였다. 일행은 말을 마치자 섬돌을 내려와 남쪽 방으로 들어가서는 문을 닫았다. 보적은 천천히 문도들에게 지시하였다.

"종을 치거라. 일행화상이 열반하셨다."

곁에 있던 문도들이 달려가 살펴보니, 일행이 정말 열반해 있었다. 그 후 배관은 상복을 입고 일행을 장사지낸 다음, 몸소 성문 밖까지 나와 일행을 영송하였다.

유양잡조 권6

절묘한 기예【藝絶】

1. 남조(南朝) 시대에 붓을 잘 만드는 노파가 있었다. 소자운(蕭子雲)[1]은 글을 쓸 때면 항상 그 붓을 이용했는데, 붓털의 속 부분은 아기의 배냇머리털로 만든 것이었다. 개원(開元) 연간에 '철두(鐵頭)'라고 하는 붓 만드는 장인이 있었다. 그는 붓대롱을 옥처럼 빛나게 만들 수 있는 재주가 있었으나, 그 뒤로 전수되지 않았다.

2. 성도(成都)에 있는 보상사(寶相寺) 소속 사원의 작은 불전에 보리상(菩

1 소자운(蕭子雲) : 486~549. 양대(梁代)의 서예가로, 자는 경교(景喬). 종요(鍾繇)와 왕희지(王羲之)의 필법을 전수 받았으며, 특히 초서와 예서에 뛰어났다. 그의 형 소자각(蕭子恪)도 글씨로 명망이 있었다.

提像)[2]이 있다. 먼지가 쌓이지 않아 새로 갓 만든 것 같았다. 전하는 얘기로는, 보리상을 처음 만들 때 장인이 명당(明堂)[3]에다 먼저 오장(五臟)을, 그 다음에는 사지(四肢)와 관절들을 넣어 두었기에 백여 년이 되도록 미세한 먼지도 달라붙지 않는다 한다.

3. 이숙첨(李叔詹)[4]은 범양(范陽)[5]의 어떤 산인을 알아 그의 사저에 머무르게 되었다. 산인은 길흉을 예언하는 대로 다 맞추었고, 천체관측과 주술도 뛰어났다. 반년이 지났을 때, 그가 뜬금없이 이숙첨에게 말하였다.

"제게 한 가지 기예가 있습니다. 이제 떠나는 마당에 이것으로 이별의 정을 나누고자 합니다. 수화(水畫)라고 하는 겁니다."

그러더니 뒤쪽 마루 위의 땅바닥을 파내 못을 만들겠다고 하였다. 이 못은 사방 한 길에 깊이는 한 자 남짓 되었다. 삼을 태운 재를 바르고 날마다 물을 채워놓았다. 물이 줄지 않는 것을 보고는 물감과 먹, 벼루를 준비하였다. 그리고 먼저 붓으로 이빨을 두드리더니 한참 지나서 물 위에 마음껏 붓질을 하는 것이었다. 가서 유심히 보았으나 물의 색깔이 혼탁해졌을 뿐이었다. 이틀이 지나 촘촘한 명주 네 폭으로 탑본을 떴다. 한 식경쯤 지나 들어내고 보니 명주엔 고송(古松)과 괴석(怪石), 인물과 집, 나무 등 없는 것이 없었다. 이 경이로운 광경을 본 이숙첨은 어찌된 영문인지 캐물었다. 그는 다만,

"채색을 흩어지거나 가라앉지 않게만 하면 됩니다."

라고만 했다.

---

2 보리상(菩提像) : 보리는 불교 최고의 이상인 불타 정각의 지혜를 가리킨다. 여기서는 신앙의 대상으로 삼는 관세음보살 불상을 의미하는 것으로 판단된다.

3 명당(明堂) : 점술 따위에서 사람의 이마를 일컫는 용어. 보통 사람의 양 눈썹 사이를 '천문(天門)'이라 하며, 명당은 그 안쪽으로 한 치 정도 들어간 부분을 가리킨다. 여기서는 이 불상의 이마라는 뜻이다.

4 이숙첨(李叔詹) : 미상.

5 범양(范陽) : 당대 유주(幽州)에 범양군이 있었으며, 탁주(涿州)에는 범양현이 있었다. 지금의 하북성 지역.

4. 천보(天寶, 742~756) 말 술사 전지미(錢知微)[6]는 낙양에 도착하여 천진교(天津橋)의 가변 기둥에 알림판을 내걸고 점을 보았다. 복채는 1괘(卦)에 비단 10필이었다. 열흘이 지나도록 점치러 오는 사람이 아무도 없었다. 하루는 어떤 귀공자가 필시 특이한 점이 있을 것이라 기대하고 비단을 자기 운수의 수만큼 복채로 주겠다며 점을 보았다. 전지미는 시초(蓍草)를 늘어놓고 괘를 만들더니,

"나는 점을 쳐서 일생을 예측할 수 있소이다. 그대는 어째서 장난을 치시오?"

라고 하는 것이었다.

"점치는 일은 아주 절박하기 때문에 하는 것인데, 선생은 어째서 그리 잘못 판단하시오?"

"그렇다면 시(詩)로 말해주겠소이다. '양 끝에는 흙을 찍고, 가운데는 허공에 걸렸구나. 사람들 발로 밟고 집을 수 있거늘, 돈을 내지 않을 속셈이로다.[兩頭點土, 中心虛懸. 人足踏蹑, 不肯下錢]'"

귀공자는 본래 천진교를 팔아서 속여 먹을 참이었다. 전지미의 이를 꿰뚫어보는 솜씨가 이와 같았다.

5. 옛 기록에 의하면, 장구(藏彄)[7]는 사람을 생이별하게 만든다고 한다. 어떤 이는 옛 말에는 다 증거가 있다고 한다. 거인(擧人)[8] 고영(高映)은 장구를 잘 맞췄다. 내가 형주(荊州)에 있을 적에 장구를 하였는데, 각 조(組)

---

6 전지미(錢知微) : 미상. 다만 이름의 '지미(知微)'는 지기(知幾)와 같은 뜻으로 미래를 예측한다는 의미를 지니고 있는 바, 여기서도 예언가 '전(錢) 아무개'라는 뜻이 아닌가 싶다.

7 장구(藏彄) : 놀이의 일종으로, '장구(藏鉤)'라 표기하기도 한다. 손이나 몸에 물건을 감췄다가 맞추는 놀이로, 한나라 소제(昭帝)의 어머니 구작부인(鉤弋夫人)이 어려서부터 주먹을 쥐고 있었는데 입궁한 후에 무제(武帝)가 손을 펴보니 고리가 쥐어져 있었던 데서 유래하였다고 한다.

8 거인(擧人) : 당대에 과거의 진사 고시의 응시자. 명청대에는 향시(鄕試)에 합격한 사람에게 수여되었던 자격이었다.

가 50여 명이었다. 그런데도 고영은 열에 아홉은 맞췄고, 같은 조에서 장구를 해도 역시 누가 가졌는지를 알아 맞췄다. 그때에 혹시 다른 술수를 썼나 의심이 가서 물었더니, 답이 이랬다.

"행동거지와 말하는 기색을 가지고 추측했을 뿐이오. 죄수를 관찰하거나 도둑을 감시하는 따위와 마찬가지이지요."

6. 산인 석민(石旻)도 장구를 알아맞히는 데 아주 뛰어났다. 장우신(張又新)[9] 형제와 친하게 지내, 한가한 날 밤 손님들을 모아놓고 장구 시합을 하면 반드시 맞췄다. 장우신은 급기야 숨기는 물건을 둔 갈고리를 두건의 주름 속에다 감춰두었다. 그러자 석민이 말하였다.

"빈 손바닥을 다 펼쳐보시오!"

조금 뒤 안구(眼鉤)[10]가 장우신의 두건 왼쪽 날개에서 나오는 것이었다. 그의 묘한 재주가 이와 같았다. 그 뒤로 석민이 양주(揚州)에 거처하게 되어 나와 알고 지내게 되었다. 그에게 그 기술을 가르쳐 달라고 했더니,

"먼저 사람의 머리 수십 개를 그려서 북방 사람과 남방 사람을 구별할 수 있다면 전수해 줄 수 있소이다."

라고 하는 것이었다. 나는 그가 속이는가 싶어 그림을 그려서 시험해 보지는 않았다.

---

9 장우신(張又新) : 당나라 때 문신으로, 좌사낭중(左司郎中)을 지냈다. 공부시랑을 지낸 부친 장천(張薦)과 동생 장희복(張希復) 등 삼부자가 요직에 오른 명문가였다. 장희복은 단성식의 친구이다.

10 안구(眼鉤) : 미상인데, 돌출된 형태의 갈고리 따위가 아닌가 여겨진다.

기물의 기이【器奇】

7. 개원(開元) 연간(713~741) 하서(河西)[11]의 기장(騎將)인 송청춘(宋青春)은 날랜 데다 난폭하기까지 하여 사람들이 두려워하였다. 서융(西戎)[12]이 해마다 변방을 침범할 때면 청춘은 출전하여 검을 휘두르고 고함을 지르면서 적의 목을 베어 돌아왔다. 그러나 한번도 적의 창이나 화살을 맞지 않았다. 서융은 그를 두려워했고, 전군은 비로소 그를 신뢰하고 따르게 되었다. 그 뒤 토번(吐蕃)[13]이 대거 북쪽으로 침략했다가 오히려 수천 명이 포로로 잡히게 되었다. 지휘관이 통역을 시켜 큰 짐승 가죽을 입은 자에게 캐물었다.

"너희들은 어째서 송청춘을 해치지 못하였는가?"

"청룡이 돌진해 오는 것만 보였고, 무기를 쳐다보면 마치 쇠와 구리를 두드리는 것 같았소. 우리는 그가 신이 도와주는 장군이라고 생각했소이다."

이리하여 송청춘의 검에 신령함이 서려 있음을 알게 되었다. 송청춘이 죽은 후 그 검은 과주(瓜州)[14]의 자사(刺史)인 이광침(李廣琛)의 소유가 되었는데, 비바람이 부는 날이면 빛이 솟아나 집 밖으로 퍼져서 사방 한 길이나 비추었다. 서량(西涼)[15]을 진무하던 가서한(哥舒翰)[16]이 이 검 소식

11 하서(河西) : 당대의 현명으로, 지금 섬서성 조읍현(朝邑縣)의 동쪽 지역.

12 서융(西戎) : 고대 중국의 서북쪽에 거주하던 융족(戎族)을 총칭하는 용어. 황하 상류와 감숙성의 서북부에 분포하여 중원과 잦은 충돌을 빚었다. 돌궐족도 그 중 하나이다.

13 토번(吐蕃) : 티베트의 고대 왕조. 당대 초기에 송찬간포(松贊干布)가 인접 지역을 병합, 문자와 법률을 제정하고 라사(邏娑)에 수도를 정했다. 7,8세기에 가장 강성했으며, 이 기간 동안 당왕조와 대결하여 태종(太宗)의 딸 문성공주(文成公主) 등이 토번왕과 정략적인 결혼을 해야 할 정도였다. 그러나 842년을 전후로 왕실이 붕괴되면서 세력을 잃기 시작했다.

14 과주(瓜州) : 당대의 주명으로, 지금 감숙성 안서(安西)의 동쪽 지역.

15 서량(西涼) : 진(晉)나라 때 16국 중 하나. 동진 때 양주(涼州)의 이고(李暠)가 세웠으

을 듣고 다른 보물과 바꾸자고 요구했으나, 광침은 검을 내어주지 않고 다만 시를 지어 주었다. 그 시는 이러하다.

뱃전에 새겨 찾았으나 사라져버리고, 刻舟尋化去
손잡이를 매만질 뿐 은혜는 갚지 못하리. 彈鋏未酬恩

8. 정운규(鄭雲逵)[17]가 젊었을 적 검 하나를 갖게 되었다. 손잡이에 비늘 무늬가 있었고 손잡이 위쪽에는 별이 새겨져 있었다. 가끔 소리를 내기도 하였다. 별장에 있을 때였다. 맑게 갠 날 그 검을 무릎 위에 올려놓고 매만지고 있었다. 그런데 어떤 사람이 느닷없이 뜰에 있는 나무에서 불쑥 내려왔다. 자주색 옷을 입고 구불구불한 수염을 날리며 검을 꺼내놓고 서 있었다. 검은 기운이 몸을 감싸고 있는 게 안개가 짙게 깔린 것 같았다. 정운규는 평소 담력이 있던 터라 그 사람을 못 본 체했다. 그러자 그가 말하였다.

"나는 천상의 사람으로 그대가 기이한 검을 가지고 있다는 걸 아오. 한 번 빌려 봅시다."

"그저 평범한 쇠일 뿐이오. 그대가 가질 만한 것이 못되오. 천계에서 이런 것을 빌리러 한단 말이오?"

그래도 그는 계속해서 빌려달라고 하였다. 운규는 한 동안 기회를 엿보다가 잽싸게 일어나서 칼로 쳤으나 제대로 찌르지 못했다. 그 순간 검

며, 수도는 주천(酒泉)이었다. 감숙성에서도 가장 서쪽에 위치한 지역으로, 여기서도 나라이름이 아니라 이 지역을 가리킨다.

16 가서한(哥舒翰) : 돌기시(突騎施)의 추장으로, 안서에 거주하고 있다가 토번을 무찌른 공으로 당나라에서 우무위원외장군(右武衛員外將軍)을 제수받았으며, 양국공(涼國公)에 봉해졌다. 안록산의 난 때는 토벌군을 지휘하다 패배당하고 항복한 후 살해당했다.

17 정운규(鄭雲逵) : ?~810. 진사에 급제하여 덕종(德宗) 때에 간의대부에 발탁되었으며, 뒤에 경조윤(京兆尹)을 지냈다. 그러나 그는 반란을 일으켰던 주차(朱泚)에 의해 등용되었고, 주차의 동생인 주도(朱滔)의 딸과 혼인하는 등 주차 집안과 결탁해 있었다.

의 기운이 떨어져 땅으로 깔리더니 며칠이 되어서야 흩어졌다.

9. 나와 가까운 사이인 온개(溫介)가 들려준 이야기이다.

대력(大曆) 연간(766~779), 고우(高郵)[18]의 백성 장존(張存)은 연뿌리 캐는 것이 생업이었다. 어느 날 못에서 줄기가 팔뚝만 한 연뿌리를 발견하고는 있는 힘을 다해 파냈다. 그런데 두 길 깊이 박혀 있는데다 크기는 한 아름이나 되어 끝까지 캐내지 못하고 잘라내야 했다. 거기서 두 자 되는 검 하나가 나왔는데, 푸른색에 날은 서있지 않았다. 장존은 별로 값어치가 없다고 놔두었으나, 고을 사람 중에 이것을 알아본 자가 땔감 열 단을 주고서 이것을 장존에게서 구입했다. 그 연뿌리 속에는 따로 연실이 없었다고 한다.

10. 원화(元和) 말, 해릉(海陵)[19]의 하후을(夏侯乙) 집 마당 앞에 백합꽃이 피었는데, 보통 것 보다 몇 배나 컸다. 이상하게 여긴 하후을이 아래를 파자 벽돌로 된 상자 13개가 쌓여 있었고, 상자 안에는 거울이 하나씩 들어있었다. 일곱 번째 거울은 광채가 여전했는데, 햇빛이 비추자 한 길 남짓 빛이 둥글게 반사되었다. 나머지 것은 보통 구리거울이었다.

11. 고우(高瑀)[20]가 채주(蔡州)[21]에 있을 때, 이 지역 장수 전지회(田知廻)가 교역을 하다가 수백 만 전의 손실을 보게 되었다. 그런 그가 주(州) 외곽의 한 고을을 방문하게 되었다. 그곳은 채주 치소와는 3백여 리 떨어져 있었다. 고우는 전지회를 구금하고서 조사할 방침이었다. 전지회는

---

18 고우(高郵) : 당대의 현명으로, 지금 강소성 고우현 지역.

19 해릉(海陵) : 당대의 현명으로, 지금 강소성 태주(泰州) 지역.

20 고우(高瑀) : ?~834. 발해(渤海) 출신의 무장. 채주자사(蔡州刺史), 형부상서(刑部尙書) 등을 역임하면서 지방인민을 위해 치수공사, 곡물생산 등에 힘을 기울여 많은 공적을 남겼다.

21 채주(蔡州) : 당대의 주명으로, 지금 하남성 여남현(汝南縣).

마음이 타들어 갔으나 별다른 방도가 없었다. 그의 동료들은 술과 음식을 차려놓고 그를 위로해 주고자 하였다. 자리한 이들은 십여 명으로, 그 중에 처사 황보현진(皇甫玄眞)이란 자가 있었다. 거위의 깃털 같은 흰옷을 입고 있는 게 실로 고상한 자태가 묻어났다. 이 자리에서 다들 점잖게 격려해 주는 말을 하였으나, 황보현진은 미소만 지었다.

"대단치 않은 일을 가지고!"

모인 이들이 흩어지고 혼자 남은 황보현진은 전지회에게 말하였다.

"나는 전에 해동(海東, 즉 신라)에 갔다가 보물 두 가지를 얻었지요. 당신이 이 곤경에서 벗어날 수 있도록 해주겠소."

전지회가 고맙다며 수레와 말을 준비해 주겠다고 했으나 다 사양하고는 급히 길을 나섰다. 저물녘에 채주에 이르러 객점에서 묵고 아침에 고우를 찾아가 뵈었다. 고우는 그를 만나자마자 자신도 모르게 존경하게 되었다. 이에 말을 꺼냈다.

"제가 여기에 온 것은 특별히 자사께 전 아무개의 목숨을 구걸하기 위해서랍니다."

고우는 말이 끝나기 무섭게 되받았다.

"그 자는 관가의 금전을 손실한 것이지 내 사재가 아니란 말이오. 그러니 어찌 한단 말이오?"

황보현진은 측근을 물리도록 요청하였다.

"제가 신라에서 먼지가 묻지 않는 두건 하나를 얻었습니다. 이것을 바칠 테니 전지회를 속죄시켜 주십시오."

이 말과 동시에 품속에서 이것을 꺼내 고우에게 넘겨주었다. 고우가 이 두건을 만지자마자 몸 속이 비고 시원해짐을 느꼈다. 놀라지 않을 수 없었다.

"이것은 신하 노릇하는 자가 가질 게 아니오. 게다가 금전적인 가치가 따로 없으니, 아무래도 전지회의 목숨을 구하기에는 적합하지 않소이다."

황보는 일단 시험이라도 해보자고 청했다. 이튿날 성 밖에서 연회가 있었다. 그때는 오랜 가뭄으로 먼지가 무척 심했다. 고우는 고개를 돌려 말꼬리와 말갈기를 비롯해 곁에 있던 몇 명의 마졸을 살폈으나, 먼지 하나 끼지 않은 게 아닌가. 이 점을 알아차린 감군사(監軍使)[22]가 고우에게 물었다.

"어째서 자사께서는 먼지를 뒤집어쓰지 않는 것이오? 이인이라도 만나 대단한 보물을 얻은 것 아니오?"

고우는 숨길 수가 없어서 사실대로 얘기해 주었다. 그랬더니 감군사는 꼭 처사를 만나게 해달라고 하였다. 이에 고우가 황보현진을 감군사에게 데리고 가자, 감군사는 농을 쳤다.

"도사를 자사께서만 알라는 법이 있소? 또 무슨 보물을 가지고 있는지 어디 한번 구경 좀 해봅시다."

황보현진은 전지회를 구하려는 뜻을 자세히 알리면서 이렇게 말했다.

"해동에서 나는 약이 있는데, 지금은 침 하나가 남았습니다. 이것은 효험이 약해 두건에 미치지 못하지만 한 사람의 몸에 먼지 따위가 묻지 않게 할 수 있답니다."

감군사가 예의를 갖추며,

"그것이라도 얻으면 좋겠소!"

라며 요청하였다. 황보현진은 당장 두건 위에서 그것을 뽑아 감군사에게 주었다. 그 침은 금색으로 크기가 베를 꿰맬 때 쓰는 바늘 만하였다. 감군사는 이것을 두건에 꽂고는 시험을 해보았다. 먼지 속으로 말을 달리자 먼지가 말갈기와 말꼬리에만 묻었다. 이리하여 고우와 감군사는 매일 그를 찾아가서 예를 표하고 그 방도를 물었으나, 어느 날 저녁 황보현진은 홀연 어디론가 떠나버렸다.

---

22 감군사(監軍使) : 임금의 총신 가운데 군대를 감찰하는 임무를 맡은 자.

음악【樂】

12. 함양궁(咸陽宮)[23] 안에 구리로 주조한 인형 12개가 있다. 좌대는 모두 세 자에서 다섯 자 높이로 같은 자리 위에 쭉 늘어서 있다. 거문고나 축(筑), 생황 따위의 악기를 각기 잡았으며, 저마다 패옥(佩玉)의 장식과 꽃문양의 채색을 하고 있는 게 꼭 살아있는 사람 같았다. 자리 아래에는 구리로 만든 관이 있고, 입구는 높이가 몇 자나 되었다. 그 중 하나가 빈 상태인데, 안에는 손가락 굵기의 줄이 있었다. 한 사람이 이 빈 관을 입으로 불고, 한 사람은 줄을 꼬면 저마다의 악기가 소리를 낸다. 사람이 연주하는 음악과 차이가 없었다. 거문고는 길이가 여섯 자에 열세 개의 현, 스물다섯 개의 기러기발이 있다. 모두 칠보로 장식한 것이다. 거기에는 '여번지악(璵璠之樂)'[24]이란 글자가 새겨져 있다. 옥적(玉笛)은 길이가 두 자 세 치이며, 구멍은 스물여섯 개이다. 이것을 불면 거마(車馬)가 숲속에서 차례로 뛰쳐나오는 광경이 보이는데, 불기를 멈추면 보이지 않는다. 거기에는 '소화지관(昭華之管)'[25]이란 글자가 새겨져 있다.

13. 위(魏)나라 고양왕(高陽王) 옹(雍)[26]이 데리고 있던 미인(美人)[27] 서월화(徐月華)는 와공후(臥箜篌)[28]를 잘 타, '명비출새(明妃出塞)'[29]란 곡을 잘 연주

23 함양궁(咸陽宮) : 진(秦)나라의 궁전 이름으로, 그 고성이 섬서성 함양시 동쪽에 있었다.

24 여번지락(璵璠之樂) : 아름다운 음악이라는 뜻. 여번(璵璠)은 아름다운 옥의 이름으로, 통상 아름다운 음악을 미화한 표현으로 쓰인다.

25 소화지관(昭華之管) : 역시 아름다운 피리라는 뜻. 소화(昭華)는 본래 옥의 이름으로, 여기서는 '옥피리' 정도의 의미가 된다.

26 고양왕(高陽王) 옹(雍) : 원옹(元雍, ?~528). 북위(北魏) 헌문제(獻文帝)의 아들로, 호사스런 생활을 한 것으로 유명하다. 효명제(孝明帝) 때 이주영(爾朱榮) 등이 그를 살해하고 그의 저택을 헐고 고양왕사(高陽王寺)를 지었다.

27 미인(美人) : 여관(女官)의 명칭. 한나라 때부터 비빈(妃嬪)을 부르던 용어로 썼으며, 후대에는 왕조마다 그 지위와 성격이 조금씩 달랐다.

하였다.

14. 전승초(田僧超)는 호가(胡笳)[30]로 장사가(壯士歌)[31]와 항우음(項羽吟)[32]을 잘 불었다. 장군 최연백(崔延伯)[33]은 출정해서 적과 대치하고 있을 때마다 전승초에게 장사가를 불게 하고 단기로 적진을 향해 돌진하였다.

15. 옛날 비파(琵琶)의 현은 곤계(鵾雞)[34]의 힘줄을 사용하였다. 개원(開元) 연간에 단사(段師)는 비파를 잘 탔는데, 가죽 현을 사용하였다. 하회지(賀懷智)[35]가 그 비파를 가지고 술대가 부러질 정도로 튕겨 보았으나 소리를

---

28 와공후(臥箜篌) : 공후 중에서 가로로 누운 형태의 것. 줄은 13현이며, 몸체와 연결하는 목 부분의 굽은 형태가 봉황의 모습을 닮았다고 하여 '봉수공후'라고도 불린다. 참고로 공후는 와공후 외에도 '수공후(竪箜篌)'가 있으며, 크기에 따라 '대공후', '소공후'로 나뉘며 현의 숫자도 각각 다르다.

29 명비출새(明妃出塞) : 악곡의 이름. 명비(明妃)는 한나라 원제(元帝) 때의 '왕소군(王昭君)'. 그녀는 궁녀 출신으로 절세의 미인이었는데, 흉노와의 정책에 의해 우두머리인 호한야선우(呼韓邪單于)에게 강제로 시집을 가게 되었다. 이 때문에 그녀의 삶은 매우 비극적으로 묘사되었고, 이 악곡도 흉노로 떠나는 그녀의 모습을 슬픈 곡조로 노래한 것이다.

30 호가(胡笳) : 악기 이름. 한대에 서역 일대에서 유행하던 것으로, 한위(漢魏) 시대에는 군악을 연주할 때 사용하였다.

31 장사가(壯士歌) : 연(燕)나라의 형가(荊軻)가 진시황을 암살하러 떠날 때 부른 노래로, '형가가(荊軻歌)'라고도 한다. 『사기』의 「형가열전(荊軻列傳)」에, 고점리가 축(筑)을 타며 비장하게 떠나는 모습을 잘 표현하여 후세에도 회자되었다. 그 가사는 다음과 같다. "風蕭蕭兮, 易水寒. 壯士一去兮, 不復還."

32 항우음(項羽吟) : 항우가 유방에게 대패하여 해하(垓下)에서 고립되었을 때 우미인(虞美人)을 앞에 두고 불렀던 비장한 노래. 따로 「역발산조(力拔山操)」라는 곡조명도 있다. 그 내용은 다음과 같다. "力拔山兮氣蓋世, 時不利兮騅不逝. 騅不逝兮可奈何, 虞兮虞兮奈若何."

33 최연백(崔延伯) : ?~525. 북위(北魏)의 무장으로, 516년 남조(南朝)의 양(梁)나라가 파견한 조조열(趙祖悅)의 군대를 포위하여 항복을 받아내 그 공으로 남평장군(南平將軍)이 되었다. 당시 대외 침입을 막는데 중심 역할을 했으며, 결국 전장에서 전사하였다.

34 곤계(鵾雞) : 댓닭. 몸이 크고 뼈대가 튼튼하며, 깃털이 성기고 근육이 매우 발달하였다.

35 하회지(賀懷智) : 당나라 현종 때의 음악가로, 특히 비타를 잘 탄 것으로 알려져 있다.

내지 못했다.

16. 촉(蜀) 땅의 장군 황보직(皇甫直)은 음률에 남달랐다. 질그릇을 두드려서 시월(時月)[36]을 알았는가 하면, 비파도 잘 탔다. 원화(元和) 연간(806~820)에 곡 하나를 만들어 서늘한 때에 못가에서 연주를 했다. 그런데 본래는 황종(黃鍾)[37]이었으나, 유빈(蕤賓)[38]의 소리가 났다. 그래서 현을 다시 조정하고 두세 번 더 연주를 했으나 소리는 여전히 유빈이었다. 그는 매우 불쾌하고 곤혹스러워 하며 좋지 못한 일이라 여겼다. 하루가 지나 다시 못가에서 연주를 했으나 소리는 그대로였다. 안되겠다 싶어 다른 곳에서 연주를 하자 드디어 황종으로 소리가 났다. 그래서 이번에는 유빈으로 음을 고르고 밤에 다시 못가에서 비파를 타 보았다. 그러자 가까운 언덕에 물결이 일고 마치 물고기가 뛰어오르듯 어떤 물체가 물결을 치는데, 현을 내려 타면 사라졌다. 황보직은 마침내 손님들을 모아놓고 수차로 못의 물을 다 퍼내고 바닥을 샅샅이 뒤졌다. 찾은 지 며칠이 지나 진흙 밑에서 한 길 남짓한 쇠 조각 하나를 발견했다. 바로 방향(方響)[39]인 유빈철(蕤賓鐵)이었다.

17. 왕기(王沂)라는 자는 평소 악기를 다룰 줄 몰랐다. 그런데 갑자기 아침에 잠이 들어 밤이 되어서야 깨어나더니 비파를 찾아 현을 켜 몇 개의 악곡을 만들었다. 그 하나는 '작조사(雀啅蛇)'이고, 또 하나는 '호왕조(胡王調)'이며, 마지막은 '호과원(胡瓜苑)'이다. 생전 들어보지 못한 사람도

---

36 시월(時月) : 각각의 월(月)에 해당하는 음계를 뜻하는 말로 쓰인 것 같으나 미상이다.

37 황종(黃鍾) : 십이율 가운데 첫째 음. 육률의 하나로 방위는 자(子), 절후는 음력 11월에 해당한다. 참고로 십이율은 황종을 비롯해 대려(大呂), 태족(太簇), 협종(夾鍾), 고세(姑洗), 중려(仲呂), 유빈(蕤賓), 임종(林鍾), 이칙(夷則), 남려(南呂), 무사(無射), 응종(應鍾) 등이다.

38 유빈(蕤賓) : 십이율의 다섯째 음. 육률의 하나로 방위로는 진(辰), 절후는 음력 3월에 해당한다.

39 방향(方響) : 옛날에 사용하는 타악기로 경쇠의 한 종류.

이 곡들을 들으면 눈물을 흘리지 않는 이가 없었다. 그의 여동생이 배우고 싶다 하여 몇 곡조를 가르쳐 주었으나 금세 모두 잊어버렸다. 그 뒤로는 곡을 만들지 못했다.

18. 어떤 사람이 원숭이의 팔뼈를 가지고 피리를 만들어 불었는데, 그 소리가 맑고 그윽하여 현이나 목관으로 만든 악기보다 나았다.

19. 거문고에도 기가 있는 법이다. 일찍이 이 원리를 아는 자가 거문고의 모습을 보고 길흉을 알아 맞췄다.

유양잡조 권7

술과 음식【酒食】

1. 위(魏)나라의 고장(賈瑲)은 재산이 수천 금이었으며 박학하고 저술에 뛰어났다. 그에게는 수질을 잘 판별하는 젊은 종이 있었다. 한번은 황하에 작은 배를 띄워 거슬러 올라가서 발원지의 흐르는 물을 표주박에 담아 오도록 시켰다. 발원지에서는 하루에 일곱 여덟 되 밖에 나오지 않았고, 자고 나자 용기 속의 물색이 진홍으로 붉어졌다. 이것으로 술을 담아 '곤륜상(崑崙觴)'[1]이라 하였다. 술의 향기로운 맛이 세상에 다시 없는 것이었다. 일찍이 3백 말의 술을 장제(莊帝)[2]에게 헌상하였다.

---

1 곤륜상(崑崙觴) : 술의 이름. 곤륜(崑崙)은 고대 서융(西戎)의 국명으로, 곤륜산 근처에 있다. 지금의 청해성(青海省) 서녕현(西寧縣) 서쪽으로, 황하의 발원지와 가까운데 이곳은 물이 깨끗하여 좋은 술이 나는 것으로 유명하다.

2. 역성현(歷城縣)의 북쪽에 사군림(使君林)[3]이 있다. 위(魏)나라 정시(正始)[4] 연간에 정공각(鄭公慤)[5]이 삼복(三伏) 무렵이면 매번 손님들과 관리들을 데리고 여기서 피서를 했다. 그때면 커다란 연잎을 벼루를 놓는 나무판 위에다 두고, 술 두 되를 담아놓은 후에 비녀로 연잎을 찔러 연자루와 통하게 했다. 그러면 굽은 자루에 코끼리 코같이 생긴 커다란 버섯이 돋아났다. 이것을 빨아 마셨다. 이름하여 '벽통배(碧筩杯)'라 하는 것이다. 역성에 사는 이들이 이를 따라해 보고는 술맛에 연꽃 향기가 섞여 향기롭고 시원한 게 얼음보다 낫다고 하였다.

3. 청전핵(青田核)은 그 나무와 열매 모양은 알 수 없으나 씨가 여섯 되들이 표주박 정도 크기만 하다. 여기에 물을 부으면 금세 술로 변한다. 이것을 일명 '청전호(青田壺)'라고 하며, 또 청전주(青田酒)라고도 한다. 촉(蜀)의 후주(後主)[6]는 복숭아씨로 만든 두 개의 부채[7]를 가지고 있었다. 그 부채마다 씨가 붙어있는 곳에 다섯 되 정도의 물을 담아놓고 한참 있으면 물이 술맛으로 변해 사람을 취하게 한다. 두 개를 번갈아 가며 물을 담아놓아 연회의 술로 제공하는데, 참가자들은 이 술이 어디서 나온 것인지 알지 못했다.

---

2 장제(莊帝) : 507~530. 북위(北魏)의 황제인 원자유(元子攸)로, 이주영(爾朱榮)에 의해 제위에 올랐다가 다시 그에 의해 살해되었다.

3 사군림(使君林) : 사군은 주군(州郡)의 장관으로, 통상 자사(刺史)나 태수(太守)를 가리킨다. 이들이 조성한 숲으로 판단된다.

4 정시(正始) : 북위(北魏) 선무제(宣武帝)의 연호로, 해당기간은 504~507년. 따로 삼국시대 위(魏)나라 제왕(齊王)의 연호(240~248)도 정시이나, 여기서는 북위 시대를 가리킨다.

5 정공각(鄭公慤) : 역성현의 지방관이었던 인물로 추측되나 미상이다.

6 후주(後主) : 유비(劉備)의 아들인 유선(劉禪). 자는 공사(公嗣). 제갈량이 보좌하고 있을 때는 정치가 안정되었으나, 그가 죽자 환관 황호(黃皓)가 득세하며 정치가 날로 궤멸되어 후주는 위나라에 항복, 안락공(安樂公)에 봉해졌다.

7 부채 : 내용상 '술잔'이 되어야 할 듯 하나 우선 그대로 둔다.

4. 무계(武溪)[8]의 오랑캐 전강(田强)은 맏아들 노(魯)로 하여금 상성(上城)을, 둘째 아들 옥(玉)은 중성(中城)을, 막내아들 창(倉)은 하성(下城)을 맡게 하여 이 세 성채를 잇대어 왕망(王莽)[9]에 저항하였다. 광무(光武)[10] 24년(48)에 무위장군(武威將軍) 유상(劉尙)을 파견해 이들을 정벌케 했다. 유상이 아직 그곳에 접근하지 않았을 즈음, 막내 창은 흰 자라를 잡아 고깃국을 끓여놓고 봉화를 올려 두 형을 초대하였다. 그런데 형들이 와서 보니 봉화를 올릴만한 일이 없었다. 유상의 군대가 침입했을 때, 창은 다시 봉화를 올렸으나 형들은 장난이라고 생각하여 응하지 않았다. 창은 마침내 전투 중에 사망하고 말았다.

5. 양(梁)나라 유효의(劉孝儀)[11]가 청작(鯖鮓)[12] 요리를 먹으며 말하였다.
"오후(五侯)든 구백(九伯)[13]이든 모조리 정벌해 버립시다."
그때 위(魏)나라 사신 최할(崔劼)과 이건(李騫)이 자리해 있었다.
"자사의 임무는 분섬(分陝)[14]에 응하는 게 아니겠습니까?"

---

8 무계(武溪) : 지금의 노계(瀘溪). 호남성 묘족(苗族) 자치구의 무산(武山)에서 발원한 계곡으로 풍광이 아름답기로 유명하다.

9 왕망(王莽) : 전한(前漢)의 정치가로 자는 거군(巨君). 평제(平帝)를 독살하고 제위를 빼앗아 국호를 신(新)이라 하였다. 이 해가 AD 8년으로, 이후 십여 년간 호령하다가 후한의 광무제(光武帝)에 의해 제거되었고, 그가 죽은 뒤 후한 시대가 열렸다.

10 광무(光武) : 유수(劉秀)의 시호. 한고조(漢高祖) 유방(劉邦)의 9세손으로, 왕망의 신(新)를 멸망시키고 한왕조를 재건, 후한 시대를 열었다.

11 유효의(劉孝儀) : 484~550. 남조 양(梁)나라 문신으로, 복파장군(伏波將軍), 임해태수(臨海太守) 등을 역임하였다. 동위(東魏)에 사신으로 파견된 적이 있었는데, 이 이야기는 그때의 일로 추정된다.

12 청작(鯖鮓) : 청(鯖)은 어육을 한데 섞어 조리한 요리이며, 작(鮓)은 물고기를 절인 요리이다. 한나라 성제(成帝) 때 다섯 제후로부터 받은 음식으로 '청(鯖)'을 만들었으므로, 흔히 '오후청(五侯鯖)'이라 일컬어진다.

13 오후(五侯)든 구백(九伯)이든 : 오후청(五侯鯖)을 먹으면서 오후(五侯)와 구백(九伯)을 연상해서 한 말이다. 참고로 이 시기 판도는 양나라와 동위(東魏)가 우호관계를 유지하면서 서위(西魏)와 대치하는 형국이었다. 따라서 여기 양나라 문신과 동위의 사신들은 자기들의 우월함을 과시하고자 이런 대화를 나눈 것이다.

14 분섬(分陝) : 조정의 관료가 지방관에 임명되어 다스리는 것. 주대(周代)에 주공(周公)

라고 이건이 말하자,

"그렇다면, 자사의 사방 경계는 의당 목릉관(穆陵關)[15]까지만 해당되겠지요."

라고 하였다. 그러자 유효의가 딴전을 피웠다.

"업(鄴) 땅의 사슴꼬리는 술안주로 최고지요."

최할이 의문시 하였다.

"생선과 곰발바닥은 맹자(孟子)께서 언급한 바 있고,[16] 닭발과 원숭이 입술은 여씨(呂氏)[17]가 몹시 좋아했던 것입니다. 그런데 사슴꼬리야말로 진미 중에 진미인데 서적에 기재되어 있지 않아서 늘 의아해 하던 참입니다."

유효의가 대답했다.

"실로 그러하기는 하나 옛날과 지금은 좋아하는 게 같지 않아서겠지요."

이번에는 양나라 하계우(賀季友)가 의문을 던졌다.

"청주(靑州)의 해황(蟹黃)은 정씨(鄭氏)에 와서야 기록되었는데,[18] 그 전 글에 보이지 않은 이유를 모르겠소."

그러자 이건이 대답했다.

"정씨는 또 익주(益州)의 사슴꼬리[19]에 대해 언급한 바 있으나, 진미라

이 섬(陝) 땅의 동쪽지역을, 소공(召公)이 서쪽을 맡아 다스린 고사에서 유래한 말이다.

15 목릉관(穆陵關) : 관문의 하나로, 지금의 산동성 임구현(臨朐縣) 남쪽 대현산(大峴山)에 위치해 있다.

16 맹자(孟子)께서 언급한 바 있고 : 『맹자』「고자(告子)」 상편에, "魚我所欲也, 熊掌亦我所欲也, 二者不可得兼, 舍魚而取熊掌者也"라는 내용이 있다.

17 여씨(呂氏) : 진(秦)나라 여불위(呂不韋, ?~BC 235). 그가 펴낸 『여씨춘추(呂氏春秋)』에 이 내용이 나온다.

18 청주(靑州)의 해황(蟹黃)은 정씨(鄭氏)에 와서야 기록되었는데 : 해황은 '해장(蟹醬)'으로 일종의 게장이다. 정씨는 후한(後漢)의 경학가(經學家) 정현(鄭玄, 127~200)을 가리킨다. 그가 주석한 『주례(周禮)』의 「천관(天官)」편 '포인(庖人)'조에 제사에 올리기 좋은 제수로 '형주(荊州)의 차어(鮺魚)와 청주(靑州)의 해서(蟹胥, 즉 해황)'가 언급되어 있다.

고는 하지 않았지요."

6. 하윤(何胤)[20]은 식도락을 즐겨 식사를 할 때면 사방 한 길의 상에다 요리를 차려 먹었다. 그 뒤 가짓수를 조금 줄이긴 했지만 백어(白魚),[21] 선석(䱇腊),[22] 당해(糖蟹)[23]는 여전히 먹으면서 문인들더러 이들 음식을 품평하라 했다. 학사 종완(鍾岏)[24]이 이렇게 평했다.

"드렁허리를 말려 포가 되니 굽거나 펴기가 순간이요, 게를 맥아당에 재니 요란하기가 더할 데 없네요. 어진 이의 마음 씀씀이 가슴 깊이 불쌍히 여기는 법, 대합과 굴은 눈이 안에서 빠져 없어지니 혼돈의 기이함에 부끄럽고, 입술을 밖에서 꿰니 금인(金人)[25]의 삼갈 바 못되지요. 꽃피우지도 시들지도 않으니 초목과도 같지 않고, 향기 없고 냄새도 없으니 기와 조각과 무엇이 다르리요? 그러니 부엌에나 충당하여 길이 미각이나 채워줌이 마땅하지요."

7. 후량(後梁)[26]의 위림(韋琳)은 경조(京兆)[27] 사람이다. 남쪽으로 내려와

---

19 익주(益州)의 사슴꼬리 : 『예기』「내칙(內則)」편에 나오는 내용이다.

20 하윤(何胤) : 446~531. 양(梁)나라 때의 문신으로, 남조 제나라와 양나라에 걸쳐 요직을 역임하였다. 그의 집안은 조부 때부터 명망이 높은 당시 대표적인 명문이었다.

21 백어(白魚) : 뱅어. 연안에서 생활하다가 산란기에 강으로 되돌아가는 회유성 어류로, 작은 뱅어는 날 것으로 무쳐서 먹거나 말려서 뱅어포를 만들어 먹는다.

22 선석(䱇腊) : 드렁허리의 포. 드렁허리의 몸은 뱀장어 모양으로 가늘고 길며 뒤쪽으로 갈수록 옆으로 납작하다.

23 당해(糖蟹) : 게를 꿀에다 재어놓은 음식.

24 종완(鍾岏) : 자는 장구(長丘). 시론가로 『시품(詩品)』을 지은 종영(鍾嶸)의 형이며, 건강령(建康令)을 지냈다. 『양리전(良吏傳)』 10권을 저술하였다.

25 금인(金人) : 금속으로 만든 사람의 형상. 주대(周代)에 후직(后稷)의 사당 앞에 금인이 있었는데 삼중으로 입을 봉하여 놓았다. 등 뒤에는 옛날 말을 삼가 조심한 사람이라는 내용이 새겨져 있었다. 여기서도 말을 조심하라는 뜻으로 쓰였다.

26 후량(後梁) : 남조(南朝)의 양(梁)나라가 망한 뒤 들어선 나라. 3대 33년을 이어오다 수문제(隋文帝)에 의해 멸망하였다.

27 경조(京兆) : 한대 이후 군명으로, 지금 섬서성 장안현(長安縣) 서북쪽 일대.

양양(襄陽)[28]에 거처하였으며, 천보(天保)[29] 연간에 사인(舍人)이 되었다. 여러 학문을 섭렵하여 글을 잘 지었으며 우스갯소리도 잘하였다. 일찍이 「선표(鱓表)」[30]를 지어 당시 사람들을 풍자하였다. 그 내용은 이러하다.

"신(臣) 드렁허리는 삼가 아룁니다. 벼슬을 제수하는 글을 엎드려 살펴보니, 신을 종오장군(粽熬將軍), 유증교위(油蒸校尉), 학주자사(臛州刺史)[31]에 임명하고, 말린 포로는 그 전과 같은 직책으로 두라고 하셨습니다. 엄숙하게 명령을 받잡고 숯을 품고 숨을 쉬며 대그릇에 몸을 기대고 솥을 마주하니, 두렵고 또 두렵나이다. 신의 아름다움은 여름철 철갑상어에 부끄럽고 맛은 겨울철 잉어에 민망하옵니다. 늘 태복(鮐腹)[32]의 꾸지람을 듣고 별암(鼈巖)[33]의 기롱을 두려워하옵니다. 이 때문에 호수 밑을 흐르는 물에 양치하고 진흙 속의 돌을 베고 누웠답니다. 뜻밖에 특별한 은총으로 높은 상을 주시고, 황공하게도 갈고리에서 뽑아 주시었나이다. 그리고 마침내 특진하여 화려한 연회석에 앉아 옥반(玉盤)에 참여할 수 있었나이다. 더구나 외람되게도 대모(玳瑁) 자리와 상아 수저까지 내리시니 윤택이 자줏빛 아랫배에 미치고 은혜가 누런 배에 더해졌나이다. 바야흐로 생강에 울고 산초에 몸을 뒤틀리며, 차조기를 두르고 수유를 차고, 가벼운 표주박이 움직이면 그릇에 안개가 피어나는 듯 하며 짙은 액이 잠시 멈추고 맛있는 안주가 줄지어 늘어섰나이다. 초록색 양념 속에 데구루루 들어가 붉은 입술 안에서 오락가락하며 입 안에 물고 씹히는 은택을 입으니, 아홉 번 죽음을 사양하지 않을 것이옵니다. 황공하여 어쩔 줄

---

28 양양(襄陽) : 당대의 현명으로, 지금의 호북성 양양현(襄陽縣).

29 천보(天保) : 후량 명제(明帝)의 연호로, 해당기간은 562~585년.

30 「선표(鱓表)」: 드렁허리가 올리는 표문이란 뜻으로, 우화적인 글이다.

31 종오장군(粽熬將軍), 유증교위(油蒸校尉), 학주자사(臛州刺史) : 모두 요리의 종류에 따라 군직을 구별한 것으로, 종오(粽熬)는 장시간 불에 삶는 요리이며, 유증(油蒸)은 기름에다 튀기는 요리이고, 학주(臛州)의 고깃국 요리이다.

32 태복(鮐腹) : 화가 나면 복어의 배처럼 배가 부풀어 오르므로 이렇게 표현한 것이다.

33 별암(鼈巖) : 자라. 물에 오르면 생김새가 바위와 흡사하게 보이므로 암(巖)이라 한 것이다.

몰라서 삼가 동쟁문(銅鎗門)[34]에 나아가 표문을 올려 아뢰나이다."

조서의 회답은 이러하다.

"표문을 살펴보니 잘 알겠도다. 경(卿)은 못 속의 신료(臣僚)이며 하천의 준수한 인물이로다. 부들을 입고 마름 속으로 들어가 있으나 살지고 매끄러워 명망이 이미 알려졌도다. 진실로 선발될 자격을 갖췄으니 구태여 사양하지 말지어다."

8. 이윤(伊尹)[35]이 탕(湯)임금에게 간하였다.

"천자는 세 부류의 동물을 살펴야 하옵니다."

이는 즉 물에 사는 고기는 비린내를, 육식의 동물은 누린내를, 초식 동물은 노린내를 말한다.

9. 오미(五味)와 삼재(三材).[36] 구비(九沸)와 구변(九變).[37] 삼니(三臡)와 칠저(七菹).[38] 구산(具酸)과 초락(楚酪).[39] 작약지장(芍藥之醬)과 추황지소(秋黃之蘇). 초묘(楚苗)와 산부(山膚).[40] 태고(太苦)와 좌조(挫槽).[41]

---

34 동쟁문(銅鎗門): '동쟁(銅鎗)'이란 구리로 만든 세 발 솥을 의미하며, 궁궐의 문을 비유해서 이렇게 표현하였다.

35 이윤(伊尹): 은(殷)나라 재상으로, 탕왕(湯王)을 보좌하여 하(夏)의 걸(桀)을 쳐서 천하를 평정하였다. 탕왕이 죽은 후 그의 손자인 태갑(太甲)이 무도(無道)하자 유음을 받들어 그를 바로잡기도 했다.

36 오미(五味)와 삼재(三材): '오미'는 혜(醯), 주(酒), 이밀(飴蜜), 강(薑), 염(鹽)을, '삼재'는 요리를 하는데 필요한 물(水), 나무(木), 불(火)을 말한다.

37 구비(九沸)와 구변(九變): 요리를 하는 과정으로, '구비'는 여러 번 굽고 끓이는 것을, '구변'은 탕약 따위를 수차례 제련하는 것을 뜻한다.

38 삼니(三臡)와 칠저(七菹): 모두 젓 담그는 재료나 과정으로, '삼니'는 뼈 있는 젓갈류를, '구저'는 부추(韭), 순무(菁), 순채(茆), 푸성귀(葵), 미나리(芹), 죽순(箈), 순(筍) 등을 말한다.

39 구산(具酸)과 초락(楚酪): 모두 식초류로, '초락'은 초(楚) 땅에서 나는 식초이다.

40 초묘(楚苗)와 산부(山膚): 모두 산에서 나는 먹거리로, '초묘'는 초(楚) 땅 묘산(苗山)에서 나는 산벼이며, '산부'는 산에서 나는 식용 수지(樹脂)로 추정된다.

41 태고(太苦)와 좌조(挫槽): '태고'는 '대고(大苦)'라고도 하며, 복령(茯苓)을, '좌조'는 미상인데 '좌조(挫糟)'의 오기가 아닌가 싶다. 그렇다면 지게미 종류일 것이다.

10. 달콤하면서 너무 달지 않고, 시면서 맵지는 않고, 짭잘하면서 쓴 맛이 없고, 매우면서 얼얼할 정도는 아니고, 담박하면서 싱겁지는 않고, 살쪘으면서 기름지지는 않아야 한다.

11. 성순(猩脣). 확자(玃炙). 연취(鷰翠). 추유(犓腴). 미건(麋腱). 술탕(述蕩)의 팔뚝. 모상(旄象)의 관절. 계두(桂蠹). 석복(石鰒). 하외(河隈)의 차조기. 공낙(鞏洛)의 송어. 동정(洞庭)의 붕어. 관수(灌水)의 잉어. 주취(珠翠)의 진(珍). 채황(菜黃)의 복어. 노별(臑鼈). 포고(炮羔). 전부(臇鳧). 빈학(蠙臛). 어숙청찬(御宿靑粲). 과주(瓜州)의 붉은 마름. 기야(冀野)의 기장. 방고(芳菰). 정패(精稗). 회계(會稽)의 줄. 부주(不周)의 벼. 현산(玄山)의 벼. 양산(楊山)의 검은 기장. 남해(南海)의 찰기장. 수목(壽木)의 꽃. 현목(玄木)의 잎사귀. 몽택(夢澤)의 미나리. 구구(具區)의 순무. 양박(楊樸)의 생강. 초요(招搖)의 계수나무. 월낙(越酪)의 버섯. 장택(長澤)의 알. 삼위(三危)의 이슬. 곤륜(崑崙)의 우물. 황함학(黃頷臛). 성주청(醒酒鯖). 제호(餅餬), 장황(餦餭). 거여(粔籹). 한구(寒具). 소사(小蛳). 숙현(熟蜆). 자자(炙糌). 저자(蛆子). 해아(蟹蛂). 호정(葫精). 세오적(細烏賊). 세표(細飄). 이금(梨醅). 후장(鱟醬). 건율(乾栗). 곡아주(曲阿酒). 마주(麻酒). 전주(搌酒). 신추자(新鰌子). 석이(石耳). 포엽숭(蒲葉菘). 서패(西捭). 죽근속(竹根粟). 고수(菰首). 유자구(鯔子鮈). 웅증(熊蒸). 마호맥(麻胡麥). 장여지(藏荔支). 녹시순(綠施笋). 자갈(紫鰨). 천리순(千里蓴). 회(鱠)를 만장문족(萬丈蟁足)이라 한다. 홍최정세(紅綷精細)를 만착백련(萬鑿百鍊)이라 한다. 승수여호(蠅首如蚯). 장액(張掖)의 구증시(九蒸豉). 일장삼절자(一丈三節蔗). 일세이화리(一歲二花梨). 행미(行米). 장송(丈松). 요추(窯鰌). 감장(蚶醬). 소고(蘇膏). 당퇴진자(糖頹鱃子). 신오측(新烏鰂). 표주(縹酒) 담그는 법. 낙랑주(樂浪酒) 담그는 법. 2월 2일 법주(二月二日法酒). 장 담그는 법[醬釀法]. 녹영법(綠酃法). 저해갱(猪骸羹). 백갱(白羹). 마갱(麻羹). 합학(鴿臛). 격모법(隔冒法). 두동법(肚銅法). 대맥자(大貊炙). 촉도자(蜀檮炙). 노시석(路時腊). 기석(棋腊). 확천석(攫天腊). 세면법(細麵法). 비면법(飛麵法). 박연법(薄演法). 농상뇌환(籠上牢丸). 탕중뇌환(湯中牢丸). 앵도퇴

(櫻桃䭔). 갈병(蝎餅). 아한특병(阿韓特餅). 범당병(凡當餅). 도저육(兜猪肉). 현숙(懸熟). 행자(杏炙). 와자(蛙炙). 지혈(脂血). 대편당(大扁餳). 마안당(馬鞍餳). 황추(黃醜). 백추(白醜). 백룡사(白龍舍). 황룡사(黃龍舍). 형당(荊餳). 간자(竿炙). 강자(羌煮). 소병(疏餅). 제호병(餻餬餅).

○ 병(餅)을 탁(托)이라 하고, 혹은 장혼(餦餛)이라 한다. 이(飴)는 언(䭓)이라 한다. 포완(餢飳)을 자(餷)라고 한다. 비(餥), 사(飵), 고(餂), 여(茹), 기(嘰)는 밥 종류이다. 막(膜), 해(膎), 양(膷), 창(脹), 번(膰)은 고기이다. 혈(臋), 약(膉)은 껍질이다. 전(臇), 뢰(膭), 손(膭)은 고깃국이다. 격(粭), 서(糈), 부(粰), 소(糒)는 산자이다. 역(饆), 자(饝), 재(䏁), 료(饎), 원(飣)은 떡이다. 참(醦), 염(醶), 사(酮), 학(醾)은 초(醋)이다. 낙(酪), 자(䤵), 순(醇)은 장이다. 소(䤹), 주(醷), 양(醸), 편(鹼)은 소금이다. 밀(醢), 제(醨), 유(醽), 최(醎), 무(醔)는 젓갈이다.

12. 좁쌀을 정미하는 방법이다. 좋은 좁쌀 열 말을 골라 놓고, 싹이 난 좁쌀 다섯 말을 보태어 찧는다. 싹이 난 좁쌀이 향을 좋게 한다.

양의 넓적다리를 우유에 삶는 방법이다. 빈랑(檳榔) 껍데기를 폭 한 치, 길이는 한 치 반으로 하여 호반(胡飯)[42]의 피로 쓴다.

○ 잉어나 붕어를 젓 담그는 방법이다. 댓가지에 차례대로 머리를 꿰어 해가 비치는 곳에 갖다 두고 '부(復)'자를 써서 표시한다.

13. 오색병(五色餅)을 만드는 방법이다. 나무에 연꽃을 새기거나 짐승의 모양을 만들어 위에서 눌러 만든다. 틀 안에 오색으로 겹겹이 쌓아서 세로로 한 줄을 만드는데, 이를 '투정(鬭飣)'이라 부른다.

○ 한 찬합에 색을 내는 데는 당밀(糖蜜)을 쓴다.

부기판(副起叛)을 만드는 방법, 탕현(湯胘)을 만드는 방법, 사기(沙碁)를 만드는 방법, 감구(甘口)를 만드는 방법이 있다.

---

42 호반(胡飯) : 만두처럼 속을 넣고 찌는 음식으로 추정되나 미상이다.

14. 순무와 쑥을 절이는 방법이다. 서리를 맞은 줄기의 튀어나온 부분을 캐어 저포(樗蒲) 모양으로 해서 담근다.

15. 떡 찌는 방법. 대개 면(麵) 한 되를 쓰는데, 돼지기름 3홉에 익힌다.

○ 배 장아찌 만드는 방법, 육고기 저장하는 방법, 육장(肉醬) 담그는 방법, 메기 데치는 방법이 있다.

○ 송아지 머리를 바를 때는 월골(月骨)을 제거한다. 월골이란 혀뿌리, 목구멍 가까운 곳에 있는 달 모양의 뼈이다. 목이버섯으로 만든 회가 있다. 한과(漢瓜)를 절이거나 자를 땐 뼈로 된 칼을 사용한다. 콩나물 절임, 허파로 떡 만드는 방법, 복간(覆肝)을 만드는 방법이 있다. 이때 간은 물고기를 젓 담그는 것과 같다. 젓 담그는 종류는 모두 내장을 제거해야 한다.

16. 또 회(鱠)를 만드는 방법은 이렇다. 한 자되는 잉어, 여덟 치되는 붕어에서 진흙을 밀쳐내는 지느러미를 제거한다. 붕어의 원천육(員天肉)은 아가미 뒤와 등지느러미 앞부분이다. 배의 기름기가 있는 곳에 칼을 문질러 닦는다.[물고기의 뇌를 사용하기도 한다—원주] 이렇게 하면 회를 뜰 때 실 같은 살점이 칼에 달라붙지 않는다.

17. 얼린 어육(魚肉)을 지지는 방법이다. 맑게 거른 육고기를 지지는 데는 붕어, 흰잉어, 방어, 복어, 쏘가리, 준치를 사용한다. 나귀의 고기를 구울 때는 조저울려(助底鬱驢)[43]의 부위를 사용한다. 나귀는 농어를 저장하는 것과 반대로 한다. 고기굽기에는 방어를 쓰는 게 제일이고, 그 다음은 흰잉어이다. 전날의 맛을 그대로 유지하기 때문이다.

---

43 조저울려(助底鬱驢) : 미상.

18. 지금 벼슬아치 집안의 소문난 음식으로는 소(蕭)씨 집안의 혼돈(餛飩)[44]이 있다. 끓여서 지방분을 걸러내고 차에다 적셔 먹는다. 유(庾)씨 집안의 종자(糉子)[45]는 옥빛처럼 하얀 광택이 난다.

한약(韓約)[46]은 앵도필라(櫻桃饆饠)[47]를 잘 만들었는데 그 색이 변치 않은 게 특징이다. 또 냉호돌(冷胡突)[48]과 가물치회, 그리고 노루가죽을 이용한 탕병을 잘 만들었다. 장군 곡량한(曲良翰)은 나귀의 목 뒷덜미, 낙타의 봉우리 구이를 잘 만들었다.

19. 정원(貞元) 연간(785~805), 어느 장군은 집에서 밥과 음식을 내올 때마다 이런 말을 했다.

"아무 것이든 먹지 못할 만한 건 없지. 단 불을 잘 맞춰서 다섯 가지 맛을 고루 내게 해야 하느니라."

한번은 낡은 안장 깔개에 달린 호록(胡祿)[49]을 가져다가 손질해 먹었는데 그 맛이 극히 일품이었다.

20. 도사 진경사(陳景思)가 얘기해 준 것이다. 칙사 제일승(齊日昇)이 앵두를 길렀는데, 5월이 되자 앵두에 겉주름이 잡힌 게 홍시만 했고 잘 떨어지지 않았다. 맛은 보통 앵두에 비해 몇 배나 더 좋았다. 사람들은 그 비결을 알 수 없었다.

---

44 혼돈(餛飩) : 탕병(湯餠)의 일종.

45 종자(糉子) : 떡의 일종.

46 한약(韓約) : ?~835. 낭주(朗州) 무릉(武陵) 사람으로, 본명은 중화(重華)이다. 건주자사(虔州刺史), 태부경(太府卿) 등을 역임하였으며, 특히 전곡(錢穀)을 담당하여 재정을 늘이는데 기여하였다.

47 앵도필라(櫻桃饆饠) : 여기서 필라(饆饠)는 고기에 야채, 과일을 섞어 익힌 음식이다. 이 책 뒷부분에 가면 장안의 필라가게가 자주 나온다.

48 냉호돌(冷胡突) : 미상.

49 호록(胡祿) : 서역풍으로 제작한 물건 담는 작은 주머니.

명의【醫】

21. 노성(盧城)[50]의 동쪽에 편작(扁鵲)[51]의 무덤이 있다. 위(魏)나라 때 침과 약을 쓰는 이들이 술과 포를 가지고 이 무덤에 효험을 빌었으니, 이른바 '노의(盧醫)'라는 것이다.

22. 위(魏)나라 때에 고구려에서 온 이가 침을 잘 놓았다. 그는 짧은 머리카락을 십여 가닥으로 자른 다음 거기에 침을 꽂아 썼다. 쓰고 난 머리카락 속은 비어 있었다고 한다. 교묘한 솜씨가 이와 같았다.

23. 왕현책(王玄策)[52]이 중천축국(中天竺國)의 왕 아라나순(阿羅那順)[53]을 포로로 잡아와 입궐하였는데, 그때 술사 나라이사바(那羅邇娑婆)[54]가 동행하였다. 그는 나이가 200살이라고 했다. 태종(太宗)이 그를 신임하여 금표문(金飆門) 안에 거주하게 하고 수명을 늘이는 약을 만들게 하였다. 병부상서 최돈례(崔敦禮)[55]를 시켜 이를 감독하게 했는데, 그때의 전언이다.

바라문국(婆羅門國)에 반다구수(畔茶佉水)라는 약수는 커다란 산속의 돌

---

50 노성(盧城) : 춘추시대 제(齊)나라의 노읍(盧邑)으로, 지금 산동성 장청현(長淸縣) 남쪽.

51 편작(扁鵲) : 전국시대의 명의(名醫). 성은 진(秦)이며, 이름은 월인(越人)이다. 화타(華陀)와 함께 전설적인 명의로서, 『사기』 열전에 의하면, 그는 인체를 투시하여 시술을 하였다고 한다.

52 왕현책(王玄策) : 당나라 태종(太宗) 때의 인물로, 세 차례나 인도에 사신으로 다녀온 당시 외교 전문가였다.

53 아라나순(阿羅那順) : 제나복제국(帝那伏帝國, Tirabhukti)의 왕으로, 당나라 태종 정관 22년(648)에 포로로 잡혀 중국에 들어왔다.

54 나라이사바(那羅邇娑婆) : Naraya-nasvamin의 음역으로, '나라연사바매(那羅延娑婆寐)'로도 표기한다. 아라나순이 당나라에 귀순할 때 함께 인물로, 장생술에 뛰어났다. 태종이 그에게 깊이 빠져 시종하면서 여기 이야기처럼 수명을 늘이는 약을 만들기도 했다고 한다.

55 최돈례(崔敦禮) : ?~656. 당대 초기의 무신으로, 병부상서 등을 역임하며 회흘(廻紇), 철륵(鐵勒) 등의 이민족 정책에 공헌하였다.

절구 안에서 흘러나온다. 일곱 가지 색깔이 나며 뜨겁기도 하고 차갑기도 하여 풀과 나무는 물론 쇠붙이까지 녹일 수 있다. 사람의 손이 닿으면 문드러져 버린다. 만약 이 물을 길으려면 낙타의 뼈를 돌확에다 가라앉힌 다음에야 물을 떠서 표주박에다 따라 부을 수 있다. 이 약수가 나는 곳에는 사람 형태의 돌기둥을 세워서 이를 지키게 했다. 만약 산인(山人)이 그 물에 대해 말을 퍼뜨리면 죽는다고 한다. 또 저뢰라(咀賴羅)라는 이름의 약초가 있는데, 높다란 산벼랑 아래에서 채취할 수 있다. 이 약초가 있는 벼랑 가운데는 돌구멍이 있고 그 구멍 앞에 뽕나무 같이 생긴 나무가 있는데, 이것이 그 약초이다. 구멍 속에는 커다란 독사가 이를 지키고 있다. 이 약초를 캐려면 큰 방형의 화살로 앞에 있는 나무의 가지와 잎을 쏜다. 그러면 그 잎이 떨어지고 까마귀가 나타나 이 잎을 물고 날아가는데, 이때 화살을 마구 쏘아대면 약초의 잎을 얻을 수 있다.

나라이사바는 뒤에 장안에서 죽었다.

24. 형주(荊州)의 도사 왕언백(王彦伯)은 천부적으로 의술에 뛰어났다. 특히 맥을 잘 짚어 사람의 생사와 요절 여부를 백에 하나도 틀리지 않았다. 상서 배주(裴胄)[56]의 아들이 갑자기 병에 걸렸으나 모든 의원들이 속수무책이었다. 어떤 이가 왕언백을 추천하기에 배주는 그를 급히 불러서 진맥을 보게 했다. 그런데 왕언백은 진맥을 한지 한참만에,

"전혀 아픈 데가 없습니다."

라고 하는 것이었다. 그러면서 몇 가지 산약(散藥)을 달여 입에 넣어주자 바로 나았다. 배주가 병의 증상에 대해 묻자,

"아가미가 없는 잉어의 독에 중독된 것입니다."

라고 답하였다. 배주의 아들은 회 때문에 병이 난 것이었다. 배주가 처음에는 믿기지 않아 아가미 없는 잉어회를 측근에게 먹어 보게 했더

56 배주(裴胄) : 729~803. 당대 중기의 문신으로, 앞서 거론된 배관(裴寬)이 그의 숙부이다. 덕종 때 형남절도사(荊南節度使) 등을 지냈다.

니, 과연 징후가 같았다. 그는 그제야 왕언백의 의술에 탄복하였다.

25. 유방(柳芳)[57]이 낭중(郎中)으로 있을 때, 아들 등(登)[58]은 병을 심하게 앓고 있었다. 당시 명의였던 장방복(張方福)이 막 사주(泗州)[59]에 임관되었는데 유방과는 전부터 친한 사이였다. 유방은 장방복의 임관을 축하하는 한편 아들의 병을 친구가 한번 봐주었으면 했다. 방복이 이튿날 아침 유방을 찾아가자 유방은 다짜고짜 그를 데리고 가서 아들을 진찰하게 했다. 방복은 멀찍이서 유등의 이마를 보고는,

"정수리뼈가 나와 있으니 뭘 걱정하겠습니까!"

라고 하였다. 맥박을 다섯 번 짚어보고는 다시 말하였다.

"틀림없이 수명이 80을 넘길 것이요."

처방 수십 자를 내놓고는 유등에게 말하였다.

"군이 이것을 복용하지 않아도 될 게요."

유등은 후에 서자(庶子)[60]가 되었으며 아흔 살을 살고 죽었다.

---

57 유방(柳芳) : 당대의 역사가로 자는 중부(仲敷). 개원(開元) 말년에 진사에 급제하여, 집현전학사(集賢殿學士) 등을 역임하였다. 숙종 때 국사를 완성했으며, 이후 『당력(唐曆)』 40편 등 역사관계 서적을 많이 저술했다.

58 등(登) : 유방의 아들로, 다독(多讀)으로 알려져 있으며, 법률에도 조예가 높았다. 젊었을 때 병치레를 많이 했으나 장수한 것으로 알려져 있다.

59 사주(泗州) : 당대의 주명으로, 지금의 강소성 우태현(盱眙縣) 북쪽.

60 서자(庶子) : 관직명으로, 시중(侍中) 벼슬에 해당한다. 여기서는 이 벼슬을 지낸 서군방을 지칭한다.

유양잡조 권8

문신【黥】

1 장안의 시정 불량배들은 저마다 머리를 깎고 살에 온갖 문양의 문신을 했다. 이들은 제군(諸軍)[1]을 믿고 주먹질에 강탈을 일삼았으며, 심지어 술집에 뱀을 가지고 드나들거나 양의 어깨뼈로 사람을 치는 자도 있었다. 지금 경조윤(京兆尹)인 설원상공(薛元賞公)[2]이 실상을 상주하는 한편,

---

1 제군(諸軍) : 당대 장안, 특히 궁정을 경비했던 부대. 제위병(諸衛兵), 금군(禁軍), 신책군(神策軍) 등 지역과 시기에 따라 다양했는데, 안록산의 난 이후 환관이 정권을 장악하는데 중요한 지원세력이었다. 한편 간사한 무리들이 이들 군대를 이용 횡포를 부리기도 했다.

2 설원상공(薛元賞公) : 당나라 무종 때 공부상서 등을 역임하였으며, 이덕유(李德裕)와 함께 토번 정책에 공헌하였다. 특히 그는 장안에서 신책군(神策軍)을 등에 업고 전횡을 일삼던 환관 세력을 견제하는데 전력하였다.

이장(里長)과 잠부(潛部)[3]에 명을 내려 이들을 체포하니, 대략 3천여 명이었다. 이들을 모두 장살하여 저자에 시체를 걸게 하자 저자에서 문신한 자들이 모두 문신을 불에 지져 흔적을 없앴다. 그때 대령방(大寧坊)[4]에 힘이 장사인 장간(張幹)이라는 자가 왼쪽 어깨에 '살아서는 경조윤이 두렵지 않다[生不怕京兆尹]'는, 오른쪽 어깨에 '죽어서는 염라대왕이 두렵지 않다[死不畏閻羅王]'는 내용의 글자 문신을 새겼다. 또 왕력노(王力奴)라는 자는 5천 전(錢)을 주고 문신장이를 불러 가슴과 배에 산을 그렸다. 그 안에는 정자와 연못, 초목과 금수가 다 새겨져 있는데, 그 세세하기가 그림을 그린 것 같았다. 설공은 그들도 다 장살하였다.

○ 또 도적 조무건(趙武建)은 160곳에 번인(番印)과 반작(盤鵲)[5] 등의 문신을 새기고, 좌우의 어깨에는 다음과 같은 시구를 새겨 넣었다.

여울 가에 자는 들오리	野鴨灘頭宿
아침이면 송골매에게 쫓기누나.	朝朝被鶻梢
화들짝 놀라 물속으로 잠수하여	忽驚飛入水
오늘 아침까지 목숨 유지했네.	留命到今朝

○ 또 고릉현(高陵縣)[6]에서 온 몸에 문신을 새긴 송원소(宋元素)라는 자가 잡혔다. 그는 71곳에 문신을 했고 왼쪽 팔뚝에는 다음과 같은 시구를 새겨놨다.

---

3 이장(里長)과 잠부(潛部) : 이장은 장안 방리(坊里)의 장이며, 잠부는 명을 받고서 비밀스럽게 행동하는 부락을 뜻하는데 구체적으로는 미상이다.

4 대령방(大寧坊) : 장안성 방리(坊里) 가운데 하나.

5 번인(番印)과 반작(盤鵲) : 모두 문신의 종류로, 번인은 인두 같은 것으로 지져서 만든 문신이고, 반작은 참새 그림 따위를 새긴 것으로 추정되나 구체적인 사항은 미상이다.

6 고릉현(高陵縣) : 당대의 현명으로, 지금의 섬서성 고릉현. 당대에는 행정구역상 경조부(京兆府) 경조군(京兆郡)에 속하였다.

이전에는 집이 가난하지 않아 昔日已前家未貧
친구 사귀는데 금전 아끼지 않았지. 苦將錢物結交親
지금은 길을 잃고 지기를 찾는다만 如今失路尋知己
길 다하도록 관산엔 아무도 없구려. 行盡關山無一人

그리고 오른쪽 팔뚝 위에는 호리병 박이 새겨져 있는데, 위로 사람의 머리가 나와 있어 꼭두각시놀이를 하는 곽공(郭公)[7] 같았다. 현리(縣吏)가 그 의미를 알 수 없어 물었더니, 호리병 박의 요정이라 말했다 한다.

2. 이이간(李夷簡)[8]은 원화(元和, 806~820) 말에 촉 땅에 있었다. 시장 사람 조고(趙高)라는 자는 곧잘 싸움질을 하여 늘 옥을 들락거렸다. 그의 등에 가득 비사문천왕(毘沙門天王)[9] 문신이 새겨져 있었다. 관리가 등을 매질하려다 그것을 보면 멈칫 하곤 했다. 이 때문에 조고는 더욱 기고만장하여 그곳 시장바닥의 골칫덩이가 되었다. 측근이 이 사실을 보고하자 이이간은 몹시 분노하여 그를 붙잡아 관아로 끌고 오게 하였다. 이이간은 이제 막 만든 속이 꽉 찬 대나무 몽둥이를 가져오라 하였다. 이 몽둥이는 직경이 세 치나 되었다. 매질하는 자를 다그쳐 천왕(天王)이 다 사라질 때가지 때리게 했다. 그러나 수십 대를 맞아도 조고는 숨이 끊어지지는 않았다. 열흘이 지나 그는 윗옷을 벗은 채 집집마다 돌아다니며, '천왕을 다시 새길 돈을 주시오'라고 소리쳤다.

---

7 곽공(郭公) : 꼭두각시놀이 중에 대머리를 한 채 웃음거리를 선사하는 배우를 '곽독(郭禿)'이라고 했는데, 이를 지칭하는 것으로 판단된다.

8 이이간(李夷簡) : 756~822. 당나라 종실로, 813년에 검남서천절도사(劍南西川節度使)로 촉 땅에 주둔한 적이 있다. 이후 문하시랑(門下侍郎), 동중서문하(同中書門下) 등을 역임하였다.

9 비사문천왕(毘沙門天王) : 불법을 수호하는 사천왕 가운데 하나로, 북쪽을 담당한다. 야차(夜叉)를 다스리는 왕으로도 알려져 있다.

3. 촉(蜀) 땅의 소장(小將) 위소경(韋少卿)은 위표미(韋表微)[10]의 사촌 형이다. 젊은 시절 그는 글에는 관심이 적고 문신 새기는 걸 무척 좋아했다. 한번은 그의 숙부가 옷을 벗기고 살펴보니, 가슴 위에 한 그루의 나무가 새겨져 있었다. 그 나무 끝에는 새 수십 마리가 달려 있었고 그 아래에는 거울이 매달려 있었다. 거울의 코에는 줄이 묶여 있는데, 어떤 사람이 멈춰 선 채로 이 줄을 잡아당기는 문양이었다. 숙부가 무슨 의미인지 몰라 그에게 묻자, 그는 웃으며 대답하였다.

"숙부께서는 장연공(張燕公)[11]의 시를 읽지 않으셨습니까? '거울을 잡아당기자 겨울 까마귀가 모여드네[挽鏡寒鴉集]'라는 내용 말입니다."

4. 형주(荊州)의 가자(街子)[12]인 갈청(葛淸)은 어떤 두려움에도 까딱하지 않는 용감한 자였다. 그는 목 아래 부분부터 사인(舍人) 백거이(白居易)[13]의 시를 새겨놨다. 나는 형주 사람 진지(陳至)와 함께 그를 불러 그 문신을 구경한 적이 있었다. 그는 상의를 벗고 등을 보이고서는 새긴 글자를 다 안다며 손바닥을 뒤집어서는 문신 새긴 곳을 가리켰다. '꽃 중에 국화만을 편애하진 않지만[不是花中偏愛菊]'[14]이란 구절에 이르러서는 한 사람이

---

10 위표미(韋表微) : 상서좌승(尙書左丞)을 지낸 관력이 있으며, 단성식의 친구이기도 하다.

11 장연공(張燕公) : 장열(張說, 667~730). 당나라 현종 때 명신으로, 연국공(燕國公)에 봉해졌다. 후대에 재상의 대명사가 되었으며, 만년에 유배를 가서 지은 시들은 처연한 내용들이 많았다고 한다. 다만, 『전당시(全唐詩)』에도 이 구절은 나오지 않는 바, 이 시의 제목은 알 수 없다.

12 가자(街子) : '가졸(街卒)'이라고도 하며, 당대에 도로의 치안과 소제 따위를 맡은 하급관료.

13 백거이(白居易) : 772~846. 당대 중기, 즉 성당 시기의 대표적인 시인으로, 자는 낙천(樂天), 호는 향산거사(香山居士). 평이한 시풍으로 문사뿐만 아니라 서민들 사이에도 애송되었다. 821년에 중서사인지제고(中書舍人知制誥)를 지냈기 때문에 '사인(舍人)'이라 한 것이다. 대표작으로 「장한가(長恨歌)」·「비파행(琵琶行)」 등이 있으며, 시집으로 『백향산집(白香山集)』이 있다.

14 꽃 중에 국화만을 편애하진 않지만[不是花中偏愛菊] : 원래 백거이의 친구 원진(元稹)의 시 구절인데, 백거이의 「금중구월대국화주억원구(禁中九月對菊花酒憶元九)」

잔을 들고 국화 떨기 앞에 서있는 모습이 새겨져 있었다. 또 '노란 꽃무늬 엉킨 곳엔 차가운 잎새도 있네[黃夾纈窠寒有葉]'[15]라는 구절에서는 나무 하나를 가리켰다. 그 나무 가지에는 꽃무늬가 걸려있으며, 작은 꽃무늬가 잘게 연결된 것이 무척 섬세하였다. 전부 서른 남짓 시구를 새겼는데, 그러다보니 몸에 온전한 살은 없었다. 진지는 그것을 가리켜 '백사인행시도(白舍人行詩圖)'라고 불렀다.

5. 나의 문하생 마졸(馬卒) 노신통(路神通)은 매번 군영에서 힘겨루기를 할 때면 돌로 만든 갓을 쓰고 6백 근의 돌로 만든 신발을 신을 수 있었으며, 돌 조각 수십 개를 이로 씹어 잘게 부수었다. 그는 등에 사천왕(四天王)을 새기고 있었다. 그런 그가 하는 말이다.

"신력(神力)을 얻기 때문에 시험장에 들어가면 천왕의 도움이 커 힘이 생겨납니다."

매달 초하루나 보름이면, 유미(乳糜)[16]를 떠 놓고 향을 사르면서 윗옷을 벗고 앉아서는 처자식에게 자신의 등에 새겨진 사천왕에게 공양하고 절하도록 하였다.

6. 최승총(崔承寵)이 젊었을 적 종군했을 때다. 그는 나귀를 타고 하는 격구(擊毬)를 잘 하여 공을 치는 막대기를 놀리는 것이 마치 아교라도 붙인 듯 빨랐다. 뒤에 그는 검남관찰사(黔南觀察使)[17]가 되었다. 젊었을 적 전신에 뱀 한 마리를 새겼었다. 문신은 오른손부터 시작하는데 팔에 있

시의 제4구에 이 구절을 인용해 놓았다.

15 노란 꽃무늬 엉킨 곳엔 차가운 잎새도 있네[黃夾纈窠寒有葉] : 백거이의 「범태호서사기미지(泛太湖書事寄微之)」시의 한 구절이다.

16 유미(乳糜) : 젖이나 연유를 가공해 만든 죽의 일종.

17 검남관찰사(黔南觀察使) : 당대에는 관할지역을 강남도(江南道)의 검주(黔州)를 비롯한 15주(州)로 편재하였다. 치소(治所)가 있던 검주는 지금의 사천성 팽수현(彭水縣)이다.

는 뱀의 주둥이는 두 손가락을 물듯 하고, 팔뚝을 두르고 목을 휘감아 배에서 똬리를 틀고 있었다. 계속 넓적다리로 이어져 정강이에서 꼬리를 늘어뜨리고 있었다. 손님을 대접할 때는 늘 옷으로 손을 덮었지만 술이 거나해질 때면 윗옷을 벗고 팔을 뻗어 두 손가락으로 시종을 붙잡고는 '뱀이 너를 문다'고 하였다. 그러면 우령(優伶)[18]은 큰 소리로 '아야!' 소리를 지르고는 아픈 흉내를 냈다. 이렇게 장난을 치기도 했다.

7. 보력(寶曆) 연간(825~827), 장락리(長樂里)[19]의 이문(里門) 근처 백성 가운데 팔에 문신을 한 자가 있었다. 수십 명이 그를 둘러싸고 구경을 하곤 했는데, 홀연 하얀 난삼(襴衫)[20]을 입고 도소관(屠蘇冠)[21]을 쓴 어떤 이가 머리를 숙인 채 미소를 짓고는 그곳을 떠나갔다. 그런데 채 열 걸음도 못가 백성의 문신을 새긴 곳에서 피가 흘러 나왔다. 그 자는 뼛속까지 아파왔다. 한 식경쯤에는 한 말 정도의 피를 흘렸다. 사람들은 아까 구경하고 간 자의 소행일 것이라고 하여 아비더러 쫓아가서 살려달라고 부탁해 보도록 했다. 그는 처음에는 모르는 일이라고 하였다. 그러나 백성의 아비가 수십 차례 절을 하면서 애원하자, 손에 흙을 한 움큼 쥐고 주문을 하더니,

"이 흙을 피가 나는 곳에 붙이시오!"

라고 하였다. 그의 말대로 했더니 과연 피가 멈췄다.

8. 나의 삼종형 단구(段遘)는 정원(貞元) 연간에 황갱(黃坑)[22]을 지나간 적

---

18 우령(優伶): 본래 '우(優)'는 배우를 가리키며 '령(伶)'은 악공을 가리킨다. 왕공귀족의 측근에 있으며 우스운 말이나 행동으로 즐거움을 주는 역할을 하였다.

19 장락리(長樂里): 장안에 있었던 방리(坊里) 가운데 하나.

20 난삼(襴衫): 위와 아래가 연결된 원피스 형태의 옷으로, 적삼의 하단에 다른 천을 덧대었다. 주로 수재(秀才)나 거인(擧人)이 입던 공복이다.

21 도소관(屠蘇冠): 챙이 달린 모자의 이름.

22 황갱(黃坑): 복건성 용암현(龍巖縣)에 황갱산(黃坑山)이 있는데, 이 산을 가리키는 것이 아닌가 싶다.

이 있었다. 시종이 거기서 머리뼈 조각 몇 개를 주워 장차 약으로 쓸 참이었다. 그런데 한 조각에 '도주노(逃走奴)'라는 세 글자가 새겨져 있었다. 엷은 먹으로 써놓은 것 같았다. 그제야 묵형(墨刑)의 자취가 뼈에까지 스민다는 사실을 알게 되었다. 이 시종은 그날 밤 꿈을 꾸었다. 꿈 속에서 한 사람이 얼굴을 가리고서 자신의 뼈를 찾았다.

"너무나도 부끄럽습니다. 당신이 날 위해 깊이 묻어주신다면 복을 받을 겁니다."

시종은 놀라 잠에서 깨어났고 머리털이 쭈뼛 솟았다. 그는 급히 그 뼈를 묻어주었다. 그 뒤 무슨 일이 있을 때마다 귀신이 어렴풋이 꿈속에 나타나 보답을 해주었다. 그리고 그때마다 재물을 얻게 되어 거의 10만 금이 될 즈음 그는 죽고 말았다.

9. 촉(蜀) 땅의 장수 윤언(尹偃)의 군영에 한 병졸이 있었다. 그는 저녁에 점호가 끝난 뒤에도 몇 시간이 지나도록 나타나지 않았다. 윤언이 질책을 하려고 하자, 술에 취한 그가 변명을 하면서 소리가 커졌다. 화가 난 윤언이 수십 대 매질을 하여 거의 죽을 지경이 되었다. 그 병졸의 동생이 영전(營典)[23]으로 있었는데, 서로 우애가 깊은 터라 윤언을 불평하면서 자기 살에 칼로 '살윤(殺尹)' 두 글자를 새기고 먹물을 들였다. 윤언은 은밀히 그런 사실을 탐지하고는 다른 일을 핑계 삼아 그를 장형(杖刑)으로 죽여 버렸다. 태화(太和) 연간(827~835)이 되어 남만(南蠻)이 쳐들어왔다. 이때 윤언은 수만 명을 거느리고 공래관(邛崍關)[24]을 방위하였다. 그는 남과 비교할 수 없을 정도로 기운이 세 늘 측근과 놀면서 대추나무 몽둥이로 자신의 정강이를 치게 하였다. 매를 칠수록 근육이 혹처럼 부풀어 올랐지만 매를 친 자국은 생기지 않았다. 그런 힘을 믿고서 군사들은 공래관에서 오랑캐를 쫓아 몇 리를 밖으로 나왔다. 그런데 오랑캐의 복병이

23 영전(營典) : 군영 내에서 서기의 역할을 맡은 자.

24 공래관(邛崍關) : 지금 사천성 영경현(榮經縣) 서쪽 산에 있던 요새.

협공을 하는 바람에 군이 대패하고 말았다. 말이 거꾸러지면서 윤언은 수십 군데 창을 맞고 전사하였다. 이에 앞서 공래관에서 출정하던 날 갑자기 전에 죽인 병졸의 동생이 나타났다. 수레바퀴 크기의 누런 책상이 앞에 있었고 윤언을 그 앞쪽으로 끌고 갔다. 윤언이 께름칙해서 측근에게 물었더니 아무도 본 사람이 없었다. 그리고 마침내 전사한 것이다.

10. 방유복(房孺復)[25]의 아내 최씨(崔氏)는 시기가 많았다. 곁에 있는 계집종에게는 짙은 화장이나 머리를 올리지 못하게 했다. 한 달에 콩알 만한 연지 하나와 동전 크기의 분 하나만 주는 게 전부였다. 그런데 새로 들인 어떤 계집종이 화장하기를 좋아하자, 최씨 부인이 성을 냈다.

"너는 화장하길 좋아하냐? 내가 널 화장시켜 주마!"

그러면서 그 눈썹에다 문신을 새겨 청색을 주입하고, 달군 쇠로 양쪽 눈가를 지졌다. 눈가의 피부가 벌겋게 부풀어 오르자 이번에는 그곳에 붉은 색을 주입하였다. 나중에 상처난 곳에 딱지가 져서 떨어지자 흉터는 꼭 화장한 것 같았다.

11. 양우경(楊虞卿)[26]이 경조윤(京兆尹)으로 있을 때 저자 동네에 삼왕자(三王子)라는 자가 있었다. 큰 바윗돌을 들어 올릴 수 있을 정도로 힘이 장사인데다 온몸에 문신을 새겨놓아 온전한 살갗이 없었다. 전후로 몇 차례 죽을죄를 지었으나 군에 투신해 면죄되었다. 어느 날 또 문제를 일으키자 양우경은 역졸을 시켜 잡아오게 하였다. 문을 닫고는 매를 쳐 죽였다. 판결문의 내용은 이러하다.

"사지에 문신을 새기고, 왕자(王子)라 칭하였다. 어찌 신문할 필요가 있

---

25 방유복(房孺復) : 재상 방관(房琯)의 아들. 시녀 둘을 그의 부인이 채찍질해 죽인 일에 연좌되어 연주사마(連州司馬)로 좌천된 일이 있었다.

26 양우경(楊虞卿) : 당나라 헌종(憲宗) 때의 인물로, 810년 진사에 급제한 후 감찰어사(監察御使), 간의대부 등을 역임하였다. 이른바 우이(牛李) 당쟁 때 활약한 인물이다.

겠는가! 죄를 주는 게 마땅하다."

12. 촉(蜀) 땅 사람 중 문신에 뛰어난 자가 있었다. 그의 문신은 그림처럼 선이 분명하였다. 어떤 이는 '눈썹먹으로 하면 색이 선명하다'고 하는데, 내가 종들에게 물었더니, '좋은 먹을 쓰는 게 관건이다'고 했다.

13. 정원(貞元) 연간, 형주(荊州)의 저자에서 문신 새기는 침을 파는 자가 있었다. 그는 인장(印章)을 가지고 있었다. 그 인장은 작은 대침으로 여러 모양이 새겨져 있는데, 두꺼비, 전갈, 절구공이 따위였다. 사람들이 원하는 대로 골라 찍은 다음 석묵(石墨)으로 문지른다. 상처가 나은 후에 보면 찍었던 인장보다도 세밀하게 문신이 새겨졌다.

14. 최근의 화장법은 엽(靨)[27]을 중시하여, 사월(射月)[28]과 같은 것을 '황성엽(黃星靨)'이라 한다. '엽전(靨鈿)'이란 명칭은 대개 오(吳)나라 손화(孫和)[29]의 등부인(鄧夫人)으로부터 생겨난 것이다. 손화는 등부인을 총애하였는데, 술에 취하여 여의(如意)를 들고 춤을 추다가 잘못해 등부인의 뺨을 다치게 하였다. 피가 흘러 아리따운 그녀가 고통스러워하자 태의(太醫)에게 명을 내려 약을 조제하게 하였다. 태의가 말하기를,

"흰 수달의 골수에다 옥과 호박(琥珀) 가루를 섞어서 처방하면 상처가 없어질 것입니다."

라고 하였다. 손화는 백금을 들여 흰 수달을 사서 고약을 만들었다. 그런데 호박이 너무 많이 들어가 상처는 사라지지 않고 왼쪽 뺨에 붉은

---

27 엽(靨) : 원래 '보조개'라는 뜻이나, 여자들의 얼굴 화장법을 지칭하는 말로 쓰인다. 처음 노란 분가루를 뺨에 발라 번쩍번쩍하게 했기에 '황성엽(黃星靨)'이라 한다.

28 사월(射月) : 뺨에다 분칠하는 화장법.

29 손화(孫和) : 224~253. 삼국시대(三國時代) 오(吳)나라 손권(孫權)의 아들. 학문을 좋아하였으며, 형인 손등(孫登)이 죽자 그를 이어 태자가 되었으나, 참소를 받아 유폐되었다가 뒤에 남양왕(南陽王)에 봉해졌다.

점이 생겨났다. 그러나 이 모습이 오히려 더 예뻐 보였다. 그래서 총애를 받고자 하는 첩들은 모두 뺨에다 붉은색으로 점을 찍고서 잠자리를 모시게 된 것이다.

15. 요즘 부인들이 얼굴 꾸밀 때 쓰는 화자(花子)는 소용상관씨(昭容上官氏)[30]가 만들어 썼던 데서 유래하였다. 이것으로 점의 흔적을 가린다. 대력(大曆, 766~779) 이전에 사대부의 아내 가운데 질투가 심한 이는 계집종이나 첩들이 조금이라도 마음에 차지 않으면, 바로 얼굴에다 점을 찍었기 때문에 '월점(月點)', '전점(錢點)'이라는 것이 생겨났다.

16. 백성들 사이에 마치 경(黥)을 친 것처럼 얼굴에다 푸른색으로 표시를 하는 일이 있다. 옛말에 부인이 아이를 낳다 죽는 자가 있으면 그 얼굴에 먹으로 점을 찍었는데, 그렇게 하지 않으면 후손에게 이롭지 않다고 한다.

17. 월(越) 땅 사람들은 물에 익숙하지만, 그래도 꼭 몸에 문신을 새겨서 교룡의 우환을 막았다. 지금 남방 가운데 얼굴에 문신을 새긴 노자(狫子)[31]는 대개 조제(雕題)[32]의 유습을 따른 예이다.

18. 「주관(周官)」[33]에 묵형(墨刑)에 해당하는 죄는 5백가지로 나온다. 정현(鄭玄)[34]은 '먼저 얼굴에다 새기고 거기에 먹물을 채우는 것이다. 이런

---

30 소용상관씨(昭容上官氏) : 상관완아(上官婉兒, 664~710). 소용(昭容)은 여관(女官)으로서는 소의(昭儀)와 함께 최고의 직위로, 정2품에 해당한다. 상관완아는 명석하고 글에 뛰어났을 뿐만 아니라, 정사에도 능숙해 측천무후의 신임을 받았고, 중종(中宗) 때 소용이 되었다.

31 노자(狫子) : 통상 '흘노(犵狫)'라고 하며, 중국 서남방의 소수민족 가운데 하나. 귀주성과 광서성에 걸쳐 산림 지역에 거처하였다.

32 조제(雕題) : 이마에다 꽃무늬를 새기는 풍속.

33 주관(周官) : 『주례(周禮)』의 「추관사구(秋官司寇)」를 가리킨다.

벌을 받은 자는 문을 지키게 한다'고 해석하였다.

『상서형덕고(尙書刑德攷)』[35]에는, '탁록(涿鹿)이란 것은 사람의 이마에다 글자를 새겨 넣는 것이다. 사람에게 경(黥)을 친다는 것은 말에게 재갈을 물리듯 사람의 얼굴에다 글자를 새겨넣는 것이다'고 나와 있다. 정현은,

"탁록을 하거나 경을 친 자들을 세상에서는 도묵지민(刀墨之民)이라 부른다."

고 하였다.

19. 『상서대전(尙書大傳)』[36]에 따르면, '우순(虞舜, 순임금)이 정한 상형(象刑)[37]에 문신을 한 자는 검은 두건을 쓰게 했다'고 한다. 『백호통(白虎通)』[38]에 의하면, '묵(墨)이란 이마에 문신을 새기는 것이다. 화(火)가 금(金)을 이긴다는 한(漢)나라의 법[39]에서 취한 것이다'고 하였다.

20. 『한서(漢書)』에 의하면, '육형(肉刑)[40]을 없애고, 묵형에 해당하는 자는 머리를 깎고 목에다 쇠를 낀 채 성단(城旦)[41]과 곡식을 찧는 형벌에 처

---

34 정현(鄭玄) : 127~200. 동한 때 고밀(高密) 사람으로, 자는 강성(康成). 젊어서부터 경학분야에 탁월한 능력을 발휘하여 조정에서 활약했으나, 신료들과 뜻이 맞지 않자 고향 고밀로 돌아와 경전 연구에 매진하였다. 한대 고증학·경학을 일으킨 인물로 평가받고 있으며, 그의 경전 주석은 후대의 기준이 되었다. 『모시전(毛詩箋)』·『예기』 등의 주석서를 냈다.

35 『상서형덕고(尙書刑德攷)』 : 미상으로, 다른 문헌으로 '상서형덕방(尙書刑德放)'이라는 위서(緯書)가 언급된 사례가 있는 바, 이 일서(佚書)를 가리키는 것으로 판단된다.

36 『상서대전(尙書大傳)』 : 『상서(尙書)』를 재정리한 책으로, 한(漢)나라 때 복승(伏勝)의 유설(遺說)을 그의 제자인 장생(張生)·구양생(歐陽生) 등이 집록한 것이다.

37 상형(象刑) : 고대에 남들과 다른 복식을 입혀서 범인임을 표시하던 형벌.

38 『백호통(白虎通)』 : 즉 『백호통의(白虎通義)』. 후한(後漢)의 반고(班固)가 펴낸 책으로 모두 4권이다. 오경(五經)의 동이(同異)를 토론하고 그 결과를 기록한 내용을 담고 있다.

39 화(火)가 금(金)을 이긴다는 한(漢)나라의 법 : 한나라는 요임금을 이어 화덕(火德)을 숭상하였기 때문에 이렇게 말한 것이다.

40 육형(肉刑) : 신체에 가한 형벌로, 한대(漢代)에는 경(黥), 의(劓), 좌우지(左右趾) 따위가 있었다.

41 성단(城旦) : 진한(秦漢) 시대의 형벌로, 4년 동안 성을 쌓는 일에 복역하는 것.

하였다'[42]고 하였다.

21. 또 『한서(漢書)』에 의하면, '왕오(王烏) 등을 시켜 흉노를 염탐하게 하였는데, 흉노의 법에 한나라의 사절이 부절을 가지고 있거나 얼굴에 문신을 하지 않으면 파오 안에 들어갈 수가 없었다. 그래서 왕오 등은 부절을 버리고 얼굴에 문신을 하고서야 파오 안에 들어갈 수 있었다. 그래야 선우(單于)가 좋아하였다'[43]고 한다.

22. 『진령(晉令)』[44]에 의하면, '노예가 처음 도망가면 묵형을 한 것처럼 동청(銅靑)을 가하여 양 눈의 후미에다 경을 쳤다. 두 번째 도망가면 양 뺨 위에다 경을 쳤다. 그리고 세 번째 도망가면 눈 아래에다 횡으로 경을 쳤는데, 길이는 한 치 다섯 푼이다'고 하였다.

23. 양(梁)나라의 잡률(雜律)[45]에 의하면, 미결수는 먼저 얼굴에다 '겁(劫)' 자를 새겨 넣었다고 한다.

24. 불가의 『승지율(僧祗律)』[46]에 의하면, '열반인(涅槃印)이란 것은 비구(比丘)가 범왕(梵王)[47]의 법을 행하면서 하는 것이다. 살을 째고서 공작새

---

42 육형(肉刑)을 없애고 …… 형벌에 처하였다 : 이 내용은 『후한서(後漢書)』 권60 「양해전(襄楷傳)」에 나온다.

43 왕오(王烏) 등을 시켜 …… 선우(單于)가 좋아하였다 : 이 내용은 『한서』가 아니라, 사마천의 『사기(史記)』 권110의 「흉노열전(匈奴列傳)」에 나온다. 찬자의 착오로 판단된다.

44 『진령(晉令)』 : 진(晉)나라 초기에 가충(賈充)과 두예(杜預)가 산정한 저술로 모두 40권이다. 주로 진나라 법령과 관련된 내용이다.

45 양(梁)나라의 잡률(雜律) : 『양률(梁律)』을 말한다. 채법도(蔡法度)가 산정한 책으로 모두 20권이다.

46 『승지율(僧祗律)』 : 마하승지율(摩訶僧祗律)을 가리킨다. Samghika-vinaya의 음역으로, 승려들이 지켜야 할 규율을 적은 책이다. 동진(東晋)의 불타발타라(佛陀跋陀羅)와 법현(法顯)이 공역하였다. 모두 40권이다.

47 범왕(梵王) : '대범천왕(大梵天王)'의 줄임말로, 색계십팔천(色界十八天)의 왕을 가리

의 쓸개나 동청(銅靑)으로 그린 그림이나 글씨, 그리고 짐승의 형태를 그려 넣었다. '인경(印黥)'이라고도 부른다'고 나와 있다.

25. 『천보실록(天寶實錄)』[48]에 이르기를, '일남(日南)[49]의 구산(廐山)은 길게 이어져 몇 천리나 되는지 모른다. 벌거벗은 사람이 살고 있는 곳으로, 그들은 백민(白民)[50]의 후손들이다. 가슴 앞에다 꽃문신을 하는데, 자주색 분가루 따위를 쓴다. 또 두 눈 아래에 그림을 그리고 앞니 두 개는 빼버린다. 이렇게 하는 걸 아름답게 꾸민다고 생각한다'고 하였다.

나는 군자가 한 가지 사물이라도 알지 못하면 부끄럽게 여겨야 한다고 생각한다. 도정백(陶貞白)[51]은 항상 '한 가지 사물이라도 모른다면 이는 매우 부끄러운 일이다'고 하였다. 하물며 경포(黥布)[52]가 왕이 되는 것은 그의 인상으로 정해져 있었는데도, 음란하게도 홍화(紅花)를 붙였다고 그를 묵형에 떨어뜨리려 했던 일이 전적에도 실려 있지 않은가?[53] 기억나는 것을 우연히 기록하여 같은 생각을 가진 이들에게 보이니, 근심으로 찌푸리고 있는 자는 한번 눈가를 펴기 바란다.

킨다.

48 『천보실록(天寶實錄)』: 당나라 현종대의 역사기록인 『현종실록(玄宗實錄)』 가운데 천보(天寶) 연간 부분을 가리킨다.

49 일남(日南): 당대(唐代)의 일남현(日南縣)으로, 지금의 베트남 북부지역에 해당한다.

50 백민(白民): 곧 백정. 이때의 백정은 그 함유가 복잡하여 병적(兵籍)에 들어있지 않은 평민을 지칭하기도 하는데, 여기서는 아마도 죄를 짓고 이곳에 귀양 간 일군의 무리를 가리키는 것으로 판단된다.

51 도정백(陶貞白): 도홍경(陶弘景, 452~536). 남조(南朝) 양(梁)나라 사람으로, 자는 통명(通明). 구곡산(句曲山)에 은거하며 양무제를 도와 산중재상(山中宰相)으로 일컬어졌다. 『진고(眞誥)』 등의 도가 서적을 저술하여 갈홍(葛洪)과 함께 이 시기 도교의 핵심 인물이다. 말년에는 유불도의 융합을 주장하기도 하였다. 사후에 정백선생(貞白先生)이란 시호가 내려졌다.

52 경포(黥布): 영포(英布, ?~BC 196). 젊어 경형(黥刑)을 받고 노역을 받다 도망간 후 진나라 말엽에 항왕(項王)에 의해 구강왕(九江王)에 봉해졌고, 훗날 다시 한고조에 의해 회남왕(淮南王)으로 봉해졌다.

53 하물며 …… 실려 있지 않은가: 이 내용이 어느 책에 실려 있는지 확인되지 않고 있으며, 정확한 의미도 미상이다.

우레【雷】

26. 안풍현위(安豊縣尉)[54] 배환(裴圜)은 배사엄(裴士淹)[55]의 손자이다. 그가 들려준 이야기이다.

현종(玄宗)이 한번은 겨울인데도 산인 포초(包超)를 불러 우레 소리를 내도록 하였다.

"내일 낮이 되면 우레가 칠 것입니다."

라고 포초가 아뢰자, 고력사(高力士)[56]를 시켜 이를 감독케 했다. 밤중에 제단을 설치하고 기도를 하였다. 그러나 날이 밝아 사시(巳時, 오전 10시경)가 되었는데도 하늘은 어두워질 기미가 조금도 없었다. 고력사가 걱정을 하자 포초가 말하였다.

"장군! 남산을 보시오. 소반만한 검은 기운이 있을 것이오."

고력사가 쳐다보니 정말 그랬다. 이윽고 바람이 일고 검은 기운이 여기저기 퍼지면서 몇 차례 우레가 울렸다. 현종은 또 서쪽을 정벌할 때면 가서한(哥舒翰)을 수행하도록 하여 매번 적과 전투시에 승리의 바람을 일으키게 하였다.

27. 정원(貞元) 초, 정주(鄭州)의 백성 왕간(王幹)은 담력이 어지간했다. 그가 여름날 밭일을 하는데 갑자기 비가 내리고 우레가 치기에 잠실 속으로 들어가 비를 피했다. 그런데 그 순간 천둥 번개가 잠실로 들어와 검은 기운이 쫙 퍼져 안이 어두워졌다. 왕간은 문을 닫고 호미를 잡아 마

---

54 안풍현위(安豊縣尉) : 안풍은 당대의 현명으로, 지금의 안휘성 수현(壽縣)의 남쪽.

55 배사엄(裴士淹) : 당나라 대종(代宗) 때의 문신으로, 예부상서(禮部尚書)를 지냈다.

56 고력사(高力士) : 684~762. 당나라 현종 때의 환관(宦官)으로, 현종의 막중한 신임을 얻어 정권을 뒤흔들었던 인물이다. 처음 고연복(高延福)의 양자로 들어가 고씨가 되었으며, 일처리가 주도면밀하고 반신들을 처단하여 현종의 총애를 한몸에 받아 표기대장군(驃騎大將軍)이 되었다. 당나라 때 환관의 발호는 고력사부터 시작되었다.

구 휘둘러 쳤다. 그랬더니 우레 소리가 점차 작아지고 구름기운 또한 걷혔다. 그가 크게 소리를 치며 계속해서 호미를 휘두르자, 검은 기운은 다시 침대의 절반 크기로 작아지더니 나중에는 소반만 해지면서 휙 땅에 떨어졌다. 그리고는 금세 다리미, 잘라진 칼, 다리가 부러진 조그만 솥으로 변하였다.

28. 이용(李鄘)[57]이 북도(北都)[58]에 있을 때의 이야기이다. 개휴현(介休縣)[59]의 한 백성을 시켜 해첩(解牒)[60]을 보냈다. 백성은 밤이 되자 진사(晉祠)[61] 사당 아래에서 묵게 되었다. 한밤중에 어떤 사람이 사당 문을 두드리며 걸어왔다.

"개휴왕(介休王)이 잠시 벽력거(霹靂車)를 빌리려 하오. 아무 날 개휴에 와서 보리를 수확하려고 말이오."

한참 있다가 어떤 사람이 응답하였다.

"대왕께 말씀을 드렸더니 벽력거는 지금 바빠서 빌려줄 수 없다 하오."

그래도 그는 계속 빌려달라고 하였다. 마침내 대여섯 사람이 촛불을 밝힌 채 사당 뒤로 나오는 게 보였다. 개산(介山)[62]의 사자(使者)도 말을 타

57 이용(李鄘) : ?~820. 당나라 헌종 때의 인물로, 자는 건후(建侯). 북해태수(北海太守)였던 이옹(李邕)의 종손으로, 원화(元和) 연간에 태원윤(太原尹), 하동절도사(河東節度使) 등을 역임하였다.

58 북도(北都) : 산서성에 있던 태원부(太原府)를 가리킨다. 당나라 고조(高祖) 이연(李淵)이 바로 이곳 태원유수(太原留守)로 있다가 거병하여 당왕조를 세웠기 때문에 상도(上都)인 장안(長安), 동도(東都)인 낙양(洛陽)과 함께 중시되었다.

59 개휴현(介休縣) : 당대의 현명으로, 지금의 산서성 개휴현.

60 해첩(解牒) : 향시(鄉試)의 정황에 대해 설명해 놓은 공문서.

61 진사(晉祠) : 산서성 태원(太原) 서남쪽 현옹산(懸甕山)에 있던 사당으로, 주나라 무왕(武王)의 아들 성왕(成王)을 제사지내던 곳이다. 고조가 거병할 때에 여기서 제를 올렸다고 전해진다.

62 개산(介山) : 산동성 개휴현 남서쪽에 있는 산. 춘추시대 진(晉)나라의 개자추(介子推)가 이곳으로 도망가 은둔하였으며, 한식(寒食)의 유래가 이곳에서 나왔다.

고서 문으로 들어갔는데, 몇 사람이 함께 큰 깃발 같은 어떤 물건을 들고 있었다. 고리처럼 이어진 깃발 모양의 것을 들어 올려 말을 탄 사자에게 건네주면서,

"점검해 보시오!"

라고 하였다. 말을 탄 자가 이어진 부분의 수를 세어보니 모두 열여덟 개였고, 그 마디마다 번개가 치듯 빛이 번쩍였다.

이 백성은 주변 마을에 이 사실을 두루 알리고 조만간 비바람이 크게 칠 것이라며 속히 보리를 거둬들이라고 하였다. 그러나 마을 사람 아무도 그의 말을 믿지 않았다. 할 수 없이 그는 직접 보리를 베어 거둬들였다. 그 날이 되자 그는 친척과 친구들을 끌고 높은 언덕에 올라 날씨를 살폈다. 한낮이 되자 개산 위에 솥가마 연기 같은 검은 구름이 깔렸다. 잠깐 사이 하늘을 뒤덮더니 장대비가 퍼 붓기 시작하였고 거센 바람 소리에 우레가 진동하였다. 결국 천여 이랑의 보리가 피해를 입었다. 마을 사람들은 그가 이런 요상한 일을 저질렀다고 하여 고소를 하였다. 공부원외랑(工部員外郎) 장주봉(張周封)이 이 사건에 대한 심리기록을 직접 보았다고 한다.

29. 지덕방(至德坊)[63]에 살던 내 팔촌 당숙은 젊었을 적에 양선(陽羨)[64]의 친구 집에서 지냈다. 어느 날 밤에 천둥과 비를 만났는데 번개가 칠 때마다 빛 속에서 사람 머리 수십 개가 보였다. 그 크기는 버들고리만 하였다고 한다.

30. 시랑 유공권(柳公權)[65]이 친구를 만난 적이 있는데, 그가 들려준 이

---

63 지덕방(至德坊): 장안의 방리(坊里) 가운데 하나.

64 양선(陽羨): 당대의 현명으로, 지금의 강소성 의흥현(宜興縣) 남쪽 지역.

65 유공권(柳公權): 778~865. 당나라 경조(京兆) 사람으로, 자는 성현(誠懸). 덕종(穆宗), 경종(敬宗), 문종(文宗) 3대에 걸쳐 벼슬하며 공부시랑(工部侍郎) 등을 역임하였다. 글씨로 해서를 특히 잘 써, 안진경(顔眞卿, 709~785)과 함께 비교되어 '안근유골(顔

야기란다. 원화(元和) 말 친구는 건주(建州)[66]의 산사에 머무르고 있었다. 한밤중에 난데없이 문 밖에서 떠들썩한 소리가 들리기에 격자창 사이로 몰래 살펴보았다. 사람 몇이서 도끼질을 하며 뇌거(雷車)를 만들고 있었다. 그 뇌거는 그림에서 본 것과 똑 같았다. 한참 뒤 자기도 모르게 재채기를 하고 말았다. 이에 갑자기 어두워졌고, 그는 두 눈이 멀게 되었다 한다.

31. 처사 주홍(周洪)의 이야기이다. 그는 보력(寶曆) 연간(825~826)에 마을의 길손 십여 명과 더위를 피해 술을 마시고 있었다. 그런데 갑자기 폭풍우가 휘몰아치더니 어떤 물체가 떨어졌다. 원숭이처럼 생겼고, 두 눈이 반짝반짝 빛났다. 사람들은 놀라 평상 아래에 엎드려 있었다. 순간 섬돌을 올라와서는 사람들을 쭉 훑어보더니 금세 어디론가 사라졌다. 비가 그친 후 다들 서서히 일어나면서 서로 돌아보니 귀가 모두 진흙 투성이였다. 마을 사람들이, '폭풍우가 몰아칠 때 우레가 진동하고 소가 싸웠으며 날던 새도 떨어졌다'고 알려왔다. 그러나 모인 길손들은 다만 우르릉거리는 천둥소리만 느낄 수 있었다.

32. 원진(元稹)[67]이 강하(江夏)[68]에 있을 때이다. 양주(襄州)[69]의 가삼(賈塹)이 장원에 새로 집을 지었다. 상량(上梁)을 마치자마자 바람이 거세게 불

筋柳骨)'이라는 평가를 받았다.

66 건주(建州) : 건주부(建州府). 지금의 복건성 건구(建甌) 지역.

67 원진(元稹) : 779~831. 당대의 시인이며 정치가. 자는 휘지(微之). 가난하였지만 능력이 출중하여 공부시랑(工部侍郎), 동평장사(同平章事) 등을 역임하였다. 시격이 높아 '원화체(元和體)'라 불리었으며, 백거이(白居易)와 함께 신악부운동(新樂府運動)을 전개하는 등 시계(詩界)혁명에도 앞장섰다. 둘은 함께 '원백(元白)'으로 불린다. 저서로 『원씨장경집(元氏長慶集)』이 있으며, 따로 당나라 때 대표적인 전기작품인 「앵앵전(鶯鶯傳)」을 남겼다.

68 강하(江夏) : 당대의 현명으로, 지금의 호북성 무창(武昌) 지역.

69 양주(襄州) : 당대의 주명으로, 지금의 호북성 양양(襄陽) 지역.

고 비가 쏟아졌다. 그때 장원의 손님이 기름 항아리 예닐곱 개를 옮겨 놓았었다. 그런데 갑자기 천둥치는 소리가 나더니 이 기름 항아리가 모두 들보 위로 쭉 늘어서 있는 게 아닌가. 그런데도 기름은 한 방울도 새지 않았다. 그 해에 원진은 세상을 떴다.

33. 정원(貞元) 연간 선주(宣州)[70]에 느닷없이 벼락같은 우레와 비가 내리더니 어떤 물체가 땅에 떨어졌다. 돼지 머리에 앞발과 뒷발은 발가락이 둘씩이며, 붉은 뱀 한 마리를 잡아 물어뜯고 있었다. 잠시 뒤 구름이 어둑해지자 사라졌다. 당시 그 장면을 그림으로 그려놓은 것이 있어 전하고 있다.

꿈【夢】

34. 위(魏)나라의 양원신(楊元愼)[71]은 꿈풀이를 잘하였다. 광양왕(廣陽王) 원연(元淵)[72]이 곤룡포를 입고 홰나무에 기대고 있는 꿈을 꾸고서 양원신에게 묻자,

"분명 삼공(三公)의 자리에 오를 겁니다."

라고 대답하였다. 그러고는 물러 나와서 남에게 이렇게 말했다.

"죽은 뒤에나 삼공을 얻게 될 걸! '괴(槐)' 자가 '목(木)' 자 곁에 '귀(鬼)'

---

70 선주(宣州) : 당대의 주명으로, 지금의 안휘성 선성(宣城) 지역.

71 양원신(楊元愼) : 홍농(弘農) 사람으로, 죽림칠현(竹林七賢)의 한 사람인 완적(阮籍)과 동시대를 살면서 『노자』와 『장자』를 열독하며 청담을 즐겼다고 전해진다.

72 원연(元淵) : ?~526. 같은 광양왕(廣陽王) 원건(元建)의 손자로, 10만의 병력으로 갈영(葛榮)을 토벌하다가 사망하였다. 여기서 이주영(爾朱榮)에게 죽임을 당했다고 한 것은 오류이다.

자가 붙은 것이니 말이야."

과연 뒤에 이주영(爾朱榮)[73]에게 죽임을 당하였고, 죽은 뒤에 사도(司徒)로 추증되었다.

35. 허초(許超)[74]가 양을 훔쳤다가 옥에 갇히는 꿈을 꾸었다. 양원신이 이번에는,

"분명 성양(城陽)[75]의 현령이 될 것이다."

고 하였는데, 뒤에 정말 허초는 성양후(城陽侯)에 봉해졌다.

36. 보궐(補闕)[76] 손근(孫堇)은 꿈풀이를 잘하였다. 한 사람은 문 앞에 소나무가 자라는 꿈을 꾸었고, 또 한 사람은 집 지붕 위에 대추나무가 자라는 꿈을 꾸었다. 손근이 풀이하기를,

"소나무는 무덤 언덕 사이에 심고, 대추 조(棗) 자는 거듭 온다[重來]는 뜻이므로, 거듭해 와서 혼백을 부르는 상이야!"

라고 하였다. 이 두 사람은 모두 죽었다.

37. 후군집(侯君集)[77]은 승건(承乾)[78]과 몰래 내통하여 역모를 꾸몄다. 그

---

73 이주영(爾朱榮) : 후위(後魏) 때의 인물로, 자는 천보(天寶). 명제(明帝) 때 적을 토벌한 공로로 대도독(大都督)이 된 후, 진양(晉陽) 땅에 주둔하다가 내란을 바로잡는다는 명목으로 낙양(洛陽)으로 진입, 장제(莊帝)를 옹립하였다. 이 공로로 태원군왕(太原郡王)이 되었으며, 이후 북해왕(北海王) 원호(元顥)와 광양왕 원연 등 수많은 사람을 왕권유지라는 명분으로 죽였다. 그는 진양 땅 멀리서 조정을 좌지우지하다가 마침내 장제에게 죽임을 당했다.

74 허초(許超) : 『낙양가람기(洛陽伽藍記)』에 경조(京兆) 사람으로 나와 있는 것 외에는 미상이다.

75 성양(城陽) : 삼국시대의 군현으로, 지금의 산동성 여현(莒縣) 지역.

76 보궐(補闕) : 당대의 관직명으로, 좌보궐은 문하성에 속하였고, 우보궐은 중서성에 속하였다. 간언을 올리거나 조서를 꾸미는 일을 담당하였다.

77 후군집(侯君集) : 당나라 초 삼수(三水) 사람. 태종(太宗)을 좇아 전공을 세워 이부상서에 오르고 노국공(潞國公)에 봉해졌다. 그러나 권력을 믿고 태자인 승건(承乾)과 자주 내통하며 일을 꾸미다가 일이 발각, 투옥돼 참형을 당했다.

러나 마음이 편치 못했는데, 한번은 문득 꿈을 꾸었다. 두 갑옷 입은 병사에게 붙잡혀 어느 곳에 당도하게 되었다. 높다란 관을 쓴 이가 수염을 추켜세우며 주변 사람들을 꾸짖어 당장 군집의 위골(威骨)[79]을 빼오라고 하였다. 잠시 뒤 여러 사람이 가축을 잡는 칼을 가지고 그의 머리 위로부터 오른쪽 팔뚝 사이까지를 도려내어 각자 뼈 한 조각씩을 빼냈다. 그러자 군집은 마치 물고기 꼬리처럼 흐늘흐늘해 졌다. 잠꼬대를 하다 순간 잠에서 깨어난 후군집은 머리와 오른쪽 팔에 통증을 느꼈다. 이때부터 그는 두려운 마음에 힘이 빠져서 활 하나도 당기지 못하는 지경에 이르게 되었다. 자수하려고 했으나 결단을 못 내렸다가, 결국 패망하고 말았다.

38. 양주(揚州)의 동릉성모묘(東陵聖母廟)[80]의 여도사(女道士) 강자하(康紫霞)가 직접 한 말이다.

젊은 시절 꿈속에서 누군가에게 붙잡혀 어느 곳에 이르렀을 때, '하늘이 명하시기를 네가 장군을 대행하여 남악(南嶽)[81]을 순시하라 하셨다'고 일렀다. 그래서 그녀는 금으로 만든 사슬 갑옷을 입고 말을 타고 떠나는데, 호위하는 무리가 천여 명이었다. 말은 허공을 밟으며 남쪽으로 내려가 순식간에 남악에 도착하였다. 남악의 신이 말 앞에서 절을 올리며 맞이하였고, 꿈에서 언급한 상황과 똑같았다. 남악의 봉우리와 골짜기는 들르지 않은 곳이 없었다. 그야말로 황홀한 상태로 되돌아왔다. 새벽닭이

---

78 승건(承乾) : 이승건(李承乾, 619~645). 당나라 태종 이세민의 맏아들로, 승건전(承乾殿)에서 태어났기 때문에 '승건'이라 하였다.

79 위골(威骨) : 신체 부위로 설정되었으나 구체적으로 어떤 뼈를 지칭하는지 미상이다.

80 동릉성모묘(東陵聖母廟) : 양주(揚州) 광릉군(廣陵郡) 동릉정(東陵亭)에 있었던 사당. 무산(巫山)의 신녀(神女) 따위의 여선이나 무당 중에 신선의 도를 체득한 이를 모신 사당으로, 『박물기(博物記)』에, "여자 두강(杜姜)은 도통하자 마을에서 요괴라고 옥에 가두었으나 형체가 변해 그 간곳을 알 수 없어 마침내 그곳에 사당을 짓고 '동릉성모(東陵聖母)'라고 했다"는 기록이 보인다.

81 남악(南嶽) : 형산(衡山). 호남성 형산현 서북쪽에 있으며, 중국의 오악(五嶽) 중 하나이다. 특히 도교에서 신성하게 여기는 산이다.

울자 놀라서 꿈에서 깼는데, 이때부터 수십 올의 수염이 생겼다고 한다.

39. 사농경(司農卿) 위정관(韋正貫)[82]이 과거에 응시하고자 여주(汝州)[83]에 당도했다. 그런데 여주자사(汝州刺史) 유릉(柳凌)이 그를 그곳에 붙잡아두고 군사판관(軍事判官)을 서리케 하였다. 유릉이 한번은 어떤 사람이 문서를 바치는 꿈을 꾸게 되었다. 그 문서 안에, '땔나무 1,700단이 부족하다'라는 부분이 있었다. 유릉이 위정관을 찾아 이 꿈을 풀어달라고 하였다.

"시(柴)는 땔나무이니 공께서는 앞으로 오래 살지 못할까 싶습니다."

한 달 남짓 만에 유릉은 병에 걸려 죽고 말았다. 죽은 유릉은 평소 빈한한 터였다. 위정관은 그를 위해 뒷일을 처리하다 그가 몇 개월 동안 관가에서 쌀과 보리, 돈과 비단을 빌려서 생활한 사실을 알게 되었다. 그러다보니 관가에는 오직 땔나무 1,700단이 부족한 상태였던 것이다. 위정관은 문서를 펼쳐보다가 비로소 유릉의 저번 꿈을 이해할 수 있었다.

40. 도사 진하제(秦霞霽)는 젊어서부터 삼가 향을 피우고 묵상하기를 게을리 하지 않았다. 한번은 큰 나무 꿈을 꾸었는데, 그 나무에 갑자기 구멍이 생겼다. 그 구멍에서 흑발에 갈기머리를 한 작은 아이가 걸어 나와서는 그에게,

"존사께선 흙과 함께 하실 겁니다!"

라고 하였다. 순간 놀라 꿈에서 깬 진하제는 이때부터 길흉사가 어린아이가 말했던 것처럼 비슷하게 이루어졌다. 5년 뒤 그는 자신이 요절하

---

82 위정관(韋正貫) : 당나라 선종(宣宗) 때 인물로 자는 공리(公理). 어려서부터 고아의 신세였으나, 뒤에 발탁이 되어 영남절도사가 되었다. 그는 부임하여 이 지역의 귀신을 섬기는 풍습을 바로 잡는다고 음사(淫祠)를 모두 훼철시켜 버렸다. 그때 마침 해일이 이 지역을 덮치자 백성들이 사당을 훼철시켰기 때문이라며 원망을 하였다. 이에 그는 자신의 과욕을 후회하여 백성에게 해가 가지 않기를 빌었더니, 비로소 해일이 멈췄다고 한다. 그는 부임한 지 3년 만에 죽었다.

83 여주(汝州) : 당대에 설치된 주명(州名)으로, 지금 하남성 노산현(魯山縣)과 임여현(臨汝縣) 일대가 그곳이다.

게 될 거라 짐작하고, 다른 일로 스승을 찾아갔다. 스승은 그런 말은 하지 말라 다그치면서 수행에 정진이 있다는 증거일 거라고 했다. 이로부터 마침내 이전의 꿈꾼 일이 현실화되지 않았다. 옛말에 '꿈도 매번 맞아 떨어지지만은 않는다'고 하는데 정말 그렇다.

41. 촉(蜀) 땅의 의원 잠은(昝殷)은 이렇게 말했다.

쌓인 기운에 음기가 많으면 꿈을 자주 꾸게 되고, 양기가 활발하면 꿈을 적게 꾸며 꾸더라도 그 내용이 기억나지 않는다. 『주례(周禮)』에 삼몽(三夢)[84]을 관장하는 법이 있다. 또 해, 달, 별로 육몽(六夢)[85]을 점치는데, 일(日)에는 갑을(甲乙)이 있고, 월(月)에는 건파(建破)가 있고, 성신(星辰)에는 거직(居直)이 있으며 성(星)에는 따로 부각(扶刻)이 있다.

또, '사방의 싹을 제거하기 위해 악몽을 내려준다. 이는 백성들을 모아놓고 방상시(方相氏)[86]가 사방으로 악몽을 쫓아내어 교외 밖으로 내친다는 말이다'고도 했다.

42. 『한의(漢儀)』[87]에, 나례(儺禮)를 거행할 때, 진자(侲子)[88]가 하는 말이 기록되어 있는데, '백기(伯奇)[89]가 꿈을 먹었다'고 한다. 도가(道家)에서는

---

84 삼몽(三夢) : 『예기』 「춘관(春官)」 '대복(大卜)'편에, '삼몽(三夢)'을 관장하는 법이 소개되어 있는데, 삼몽이란 '치몽(致夢)', '기몽(觭夢)', '함척(咸陟)'을 말한다. 그 주를 보면, 치몽은 꿈을 꾸게 하는 방법을 말하며, 기몽은 꿈 중 기이한 내용을 얻는 것이며, 함척은 모든 꿈을 체득하는 것을 말한다.

85 육몽(六夢) : 여섯 가지 꿈이란 뜻으로, 정몽(正夢, 안락한 꿈), 악몽(噩夢, 놀라는 꿈), 사몽(思夢, 생각하는 꿈), 오몽(寤夢, 현실의 꿈), 희몽(喜夢, 기뻐하는 꿈), 구몽(懼夢, 두려워하는 꿈) 등이다.

86 방상시(方相氏) : 무덤의 악귀를 쫓는, 구나(驅儺)할 때의 나자(儺者)의 하나. 중국에서는 주대(周代)부터 있어온 벼슬로, 신으로 분장하여 열병의 마귀를 쫓는 일을 맡아 보았다.

87 『한의(漢儀)』 : 한나라 숙손통(叔孫通)이 편찬한 한대의 의례집으로, 12편으로 구성되어 있었다. 현전하지 않고 있다.

88 진자(侲子) : 어린 남녀 아이로, 나례 때 역귀를 물리치는 역할을 하였다.

89 백기(伯奇) : 꿈을 먹어치운다는 전설상의 짐승 이름으로, '맥(貘)'이라 불린다.

'꿈은 혼백의 괴이한 현상이다. 삼시(三尸)[90]가 하는 짓이라고도 한다'고 하였다. 불가에서는 네 가지로 말한다. 첫째 선악의 씨앗이며, 둘째 네 가지 편증(偏增)이며, 셋째 현성(賢聖)의 가지(加持)[91]이며, 넷째 선악의 좋은 징조라는 것이다. 내가(단성식) 전에 승려 수소(首素)를 만나 이에 대한 얘기를 나누었다. 수소는 말하면서 불교 경전까지 꺼냈으나, 미처 그 내용을 찾아 따져볼 겨를은 없었다. 그는 또 말하기를, '꿈은 가질 수 없는 것인데, 가지면 드러나고 드러나면 괴이한 일이 들어오게 된다. 눈이 먼 자는 꿈을 꾸지 않으니, 꿈이란 게 습관이란 것을 알 수 있다'고 하였다.

43. 나의 외사촌 형님 노유칙(盧有則)은 꿈에서 북을 치는 걸 보고 꿈에서 깼을 때 막내 동생이 문을 두드리며 가고(街鼓)[92]를 치는 장난을 하고 있었다고 한다.

44. 또 나의 고모부 배원유(裴元裕)께서 한 이야기이다. 일가 중에 이웃집 여자를 좋아한 이가 있었는데, 한번은 꿈 속에서 그 여자가 앵두 2개를 보내주어 먹었다. 그런데 깨어나 보니 베개 곁에 그 씨가 떨어져 있었다 한다.

45. 이현(李鉉)[93]이 지은 『이자정변(李子正辯)』에 이런 내용이 있다.

---

90 삼시(三尸) : 도가에서 말하는 사람의 몸 안에 있다는, 형체가 없는 세 마리의 벌레이다. 이것들은 사람의 과실을 알아 그가 잘 때 하늘로 올라가 천제(天帝)에게 그의 과실을 고해바친다고 한다.

91 가지(加持) : 부처의 대자대비한 힘의 가호를 받아 중생이 불범일체(佛凡一體)의 경지로 들어가는 일, 또는 이를 위한 기도를 말한다.

92 가고(街鼓) : 당대에 성이나 방리(坊里)의 통행금지를 알리는 북.

93 이현(李鉉) : 북제(北齊) 때 인물로, 자는 보정(寶鼎). 집이 가난하여 농사를 지으면서도 이주인(李周仁) 등에게 경서를 배워, 『효경의소(孝經義疏)』·『주역의례(周易義例)』 등의 경전 주석서 30여 권을 남겼다. 그리고 문자학에도 조예가 깊어 따로 『자변(字辯)』이란 책을 펴냈던 바, 여기 『이자정변』은 확인되지 않은 자료이지만, 아마도 『자변』과 비슷한 계열의 책이었던 것으로 판단된다.

지극히 정밀한 꿈을 꾸면 꿈에서 육신을 가진 사람을 만날 수 있으니, 유유구(劉幽求)[94]가 아내 만나기를 빌어 꿈속에서 직접 만났다는 따위이다. 그렇다면 꿈이란 한 가지 일로 미루어 짐작할 수 없다는 것을 알겠다. 어리석은 사람이 꿈을 적게 꾼다고 하니, 지극한 덕을 갖춘 자만이 꿈을 적게 꾸는 것은 아닌가 보다. 마부나 하인들에게 물어보면 백날 꿈 한번 꾸지 않는다고 한다.

46. 비서랑(秘書郎) 한천(韓泉)[95]은 꿈풀이를 잘하였다. 위중행(衛中行)[96]이 중서사인(中書舍人)이 되었을 때의 일이다. 마침 옛 친구의 자제로 관리 선발에 응한 자가 있어 위중행을 찾아와 글을 제출하고 청탁하자, 그가 흔쾌히 허락하였다. 그런데 박방(駁榜)[97]이 나올 무렵, 그 사람이 난데없이 꿈을 꾸었다. 나귀를 타고 가다가 넘어져 물속에 빠졌다가 언덕에 올라와 보니 신이 젖지 않은 그런 꿈이었다. 전형을 기다리던 사람은 한천과 친분이 있었던 터라 그를 찾아갔더니, 한천은 술에 취해 장난 반 진담 반으로 말했다.

"공께서는 이번 선발에 붙지 못하겠구려. 꿈으로 보면 위생(衛生)이 약속대로 하지 않았으니, 족하께서 물에 젖지 않은 게요."

방이 나오고 보니, 꿈풀이처럼 과연 불합격했다고 한다. 한천은 학술이 뛰어났으며, 복야(僕射)[98]를 지낸 한(韓) 아무개의 조카이다.

---

94 유유구(劉幽求) : 당나라 초기 문신으로, 참지정사로서 나라의 기무를 잘 처리하여 좌승상에 오른 인물이다. 그의 아내와의 일화는 백행간(白行簡)의 전기소설 「삼몽기(三夢記)」의 소재이기도 하다.

95 한천(韓泉) : 당나라 문종 때의 인물로, 금석문에 뛰어나 그가 쓴 「이주성기(移州城記)」 같은 글은 당대 대표적인 금석문이라고 한다.

96 위중행(衛中行) : 중행(中行)은 당대(唐代)의 관직명으로, 상서성을 전행(前行), 중행(中行), 후행(後行)으로 나누었던 바, 중행은 차관급에 해당한다. 참고로 중서사인을 지낸 중행으로서는 위차공(衛次公)이라는 인물이 있는데, 여기서 위중행은 그를 가리키는 것으로 판단된다. 위차공은 하동(河東) 사람으로, 지공거(知貢擧)로 인재 등용을 잘하였으며, 그 외에 많은 치적이 있었다.

97 박방(駁榜) : 낙방이나 퇴출을 고시하는 방문을 말한다.

47. 위원군(威遠軍)[99]의 소장(小將) 매백성(梅伯成)이 꿈으로 점치기를 잘했다. 근래 배우 이백련(李伯憐)이 경주(涇州)[100]에 가서 돈을 주고 쌀 백 섬을 구입했다. 돌아오면서 동생더러 그것을 가져 오라고 하였는데 올 때가 지났는데도 오지 않고 있었다. 그러던 중 한낮에 백마를 씻겨주는 꿈을 꾸었다. 이백련이 매백성을 찾아가 꿈을 풀어 달라고 하자, 한참 고심하던 매백성은 이렇게 풀었다.

"사람들은 반어(反語)를 좋아하지. 백마를 씻었다는 것은 백미(白米, 흰쌀)를 씻었다는 거요. 그대가 걱정하는 게 혹여 풍수(風水)의 해가 아닐는지!"

며칠 뒤에 동생이 도착하여 확인해보니, 과연 위수(渭水)[101] 가운데서 배가 뒤집혀 쌀 한 톨도 남지 않았다고 하였다.

48. 점쟁이 서도승(徐道昇)의 말이다.

'강회(江淮)에 사는 왕생(王生)은 자신이 꿈풀이를 잘한다고 이름을 내걸었다. 장사치 장첨(張瞻)이 집으로 돌아오려는 즈음, 절구통 속에서 불을 때는 꿈을 꾸고 왕생을 찾아가 물었더니, 왕생의 말이 이랬다.

"그대는 집에 돌아가도 아내를 만나지 못하겠군! 절구통 속에서 불을 땠으니 분명 솥이 없는 게야."

장사치가 집에 도착해 보니 과연 아내가 죽은 지 몇 개월이 지난 상태였다. 그제야 왕생의 말이 허투루지 않았음을 알게 되었다.

98 복야(僕射) : 진(秦)나라 때 활 쏘는 일을 주관하는 관리였으나, 당나라 때부터 상서성의 장관을 지칭하였다.

99 위원군(威遠軍) : 위원(威遠)에 설치된 군대라는 뜻으로, 위원이라는 지역은 여러 곳인데, 여기서는 산서성에 있었던 위원보(威遠堡)를 가리키는 것으로 짐작된다.

100 경주(涇州) : 후위(後魏) 때 설치된 주로, 지금 감숙성 경천현(涇川縣)이 그곳이다.

101 위수(渭水) : 감숙성 위원현(渭源縣)의 서북쪽 조서산(鳥鼠山)에서 발원하여 섬서성을 거쳐 낙수(洛水)와 합류, 황하 물줄기로 이어지는 강이다.

유양잡조 권9

사물의 감응【事感】

1. 평원(平原)[1]의 고원성(高苑城) 동쪽에 어진(漁津)이 있다. 여기에 다음과 같은 이야기가 전해진다. 위(魏)나라 말기에 이 군의 태수 반혜연(潘惠延)이 백마(白馬)[2]에서 배를 타고 관사로 가다가 손에 쥐고 있던 산낭(算囊)[3]을 물에다 떨어뜨렸다. 산낭 속에는 한 냥짜리 종유석(鍾乳石)이 들어 있었다. 평원군에 부임한지 3년이 되던 해에 제수(濟水)[4]가 범람했는데,

---

1 평원(平原) : 당대의 군명으로, 지금의 산동성 능현(陵縣).

2 백마(白馬) : 하남성 활현(滑縣)의 북쪽에 있던 백마진(白馬津). 이곳은 하수(河水)가 나뉘는 어귀라서 예로부터 이 지역 패권을 차지하기 위한 쟁투가 벌어진 요진(要津)이었다. 동한 말에 관우(關羽)가 이곳에서 안량(顔良)을 참수하고 포위를 풀었던 일이 유명하다.

3 산낭(算囊) : 붓이나 벼루 따위의 문방구를 담는 주머니.

길이가 세 길이나 되고 너비가 다섯 자나 되는 물고기 한 마리가 잡혔다. 배를 가르자 물에 떨어뜨렸던 산낭이 나왔다. 그런데 금침(金針)은 아직도 남아 있었으나 종유석은 사라진 상태였다. 그 물고기에게서 수십 곡(斛)[5]의 기름을 얻었다. 당시 사람들이 기이한 일로 여겼다.

2. 초군(譙郡)[6]에 공조간(功曹磵)이 있다. 천통(天統)[7] 초 제남(濟南)의 내태수(來太守)는 초군태수로 전출되었다. 청하(淸河)[8] 출신의 공조(功曹)[9]를 지낸 최서(崔恕)[10]는 당시 약관의 나이로 덕망이 있었다. 그땐 봄과 여름 내내 가뭄이 든 상태라 송별하러 나선 천여 명의 사람들이 공조간에 이르렀을 때 목이 말라 물을 마시려 해도 한 되에 만 전(錢)이나 치러야 될 지경이었다. 내태수도 물을 마시고픈 생각이 간절했다. 그런 중에 최서는 이 골짜기에서 날다 앉기를 반복하는 파란 까마귀 한 마리를 발견하였다. 괴이쩍어 그 까마귀에게 접근해 보니 날아간 자리에 돌 하나가 있었다. 대여섯 치쯤 되는 이 돌을 채찍으로 쳐서 제치자 그 자리에서 맑은 샘물이 솟아 나왔다. 은병에다 물을 다 담자 샘물은 즉시 고갈되어 버렸다. 이것으로 내태수와 최서 만이 갈증을 해소할 수 있었다. 논자들은 성덕에 감응한 소치라고들 하였다. 당시 사람들은 이 일을 기이하게 여겼

4 제수(濟水) : 하남성 제원현(濟源縣)의 서쪽 왕옥산(王屋山)에서 발원해 동남으로 흐르다 황하로 합류되는 강.

5 곡(斛) : 곡식을 담는 분량을 헤아리는 용기이면서 부피의 단위이다. 통상 한 섬을 지칭하나 스무말 들이와 열다섯말 들이가 있어서 그 양은 일정하지 않다.

6 초군(譙郡) : 당대의 군명으로, 지금의 안휘성 박현(亳縣) 지역.

7 천통(天統) : 북제(北齊) 후주(後主)인 고위(高緯)의 연호로, 해당 기간은 565~569년.

8 청하(淸河) : 당대의 현명으로, 지금의 하북성 청하현(淸河縣).

9 공조(功曹) : 관직명. 인사를 담당하고 군(郡)의 정무에 참여하였다. 당대에 부(府)에는 공조참군(功曹參軍), 주(州)에는 사공참군(司功參軍), 현(縣)에는 사공(司功)을 두었다.

10 최서(崔恕) : 북위(北魏)의 문신으로, 상서랑(尙書郎)을 지냈다. 최관(崔寬)의 아들이며, 최형(崔衡)의 동생이다. 그의 집은 하북성 청하현(淸河縣)이었는데, 청하 최씨는 이후 명문으로 당대의 5대 가문 중 하나였다.

으며, 그래서 이 골짜기를 '공조간'이라 이름 붙였다.

3. 이언좌(李彦佐)[11]가 창경(滄景)[12]에 있을 때였다. 태화(太和)[13] 9년(485), 부양(浮陽)[14]의 병사들을 북으로 황하(黃河)를 건너게 하라는 조서가 내렸다. 이때는 12월로 한 겨울이었다. 제남군(濟南郡)[15]에 이르러 강의 얼음을 깨고 배를 띄웠는데 얼음에 부딪쳐 배가 뒤집어지는 바람에 조서를 잃고 말았다. 이공은 놀랍고 두려운 나머지 엿새 동안 침식을 제대로 하지 못해 귀밑머리와 머리털이 갑자기 허옇게 세고 얼굴이 상하고 피부가 꺼칠해졌다. 종사관(從事官)도 그의 이런 모습에 놀라 나루를 담당하는 관리에게 조서를 찾지 못하면 모두 죽이겠다고 별렀다. 나루의 관리는 두려워하면서 이공에게 축문을 써서 황하에 던져볼 것을 청하였다. 이공의 지극한 정성에 의존하여 목숨을 내걸고 찾아 나설 작정이었던 것이다. 이공은 술과 제기(祭器)를 마련하라 명을 내려놓고 제사를 집행하는 자에게 하백(河伯)[16]에게 따지는 글을 전하도록 했다. 그 요지는 이러하다.

"밝으신 천자께서 위에 계시고, 하천과 산악에 제사를 지내는 관리는 다 차례에 맞게 일을 행하고 있으며, 내가 있는 영내에서도 제사를 빠뜨린 적이 없도다. 너 하백은 비늘이 달린 무리의 우두머리로서 마땅히 천자의 조서를 보위해야 하거늘, 어찌하여 외려 이것을 빠뜨리게 하였는가? 내가 혹시라도 그것을 찾지 못한다면, 나는 재계하고서 하늘에 고하여 장차 너를 죄주게 할 것이다."

아전이 제삿술을 얼음에다 붓고 축문 읽기를 마치자 갑자기 소리가

---

11 이언좌(李彦佐) : 미상.

12 창경(滄景) : 창주(滄州)의 경성군(景城郡). 지금 하북성 창현(滄縣) 동남쪽 지역.

13 태화(太和) : 북위(北魏) 효문제(孝文帝)의 연호로, 해당 기간은 477~499년.

14 부양(浮陽) : 부수(浮水)의 북쪽 지역. 지금의 하북성 창현(滄縣) 동남쪽 지역에 해당한다.

15 제남군(濟南郡) : 북위(北魏)의 군명으로, 치소가 산동성 역성현(歷城縣)에 있었다.

16 하백(河伯) : 전설상의 황하(黃河)의 신(神)인데, 후대에 와서는 수신(水神)의 대표적인 용어로 쓰였다.

진동하고 얼어붙은 황하의 물이 서른 길이나 갈라졌다. 관리는 이공의 정성이 이미 전달되었음을 알고 갈고리를 강물 속에 넣어 조서를 찾았다. 그랬더니 단 한번의 갈고리질에 조서가 걸려 나왔다. 봉해 놓은 상태 그대로였고 전인(篆印)만 조금 젖어 있을 뿐이었다. 이공은 이르는 곳마다 공무를 엄격하고 간결하게 처리하라고 명하였고, 성심(誠心)이 만물에 이르게 하도록 공문을 관할지역에 써 보냈다. 황하의 물빛이 혼탁한 듯 하지만 빠르게 흘러 커다란 나무와 작은 겨자도 순식간에 천리를 떠내려간다. 어찌 배가 전복된 지 엿새가 된 상황에서 한번 제삿술을 붓자 굳은 얼음이 갈라지고, 한번 갈고리질에 가라앉은 조서를 되찾을 수 있겠는가? 이것이야말로 정성의 지극함이 아니겠는가.

괴도와 유협【盜俠】

4. 위나라 명제(明帝)가 세운 능운대(凌雲臺)는 우뚝 솟은 게 수십 길에 달하며 바로 위탄(韋誕)[17]의 머리가 허옇게 세었다는 곳이다. 그런데 호위병 가운데 나막신을 신고 그곳을 오를 수 있는 자가 있었다. 그는 마치 평지를 걷는 것처럼 올라가기에 명제는 괴이하다 싶어 그를 죽여 버렸다. 그리고 확인해보니 겨드랑이 아래에 몇 치 되는 날개살 두 개가 돋아나 있었다.

17 위탄(韋誕) : 위(魏)나라의 저명한 서법가로, 자는 중장(仲將). 관직은 시랑(侍郎)을 지냈다. 능운대가 준공된 후 뒤늦게 글자를 쓰지 않은 채 편액을 단 사실이 발견되어 황제의 명을 받고 커다란 대나무 조롱을 타고 올라 허공에 매달린 채로 글자를 썼다. 그로 인해 머리가 허옇게 세었다고 한다.

5. 고당현(高唐縣)[18] 남쪽에 선비(鮮卑)[19]의 성이 있다. 예로부터 전해오기를, 선비족이 연(燕)나라에 조빙할 때 이곳에서 머물렀다 한다. 성 곁에는 도척(盜跖)[20]의 무덤이 있는데, 아주 높고 규모가 컸다. 그래서 도적떼가 여기서 몰래 제를 올리며 뜻을 키우곤 했다. 제(齊)나라 천보(天保)[21] 초에 토고(土鼓)[22]의 현령 정영흥(丁永興)은 도적의 무리가 관할 지역을 약탈하자, 몰래 사람을 시켜 무덤 곁에서 이들을 정탐하게 하였다. 과연 제를 올리는 자가 있어서 그를 붙잡아 현으로 끌고 가 심문을 하고 죽였다. 이후로 이 무덤에서 제사를 지내는 자들이 거의 끊어졌다.

『황람(皇覽)』[23]에, '도척의 무덤은 하동(河東)에 있다'고 한다. 상고해보면, 도척이 동릉(東陵)[24]에서 죽었고 이곳의 옛 지명이 '동평릉(東平陵)'이므로 이 언급은 사실에 가깝다.

6. 어떤 이는, '자객은 하늘을 나는 야차(夜叉)의 술수를 쓴다'고 한다. 한진공(韓晉公)[25]이 절서(浙西)에 있을 때에 와관사(瓦官寺)에서 어떤 상인이 무차재(無遮齋)[26]를 열었다. 참석한 사람들 가운데 한 소년이 불각(佛閣) 위

18 고당현(高唐縣) : 당대의 현명으로, 지금 산동성 고당현. 당시에는 박주(博州)의 박평군(博平郡)에 속해 있었다.

19 선비(鮮卑) : 고대 몽골 퉁구스계의 유목민족으로, 동호족(東胡族)의 지파였다. 전국시대부터 홍안령(興安嶺) 동쪽에 집거하다가 2세기 중엽에 흉노(胸奴)를 대신해서 몽골 지방의 패권을 잡았으며, 남북조시대에 북위(北魏)를 세웠다.

20 도척(盜跖) : 춘추시대 말기의 대도적으로, 『장자』를 비롯 『순자(荀子)』·『한비자(韓非子)』·『여씨춘추(呂氏春秋)』 등 고전에 상징적인 인물로 자주 거론된다.

21 천보(天保) : 북제(北齊) 문선제(文宣帝) 고양(高洋)의 연호로, 해당기간은 550~559년. 앞에서 후량(後梁) 명제(明帝)의 연호도 천보로 같다.

22 토고(土鼓) : 지금의 산동성 박평(博平)에 위치한 현명(縣名)이다.

23 『황람(皇覽)』 : 잡가(雜家)의 서적으로 여겨지나 미상이다.

24 동릉(東陵) : 지금 산동성 장구현(章丘縣) 일대로, 이 지역에 동릉산(東陵山), 장백산(長白山)과 장구성(章丘城), 평릉성(平陵城) 등이 있었다.

25 한진공(韓晉公) : 한황(韓滉, 723~787). 자는 태충(太沖). 재상 한휴(韓休)의 아들로 강직한 성품에 행정사무에 밝았으며, 화가로도 유명하였다. 개원(開元) 지정(至貞) 연간에 활동하였으며, 덕종 때에 재상을 지냈다.

26 무차재(無遮齋) : 법회의 이름. 신분의 고하를 막론하고 누구나 평등하게 참석해 부

에서 재주를 부려보겠다고 하더니, 일산(日傘)을 던지며 올라섰다. 홑겹의 흰 배자를 걸치고 얇은 가죽신을 신은 그는 원숭이처럼 매달리고 새처럼 발을 돌아 민첩하기가 귀신과 같았다. 또 용마루에다 병을 세워놓고 물을 흘려보내는데, 자신은 흐르는 물보다 빨리 처마에 닿아 한발로 몸을 기울인 채 그 물을 받았다. 구경하던 자들 중 털끝이 쭈뼛쭈뼛하지 않은 자가 없었다.

7. 마시중(馬侍中)[27]은 옥으로 만든 주발 하나를 보물로 지니고 있었다. 여름철에도 파리가 접근하지 못했고 물을 담아두면 한 달이 지나도 썩지 않고 줄지도 않았다. 더러 눈에 통증이 있을 때에 그 물을 머금으면 그 자리에서 나았다. 한번은 작은 상자에 담아 침소 안에 보관하였는데, 일곱 여덟 살 된 어린 종놈이 훔쳐서 가지고 놀다가 떨어뜨려 깨지고 말았다. 그때 마시중은 외출하여 돌아오지 않고 있었다. 측근들이 놀라 경황이 없는 중에 어린 종놈이 갑자기 사라져버렸다. 마시중은 그 사실을 알고 버럭 역정을 내며 시종들을 회초리로 수백 대씩 때리고 어린 종놈을 찾아 죽이려던 참이었다. 그러나 사흘이 되도 이 애를 찾을 수 없었다. 한 계집종이 새벽녘 바닥을 쓸다가 자주색 옷띠가 침상 아래로 드리워진 걸 보고 확인해보니, 바루 어린 종놈이 손발로 침상을 지탱한 채 등지고 있었던 것이다. 사흘 동안 먹지 않았는데도 힘이 떨어지지 않은 상태였다. 마시중은 그를 보고 크게 놀랐다.

"주발을 깨드린 것쯤은 작은 허물에 불과하군!"

즉시 측근을 시켜 때려죽였다.

8. 위행규(韋行規)[28]가 직접 다음과 같은 얘기를 들려주었다.

처님처럼 환영을 받는다는 의미에서 열린 법회의 하나이다.

27 마시중(馬侍中) : 마수(馬燧, 724~793). 자는 순미(洵美). 당나라 대종・덕종 때에 활약한 무장으로, 이회광(李懷光)의 반란을 평정한 공으로 시중의 지위에 올랐다.

젊었을 적 장안의 서쪽 지역을 여행하다 날이 저물어 객점에 머물렀지. 다시 길을 나서려 하는데, 무언가를 만들고 있던 객점의 늙은이가,

"나그네께선 밤길을 가지 마시오. 길에 도적이 많소이다."

라고 하더군. 나는 말했지.

"난 활과 화살을 품고 있으니 걱정할 것 없소."

그 길로 수십 리를 갔을 즈음, 날이 어두워지더라고. 그때 어떤 자가 풀숲에서 나와 나를 미행하지 않겠어. 내가 누구냐 소리쳐도 대답이 없기에 잇달아 화살을 쏘아 맞혔지. 그런데도 물러서질 않는 거야. 화살이 다 떨어지고 겁이 난 나는 말을 달려 줄행랑을 쳤지. 잠시 뒤 바람이 불고 우레가 쳐 난 말에서 내려 나무 하나를 등지고 있었지. 공중에서 번갯불이 번쩍번쩍 부딪치는 게 꼭 격구할 때 막대기가 부딪치는 것 같았네. 기운이 점점 나뭇가지로 다가왔고 뭔가 어지럽게 내 앞으로 떨어지는 걸 느꼈지. 그것은 나뭇조각이었다네. 잠깐 사이에 나뭇조각이 쌓여 무릎까지 덮을 지경이었고. 나는 놀랍고 두려워 활과 화살을 내던지고 하늘을 우러러보며 목숨만 살려 달라고 수십 번이나 절을 하였네. 그랬더니 번갯불이 차츰 높아지다 사라졌고 바람과 우레도 잠잠해졌다네. 내가 있던 나무를 돌아보니 줄기와 가지가 다 떨어지고 없더군. 안장과 짐을 이미 잃어버린 터라 객점으로 되돌아왔더니, 늙은이가 나무통의 테를 메우고 있더라고. 나는 그가 이인이라 생각하고 예의를 갖추고 나의 잘못을 사죄하였네. 노인은 웃더군.

"그대는 활과 화살을 믿지 말고 모름지기 검술을 알아야한다네!"

그러면서 나를 데리고 집 뒤편으로 가서는 안장과 짐바리를 가리키면서,

"가져가시게. 한번 시험해 봤을 뿐이네."

---

28 위행규(韋行規) : 문종(文宗) 때의 인물로, 흥주자사(興州刺史) 등을 지냈다. 박학다예(博學多藝)했으며 제가(諸家)의 학문을 두루 섭렵했다. 『보생월록(保生月錄)』 1권을 저술했는데, 이 책은 매달 섭생과 종예(種藝) 등을 기록한 것이다.

라고 말하며 나무판 하나를 꺼내지 않겠나. 거기엔 어젯밤에 쏜 화살이 모두 그 위에 꽂혀 있더군. 나는 힘을 다해 모시겠노라 했지만 허락해 주지 않더라고. 검술에 관한 것만 조금 일러줘서 그 중에 하나 둘 정도 배울 수 있었다네.

9. 이런 이야기가 전해 내려온다.

여간(黎幹)[29]이 경조윤이었을 때, 곡강(曲江)에서 진흙으로 빚은 용을 만들어 기우제를 지내게 되었다. 구경나온 자가 수천 명이었다. 여간이 참석하였는데, 어떤 노인만이 지팡이를 짚고 길을 피하지 않는 것이었다. 여간이 화가 나서 등짝에 스무 번의 매질을 했다. 그런데 마치 북 가죽을 내리치는 것 같았다. 맞은 그는 아무렇지도 않은 듯 팔을 흔들며 가버렸다. 여간은 그가 보통 사람이 아니라는 생각에 늙은 방졸(坊卒)을 시켜 찾게 했다. 노인이 난능(蘭陵)[30] 고을에 이르러 작은 집으로 들어서더니 고함을 질렀다.

"내 오늘 큰 곤욕을 치렀으니 뜨거운 물을 준비하거라!"

방졸이 급히 돌아와 여간에게 이 사실을 아뢰었다. 여간은 더욱 두려운 마음이 들어 공복 위에 해진 옷을 걸쳐 입고 방졸과 함께 그 곳을 찾아갔다. 날이 이미 어두워진 때였다. 방졸은 곧장 그 집으로 들어가 여간의 관직과 집안을 통지하고, 이어서 여간이 혼자 종종걸음으로 들어가 절하고 엎드렸다.

"아까는 어르신의 본색을 몰라봤습니다. 그 죄는 열 번 죽어 마땅합니다."

노인은 놀라 일어났다.

---

29 여간(黎幹) : 당나라 대종(代宗) 때의 인물로, 융주(戎州) 사람. 간의대부(諫議大夫), 경조윤, 어사대부를 역임하면서 엄정한 행정으로 유명하였다. 한번은 장안의 땔나무 수급이 어려워지자 운하를 개통하여 땔나무를 수운하는 공사를 감행하여 성공시키기도 했다.

30 난능(蘭陵) : 난릉방(蘭陵坊). 당대 장안성(長安城)에 있던 방리 가운데 하나이다.

"누가 모셔서 여기까지 오게 되셨습니까?"

그러면서 계단을 올라 방으로 모셨다. 여간은 이치로 설복시킬 수 있겠다 싶어 천천히 말을 꺼냈다.

"저는 경조윤으로서의 위세가 조금이라도 깎이면 관가의 정사를 보기가 어렵답니다. 어르신께서 진면목을 숨기고 남들 사이에 행적을 감추셨으니 혜안이 아니면 알 길이 없지요. 만약 이 일로 죄를 묻는다면 그것은 사람을 낚시질하여 해치는 것이니, 이는 의로운 선비의 씀씀이가 아니지 않겠습니까?"

그러자 노인은 웃었다.

"이 늙은이의 잘못이외다."

이렇게 하여 그곳에서 술자리를 마련하고 방졸을 불러 앉으라 하였다. 밤이 깊어 양생술에까지 말이 미쳤다. 그의 말은 요점이 있으면서 논리가 명확해 여간은 더욱 경외하게 되었다. 이윽고 노인이 말을 꺼냈다.

"이 늙은이에게 한 가지 재주가 있으니 경조윤께 보여드리지요."

안으로 들어가 한참만에 자주색 옷에 붉은 두건을 차리고 짧은 검 일곱 자루를 들고서 마당 복판에서 춤을 추기 시작하였다. 이리저리 도약하며 신속하게 움직이는 게 빛이 번쩍하고 번개가 치는 듯했다. 검이 가로지를 때는 쟁반을 잘라내듯 하고, 회전할 때는 원형으로 불꽃이 일어나는 것 같았다. 두 자 남짓 되는 단검이 이따금 여간의 옷깃을 스치면 여간은 머리를 땅에 부딪치며 다리를 덜덜 떨었다. 얼마 후 검을 땅에 북두성의 모양으로 꽂아두고는 여간을 돌아보았다.

"좀 전에는 당신의 담력을 시험해 본 것이오."

여간은 절하며 말하였다.

"오늘 이후부터 제 목숨은 어르신께서 주신 것입니다. 옆에서 뫼시기를 바라나이다."

"당신의 골상에는 도기(道氣)가 없으니 한순간에 가르쳐줄 수 없소이다. 훗날 다시 만나시지요."

노인은 여간에게 읍을 하고 방으로 들어가 버렸다. 관아로 돌아온 여간은 병든 기색이었다. 거울을 비춰보고는 수염이 한 치쯤 잘라져 나간 것을 알 게 되었다. 이튿날 다시 찾아갔으나 그 집은 이미 비어있었다.

10. 건중(建中)[31] 초, 위생(韋生)이라는 선비가 여주(汝州)로 이사를 가게 되었다. 가는 도중에 한 중을 만나 말고삐를 나란히 하여 가는데, 이야기하는 내용이 퍽 마음에 들었다. 해가 산 너머로 지려하자 중이 길을 가리켰다.

"여기서 몇 리를 가면 빈도의 절이 나옵니다. 한번 귀한 걸음을 해주시지 않겠습니까?"

위생은 그러겠다 하고서 집안 식구들더러 먼저 떠나라고 했다. 중은 시종에게 앞장서라고 하고 둘이 함께 십여 리를 갔으나 절은 나오지 않았다. 위생이 묻자, 중은 안개 낀 숲을 가리켰다.

"저깁니다!"

다시 앞으로 갔으나 해는 떨어지고 해서 위생은 의심이 들기 시작했다. 평소 탄궁(彈弓)을 잘 쏘았던 위생은 장화 속에서 몰래 탄궁을 꺼내 풀고서 구리 탄환 십여 개를 품 안에 감춘 채 중을 꾸짖었다.

"내가 정해진 일정이 있는데도 우연히 상인(上人)의 고상한 이야기에 끌려 억지로 초대에 응했거늘, 지금 이십 리를 왔는데도 절이 나타나지 않은 이유가 뭐요?"

그래도 중은 다만 '길을 더 가면 된다'고 하였다. 중이 백여 걸음을 더 갔을 때 위생은 그가 도적임을 알아차릴 수 있었다. 바로 탄환을 쏘아 그의 머리를 맞췄다. 이 중이 처음에는 의식을 못하다가 다섯 발이나 맞고서야 비로소 맞은 곳을 매만지며 천천히 입을 열었다.

"이런 몹쓸 짓을 하다니요!"

---

31 건중(建中) : 당나라 덕종(德宗)의 연호로, 해당기간은 780~783년.

위생은 어찌 할 수 없어 더 이상 탄환을 쏘지 않았다. 중이 한 별장에 도착하자, 수십 명이 줄지어 횃불을 들고 나와 맞이하였다. 중은 위생을 맞이하여 대청 안에 앉게 하고는,

"낭군은 걱정하지 마오!"

라고 하면서 측근에게 일렀다.

"법도에 어긋남 없도록 부인을 잘 모시었느냐?"

그리고 위생에게 다시 말했다.

"낭군은 마음 놓고 편안히 계시오. 당장 이리로 모셔 오리다."

아내와 딸이 별실에 따로 있었는데, 치장과 제공된 음식이 아주 화려하고 풍성했다. 서로 눈물을 흘리며 위로하다가 중을 만나러 갔다. 중이 앞으로 다가와 위생의 손을 잡고 말하였다.

"빈도는 도적으로 본래 호의가 없지요. 헌데 낭군의 기예가 그러한 줄은 몰랐지요. 빈도가 아니라면 버티지 못했을 겁니다. 오늘 이러는 것은 별다른 뜻이 있어서 그런 게 아니니 의심치 말았으면 좋겠소이다. 그리고 오던 중에 빈도를 맞춘 낭군의 탄환은 모두 여기 있소이다."

손을 들어 머리 뒤를 누르니 탄환 다섯 개가 땅으로 떨어졌다. 머리에 탄환이 박혔지만 다치지는 않았던 것이다. 『열자(列子)』에 '맞은 흔적이 없다[無痕撻]'[32]와 『맹자(孟子)』에 '살을 떨지 않았다[不膚撓]'[33]고 이른 것에 비길 바가 아니었다.

조금 뒤 자리를 펴고 송아지를 삶아 내었다. 송아지에는 칼이 열개 남짓 꽂혀 있었고, 저민 고기와 떡이 둘러져 있었다. 위생에게 읍을 하고 앉은 중이 다시 말하였다.

---

32 맞은 흔적이 없다[無痕撻]: 『열자(列子)』 「탕문(湯問)」편에 나오는 구절. 위(魏)의 흑란(黑卵)이란 사람의 몸은 칼날이 들어가지 않을 정도로 굳세었다고 해서 붙여진 용어이다.

33 살을 떨지 않았다[不膚撓]: 『맹자(孟子)』 「공손추(公孫丑)」 상편에 나오는 구절. 북궁유(北宮黝)라는 사람이 두려움이 없어 위험 앞에서도 전혀 흔들림이 없었던 데서 나온 말이다.

"빈도에게는 의로 맺은 형제들이 여러 명 있습니다. 인사를 시켜드릴까 합니다."

말이 끝나기도 전에 붉은 옷을 입고 큰 허리띠를 한 대여섯 명이 섬돌 아래 줄지어 섰다. 중은 이들에게 큰소리로 일렀다.

"낭군에게 인사를 드려라. 너희들은 이후로 낭군을 만나거든 분골쇄신하여라."

식사를 마치자, 중은 이런 말을 했다.

"빈도는 오래도록 도적질을 해왔습니다. 지금 늘그막에 전날의 잘못을 고치고자 하나 불행히 아들 놈 하나가 기량이 빈도보다 뛰어나답니다. 그러니 낭군께서 빈도를 위해 이 아이를 처단해주셨으면 합니다."

그러면서 비비(飛飛)라는 애를 불러 나오라고 하더니 위생에게 인사를 시켰다. 비비는 이제 열예닐곱 살로 긴 소매의 푸른색 옷을 입고 있었고 피부는 반질반질했다. 중은 다시 소리쳤다.

"후당으로 가서 낭군을 모시고 있거라."

위생에게 검 하나와 탄환 다섯 개를 주며 부탁하였다.

"낭군께선 기량을 다해 저 애를 죽여 빈도에게 누가 없도록 해주시오."

그러면서 중은 위생을 데리고 가서 후당 안에 집어넣고 문을 잠가버렸다. 후당 안에는 네 귀퉁이에 등불이 밝게 켜져 있을 뿐이었다. 비비는 후당 안에서 짧은 말채찍을 쥐고 있었다. 위생은 필시 명중시킬 요량으로 탄궁을 당겼으나 탄환은 채찍을 맞고 떨어지고 말았다. 그러더니 어느새 들보 위로 뛰어올라 벽을 타고 허공을 달리는데, 민첩하기가 마치 원숭이 같았다. 탄환이 다 떨어지도록 맞추질 못했다. 위생이 이번에는 검을 휘두르며 뒤쫓았으나, 비비는 위생과 한 자도 되지 않는 거리에서 쑥쑥 잘도 피했다. 위생은 그의 채찍 마디를 잘랐을 뿐 끝내 해칠 수가 없었다. 중은 한참 시간이 지나 문을 열고 위생에게 물었다.

"빈도의 해악을 제거하셨습니까?"

위생이 사실대로 얘기를 하자, 중은 슬픈 표정으로 비비를 돌아보며 말하였다.

“낭군께서 네가 도적이 되었음을 증명해주신 셈이구나. 이제 다시 어쩌겠느냐!”

중이 밤새도록 위생과 함께 검술과 궁술에 대한 일을 이야기 나누었다. 날이 밝을 무렵 중은 위생을 길 어귀에까지 전송하면서 명주 백 필을 주고는 눈물을 떨구며 이별하였다.

11. 원화(元和) 연간(806~820) 강회(江淮)에 사는 당산인(唐山人)은 역사서를 섭렵하였고 도교를 좋아하여 늘 명산에서 노닐었다. 스스로 말하기를, ‘연금술을 잘하여 나를 스승으로 섬기려는 자들이 꽤 있다’고 한다. 훗날 초주(楚州)[34]의 여관에서 노생(盧生)이란 자를 만나 서로 의기투합하게 됐다. 노생도 단약(丹藥)을 만드는 일에까지 말이 오가자 당씨가 자신의 외가 쪽 성이라고 하면서 급기야 외삼촌이라 불렀다. 당산인은 그냥 지낼 수 없어 노생을 불러 함께 남악(南嶽)으로 가자고 했다. 노생도,

“친구가 양선현(陽羨縣)[35]에 있어 찾아가려는 참이었는데, 오늘 또 산을 찾아가는 외삼촌의 여정이 탐나는군요.”

라며 동행하였다. 이들은 가는 길에 어떤 절에 머물러 한밤중까지 담소를 나누었다.

“외삼촌께서 단약을 잘 만든다는 걸 알고 있으니, 대략이라도 알려주시죠.”

당산인은 씩 웃었다.

“내가 수십 년 동안 여기 저기 찾아다니며 스승을 좇아 배워 이 비법을 터득했거늘, 어찌 쉽게 말해 줄 수 있겠나!”

---

34 초주(楚州) : 당대(唐代)의 주명(州名)으로, 지금 강소성 회안현(淮安縣)에 해당한다.

35 양선현(陽羨縣) : 당대의 현명으로, 앞에서 이미 소개된 바 있다. 초주와는 같은 강소성 지역에 있으며, 남악, 즉 형산은 호남성에 있다. 형산이 도교의 영산이기 때문에 노생이 따라가고자 한 것이다.

노생이 계속 빌다시피 하자, 당산인은 가르침에는 때가 있는 법이라며 남악에 이르거든 전수해 주겠다고 하였다. 그러자 노생은 화를 냈다.

"외삼촌께선 오늘 밤 꼭 전수해 주셔야 합니다. 모른 체 하시면 안 되지요."

당산인도 그를 책망하였다.

"나와 자네는 실은 아무 관계도 아니지 않은가. 뜻하지 않게 우이산(盱眙山)[36]에서 서로 만났잖은가. 이는 군자다움을 좋아한 것인데 어찌하여 마부만도 못하단 말인가?"

급기야 노생은 팔을 휘두르며 부릅뜬 눈으로 한참을 째려보다가 입을 열었다.

"나는 자객이오. 뜻대로 안된다면 외삼촌은 여기서 죽게 될 게요."

그러면서 품속에서 검은 가죽으로 된 주머니를 뒤져 비수를 꺼냈다. 날이 반달처럼 생긴 것이었다. 노생은 이 칼로 불 앞의 쇠 인두를 나뭇조각처럼 깎아내리는 것이었다. 당산인은 두려움에 떨며 다 설명해 주었다. 노생은 그제야 씩 웃었다.

"자칫 삼촌을 죽일 뻔하였소!"

노생은 단약 만드는 비법을 열에 대여섯은 습득하고 이렇게 사례하였다.

"원래 제 스승은 선인으로, 스승께서 저를 비롯 열 명에게 명하기를 세상에 부질없이 황백술(黃白術)[37]을 전수하는 자들을 색출하여 죽이게 하였소이다. 단약을 만드는 법을 전수하는 자도 죽이라고 하였지요. 그리고 저는 오래도록 하늘을 나는 축지법을 익혔지요."

그러며 당산인에게 공손히 읍을 하더니 순간 어디론가 사라져 버렸다. 당산인은 그 이후로 도사들을 만나면 이 일을 이야기 해주어 경계시켰다.

---

36 우이산(盱眙山): 지금 강소성 우이현(盱眙縣) 동서쪽에 위치한 산.

37 황백술(黃白術): 도사가 단약을 만들기 위한 금과 은을 제조하는 기술을 말한다. 황은 황금(黃金)을 의미하며 백은 백은(白銀)을 뜻한다.

12. 이확(李廓)[38]이 영주(潁州)[39]에 있을 때 화적(火賊) 일곱 명을 사로잡았다. 그들은 그때까지 사람을 죽이면 반드시 인육을 먹었던 자들이다. 죄안을 작성하고 나서 이확이 사람을 잡아먹는 까닭을 묻자, 그 우두머리가 대답했다.

"저는 대도(大盜)에게서 가르침을 받았습니다. 인육을 먹는 것은, 밤에 인가에 침입하면 반드시 정신이 혼미해지고 더러 멍해지는 자들이 나오기 때문에 어쩔 수 없습니다."

장안과 낙양의 여관 안에는 구관조와 찻잔을 그려놓은 곳이 많다고 한다. 도적이 말하기를, '구욕랄(鸜鵒辣)[40]은 새의 부리가 가리키는 곳을 표시한 것이고, 완자랄(椀子辣)이란 것도 완급을 표시한 것이다'고 하였다.

---

38 이확(李廓) : 경종(敬宗) 때의 재상인 이정(李程)의 아들. 형부시랑, 무령절도사(武寧節度使) 등을 역임하였으며, 서주(徐州) 지역의 반란을 진압하는 등 전공이 높았다.

39 영주(潁州) : 당대(唐代)의 주명(州名)으로, 지금 하남성 부양현(阜陽縣).

40 구욕랄(鸜鵒辣) : 구욕은 구관조를 가리킨다. 중국의 남부 산림에 사는 새로, 사람의 말을 흉내 내는 재주가 있다. 여기 구욕랄과 완자랄(椀子辣)의 '랄(辣)'은 본래 자극적인 미각을 의미하나, 여기서는 당시 도적의 은어로 사용된 것으로 보이는데, 의미가 명확하지 않다.

유양잡조 권10

기이한 물건【物異】

1. 진(秦)나라 거울. 무계(僲溪)의 오래된 언덕에 있는 서굴에는 네모난 거울이 있다. 지름이 한 길 남짓으로 사람의 오장까지 비춘다고 한다. 진시황의 시대에는 '조골보(照骨寶)'라고 불렀다. 무계는 무로(無勞)[1]의 경산(境山)에 있는 골짜기이다.

2. 바람소리를 내는 나무. 동방삭(東方朔)[2]이 서나한국(西那汗國)[3]에 갔다

1 무로(無勞) : 진대(晉代)의 현명으로, 베트남 변경 지역에 해당한다. 나중에 임읍현(林邑縣)에 흡수되었다. 이곳은 무제(武帝) 때 독립된 세력을 형성하고 있었다는 기록이 있다.

2 동방삭(東方朔) : BC 154~93. 자는 만천(曼倩). 한나라 무제 때에 태중대부(太中大夫)를 지냈으며, 해학과 변설, 그리고 직간으로 유명하였다. 또한 그는 도가에서 서왕모

가 돌아오면서 바람소리를 내는 나뭇가지를 가지고 왔다. 황제(즉 무제)는 이 나뭇가지를 대신에게 하사했는데 아픈 사람이 있으면 가지에서 땀이 흘렀고, 죽게 될 것 같으면 부러졌다. 속설에, '생후 반년이 안 된 경우는 가지가 땀을 흘리지 않는다'고 한다.

3. 한나라 고조(高祖)가 함양궁(咸陽宮)에 들어갔을 때, 보물들 중에 아주 진기한 것으로 청옥등(青玉燈)이 있었다. 이 등잔걸이의 높이는 일곱 자 다섯 치였고, 아래에 똬리를 틀고 있는 이무기가 입으로 등잔을 물고 있는 형태였다. 등불을 켜면 비늘이 다 움직여 마치 별이 늘어선 것처럼 반짝였다.

4. 산호(珊瑚). 한(漢)나라 때 적초지(積草池)[4] 안에 산호가 있었다. 높이는 한 길하고 두 자이고, 뿌리 하나에 줄기가 셋이며, 위로 솟은 가지가 462개였다. 이는 남월왕(南越王) 조타(趙佗)[5]가 바친 것으로 봉화수(烽火樹)라 불렸다. 밤이면 빛을 내어 항상 불길이 타오르는 듯한 모습이었다.

5. 석묵(石墨). 무로현(無勞縣)의 산에서는 석묵이 난다. 그것으로 불을 때면 1년이 다 되도 닳지 않는다.

와 함께 항상 거론되는 인물로, 전설에 의하면 서왕모의 복숭아를 훔쳐 먹고 장수하여 '삼천갑자동방삭(三千甲子東方朔)'이라는 말이 생겨났다.

3 서나한국(西那汗國) : 이 나라의 구체적인 정보는 미상이나, 후한 때 곽헌(郭憲)이 지은 『동명기(洞冥記)』에 이 나라에서 풍목(風木)이 있다는 정보가 나와 있다.

4 적초지(積草池) : 한대(漢代) 상림원(上林苑)에 있던 열개의 연못 가운데 하나.

5 조타(趙佗) : ?~BC 137. 한나라 때 중국 남방 지역을 평정한 남월왕. 진(秦)나라가 멸망하자 계림(桂林)과 군상(象群)을 공격해 합병한 후 남월왕(南越王)이 되었다. 한나라가 천하를 평정한 후 수차례 굴복시키려 했으나 여의치 않아 육고(陸賈)를 파견하여 장사(長沙)를 경계로 그의 지경을 인정하게 되었다. 베트남의 역사에서 조타는 초기 중국과의 항쟁의 상징적 인물로 거론된다.

6. 이상한 글자. 경산(境山)의 서쪽에 돌벼랑이 있는데, 벼랑 사이에 천여 자의 글자가 있다. 황색이며 새겨서 만든 글자 같지가 않다. 모양은 과두(蝌蚪)[6]와 흡사한데 누구도 아는 이가 없다.

7. 전공천(田公泉). 화양(華陽)[7]의 뇌평산(雷平山)에 전공천이 있다. 이 물을 마시면 내장에 있던 삼충(三蟲)[8]을 제거할 수 있다. 또 빨래할 때 쓰면 잿물보다도 낫다.

8. 형화지(螢火芝). 양상산(良常山)[9]에 형화지가 있다. 그 잎은 풀과 비슷하고 열매는 콩만한 크기이며 자주색 꽃이 핀다. 밤에 보면 빛이 난다. 이것을 하나 먹으면 마음속의 일공(一孔)[10]이 밝아지고, 일곱 개를 먹게 되면 마음에 칠규(七竅)[11]가 환하게 뚫려 밤에도 글을 읽을 수 있다.

9. 돌사람. 심양산(尋陽山)[12] 위에 돌로 된 사람[石人]이 있다. 높이는 한 길쯤인데 호랑이가 여기에 오게 되면 갑자기 그 앞에서 고꾸라지고 만다.

10. 동과(冬瓜).[13] 진(晉)나라의 고형(高衡)[14]이 위군태수(魏郡太守)가 되어

---

6 과두(蝌蚪) : 서체의 일종으로 올챙이 모양과 비슷해서 붙여진 이름이다.

7 화양(華陽) : 당대의 현명으로, 지금의 사천성 화양현(華陽縣).

8 삼충(三蟲) : 뱃속에 사는 기생충을 가리킨다. 전설적인 의원인 화타(華佗)가 약을 조제하여 이 삼충을 없애고 오장을 깨끗하게 한 것으로 유명하다.

9 양상산(良常山) : 지금 강소성 구용현(句容縣)에 있는 산 이름.

10 일공(一孔) : 하나의 구멍. 대개 눈을 가리키는 경우가 많다.

11 칠규(七竅) : 일곱 개의 구멍. 즉 눈과 귀, 코와 입.

12 심양산(尋陽山) : 심양현(尋陽縣)에 있던 산으로 추정된다. 심양현은 지금의 호북성 황매현(黃梅縣).

13 동과(冬瓜) : 동아. 박과의 한해살이 덩굴성 식물. 줄기는 굵고 단면이 사각(四角)이며 갈색 털이 있다. 잎은 어긋나고 5~7개로 얕게 갈라지며 심장 모양이다. 여름에 노란 종 모양의 꽃이 피고, 열매는 호박 비슷한 긴 타원형이고 익으면 흰 가루가 된다.

석두(石頭)[15]를 지키고 있을 때이다. 그의 손자 아지(雅之)가 마구간에 있는데 어떤 신이 그곳으로 내려와서는 자신을 백두공(白頭公)이라 하였다. 짚고 있던 지팡이에서 뿜어져 나오는 빛이 마구간 안을 환하게 비췄다. 또 동과 같이 생긴 물체가 있었는데, 눈이 여기저기 붙어 있었다.

11. 예장선(豫章船).[16] 한나라 시대 곤명지(昆明池)에는 예장선 한 척이 있었다. 천 명을 태울 수 있는 크기였다.

12. 구리낙타. 한나라 원제(元帝)[17] 경령(竟寧) 원년(BC 33)에 장릉(長陵)[18]에 있는 구리로 만든 낙타에서 털이 났다. 털끝에서는 꽃이 피었다.

13. 통발. 진(晉)나라 때에 전당(錢塘)의 어떤 사람이 통발을 만들었는데, 한 해에 잡은 물고기가 억을 헤아렸다. 그래서 이 통발을 '만장홍(萬匠洪)'이라 불렀다.

14. 비석의 거북이. 임읍현(臨邑縣)[19] 북쪽에 화공(華公)[20]의 묘비가 있었

과육과 종자는 약용한다.

14 고형(高衡) : 동진(東晉)의 무장(武將). 낙안(樂安) 출신으로 사현(謝玄)의 휘하에 있으면서 부견(苻堅)의 군대와 싸워 이겼다.

15 석두(石頭) : 석두성(石頭城). 지금의 강소성 강녕현(江寧縣) 서쪽 석두산(石頭山) 뒤편에 있던 산성이다.

16 예장선(豫章船) : 예장이란 나무로 만든 커다란 배의 이름. 다른 기록에는 곤명지에 이 배를 띄웠는데, 승선 인원이 천 명이 아니라 만 명이었으며, 배 위에 궁전만한 전각이 있었다고 한다.

17 원제(元帝) : 전한(前漢)의 여덟 번째 황제인 유석(劉奭). 이때는 흉노 세력이 막강하여 호한야선우(呼韓邪單于)에게 자신의 후궁이었던 왕소군(王昭君)을 시집보내야 했다. 여기서 비극적인 여인으로서 왕소군이 탄생하게 되었다.

18 장릉(長陵) : 한나라 고조(高祖) 유방의 능으로, 장안성에서 35리쯤 떨어져 있는 장릉산(長陵山)에 있다.

19 임읍현(臨邑縣) : 당대의 현명으로, 지금의 산동성 임읍현(臨邑縣) 북쪽 지역.

20 화공(華公) : 춘추시대 진(晉)나라 현자인 정본(程本)이 아닌가 싶다. 그는 당시 제후

는데, 오래지않아 사라지고 오직 비를 올려놓았던 바닥돌 거북이만 남아 있었다. 석조(石趙)[21] 시대에 이 거북이가 밤이면 늘 비석을 등에 지고 물속으로 들어갔다가 새벽이 되면 나왔다. 나올 때면 등에 늘 수초가 걸려 있었다. 이를 엿보던 사람이 과연 거북이가 물속으로 들어가려 하기에 소리를 쳤더니, 거북이가 달아나면서 비석을 떨어뜨려 깨뜨리고 말았다.

15. 육염(陸鹽). 곤오국(昆吾國)[22]에서는 십여 리에 걸쳐 땅에서 소금이 난다. 물이 없지만 저절로 고운 소금이 나는 것이다. 달이 차면 눈이 쌓인 듯하고 맛이 달며, 달이 이지러지면 엷게 서리가 내린 듯 하고, 맛은 썼다. 달이 다 기울면 전부 사라졌다.

16. 영양(潁陽)의 비석. '위조비수선처(魏曹丕受禪處)'[23]라는 뒷면 여섯 글자에 금색이 생겨났다. 이는 사마씨(司馬氏)가 금(金)으로 지배할 것[24]을 예언한 것으로, 위나라 정권이 6대에 걸쳐 이어질 것임을 확인한 셈이다.

17. 샘. 원가현(元街縣)[25]에 있는 샘은 구멍에서 물이 휘도는 게 마치 용이 서려있는 듯 하다. 이 물을 어지럽게 흩어 놓고 보면 금세 손 위에 용

들에게 명망이 높았으며, 공자와 길에서 만나 경개여어(傾蓋與語)한 일화가 전해진다. 자신을 자화자(子華子)라고 하였다.

21 석조(石趙) : 후조(後趙)를 가리킨다. 석륵(石勒)이 나라를 세우고 스스로 조왕(趙王)이라 칭하였다. 이후 석홍(石弘), 석호(石虎), 석준(石遵), 석감(石鑒), 석지(石祗)까지 5대에 걸쳐 왕조를 이루었다. 해당 기간은 319~352년이다.

22 곤오국(昆吾國) : 이 책 권4 18번 참조.

23 위조비수선처(魏曹丕受禪處) : '위나라의 조비가 선위를 받은 곳'이란 뜻. 조비(186~226)는 조조(曹操)의 태자로, 220년 후한(後漢) 헌제(獻帝)로부터 제위를 선양 받았다.

24 사마씨(司馬氏)가 금(金)으로 지배할 것 : 위나라 왕조를 세운 사마씨가 오행의 원리에 따라 금덕(金德)을 계승했다는 뜻이다. 그런데 한나라가 화덕(火德)을 계승했던 바, 오행의 원리로 보면 위왕조가 토덕(土德)이 되어야 한다. 무슨 착오가 있는 것으로 판단된다.

25 원가현(元街縣) : 한나라 때의 현명으로, 지금의 감숙성 영등현(永登縣) 지역.

의 형상이 나타났다. 나귀나 말에게 이 물을 마시게 하면 모두 놀라 달아난다.

18. 석칠(石漆). 고노현(高奴縣)[26]의 석지수(石脂水)는 물이 기름처럼 매끄럽고 수면에는 옻칠 같은 게 뜬다. 이것을 긁어모아 수레에 기름칠도 하고 등에 불을 밝히면 무척 밝다.

19. 향주머니. 진(晉)나라 때 서경(徐景)은 선양문(宣陽門)[27] 밖에서 비단 사향주머니 하나를 주웠다. 집에 가서 열어 보니 매미 같이 생긴 오색을 띤 벌레가 있었다. 뒤쪽 두 발에는 각각 오수전(五銖錢)[28]이 묶여져 있었다.

20. 옥룡(玉龍). 양(梁)나라 대동(大同) 8년(542)에 수주(戍主)[29] 양광흔(楊光欣)이 옥룡 하나를 얻었다. 길이는 한 자 두 치이며 높이는 다섯 치였다. 정밀한 게 사람이 다듬은 것 같지 않았다. 배 부분에는 한 말 남짓들이 공간이 있었고, 목 부분은 비고 굽은 모양이었다. 물속에다 두고 물을 가득 채웠다가 뒤집으면 물이 입으로 흘러 나왔는데, 그 물소리가 비파나 거문고를 탈 때 나는 소리 같았다. 물이 다 흘러나오면 소리도 그쳤다.

21. 나무 글자. 제(齊)나라 영명(永明) 9년(491), 말릉(秣陵)[30]의 안명사(安明寺)엔 고목이 있었다. 잘라서 땔감으로 쓰려고 했더니 나뭇결에 자연스레 '법대덕(法大德)'이라는 세 글자가 만들어져 있었다.

---

26 고노현(高奴縣) : 진대(秦代)의 현명으로, 지금의 섬서성 부시현(膚施縣) 지역.

27 선양문(宣陽門) : 동진(東晉)이 도읍했던 건강(建康)에 있던 문.

28 오수전(五銖錢) : 동전의 이름. 한나라 무제 때에 처음 주조하여 사용하였다. 무게가 5수(銖)가 나가서 붙여진 이름인데, 참고로 수는 한 양(兩)의 24분의 1에 해당한다.

29 수주(戍主) : 남북조(南北朝)와 수당(隋唐)에 걸쳐 존속했던 무관직으로, 군사거점을 다스리던 책임자이다. 당대에는 상수주(上戍主) 1인, 수부(戍副) 1인, 좌(佐) 1인 등으로 구성되어 있었다.

30 말릉(秣陵) : 남제(南齊) 때의 현명으로, 지금의 강소성 강녕현(江寧縣)에 해당한다.

22. 목간(木簡). 제(齊)나라 건원(建元)[31] 초, 연릉(延陵)[32]의 계자묘(季子廟)[33]엔 오래전부터 콸콸 넘치는 우물이 있었다. 물이 넘치면서 북편에서 금석 소리가 나기에 두 자 정도 팠더니 뜨거운 물이 나왔다. 그 안에서 목간이 나왔다. 길이는 한 자, 너비는 한 치 두 푼이었다. 흐릿하게 글자가 보였는데, '여산도사장릉재배알(廬山道士張陵再拜謁, 여산도사 장릉(張陵)[34]이 재배하고 알현함)'이라고 써 있었다. 나무는 단단하면서 희고, 글자는 황색이었다.

23. 붉은 나무. 종묘(宗廟)의 땅 속에서 붉은 나무가 자라났다. 임금이 예로서 나라를 다스린 증거로 보인다.

24. 붉은 단사 가루. 단사(丹砂)를 정련하면 황금이 되는데, 이를 잘게 부수어 붓에다 묻혀 쓸 수 있다. 그러면 글씨가 돌 속까지 스며들고 깎아낼수록 선명하다. 그것을 이름하여 '홍말(紅沫)'이라 한다.

25. 거울 돌. 제남군(濟南郡)에 방산(方山)이[35]있다. 전설에 의하면, 환생(奐生)[36]이 이 산에서 신선이 되었다고 한다. 산의 남쪽 명경(明鏡)이란 벼

31 건원(建元) : 남북조시대 제(齊)나라 고종(高宗)의 연호로, 해당기간은 479~482년. 따로 당나라 숙종(肅宗)의 연호로도 쓰였던 바, 해당 시기는 758~759년이다.

32 연릉(延陵) : 당나라 때의 현명으로, 지금의 강소성 단양현(丹陽縣).

33 계자묘(季子廟) : 춘추시대 오(吳)나라 계찰(季札)을 모신 사당. 도교에서는 그를 '북명공(北明公)'으로 받든다.

34 여산도사 장릉(張陵) : 후한 말기 재상을 지낸 장도릉(張道陵). 뒤에 여산에 은거하며 천사도(天師道)를 이끌어 중국 북방 도교의 창시자가 되었다. 천사도는 병을 치료해주는 대가로 쌀 다섯 말을 받았기에 이 집단을 '오두미도(五斗米道)'라고도 하였다. 장도릉의 아들 장형(張衡)과 손자 장로(張魯)로 이어지면서 사천(四川)지역의 도교는 크게 번성한 바 있다.

35 방산(方山) : 현재의 산동성 장청현(長淸縣) 동남쪽 지역에 있는 영암산(靈巖山)을 가리키는 것으로 추정된다.

36 환생(奐生) : 즉 후한(後漢) 때의 도사인 장환(張奐). 일찍이 뛰어난 기량으로 한나라의 남흉노(南匈奴) 정책에 기여하기도 했다. 뒤에 여기 내용처럼 이 지역에 은거하

랑에 사방 세 길 되는 바윗돌이 있다. 이 돌에는 도깨비가 나타났다 사라지는 모습이 거울 속처럼 분명하게 보인다. 그래서 남연(南燕)[37] 시절에 거울 돌 위에 칠을 하게 하였다. 세속에서는, '산신이 사물을 비추는 걸 싫어하여 칠을 해버렸다'고 한다.

26. 승수석(承受石). 축양현(筑陽縣)[38]의 강물 속엔 삐죽 솟아난 돌 하나가 있다. 그 아래로는 맑은 못이기 때문에 가끔 대나무 뿌리처럼 누런색을 띤 그 돌부리를 볼 수 있었는데, 그것을 본 자들은 좋지 못한 일이 많이 생겼다. 그래서 세속에서는 그것을 '승수석'이라 부른다.

27. 송곳. 중모현(中牟縣)[39]에 위(魏)나라 임성왕(任城王)[40]의 누대가 있는데, 그 아래 연못엔 한(漢)나라 때 만들어진 철 송곳이 있다. 길이가 여섯 자로 땅에 박힌 부분만 세 자이다. 끝은 서남방향을 가리키고 있는데 아무리해도 움직일 수가 없다.

28. 솥돌. 이도현(夷道縣)[41]에는 부뢰(釜瀨)라는 여울이 있다. 그곳의 바위는 큰 것은 솥처럼 생겼고 작은 것은 되처럼 생겼다. 형태와 색깔은 제 각각이나 안은 꽉 차 있다.

며 수련하여 산동지역의 도교 전통에서 중요하게 거론되는 인물이 되었다.

37 남연(南燕) : 중국 오호십육국(五胡十六國)의 하나. 후연(後燕)의 왕 모용수(慕容垂)가 북위에 망한 후 동생 모용덕(慕容德)이 398년 남연국(南燕國)을 건국하고 연왕(燕王)이라 칭하였다. 이후 410년 진(晉)의 장군 유유(劉裕)의 공격을 받고 멸망하였다.

38 축양현(筑陽縣) : 한대에 설치된 현명으로, 수대에 곡성현(穀城縣)으로 이름이 바뀌었다. 지금의 호북성 곡성현 지역.

39 중모현(中牟縣) : 한대에 설치된 현명으로, 수대에 내모현(內牟縣)으로 바뀌었다. 지금의 하남성 중모현 동쪽에 고성이 있다.

40 임성왕(任城王) : 위(魏)나라 조조(曹操)의 아들인 조창(曹彰, ?~223). 무예가 출중하였으며, 조비가 제위에 오른 뒤 중모왕(中牟王)에 봉해졌다가 이후에 다시 임성왕에 봉해졌다.

41 이도현(夷道縣) : 한대의 현명으로, 지금의 호북성 의도현(宜都縣) 서쪽.

29. 물고기 화석. 형양군(衡陽郡)의 상향현(湘鄉縣)[42]에 석어산(石魚山)이 있다. 이 산의 돌은 색깔이 거무스름한데 무늬엔 자황이 난 것 같다. 한 겹을 벗겨내면 물고기 모양의 비늘과 지느러미, 머리와 꼬리가 그림처럼 나타난다. 길이는 두세 치 정도로, 이것을 불에 태우면 물고기 비린내가 난다.

30. 구리 신상(神像). 형양(衡陽)의 당안현(唐安縣)[43] 동쪽에 약당(略塘)이란 못이 있다. 그 못에는 구리로 만든 신상이 있는데, 종종 구리 소리가 물에 부딪치게 되면 물은 녹색으로 변하고 구리냄새가 나면서 물고기는 다 죽고 만다.

31. 목재. 중숙현(中宿縣)[44]의 산 아래에 신을 모신 사당이 있는데, 진수(溱水)[45]의 물이 이곳에 당도하면 부글부글 거리며 성난 소리를 낸다. 뗏목도 떠내려 오다 여기에 이르면 가라앉아 끝내 빠져나오지 못한다. 세상 사람들은 하백(河伯)이 목재를 끌어내린 것이라고 여긴다.

32. 북채. 함광현(含洭縣)[46]의 옹수구(翁水口) 아래의 동편 언덕에 성고장(聖鼓杖)이 있다. 이는 바로 양산(陽山)의 북채란 것이다. 물가에 횡으로 걸려있으나, 물결과 부딪쳐도 미동도 하지 않는다. 새들도 날다 이것을 보고는 울면서도 모여들지 않는다. 뱃사람이 잘못해 상앗대로 건드리면 당사자는 필시 학질을 앓게 된다.

---

42 상향현(湘鄉縣) : 당대의 현명으로, 지금 호남성 상향현.

43 당안현(唐安縣) : 당대의 현명으로, 지금 호남성 형양현(衡陽縣) 서남쪽 지역에 고성이 있다.

44 중숙현(中宿縣) : 당대의 현명으로, 지금 광동성 청원현(淸遠縣) 서북쪽 지역.

45 진수(溱水) : 지금의 빈수(濱水). 하남성 밀현(密縣)에서 발원하여 동남 방향으로 흘러 유수(洧水)와 합쳐진 다음 쌍박하(雙泊河)와 합류한다. 이 강물은 협곡이 많아 신묘(神廟)가 여기저기 들어서 있었다고 한다.

46 함광현(含洭縣) : 한대의 현명으로, 지금 광동성 영덕현(英德縣) 서쪽에 고성이 있다.

33. 우물. 석양현(石陽縣)[47]에 우물이 있는데, 물빛이 반은 푸르고 반은 누렇다. 누렇기는 잿물과 같아서 이 누런 물을 길어다 죽을 쑤면 모두 황금색으로 변하면서 향이 진동한다.

34. 타는 돌. 건성현(建城縣)[48]에는 타는 돌이 난다. 색깔은 누렇고 결은 거친 편이다. 물을 부으면 열이 올라 위에다 솥을 올려놓으면 취사를 할 수 있다.

35. 돌북. 기현(冀縣)[49]의 천고산(天鼓山)에는 북처럼 생긴 돌이 있다. 하고성(河鼓星)[50]이 요동하면 석고가 울리는데, 석고가 울리면 진(秦) 땅에는 재앙이 생겼다.

36. 반탕호(半湯湖). 구용현(句容縣)[51]의 오독당(吳瀆塘)에는 반탕호(半湯湖)가 있다. 이 호수의 물은 반은 차갑고 반은 뜨겁다. 이 열로 닭을 삶을 수도 있다. 양쪽 다 물고기가 살고 있지만, 이쪽에 살던 물고기가 저쪽으로 들어가면 당장 죽고 만다.

37. 소금. 구인현(朐䏰縣)[52]의 염정(鹽井)에는 넓이가 한 치 되는 소금이 있다. 가운데가 볼록 솟아나 일산을 펼친 것 같으므로 '산자염(傘子鹽)'이라 부른다.

---

47 석양현(石陽縣) : 한대의 현명으로, 지금의 강서성 노릉현(盧陵縣) 지역.

48 건성현(建城縣) : 당대의 현명으로, 지금의 강서성 고안현(高安縣) 지역.

49 기현(冀縣) : 한대에 설치된 현으로, 지금 감숙성 감곡현(甘谷縣) 남쪽에 고성이 있다.

50 하고성(河鼓星) : 견우성(牽牛星)을 가리킨다. 독수리자리에서 가장 밝은 별로, 은하수를 경계로 직녀성과 마주하고 있다. 하고는 '천고(天鼓)'라고도 하며, 하늘에서 북소리를 울려 경계한다는 뜻으로, 이 별이 요동하면 난병(亂兵)이 일어날 징조로 여겼다.

51 구용현(句容縣) : 당대의 현명으로, 지금의 강소성 구용현.

52 구인현(朐䏰縣) : 당대의 현명으로, 지금의 사천성 개현(開縣) 일대.

38. 샘. 옥문군(玉門軍)[53]에 노가천(蘆葭泉)이 있다. 넓이가 두 길이며, 깊이는 한 길이다. 천여 마리의 낙타와 말이 마셔도 샘물이 마르지 않는다.

39. 복령(茯苓). 심약(沈約)[54]은 시안왕(始安王)[55]이 내린 복령 한 덩이를 받고 사례하였는데, 무게가 열두 근하고도 여덟 냥이나 되었다. 이에 대한 표문이 있다.

40. 오래된 가마솥. 괵주(虢州) 능현(陵縣)[56]의 석성강(石城崗)에는 오래된 가마솥 하나가 있다. 그 안에서 몇 아름드리나무가 자란다.

41. 군왕염(君王鹽). 백염애(白鹽崖)[57]에 수정과 같은 소금이 있어 이름하기를 군왕염이라 한다.

42. 홀. 송(宋)나라 산양왕(山陽王) 휴우(休祐)[58]는 여러 번 말로 임금을 거스른 적이 있었다. 한편 유도민(庾道敏)이란 자는 홀(笏)을 잘 감정하였다. 그래서 휴우는 자신의 홀을 남의 것이라고 하며 유도민더러 감정해 달라고 하였다.

---

53 옥문군(玉門軍) : 지금 감숙성 옥문시(玉門市)이며, 군(軍)은 행정구역의 명칭이다. 현종 때에 이곳이 토번에 함락된 후 옥문군을 설치하였다 폐지하고 다시 현으로 고쳤다.

54 심약(沈約) : 441~513. 자는 휴문(休文). 남조시대 양(梁)의 문학가로 음운학에 능통하였다. 사성(四聲)을 처음 연구하고, 시(詩)의 팔병설(八病說)을 제창하였다. 저서에 『사성운보(四聲韻譜)』가 있다.

55 시안왕(始安王) : 소요광(蕭遙光, 468~499)을 가리킨다. 남제(南齊)의 시안왕(始安王) 소봉(蕭鳳)의 아들로 반란을 일으켰다가 참수된 인물이다.

56 능현(陵縣) : 당대의 현명으로, 지금의 하남성 영보현(靈寶縣) 남쪽 지역.

57 백염애(白鹽崖) : 미상. 양(梁)나라 원제(元帝) 소역(蕭繹)이 지은 『금루자(金樓子)』에 이에 관한 이야기가 나오는데, '백염산(白鹽山) 정상에 호박(琥珀) 같은 소금이 나 이걸 군왕의 수라간에서 사용했다'고 하였다.

58 휴우(休祐) : 유휴우(劉休祐, 445~471). 남조(南朝) 송나라 문제(文帝)의 열셋째 아들. 455년에 산양왕에 봉해졌다.

"이 홀은 고귀하다 하겠으나 사람들에게 감정을 많이 상하게 할 것입니다."

이 말을 들은 휴우는 저연(褚淵)[59]이 세심하고 치밀한 사람이라고 판단하고 자신의 홀과 서로 바꿨다. 이후 어느 날 저연이 황제 앞에서 '하관(下官)'[60]이라고 하는 바람에 황제는 몹시 기분이 상하고 말았다.

43. 쥐구슬. 왕숙(王肅)[61]이 쥐를 쫓는 구슬을 만들었다. 구리로 만들어 낮이나 밤이나 계속 굴러다녔다.

44. 나무 죄수. 『논형(論衡)』[62]에 이런 내용이 있다. 이자장(李子長)[63]이 집정할 때 죄수의 유죄 여부를 알고자 오동나무 인형을 만들었다. 해당 죄수의 모습을 본 떠 만들고는 땅을 파고 구덩이를 만든 다음 갈대로 가장자리를 삼아 깔고 나무 죄수 인형을 그 안에다 눕혔다. 그러면 죄가 있는 죄수의 인형은 움직이지 않았고, 죄가 없는 원통한 죄수의 인형은 벌떡 일어섰다.

45. 소진금(蘇秦金).[64] 위(魏)나라 때에 낙양(洛陽)의 영사(令史)[65] 고현(高顯)이 땅을 팠다가 백 근이나 되는 황금을 캤다. 이 황금엔 '소진금(蘇秦金)'

---

59 저연(褚淵) : 435~482. 자는 언회(彦回). 남조 때 송나라 무제(武帝)의 사위로, 송(宋)나라와 제(齊)나라에서 중서령 등을 역임하였는데 검약을 실천하여 백성들의 신뢰를 얻었다.

60 하관(下官) : 관료 사이에서 자기 자신을 낮추어 부르던 말.

61 왕숙(王肅) : ?~256. 삼국시대 위(魏)나라의 유학자로 유교 경전 해석에 뛰어났다.

62 『논형(論衡)』 : 후한 때의 사상가 왕충(王充)이 지은 비평서. 80여 편으로, 당시 만연한 참위설과 종교, 미신 따위를 비판하여 유물 사상의 원류로 평가받고 있다.

63 이자장(李子長) : 미상이며, 현전하는 『논형』에는 이 내용이 나오지 않는다.

64 소진금(蘇秦金) : 소진(蘇秦)은 전국시대 제나라 출신 종횡가(縱橫家)로, 이른바 합종연행책을 써서 진(秦)과 대치국면을 조성하였다. 여기의 소진금은 전국시대에 소진을 기리거나 기념하기 위해 묻어둔 돈이나 금으로 판단된다.

65 영사(令史) : 관직명으로 문서를 담당하는 하급관리.

이라고 새겨져 있었다.

46. 배. 낙양(洛陽)의 보덕사(報德寺)[66]에서 나는 배는 하나가 여섯 근이 나갔다.

47. 시루에 핀 꽃. 등경진(滕景眞)[67]이 광주(廣州)의 칠층사(七層寺)에 있다가 영휘(永徽)[68] 연간 파직되어 집으로 돌아갔다. 계집종이 밥을 짓는데 솥에서 느닷없이 우레 소리가 나면서 밥알 위로 뭔가가 볼록하게 솟아올랐다. 등경진이 가까이 다가가자 소리가 더욱 커지고 시루 위에 수십 줄기의 꽃이 피었다. 이 꽃은 점점 커져 연꽃만 해졌는데, 색깔은 붉었고 금처럼 빛이 났다. 그러나 금세 시들어 버렸다. 열흘 뒤 등경진은 병으로 죽고 말았다.

48. 관금(官金). 관금으로는 누정금(螻頂金)[69]을 최고로 친다. 여섯 량으로 주화 한 덩어리를 만들었는데 땅강아지 굴 모양이나 물가 둔덕진 모양 같은 형태가 있다. 가운데 들어간 부분을 '지복(趾腹)'이라 부른다. 또 금덩이 위의 오목한 곳은 자줏빛으로, '자담(紫膽)'이라 부른다. 개원(開元) 연간에 '대당금(大唐金)'이라는 것이 있었는데, 이것도 관금이다.

49. 검은 황금. 태종(太宗) 때에 분주(汾州)[70]에서 이런 내용을 상주하였다.

청룡과 백룡이 공중에서 불같은 빛을 내며 어떤 물체를 토해냈다. 이

---

66 보덕사(報德寺) : 북위(北魏) 때에 낙양 개양문(開陽門) 외곽에 있던 사찰. 효문제(孝文帝)의 조모(祖母)였던 풍태후(馮太后)를 추모하기 위해 480년에 세워졌다.

67 등경진(滕景眞) : 미상.

68 영휘(永徽) : 당나라 고종(高宗)의 연호로, 해당기간은 650~655년.

69 누정금(螻頂金) : 땅강아지의 머리 모양을 본 뜬 금화.

70 분주(汾州) : 당대의 주명으로, 지금의 산동성 분양현(汾陽縣).

물체가 땅에 두 자 깊이로 박혔는데, 파내보니 검은 황금으로 너비는 한 자가 넘었고 높이는 일곱 치였다.

50. 지초(芝草). 천보(天寶) 초, 임천(臨川)[71] 사람 이가윤(李嘉胤)의 집 기둥에 지초(芝草)가 자랐다. 부처 모양을 하고 있어서 그곳 태수 장경일(張景佚)이 이 기둥을 뽑아 임금께 헌상하였다.

51. 거북. 건중(建中) 4년(783), 조주(趙州) 영진현(寧晉縣)[72]을 흐르는 사하(沙河)의 북쪽에 커다란 팥배나무가 있었다. 그곳 주민들은 늘 이 나무에 기도를 하곤 했는데, 한번은 갑자기 수십 마리 뱀들이 동남쪽에서 기어와서 북쪽 강기슭을 건너더니 팥배나무 아래에서 모두 두 무더기를 이루었다. 남쪽 기슭에 남은 것들도 따로 한 무더기였다. 잠시 뒤 직경이 한 치쯤 되는 거북 세 마리가 뱀 무더기 곁을 빙빙 돌자, 뱀들이 모두 죽고 말았다. 이내 죽은 뱀들이 쌓인 무더기에 올라가보니 뱀의 배에 상처가 나 있었다. 마치 화살에 맞은 것처럼 보였다. 자사 강일지(康日知)는 팥배나무와 세 마리 거북이 오는 그림을 그려서 헌상하였다.

52. 눈. 정원(貞元) 2년(786), 장안(長安)에 큰 눈이 내려 한 자 남짓 쌓였다. 그런데 그 눈 위엔 검은 색의 향초(香草)가 돋아 있었다.

53. 나무비. 정원(貞元) 4년(788)에 진류(陳留)[73]에 나무비가 내렸다. 크기는 손가락만 했고, 길이는 한 치쯤이다. 내린 나무는 속이 비었으며, 심어놓은 것처럼 떨어진 자리에 서 있었다. 십여 리에 걸쳐 내렸다.

---

71 임천(臨川) : 당대의 군명으로, 지금의 강서성 임천현.

72 영진현(寧晉縣) : 당대의 현명으로, 지금의 하북성 영진현 지역.

73 진류(陳留) : 당대의 현명으로, 지금 하남성 진류현 지역.

54. 치아. 범나연국(梵那衍國)[74] 금륜왕(金輪王)의 치아는 길이가 세 치나 된다.

55. 돌기둥. 겁화타국(劫化他國)[75]에 70여 자에 달하는 돌기둥이 있다. 무우왕(無憂王)[76]이 세운 것으로 감색이며 번쩍번쩍 윤이 난다. 사람에 따라 죄와 복이 그 위에 그림자로 나타난다고 한다.

56. 향나무 북. 우전국(于闐國)[77]의 성 동남쪽에 큰 강이 있다. 이 강의 물로 나라 안의 밭을 일구는데, 한번은 갑자기 강물이 끊어지고 말았다. 국왕이 나홍승(羅洪僧)[78]에게 물었더니 용의 짓이라고 답하였다. 왕은 이에 용에게 제사를 지냈다. 그러자 물속에서 어떤 여자가 물결을 헤치고 나와 왕에게 절을 하였다.

"제 남편이 죽었습니다. 원컨대 대신(大臣)을 맞아 남편으로 삼고자 합니다. 그러면 물이 예전처럼 흐를 것입니다."

어느 대신이 그녀와 함께 가겠다고 나서서 온 나라 사람들이 그를 전송하였다. 백마가 끄는 수레를 탄 대신이 물속으로 들어갔다. 그런데 잠

---

74 범나연국(梵那衍國) : 바미안(Bamian). 아프가니스탄 중부지역에 있던 옛 왕국의 이름으로, 카불 북서쪽 바미안 계곡의 고지에 위치해 있었다. 석굴원(石窟院)으로 유명하며 그 수는 약 2만 개라고 한다. 최근 이곳의 분쟁으로 이 석굴원이 많이 파괴되었다.

75 겁화타국(劫化他國) : 범어 Kapittah의 음역으로, 북인도지역에 있던 옛 왕국의 이름.

76 무왕(無憂王) : 아소카왕을 가리킨다. 인도 마가다국 마우리아 왕조의 제3대 왕으로, 찬드라굽타의 손자이다. 인도 최초의 통일왕국을 세워 불교를 보호한 것으로 유명하다. 재위 기간은 BC 268~232년이다. 그가 각지의 불교 성지에 세운 기념 석주는 높이 10~13미터이며 머리 부분에 사자, 소 따위가 새겨져 있다. 현재 네팔 국경 근처에 있는 석주가 원형대로 남아 있다.

77 우전국(于闐國) : Khotan의 음역으로, 고대 서역의 나라였던 호탄이다. 지금의 신강(新疆)의 화전(和田) 일대로, 이곳은 미옥(美玉)의 주산지이며, 당대에 안서도호부에 속해 있었다.

78 나홍승(羅洪僧) : 미상이나 '나홍(羅洪)의 승려'란 의미가 아닌가 싶다. 나홍(羅洪)은 광서성 상림현(上林縣)에 있는 계곡으로, 예로부터 은사들이 은거하는 곳으로 유명하였다.

기지 않는 것이었다. 강물 한 가운데를 지난 뒤에야 백마가 떠올랐는데, 단향목(檀香木)으로 만든 북 하나와 글이 들어있는 통을 지고 있었다. 그 글에, '큰 북을 성의 동남쪽에 걸어 두라. 도적이 이르면 북이 저절로 울 것이다'고 적혀 있었다. 그 후 도적이 쳐들어 올 때면, 이 북은 그때마다 저절로 소리를 냈다.

57. 돌 신발. 우전국(于闐國)의 찰리사(刹利寺)에 돌로 만든 신발이 있다.

58. 부석(阜石). 하목현(河目縣)[79] 동쪽에 돌 부석(阜石)이 있는데, 깨뜨려 보면 사슴과 말의 발자국이 있다.

59. 사리(舍利). 동쪽 가필성국(迦畢誠國)[80]의 솔도파(窣堵波)엔 항상 사리가 있다. 그 모습은 구슬을 엮어 만든 깃발처럼 표주(表柱)를 빙 둘러싸고 있다.

60. 개미 불상. 건태라국(健駄羅國)의 석벽 위에 불상이 있다. 원래 석벽에 황금색 개미가 있었는데, 큰 것은 손가락만 하고 작은 것은 쌀알만 했다. 이것들이 석벽을 조각하듯이 물어뜯어 부처의 형태를 만들어 낸 것이다.

61. 불탄 쌀. 건타국(乾陀國, 간다라(Gandhara))에선 옛날 시비왕(尸毘王)[81]의 창고가 불탄 적이 있었다. 그 안에 불에 그을린 멥벼가 지금도 여전히 남아 있다. 이 멥벼 하나를 복용하면 영원히 학질에 걸리지 않는다.

---

79 하목현(河目縣) : 한대의 현명으로, 내몽골자치구 오원현(五原縣)의 서쪽지역.

80 가필성국(迦畢誠國) : Kapisa의 음역으로, 카불의 북부지역에 있던 고대 왕국.

81 시비왕(尸毘王) : Sibika의 음역으로, '시비가(尸毘迦)'라고도 한다. 석가모니가 전생에 임금이었을 때의 칭호로, 매에게 쫓기는 비둘기를 위하여 자기의 살을 베어서 매에게 주어 비둘기를 구한 데서 온 말이다.

62. 벽지불(辟支佛)의 신발. 우전국(于闐國)의 찬마사(贊摩寺)에는 벽지불(辟支佛)[82]의 신발이 있다. 가죽으로 만든 것도 아니고 화려하게 채색한 것도 아닌데 세월이 오래 지났지만 해어지지 않았다.

63. 돌낙타의 오줌. 구이국(拘夷國)[83]의 북쪽 산엔 돌낙타의 오줌이 있다. 오줌이 나올 때 금, 은, 구리, 철, 기와, 나무 따위가 섞여 나오는데, 용기로 담으면 다 새버린다. 손바닥으로 받아도 역시 새며, 표주박으로 받아야만 새지 않는다. 이 오줌을 복용하면 몸의 냄새나는 털은 다 빠져 신선이 된다고 한다. 『논형(論衡)』에 나오는 이야기이다.

64. 사람나무. 대식(大食, 즉 사라센제국)의 서남쪽 2천리에 한 나라가 있다. 그 나라 산골짜기에 있는 나뭇가지에는 사람의 머리가 자라난다. 꽃처럼 생겼으며 말을 이해하지는 못하고 사람이 물으면 웃을 뿐이다. 자주 웃어 가지에서 떨어지기도 한다.

65. 말. 구위국(俱位國)[84]에서는 말이 곡식의 종자를 퍼뜨린다. 대식국(大食國)의 말은 사람의 말을 알아듣는다.

66. 돌사람. 내자국(萊子國)[85] 해상에 돌로 된 사람이 있다. 키가 한 길하고 다섯 자이며 크기는 열 아름이다. 옛날 진시황(秦始皇)이 이 돌사람

---

82 벽지불(辟支佛) : Pratyekabuddha의 약칭으로, '벽지가불타(辟支迦佛陀)'라 한다. 부처의 가르침에 기대지 않고 스스로 도를 깨달은 성자(聖者)를 말한다.

83 구이국(拘夷國) : Kucha의 음역으로 한대의 구자국(龜玆國). 지금의 신강(新疆) 위구르 자치구 분지로 천산산맥 남쪽에 위치해 있었다. 예로부터 중국이 서역과 교통하는 길목으로 중시된 지역이었다.

84 구위국(俱位國) : Khowar의 음역으로, 돌궐의 한 종족이다. 대설산(大雪山), 발률하(勃律河) 북쪽에 위치하여 땅이 차 겨울에는 동굴에 거주하였다.

85 내자국(萊子國) : '내이(萊夷)'라고 하며, 지금의 산동성 봉래현(蓬萊縣)과 액현(掖縣) 일대에 있었던 소국이다.

을 시켜 노산(勞山)[86]을 찾게 했는데 찾지 못하고 결국 여기에 서있게 된 것이라고 한다.

67. 구리말. 구덕건국(俱德建國)[87]의 오호하(烏滸河)[88] 여울물에 화요사(火祆祠)[89]가 있다. 전설에 의하면, 요신(祆神)이 본래 파사국(波斯國)에서 신통력을 이용해 여기에 왔다고 한다. 영험한 일을 많이 드러내어 요사(祆祠)를 세우게 되었다고 한다. 안에는 신상이 없고 커다란 건물 아래에 크고 작은 화로를 설치해 놓았다. 처마는 서쪽을 향해 있고 사람은 동쪽을 향해 예배를 한다. 구리로 만든 말이 하나 있는데, 크기는 보통 말보다 조금 작다. 그 나라 사람들이 말하기를, '하늘에서 내려왔다'고 한다. 앞발은 굽힌 채 공중에 있으면서 신(神)을 마주하고 서있고, 뒷발은 땅 속으로 들어가 있다. 옛날부터 땅을 파보려는 자가 자주 있었지만 깊이가 수십 길이나 되어 끝내 그 뒷발굽을 확인할 수 없었다고 한다. 서역에서는 5월을 새해로 삼는데, 매년 새해가 되는 날이면 오호하(烏滸河) 속에서 황금색의 말이 나온다. 구리로 된 말을 보고 서로 울어대다가 어느새 다시 물속으로 들어간다. 근래 대식국의 왕이 신앙이 없어 요사에 들어가 훼철시키려 하였다. 그러자 갑자기 불길이 병사들을 둘러싸 끝내 훼철시키지 못했다.

68. 뱀자갈. 소도슬닉국(蘇都瑟匿國, 즉 소도식닉국)의 서북쪽에 뱀이 모여 사는 자갈 들판이 있다. 이 들은 남북으로 그 길이가 4백 여리이다. 그

---

86 노산(勞山) : '뇌산(牢山)'이라고도 한다. 산동성 즉묵현(卽墨縣) 동남쪽 해변에 있는 작은 섬. 대노산(大勞山)과 소노산(小勞山)이 있으며, 예로부터 신선의 거처로 알려져 있다.

87 구덕건국(俱德建國) : Kawadhiyana로 표기하며, 중앙아시아 아무다리아 강 하류의 카바디안 지역에 있었던 나라 이름이다.

88 오호하(烏滸河) : 중앙아시아 파미르 고원에서 아랄해로 흘러 들어가는 강 이름.

89 화요사(火祆祠) : 화천사(火祆祠)의 오류. 배화교의 사당이다. 배화교는 화신(火神)을 숭상하는 종교로 본래 사산조 페르시아의 국교였다. 당대에 중국에 전해졌다.

안에는 독기가 연기처럼 쫙 깔려 있어 날던 새들이 땅으로 곤두박질을 치면 뱀들이 이것들을 삼켜 버린다. 혹은 크고 작은 뱀이 서로 잡아먹거나 풀을 먹기도 한다.

69. 돌악어. 사가조국(私訶條國)[90]의 금요산(金遼山)에 있는 절에는 돌로 된 악어가 있다. 먹을 것과 마실 것이 떨어질 때면 승려들이 돌 악어를 향해 예배를 드린다. 그러면 음식이 다시 마련되었다.

70. 신주(神廚). 구진제국(俱振提國)[91]에서는 귀신을 숭상한다. 성의 북쪽으로 진주강(珍珠江) 너머 20리에 귀신이 있어 봄 가을로 제사를 올린다. 그러면 국왕이 필요한 물품과 금은붙이가 이 귀신의 부엌에서 저절로 나온다. 제사를 마치면 다시 사라진다. 측천무후(則天武后)가 사람을 시켜 사실인지 알아보게 했는데 틀리지 않았다고 한다.

71. 독창. 남만(南蠻)에 독창이 있다. 칼날은 없고 녹이 슨 것처럼 보인다. 그러나 이것에 찔린 자는 피도 흘리지 않고 죽는다. 전하는 말에 의하면, '하늘에서 비가 내릴 때 떨어져 땅 속으로 한 길 남짓 박혔던 것을 땅에 제사를 지낼 때 파서 얻었다'고 한다. 남만 사람들은 이것을 '탁인(鐸刃)'이라고 부른다.

72. 갑옷. 요성(遼城)[92]의 동쪽에 쇠사슬 갑옷이 있다. 고구려 사람들은 이것이 전연(前燕) 시절에 하늘에서 떨어졌다고 한다.

---

90 사가조국(私訶條國) : Sinhala-dvipa의 음역으로, 지금의 스리랑카를 가리킨다.

91 구진제국(俱振提國) : Khodjent의 음역으로, '구전제(俱戰提)'로도 표기한다. 지금의 타지키스탄 지역에 있던 나라이다.

92 요성(遼城) : 당대의 부명(府名)으로, 지금의 요령성 요양현(遼陽縣) 북쪽에 고성이 있다.

73. 토빈랑(土檳榔). 모양이 빈랑나무와 비슷하다. 동굴 속에서 나며 막 자란 것은 여전히 부드럽다. 전하는 바에 의하면, 두꺼비의 분비물이라고 한다. 드물게 보이는 것으로 악성 종기를 치료하는데 잘 듣는다.

74. 귀시(鬼矢).[93] 음습한 땅에서 자라며 옅은 황색이다. 잘 발견되지 않지만 종기를 치료하는데 효험이 있다.

75. 석난간(石欄干).[94] 큰 바다 밑에서 자라며 높이는 한 자 남짓이다. 뿌리가 있으며, 줄기엔 점같은 구멍이 있다. 어부가 그물로 그것을 걷어 올리면 물에서 막 올라왔을 땐 붉은색을 띤다. 그러다가 바람을 쐬면 차츰 푸른색으로 변한다. 결석을 치료한다.

76. 벽그림자. 고우현(高郵縣)[95]에 있는 절인데 절 이름은 잊었다. 법당의 서쪽 벽으로 홰나무 길이 나 있었는데, 매일 해가 질 때면 사람과 말, 마차의 그림자가 모두 벽에 비쳤다. 붉고 자줏빛이 나는 옷을 입은 이들도 이 그림자 속에서 어렴풋이 드러난다. 벽의 두께가 두세 자나 되므로 그 이유를 설명하기 어렵다. 다만 오전에는 그림자가 생기는 일이 없다. 이런 일이 생긴지 20여 년이 되었다고 알려져 있다. 간혹 1년 혹은 반년간 나타나지 않는 경우도 있었다. 나는 태화(太和) 초 양주(揚州)에서 기숙하는 나그네와 승려에게서 이 이야기를 들었다.

77. 식초돌. 나의 친척이 들려준 얘기다. 어릴 적 새집을 부순 적이 있는데, 그 안에서 참새 알 만한 검은 돌멩이가 나왔다. 둥글고 매끄러워 퍽 맘에 들었다. 뒤에 우연히 식초 그릇 속에 담아 두었는데, 갑자기 돌

93 귀시(鬼矢) : 남방에서 나는 식물이겠으나 미상이다.

94 석난간(石欄干) : 해초(海草)의 일종으로, 미역이나 다시마류로 추정된다.

95 고우현(高郵縣) : 당대의 현명으로, 지금의 강소성 고우현.

이 움직이는 것 같았다. 가만히 살펴보니, 그리마와 같은 네 다리가 있었다. 들어보자 다리가 쑥 들어갔다.

78. 복숭아씨. 수부원외랑(水部員外郞)[96] 두척(杜陟)은 강회(江淮)의 저자 사람 중에 도핵선(桃核扇)[97]으로 쌀의 양을 재는 자를 본 적이 있다. 한 되들이로, 구의산(九嶷山)[98] 계곡에서 얻었다고 한다.

79. 사람 다리. 처사 원고(元固)[99]가 들려준 얘기다. 정원(貞元) 초, 도사들과 화산(華山)을 유람하다가 골짜기에서 사람의 넓적다리를 발견했다. 버선과 신발은 아주 새 것이었다. 무릎부터 잘라진 것 같은데 전혀 상처 난 흔적은 없었다고 한다.

80. 자기잔. 강회(江淮)의 어떤 선비가 농원에 살고 있었다. 그의 아들은 이제 스물 남짓이나 늘 병을 달고 살았다. 선비가 하루는 차를 마시는데 찻잔 속에서 갑자기 거품 같은 부스럼이 생기더니, 불쑥 솟아올라 찻잔 밖으로 삐져나왔다. 반짝반짝한 게 투명한 유리 같았다. 그 안엔 한 치 밖에 되지 않는 사람이 서 있다가 찻잔 밖으로 뛰쳐나왔다. 자세히 살펴보니 입은 옷과 차림새가 바로 자기 자식이었나. 한식경쯤 되지 폭발하듯 터지면서 사라져버렸다. 찻잔은 원래대로였으나 약간 금이 가 있었다. 며칠 후 아들은 드디어 신이 내렸다. 신이 하는 말을 풀어 남의 길흉을 예언하는 게 하나도 틀리지 않았다.

96 수부원외랑(水部員外郞) : 공부(工部)에 속한 관원으로, 선박, 하천, 어업, 조운 등의 업무를 담당하였다.

97 도핵선(桃核扇) : 복숭아씨를 잘라 만든 용기. 그 모양이 부채와 비슷하기 때문에 이렇게 부른다.

98 구의산(九嶷山) : '구의산(九疑山)'이라고도 한다. 호남성 영원현(寧遠縣)에 있으며, 산 남쪽에 순(舜)임금의 사당이 있다.

99 원고(元固) : 단성식의 친구로 평생 벼슬을 하지 않고 처사로 지냈다고 한다.

81. 쇠거울. 순풍(荀諷)이란 자는 약성(藥性)에 밝고 도가 서적을 많이 읽어 이치를 잘 설명할 수 있었다. 번황(樊晃)[100]이 늘 그에게 비단 따위로 이바지하였다. 그는 지름이 다섯 치 남짓 되는 쇠거울을 가지고 있었다. 이 거울의 코는 주먹만 했다. 도사가 도를 닦는 곳에서 전수받았다고 하는데, 다른 이상한 점은 없으나 다만 여러 사람이 함께 거울을 보면 각자 자기의 비친 모습만 보이고 남의 모습은 보이지 않는다고 한다.

82. 도룡뇽 가죽. 영령(永寧)[101]의 왕염철(王鹽鐵)은 예전에 도룡뇽의 가죽을 가지고 있었다. 크기가 손바닥만 한데 수염과 꼬리, 반점이 있는 게 개의 모습 같았다.

83. 미이라. 이장무(李章武)[102]는 미이라를 가지고 있다. 길이는 석 자 남짓이며 머리와 목에는 뼈와 근육이 남아 있었다. 초요국(僬僥國)[103] 사람이라고 한다.

84. 우황(牛黃). 우황은 쓸개 속에서 생긴다. 소 가운데 우황을 가진 놈은 그것을 토해 되새김질하기도 한다. 집현교리(集賢校理) 장희복(張希復)은,

"전에 어떤 사람이 토해낸 우황을 갈라보니 속에 나비 같은 물체가 나와서 날아갔다."

는 이야기를 들려준 바 있다.

---

100 번황(樊晃) : 당나라 현종 때의 문사로, 현종과 대종(代宗)대에 정주자사(汀州刺史), 윤주자사(潤州刺史) 등을 역임하였다. 당대의 시인인 유장경(劉長卿)과 교유했으며, 두시(杜詩)를 좋아해 『두공부소집(杜工部小集)』이란 책을 찬집하였다고 한다.

101 영령(永寧) : 당대의 현명으로, 지금의 하남성 영령현(永寧縣) 지역.

102 이장무(李章武) : 당나라 문종(文宗) 때의 인물로, 성도소윤(成都少尹)을 지낸 바 있다. 당대 전기소설 「이장무전(李章武傳)」의 주인공이기도 하다.

103 초요국(僬僥國) : 난장이가 산다는 나라 이름. 초요는 중국 서남방의 이민족에 대한 호칭이기도 하다.

85. 상청(上淸)의 옥구슬. 숙종(肅宗)은 아이 적 항상 현종에게 촉망 받는 존재였다. 현종은 매번 그를 앞에 앉혀 얼굴과 생김새를 유심히 살피고는 무혜비(武惠妃)[104]에게 말하였다.

"이 아이는 퍽 기특한 상을 가지고 있단 말이야. 훗날 우리 황가에도 복덩이 천자가 탄생할 게야!"

그러면서 상청(上淸)의 옥구슬을 가져오라 하더니, 진홍색 깁 주머니에 담아 목에다 걸어주었다. 이 옥구슬은 개원(開元) 연간에 계빈국(罽賓國)[105]에서 조공물로 바친 것이다. 하얀 빛이 방 안을 훤히 비출 정도였다. 안을 들여다보면 신선과 옥녀(玉女), 구름과 학, 붉은 지팡이 같은 형태가 속에서 움직였다. 숙종이 즉위할 즈음 창고 속에서 신이한 빛을 내뿜었다. 뒤에 창고 관리자가 그 일에 대해 낱낱이 아뢰자,

"그것이 상청의 옥구슬이 아니겠는가!"

라고 말하며 꺼내 오라고 하였다. 아직도 진홍색 주머니에 그대로 있었다. 숙종은 울면서 측근들에게 죄다 보여주며 말했다.

"이것은 짐이 어렸을 때 명황(明皇)께서 내려주신 보물이니라!"

마침내 취옥함(翠玉函)에다 넣어 침실 안에다 두게 하였다. 나라 곳곳에서 느닷없이 홍수나 한발, 전란과 같은 재해가 발생하면 이 옥구슬에 정성껏 빌었다. 그때마다 효험이 있었다.

86. 한(漢)나라 황제들은 진왕(秦王) 자영(子嬰)[106]에게서 봉납 받은 백옥새(白玉璽)와 고조(高祖)가 백사(白蛇)[107]를 베어죽인 검을 대대로 보관하고

---

104 무혜비(武惠妃) : 당나라 현종(玄宗)의 비. 항안왕(恒安王) 무유지(武攸止)의 딸로 왕황후(王皇后)가 폐해진 뒤 황후의 대우를 받았다.

105 계빈국(罽賓國) : 인도 북부 카시미르 일대에 있었던 나라 이름으로, 사방이 험준한 산으로 둘러싸여 있었다. 그러나 땅이 온화하여 기초(奇草)와 나무들이 잘 자라는 곳으로 진작에 중국에 알려졌다.

106 자영(子嬰) : 진(秦)나라 2세 황제인 호해(胡亥)의 형인 부소(扶蘇)의 아들로, 항우에 의해 죽임을 당하였다.

107 백사(白蛇) : 유방(劉邦)이 아직 천하를 통일하기 전 어느 날 길을 가로 막고 있던 큰

있었다. 검은 일곱 가지 채색 구슬과 아홉 가지 화려한 옥으로 장식되어 있으며, 오색의 유리를 섞어 검갑(劍匣)을 만들었다. 검이 갑 안에 있을 때에도 그 빛이 밖으로 내비치기 때문에 검을 뽑았을 때와 다름이 없었다. 12년마다 한번씩 칼날을 가는데 여전히 칼날 위에 서릿발이 내린 것 같았다. 검갑을 열고 칼집에서 빼어들면 문득 바람 기운이 생겨나며 광채가 사람을 투사했다.

87. 초주(楚州)[108] 경계에 작은 산이 있다. 이 산 위의 집은 물이 없었다. 승려 지일(智一)이 세 길 깊이로 우물을 팠으나 돌이 나왔다. 돌을 뚫자 흙이 나왔고, 다시 오십 자 깊이까지 파들어가자 옥이 하나 나왔다. 이 옥은 길이가 한 자 두 치이며, 두께는 네 치로 석류꽃처럼 붉었다. 각 면에는 여섯 마리 거북이 그려져 있었다. 자주색으로 맘에 꼭 들었다. 가운데가 비어 있어 물을 담을만 했다. 지일이 우연히 한 모퉁이를 쳐서 흠을 내자 피가 맺혀 떨어졌다. 보름이 지나서야 피가 멋었다.

88. 우향(虞鄉)[109]에 산속 도관이 있다. 꽤 깊숙하고 조용한 곳으로 척양도사(滌陽道士)라는 이가 거기에 살고 있었다. 태화(太和) 연간(827~835), 도사가 한밤에 혼자 제단에 올라 뜰을 바라보는데 갑자기 이상한 빛이 우물 속에서 번져 나왔다. 잠시 후 토끼 같이 생긴 어떤 물체가 나타났다. 순금 빛깔로 아까 그 빛을 따라 나와서는 제단을 돌며 기도를 하는 것이었다. 한참 뒤 다시 우물 속으로 들어갔다. 이때부터 밤이면 나타났다. 도사는 이상한 일이다 싶었지만 남에게 쉬이 이 사실을 알리진 않았다. 그 뒤 우물을 청소하다가 아주 작은 금토끼 하나를 얻게 되었다. 기이한

뱀을 죽였는데, 어떤 노파가 나타나 죽은 뱀은 백제(白帝)의 아들로 방금 적제(赤帝)의 아들이 그것을 죽였다고 말한 뒤 사라졌다. 이는 장차 그가 천자가 될 것임을 암시한 일로 간주되어 왔다.

108 초주(楚州) : 당대의 주명으로, 지금의 강소성 회음현(淮陰縣) 지역.

109 우향(虞鄉) : 당대의 현명으로, 지금의 산서성 우향현.

빛이 번쩍번쩍했다. 당장 두건 넣는 작은 상자에다 넣어두었다. 당시 어사(御史) 이융(李戎)[110]이 포진(蒲津)[111]에 봉직하고 있었다. 도사는 그와 친분이 있어서 이것을 그에게 보내주었다. 그 뒤 이융이 봉선현령(奉先縣令)[112]으로 있다가 흔주자사(忻州刺史)[113]가 되었는데, 이때 금토끼가 갑자기 없어졌다. 몇 개월 뒤 이융은 죽고 말았다.

89. 이사고(李師古)[114]가 산정(山亭)을 손질하던 중 땅을 팠다가 어떤 물건 하나를 얻었다. 쇠도끼의 머리와 비슷하게 생긴 것이었다. 당시 이장무(李章武)가 동평(東平)을 유람하고 있어서 이사고가 이것을 보여주었다. 이장무는,

"이것은 금하는 물건이외다. 피를 서 말이나 마신다오."

라며 놀라워했다. 시험해 보니 정말 그랬다.

---

110 이융(李戎) : 태화 연간에 어사를 지낸 인물이겠으나 미상이다.

111 포진(蒲津) : 지금 섬서성 조읍현(朝邑縣)에 포진관(蒲津關)이 있는데 아마도 이곳을 지칭하는 것으로 보인다.

112 봉선현령(奉先縣令) : 봉선은 지금의 섬서성 포성현(蒲城縣) 지역.

113 흔주자사(忻州刺史) : 흔주는 지금의 산서성 흔현(忻縣).

114 이사고(李師古) : ?~806. 절도사 이정기(李正己)의 손자로, 당나라 숙종, 순종(順宗) 시기의 동중서문하평장사(同中書門下平章事) 등의 요직을 지냈다.

유양잡조 권11

속설과 금기【廣知】

1. 세속에서는 5월에 지붕 올라가는 걸 꺼린다. 5월에는 사람도 허물을 벗는데 지붕에 올라갔다가 그림자를 보게 되면 혼이 나간다고들 한다.

2. 묘지에 묻혔던 금붙이나 비녀, 팔찌, 변기 등에 사용되었던 금을 두고, 도홍경은 '욕금(辱金)'이라 하여 다른 금과 함께 제련해서는 안 된다고 하였다.

3. 구리를 불릴 때 어린 여자아이 한 명과 함께 물을 구리에다 부으면, 구리가 저절로 두 쪽으로 나뉘어진다. 볼록 튀어나온 것이 숫구리이고, 움푹 들어간 것이 암구리이다.

4. 솥에다 불을 때도 끓지 않는 것은 돼지 같은 물체가 거기에 있어서 그렇다고 한다. 이를 제거하면 괜찮아진다.

5. 부엌이 이유 없이 습한 것은 '구주(鉤注)'라는 붉은 두꺼비가 살고 있어서 그렇다. 이 두꺼비를 없애면 습하지 않다.

6. 술을 마시는 자가 간의 기운이 약해지면 얼굴이 푸르스름해지고, 심장의 기운이 약해지면 얼굴이 붉어진다.

7. 맥(脈)이 급하면 얼굴이 파래지고, 뼈가 불끈불끈해지면 얼굴이 하얗게 되고, 혈(血)이 사납고 급하면 얼굴이 붉어진다.

8. 산의 기운이면 남자가 많으며, 못의 기운이면 여자가 많다. 물의 기운이면 벙어리가 많고, 바람의 기운이면 귀머거리가 많다. 나무의 기운이면 곱사등이가 많고, 돌의 기운이면 장사가 많다. 험한 기운이면 혹부리가 많고, 더운 기운이면 불구가 많다. 구름 기운이면 장수하는 이가 많고, 골짜기 기운이면 풍에 많이 걸린다. 언덕의 기운이면 절름발이가 많고, 평지의 기운이면 이진 자가 많다. 구릉의 기운이면 딤욕이 많다.

9. 신체의 신 및 여러 신의 다른 이름들이 있다. 뇌의 신을 '각원(覺元)', 머리카락 신을 '현화(玄華)', 눈의 신을 '허감(虛監)', 코의 신을 '충룡옥(沖龍玉)', 혀의 신을 '시량(始梁)'이라 한다.[1]

---

1 뇌의 신을……'시량(始梁)'이라 한다: 도홍경의 『등진은결(登眞隱訣)』 등에 이런 신체의 신들이 나열되어 있는 바, 거기에는 발신(髮神)으로 '창화(蒼華)', 뇌신(腦神)으로 '정근(精根)', 안신(眼神)으로 '명상(明上)', 비신(鼻神)으로 '옥롱(玉壟)', 이신(耳神)으로 '공한(空閑)', 설신(舌神)으로 '통명(通命)', 치신(齒神)으로 '봉악(峯崿)' 등의 칠신(七神)이 나와 있다.

10. 무릇 도가를 익힌 사람이라면 천고(天鼓)[2]를 울려 여러 신(神)을 부를 줄 알아야 한다. 왼쪽을 서로 부딪치는 것은 '천종(天鐘)'으로, 갑자기 흉악하거나 상서롭지 만난 일을 만나게 되면 부딪친다. 오른쪽을 서로 부딪치는 것은 '천경(天磬)'으로, 산이나 못과 같은 사기(邪氣)가 느껴지거나 외지고 깊은 곳을 지나갈 때 대축(大祝)[3]이 북을 두드리는 것과 같다. 치아의 가운데와 위아래를 서로 두드리는 것을 천고(天鼓)라고 부르는데, 사념이 있는 당사자가 울린다. 부딪치는 횟수는 서른여섯 번으로, 간혹 서른두 번, 스물일곱 번, 스물네 번, 스무 번을 부딪치기도 한다.

11. 선녀는 황옥(黃玉)으로 사마귀 표시를 한다. 기장만한 크기로 코 위에다 만든다. 이 사마귀가 없는 선녀는 귀신이 부리는 것이다.

12. 입산을 꺼리는 날. 큰달[4]은 3일, 11일, 15일, 18일, 24일, 26일, 30일을 꺼리고, 작은달은 1일, 5일, 13일, 16일, 26일, 28일을 꺼린다.

13. 꿈속에서 오장(五臟)을 보게 되면 오곡(五穀)을 얻게 된다. 폐는 삼, 간은 보리, 심장은 기장, 신장은 콩, 비장은 좁쌀에 해당한다.

14. 사람은 북쪽을 향해 머리를 손질하거나 옷을 벗어서는 안 된다. 또 침을 뱉거나 대소변을 보아도 안 된다.

15. 매월 초하루엔 화를 내서는 안 된다.

---

2 천고(天鼓) : 천신이 두드린다는 북. 불가에서도 쓰는 말이지만, 주로 도가에서 중요시한다. 도가에서 특별히 치아를 부딪쳐 군선(群仙)을 부른다는 의미로 쓰인다.

3 대축(大祝) : 신사(神祀)를 주관하는 관장. 은대(殷代)부터 천관(天官)의 하나로 중시되는 자리였다.

4 큰달 : 당대 역법(曆法)에 의하면, 한 달이 30일과 29일로 나누어져 있었던 바, 각각 큰달과 작은달로 구분하였다.

16. 3월 3일에는 아무 풀대도 먹어서는 안 되며, 4월 4일에는 수목을 베어서는 안 된다. 5월 5일에는 피를 보아선 안 되며, 6월 6일에는 흙을 파내면 안 된다. 7월 7일에는 사악한 생각을 하면 안 되고, 8월 4일에는 신을 사서는 안 된다. 9월 9일에는 침대와 자리를 일으키면 안 되고, 10월 5일에는 남을 책망하고 벌주어선 안 된다. 11월 11일에는 목욕하기에 좋으며, 12월 3일에는 재계(齋戒)하기에 좋다. 이러한 금기에 대해서는 삼관(三官)[5]이 감시한다.

도를 닦는 자는 엎드려 머리를 굽혀 절을 해서는 안 된다. 그렇게 하면 하늘이 기울어지고 이환(泥丸)[6]이 뒤집어져서 천제(天帝)가 위쪽에서 소리를 치고, 태을(太乙)[7]이 중전(中田, 즉 심장)에서 울게 된다. 그러니 마음에만 두고 머리를 조아려야만 한다.

17. 늙은이가 흰머리를 뽑는 날로, 1월 4일, 2월 8일, 3월 12일, 4월 16일, 5월 20일, 6월 24일, 7월 28일, 8월 19일, 9월 16일, 10월 13일, 11월 10일, 12월 7일 등이 있다.

18. 『은결(隱訣)』[8]에서 언급한 태청(太淸)의 외술(外術)은 이렇다.

산 사람의 머리카락을 과수에 걸어놓으면 까마귀나 새 따위가 과일을 먹지 못한다.

꼭지와 자루가 두 개씩인 줄[苽]을 먹으면 사람이 죽게 된다.

처마 아래에서 빗방울을 맞고 자란 나물은 독이 있다. 노란 제비꽃과

---

5 삼관(三官) : 도교에서 믿는 신으로, 천관(天官), 지관(地官), 수관(水官). '삼제(三帝)'라고도 한다.

6 이환(泥丸) : 삼단전(三丹田)의 하나로, 도가에서 '뇌(腦)'를 이르는 말이다.

7 태을(太乙) : 천신(天神)의 이름으로, '태일(太一)'이라고도 한다. 주로 도가에서 천신을 부를 때 쓰는 용어이다.

8 『은결(隱訣)』 : 도홍경이 편한 『등진은결(登眞隱訣)』. 모두 25권으로, 도가의 비결을 모은 책이다. 그 잔편이 『도장(道藏)』에 실려 전한다. 참고로 여기 언급된 내용은 현전하는 잔편에는 없다.

붉은 겨자는 사람을 죽게 한다.

표주박의 경우, 소가 그 싹을 밟으면 열매가 쓰다.

만취해서 기장의 짚단 위에 누우면 안 되는데, 그러면 땀이 나고 눈썹과 머리카락이 빠진다.

임신한 부인이 마른 생강을 먹게 되면 낙태를 하게 된다.

시월에 서리 맞은 채소를 먹으면 얼굴에 윤기가 없어진다.

3월에는 채소 절임을 먹으면 안 된다.

사의결(莎衣結)[9]은 집게벌레에 의한 상처를 낫게 한다.

우물가에 돋은 풀은 어린아이가 밤에 울 때 효과가 있다. 엄마의 잠자리 아래에 넣어두되 아이가 모르도록 해야 한다.

배 밑바닥의 이끼는 유행성 열병을 낫게 한다.

과부가 쓰던 짚으로 짠 자리의 마디는 어린 아이의 급성 설사를 없애준다.

목을 매 자결한 자가 사용한 밧줄은 간질에 효과가 있다.

상주(喪主)의 옷깃을 태운 재로 검은 얼굴에 붙이면 효과가 있다.

동쪽 이웃집의 문가에 있는 닭의 횃대를 태워서 재를 만들면 잃은 목소리를 되찾을 수 있다.

다듬잇돌의 먼지는 사람의 신발 밑을 좀 먹는다.

낡은 오동나무 널판으로 거문고 판을 만들면 음양과 접신하기에 적합하다.

물고기가 속눈썹이나 눈꺼풀이 있으면, 뱃속엔 이와 연결된 진주가 있다. 두 눈이 서로 다르고 비늘이 이어지고 하얀 지느러미를 하고 있거나, 배 아래에 '단(丹)'자가 있으면, 모두 사람을 죽게 만든다.

눈이 하얗고 배 아래에 '오(五)'나 '복(卜)'자가 있는 자라는 먹어서는 안 된다.

---

9 사의결(莎衣結) : 사초(莎草)의 한 종류로, '사결(莎結)'이라고도 한다. 향부자(香附子)로 많이 알려져 있으며, 약재로 유명하다.

배딱지 아래에 털이 난 게는 사람을 죽게 한다.

뱀을 뽕나무로 태우면 뱀발이 나오는 것을 볼 수 있다.

꼬리가 갈라진 짐승이나 표범같은 반점이 있는 사슴, 심장에 구멍이 있는 양 따위는 사람을 해친다.

말의 야안(夜眼)[10]을 5월 이후에 먹으면 사람이 죽을 수 있다.

개의 발굽에 붙은 살은 독이 있다.

백마의 안장 아래 살덩이를 먹으면 오장을 상하게 만든다.

까마귀는 혼자서 저절로 죽는 경우 눈을 감지 않는다.

오리의 눈이 희거나, 까마귀가 발톱이 넷이거나, 알에 '팔(八)'자가 있으면 모두 사람을 죽게 만든다.

날던 새가 인가의 우물 속에 들어갔다면 필시 어떤 물건이 있어서이니, 빼내서 버려야 한다.

수맥을 잘라서는 안 되며, 끓어오르는 우물물은 마시면 안 된다. 술이나 간장 따위는 그림자가 없으면 마시면 안 된다.

살모사와 청개구리는 뱀 종류 가운데 독이 가장 강하다. 뱀이 화났을 땐 독이 머리와 꼬리에 있다.

무덤과 우물 속의 기를 가을과 여름에 쐬면 사람이 죽게 된다. 우선 닭털을 던져서 털이 곧바로 떨어지면 독이 없으니, 빙빙 돌며 떨이지면 쐬어서는 안 된다. 식초 몇 말을 뿌리고 나면 들어갈 수 있다.

파리(玻璃)는 천년 된 얼음이 변한 것이다.

유리와 마노(瑪瑙)는 먼저 자연 재로 구워 부드럽게 한 다음에야 조각을 할 수 있다. 자연 재는 남해(南海)에서 난다.

마노는 귀신의 피가 변한 것이다. 『현중기(玄中記)』[11]에 이르기를, '단

10 야안(夜眼) : 말의 무릎에 생기는 검은 점. 말이 이것으로 밤에도 달릴 수 있다고 해서 붙여진 명칭이다.

11 『현중기(玄中記)』 : 진(晉)나라 곽씨(郭氏)가 편찬한 도가 관련 기담집으로, 지금은 전하지 않고 일부 내용들이 다른 자료에 실려 전한다. 구미호(九尾狐) 이야기 등 초창기 흥미로운 서사들이 많이 수록되어 있었다.

풍나무의 수지(樹脂)가 땅에 들어가 호박(琥珀)이 된다'고 하였다. 『세설(世說)』[12]에는, '복숭아나무의 수액이 땅에 들어가 변한 것이다'고 하였다. 『회남자(淮南子)』[13]에서는, '토사자(兎絲子)는 호박의 싹이다'라고 하였다.

19. 귀서(鬼書)[14]에 업살조두(業煞刁斗)[15]라는 것이 있는데, 오래된 용기에서 나온다고 한다.

20. 백가지 서체(書體)가 있다. 현침서(懸鍼書), 수로서(垂露書), 진망서(秦望書), 급총서(汲冢書), 금작서(金鵲書), 호조서(虎爪書), 도해서(倒薤書), 언파서(偃波書), 번신서(幡信書), 비백서(飛白書), 주서(籒書), 무전서(繆篆書), 제서(制書), 열서(列書), 일서(日書), 월서(月書), 풍서(風書), 서서(署書), 충식엽서(蟲食葉書), 호서(胡書), 봉서(蓬書), 천축서(天竺書), 해서(楷書), 횡서(橫書), 지영예(芝英隸), 종예(鍾隸), 고예(鼓隸), 용호전(龍虎篆), 기린전(麒麟篆), 어전(魚篆), 충전(蟲篆), 조전(鳥篆), 서전(鼠篆), 우서(牛書), 토서(兎書), 초서(草書), 용초서(龍草書), 낭서(狼書), 견서(犬書), 계서(雞書), 진서(震書), 반좌서(反左書), 행압서(行押書), 즙서(檝書), 경서(景書), 반초서(半草書) 등이다.

---

12 『세설(世說)』: 즉 『세설신어(世說新語)』. 남조 송(宋)나라 유의경(劉義慶, 403~444)이 편찬한 한대에서 동진(東晉)시대까지의 사대부 일화를 기록한 필기집. 총 천여 항목 36편으로 구성되어 있으며, 풍부한 이야기 소재가 많이 수록되어 있어 중국 필기 문학의 고전으로 일컬어진다. 이 책에서도 자주 인용되었는데, 뒤에 '세설신서(世說新書)'로도 나온다.

13 『회남자(淮南子)』: 전한(前漢)시대 회남왕(淮南王) 유안(劉安)이 편찬한 백과총서. 원래 외서(外書)와 중편(中篇) 등이 더 있었다고 하나, 현재는 내서(內書) 21편만 전하고 있다. 다양한 방면의 내용들을 수록하고 있는데, 특히 노장사상과 그 계열에 대한 언급이 많아 초기 도가 계열의 서적으로 주목받고 있다.

14 귀서(鬼書): 특이한 서체의 일종. 글자 모양이 귀신이 쓴 것 같은 모습이어서 이렇게 불리운다.

15 업살조두(業煞刁斗): 미상. 조두는 군용으로 쓰던 구리그릇. 낮에는 취사에 사용하고 밤에는 신호용으로 두드리는 데 사용했다.

21. 소(召)와 주(奏)를 쓸 때에는 호조서(虎爪書)를 사용하였다. 배우기 어려워 가짜를 막을 수 있기 때문이다. 고하(誥下)를 쓸 때에는 언파서(偃波書)를 사용하였다. 사장(謝章), 조판(詔板)을 쓸 때에는 예각서(蚋脚書)를 사용하였다. 절(節), 신(信)을 쓸 때에는 조서(鳥書)를 사용하였다. 조하(朝賀)하는 글을 쓸 때에는 신서(愼書)를 사용하였으며 혼인에도 사용하였다.

22. 서역(西域)의 글에는 여순서(驢脣書), 연엽서(蓮葉書), 절분서(節分書), 대진서(大秦書), 태승서(馱乘書), 자우서(牸牛書), 수엽서(樹葉書), 기시서(起屍書), 석선서(石旋書), 복서(覆書), 천서(天書), 용서(龍書), 조음서(鳥音書) 등 예순 네 종이 있다.

23. 호종(胡綜)[16]은 사물에 해박하였다. 손권(孫權) 시절에 구리 상자를 발굴했는데 길이는 두 자 일곱 치로, 덮개가 유리로 되어 있었다. 또 백옥으로 된 여의(如意)가 있었는데, 손잡이에 모두 용과 호랑이, 매미 형태의 문양이 새겨져 있었다. 신하를 보내 이 여의에 대해 물었더니, 호종이 답하였다.

"옛날 진시황이 금릉(金陵)[17] 땅에 천자(天子)의 기운이 있다고 하여 산을 깎이 평지로 만들고 곳곳에 보물을 묻이 왕기를 눌렀습니다. 아마도 그 중에 하나일 겁니다."

24. 등성(鄧城)[18] 서쪽 백여 리쯤에 있는 곡성(穀城)[19]은 곡백수(穀伯綏)의

16 호종(胡綜) : ?~243. 삼국시대 오(吳)나라 손권(孫權)의 문신으로, 내외의 공문서를 기초하는 데에 참여하였다.

17 금릉(金陵) : 지금의 강소성 남경(南京). 삼국시대 오(吳)나라의 도읍지로 당시에는 건업(建業)으로 불리었다.

18 등성(鄧城) : 당대의 현명으로, 지금의 호북성 양양(襄陽) 북쪽 지역.

19 곡성(穀城) : 당대의 현명으로, 지금의 호북성 곡성(穀城). 춘추시대엔 '곡국(穀國)'이라 하여, 그곳 왕인 곡백수(穀伯綏)가 조회했다는 기록이 『좌전』에 보인다. 한대부터 곡성현이 되어 양주(襄州)에 편입되었다.

나라였다. 성문에 돌로 만든 사람이 있는데, 그 배에 "투구와 동개를 쓰다듬어라. 투구와 동개를 쓰다듬어라. 동개는 말을 삼가하라[摩兜鞬, 摩兜鞬, 鞬愼言]"라는 문구가 새겨져 있다. 태묘(太廟)[20]에 있는 쇠로 만든 사람의 함구명(緘口銘)과 같은 것이 아닌가 싶다.

25. 역성현(歷城縣)에서 북쪽으로 2리쯤에 있는 연자호(蓮子湖)는 둘레가 20리이다. 이 호수에는 연꽃이 많아 붉은색과 초록색이 어우러져 빛나는 게 빨아놓은 비단이 아닌가 의심될 정도였다. 또 어선이 그림자를 드리운 채 그물을 드문드문 펼쳐놓은 풍경을 멀리서 바라보면 마치 거미줄이 잔 위에 떠있는 듯하다. 위(魏)나라의 원번(袁翻)[21]이 한번은 이 호수에서 열리는 연회에 참석한 적이 있었다. 참군(參軍) 장백유(張伯瑜)가 공에게 자문을 구했다.

"지난번 혈갱(血羹)[22]을 만들었는데, 좀처럼 제대로 되지가 않더군요."

"낙수(洛水)의 물을 가져다 끓이면 필시 만들 수 있을 거요."

장백유가 원번의 말처럼 했더니 과연 효과가 있었다. 당시 청하왕(淸河王)[23]이 이를 보고 기이하고 신기하다 싶어 원번에게 물었다.

"어떻게 그 이치를 알게 되었소?"

"호목(湖目)을 생각하면 이해가 될 겁니다."

청하왕은 웃으며 그렇구나 했지만 실은 이해할 수 없었다. 자리가 파

---

20 태묘(太廟) : 주나라의 태묘를 가리킨다. 공자(孔子)가 태묘에 가서 보니 돌계단 앞에 금속으로 만든 사람 형상이 있는데, 입을 삼중으로 막아놓았고 뒤쪽에는 옛날 말을 신중하게 한 사람이라고 새겨져 있었다고 한다.

21 원번(袁翻) : 476~528. 북위(北魏)의 문신으로, 숙종(肅宗)와 영태후(靈太后)의 신뢰를 받아 중서령, 탁지상서(度支尙書)를 역임하다가 이주영(爾朱榮)에게 살해되었다. 그는 이 전에 제주자사(齊州刺史)를 지낸 적이 있다.

22 혈갱(血羹) : 새나 짐승의 피로 만든 국.

23 청하왕(淸河王) : 원역(元懌, 487~520). 북위 효문제의 아들로, 어려서부터 영특하고 준수하여 촉망을 받았다. 숙종 때 태위(太尉)가 되어 조정의 정무를 도맡았으나, 영태후가 후궁에 유폐되면서 그도 실각하고 말았다.

한 후 주부(主簿) 방숙도(房叔道)에게 말하였다.

"호목에 관한 것은 내가 잘 모르겠구나."

그러자 방숙도가 대답하였다.

"연의 뿌리는 피를 흩어지게 합니다. 호목은 바로 연밥이므로 공께 생각해 보라 한 것입니다."

비로소 청하왕은 탄식하였다.

"사람이 책을 보지 않으면 밤에 길을 가는 것과 같지. 머리 허연 노인이 되어가지고 백면서생만도 못하다니!"

26. 양(梁)나라의 주객(主客)[24]인 육면(陸緬)이 위(魏)나라 사신 울근(尉瑾)[25]에게 말하였다.

"내가 업(鄴) 땅에 도착해서 쌍궐(雙闕)[26]을 구경했는데, 아주 높고 그림 장식 등도 무척 아름답더군요. 그 사이의 석궐(石闕)도 적잖이 높았고요. 제 집에 순욱(荀勗)[27]이 구리로 만든 자[尺]가 있는데, 금자(金字)로 명(銘)이 새겨져 있지요. 저희 집안에서는 대대로 보물로 삼아왔답니다. 헌데 전에 소명태자(昭明太子)[28]께서 오래된 기물을 수집하는 벽이 계셔 마침내

24 주객(主客) : 관직명으로, 외교방면의 사무를 주관하였다. 한대에 상서(尙書)에 객조(客曹)를 설치, 외국과 이적(夷狄)에 관한 일을 맡아보았다. 이후 남주객, 북주객 등으로 나누어 확대 개편되었다. 육면(陸緬)은 미상이다.

25 울근(尉瑾) : 북위(北魏) 때 사람으로, 자가 안인(安仁)이다. 이부상서를 역임하며 당대의 중요한 현안을 처리하여 대표적인 정치가로 불리운다.

26 쌍궐(雙闕) : '문관(門觀)', '상위(象魏)'라고도 한다. 궁전이나 사당, 능묘 앞에 좌우로 높이 세운 건축물로, 높다란 대(臺) 위에 누관(樓觀)을 설치하였다. 궐(闕)이란 이름이 붙은 것은 두 건축물 사이에 빈 공간이 있기 때문이다.

27 순욱(荀勗) : ?~289. 진(晉)나라의 문신. 위진(魏晉) 왕조 교체기에 활약하였으며, 음악에도 조예가 깊어 중서령(中書令) 장화(張華)와 협력하여 율려(律呂)를 정비하기도 하였다.

28 소명태자(昭明太子) : 소통(蕭統, 501~531). 양(梁)나라 고조 무제(武帝)의 아들로, 재주와 학식이 풍부하기로 유명하였으며, 『문선(文選)』을 펴냈다. 이 『문선』은 진(秦)나라 이전부터 양대(梁代)까지의 대표적인 시문 760편을 39종의 체재별로 분류, 수록한 것으로, 중국 초기 대표적인 시문집이다.

이 자가 궁궐 안으로 들어가게 되었답니다. 쌍궐이 세워졌을 때 이 구리 자로 재보니, 높이가 여섯 길이었다지요."

울근이 답례하였다.

"우리 도읍(즉 업鄴 땅)의 쌍궐은 실로 천상의 화려한 궁궐이나, 그 사이의 지세가 너무 낮아 이치상 높을 수가 없지요."

위조사(魏肇師)[29]가 거들었다.

"순욱의 자는 기장을 쌓아 만들었으며 종율(鍾律)[30]을 조정하는 데에 사용하였지요. 완함(阮咸)[31]은 그 소리에 낮고 작은 운(韻)이 있다며 이를 문제 삼았는데, 뒤에 옥척(玉尺)[32]이 나와 재보니 너무 짧았습니다."

27. 옛말에 의하면, '보성(輔星)[33]이 보이지 않는 자는 조만간 죽게 된다'고 한다. 내 친척과 친구가 수행리(修行里)[34]에서 모이곤 했는데, 그 중에 이 별을 보지 못했다는 이가 1년이 되지 않아 죽고 말았다.

28. 전하는 말에 의하면, '인성(人星)[35]을 알아보면 학질을 앓지 않는다'고 한다. 하지만 내 친지 중에 이 별을 아는 자들은 모두 학질을 앓았다.

---

29 위조사(魏肇師) : 북위(北魏)의 문신으로, 울근(尉瑾)과 함께 당대 외교 문제 전반을 담당하였다.

30 종율(鍾律) : 본래 편종(編鐘)의 12율을 가리키는데, 후대에 와서 일반 음률(音律)을 통칭하는 개념으로 쓰였다.

31 완함(阮咸) : 죽림칠현(竹林七賢) 가운데 한 명으로, 완적(阮籍)의 조카이다. 음률에 해박하여 비파를 잘 연주하였다.

32 옥척(玉尺) : 주대(周代)에 만들어진 자를 가리킨다. 땅에 묻혀 있다 우연히 농부에 의해 발견되었다.

33 보성(輔星) : 북두칠성의 제6성 주변에 있는 두 개의 별 가운데 하나. 바로 옆에 있는 별을 내필성(內弼星)이라 하고, 그 보다 좀 떨어져 있는 별은 외보성(外輔星)이라 한다. 나라의 병란이 있으면 이 별이 도드라진다고 한다.

34 수행리(修行里) : 당대 장안(長安)에 있던 동네의 이름. 단성식이 장안에 있을 때 거처가 이곳 수행리였다. 따라서 뒤에도 자주 언급된다.

35 인성(人星) : 북두칠성의 자루에 해당하는 별자리의 이름으로, 예로부터 은하수가 이 별을 통과한다고 알려져 있다.

또 세속에서는 천옥성(天獄星)[36]을 보려고 하지 않는데, 유성(流星)이 이 별에 들어가게 되면, 머리를 풀어헤치고 앉아서 통곡을 하면서 유성이 빠져나가길 기다려야 재앙이 바야흐로 멈춘다고 한다. 『금루자(金樓子)』[37]에도 이런 언급이 있다.

"나는 하늘을 보며 점을 치느라 서리와 이슬을 맞으며 고생한다. 또 유성이 천뢰(天牢)[38]로 들어가는 걸 두려워한다."

이것으로 보면 세속에서 이 별을 꺼린지 오래된 줄 알겠다.

29. 형주(荊州) 척기사(陟屺寺)의 중 나조(那照)는 활을 잘 쏘았다. 매번 활 쏘는 법을 알려주었다. 빛이 길면서 흔들리는 것은 사슴이고, 땅에 달라붙어 빛이 났다 사라지는 것은 토끼이며, 나지막하면서 움직이지 않는 것은 호랑이라 하였다. 또 밤에 호랑이를 만나면 반드시 세 마리 호랑이가 함께 하고 있는 것을 볼 수 있는데, 양쪽에 있는 두 마리는 호위(虎威)이니, 가운데 있는 호랑이를 죽여야 한다는 것이다. 호랑이가 죽으면 호위는 땅 속으로 들어가는데 이것을 얻으면 백가지 사악한 기운을 물리칠 수 있다. 호랑이가 처음 죽을 때에 머리를 처박은 곳을 기억하고 있다가 달이 어두운 밤에 그곳을 판다. 땅을 팔 때에는 필시 다른 호랑이들이 와서 으르렁거리는데, 그래도 두려워할 게 없다. 이는 호랑이의 귀신이기 때문이다. 두 자 깊이를 파면 호박(琥珀)처럼 생긴 물건이 나오는데, 이는 호랑이의 눈빛이 땅 속으로 들어가 만들어진 것이라고 한다.

30. 나조는 또 이런 말도 했다.

---

36 천옥성(天獄星) : 모두 아홉으로 이뤄진 성좌(星座) 가운데 하나로, 형벌과 살벌(殺伐)을 주관한다고 알려져 있다. 참고로 관색(貫索)이라는 아홉 성좌가 모두 밝아지면 천하의 옥사가 많아진다고 한다.

37 『금루자(金樓子)』 : 양(梁)나라 원제(元帝)인 소역(蕭繹)이 편찬한 도가 계열의 책인데, 명대(明代)에 일실되고 지금은 전하지 않는다.

38 천뢰(天牢) : 앞의 '천옥성'과 함께 관색의 아홉 성좌 가운데 하나.

독수리는 깃으로 다른 새들을 잡아먹는다. 또한 이것으로 화살의 깃대를 만들기 좋다. 화살 깃을 만드는 법은 이렇다. 화살 끝에서 세 치 거리에 작은 구멍을 뚫어 화살대와 그곳까지 연결시키면 된다. 낟알 하나 정도의 깊이로 바람이 들게 하여 화살 끝에서 구멍까지 이르게 하면 깃털을 달 필요가 없다.

31. 도사 곽채진(郭采眞)은 '사람의 그림자 수는 아홉 가지에 이른다'고 했다. 내가 시험해 본 적이 있는데, 예닐곱 가지 그림자뿐이고 나머지는 혼란해서 구분할 수가 없었다. 곽채진은 '차츰 횃불을 더 비추면 분별할 수 있다'고 말을 한다. 또 아홉 가지 그림자에는 각기 이름이 있으니, 첫째 신(神)은 우황(右皇), 둘째 망랑(魍魎), 셋째 예절추(洩節樞), 넷째 척부(尺鳧), 다섯째 색관(索關), 여섯째 백노(魄奴), 일곱째 조요(竈囮)[예전에 아홉 가지 그림자의 이름을 마면지(麻面紙)에 베껴놓았으나 아래쪽의 두 글자는 좀이 슬어 기억하지 못한다-원주], 여덟째는 해영태(亥靈胎)이고, 아홉째는 완전히 좀이 슬어 판독할 수가 없다.

32. 보력(寶曆) 연간(825~826) 왕산인(王山人)은 남의 생일 간지(干支)를 가지고 오경(五更) 때에 등불을 밝혀 그림자를 살펴 화복을 알아냈다. 그의 말에 따르면, 사람의 그림자는 짙어지려는 경향이 있단다. 이는 신분이 귀해지고 장수해질 상이기 때문이다. 또 그림자는 얼음이나 우물, 욕조에 비치는 것을 꺼린다고도 한다. 옛날 사람이 그림자를 피한 것도 이 때문이다. 오래된 집게벌레, 물여우, 답영고(踏影蠱)[39]는 모두 사람 그림자가 비춰지면 해롭다. 근래에는 사람의 그림자에 뜸을 놓아 병을 잘 고치는 자도 있다.

39 답영고(踏影蠱) : 미상이나 어의상으로 '그림자를 밟는 벌레'가 되는 바, 이런 류의 벌레로 짐작된다.

33. 도성의 절에 있는 신상 중에는 새들에 의해 더럽혀지지 않는 경우가 있다. 봉상(鳳翔)의 은자 장영선(張盈善)은 갑자년(844)에 갑자기 신선이 되었다. 그는 간혹 절의 금강역사(金剛力士)[40]에 새들이 모여들지 않는 것은 영험해서가 아니고, 조성할 흙을 가져온 곳이나 흙을 빚어 형상을 만들 적에 우연히 왕상(旺相)[41]할 때와 맞아 떨어져서 그런 것이라고 했다.

34. 장영선은 이런 말도 했다. 사원이나 도관(道觀)의 상도 볼 수 있으니, 햇볕이 상(像)에 비추는 것으로 그 부유한 정도를 짐작할 수 있단다. 옛날 낙양의 수범사(脩梵寺)[42]에 두 개의 금강역사가 있었는데 새들이 모여들지 않았다. 북위 시대의 인도 승려 보리달마(菩提達摩)[43]의 진영을 간직하고 있다고 한다.

35. 어떤 이는, '용의 피가 땅에 들어가 호박(琥珀)이 된다'고 한다. 『남만기(南蠻記)』[44]에 의하면, '영주(寧州)[45]의 사막 가운데 절요봉(折腰蜂)이 있다. 모래 언덕이 무너지면 벌이 나오는데, 그곳 사람들이 이 벌을 태워 호박을 만든다'고 나와 있다.

---

40 금강역사(金剛力士) : 여래의 비밀 사적을 알아서 오백 야차(夜叉)를 부려 불법을 지킨다는 두 신. 절 문 또는 수미단 앞의 좌우에 세우는데, 허리에만 옷을 걸친 채 용맹스러운 모습을 하고 있다.

41 왕상(旺相) : 오행가(五行家)의 용어 중 하나로, 오행의 기운이 소장(消長)함에 따라 왕성한 기운을 받는 때를 뜻한다. 왕(旺)은 '왕(王)'으로도 쓴다.

42 수범사(脩梵寺) : 『낙영가람기(洛陽伽藍記)』에 의하면, 낙양의 청양문(靑陽門) 북쪽에 있으며, 이 이야기가 함께 나와 있다.

43 보리달마(菩提達摩) : Bodhidharma의 음역으로, 남천축(南天竺) 출신의 승려. 양(梁)나라 무제(武帝) 때 배를 타고 중국에 들어와 숭산 소림사(少林寺) 등에서 포교했으며, 105세를 살았다고 한다. 선종(禪宗)의 시조로 인정되고 있다.

44 『남만기(南蠻記)』 : 당나라 함통(咸通) 연간(860~873)의 인물인 번작(樊綽)이 펴낸 책으로, 모두 10권이다. 당시 남만 지역의 풍속을 기록한 흥미로운 저작이다. 번작은 영남서도절도사의 종사관으로 따로 『운남지(雲南志)』 10책을 편하기도 했는데, 아무튼 『남만기』는 이 책에 인용된 저작 가운데 가장 최근의 것에 해당한다.

45 영주(寧州) : 진대(晉代)의 주명(州名)으로, 지금의 운남성 보산현(保山縣) 지역.

36. 산인 이홍(李洪)은 도가의 비문(秘文)을 잘 알았으며 박식했다. 그가 일찍이 나에게, '도자기 중에 금이 간 것은 버리는 게 좋다'고 하였다. 예전에 우연히 도사를 만났는데, 그가 뇌고(雷蠱)와 귀매(鬼魅)가 그 안에 숨어있다고 말해 주었다 한다.

37. 근래 불화(佛畵) 중 천장보살(天藏菩薩)과 지장보살(地藏菩薩)을 가까이서 보게 되었다. 그 규모와 채색이 눈을 녹일 듯 빛을 발했다. 어떤 이는, '증청(曾靑)과 벽어(壁魚)[46]로 채색한 불화를 가까이서 보면 광채가 난다'고 한다. 또 종종 벽에 그려진 승려와 신귀(神鬼)의 눈이 사람을 따라 움직인다고 하는데, 이는 눈동자를 점찍을 때에 아주 정교하게 해서 그런 것이다.

38. 수재(秀才) 고비웅(顧非熊)[47]의 말에 의하면, '물고기를 낚을 때에는 빙빙 도는 놈을 낚어야 한다. 우두머리를 잃게 되면 다른 물고기들이 떠나가지 않고 빙빙 돌기 때문이다'고 한다.

39. 자은사(慈恩寺)[48]의 승 광승(廣升)이 들려준 이야기이다.

정원(貞元) 말, 낭주(閬州)[49]의 중 영감(靈鑒)은 탄환을 잘 쏘았다. 그의 탄환은 동정호(洞庭湖)의 모래가 쌓여있는 기슭 아래의 흙 세 근, 숯가루 세 냥, 도자기 가루 한 냥, 느릅나무 껍질 반 냥, 뜨물 두 숟갈, 자광(紫礦)[50] 두 냥, 가는 모래 서 푼, 등나무로 만든 종이 다섯 장, 칡뿌리즙 반 홉을

---

46 증청(曾靑)과 벽어(壁魚) : 모두 벽화용 안료. 증청은 푸른색을 안료로 판단되며, 벽어도 안료이겠으나 미상이다.

47 고비웅(顧非熊) : 당대의 시인. 고황(顧況)의 아들로 단성식과 친구 사이이다. 진사에 급제한 후에 은거하며 가도(賈島)와 교제하였다. 이 책 권13에 그의 일화가 나온다.

48 자은사(慈恩寺) : 당대(唐代)의 대사찰로, 장안(長安)의 진창방(晉昌坊)에 있었다. 뒤에 「사탑기(寺塔記)」에 나온다.

49 낭주(閬州) : 당대의 주명으로, 지금의 사천성 낭중현(閬中縣) 지역.

50 자광(紫礦) : 나무껍데기에서 취해 불에 달여 만든 붉은 색의 염료.

가지고 만든다. 이 아홉 가지를 3천 번 절구질하여 찧고 손으로 둥글게 만들어 그늘에 건조시킨다. 정휘(鄭彙)[51]가 자사로 있을 때이다. 이름이 인(寅)인 부자가 있었다. 책보기를 좋아하였고 술을 잘 마셔 정휘가 그를 무척 아꼈다. 그런데 훗날 도적질한 일이 드러나 죽게 되었다. 한번은 인이 영감을 찾아서 탄궁을 겨룬 적이 있었다. 인이 가지가 갈라진 한 나무를 가리켰다. 서 있는 곳과 수십 보 떨어져 있었는데,

"적중시키면 5천금을 드리겠소."

라는 제의를 하면서 하나를 발사해 바로 적중시켰다. 그런데 탄환이 다시 튕겨 나오면서 나뭇가지를 뚫지 못했다. 영감의 차례가 되어 쏘자 나무의 마디가 푹 꺼지면서 탄환도 부서졌다.

40. 상서 왕언위(王彦威)[52]가 변주(汴州)[53]에 부임한지 2년이 되던 해 여름에 가뭄이 들었다. 당시 원왕(袁王)[54]의 사부 계기(季玘)가 변주를 지나가는데 마침 연회가 있었다. 왕언위가 가뭄을 걱정하자 계기는 술에 취해 답을 내놓았다.

"비를 내리게 하는 건 아주 쉬운 일이오. 사의(蛇醫)[55] 네 마리와 열 말들이 항아리 두 개를 마련하여 항아리에 물을 가득 채운 후 사의를 두 마리씩 띄워놓습니다. 나무뚜껑을 덮고 진흙으로 밀봉한 다음, 시끄러운 곳에 따로 따로 놓아둡니다. 그런 다음 항아리 앞뒤에 자리를 펴고 향을 피우는 한편, 열 살 이하의 아이 십여 명을 뽑아 작고 푸른 대나무를 잡고 밤낮으로 항아리를 두드리게 하면 됩니다. 단 두드리기를 잠시도 멈

---

51 정휘(鄭彙) : 여기 기록 외에는 미상이다.

52 왕언위(王彦威) : 당대 문종(文宗) 때의 문신. 태원(太原) 사람으로, 고금의 전례(典禮)에 해박했다. 홍문관학사(弘文館學士), 간의대부(諫議大夫) 등을 역임하였으며, 사후에 상서우복야(尙書右僕射)에 추증되었다.

53 변주(汴州) : 당대의 주명으로, 지금의 하남성 개봉(開封) 지역.

54 원왕(袁王) : 이신(李紳). 순종(順宗) 이송(李誦, 761~806)의 열아홉 번째 아들로, 805년에 원왕에 봉해졌다.

55 사의(蛇醫) : 도롱뇽과 비슷한 양서류로, '영원(蠑螈)'이라고도 한다.

춰서는 안 됩니다."

왕언위가 시험 삼아 그 말처럼 했더니 하루에 두 번에 걸쳐 많은 비가 쏟아졌다. 옛말에 의하면 용과 사의와는 친척관계라고 한다.

유양잡조 권12

일화의 자료【語資】

1. 역성현(歷城縣)의 위명사(魏明寺) 안에 한공(韓公)[1]의 비석이 있다. 이 비석은 태화(太和)[2] 연간에 세워진 것이다. 위공(魏公)[3]이 일찍이 사람을 시켜 제주(齊州) 안에 있는 비석을 모두 조사하도록 했는데 그때, 이 비석의 문장과 내용이 가장 뛰어나다는 보고를 받았다. 위공은 이 비의 탁본

1 한공(韓公) : 한기린(韓麒麟, 433~488). 북위(北魏)의 효문제 때의 인물로, 황문시랑(黃門侍郎) 등을 역임하며, 인재를 등용하고 청빈한 생활로 당대의 칭송을 받았다.

2 태화(太和) : 북위(北魏) 효문제의 연호로, 해당 기간은 477~499년.

3 위공(魏公) : 위수(魏收). 자는 백기(伯起). 북위 때 문명을 날려 온자승(溫子昇), 형소(邢劭)와 함께 '삼재(三才)'로 일컬어졌다. 반면 그는 성품이 경박하여 '경협접(驚蛺蝶)'이라고 야유를 받기도 했다. 주지하듯이 『위서(魏書)』를 편찬하였다. 그는 이 시기 제주자사(齊州刺史)로 있었다.

한 부를 항상 베개 안에 두곤 했다. 그래서 집안사람들은 이 베개 이름을 '기린함(麒麟函)'이라고 불렀는데, 이는 한공(韓公)의 휘가 '기린(麒麟)'이기 때문이다.

2. 유신(庾信)[4]이 시를 지으면서 『서경잡기(西京雜記)』[5]의 고사를 인용하였다가 금방 이를 고치면서,

"이는 오균(吳均)[6]의 말이므로, 아무래도 끌어다 쓰기엔 문제가 있어요."

라고 하였다. 이에 위조사(魏肇師)가 이렇게 말했다.

"옛사람들도 내용을 빌리거나 왜곡한 경우가 많지요. 그러니 「앵무부(鸚鵡賦)」[7]는 이형(禰衡)[8]과 반니(潘尼)[9] 두 사람의 문집에 모두 실려 있고, 「혁부(奕賦)」[10]에도 조식(曹植)[11]과 좌사(左思)[12]의 말이 똑같이 실려 있답니

---

4 유신(庾信) : 513~581. 남북조 시대 북주(北周)의 시인으로, 자는 자산(子山). 서릉(徐陵)의 염체(艶體)를 익혀 문장으로 자임하였다. 북위에서 한때 억류되기도 했는데, 고향을 그리워하며 남긴 「애강남부(哀江南賦)」가 대표작으로, 두보도 그의 시를 높이 평가하였다.

5 『서경잡기(西京雜記)』 : 동진(東晉) 때 갈홍(葛洪)이 엮은 필기소설집으로, 모두 6권이다. 한나라 장안의 유문일사(遺聞佚事)를 집대성한 것으로, 『유양잡조』에 앞서 나온 대표적인 필기소설 중에 하나이다.

6 오균(吳均) : 469~520. 양(梁)나라 문인으로, 학문과 역사에 조예가 깊었다. 『통사(通史)』라는 역서를 편하다가 완성하지 못하고 죽었다.

7 「앵무부(鸚鵡賦)」 : 후한 때의 문인 이형(禰衡)의 작품으로, 『문선(文選)』 권13에 실려 있다. 어떤 이가 장릉(章陵)의 태수였던 황사(黃射)에게 앵무새를 바치자 이를 축하하기 위해 지은 작품이다.

8 이형(禰衡) : 후한 때 평원(平原) 사람으로, 자는 정평(正平). 젊어서부터 재주와 말솜씨가 뛰어났는데, 조조(曹操)가 그를 죽이려했으나 워낙 문명이 높아 죽이지 못했다고 한다.

9 반니(潘尼) : 서진(西晉) 때의 문인으로, 자는 정숙(正叔). 반악(潘岳, 247~300)이 그의 숙부이며, 「앵무부」가 그의 작품으로도 알려져 있다.

10 「혁부(奕賦)」 : 현재 이 「혁부」는 남아 있지 않아 사실을 확인할 수 없다.

11 조식(曹植) : 192~232. 삼국시대 위(魏)나라의 문인으로, 자는 자건(子建). 조조(曹操)의 아들이며 문제(文帝)인 조비(曹丕)의 형으로, 시에 특히 뛰어났다. 문제가 제위에 올라 형인 그를 해치려고 일곱 걸음 안에 시를 짓게 했는데(이른바 '칠보시(七步詩)'), 정말 일곱 걸음 안에 형제간의 갈등을 풍자한 시를 지어, 마침내 살 수 있었다.

12 좌사(左思) : 진대(晉代)의 문인으로, 자는 태충(太冲). 그의 「삼도부(三都賦)」는 10년

다. 옛사람들의 의도가 어찌 이 지경에 이르렀단 말입니까?"

서군방(徐君房)도 이렇게 거들었다.

"시인들이 저마다 상대방의 소재를 가져다 쓰기를 좋아한 나머지 한 글자도 차이가 없는 바람에 후세 사람들이 정녕 이를 구별하지 못하게 되었지요."

위(魏)나라 울근(尉瑾)도,

"구석(九錫)[13]이라 하면 왕찬(王粲)[14]을 일컫고, 육대(六代)[15]라 하면 조식(曹植)을 말하곤 합니다."

라고 하였다. 다시 유신의 말이다.

"우리 강남의 재사(才士)들 중 지금 세상에 추승되는 인물은 거의 없고, 온자승(溫子升)[16]만이 업하(鄴下)[17]에서 이름을 날렸지요. 전에 그의 작품을 본 적이 있는데, 그 명성이 멀리 퍼질 만하더군요. 최근 위수(魏收)의 몇 권의 비문을 입수해 볼 수 있었지요. 지은 글이 넉넉하고도 빼어나 특별히 걸출한 인물이라 하겠습니다."

동안 구상하여 지은 명편으로, 고려 때의 최자(崔滋)는 이 시를 모방하여 따로 「삼도부」를 남긴 바 있다.

13 구석(九錫) : 고대 중국에서 천자가 공을 세운 제후에게 내려주는 아홉 가지 물건. 즉 거마(車馬)・의복・악기・주호(朱戶)・납폐(納陛)・호분(虎賁, 시종)・궁시(弓矢)・부월(斧鉞)・거창(秬鬯, 향술) 등속이다.

14 왕찬(王粲) : 177~217. 후한의 건안칠자(建安七子) 중 한 사람으로 자가 중선(仲宣). 특히 인민들의 고난을 사실적으로 묘사한 「등루부(登樓賦)」가 유명하다. 그가 구석문(九錫文)을 지은 적이 있어서 이렇게 말한 것이다.

15 육대(六代) : 삼국시대 오(吳)와 동진(東晉), 그리고 남조(南朝)의 송(宋)・제(齊)・양(梁)・진(陳). 이 시기에 조식의 존재가 가장 뚜렷하기 때문에 이렇게 말한 것이다.

16 온자승(溫子升) : 온자승(溫子昇, 496~548). 북위(北魏)의 문인으로, 자는 붕거(鵬擧). 시에 뛰어나 앞에서 거론한 위수 등과 이름을 나란히 하였다. 원근(元僅)의 반란 때 오해를 받아 옥중에서 굶어 죽었다. 그의 작품으로 「헌무왕비문(獻武王碑文)」이 유명하다.

17 업하(鄴下) : 삼국시대 위나라의 수도로 업경지하(鄴京之下)의 준말이다. 지금의 산동성 임치현(臨淄縣) 일대.

3. 양(梁)나라에서 황문시랑(黃門侍郎) 명소하(明少遐),[18] 말릉령(秣陵令) 사조(謝藻),[19] 신위장사(信威長史) 왕찬충(王纘沖), 선성왕문학(宣城王文學) 소개(蕭愷), 겸산기상시(兼散騎常侍) 원압(袁狎), 겸통직산기상시(兼通直散騎常侍) 하문발(賀文發) 등을 파견하여 위(魏)나라의 사신 이건(李騫)과 최할(崔劼)[20]을 영접하였다. 인사를 마치자 명소하가 이건에게 증시(贈詩)했는데 시 내용은 이러하다.

소슬한 바람 발을 밀어 올리니　　蕭蕭風簾擧
이 생각 저 생각 끝이 없어라.　　依依然可想

이건이 화답하였다.

등불의 불똥이 차서 굳지 않으면　　未若燈花寒
얼어붙을 때가 아니라네.　　不結最附時

명소하의 답시 중에도 이 구절이 들어있다. 최할이 명소하에게 물었다.

"올해는 몹시 추웠는데 이곳 강회(江淮)[21] 사이엔 강물이 얼지 않았단 말입니까?"

"이곳도 살얼음이 얼기는 했습니다만 통행을 못할 정도는 아닙니다. 그러니 황하에 얼음이 다 얼어 수레와 말이 쉽게 건너는 상황과는 다르

18 명소하(明少遐) : 양(梁)나라의 문신으로, 자는 처묵(處默). 형인 명산빈(明山賓)과 함께 문명이 있었다.

19 사조(謝藻) : 사재경(謝才卿)의 아들이며, 그가 일찍 죽자 숙부인 사기경(謝幾卿)에게서 자랐다는 정도만 알려져 있다. 이하 왕찬충(王纘沖) · 소개(蕭愷) · 원압(袁狎) · 하문발(賀文發) 등은 미상이다. 다만 하문발은 뒤에 나오는 하계(賀季)가 아닌가 싶다.

20 이건(李騫)과 최할(崔劼) : 이 책 권3의 65번에 이미 나온 바 있다.

21 강회(江淮) : 장강(長江)과 회수(淮水). 주로 강소성과 안휘성 일대를 가리키는 말이기도 하다.

지요."

원압이 끼어들었다.

"황하의 얼음 위에 이리[狸]의 발자국이 나 있으면 사람도 건널 수 있다지요?"

그러자 최할은,

"이리가 아니라 여우[狐]지요. 이는 글자가 잘못된 것이외다."

라고 답하였다. 다시 명소하가 물었다.

"여우는 의심이 많은 성격이고, 족제비는 곧잘 망설이는 습성이 있지요. 여우는 의심이 많아 망설이기 때문에 이렇게 전해진 것이겠지요?"

최할의 대답은 이랬다.

"까치는 바람을 피해 집을 짓고 꿩은 악정(惡政)을 피해 달아납니다. 이는 새들의 장점 가운데 하나입니다. 여우는 의심이 많고 족제비가 망설이니, 이는 짐승들의 단점 가운데 하나라고 할 수 있겠지요."

4. 양나라 서군방(徐君房)이 위나라의 사신 울근(尉瑾)에게 술을 권하면서 단숨에 다 들이키고는 환하게 웃었다.

"기가 막히게 시원하군요!"

그러자 울근이 물었다.

"경께서 업(鄴) 땅에 있을 땐 술을 마시더라도 한번도 술잔을 단번에 들이킨 경우가 없었는데, 무주(武州)[22]에 간 뒤로는 잔을 들었다 하면 한 방울도 남기지 않는군요."

"난 술이 정말 약했는데 이것도 습관이 되다보니 조금씩 늘었을 뿐이오. 따로 이유는 없소이다."

유신(庾信)이 거들었다.

"서자(庶子)[23]의 나이의 많고 적음이나 술 양의 많고 적음은 때에 따라

---

22 무주(武州) : 남북조시대에 양나라의 주명으로, 지금의 호남성 상덕현(常德縣)이다.

23 서자(庶子) : 제후나 경대부의 서자에 대한 계령(戒令)과 교리를 맡은 벼슬. 여기서는

변동이 있으니 단번에 잴순 없겠지요."

위조사(魏肇師)도,

"서군(徐君)의 나이는 마음에 따라 젊어졌고 술은 장소에 따라 늘어났으니, 잘은 모르지만 십복(十復)[24]을 할 때도 경중이 있는 것과 같다 하겠지요."

라고 하였다.

5. 양나라에서 위나라의 사신을 영접했을 때이다. 위조사(魏肇師)가 술잔을 들어 진소(陳昭)[25]에게 권하며 말하였다.

"이 자리가 끝나고나면 조만간 경과 이별하게 될 터라, 생각하면 너무 슬프고 안타깝소."

"저는 명현을 흠모하거늘 어찌하여 끝이라고 하십니까? 지금은 사신의 몸이라 깊은 속내를 다 드러낼 수 없습니다만 여기서 다시 소원해져 버린다면 이 슬픔을 어떻게 한단 말입니까?"

이윽고 술이 앵무잔에 따라지자, 서군방은 다 마실 수 없어 위조사에게 부탁하였다.

"소라잔은 나선 모양인데다 끝부분과 옆이 길어 완상하기에 좋을 뿐만 아니라 벌주잔으로도 제격이니, 경은 오늘이야말로 정녕 사양치 못하게 되었소!"

라며 위조사가 강권하였다. 유신(庾信)도,

"서자(庶子)께서는 딴전 피우기를 좋아하는군요!"

라고 하면서, 마침내 다시 잔에 술을 가득 따르라고 하였다. 그러자 서군방은 유신에게 따졌다.

서군방을 가리키는데, 이때 서군방의 벼슬이 서자였음을 알 수 있다.

24 십복(十復): 미상으로 당시에 쓰인 속어일 것으로 추측될 뿐이다.

25 진소(陳昭): 당시 위나라의 사신으로 온 인물이겠으나, 그의 구체적인 행적은 미상이다.

"어찌 이리 강권하며 보채시오?"

그 참에 위조사도,

"이는 정도로 마시라는 말씀이지 콩깍지[26]에 비유한 것은 아닙니다 그려!"

라며 거들자, 서군방은 마침내 술잔을 다 비워 뒤집었다. 유신이 울근과 위조사에게 말하였다.

"마침 저의 집에 전에 빚은 영녹주(醽醁酒)[27] 몇 동이를 진흙으로 완전히 봉해 놓았는데, 그 맛이 어떨지 모르겠군요. 분명한 건 제가 먼저 맛을 보진 않았으니 삼가 이 술을 바칠까 합니다."

위조사가 답례했다.

"매번 귀한 것을 이렇게 뵐 때마다 내놓으시니 도리어 부끄럽기 그지없소이다."

6. 복야(僕射) 위수(魏收)가 대군(代郡)[28]에 부임하였다. 7월 7일 순산(舜山)[29]에 올라 주변을 둘러보고 아래를 내려다보다가 주부(主簿) 최(崔)아무개에게 물었다.

"내가 들러 본 곳이 많지만 산천이 기름지고 경관이 빼어난 천하의 이름난 지역으로 이곳보다 나은 곳을 보지 못했다네. 아지 동양(東陽)[30]만

---

26 콩깍지 : 조식(曹植)의 칠보시(七步詩)에 "콩을 삶느라 콩깍지를 태우니, 콩이 솥 속에서 울고 있구나[煮豆燃豆萁, 豆在釜中泣]"라고 하였다. 조비(曹丕)가 형인 조식을 죽이기 위해 칠보시를 짓게 한 것처럼, 여기서도 벌주를 주기 위해 재촉하는 것이 아니라는 뜻으로 쓰였다.

27 영녹주(醽醁酒) : '녹영주(醁醽酒)'라고도 하며, 옛날 맛좋은 술이라 할 때 대표적으로 거론된다. 한편 술을 빚으면 진흙으로 봉합해 놓는다고 한 점에서 이 당시 술의 제조방법을 알 수 있다.

28 대군(代郡) : 북위(北魏) 때의 군명으로, 지금 산서성 대동현(大同縣) 지역.

29 순산(舜山) : 역성현 남쪽에 위치한 산으로, 순임금을 모시는 사당이 있어서 붙여진 이름이다.

30 동양(東陽) : 동양으로 불린 지역은 많은데, 여기서는 대군(代郡)과 가까운 지금 산동성 임구현(臨朐縣) 지역으로 판단된다. 이 현의 동편에 동양성(東陽城)이 있다.

은 확인해보지 못했는데 어떤가?"

"동양은 청주(青州)[31]의 옛날 명칭이기도 하며, 제주(齊州)[32]도 전에 동양이라 불렀나이다. 이 두 곳의 산천은 형세도 서로 비슷하옵니다. 일찍이 두 곳을 품평한 논의를 들었는데 이곳보다 낫지 않다고 하옵니다."

위수는 마침내 붓을 준비시켜 시를 지을 참이었다. 그런데 신임 태수와 교체할 때 관사의 비품이 바닥난 관계로 붓을 찾았으나 남은 게 없었다. 위수는 어쩔 수 없이 오백(五伯)[33]의 곤장으로 동헌의 북편 벽에 이런 시를 써서 남겼다.

위에 아뢸 치적도 없고	述職無風政
귀로는 산하로 막혔어라.	復路阻山河
도리어 깃발로 해를 가리고	還思麾蓋日
이 산 언덕에 머물 생각 뿐.	留謝此山阿

7. 순(舜)임금의 사당 동편에 큰 돌이 있다. 넓이가 세 길쯤 되고, 위에는 '불취불귀(不醉不歸, 취하지 않고서는 돌아갈 수 없다)' 네 글자가 새겨져 있다. 공(즉 위수(魏收))이 '이는 순임금이 남긴 덕이 아니다'고 하면서 이 글자를 파서 지워버리게 했다.

8. 양나라에서 위나라 사신 이건(李騫)과 최할(崔劼)을 영접하였다. 풍악이 울리자 양나라 사인(舍人) 하계(賀季)[34]가

"음악 소리는 사람을 깊이 감동시킵니다."

---

31 청주(青州) : 고대 중국의 구주(九州)의 하나로, 지금 산동성 제남(濟南) 일대. 후한 이후 청주자사(青州刺史)를 두어 임치(지금 산동성 임치현)를 다스리게 했다.

32 제주(齊州) : 지금 산동성 역성현(歷城縣) 지역으로, 과거 청주와 경계에 있었다.

33 오백(五伯) : '오백(五百)'이라고도 하며, 장형을 집행하던 하급 관리.

34 하계(賀季) : 양(梁)나라 때의 인물로, 경학에 조예가 깊었던 하혁(賀革)의 동생이다. 상서사부랑(尙書祠部郞), 중서황문랑(中書黃門郞) 등을 역임하였다.

라고 하였다. 이에 최할이 화답하였다.

"옛날에 신희(申喜)[35]의 노래 소리를 들으면 슬펐는데, 그 어머니를 떠올리기 때문이라고 합니다. 참으로 그 이치가 절묘하지 않습니까."

그러자 양나라의 주객(主客)인 왕극(王克)이 응했다.

"소리를 들어 그 지방의 풍속을 살핀다고 하는데, 이 또한 적실하다 하겠습니다."

최할이 또,

"연릉(延陵)의 계자(季子)[36]가 옛날 상국(上國)으로 사신을 갔다가 실로 그곳 풍속의 아름다움을 봤다지요."

라고 하자, 이 말을 들은 하계가 응수하였다.

"경께서 이 말씀을 하시니 한 번 겨뤄보고 싶어집니다."

이건이 거들었다.

"제가 채찍과 활을 잡고 두 분을 위해 주선하리다."

하계가 먼저 말하였다.

"감히 삼사(三舍)[37]로 물러나지는 않겠나이다."

"자주 달아난 일[38]에 대해서는 오래 전에 이미 사과하였지요."

"수레가 부서지고 깃발이 꺾여 돌아가게 될까 두렵습니다."

---

35 신희(申喜) : 주(周)나라 때의 인물로, 그는 어머니가 죽자 고아가 되어 노래를 부르며 밥을 구걸하였는데, 그 소리가 너무 슬프고 감동적이었다고 한다.

36 연릉(延陵)의 계자(季子) : 춘추시대 오나라의 계찰(季札)을 말한다. '계찰괘검(季札挂檢)' 고사의 주인공으로, 그가 사신으로 가는 길에 서국(徐國)에 들렀는데 그 나라 군주가 자신의 칼을 갖고 싶어 했다. 돌아오는 길에 다시 들렀으나 그는 이미 죽어 없었다. 그래서 계찰은 그 칼을 그의 묘소에 걸어 놓고 돌아왔다.

37 삼사(三舍) : 거리로 90리를 말하는데, 이는 군대가 사흘을 행군할 거리이기도 하다. 전쟁에서 보통 후퇴할 때 쓰는 용어이다. 『좌전』 희공(僖公) 28년 3월조에, 진군(晉軍)이 성복(城濮)에서 초군(楚君)과 싸웠다가 계속 밀려 삼사의 거리 정도를 퇴각한 일이 나와 있다.

38 자주 달아난 일 : 이 말은 『좌전(左傳)』 선공(宣公) 12년 6월조에 나오는 말로, 진(晉)나라의 순림보(荀林父)의 군대가 정나라의 군대를 구원하기 위해 초나라 군대와 맞섰다가 계속 패하여 달아나기를 반복한 일이 있었다. 순림보는 패전의 책임을 지고 자결하려고 했으나, 사정자(士貞子)가 간언하여 죽음을 면하였다.

"평음(平陰)의 전투[39]에서 먼저 소리가 들린 지 이미 오래되었지요."

왕극이 끼어들었다.

"저는 관곡(館穀)[40]으로 무공(武功)을 표시할까 싶습니다."

이건도 끼어들었다.

"왕이 다치고 군대까지 패하면[41] 장차 누구에게 나라를 부탁하겠습니까?"

마침내 다함께 크게 웃고는 이야기를 끝냈다. 풍악이 그치려는 즈음 수십 필의 말이 달려가는데 제일 뒤에 환관이 타고 있었다. 이를 본 이건이,

"환관이 취마(趣馬)[42]와 동렬이니, 이는 관작을 침해한 것이 아니오?"

라고 묻자, 하계가 대답하였다.

"이는 모양만 그런 것일 뿐입니다."

그러자 최할이,

"만약 원소(袁紹)[43]를 만났다면 죽음을 면치 못했을걸!"

이라고 하였다.

---

39 평음(平陰)의 전투 : 평음은 지금 산동성 평음현으로, 동북쪽에서 평음성(平陰城)이 있었다. 『좌전』 양공(襄公) 18년 10월조에 의하면, 진후(晉侯)가 제나라를 정벌하자 제후(齊侯)는 평음성에서 방어를 하는데, 진나라의 군대가 워낙 강성하여 제나라 군대는 밤을 타 도망을 쳐버렸다. 그런데 그 전에 사광(師曠)은 진후에게 "까마귀 울음소리가 한창이니 제나라 군대는 필시 도망칠 것입니다"고 아뢰어, 제나라 군대의 퇴각을 까마귀 울음소리를 통해서 미리 알았다고 한다.

40 관곡(館穀) : 군대가 주둔하여 그 지역의 곡식을 먹는다는 뜻으로, 『좌전』 희공(僖公) 28년 4월조에, 진나라 군대가 초나라 군대를 공격하여 초군이 달아나자 그들이 버리고 간 군량(軍糧)을 3일 동안 먹었다고 한다.

41 왕이 다치고 군대까지 패하면 : 이 역시 『좌전』 양공 26년조에 나오는 내용으로, 초나라와 진나라가 대결하는데 초나라는 분황(賁皇)이 올린 계책을 썼다가 초왕은 부상을 입고 군대는 궤멸된 일이 있었다.

42 취마(趣馬) : 옛날 관직명으로, 임금이 타는 말을 관리하였다.

43 원소(袁紹) : 후한(後漢) 말기 장수로, 조조(曹操)와 세력을 다투었다. 그는 대장군 하진(何進)과 환관 세력을 제거한 적이 있는데, 그때 주변의 반발에도 불구하고 무려 이천 여명의 환관들을 죽였다고 한다. 여기서도 환관이 무례하기 때문에 그가 있었으면 살아남지 못했을 것이란 의미로 쓴 것이다.

9. 역성(歷城)의 방가원(房家園)은 제(齊)나라 박릉군(博陵君) 표(豹)[44]의 산속 정원이다. 그 안에는 온갖 나무들이 빽빽하게 늘어서 있고 연못과 바위도 크고 깊은 맛이 있어, 역성에서는 푸닥거리 하는 곳으로 유명하였다. 일찍이 어떤 자가 이곳에서 오동나무 가지를 꺾은 일이 있었다.

"어찌하여 내 봉황의 가지[45]를 부러뜨렸는가?"

라며 박릉군은 나무랬다. 이후로는 감히 이곳에서 나무를 꺾는 자가 없었다. 박릉군이 참군(參軍) 윤효일(尹孝逸)에게 물었다.

"옛날 계륜(季倫)[46]의 금곡(金谷)[47] 산천이 이곳보다 꼭 낫다고 할 수 있겠나?"

"전에 낙서(洛西) 지방을 가는 길에 옛날 그 금곡에 둘러보았더니, 이곳과 엇비슷하였나이다. 참으로 옳으신 말씀입니다."

그런 윤효일이 일찍이 업(鄴) 땅으로 돌아가려고 하여 시인묵객들이 이곳에서 전별(餞別)을 해주었다. 그때 윤효일이 지은 시는 다음과 같다.

바람은 역성의 물에 잠기고	風淪歷城水
달은 화산(華山)[48]의 나무에 걸렸구나.	月倚華山樹

당시 사람들은 이 두 구를 사령운(謝靈運)[49]의 '지당(池塘)' 운운하는 얼

---

44 박릉군(博陵君) 표(豹) : 미상이다. 다만 이 시기에 전표(田豹)라는 인물이 있는데, 제나라에서 전씨 세력이 한창일 때의 인물이다. 그가 박릉군에 봉해졌는지 여부는 알 수 없다.

45 봉황의 가지 : 오동나무에 봉황이 깃든다는 전설이 있기 때문에 이렇게 표현한 것이다.

46 계륜(季倫) : 진나라 때 유명한 부자였던 석숭(石崇)의 자. 그는 이 금곡(金谷)에 별장을 지었는데 호화롭기가 비할 데가 없었다. 후대 석숭은 악명 높은 부자로 회자되었다.

47 금곡(金谷) : 골짜기 이름으로, 지금 하남성 낙양현(洛陽縣) 서북쪽에 있다. 이 동산에 청량대(淸涼臺)가 있는데, 석숭의 첩 녹주(綠珠)가 떨어져 죽은 곳이다.

48 화산(華山) : 이 산이 실제로 역성현의 동쪽에 있다.

49 사령운(謝靈運) : 385~433. 남북조시대 송나라 시인으로, 자연풍물을 묘사한 시가 특히 빼어나다. 저서로 『사강락집(謝康樂集)』이 있다. 이 시는 「등지상루(登池上樓)」로, "池塘生春草, 園柳變鳴禽"이라는 두 구절이다.

자에 비유하였다.

10. 단웅신(單雄信)[50]이 어렸을 적 자신이 다니는 서당 앞에 대추나무 한 그루를 심었다. 그가 열여덟 살이 되어 이 나무를 잘라 창을 만들었는데, 길이는 한 길하고도 일곱 자나 되고 둘레도 한 아름이 넘었으며 창날의 무게만 해도 70근이 나갔다. 이 창을 '한골백(寒骨白)'이라 불렀다. 한번은 진왕(秦王) 이세민(李世民)[51]의 병졸들과 맞닥뜨렸다. 진왕이 큰 백우(白羽)[52]로 쏴 창날을 맞추자 이 창의 날에 불이 붙게 되었다. 이 틈을 타 울지경덕(尉遲敬德)[53]이 부러뜨리고 말았다.

11. 진숙보(秦叔寶)[54]가 타는 말을 '홀뇌박(忽雷駮)'이라 불렀다. 숙보가 술을 마시다가 달 밝은 밤이면 이 말을 탔는데, 말은 그 자리에서 세 장의 검은 장막을 뛰어넘곤 하였다. 숙보가 죽자 홀뇌박은 슬피 울며 아무것도 먹지 않다가 죽었다.

12. 서경업(徐敬業)[55]이 십여 세 때였다. 그는 활쏘기를 좋아했는데, 영공(英公) 이적(李勣)[56]이 항상 그를 두고,

---

50 단웅신(單雄信) : ?~621. 수(隋)나라 말기의 장군으로, 이밀(李密)의 부하로 있을 때 '비장(飛將)'으로 불릴 만큼 명성이 있었다. 뒤에 당나라를 세운 이세민(李世民)이 낙양을 함락할 때 그곳을 방어하다 죽었다.

51 진왕(秦王) 이세민(李世民) : 즉 태종(太宗). 아버지 이연(李淵)이 궐기하였을 때, 농민봉기 등 제반 위험 요소를 제압하였고, 이연이 즉위하자 그는 진왕(秦王)에 봉해졌다가 뒤에 태자가 되었다.

52 백우(白羽) : 흰 새의 깃으로 만든 화살.

53 울지경덕(尉遲敬德) : 당나라 초기 장수로, 이름은 공(恭)이다. 수나라 말기 때 이세민 막하에서 활약하며, 당나라 건국에 공이 컸다.

54 진숙보(秦叔寶) : ?~638. 당나라 초기의 무신인 진경(秦瓊)으로, 숙보는 그의 자이다. 원래는 이밀(李密)의 막하에 있었으나 뒤에 이세민에게 귀순하였다. 뒤에 호국공(胡國公)으로 봉해졌다.

55 서경업(徐敬業) : 이 책 권1의 8번 참조.

56 이적(李勣) : 594~669. 당나라 초기의 장군으로, 자는 무공(懋功). 원래 서씨(徐氏)였

"이 아이는 관상이 좋지 못해 장차 내 집안을 무너뜨리고 말 것이야."

라며 우려하였다. 그는 활을 쏘면 반드시 화살촉이 과녁을 뚫고 나왔으며, 말을 달리면 보이지 않을 정도여서 훈련이 잘 된 기마병도 따라잡을 수 없었다. 영공이 한번은 사냥을 나갔다가 경업에게 숲에 들어가 짐승을 쫓으라고 하였다. 그런데 마침 불이 바람을 타고 번져 태워 죽일 기세였다. 경업은 피할 곳이 없다고 판단, 타던 말의 배를 갈라 그 속에 엎드렸다가 불길이 지나가고 나자 말의 피를 뒤집어 쓴 채 일어섰다. 영공은 그를 매우 기특하게 여겼다.

13. 현종(玄宗)은 항상 여러 왕들의 동태를 몰래 살피곤 했다. 한번은 영왕(寧王) 이헌(李憲)[57]이 한여름에 땀을 뻘뻘 흘리며 북면의 가죽을 팽팽하게 당겨 씌우고 있었다. 읽는 책도 구자(龜玆)의 악보(樂譜)[58]였다. 현종은 이 사실을 알고 기뻐하면서,

"천자의 형제들은 마땅히 이런 음악을 즐겨야지!"

라고 하였다.

14. 영왕(寧王)이 호현(鄠縣)[59]의 외곽에서 사냥을 하던 중 숲을 수색하다가 생각지 않게 풀숲에서 궤짝 하나를 발견하였다. 그 궤짝은 사물쇠로 단단히 채워져 있었다. 영왕이 궤짝을 열라 하여 안을 살펴보니 한

는데, 당나라 고조(高祖)가 이씨 성을 내려 주었다. 처음 이밀(李密)의 수하에 있다가 그가 죽자 이세민을 따라 낙양을 함락시키는데 공을 세웠으며, 당나라가 건국한 후 북방의 돌궐(突厥)의 침략을 방어하는데 공이 커 영공(英公)으로 봉해졌다. 단웅신(單雄信)과 막역한 사이로, 낙양 평정 후 웅신이 죽자 통곡하고 그의 자식들을 대신 키워주었다.

57 이헌(李憲) : 예종(睿宗)의 아들로, 현종에게는 형이 된다.

58 구자(龜玆)의 악보(樂譜) : 구자(龜玆)는 현재 중국 신강성의 한 지역 이름이나, 당대(唐代)에는 서역의 국명(國名)으로 알려져 있었다. 여기서는 서역의 악보를 가리키는 것으로 판단된다. 따로 '구자기(龜玆伎)'라는 악무(樂舞)도 전해진다.

59 호현(鄠縣) : 한대(漢代)에 설치된 현으로, 지금 섬서성 장안현(長安縣) 서남쪽 일대.

소녀가 있었다. 이 소녀에게 자초지종을 묻자, 이렇게 말하는 것이었다.

"성은 막씨(莫氏)입니다. 아버지께서 진작 벼슬자리를 나가셔서 저는 숙부의 별장에서 살고 있었지요. 그런데 어젯밤 도적 떼가 들이닥쳤답니다. 도적 중 두 사람이 중이었는데, 그자들이 저를 납치해서 여기에 있게 되었습니다."

눈썹을 찡그리며 하소연하는데, 아리따운 자태가 넘쳐난지라 영왕은 놀랍고도 마음에 끌렸다. 그래서 그녀를 뒷수레에 싣고 돌아왔다. 그때 마침 모락(慕犖)이라는 자가 곰 한 마리를 생포해왔다. 영왕은 이 곰을 그 궤짝에 넣고는 아까처럼 자물쇠로 채워뒀다. 당시 천자가 바야흐로 절세미인을 찾고 있었다. 그래서 영왕은 이 막씨를 사대부의 딸로 꾸며 그날로 천자에게 바치면서 그 연유를 소상하게 아뢰었다. 천자는 그녀를 재인(才人)[60]에 충원시켰다. 사흘이 지나 경조부(京兆府)에서 이런 보고가 올라왔다.

'호현의 여관에 중 두 명이 투숙하여 돈 만 전을 내고 이 여관을 통째로 빌려서는 낮이나 밤이나 하는 일이란 게 법회(法會) 뿐이었습니다. 다만 궤짝 하나를 떠 매다 들여놨는데, 밤이 깊자 닭이 홰치는 소리 같은 요란한 소리가 들렸답니다. 여관 주인이 날이 밝았는데도 문을 열지 않은 게 이상하여 지게문을 통해서 살펴보니, 곰 한 마리가 사람을 치고 달아나는데 이미 두 중은 죽어서 뼈가 다 드러나 있었답니다.'

천자는 이 보고를 받고 크게 웃더니 영왕에게 글을 써서 알렸다.

'영형(寧兄)께서 이 중들을 잘 처치하셨군요.'

막재인(莫才人)은 진성(秦聲)[61]을 잘 하여, 당시 사람들은 그를 '막재인은 새가 지저귀는 소리를 낸다'고 하였다.

---

60 재인(才人) : 한대부터 설치된 여관(女官)으로, 가무와 곡예 등에 관련된 일을 맡아보았다.

61 진성(秦聲) : 진나라 지방에서 불리던 속요(俗謠)로, 예로부터 이 지방의 음악과 악기가 유명하였다.

15. 일행(一行)은 원래 바둑을 두지 못했다. 그런데 연공(燕公) 장열(張說)[62]의 저택에서 왕적신(王積薪)[63]이 대국하는 것을 단 한 번 관람하고서 그와 대국을 하게 되었다. 대국이 끝나고 난 그는 웃으면서 연공에게 아뢰었다.

"이것은 다만 승부를 다투는 놀이일 뿐입니다. 빈도의 사구(四句)[64]를 계산하는 말만 기억해도 누구나 다 국수(國手)가 될 수 있지요."

16. 진(晉)나라의 구마라집(鳩摩羅什)[65]이 다른 사람과 바둑을 두다가 상대편의 죽은 돌을 주워내자 빈자리의 모습이 용이나 봉황 같았다. 어떤 이가 말하기를,

"왕적신(王積薪)이 현종(玄宗)과 대국을 마치고나서 바둑돌을 모두 가지고 가버렸다."

고 하였다.

17. 황편아(黃龎兒)[66]는 왜소하고 보잘 것 없이 생겼지만 기지가 뛰어났다. 그래서 현종은 항상 그를 신뢰하여 궁궐 바깥의 일을 물어보며 걸핏하면 육올(肉杌)[67] 같은 상을 내려 주었다. 하루는 그가 조정에 늦게 들어오자 현종이 이상해서 하문하였다.

---

62 장열(張說) : 당나라 현종 때의 인물로, 재상이 되어 연국공(燕國公)에 봉해졌다. 앞에 나온 바 있다.

63 왕적신(王積薪) : 당나라 현종 때 인물로, 바둑을 잘 두는 것으로 유명하였다. 정치적 권력은 특별히 없었으며 한림원(翰林院)에서 말단직을 지낸 것으로 나온다.

64 사구(四句) : 부처의 공덕을 기리는 노래 글귀. 4구 형식으로 되어있으므로 이렇게 불린다.

65 구마라집(鳩摩羅什) : 진(晉)나라 고승으로, 인도 출신이다. 7세 때 출가하여 불경에 탐독하다가 후진(後秦) 때 중국으로 들어와 국가적인 지원 아래 '국사(國師)'로 대우를 받으며 역경 사업을 펼쳤다. 그가 한역한 불경은 『금강경』·『법화경』·『유마경(維摩經)』·『중관론(中觀論)』 등 총 300여 권에 달한다. 그의 번역 사업은 불교가 중국에 정착하는데 절대적인 공헌을 한 것으로 평가받고 있다.

66 황편아(黃龎兒) : 현종 휘하의 어떤 인물이겠으나 미상이다.

67 육올(肉杌) : 허리에 받쳐 앉는데 편리하게 한 일종의 받침대.

"오늘 비가 내려 길이 진창이었나이다. 마침 포적관(捕賊官)과 맞닥뜨려 길을 다투다가 소신이 그를 밀어 말에 떨어지게 했나이다."

라고 아뢰면서 섬돌 아래에서 머리를 조아렸다.

"외부에서 이 일로 아뢴 일이 없으니 너는 두려워하지 말거라."

이리하여 현종은 다시 그를 신뢰하였다. 그런데 얼마 후 경조윤(京兆尹)이 표문(表文)을 올려 이 일을 따지자, 현종은 즉시 그를 궁 밖으로 내쫓고 영을 내려 곤장을 쳐서 죽였다.

18. 왕발(王勃)[68]은 비(碑)·송(頌)을 지을 때 매번 먼저 먹을 몇 되나 갈아 놓고, 종이로 얼굴을 덮은 채 누워 있다가 갑자기 일어나 일필휘지로 썼다. 그래도 애초 고칠 곳이 없는지라 당시 사람들은 이를 '복고(腹藁)'라 불렀다. 왕발이 어렸을 때 꿈에서 누군가가 환묵(丸墨)[69]을 소매에 가득 넣어 주었다고 한다.

19. 연공(燕公) 장열(張說)이 일찍이 부자학당(夫子學堂)의 비문(碑文)[70]을 읽다가 '제거(帝車)'에서부터 '태갑(太甲)'[71]까지의 네 구절을 도대체 이해할 수 없었다. 그래서 일행(一行)을 찾아가 물었더니, 그의 말이 '북두(北斗)는 오향(午向)을 가리키고 칠요(七曜)[72]는 남방에 있으니, 이야말로 상서로운 징조로 마땅히 무위(無位)의 성인이 출현할 것이외다'고 하였다. 그

68 왕발(王勃) : 초당 시기를 대표하는 시인으로, 자는 자안(子安). 낙빈왕(駱賓王), 노조린(盧照隣), 양형(楊炯) 등과 함께 초당사걸(初唐四傑)로 불린다. 특히 부친을 뵈러 가는 길에 강소성 남창(南昌)에 있는 등왕각(滕王閣)에 올라 지은 「등왕각서(滕王閣序)」는 명문으로 알려져 있다. 저서로 『왕자안집(王子安集)』이 있다.

69 환묵(丸墨) : 고급 먹의 한 종류로, 둥글게 생겨서 붙여진 이름이다.

70 부자학당(夫子學堂)의 비문(碑文) : 왕발(王勃)의 「익주부자묘비(益州夫子廟碑)」를 말한다.

71 '제거(帝車)'에서부터 '태갑(太甲)' : 이 부분의 「익주부자묘비」의 원문은 "帝車南指, 遁七曜於中階, 華蓋西臨, 藏五雲於太甲."이다. 여기서 제거는 북두성의 다른 이름이고 태갑은 태을성(太乙星)으로, 병란과 생사를 알려준다는 별이다.

72 칠요(七曜) : 일월(日月)과 오성(목·화·토·금·수).

러나 '화개(華蓋)'[73] 이하는 끝내 그도 풀지를 못하였다.

20. 이백(李白)의 명성이 나라 안에 쫙 퍼지자, 현종이 그를 불러 편전에서 만나게 되었다. 그는 정신과 기백이 높고 밝아 너울너울 운하(雲霞)의 기상이 있었다. 임금은 자신이 천자라는 사실도 망각하고 이백더러 신을 신은 채로 들라 하였다. 이에 이백은 마침내 고력사(高力士)에게 발을 보여주면서,

"신발을 벗기시오!"

라고 하였다. 고력사는 그만 기세에 눌려 급히 그의 신발을 벗겨주었다. 이백이 나가자 현종은 고력사에게 그를 가리키며 말했다.

"저 자의 상은 참으로 곤궁해 보이는구나!"

이백은 전후로 세 번에 걸쳐 사(詞)를 지었으나 자신의 뜻에 차지 않자 모두 불살라버리고, 오직 「한부(恨賦)」와 「별부(別賦)」[74]만 남겼다. 안록산(安祿山)의 난[75]이 일어나자 「호무인(胡無人)」[76]을 지었는데, 거기에 "태백이 달에 드니 이제 적은 꺾이리라[太白入月敵可摧]"고 하였다. 안록산이 죽자 과연 태백성에 의해 월식(月蝕)이 일어났다. 사람들은 이백이 '반과산두(飯顆山頭)'[77]의 구절에서 두보를 놀렸다고 말한다. 그런데 나는 우연히 이백의 사당(祠堂)에서 「연별두고공시(宴別杜考功詩)」[78]를 보았다. 지금 그

73 화개(華蓋): 이 역시 중국의 고대 천문학에서 언급되는 별자리 중에 하나이다.

74 「한부(恨賦)」와 「별부(別賦)」: 모두 『이태백문집(李太白文集)』(권1)에 실려 있다.

75 안록산(安祿山)의 난: 당나라 현종 때인 755년 절도사 안록산이 사사명(史思明)과 함께 일으킨 반란. 이 반란으로 한 때 수도인 낙양(洛陽)이 함락되어 현종과 양귀비(楊貴妃)는 섬서 지역으로 피난을 떠나게 되었고, 그 길에 양귀비는 죽게 된다. 한편 당나라의 대표적인 시인 이백과 두보는 모두 이 난리의 한복판에 있었고, 특히 두보는 이 난을 배경으로 한 사회시를 많이 남겨 우리나라에서도 애송되었다.

76 「호무인(胡無人)」: 악부시로, 『이태백문집』 권3에 실려 있다.

77 「반과산두(飯顆山頭)」: 이백이 두보를 두고 읊은 시로, 원 제목은 「고일(高逸)」이란 작품이다. 참고로 시 전문은 다음과 같다. "飯顆山頭逢杜甫, 頭戴笠子日卓午. 借問別來太瘦生, 總爲徒前作詩苦."

78 「연별두고공시(宴別杜考功詩)」: 『이태백문집』 권15에 실려 있다. 이 시를 보면 이백

앞부분과 끝부분을 적어둔다.

내 지금 가을의 흥취 일거늘	我覺秋興逸
누가 가을이 슬프다고 했던가.	誰言秋興悲
산에 걸린 해는 떨어지고	山將落日去
물은 푸른 하늘을 머금었네.	水共晴空宜
……	
이내 낀 벽해의 저녁	煙歸碧海夕
기러기 하늘을 건널 때	雁度青天時
각자 만리 길 잃고	相失各萬里
멍하니 그대 생각뿐이라오.	茫然空爾思

21. 사도(司徒) 설평(薛平)[79]이 한번은 태복경(太僕卿)[80] 주호(周皓)를 전송하기 위해 등청(登廳)하였다. 여러 관리 가운데 말석에 팔순이 넘은 한 노인이 붉은 명주옷을 입고 있었다. 주호가 그를 따로 불러 물었다.

"그대는 이 부서에 소속된 지 얼마나 되었소?"

"저는 본래 창상과 골절을 고치는 기술이 있사옵니다. 천보(天寶) 초에 장군 고력사(高力士)께서 남에게 맞아 아래턱이 탈골되었사온데 제가 이를 교정해 주었습죠. 고장군께서 저에게 상으로 천만 전을 주고, 임금께 이를 아뢰어 특별히 붉은 명주옷을 하사한 것이옵니다."

주호는 이 말을 듣고 고개를 끄덕이며 돌려보냈다. 설평은 이때 주호의 안색이 아직 미심쩍어 한다는 것을 눈치 챘다. 손님들이 가고 혼자

이 결코 두보를 놀리거나 가볍게 보지 않았다는 사실을 확인할 수 있다는 의미이다.

79 설평(薛平) : 설인귀(薛仁貴)의 증손으로, 여주자사(汝州刺史) 등을 역임하였으며, 회서(淮西) 지방의 적군을 토벌하는데 공이 커서 위국공(魏國公)에 봉해졌다.

80 태복경(太僕卿) : 국가의 말이나 수레 따위를 관장하던 태복시(太僕寺)의 장관으로, 이 시기 편제의 의하면 경(卿) 1인, 소경(少卿) 2인, 승(丞) 4인, 주부(主簿) 2인, 녹사(錄事) 2인을 두었다. 주호(周皓)는 미상이다.

있는 틈을 타서 설평은 주호에게 조용히 물었다.

"아까 붉은 명주옷을 입은 늙은 관리에게 묻고 나서 경은 기쁘지 않은 표정이던데 무슨 이유가 있소?"

주호는 깜짝 놀랐다.

"공께서 미루어 생각하심이 이렇게도 세심하다니요?"

그러면서 하인을 물리치고 설평을 초청, 함께 묵으면서 이야기를 해주었다.

"이 일은 사정이 깁니다. 차근차근 말씀을 드리지요. 저는 젊어서 항상 호족(豪族)들과 결탁하여 화류객(花柳客)으로 지내다가 끝내 낭인(浪人)의 신세가 되었답니다. 장안성 안의 명기(名妓)들이라면 파리가 짐승의 누린내를 찾듯 차지하지 않은 적이 없었지요. 그때 정공방(靖恭坊)[81]에 야래(夜來)라는 기생이 있었는데, 하얀 이에 교태로운 웃음을 지으며 춤을 추는 게 천하의 일색이었지요. 이미 귀공자들이 재산을 거덜내며 찾았던 아이었지요. 저도 그때 재산이 남부럽지 않은 상태여서 그녀를 독차지하려 했답니다. 마침 어느 날 그녀의 어미가 나를 찾아와 '아무 날이 야래의 생일인데 그냥 지나갈 수 있겠어요?'라고 하지 않겠습니까. 이때부터 저는 그녀의 집을 들락거리게 되었고, 그때 요구한 재화만도 모두 합쳐 수십만 전이었지요. 술자리에 참석한 아공 하회지(賀懷智)·기해해(紀孩孩) 등은 당대의 최고수였지요. 헌데 집안의 빗장을 닫으려는 즈음 느닷없이 문을 내리치는 소리가 들리지 않겠습니까. 저는 문을 열어주지 말라고 했지요. 이윽고 누군가가 자물쇠를 부수고 들어오더군요. 자주색 갈옷을 입은 젊은이로 말탄 시종 수십을 거느리고 왔더군요. 당장 그녀의 어미를 향해 큰 소리로 욕을 퍼붓자 어미와 야래는 울며 사죄를 하였고, 여러 손님들도 뿔뿔이 흩어졌지요. 저는 그때만 해도 혈기가 넘쳐났고 또 힘을 믿었던 터라 그를 따르는 이들과 대적을 했답니다. 제가 전처럼 힘

81 정공방(靖恭坊): 장안성의 방리(坊里) 가운데 하나.

을 믿고 저들을 꾸짖고는 팔을 휘두르자, 자색옷을 입은 자가 주먹 아래에 엎어졌답니다. 그리고 마침내 그곳을 뛰쳐나왔습니다. 마침 도정역(都亭驛)을 맡고 있던 위정(魏貞)은 의기가 있고 사객(私客) 두기를 좋아하여, 저는 사정을 얘기하고 그에게 투신하였지요. 위정은 이내 저를 아내와 딸이 자는 방에 숨겨주더군요. 관리들의 추적이 급해지자, 위정은 탄로가 날 것을 염려하여 밤을 틈타 여장을 꾸려주고 백금 몇 덩어리를 허리에 채워주면서 저에게 이르더군요. '변주(汴州)의 주간로(周簡老)는 의협심이 강하답니다. 낭군님을 그 집에 부탁해 두었으니, 지금 그에게 의지하시되 겸손하고 공손하게 그를 모시기 바랍니다.' 주간로는 의협 중의 의협으로, 위정의 서신을 보고는 매우 기뻐하였지요. 저는 절을 올리고 숙부로 모셨답니다. 그러다가 사정을 얘기했더니, 그는 저더러 배 안에서 지내고 함부로 나오지 말라고 하면서 대접이 극진하였지요. 한 해가 지난 즈음 묵고 있던 배에서 난데없이 통곡하는 소리가 들리기에 저는 몰래 밖을 살피게 되었답니다. 그랬더니 흰 비단 옷을 입은 아름다운 젊은 아낙이 간로와 서로 위로를 하고 있지 뭡니까. 그날 밤, 간로는 저의 거처에 찾아와서는 묻더군요. '혼인을 하였소? 아까 그 아무개는 외사촌 누이랍니다. 아무개에게 시집을 갔는데 그가 죽고 자식이 없어 누이는 이제 돌아갈 데가 없게 되었소. 당신을 섬길 수 있으면 좋겠는데…….' 저는 절을 올리고 감사해 하였지요. 그날 밤으로 그의 외사촌 누이는 저에게 왔고, 저희는 두 딸과 한 아들을 두었는데 지금도 그 배에 살고 있답니다. 그러던 중 간로가 갑자기, '사건도 이미 잠잠해졌고 그대의 모습도 변해 필시 남들이 알아보지 못할 걸세. 이제 강회(江淮)로 떠나게나'라고 하면서, 돈 수백 량을 내주더군요. 저는 통곡을 하며 이별을 하였답니다. 그런데 얼마 지나지 않아 간로는 죽었고 저는 벼슬에 올라 현달하게 되었지요. 간로의 외사촌 누이는 아직도 살아 있고 아들은 장가가고 딸들도 시집을 갔는데, 그 40여 년 동안 이 사실을 아는 이는 없답니다. 마침 아까 늙은 관리의 말을 듣다가 저도 모르게 부끄러워지더군요. 군자가 남을 살피는 은미한 덕을 제가 알아보지 못한 게지요."

이 얘기는 설평을 직접 만났던 어떤 사람이 전해준 것이다.

22. 대력(大曆) 말에 선사(禪師) 현람(玄覽)은 형주(荊州)의 척기사(陟屺寺)에서 머물고 있었다. 그는 깨달음이 깊고 고상한 운취가 있어서 남들이 쉽게 친해질 수 없었다. 일찍이 장조(張璪)[82]가 이 사찰의 벽에 고송(古松)을 그리고, 부재(符載)[83]가 찬(讚)을 붙이고, 위상(衛象)[84]이 시를 지었다. 이들은 당시 삼절(三絶)로 일컬어졌는데, 현람이 이 벽에 회칠을 해버렸다. 다른 사람이 그 이유를 묻자,

"내 벽을 더럽히는 일이 있어서는 안 되지!"

라고 하였다. 승나(僧那)는 그의 사위였는데 이 절의 골칫거리였다. 기왓장을 떼어다가 작은 새를 맞춰 잡는가 하면, 쥐를 잡는다고 담장을 헐기도 했다. 그런데도 현람은 그를 꾸짖는 일이 없었다. 반면, 그의 제자 의전(義詮)이 거친 베옷에 하루 한 끼만 먹었는데도 칭찬한 적이 없었다. 사람들이 이를 괴이쩍어 하자 대나무에다 시 한편을 지었다.

큰 바다에서야 물고기가 맘껏 뛰고	大海從魚躍
넓은 하늘에선 새들이 멋대로 나는 법	長空任鳥飛
내 도의 넓음을 알려고 할진대	欲知吾道廓
자연의 본성과 어그러져서는 안 되지.	不與物情違

어느 날 저녁, 한 범승이 문을 밀치고 나와 아뢨다.

---

82 장조(張璪) : 당나라 때의 화가로, 자는 문통(文通). 오군(吳郡) 사람으로 충주사마(忠州司馬) 등을 지냈으며, 특히 산수화에 뛰어났다.

83 부재(符載) : 당나라 때의 서예가 겸 시인. 자는 후지(厚之)이며, 촉(蜀) 땅 사람이다. 위고(韋皐) 등과 당대 문풍을 이끌었다.

84 위상(衛象) : 당나라 때의 시인으로, 그의 사적은 미상이나 『당시기사(唐詩紀事)』에 그의 시 2편이 실려 전한다.

"화상(和尙)께서는 속히 도량(道場)을 지으소서."

"할 수 있는 일이지만, 내 진작부터 그러지 않았소."

승려는 한참 쳐다보다가 다시 문 안으로 들어가 전처럼 문을 잠궈버렸다. 현람은 웃으면서 주변사람들에게,

"내 이제 돌아가야 할까보오."

라고 하더니, 마침내 갑자기 몸을 정결히 하고 고요하게 궤안에 앉아 입적하였다.

23. 복야(僕射) 마수(馬燧)[85]는 이미 공훈을 세운 탓에 자긍심이 대단하였다. 일찍이 도간(陶侃)의 마음[86]을 품고 전열(田悅)[87]을 전룡(錢龍)[88]이라 불렀기에 지금도 뜻있는 선비들은 그를 비난하곤 한다. 당시 그의 의중을 알고 있었던 자가 군영 앞에서 노래를 지어 불렀다.

"사찰의 종이 울리나 화상은 법당에 오르지 않네."

그리고 한 달이 넘어 의복을 남다르게 차려입은 이가 찾아가 자신이 관상을 잘 본다고 아뢰자, 마수가 급히 그를 만나보았다. 그는 주변사람들을 멀리해 줄 것을 청하고는 아뢰었다.

"공께서는 남의 신하될 상이 아니옵니다. 다만 약간 통하지 않은 구석이 있는데, 보물 수천만 전만 있으면 그것마저 통해드릴 수 있나이다."

마수가 처음 이 말을 듣고 믿지 않자 그 자는 말했다.

---

85 마수(馬燧) : 이 책 권9의 7번 참조.

86 도간(陶侃)의 마음 : 도간은 동진(東晉) 때의 무장(武將)으로, 자는 사행(士行). 일찍이 전공을 세워, 팔주(八州)의 군사도독(軍事都督)과 형주(荊州)와 강주(江州)의 자사(刺史)를 역임하였으며, 만년에는 황제가 되려는 야망을 품었었다. 마수도 그런 야망을 갖고 있었다는 뜻이다.

87 전열(田悅) : 당나라 때 인물로 반역을 도모했던 인물. 어렸을 적 아버지를 여의고 어머니를 따라 다니던 중 싸움을 잘하여 절도사였던 전사승(田嗣承)의 후계자가 되어 절도사가 되었다. 뒤에 반란을 일으켜 나라를 위(魏)라 하고 왕으로 참칭하였다가 죽임을 당하였다.

88 전룡(錢龍) : 용의 일종으로, 뭇뱀들이 주변을 호위하며 흑색을 띠고 있다고 한다. 여기서는 전열(田悅)의 음과 비슷한 이 용을 거론한 것으로 판단된다.

"공께서는 노래를 듣지 못하셨나이까? 그게 바로 공을 말하는 것이옵니다. 절의 종이 울렸다는 것은 때가 이르렀다는 뜻이고, 화상은 공의 성명이시고, 법당에 오르지 않았다는 것은 스스로 취하지 않는다는 뜻이지요."

마수는 이 말을 듣고서는 현혹되어 당장 방옥(肪玉)과 문서(文犀),[89] 패주(貝珠) 따위를 마련해 주었다. 그런데 그 자는 한번 떠나간 후 다시는 그의 종적을 다시는 알 수 없었다. 마수는 병이 위독해져서야 이 일을 후회하였다고 한다.

24. 신도(信都)[90]의 백성 소씨(蘇氏)는 두 딸을 두었던 터 좋은 사윗감을 얻고자 하였다. 장문성(張文成)[91]이 찾아가서 자청하자 소씨가 관상을 보았다.

"그대가 비록 재물이 있다 해도 부귀해 질 수는 없을 거요. 오품관(五品官)이 되면 당장 죽을 걸!"

그때 위지고(魏知古)[92]가 막 급제를 하였다. 그러자 소씨는

"이 이가 관직은 낮아도 훗날 필시 귀하게 되리라!"

라고 하면서 큰 딸을 그에게 시집보냈다. 장녀의 머리카락은 길이가 일곱 자나 되었고, 옻칠한 것처럼 검은 빛이 났다. 관상쟁이가 '대단히 부귀할 것이다'고 하였는데, 과연 뒤에 남편 지고는 재상이 되었고 그녀는 부인(夫人)[93]으로 봉해졌다.

---

89 방옥(肪玉)과 문서(文犀) : 방옥은 윤기가 많은 옥돌이며, 문서는 무늬가 들어간 상아 종류로, 모두 보옥들이다.

90 신도(信都) : 당대(唐代)의 현명으로, 기주(冀州)의 속현이었다. 지금의 하북성 기현(冀縣).

91 장문성(張文成) : 「유선굴(游仙窟)」의 작자로 유명한 장작(張鷟). 당나라 현종 때의 인물로, 그의 작품이 유명하여 당시 조선과 일본에 전해져 널리 읽혔으며, 특히 「유선굴」은 우리의 전기 작품인 「최지원(崔致遠)」의 형성에도 적지 않은 영향을 미친 것으로 알려져 있다.

92 위지고(魏知古) : 647~715. 예종 때 재상을 지낸 인물로, 불필요한 공사를 함부로 벌이지 못하도록 직간한 인물로 유명하다.

93 부인(夫人) : '명부(命婦)'라고 하며, 당나라 때는 문무관 중 1품 이상 관원의 어머니

25. 현종이 태산(泰山)에서 봉선(封禪)[94]을 할 때, 장열(張說)을 봉선사로 임명하였다. 장열의 사위인 정일(鄭鎰)은 본래 9품직 관원이었다. 전례대로라면 봉선 후 삼공(三公) 이하는 모두 한 급씩 올려주는데, 정일의 경우 갑자기 5품직에 올랐고 아울러 비단옷과 제사 때의 고기도 하사받았다. 현종이 정일의 관직이 높이 뛴 것을 보고 이상하여 묻자, 정일은 대답을 하지 못했다. 대신 황번작(黃旛綽)[95]이 아뢰기를,

"이는 태산의 힘이옵니다."

라고 하였다.

26. 나는(단성식) 일찍이 밤에 집안사람들 모임을 가진 일이 있었다. 그때 마침 옥호(玉壺)라는 기녀가 구운 생선을 꺼려하였는데, 구운 것을 보자 얼굴색이 변하였다. 이로 인해 기녀들이 싫어하는 걸 알아보았더니, 봉산(蓬山)은 쥐를, 금자(金子)는 이를 유독 더 싫어하였다. 그리하여 좌객들이 앞다투어 쥐와 이를 잡는 일에 대해 이야기하였는데, 백여 가지가 넘었다. 내 장난삼아 이 일들을 가져다가 '파슬록(破虱錄)'을 지었다.

와 부인은 '국부인(國夫人)', 3품 이상은 '군부인(郡夫人)'에 봉해졌다.

94 봉선(封禪) : 천자가 천지에 제사를 지내는 큰 의식. 봉(封)은 태산 위에 제단을 쌓고 하늘에 제사지내는 것이며, 선(禪)은 태산 아래 양보산(梁父山)에 터를 닦고 땅에 제사를 지냈다. 사마천 『사기(史記)』의 「봉선서(封禪書)」는 명문으로 알려져 있다.

95 황번작(黃旛綽) : 이 당시 궁정의 배우(俳優)로 알려져 있다.

유양잡조 권13

명계의 자취【冥蹟】

1. 위(魏)나라의 위영(韋英)[1]이 죽은 후, 그의 아내 양씨(梁氏)는 향자집(向子集)이란 이에게 재가하였다. 그런데 결혼하는 날 위영이 돌아와 마당에서 아내를 부르는 것이었다.

"아양(阿梁)! 자네는 나를 잊었는가?"

깜짝 놀라 향자집이 활을 당겨 쏘자 그 즉시 도인모마(桃人茅馬)[2]로 변해버렸다.

---

1 위영(韋英) : 북위(北魏) 경조(京兆) 사람. 그에 관한 이야기는 「낙양가람기(洛陽伽藍記)」에도 나온다.

2 도인모마(桃人茅馬) : '도인(桃人)'은 복숭아나무로 만든 인형으로 귀신을 쫓는데 이용하였으며, '모마(茅馬)'는 띠나 짚으로 만든 말이다.

2. 장백산(長白山)[3] 서쪽에 어떤 부인의 묘가 있다. 위나라 효소제(孝昭帝)[4] 때 천하의 준재를 물색했다. 청하(淸河)[5]의 최라집(崔羅什)은 약관의 나이에도 명망이 있어 나라의 부름을 받고 현으로 출발하였다. 한밤 그는 이 묘 앞을 지나게 되었는데, 갑자기 붉은 대문과 단장한 벽, 누대가 마주한 집이 나타났다. 잠시 후 한 여종이 그 집에서 나와서는 나집에게 아뢨다.

"우리 아씨께서 꼭 최낭군님을 뵙고자 하나이다!"

나집이 무엇에 홀린 듯 말에서 내려 중문(重門)으로 들어서자, 안에서 다른 여종이 여쭙고 앞에서 인도하였다.

"여행 중에 별안간 이런 성대한 대접을 받는군. 평소 인사도 없는 처지에 이렇게 깊은 곳까지 들어가는 게 꺼림칙하구나."

그러자 여종이 대답했다.

"저희 아씨께서는 평릉(平陵)[6] 유부군(劉府君)의 부인이시며 시중(侍中) 오질(吳質)[7] 어른의 따님이십니다. 부군께서 먼저 가신 터라 한번 낭군님을 뵙고자 하는 것이어요."

나집이 마침내 안으로 들어가 자리에 앉았다. 그녀는 방 안 동편에 서서 나집과 인사를 나누었다. 방안에는 여종 둘이 촛불을 잡고 있었다. 그녀는 다른 종을 불러 옥으로 만든 죽부인(竹夫人)을 나집 앞에 갔다 드리라고 하였다. 나집은 평소 글재주가 있어 시를 잘 읊었는데, 그녀가 사람이 아닐 것이라는 의심이 들었으나 그래도 왠지 마음이 뿌듯하고 호감이 갔다. 그녀가 말을 꺼냈다.

---

3 장백산(長白山) : 산동성 추평현(鄒平縣) 남쪽에 위치한 산으로, 앞에 나온 바 있다.

4 효소제(孝昭帝) : 동위(東魏)의 왕 고연(高演). 560년 왕위에 올랐으나 1년만에 죽었다.

5 청하(淸河) : 당대의 현명으로, 앞의 나온 바 있다.

6 평릉(平陵) : 지금 산동성 역성현의 동쪽에 위치한 지역이다.

7 오질(吳質) : 삼국시대 위나라의 문신으로, 자는 계중(季重). 조비(曹丕)의 측근으로, 그가 즉위하자 군사권을 모두 오질에게 넘겨주었다. 여기에도 나오듯이 조비가 오질에게 보낸 편지가 유명하다.

"낭군님을 이렇게 뵙게 되었네요. 말을 뜰의 나무에 묶어 쉬게 하세요. 바라건대 낭군님을 위해 시를 지어 저의 소회를 풀어볼까 합니다."

나집은 이윽고 물었다.

"위제(魏帝, 즉 조비)가 춘부장에게 보낸 서간에서 어른을 원성령(元城令)이라고 언급한 이유가 있습니까?"

"아버님께서 원성(元城)[8]에 부임한 날 첩이 태어났답니다."

나집은 급기야 한(漢)・위(魏)나라의 중요한 사건들에 대해서 이야기를 나누었는데, 그녀의 말이 모두 위나라 역사와 부합하였다. 그 외에도 언급한 것이 많지만 다 기록하지 않는다.

나집이 또 물었다.

"당신의 남편은 유씨인데, 그 이름도 알 수 있겠소?"

"저의 남편은 유공재(劉孔才)의 둘째 아드님으로, 이름은 요(瑤)이고 자는 중장(仲璋)이랍니다. 근래 죄를 짓고 붙잡혀 가서는 돌아오지 못하고 있답니다."

나집은 이제 자리에서 내려와 인사를 하고 나왔다.

"지금부터 10년 후면 다시 만나게 될 거예요."

라며 여인은 전송하였다. 나집은 마침내 대모(玳瑁)로 만든 비녀를 그녀에게 주었고, 그녀도 옥가락지를 나집에게 주었다. 나집이 말에 올라 수십 걸음을 가서 되돌아보니 큰 무덤 하나가 보일 뿐이었다. 나집이 역성(歷城)에 도착해서는 께름칙한 일이라 하여 중을 불러 불재(佛齋)를 올리고 받은 옥가락지로 보시하였다.

천통(天統)[9] 말에 나집은 조정의 일에 부름을 받고 원가총(垣家冢)에서 강둑을 축성하게 되었다. 나집은 이 일을 막하의 제남(濟南) 출신 해숙포(奚叔布)란 이에게 얘기해주면서 눈물을 흘렸다.

"올해가 바로 그 10년이 되는 해인데 어찌해야 될지?"

---

8 원성(元城) : 한대(漢代)에 설치한 현으로, 지금 하북성 대명현(大名縣) 동쪽 지역.

9 천통(天統) : 북제(北齊) 후주(後主)의 연호로, 해당기간은 565~569년.

공사가 끝나고 나집은 집안 정원에서 살구를 먹다가,

"그 여자가 알려준 대로 따라야겠지. 나는 이제 가련다."

라고 하더니, 살구 하나를 다 먹기도 전에 죽고 말았다. 나집은 열두 살에 고을의 공조(功曹)[10]가 된 터라 이 지역 사람들의 기대를 한 몸에 받았었는데 그가 죽자 모두 안타까워하였다.

3. 남거천(南巨川)[11]이 판명자(判冥者)[12] 장숙언(張叔言)과 진작에 아는 사이여서 『속신이기(續神異記)』[13]를 찬술할 때 그에 관한 영험한 일을 실었다. 숙언이 귀신 열 명을 거느렸는데, 그 중에 두 명은 부인이었다.

4. 오구호(烏龜狐)란 자도 판명자이다.

5. 양양(襄陽)의 우적(于頔)[14]이 임지에 있을 때이다. 선인(選人)[15] 유(劉) 아무개가 상경길에 한 거자(擧子)를 만나게 되었다. 그는 스무 살쯤으로 말씨가 또록또록했다. 함께 몇 리를 가는 도중 서로 뜻이 잘 맞아 풀을 깔고 앉았다. 유아무개가 가지고 온 술을 내어 몇 잔 들이켰다. 날이 저물자 거자가 지름길을 가리켜 주면서 말했다.

"여기서 몇 리 떨어지지 않은 곳에 제 거처가 있으니 한 번 왕림해 주시겠습니까?"

---

10 공조(功曹) : 인사권을 제외한 군(郡)의 제반 정무를 관장하던 관직으로 한대(漢代)부터 두었다.

11 남거천(南巨川) : 숙종(肅宗) 때의 인물로 급사중(給事中)을 지냈다. 특히 토번(吐藩)과의 외교 방면에서 활약이 컸다.

12 판명자(判冥者) : 귀신을 다스리거나 명계(冥界)의 일을 관장하는 자. 일종의 퇴마사이다.

13 『속신이기(續神異記)』 : 남거천이 찬술했다고 하나, 현재 전해지지 않아 구체적인 내용은 알 수 없다. 참고로 『신이기(神異記)』는 서진 시대 왕부(王浮)가 찬술한 지괴소설집인 바, 『속신이기』는 이 『신이기』의 속집 성격으로 엮어졌을 가능성이 크다.

14 우적(于頔) : 이 책 권5의 2번 참조.

15 선인(選人) : 임관의 자격을 갖춘 후보자로, 당대(唐代) 이후에 생겼다.

유아무개가 일정을 핑계로 사양하자 거자는 이런 시를 지어주었다.

물이 졸졸 흘러 미나리 싹 트고 流水涓涓芹吐牙
서쪽으로 해지니 객이 돌아가는구나. 織烏雙飛客還家
휑한 마을은 아무도 없이 한식을 맞고 荒村無人作寒食
빈소는 속절없이 백당나무꽃과 마주했네.[16] 殯宮空對棠梨花

다음날 아침 유아무개가 양주(襄州)로 돌아가면서 다시 그 거자를 찾았으나 그는 없고 빈소만 남아 있었다.

6. 고황(顧況)[17]이 열일곱 살 난 아들을 잃었다. 그런데 아들의 혼이 떠돌며 꿈을 꾸듯 황홀하게 그 집을 떠나지 않는 것이었다. 고황은 슬픔을 가누지 못하고 시를 지어 읊다가 통곡하였다. 그 시는 이러하다.

이 늙은이 자식 하나를 잃어 老人喪一子
날이 저물면 피눈물 흐르네. 日暮泣成血
외로운 원숭이 보고 마음 놀라고 心逐斷猿驚
빌길은 나는 새의 자취를 좇네. 跡隨鳥飛滅
내 나이 칠십이라 老人年七十
작별의 시간 많지 않구나. 不作多時別

16 물이 졸졸 흘러 …… 백당나무꽃과 마주했네 : 『후청록(侯鯖錄)』에 의하면, 이 시는 소동파의 시화(詩話)로 소개되어 있다. 원문도 약간의 차이가 있는데, 특히 제2구의 '雙飛'는 '西飛'로 되어 있는 바, 의미상 이를 따랐다. 『후청록』에 실린 시의 원문은 다음과 같다. "流水涓涓芹吐芽, 織烏西飛客還家. 深村無人作寒食, 殯宮空對棠梨花."

17 고황(顧況) : 당대의 시인으로, 자는 포옹(逋翁). 소주(蘇州) 출신으로, 풍자시가 특히 뛰어나 권신귀족을 풍자한 시를 지었다가 좌천되기도 했다. 만년에 모산(茅山)에 은거하였다.

아들의 혼은 이 시를 듣고 흐느껴 울며, '만약 다른 사람으로 태어난다 해도 고가(顧家)의 아들로 태어나겠다'고 맹서하는 것이었다.

그런 며칠 뒤, 아들은 누군가에게 붙들려 어떤 곳에 이르렀다. 관아의 관리가 고씨 집에 다시 태어나도록 판결을 내리는 것 같았으나 도무지 어찌 된 영문인지 알 수가 없었다. 그러다가 순간 의식이 깨어나면서 눈을 떠 보니 여기가 자기 집이라는 것을 알 수 있었다. 형제와 친척들도 곁에 꽉 차 있었다. 그러나 말을 하려해도 할 수가 없었다. 그는 이렇게 막 다시 태어났을 때 말고는 이후에 대해서는 전혀 기억하지 못했다. 일곱 살이 되었을 때 형이 장난삼아 때리자 그는 느닷없이,

"내가 바로 네 형이거늘 넌 왜 나를 때리느냐?"

라고 하는 것이었다. 온 집안 식구들은 놀라고 이상해하였다. 이윽고 그가 전생의 일을 이야기하는데 또렷또렷한 게 한 가지도 틀림이 없었다. 동생과 누이의 아이 적 이름을 하나하나 다 부르기도 했다. 이쯤이면 양숙자(羊叔子)[18]의 일이 도리어 괴이치 않다는 걸 알만 하다. 이 사람이 바로 진사 고비웅(顧非熊)이다.

내가 그를 만난 적이 있는데, 그가 눈물을 흘리며 이 사실을 나에게 말해주었다. 불가의 『처태경(處胎經)』[19]에도 '남의 태속에 산다'는 말이 있는데, 이 이야기와는 약간의 차이가 있다.

---

18 양숙자(羊叔子) : 양고(羊羔, 221～278). 진나라 때 무신으로, 오국(吳國) 땅을 평정하는데 공이 컸다. 일찍이 인심을 얻어 양양(襄陽) 사람들이 그를 위해 추모비를 세웠는데, 이 비는 어려운 일이 있을 때마다 눈물을 흘려 '타루비(墮淚碑)'라 불리었다. 그가 죽은 후 이웃의 이씨(李氏)가 아들을 낳았는데, 그 아들이 양고의 전신으로 알려졌다고 한다.

19 『처태경(處胎經)』: 불교 경전의 하나로, 신모(神母)의 태 속에서 보살이 태어난다는 내용이 들어 있다.

망자와 무덤【尸穸】

7. 최근 상례(喪禮)에선 사람이 죽으면 바로 관 안에 넣는데, 망자의 옷 뒷 폭을 잘라 함께 넣는다. 또 관을 덮개로 덮고 고기와 밥, 그리고 기장으로 빚은 술을 관 앞에 차려 놓고, 덮개를 흔들고 관을 두드리며 망자의 이름을 부르면서 일어나 사식을 들라고 한다. 이렇게 세 번을 한다.

8. 못을 박고 관에 옻을 칠하면 곡을 그친다. 곡은 옻칠이 마르기 전까지 한다.

9. 명정(銘旌)이 대문을 나서면 사람들은 명정을 잡아끌어 찢어가면서 뒤를 따른다. 망자를 영송하는데 가죽이나 철물, 그리고 구리 거울 따위는 넣지 않고 덮개를 덮는다. 죽은 이로 하여금 밝은 것을 보게 해서는 안 되기 때문이라고 한다. 동훈(董勛)[20]은, '예속에 변복(弁服)과 매합(韎韐)[21]이 있는데, 이것들은 가죽을 사용한다'고 하였다.

10. 나무를 깎아 집이나 수레, 말, 노비, 그리고 저고(抵蠱)[22] 등속을 만드는데, 앞쪽에는 도거(塗車)와 추령(芻靈)[23]을 배열하고 그 주변을 토용(土俑)으로 둘러싸게 된다.

---

20 동훈(董勛) : 삼국시대 위(魏)나라 사람으로, 『문예속(問禮俗)』이라는 작품을 지었다. 그러나 현재 이 책은 남아있지 않다. 이 내용도 이 책에 기록되어 있는 것으로 판단된다.

21 변복(弁服)과 매합(韎韐) : 변복은 귀족들이 입는 모자와 의복이며, 매합은 가죽으로 만든 적황색의 폐슬(蔽膝), 즉 무릎가리개이다.

22 저고(抵蠱) : 순장품의 하나로, 벽사(辟邪)의 물품으로 보이나 구체적인 것은 미상이다.

23 도거(塗車)와 추령(芻靈) : 도거는 진흙으로 빚은 수레이고, 추령은 띠풀을 묶어 만든 사람이나 말로, 모두 과거 순장품이다.

11. 망자를 영송하는데, 서적과 납전(蠟錢), 토호(兎毫),[24] 노기(弩機),[25] 지소(紙疏),[26] 계수(桂樹) 등속을 사용하기도 한다. 또 강거(轆車)[27]를 만드는데, 수레는 오래된 병풍처럼 생긴 널장식으로 만든다.

12. 세상 사람들은 죽은 이가 만든 기악(伎樂)을 이름하여 '악상(樂喪)'이라 부른다. 기두(魌頭)[28]는 죽은 이의 혼기(魂氣)를 보존하기 위한 것으로 일명 '소의피(蘇衣被)'라 하는데, 두려운 모양[蘇蘇]이기 때문이다. 또 다른 이름으로 '광조(狂阻)', '촉광(觸壙)'이라 한다. 네 개의 눈을 가진 것을 방상(方相)이라 하며, 두 눈을 가진 것을 기(僛)라고 한다. 비장방(費長房)[29]의 기록에 의하면, '이아(李娥)[30]가 만든 환약을 '방상뇌(方相腦)'라 한다. 방상은 귀물이기도 하거니와 전부터 성인(聖人)이 관직을 설치하여[31] 방상을 두었다'고 나와 있다.

13. 또 개가 시신을 보는 걸 꺼리는데, 이런 일이 있으면 부모상을 당한다고 한다.

14. 망자를 자리에 앉히고 혼의(魂衣)를 만드는데, 이를 '상천의(上天衣)'

---

24 토호(兎毫) : 토끼털로 만든 고급 붓.

25 노기(弩機) : 석궁의 일종.

26 지소(紙疏) : 종이 따위이겠으나 미상이다.

27 강거(轆車) : 죽은 이를 보낼 때 상여에 넣어주는 물건으로, 보통 종이로 병풍처럼 꾸며 만든다.

28 기두(魌頭) : '기두(類頭)'로도 쓴다. 흉악스럽게 만든 탈로, 역귀를 쫓을 때 신으로 분장한 사람이 썼다고 한다.

29 비장방(費長房) : 후한 때 인물로, 호공(壺公)을 따라 선도(仙道)를 터득하였다. 귀신을 부리는 재주로 유명하였다.

30 이아(李娥) : 이아(李俄)라고도 한다. 『수신기(搜神記)』에 그녀와 채중(蔡仲)과의 고사가 전한다. 그녀가 죽어 성밖에 묻었는데, 그 무덤 속에서 소리가 들려 이웃이었던 채중이 그 소리를 듣고 그녀를 살려냈다.

31 성인(聖人)이 관직을 설치하여 : 성인은 주나라 문왕(文王)의 아들인 주공단(周公旦)을 말한다. 『주례(周禮)』에 의하면, 주공단이 방상시를 관직에 넣었다고 한다.

라 한다.

15. 망자를 영송하는데 거울을 넣는 통의 덮개는 관에 넣지 않는다.

16. 형(褮)[32]은 귀의(鬼衣)이다. 동인(桐人)[33]은 우경(虞卿)[34]에게서 시작되었으며, 명의(明衣)[35]는 좌백도(左伯桃)[36]에게서 시작되었으며, 만가(挽歌)는 불구(紼謳, 상여 노래)에서 기원하였다. 옛날에 무덤을 파서 그 시체를 저자에 버리곤 했다. 그러므로 무덤은 중요한 것이다. 이는 상주에게 중요하다는 의미로, 한 번 쓴 묘를 파면 이는 불수물(不須物)[37]이 되기 때문이다.

17. 조(弔)자는 화살을 활에 꿨다는 뜻이다. 옛날에 장례는 시신을 들에 버리고 화살을 쏴 조문하였으니, 이는 날짐승의 해를 막기 위해서였다.

18. 후위(後魏)의 풍속에서 장례는 적이 성대했다. 관은 높고 크며 잣나무로 많이 만들고, 양쪽 가에는 구리로 만든 큰 손잡이를 두었다. 공사귀천을 막론하고 모든 상여는 백유(白油)를 칠한 포막을 둘렀다. 긴 창으로 의장을 하고 노고(虜鼓)[38]를 치며 곡소리를 하는데, 그 소리는 남조(南朝)의 소리와 비슷하다. 만가이 곡소리는 파성(破聲)[39]이 없으나, 역시 경사

---

32 형(褮) : 염할 때 시신의 얼굴을 덮어 가리는 수건의 일종.

33 동인(桐人) : 고대 순장품으로 사용하던 사람 형상의 오동나무 인형.

34 우경(虞卿) : 전국시대 유세객으로 이름은 전(傳). 조(趙)나라 효성왕(孝成王)에게 등용되어 상경(上卿)이 되었다. 그는 아버지가 죽자 오동나무로 사람의 형상을 만들어 순장하였다.

35 명의(明衣) : 죽은 자를 염하기 전에 목욕시킨 후 입히는 속옷.

36 좌백도(左伯桃) : 전국시대 연(燕)나라 사람. 양각애(羊角哀)라는 친구와 함께 초(楚)나라로 들어가다가 죽고 말았는데, 양각애는 그의 시신을 몸소 염하여 묻어주었다.

37 불수물(不須物) : 미상인데, 순장한 물건이 훼손된다는 의미인 듯하다.

38 노고(虜鼓) : 북의 일종으로, 중국의 서북방 이민족들이 사용하였다. 남조(南朝)의 인사들이 후위(後魏)의 풍속을 견문하고 남긴 자료들에 이 용어가 자주 보인다.

39 파성(破聲) : 곡소리의 일종으로 혼자 목을 놓아 우는 것.

(京師)와는 조금 차이가 있다.

19. 『주례(周禮)』[40]에서, 방상시는 망상(罔象)[41]을 내쫓는 의식을 거행한다고 한다. 이는 망상이 죽은 자의 간(肝)을 즐겨 먹기 때문인데, 호랑이와 잣나무를 두려워하므로 묘 위에 잣나무를 심고 입구에 석호(石虎)를 세우는 것이 이런 이유이다.

20. 옛날 진(秦)나라 때 진창(陳倉)[42]의 어떤 이가 사냥을 하여 짐승을 잡았는데, 멧돼지 같이 생겼으나 이름을 알 수 없었다. 길에서 두 어린아이를 만나게 되어 이 짐승에 대해 알려주었다.
"이것의 이름은 불술(弗述)이고, 항상 땅 속에 묻힌 죽은 사람의 뇌를 먹지요. 만약 잡아 죽이려면 잣나무를 그의 머리에 꽂아야 합니다."

21. 상중에 있는 부인은 면의(面衣)[43]를 입고, 1년 상이 지나면 쓰개를 쓰고 면의는 입지 않는다.

22. 또 부인은 곡을 할 때 부채로 얼굴을 가리는데, 간혹 관이 안치된 안에서 곡을 하는 경우도 있다.

23. 한나라 평릉(平陵)의 왕묘에는 이리가 많다. 묘굴에서 나온 이리는 모두 털에 회가 묻어 있었다. 위(魏)나라 말에 어떤 사람이 이리가 파놓

---

40 『주례(周禮)』: 원래 '주관(周官)'으로 불린 주나라의 예악을 정리한 책인데, 한나라 때 유흠(劉歆)이 이를 정리하면서 '주례'라고 바꾸었다. 천관(天官)·지관(地官)·춘관·하관·추관·동관 등 여섯 편으로 나뉘어 있으며, 방상시에 대한 내용은 하관(夏官)에 나온다.

41 망상(罔象): 전설상의 물귀신으로, 사람을 잡아먹는다고 알려져 있다. '목종(沐腫)'이라고 부르기도 한다.

42 진창(陳倉): 진나라 때의 현명으로, 지금 섬서성 보계현(寶鷄縣) 일대.

43 면의(面衣): 얼굴을 가릴 수 있도록 상중에 입는 옷.

은 굴 앞에서 금으로 만든 칼과 옥으로 만든 머리장식, 그리고 타호(唾壺)[44] 따위를 주웠다.

24. 패구현(貝丘縣)[45] 동북쪽에 제(齊)나라 경공(景公)[46]의 묘가 있다. 근래 어떤 자가 이 묘를 도굴하였다. 세 길을 파들어 갔을 때 석함(石函)이 나왔다. 그 안에 거위 한 마리가 몸을 돌리면서 날개로 퍼드덕 거리며 석함을 치고 있었다. 다시 아래로 한 길을 더 파자, 이번에는 푸른 기운이 솟구쳤다. 마치 질그릇 구울 때의 연기 같았다. 날던 새들이 이곳을 지나가다가 번번이 떨어져 죽었기에 도굴꾼이 감히 더 이상 파지 못했다.

25. 북위(北魏) 때 보리사(菩提寺)의 승려 달다(達多)가 무덤을 팠다가 벽돌 안에서 사람 하나를 발굴하였다. 이 사람은 직접 '자신의 성은 최(崔)이고 이름은 함(涵), 자가 자홍(子洪)으로, 지하에서 12년 동안 취한 듯 멍하게 있었다'고 밝히더니 다시 살아서 돌아다녔다. 그러나 전혀 분별력이 없어 해나 물, 불, 그리고 병기를 보면 두려워하여 도망쳤고 아주 피곤하면 아예 움직이지 못했다. 낙양의 봉락리(奉洛里)[47]에서는 순장했던 물품들을 많이 팔았다. 거기서 최함(崔涵)[48]은 이런 얘기를 들려주었다.

"잣나무로 관을 만들되 뽕나무로 딧널을 만들어서는 안 되오. 내가 지하에 있을 때 귀졸(鬼卒)로 징발이 되었는데, 그때 한 귀졸이 잣나무 관이

---

44 타호(唾壺) : 가래침을 뱉는 그릇으로, 주로 귀족들이 사용하던 물품이다.

45 패구현(貝丘縣) : 한대의 현명으로, 지금의 산동성 청평현(淸平縣) 서남지역 일대.

46 경공(景公) : 춘추시대 제나라 왕으로, 장공(莊公)의 이복 동생이다. 제위 기간 동안 제나라의 국력을 크게 신장시켰다. 진(晉)나라 때 그의 묘가 발견되었는데, 순장한 사람의 흔적이 나왔다.

47 봉락리(奉洛里) : 『낙양가람기』에는 '봉종리(奉終里)'로 나오는데, 의미상 봉종리가 맞을 듯하다. 낙양 북쪽에 있던 마을로 순장품과 관을 파는 상인들이 많았다고 한다.

48 최함(崔涵) : 그에 대한 이야기는 『낙양가람기(洛陽伽藍記)』에도 나온다. 그는 낙양성 서쪽 부재리(阜財里)에 살았는데, 15세에 죽었다가 27세에 다시 살아났으며, 이후의 일은 여기와 대동소이하다.

좋다고 하더군요. 그러나 주관하던 이는 '잣나무로 만들었다고 하나 실은 뽕나무로 만든 덧널이라네'라고 합디다."

26. 남조(南朝)에선 죽은 자에게 관직을 추증하는데 신경을 많이 써, 초선(貂蟬)[49]을 내려주려 할 땐 기러기로 대신했고, 인끈을 줄 때는 글로 대신하였다.

27. 선현이나 대신(大臣)의 가묘(家墓)에는 죽은 이의 관직과 이름을 써서 말뚝에 높이 달았으나 5품 이상은 칠관(漆棺)을, 6품 이하는 다만 칠판(漆板)을 얻을 수 있다.

28. 남양현(南陽縣)[50]의 백성 소조(蘇調)의 딸이 죽은 지 3년 만에 스스로 관을 열고 집으로 돌아왔다. 그녀의 말이 '명부의 관리들은 팥이나 누런 콩을 두려워하므로, 죽었을 때 이 두 가지 콩을 한 섬만 가지고 있어도 고통을 겪는 일은 없을 것이다'고 하였다. 또 '가래나무로 관을 만드는 게 좋다'고도 말했다.

29. 유안(劉晏)[51]의 판관(判官)[52]이던 이막(李邈)의 농원이 고릉(高陵)[53]에 있었다. 한편 이 농원의 소작인이 5,6년 동안 소작료를 내지 않고 있었다. 관직에서 물러난 이막이 농원으로 돌아와 그 소작인을 취조할 참이었다. 그런데 창고 안을 살펴보니 곡물이 차고 넘쳐났으며 남은 곡물을

49 초선(貂蟬) : 한대부터 쓰였던 관의 장식으로, 시중 이상의 무관들이 관에 이용하였다. 매미 같은 문양에 담비 꼬리를 사용했기에 붙여진 이름이다.

50 남양현(南陽縣) : 당대(唐代)의 현명으로, 지금의 하남성 남양현.

51 유안(劉晏) : 716~780. 당나라 현종 때의 인물로, 자는 자안(子安). 염철(鹽鐵)과 주전(鑄錢) 등을 관장하여 안록산의 난 이후 바닥이 난 국가 재정을 확충하여 재정가로 명성이 자자했다.

52 판관(判官) : 절도사나 관찰사의 속관(屬官).

53 고릉(高陵) : 당대의 현명으로, 지금 섬서성 고릉현.

아직 다 창고에 넣지도 못한 상태였다. 이막이 괴이하여 그에게 물었더니 자초지종이 이러하였다.

"제가 단공(端公)[54] 어른의 소작인이 된 지 두세 해 되었을 때 오랫동안 곡물을 도난당하고 있었습니다. 최근 한 오래된 무덤을 파게 되었는데, 이 무덤은 우리 농장 서편 10리 거리에 있었지요. 무덤이 아주 커서 솔숲으로 들어가 이백 걸음을 가야 당도할 수 있었습니다. 곁에 비석이 부러져 풀 속에 누워있는데 글자가 마모되어 읽을 수 없더군요. 처음에 그 주변을 수십 길쯤 파자 한 석문(石門)이 나왔습니다. 헌데 쇳물로 단단히 봉쇄되어 있어서 양의 배설물로 며칠 동안 쇳물을 녹여서 마침내 석문을 열 수 있었습니다. 석문이 열리자마자 화살이 비오듯 쏟아져 몇 사람이 이 화살에 맞아 쓰러졌습니다. 나머지 사람들이 두려워서 밖으로 도망을 가려고 했지요. 제가 살펴보니 다른 게 아니라 필시 안에 덫이 설치된 것이더군요. 그래서 그 안으로 돌을 던지게 했더니, 던질 때마다 화살이 날라 왔고 열 번 남짓 돌을 던지자 화살은 더 이상 발사되지 않았습니다. 이윽고 횃불을 들고 들어가 두 번째 중문(重門)에 도착하여 문을 열었더니, 수십 명의 목인(木人)이 눈을 부라리며 검을 휘둘러 다시 몇 사람이 창상을 입었습니다. 저희들이 몽둥이를 휘두르자, 저들이 가지고 있던 무기들이 다 땅에 떨어져버리더군요. 사방의 벽에는 호위하는 병사의 상이 그려져 있었고, 남쪽 벽에는 큰 옻칠 관이 철끈에 매달려 있는데 그 아래에 금옥과 보석이 쌓여 있었습니다. 저희들은 두려운 마음에 당장 이것을 주워 담지를 못하고 있었습니다. 그러다가 관의 양쪽 모서리에서 갑자기 바람이 휙휙 불더니 모래가 흩어져 저희들의 얼굴을 때리기 시작하더군요. 삽시간에 바람은 더 거세지고 모래는 물이 쏟아지듯 쏟아져 무릎이 빠질 정도였습니다. 두려운 나머지 도망을 치려고 막 나오려는 즈음 석문이 이미 닫혀버리고 말았습니다. 그 사이 한 사람이 모

54 단공(端公): 당대의 '시어사(侍御史)'를 지칭하는 용어로, 여기선 판관인 이막을 가리킨다.

래 속에 빠져 죽고 말았고요. 우리는 함께 땅에 술을 붓고 죄를 청하며 다시는 무덤을 파지 않겠다며 맹서했습니다."

30. 『수경(水經)』[55]에 다음과 같은 내용이 있다.

'월왕(越王) 구천(勾踐)[56]이 낭아(琅琊)에 도읍을 정하고 윤상(允常)[57]의 무덤을 옮기려고 하였다. 그런데 무덤 안에서 바람이 일더니 모래가 날려 사람을 습격하므로 접근을 할 수가 없었고, 결국 이 일을 그만두었다.'

『한구의(漢舊儀)』[58]에도 이런 내용이 나온다.

'장작대장(將作大匠)[59]이 능묘(陵墓)를 조성할 때 구덩이 안과 석실 밖 주변에 모래를 퍼트리고 능묘 문에 막야(莫耶)[60]를 교차시켜 세우고 쇠뇌와 불을 묻어 화살과 모래가 분출하게 하였다.'

대개 옛날 묘에 덫을 설치했다는 게 이런 것이다.

또 후백(侯白)[61]의 『정이기(旌異記)』[62]에 이르기를,

---

55 『수경(水經)』: 중국 최초의 지리서로, 한나라 때 상흠(桑欽)이 지은 것을 진나라 때 곽박(郭璞)이 정리한 것이다. 『산해경』과 함께 지리서의 고전에 해당하며, 북위(北魏)의 역도원(酈道元)은 이에 대한 주를 달아 40권의 『수경주(水經注)』를 편찬하기도 했다.

56 구천(勾踐): 춘추시대 말기의 월나라 왕. 회계산에서 오왕(吳王) 부차(夫差)에게 치욕스런 패배를 하고 쓸개를 맛보며[嘗膽] 군대를 재정비하여 마침내 다시 오나라를 무너뜨렸다.

57 윤상(允常): 구천(勾踐)의 아버지로, 월나라의 영토를 넓혔으며 오왕(吳王) 합려(闔廬)와 수차례 대결하기도 하였다.

58 『한구의(漢舊儀)』: 한나라 위굉(衛宏)이 편찬한 예악지로 지금은 전하지 않는다.

59 장작대장(將作大匠): 장작(將作)은 궁정의 토목 건축을 맡은 벼슬로, 진나라 때 처음 설치하였다.

60 막야(莫耶): 명검의 하나로, '막야(莫邪)'라고도 한다. 막야는 원래 춘추시대 오나라의 간장(干將)의 아내 이름이었는데, 그의 남편에게 검을 직접 만들어주어 명장이 된 데서 붙여졌다.

61 후백(侯白): 수(隋)나라 때의 문인으로, 자가 군소(君素)이다. 박학하고 골계에 뛰어나 고조(高祖)가 총애하였다. 비서성(秘書省)에서 국사(國史)를 편찬하였다.

62 『정이기(旌異記)』: 후백이 편한 필기류 작품으로, 모두 15권이었다. 그러나 현재는 남아있지 않다.

"도적이 백모(白茅)[63]로 덮인 무덤을 발굴했는데, 관 안에서 벼락치듯 큰 짐승소리가 들리고 꿩들이 울어댔다. 그리고 안에서 불기운이 일어나더니 화염이 치솟았다. 결국 도적들은 모두 불에 타서 죽었다."

고 하니, 아마도 이것은 불을 묻은 게 아닐까.

31. 영태(永泰)[64] 초, 왕생(王生)이란 이가 양주(揚州)의 효감사(孝感寺) 북쪽에 살고 있었다. 여름철 그는 술을 마시고 손으로 머리를 괴고서 평상에 누워 있었다. 그의 아내가 바람을 맞을까 염려하여 그를 일으키려는데, 갑자기 큰 손이 평상 앞에서 솟구쳐서는 왕생의 팔을 잡아 평상 밑으로 떨어뜨렸다. 땅에 떨어진 몸은 점점 땅속으로 들어가는 것이었다. 아내와 종들이 함께 끌어올리려 했으나 역부족이었다. 이윽고 땅이 갈라지는 듯 하더니 그나마 처음에 남아 있던 옷과 혁대마저도 잠시 뒤 아예 보이지 않았다. 집식구들이 사력을 다해 땅을 파 두 길 깊이에서 해골 한 구를 발견하였는데, 이미 수백 년은 되어 보였다. 그러나 끝내 이게 무슨 변괴인지 알 수 없었다.

32. 원화(元和) 연간에 강회(江淮)의 한 백성이 땅을 경작하다가 땅이 꺼지면서 오래된 무덤이 나왔다. 이 무덤의 관에서 속옷 쉰 벌이 나왔다.

33. 처사 정빈우(鄭賓于)가 들려준 이야기이다.

일찍이 하북(河北) 지역에 간 적이 있었다. 한 촌장(村長)의 아내가 막 죽어 아직 납관을 하지 않고 있는 상황이었다. 날이 저물자 딸아이의 귀에 난데없이 음악소리가 들렸다. 이 소리는 점점 마당과 안채 쪽으로 가까워졌고, 그 사이 시신은 움직이기 시작했다. 그 소리가 방으로 들어가

---

63 백모(白茅) : 포아풀과에 속한 다년초로 뿌리는 약재로 쓰인다. 두 자 정도까지 자라며 잎이 가늘고 뾰족하다.

64 영태(永泰) : 당나라 대종(代宗)의 연호로, 해당기간은 765년 한 해이다.

서는 들보와 기둥 사이에서 울렸다. 급기야 시신이 일어나 춤을 추기 시작했다. 음악 소리가 다시 들리자 시신이 엎어졌다가 어느새 다시 문을 열고 나가서는 음악 소리를 따라 떠나가는 것이었다. 집안사람들은 놀라고 두려웠으나 달도 져서 어두운 때라 감히 뒤쫓을 수도 없었다. 일경쯤 지나 촌장이 집에 돌아와 이 사실을 듣고는 뽕나무 가지 하나를 꺾어 사람의 팔 모양으로 만들었다. 술을 마신 그는 고래고래 소리를 지르며 뒤를 쫓아 묘림(墓林) 안으로 들어갔다. 대략 대여섯 리 정도 들어가자 다시 음악 소리가 들리는데 이번에는 잣나무 숲에서였다. 그 나무에 가까이 가자 나무 아래에서 불이 훤히 일어나면서 시신은 춤을 추기 시작했다. 촌장이 작대기를 들어 내리치자 시신은 엎어졌고 음악 소리도 멎었다. 마침내 촌장은 시신을 업고 돌아왔다.

34. 의승(醫僧) 행유(行儒)[65]가 들려준 이야기이다.

복주(福州)[66]의 고승(高僧) 홍제(弘濟)는 재계를 하며 청빈한 생활을 하였다. 한번은 모래 언덕에서 머리뼈 하나를 주워 바리 속에 넣고 절로 돌아왔다. 며칠 뒤, 잠을 자고 있는데 갑자기 어떤 물건이 귀를 물기에 손으로 쳐서 떨어뜨리자 몇 되들이 물건 떨어지는 소리가 났다. 아무래도 머리뼈가 문 게 아닌가 싶었다. 날이 밝아 확인해 보니 과연 그 머리뼈가 평상 아래에 떨어져 여섯 조각이 나 있었다. 나머지 부스러기도 기왓고랑에 버려져 있었다. 한밤중에는 계란만한 크기의 불덩이가 차례차례 기와 아래로 들어와 비추는 것이었다. 이에 홍제가 꾸짖었다.

"네가 인간계에도 천상계에도 살지 못하면서 썩은 해골에 붙어사는 이유가 무엇이더냐?"

---

65 의승(醫僧) 행유(行儒) : 미상. 참고로 당대에는 승려이면서 의원인 경우가 많았다고 한다. 이는 불교의 영험을 질병 등의 치료에 많이 이용했기 때문이다. 행유도 그런 승려로 짐작된다.

66 복주(福州) : 당대(唐代)에 설치된 주로, 지금 복건성 민후현(閩侯縣) 지역.

그러자 마침내 이 괴이한 일은 사라졌다.

35. 근래 도적이 촉나라 선주(先主)[67]의 묘를 도굴했는데, 그들은 일제히 묘혈(墓穴)에서 두 사람이 불을 밝힌 채 바둑을 두고 있고 십여 명이 호위를 하고 있는 광경을 목격하였다. 겁에 질린 도둑들이 덜덜 떨며 절을 하였다. 그러자 그 중 한 사람이 이들을 돌아보며,

"너희들도 마시겠느냐?"

라고 하였다. 이들은 한 잔씩 술을 받아 마시고, 아울러 옥대(玉帶) 몇 개를 애걸하여 얻었다. 저들이 속히 묘를 나가라고 명하자, 도적들은 밖으로 나왔다. 그런데 입구는 옻칠로 막혔으며, 받은 옥대는 모두 큰 구렁이였다. 묘혈을 보니 예전과 다름이 없었다.

67 촉나라 선주(先主) : 즉 유비(劉備)로, 자는 현덕(玄德). 삼국시대 촉나라의 소열제(昭烈帝)로, 위나라 조조(曹操), 오나라 손권(孫權)과 정립(鼎立)하며 삼국시대를 열었다.

유양잡조 권14

귀신 · 요괴 기록(상)【諾皐記上】

1. 도삭(度朔)[1]에서 형을 집행했던 정황은 미루어 짐작할 만하고, 등보(登葆)[2]에서 제사를 주관할 땐 영험을 드러내고자 하였다. 산 자를 환영이 되게 하고 떠도는 혼을 변하게 하였으니, 이는 성인이 별들의 운행을 정하고 무축(巫祝)의 관원을 세우며, 십휘(十輝)[3]의 상서로움을 살피고 구려

1 도삭(度朔) : 동해 가운데 있다고 알려져 있는 산. 여기에 신도(神荼)와 울루(鬱壘)라는 두 형제가 살고 있었는데, 이들은 귀신들을 점검하여 악행을 일삼는 악귀들을 잡아다가 호랑이에게 먹이로 주었다고 한다.

2 등보(登葆) : 산 이름으로, 『회남자』에 의하면 무당이 약초를 캐러 오르는 산으로 나와 있다.

3 십휘(十輝) : 열 가지 태양의 빛으로, 과거에 이것으로 길흉화복을 점쳤다. 즉 침(祲), 상(象), 전(鐫), 감(監), 암(闇), 몽(瞢), 미(弥), 서(敘), 제(隮), 상(想).

(九黎)의 난리[4]를 평정한 예이다. 도가 실행되는 날에는 귀신이 사람을 해치지 않고, 덕을 보는 때는 신령이 상주를 괴롭히지 않게 된다. 이는 열자(列子)의 '부엌 안의 구철(鴝綴)'[5]이며, 장자(莊子)의 '집안의 뇌정(雷霆)'[6]과 같은 것이다. 초나라 장왕(莊王)은 수시(隨兕)를 다투다가 재앙을 옮기게 되었고,[7] 제나라 환공(桓公)은 위사(委蛇)를 보고는 병이 나았으니, 이러한 영험의 징조와 변화는 어느 때고 있는 법이지만 남을 해치지 않고 상주를 괴롭히지 않는 데 있어야 한다.

나는 역대의 괴이한 서적을 열람하고 생각나는 것을 우연히 기록하여 '낙고기(諾皐記)'[8]라고 하였다. 이는 거리의 천근한 이야기가 아니면 세간에서 번잡하게 만들어진 말들로, 구정(九鼎)[9]의 모양을 분별하거나 칠거(七車)[10]에 짝할 정도로 넓지는 못하나, 휴식하는 여가에 즐기기는 충분한

---

4 구려(九黎)의 난리 : 황제(黃帝)의 아들 소호(少皞) 때에 여씨(黎氏) 종족의 아홉 명이 반란을 일으킨 적이 있는데, 이들은 황제와 대결했던 치우(蚩尤)의 무리였다.

5 부엌 안의 구철(鴝綴) : 『열자』「천서(天瑞)」편에 나오는 내용으로 다음과 같다. 열자가 길을 가다가 길가에서 백년 묵은 해골을 보게 되었다. 옆에 있던 제자 백풍(百豐)이 말하기를 "호랑나비는 부엌 안에 유충을 낳는데, 이것을 구철(鴝綴)이라 합니다. 천일이 지나면 변하여 새가 됩니다"라고 하였다. 이는 만물의 생사의 변화는 자연의 섭리를 따른다는 의미이다.

6 집안의 뇌정(雷霆) : 『장자』의 외편 「달생(達生)」에 나오는 내용으로, 뇌정은 집안에 있다는 귀물이다. 제나라 환공(桓公)이 연못에서 귀물을 봤다고 하자, 현자인 황자고오(皇子告敖)가 그것은 위사(委蛇)라는 것이라고 하면서, 아울러 방안에는 번양(煩壤)과 뇌정(雷霆)이라는 귀물이 있다고 알려 주었다. 그 후 환공은 병이 나았다고 한다.

7 초나라 장왕(莊王)은 …… 옮기게 되었고 : 수시(隨兕)는 악수(惡獸)의 이름이다. 『여씨춘추(呂氏春秋)』에 초나라 장왕(莊王)이 운몽(雲夢) 땅에서 사냥을 하다가 이 수시를 쏘아 잡았는데, 신공자배(申公子培)가 왕이 잡은 이것을 강탈하려고 하였다. 장왕은 이에 분노하여 그를 잡아 죽이도록 하였으나 주위에서 간하는 바람에 살려주었다. 그런데 그 후 자배는 병으로 죽었던 바, 이는 왕을 대신하여 죽은 것이었다.

8 낙고기(諾皐記) : '낙고(諾皐)'는 도가의 용어로, 태음신(太陰神), 즉 천신(天神)의 이름이다. 통상 태음은 양기가 전혀 없는 음기뿐인 상태로, 여기서도 음계(또는 귀신) 따위를 지칭하는 의미로 쓰인다.

9 구정(九鼎) : 하(夏)나라 우임금 때 구주(九州)를 상징하여 주조하였다는 국권을 상징하는 솥.

10 칠거(七車) : 불가에서 사용하는 넓다는 의미이겠으나 미상이다.

것이다.

2. 곤륜(崑崙)[11]의 터는 천제(天帝)가 내려와 도읍하고 온갖 신이 거처하는 곳이다.

3. 대황(大荒)[12]에는 영산이 있다. 이 산에는 무당이 열 명 있는데, 함(咸)・즉(卽)・반(盼)・팽(彭)・고(姑)・진(眞)・예(禮)・저(抵)・사(謝)・라(羅) 등이다. 이들은 모두 이 산을 오르내린다.

4. 천산(天山)에 신이 있으니 그 이름을 혼돈(渾敦)이라 한다. 생김새는 주머니처럼 생겼고, 빛이 나는데 그 빛은 불과 같다. 다리가 여섯 개이며, 겹날개를 가졌으나 얼굴과 눈은 없다. 노래와 춤도 할 줄 안다. 실은 이가 제강(帝江)이다. 형천(刑天)이 제강의 신과 다투어 제강이 그의 머리를 잘라 상양산(常羊山)[13]에 매장하자, 그는 그 젖으로 눈을 만들고 배꼽으로 입을 만들어 방패와 도끼를 잡고 춤을 추었다[14]고 한다.

5. 한나라 죽궁(竹宮)[15]은 자줏빛 진흙으로 단을 쌓았다. 그곳에 천신이

---

11 곤륜(崑崙) : 이 지역은 실제 서쪽으로 파미르 고원의 총령(葱嶺)에서 발원하여 신강(新疆), 서장(西藏)의 변경을 지나 중국 내지에까지 뻗어있는 최대의 산맥 중에 하나로, 예로부터 신선이 사는 산으로 알려져 있다. 천신 이외에도 서왕모가 이곳에서 살았으며, 꼭대기에는 요지(瑤池)가 있다고 알려져 있다.

12 대황(大荒) : 거칠고 먼 변방 지역. 『수경주(水經注)』에 의하면, 산서성 안읍협(安邑縣)의 무함산(巫咸山) 지역을 가리킨다고 되어 있고, 이 산의 골짜기에는 무함사(巫咸祠)가 있었다고 한다. 이 내용은 『산해경』 「대황서경(大荒西經)」에 나온다.

13 상양산(常羊山) : 염제(炎帝) 신농씨(神農氏)가 태어났다고 하는 전설상의 산이다.

14 방패와 도끼를 잡고 춤을 추었다 : 도연명의 「독산해경(讀山海經)」이란 시에 "刑天舞干戚"이라는 구절이 있다. 참고로 이 혼돈(渾敦)에 대한 이야기는 『산해경』 「서산경(西山經)」에 나오는데, 여기와 대동소이하다. 또 『장자(莊子)』 「응제왕(應帝王)」편에 이에 대한 우화가 실려 있다.

15 죽궁(竹宮) : 감천궁(甘泉宮)에 있던 사궁(祠宮)으로, 대나무로 만들어 붙여진 이름이다. 전하는 바에 의하면 이 단은 3리가 되었다고 한다.

유화(流火)[16]처럼 내려오는데, 옥으로 장식한 그릇 7천 개와 무희 3백 명이 동원되었다. 일설에는 '한나라에서 하늘에 제사를 지낼 때 토기(土器) 1만 2천개와 5년 동안 길러 무게가 3천 근이 나가는 소를 쓴다'고 한다.

6. 태일군(太一君)[17]의 휘는 납(臘)이며, 천질(天秩)[18]은 1만 2천 석이다.

7. 천옹(天翁)의 성은 장씨(張氏), 이름은 견(堅)이며 자는 자갈(刺渴)이다. 어양(漁陽)[19] 출신으로 젊어서부터 방달불기하여 일에 구속된 적이 없었다. 일찍이 그물을 펼쳐 흰 참새 한 마리를 잡아 애지중지하며 직접 길렀다. 꿈에 하늘에서 유옹(劉翁)[20]이 꾸짖고 화를 내며 죽이려고 하였다. 그런데 그때마다 흰 참새가 이 사실을 장견에게 알려주었고, 장견은 모든 수단을 동원하여 대응하였기 때문에 유옹은 끝내 그를 해칠 수 없었다. 유옹이 마침내 하늘에서 내려와 그를 만나보게 되었다. 장견은 손님을 맞을 자리를 성대하게 마련해 놓고는 몰래 유옹이 타고 내려온 수레를 훔쳐 백룡을 타고 채찍을 휘둘러 하늘로 올라가버렸다. 유옹은 남은 용을 타고 뒤를 쫓았으나 잡지 못했다. 장견은 현궁(玄宮)[21]에 도착해 백관을 교체하고 북문을 걸어 잠궜다. 그리고 이 흰 참새를 상경후(上卿侯)

16 유화(流火) : 별이름으로, 7월에 나타난다고 하여 음력 7월의 딴이름이기도 하다. 한편 '흐르는 불'이라는 뜻에서 왕조가 발흥할 징조라는 의미도 있다. 주나라 무왕(武王)이 주(紂)를 치려고 맹진(孟津)을 건널 때 흐르는 불이 무왕의 장막을 뒤덮고 있다가 붉은 까마귀로 변하여 날아갔다는 고사에서 유래하였다.

17 태일군(太一君) : 천신의 이름으로, 『사기』 「봉선서(封禪書)」에 태일군에게 제사지낼 때는 소를 희생으로 쓰며 7일간 제를 올린다고 나와 있다.

18 천질(天秩) : 하늘에서 받는 봉록이란 뜻으로, 도가에서 이런 따위를 상정했다.

19 어양(漁陽) : 진대(秦代)에 설치한 현명으로, 지금의 하북성 밀운현(密雲縣) 서남지역.

20 유옹(劉翁) : 한(漢)왕조를 지칭한다. 한조의 성씨가 유씨인 바, 유옹이 실각하고 장옹(張翁)으로 교체되는 이 이야기는 후한 말에 한나라 왕실이 쇠미한 상황을 반영하고 있다. 실제로 후한 말기에 장도릉(張道陵) 등이 출현한 바 있다.

21 현궁(玄宮) : 북방 천제(天帝)의 궁전으로, 『장자』 「내편」 '태종사(太宗師)'편에 고대 황제인 전욱(顓頊)이 천상에서 이 궁에 거처했다고 나와 있다.

로 봉하여 그 자손이 하토(下土)에서 알을 낳아 새끼를 치도록 해주었다. 실각한 유옹은 오악(五嶽)을 돌며 재앙을 일으켰다. 장견이 이를 걱정하여 유옹을 태산태수(泰山太守)로 삼아 생사의 장부를 주관하도록 하였다.

8. 북두성의 괴성(魁星)[22] 제1성의 신을 '집음(執陰)'이라 하고, 제2성을 '협예(叶詣)', 제3성을 '시금(視金)', 제4성을 '거리(拒理)', 제5성을 '방오(防仵)', 제6성을 '개보(開寶)', 제7성을 '초요(招搖)'라 한다.

9. 동왕공(東王公)[23]의 휘는 예(倪)이며, 자는 군명(君明)이다. 천하에 아직 인민이 있지 않았을 때 살았으며, 녹봉이 2만 6천 석이었고, 잡색의 인끈을 차고 있었는데 그 길이가 여섯 길 여섯 치였다. 시녀가 9천 명이었고, 정해일(丁亥日)에 죽었다고 한다.

10. 서왕모(西王母)[24]는 성이 양씨(楊氏)이고, 이름은 회(回)이다. 곤륜산의 서북쪽을 관장하였으며, 정축일에 죽었다. '완금(婉妗)'이라 하기도 한다.

11. 조신(竈神)[25]은 이름이 외(隗)이며, 아름다운 여인처럼 생겼다. 또 성은 장씨(張氏)이고 이름은 단(單), 자가 자곽(子郭)이며, 그의 부인의 자는 경기(卿忌)로 딸 여섯을 두었다. 이 딸들을 '찰흡(察洽)'이라 부른다. 조신은 매월 그믐날이면 하늘로 올라가 사람들의 죄상을 아뢰어 죄가 큰 자는 기(紀)를 빼앗는데, 기는 3백일이다. 죄가 적은 자는 산(算)을 빼앗는데,

22 괴성(魁星) : 일반적으로 북두성 중에 제일 첫 번째를 지칭하나, 북두성에서 아래 방형(方形)을 이룬 네 개의 별을 일컫기도 한다.

23 동왕공(東王公) : 전설상의 인물로, 서왕모의 남편으로 알려져 있다.

24 서왕모(西王母) : 중국신화에서 거론되는 대표적인 여신이다. 『산해경』에 의하면, 서왕모는 표범의 꼬리에 호랑이 이빨을 가졌으며, 인간의 병과 형벌을 관장하는 것으로 나온다. 반면 『한무내전(漢武內傳)』 등에는 절세의 미인으로 소개되어 있다.

25 조신(竈神) : 부엌을 관장하는 신. 중국 고대의 민간신앙에서 대단히 중요하게 거론되는 신으로, 한 집안의 화복을 관장한다고 믿어 왔다.

산은 1백일이다. 그러므로 천제의 사자가 하계로 내려와 땅의 정령이 된 것이다. 기축일에 태어나 묘시(卯時, 오전 6시)에 하늘로 올라갔다가 사시(巳時, 오전 10시)에 땅으로 내려와 관할했으므로, 이 날 제사를 올리면 복을 받는다. 그 권속의 신으로 천제의 교손(嬌孫)과 천제의 대부(大夫), 천제의 도위(都尉), 천제의 장형(長兄), 형상동자(硎上童子), 돌상자관군(突上紫官君), 태화군(太和君), 옥지부인(玉池夫人) 등이 있다. 일설에 조신의 이름은 '양자(壤子)'라 하기도 한다.

12. 하백(河伯)[26]은 사람의 얼굴을 하고 있으며, 두 마리의 용을 탄다. '빙이(冰夷)' 또는 '풍이(馮夷)'라고도 한다. 또 사람 얼굴에 물고기 몸을 하고 있다고 알려져 있기도 하다. 『금궤(金匱)』[27]에는 '이름은 풍순(馮循)이다'고 하였으며, 『하도(河圖)』에는 '성이 려(呂)이고 이름은 이(夷)이다'라고 하였다. 『목천자전(穆天子傳)』[28]에는 '무이(無夷)'라고 하였고, 『회남자(淮南子)』에는 '풍지(馮遲)'라 하였다. 또 『성현기(聖賢記)』[29]에는 '팔석(八石)을 복용하며 물의 선인(仙人)을 거느린다'고 하였으며, 『포박자(抱朴子)』[30]에는 '8월 상경일(上庚日)에 황하에 빠졌다'고 하였다.

---

26 하백(河伯) : 수신으로, 중국에서는 특히 황하의 신을 말한다. 그 후 천제 또는 하늘의 신과 대비되어 물의 신을 뜻하는 일반명사로 통칭되고 있다.

27 『금궤(金匱)』 : 즉 태공(太公)의 금궤(金匱)라 하여 '태공금궤(太公金匱)'라 부르기도 한다. 금궤는 금으로 만든 궤서(匱書)이다. 태공은 주나라 문왕(文王)의 스승이었던 태공망(太公望)이다. 구체적인 내용은 현전하지 않은 관계로 미상이다.

28 『목천자전(穆天子傳)』 : 주(周)나라 목왕(穆王)이 서쪽으로 주유한 고사를 기록한 책으로, 진(晉)나라 때 위(魏)나라의 양왕(襄王)의 묘에서 발굴했다고 전한다. 『산해경』처럼 비현실적인 내용을 많이 담고 있어 초기 서사 자료로도 중요하다. 진나라 때 곽박(郭璞)이 주를 달아 지금까지 전한다.

29 『성현기(聖賢記)』 : 성현에 관한 기록물일 텐데, 현재 이 작품에 대해 알려진 것은 없다.

30 『포박자(抱朴子)』 : 진(晉)나라 갈홍(葛洪)이 편찬한 도가 신선에 관한 책으로 내편과 외편이 있다. '포박자'는 갈홍의 호이기도 한데, 내편에는 신선도가에 대한 내용이, 외편에는 정사에 관한 것들이 실려 있다.

13. 갑자신(甲子神)의 이름은 궁융(弓隆)으로, 물속으로 들어가 그의 이름을 부르려고 하면 하백이 9천을 거느리고 인도하는데 물속으로 들어가도 빠지지 않는다.

14. 갑술신(甲戌神)의 이름은 집명(執明)으로, 그를 부르면 불속으로 들어가는데 타지 않는다.

15. 『태진과경(太眞科經)』[31]에 귀선(鬼仙)을 다음과 같이 언급하였다. 병술일의 귀신은 성생(龍生), 병오일의 귀신은 연농(挻襛), 을묘일은 천암(天陪), 무오일은 이술(耳述), 임술일은 춘(萶), 신축일은 제(遰), 을유일은 섭좌(聶左), 병진일은 천웅(天雄), 신묘일은 자(鷀)이다. 그리고 유충귀(酉蟲鬼)의 이름은 발정모(髮廷毛), 측간의 귀신은 욱천축(頊天竺)이다. 어망(語忘)과 경유(敬遺)는 귀신의 이름인데, 출산한 부인이 그들을 이렇게 부르며 사람에게 해를 끼치지 않는다. 크기는 세 치 세 푼이며 위아래 검은 옷을 입고 있다. 말의 귀신은 이름이 사(賜)이며, 뱀의 귀신은 이름이 협석규(俠石圭)이며, 우물의 귀신은 이름이 경(瓊)이며, 의복의 귀신은 이름이 심료(甚遼)이다. 신여(神荼)와 울루(鬱壘)[32]는 뭇귀신을 거느리는 존재이다.

옛날 나사(儺詞)[33]에 이런 언급도 있다. '신작(申作)은 흉(殉)을 잡아먹고, 불위(狒胃)는 호랑이를 잡아먹고, 웅백(雄伯)은 도깨비[魅]를 잡아먹고, 등란(騰蘭)은 상서로움[祥]을 잡아먹고, 교저(攪諸)는 허물[咎]을 잡아먹고, 백기(伯倚)는 꿈[夢]을 잡아먹는다. 강양(强梁)과 조명(祖名)은 모두 역사(磔死)

31 『태진과경(太眞科經)』: 미상.

32 신여(神荼)와 울루(鬱壘): 동해 도삭산(度朔山)의 복숭아나무 아래에 산다는 두 신인. 한대(漢代)에 나제(儺祭)에서는 복숭아나무 가지를 대문 앞에 세우고 신여와 울루, 그리고 호랑이 그림을 그려 악귀를 물리치는 의식을 거행하였다고 한다.

33 나사(儺詞): 나제(儺祭) 때 부르는 노래. 나제는 당대(唐代) 궁정에서 성대하게 거행되었던 일종의 벽사(辟邪) 행사였다. 『후한서(後漢書)』「예의지(禮儀志)」의 기록에 의하면, 나사에서는 12신이 등장하는데, 여기 거론된 여덟 신 외에도 '위수(委隨)'·'착단(錯斷)' 등이 보인다. 그리고 '조명(祖名)'은 '조명(祖明)'으로 표기되어 있다.

를 잡아먹으며, 기생(寄生)과 궁기(窮奇), 등근(騰根)은 모두 고충(蠱虫)을 잡아먹는다.'

왕연수(王延壽)[34]가 꿈을 꾸었는데, 거기서 유광(遊光)·흔의(獯毅)·제거(諸渠)·인요(印堯)·기구(蘷瞿)·창녕(傖儜)·장극(將劇)·적맥(擿脈)·요아사(堯峴寺) 등을 보았다고 한다.

16. 토화라국(吐火羅國)[35]의 박저야성(縛底野城)[36]은 고대 페르시아왕인 오슬다습(烏瑟多習)[37]이 쌓은 것이다. 왕이 처음 이 성을 쌓을 때 두 세 자 정도 높이만 쌓아도 바로 무너져버렸다.

"내가 무도하여 하늘이 이 성을 쌓지 못하게 하려는가 보구나!"

라고 왕은 한탄하였다. 그런데 왕에게는 나식(那息)이라는 작은 딸이 하나 있었다. 그녀가 아버지가 근심하는 것을 보고 여쭈었다.

"아바마마, 이웃에 적이 있어서 그러하옵니까?"

"나는 페르시아의 왕으로 천여 개의 나라를 다스린단다. 그런데 지금 이 토화라국에 와서 성을 쌓아 공적을 만대에 드날리고자 하나 마음먹은 대로 되지 않는구나. 그래서 이렇게 근심하는 거란다."

"그렇다면 아바마마께서는 걱정하지 마소서. 내일 아침 장인들더러 소녀가 걸어가는 뒤를 따라 성을 쌓으라하면 바로 세워질 것이옵니다."

왕은 기특하게 여겼다. 다음 날 날이 밝자, 딸이 일어나 서북쪽으로

---

34 왕연수(王延壽): 후한 때의 문학가로 자는 문고(文考). 순제(順帝) 때 시중을 지냈으며, 『초사장구(楚辭章句)』를 지었다. 위의 내용은 그가 지은 「몽부(夢賦)」에 나오는 내용이다.

35 토화라국(吐火羅國): 투카라(Tukhara). 힌두쿠시 산맥 주변에 위치한 서역의 고대국가. 페르시아제국에 소속되어 있다가 알렉산더의 동방 정복시기에 독립하여 한때 대월국(大月國), 돌궐 등을 지배하기도 했으나 8세기에 멸망하였다.

36 박저야성(縛底野城): 박저야는 Bactria의 음역으로, 고대 그리스인이 세운 나라이다. 이 역시 힌두쿠시 산맥과 아무다리아 강 사이에 위치해 이른바 헬레니즘의 기지로서의 역할을 했다. 중국에서는 흔히 '대하(大夏)'라고 불렀다.

37 오슬다습(烏瑟多習): 미상인데, 참고로 페르시아의 다리우스 1세(BC 558~486)의 성이 히스타스피스(Hystaspis)인 바, 이것의 음역일 수 있다.

걸어가며 오른손 새끼손가락을 잘라 피를 흘려 걸어가는 길을 표시하였다. 장인들이 그 피를 따라 성을 쌓기 시작해 날마다 뒤를 쫓아 한 바퀴 성을 쌓았다. 그녀는 마침내 해신(海神)이 되었는데, 이 해신은 지금도 성의 해자 아래에 있다고 한다. 해자의 물은 맑기가 거울 같고, 성의 둘레는 5백 여보 정도 된다.

17. 옛날 구자국(龜玆國)의 왕 아주아(阿主兒)[38]는 신이한 힘이 있어 독룡(毒龍)을 굴복시킬 수 있었다. 한번은 한 장사치가 저자의 사람들에게서 금은보화를 사서 두었는데 한밤중에 돈과 함께 모두 재로 변해버렸다. 더불어 그 주변의 수백 가구에서도 모든 금은보화가 사라져버렸다. 왕에게는 사내아이로 출가한 아라한과(阿羅漢果)가 있었다. 왕이 그에게 이 문제를 묻자 그가 대답하였다.

"이는 독룡이 한 짓입니다. 이 독룡은 북산(北山)에 살고 있고 머리는 호랑이와 같은데, 지금 모처에서 잠들어 있을 것입니다."

왕은 이내 옷을 갈아입고 검을 들고서 조용히 궁을 나와 용이 거처하는 곳으로 갔다. 용이 누워있는 것을 보고 칼로 베려다가,

"자고 있는 용을 베면 내가 신통한 능력이 있다고 누가 알아주겠는가?"

라며 용을 꾸짖었다. 그랬더니 용이 깨서 사자로 변하는 것이었다. 왕이 곧장 그 위에 올라타자, 용이 발끈하여 우레와 같은 소리를 내며 하늘로 치솟아 성의 북쪽 20리쯤에 이르렀다. 왕은 용에게 명령하였다.

"네가 항복하지 않으면 당장 네 머리를 절단 낼 것이다!"

용은 왕의 신통력이 두려운 나머지 사람소리로 대답하였다.

"나를 죽이지 마시오! 내 마땅히 대왕을 태워, 가고자 하는 곳이면 어

38 아주아(阿主兒) : 이 왕의 신이한 능력에 관한 전설은 유명하여 영웅서사시의 한 유형을 갖추고 있다. 즉 조력자 아라한과(阿羅漢果)와 함께 용을 퇴치하는 영웅적인 모습은 서양의 니벨룽겐의 전설과 흡사하기도 하다.

디든 당장에 갈 수 있소이다."

왕이 이를 받아들여 이후로는 항상 이 용을 타고 다녔다.

18. 옛적 건타국(乾陀國)의 한 왕은 신령하고 용맹하였으며 지략이 뛰어났다. '가당(伽當)'[39]이라 불리었으며, 여러 나라를 습격, 토벌하여 가는 곳마다 모두 항복을 받아냈다. 오천축국(五天竺國)[40]을 토벌하였을 때 그곳에서 가는 땀받이 속옷[41] 두 벌을 헌상하여, 하나는 자신이 갖고 나머지 하나는 왕비에게 내려주었다. 왕비가 이 속옷을 입고 왕을 알현하였는데, 이 속옷으로 인해 왕비의 앞가슴에 울금향이 나는 손자국 흔적이 드러났다. 왕은 이를 보고 놀랍고 두려워 왕비에게 물었다.

"당신한테서 갑자기 손자국 흔적이 옷에 드러나는 것은 무엇 때문이오?"

"저번에 왕께서 내려주신 속옷 때문이옵니다."

이 말을 들은 왕이 화를 내며 장신(藏臣)[42]에게 이유를 캐물었더니,

"속옷이 본래 그런 것이지, 이는 신의 죄가 아니옵니다."

라고 대답하였다. 왕은 진상한 장사치를 수소문하여 이렇게 된 연유를 물었다. 그랬더니 장사치의 대답이 이랬다.

"남천축국의 사타바한왕(娑陁婆恨王)에게는 수인이 있사온데, 그 왕이 매년 공물로 바치는 가는 속옷감을 혼자 겹겹이 쌓아 두다보니 손에 묻은 울금향이 이 속옷감에 숱하게 찍혀 그 손자국이 옷감에 베인 것이옵니다. 이것을 사내대장부가 입으면 그 수인이 등에 드러나고, 부인네들

39 가당(伽當) : 원문 주에 "一曰加色伽當"으로 되어 있는 바, '가색가당'으로도 알려져 있는 모양인데, 누구인지 미상이다.

40 오천축국(五天竺國) : 인도 지역을 다섯 곳으로 나누어 부르는 것으로 중인도, 북인도, 남인도, 동인도, 서인도가 이에 해당한다.

41 가는 땀받이 속옷 : 『태평광기』(권481) 「乾陀國」조에는 '細緤衣'라고 하여, 속옷이 아니라 고운 생사로 짠 옷으로 나와 있다. 의미상 『태평광기』의 내용이 더 어울린다.

42 장신(藏臣) : 수장고를 맡은 신하.

이 입으면 그 손자국이 앞가슴에 드러나게 되어서 그러하옵니다."

왕은 주위 시종들에게 명하여 옷감을 풀어보도록 했더니 장사치의 말과 같았다. 왕은 칼을 만지작거리며,

"내가 만약 이 칼로 사타바한왕의 수족을 잘라버리지 않으면 편히 자고 먹을 수가 없겠군!"

라고 하고는 사신을 남천축국으로 파견하여 사타바한왕의 수족을 요구하도록 하였다. 사신이 남천축국에 당도하자 사타바한왕은 뭇 신하들과 거짓으로 보고를 하였다.

"우리나라 임금님의 이름이 사타바한은 맞소이다만 원래는 왕이 없었소. 다만 금(金)을 왕이라고 하여 궁전에 모시고 백성들을 통솔하고 교육시키고 그 아래 신하만 있을 뿐이오."

가당왕은 마침내 상마병(象馬兵)을 출동시켜 남쪽으로 이 나라를 정벌하였다. 그러자 남천축국에서는 왕을 지하 굴속에 숨기고 금인(金人)을 주조해서 맞이하였다. 가당왕은 이것이 거짓인 줄 알아차렸고, 또 자신의 신령스러운 힘을 믿은 터라 이 금인의 수족을 끊어버렸다. 그랬더니 굴속에 숨어있던 사타바한왕의 수족도 저절로 떨어졌다고 한다.

19. 제군(齊郡)[43]의 접력산(接歷山) 위에는 오래된 철로 만든 자물쇠가 있는데 크기가 사람의 팔뚝만하다. 이 자물쇠가 산의 봉우리를 두 겹으로 두르고 있다. 전해지기를 바다 속에 산이 하나 있는데, 이 산의 산신이 옮겨 다니기를 좋아하였다. 그러자 해신(海神)이 이 산신을 자물쇠로 묶어놓았던 것인데, 묶인 산신이 자물쇠를 잡아 잘라서는 접력산으로 내던진 것이라고 한다.

20. 태원군(太原郡)[44] 동쪽에 애산(崖山)이 있는데, 날이 가물면 이 지방

43 제군(齊郡) : 진(秦)나라 때부터 두었던 군으로, 지금 산동성 동부 및 북부 지역.

44 태원군(太原郡) : 한대(漢代)에 설치한 군으로, 지금 산서성 태원현. 당대에는 태원부

사람들은 항상 이 산을 불태우며 비내리기를 기원하였다. 세상에 전해지기로 애산의 신이 하백의 딸에게 장가들었기 때문에 하백이 불을 보면 반드시 비를 내려 지켜주었다고 한다. 지금 이 산위에는 수초(水草)가 많이 자란다.

21. 화불주천(華不注泉)[45]은 제나라 경공(頃公)[46]이 물을 마시던 곳으로, 둘레가 백 여보나 된다. 북제(北齊) 때 어떤 사람이 끈에 돌을 묶어 1천 자 깊이로 넣어보았으나 바닥이 닿지 않았다. 그 돌을 꺼내 보니 피처럼 붉게 물들어 있었다. 그는 얼마 지나지 않아 이 일로 죽었다.

22. 형주(荊州)의 영풍현(永豊縣)[47] 동쪽 한 마을에 와석(臥石)이 하나 있다. 길이가 아홉 자 여섯 치쯤으로, 그 모양이 사람의 모습을 하고 있었다. 또 은은한 청황색이 감돌아 사람이 조각을 한 것 같다. 이 지방에 가뭄이라도 들면 이 와석이 손을 나란히 하여 쳐드는 모양을 하는데, 조금만 들면 비가 적게 내리고, 많이 들어 올리면 큰 비가 내렸다. 전해지기를 '이 돌은 갑자기 이곳에 나타났고, 본래는 길이가 아홉 자였는데 지금 여섯 치가 더 늘어났다'고 한다.

23. 형주를 흐르는 청수(清水)[48]에 굴곡진 입구가 있다. 의희(義熙)[49] 12

(太原府)를 두었다.

45 화불주천(華不注泉) : 『원화군현지(元和郡縣志)』에 의하면, 역성현(歷城縣) 동북쪽 15리쯤에 있다고 나와 있다.

46 경공(頃公) : 춘추시대 제나라의 왕으로, 혜공(惠公)의 아들이며, 이름은 무야(無野)이다. 경공이 화주불천에서 물을 마신 고사는 『춘추좌씨전』 「성공(成公)」 2년조에 나온다.

47 영풍현(永豊縣) : 당대의 현명으로, 지금 강서성 광풍현(廣豊縣) 남쪽 지역.

48 청수(清水) : 하남성 획가현(獲嘉縣) 북쪽 흑산(黑山)에서 발원하여 동으로 흘러 황하로 흘러들어가는 지류.

49 의희(義熙) : 동진(東晉)의 안제(安帝)의 연호로, 기간은 405~418년.

년(417) 아이들이 이 강에서 목욕을 하는데, 갑자기 강 언덕에서 모래가 쏟아지듯 돈이 쏟아져 내렸다. 아이들이 다투며 이 돈을 손에 가득 주워 땅에 내려놓으면 그 즉시 돈이 물에 휩쓸려 떠내려가 버렸다. 그래서 양쪽 옷소매를 연결시킨 다음에야 각자 주울 만큼 주울 수 있었다. 쓸려가는 돈 중에는 동거(銅車)가 있었는데, 동우(銅牛)가 이를 끌어당기자 잽싸게 움직이기 시작했다. 여러 아이들이 뒤쫓아 달려가서 동거의 다리 하나를 얻었다. 직경은 다섯 치쯤으로, 돼지코 모양의 수레바퀴통엔 여섯 폭의 살이 있었다. 전체가 푸른색인데 바퀴 안은 누렇게 닳아있어 계속 사용을 했던 것처럼 보였다. 이 때 심경(沈敬)은 남양(南陽)[50]의 태수로 있었는데, 그 수레의 바퀴에서 돈을 주웠다. 그가 돈을 가지고 가면서 동거를 풀로 묶어 놓았으나, 순간 그 자리에서 땅속으로 꺼져버려 마침내 종적을 알 수 없게 되었다.

24. 호굴산(虎窟山)은 전해지기로 연(燕)나라 건평(建平)[51] 연간에 제남(濟南)의 태수 호자(胡諮)가 이곳의 산속 동굴에서 백호를 잡았기 때문에 붙여진 이름이라고 한다.

25. 오산(烏山)[52]의 아래에는 원래 물이 없었다. 위(魏)나라 말에 어떤 사람이 다섯 길 깊이의 우물을 팠다가 석함 하나를 발견하였다. 그 속에서 말발굽만한 크기의 거북이 한 마리가 나왔고 석함 주변에는 석탄 다섯 무더기가 쌓여 있었다. 세 길을 더 파자 이번에는 암반이 나왔다. 그 아래로 물이 졸졸 흐르고 있었다. 마침내 이 암반을 뚫고 물길을 열자, 북쪽으로 물이 세차게 흐르더니 얼마 뒤 배 한 척이 암반에 부딪치면서 위

---

50 남양(南陽) : 진나라 때 설치한 군으로, 지금 하남성 남양현(南陽縣)과 호북성 양양현(襄陽縣) 일대.

51 건평(建平) : 동진 때 서연(西燕)의 모용요(慕容瑤)의 연호로, 기간은 400~404년.

52 오산(烏山) : 지금 강소성 율수현(栗水縣)의 서북쪽 25리쯤에 있는 산으로, 과거에 오산진(烏山鎭)이 있었던 요충지였다.

로 튀어 올랐다. 장인이 선상을 조사하다가 삼나무 판자 하나를 주웠는데, 거기에 '오나라 적오(赤烏)[53] 2년 8월 10일 무창왕(武昌王) 자의(子義)의 배[吳赤烏二年八月十日武昌王子義之船]'라고 새겨져 있었다.

26. 평원현(平原縣)[54] 서쪽 10리에 두림(杜林)이란 곳이 있다. 남연(南燕)의 태상(太上)[55] 시기에 소경백(邵敬伯)이란 자는 장백산(長白山)에 집이 있었다. 어떤 사람이 경백에게 함(函)에 봉한 글을 보내왔다. '나는 오강(吳江)[56]의 사신으로 제백(濟伯)[57]에게 소식을 전하러 가는 길이오. 지금 장백산을 지나가는 길에 그대를 통해서 통문할 수 있으면 다행이겠소'라는 내용이었다. 그러면서 경백더러 두림 안에서 나무 잎을 물에 떨어뜨리기만 하면 물속에서 사람이 나올 것이라고 일러주었다. 경백이 그대로 따랐더니 과연 사람이 나타나 그를 끌어 당겼다. 경백이 물을 두려워하자, 그 사람은 경백 보고 눈을 감으라고 하였다. 물속으로 들어가는 것 같더니 어느새 넓고 화려한 궁전이 펼쳐졌다. 거기서 한 노옹을 만났는데, 팔구십은 되어 보였다. 수정으로 만든 평상에 앉아 함을 열고 편지를 개봉하니 거기에 '유흥초멸(裕興超滅)'[58]이라고 적혀 있었다. 주변에 호위하는 자들은 모두 눈이 둥글었으며 갑옷과 투구를 갖추고 있었다. 인사를 하고 나오는데, 경백에게 칼 한 자루를 주었다.

"잘 가시오! 이 칼만 가지고 있으면 수액(水厄)을 당하지 않을 게요."

---

53 적오(赤烏) : 삼국시대 오나라의 대제(大帝, 孫權)의 연호로, 기간은 238~250년.

54 평원현(平原縣) : 한대에 설치된 현명으로, 지금 산동성 평원현.

55 태상(太上) : 오호십육국(五胡十六國) 시대 남연(南燕)의 모용초(慕容超)의 연호로, 기간은 405~410년.

56 오강(吳江) : 강소성 일대를 흐르는 강으로, 송강(松江), 오송강(吳淞江)이라고도 한다.

57 제백(濟伯) : 제수(濟水)를 지배하는 수신이라는 뜻.

58 '유흥초멸(裕興超滅)' : '유는 흥하고 초는 망한다'는 뜻. 여기서 유(裕)는 남북조시대 송왕조(宋王祖)를 개창한 무제(武帝) 유유(劉裕)이고, 초(超)는 남연(南燕)의 모용초이다. 『송서(宋書)』에 의하면, 의희 5년(409) 4월에 유유가 청주(青州)를 기반으로 모용초를 토벌하여 이듬해에 죽였다고 나와 있다.

경백이 물에서 나와 다시 두림 속으로 들어갔으나 그의 옷은 애초에 젖어있지 않았다. 과연 그 해에 송나라 무제(武帝)가 연(燕)나라를 무너뜨렸다. 경백은 3년 동안 양하(兩河)[59] 사이에서 살았다. 그런 어느 한밤중에 갑자기 큰물이 마을 전체를 집어삼켰으나 오직 경백만은 아무 일 없이 긴 의자에 앉아있었다. 새벽이 되어 강 언덕으로 내려와 보니 아까 앉아 있던 긴 의자는 한 마리 큰 자라였다. 그러나 경백이 죽자 칼도 망실되었다. 세상에 전해지기를 두림 아래에 하백(河伯)의 집이 있었다고 한다.

27. 임청(臨淸)[60]에는 '투부진(妬婦津)'이란 곳이 있다. 이런 이야기가 전해진다. 진(晉)나라 태시(泰始) 연간(265~274), 유백옥(劉伯玉)의 처 단씨(段氏)는 자가 명광(明光)으로 원래 질투가 많았다. 유백옥은 항상 그의 아내 앞에서 「낙신부(洛神賦)」[61]를 읊으며,

"이런 아내를 얻는다면 내 더 이상 유감이 없겠소."

라고 하였다. 그러자 명광은,

"당신은 어찌하여 물귀신을 좋다고 하고 나를 업신 여긴단 말예요? 그러면 내가 죽어 물귀신이 못되면 근심이 많겠네요?"

라고 응수하더니, 그날 밤 스스로 물에 몸을 던져 죽고 말았다. 그녀가 죽은 지 7일이 지난 즈음 백옥의 꿈에 나타나 이렇게 말하였다.

"당신께서 원래 귀신을 원하였으니, 내가 지금 귀신이 되었네요."

백옥은 꿈에서 깨어난 후 이로부터 다시는 이 물을 건너지 못했다. 다른 부인네들도 이 나루를 건너려면 모두 옷을 찢고 화장을 엉망으로 한

59 양하(兩河) : 황하와 제수(濟水)를 말한다.

60 임청(臨淸) : 당대의 현명으로, 지금의 산동성 임청현.

61 「낙신부(洛神賦)」 : 위(魏)나라 조식(曹植)이 지은 작품으로, 낙수(洛水)의 여신을 노래하였다. 원래 복희(伏羲)의 아내 복비(宓妃)가 낙수를 건너다가 빠져 수신이 되었던 바, 이를 배경으로 한 것이다. 조식은 222년에 이 부를 지었고, 현재 『문선(文選)』(권19)에 실려 전한다.

뒤라야 겨우 건널 수 있었다. 그렇지 않으면 바람과 파도가 갑자기 거세어졌다. 못생긴 여자들은 화장을 하는 등 단장을 하고 건너도 귀신이 시기하지 않았다. 그래서 여자의 몸으로 강을 건너도 풍랑이 일지 않으면, 자신이 못생겨서 수신이 화를 내지 않은 것으로 간주해야 했다. 못생긴 여자들은 이를 꺼려 자신의 모습을 스스로 더럽혀 남의 비웃음을 막았다. 그래서 제(齊)나라 사람들은 이렇게 노래하곤 한다.

좋은 부인을 만나고프면	欲求好婦
나루 입구에 있어보라.	立在津口
부인이 물가에 서 있으면	婦立水傍
잘나고 못난 게 저절로 드러나리.	好醜自彰

28. 우도시(虞道施)는 의희(義熙) 연간(405~418), 수레를 타고 산길을 가고 있었다. 그런데 갑자기 검은 옷을 입은 어떤 사람이 곧장 수레로 올라와서는 '태워주시오'라고 하였다. 머리 위에는 광채가 나고 입과 눈은 모두 붉었으며 얼굴은 털로 덮여 있었다. 10리 거리를 가서 헤어지며 그 자는 우도시에게 말하기를,

"나는 바로 구제대장군(驅除大將軍)이오. 당신의 후의에 감사드리오."

라고 하면서 은가락지 한 쌍을 건네주었다.

29. 진나라 건안(隆安)[62] 연간에 오흥(吳興)[63] 땅에 나이 스물이 된 이가 있었다. 자호가 성공(聖公)이고, 성은 사씨(謝氏)였는데, 그는 죽은 지 이미 백년이 된 상태였다. 그런 그가 갑자기 진씨댁(陳氏宅)을 찾아와 말하기를,

"이곳은 옛날 우리 집이니 돌려주시오. 그렇지 않으면 당신 집을 불태

62 건안(隆安) : 동진시대 안제(安帝)의 연호로, 해당기간은 397~401년.

63 오흥(吳興) : 삼국시대에 설치한 군으로, 지금 절강성 오흥현.

워 버리겠소."

라고 하였다. 그런 어느 날 밤 불이 나서 이 집이 전소되었는데 새털이 집 주위를 몇 겹으로 둘러 꽂혀 있었다. 이곳 백성은 이 자리에 그의 묘당을 세워주었다.

30. 대족(大足)[64] 초에 한 선비가 신라(新羅)의 사신[65]을 수행하게 되었다. 바람에 떠밀려 어떤 곳에 이르렀는데, 그곳 사람들은 모두 수염이 길고 말도 당나라 말과 통했다. 장수국(長鬚國)[66]이란 나라로, 사람들이 많고 집채와 의관이 중국과는 조금 달랐다. 이 지역은 부상주(扶桑洲)[67]로 불렸는데, 관직의 품계로 정장(正長)·즙파(戢波)·목역(目役)·도라(島邏) 등의 칭호가 있었다. 선비가 몇 곳을 방문했다. 나라 사람들은 모두 정중하였다. 그러던 어느 날 갑자기 수십의 거마가 나타나,

"대왕께서 당신을 부르시오!"

라고 하였다. 그는 이틀을 걸어서야 큰 성에 도착할 수 있었다. 갑옷 입은 병사들이 성문을 지키고 있었다. 사자는 선비를 인도하여 성문 안으로 들어가 엎드려 알현케 했다. 전각은 높고 확 트였으며, 호위하는 규모로 보아 임금의 경우와 차이가 없었다. 선비가 엎드려 절하는 것을 보더니 몸을 조금 일으키면서 '사풍장(司風長)'에 임명하고 부마(駙馬)로 삼아주었다. 아내로 삼은 왕의 딸은 매우 아름다웠으나 문제는 수십 가닥

---

64 대족(大足) : 당나라 측천무후(則天武后)의 연호로 701년이며, 그 해에 다시 연호를 '장안(長安)'으로 바꾸었다.

65 신라(新羅)의 사신 : 사료에는 고종(高宗) 원년(681) 문무왕이 죽자, 그의 아들 신문왕이 사신을 파견하여 왕위 계승을 알린 사실 등이 나와 있다. 한편, 5세기까지 신라는 주변국 고구려나 백제와는 달리 중국과 특별한 외교관계를 형성하지 않았고 사신의 파견도 거의 없었다. 그러다가 6세기 이후 불교를 받아들이면서 외교관계가 활성화되었다.

66 장수국(長鬚國) : 구체적인 정보는 알 수 없으나 나중에 이 나라 사람이 '새우'로 밝혀지는 바, 긴 수염 즉 새우를 의인화한 것이다.

67 부상주(扶桑洲) : 고대 중국에서 일본을 따로 '부상(扶桑)'이라고 하였던 바, 여기서도 일본 지역에 있었던 나라로 판단된다.

의 수염이 나 있었다는 점이다. 비록 선비는 위세가 크고 보옥을 가지는 부를 누렸으나, 매번 그 아내를 볼 때마다 그런 기쁨은 사라져버렸다. 왕은 둥근 달이 뜰 때면 밤마다 성대한 연회를 가졌는데, 한번은 선비가 우연히 연회에서 희빈(姬嬪)들을 보니 모두 수염이 나 있었다. 이에 이런 시를 지었다.

꽃술이 없으면 꽃이 아름답지 않듯이 花無蘂不姸
여자에게 수염이 없으면 이도 추한 법. 女無鬚亦醜
장인께서 아무 것도 남겨주지 않았다면 丈人試遣總無
필시 다 남겨준 것만 같진 못 하리. 未必不如總有

왕은 크게 웃었다.

"우리 사위가 딸아이의 턱 사이 정을 잊을 수 없는가 보군!"

10여 년이 흘러 선비는 사내아이와 딸 둘을 두게 되었다. 그러던 어느 날 왕과 신하가 걱정하는 모습을 보고 이상해서 이유를 여쭈자, 왕이 흐느끼는 것이었다.

"우리나라에 난리가 나 화가 언제 닥칠지 모르네. 우리 사위가 아니면 이를 구할 수도 없고."

이 말을 들은 선비는 놀라지 않을 수 없었다.

"진실로 이 난리를 막을 수 있다면 제 목숨을 감히 아끼지 않겠나이다."

왕은 이에 배를 준비시키고 그에게 사신 두 명을 따라 붙이며 부탁했다.

"번거롭지만 우리 사위가 바다 용왕을 한번 배알하되, 이리만 전하게. '동해(東海)의 세 번째 갈라지는 물길에서 일곱 번째 섬인 장수국(長鬚國)의 환란을 구원해 주소서'라고 말이야. 그렇지 않으면 우리나라는 멸망하고 말 것이야. 그러니 자네는 재삼 요청을 하도록 하게."

이들은 눈물을 흘리며 손을 맞잡고 이별을 하였다. 선비가 배에 오르자 순식간에 어느 해안에 당도하였다. 그 해안은 칠보로 되어 있었고, 그 곳 사람들의 의관은 모두 길고 컸다. 선비가 앞으로 나아가 용왕을 뵙고자 청하였다. 이곳 용궁은 마치 사찰에서 그린 천궁(天宮)과 같아 빛이 번갈아 투과되어 눈을 뜨고 볼 수가 없었다. 용왕은 섬돌을 내려와 선비를 맞이하여 함께 궁전으로 올랐다. 찾아온 이유를 묻자 선비는 상세하게 아뢰었다. 그러자 용왕은 즉시 사실 확인을 하도록 영을 내렸다. 이윽고 한 사람이 밖에서 들어와 아뢰었다.

"저희 경내에 그런 나라는 없사옵니다."

선비는 다시 애원하며 빌었다.

"장수국은 동해의 세 번째 갈라지는 물길에서 일곱 번째 섬이옵니다."

그러자 용왕은 다시 사자를 질책하여 상세히 조사하여 속히 보고하라고 다그쳤다. 한식경이 지나서 사자가 돌아와서는,

"이 섬은 새우를 공납하는 곳으로, 대왕님의 이 달 식료를 저번에 이미 받았사옵니다."

라고 아뢰었다. 용왕은 이 소리를 듣고 껄껄 웃었다.

"자네는 정말로 새우에게 홀린 것이로군. 내 비록 용왕이나 먹는 것은 하늘에서 내려주는 법, 함부로 먹을 수야 없지. 지금부터는 자네를 위해 먹는 걸 줄이겠네."

그러면서 선비를 가까이 오라고 하였다. 선비가 보니, 철로 만든 집채만한 큰솥 수십 개 안에 새우가 가득 차 있었다. 이 새우는 대여섯 개의 머리를 가졌으며 붉은색이 나고 크기는 사람의 팔뚝만 했다. 선비를 보고는 뛰쳐 오르며 구해주라는 시늉을 하는 것 같았다. 인도하던 자는,

"저것은 하왕(鰕王)이라오."

라고 일러주었다. 선비는 자기도 모르게 슬퍼 눈물이 났다. 그러자 용왕은 하왕이 들어 있는 솥 하나를 풀어주고, 두 사신으로 하여금 선비를 전송하여 중국으로 돌아가게 해주었다. 어느 날 저녁 등주(登州)[68]에 당도하여 두 사신을 돌아보니 바로 큰 용들이었다.

31. 천보(天寶) 초, 안사순(安思順)[69]이 오색(五色)의 옥대(玉帶)를 진상하였으며, 좌장고(左藏庫)[70] 안에서도 오색의 옥배(玉杯)가 나왔다. 현종은 근래 서역의 진상품 중에 오색옥이 없는 것을 수상하게 여겨 안서(安西)[71]의 번장들에게 책임을 물었더니 번에서는, '근래 진상품들이 모두 소발률(小勃律)[72]에게 약탈당해 장안에 도착하지 못했다'는 회답이 왔다. 현종이 발끈하여 소발률을 정벌하려고 하자, 신료들이 대부분 안 된다며 간언하였다. 유독 우좌(右座) 이림보(李林甫)[73]만이 임금의 뜻에 찬성하였다.

"무신 왕천운(王天運)의 지략과 담력이면 이 일을 맡길 만합니다."

라고까지 하였다. 이리하여 현종은 왕천운에게 4만 명을 거느리고 번장들을 모두 통솔, 소발률을 정벌토록 했다. 왕천운이 소발률 성을 급박해 들어가자 그곳의 군장(君長)이 두려워 죄를 청하면서 가지고 있던 보옥을 모두 꺼내 매년 세로 공납하겠다고 하였다. 그러나 왕천운은 이를 받아들이지 않고 성을 도륙하여 3천 명을 포로로 잡고 금은보화를 가지

---

68 등주(登州) : 당대(唐代)에 설치한 주명으로, 지금 산동성 봉래현(蓬萊縣). 특히 이곳은 삼국시대부터 신라와 백제의 사신들이 중국에 처음 도착했을 때 머물렀던 곳으로, 과거 '신라관(新羅館)' 등이 있었다. 일본의 사신이나 승려들도 주로 이곳을 경유하여 장안으로 들어갔던 바, 『입당구법순례행기(入唐求法巡禮行記)』를 남긴 엔닌(圓仁, 794~864)이 대표적인 예이다.

69 안사순(安思順) : 당나라 때의 무장(武將). 천보 연간에 하서절도사(河西節度使)를 지낸 인물이다.

70 좌장고(左藏庫) : 궁궐의 왼쪽에 둔 황실저장고로 판단된다.

71 안서(安西) : 이른바 안서도호부. 당대에 여섯 개의 도호부를 설치하였던 바, 안서도호부는 주로 토번 지역을 공략하기 위하여 지금 신장 자치구 안에 있었던 서주(西州)에 치소를 두고, 구자(龜玆)·우전(于闐)·소륵(疏勒)·쇄엽(碎葉) 등 네 곳에 진을 설치하였다.

72 소발률(小勃律) : 고대 서역의 나라이름으로, 토번의 서쪽에 있었다. 고구려 출신 당나라 장수 고선지(高仙芝)가 747년 토번을 공략할 때 이 소발률 사람들을 동원하였다 한다. 따로 대발률(大勃律)이 있으며, 소발률은 나중에 '귀인국(歸仁國)'으로 국명을 고치기도 하였다.

73 이림보(李林甫) : 당나라 현종 때 우좌, 즉 우승상을 지낸 인물. 그는 현종의 뜻에 영합하여 인재를 쫓아내고 권세를 부렸다가 안록산의 난을 초래하였으며 결과적으로 당나라가 쇠약해지는 빌미를 제공하였다.

고 귀환하였다. 그런데 소발률의 어떤 술사(術士)가 예언하였다.

"장군은 의리가 없고 이 일은 상서롭지 못하옵니다. 하늘이 장차 세찬 바람과 눈을 내릴 것입니다."

왕천운이 수백 리를 갔을 때 갑자기 돌풍이 사방에서 불어오고, 새의 날개만한 눈꽃이 떨어졌다. 바람은 점점 세차졌고 작은 바닷가에 도착했을 때 물은 얼음기둥으로 변했다. 얼음기둥은 세워졌다 다시 부서지기도 하였는데, 이렇게 반나절이 지나자 바닷가의 얼음이 금세 불어났다. 그 통에 군사 4만 명이 일시에 동사하고 말았다. 유일하게 토번과 한나라 군사 한 명씩만 살아서 귀환해 이 사실을 임금께 아뢰자, 현종은 몹시 두려워하며 즉시 환관 두 사람을 따라 붙여 확인해 보도록 하였다. 바닷가 주변에 당도해 보니, 얼음이 아직도 산처럼 솟아 있고 얼음 사이로 병사들의 시체가 보였다. 선 채로 있는 자, 주저앉아 있는 자들이 투명하게 드러나 하나하나 셀 수 있을 정도였다. 환관이 되돌아가려는데 얼음이 갑자기 풀리기 시작하면서 뭇시체들은 다시 보이지 않았다.

32. 곽대공(郭代公)[74]이 산에 거처하고 있을 때였다. 한밤중 어떤 사람이 나타났다. 그는 쟁반만 한 얼굴로 등불 아래에서 눈을 깜박였다. 그러나 공은 전혀 두려워하는 기색이 없이 천천히 붓에 먹을 묻혀 그의 이마에 다음과 같이 썼다.

오랫동안 수자리로 늙어가고	久戍人偏老
기나긴 정벌에 말은 살찔 새 없구나.	長征馬不肥

이는 공의 경구(警句)였다. 다 쓰고는 이 구절을 읊자 이 귀물은 마침내 자취를 감춰버렸다. 며칠 뒤 공은 초동을 따라 한가롭게 거닐다가 큰 나

74 곽대공(郭代公) : 곽진(郭震, 656~713). 자는 원진(元振)이며, 측천무후 때 토번을 물리치는 등 이 시기 당나라의 영토를 확장하는 데 많은 공적을 세웠다.

무 위에서 백이(白耳)[75]를 발견하였다. 이 백이는 크기가 몇 되만 한데, 자신이 지은 경구가 거기에 그대로 쓰여 있었다.

33. 대력(大曆) 연간(766~779)의 일이다. 한 선비의 농장이 위남(渭南)[76]에 있었다. 그런데 그는 우연한 병으로 장안에서 죽고 말았다. 위남에 남은 그의 아내 유씨(柳氏)는 열한 두 살 된 아들을 두고 있었다. 어느 여름날 밤 아들이 갑자기 두려움에 떨며 잠을 이루지 못하였다. 삼경이 지나자 갑자기 흰옷을 입은 한 노인이 나타났다. 그 노인은 양쪽 어금니가 입술 밖으로 튀어나와 있었다. 아들을 뚫어지게 쳐다보던 노인은 이윽고 점점 평상 앞으로 다가오는 것이었다. 평상 앞에서는 한 계집종이 곯아 떨어져 있었는데, 그녀의 목을 조르는 바람에 계집종이 화들짝 놀라며 소리를 질렀다. 그러나 노인은 계집종의 옷을 찢어버리고서 확 움켜잡고 먹기 시작했다. 잠깐 사이에 뼈가 드러났고 이내 몸체를 들어올려 오장을 들이마셔 버렸다. 이 노인은 입이 키[簸]만 했다. 아들이 소리를 질렀으나 아무도 보는 사람이 없었고, 계집종은 이미 뼈만 남은 상태였다. 그 후 몇 개월 동안은 아무 일이 없었다. 그런데 선비의 상재(祥齋)가 있는 날, 저물녘 유씨는 밖에 나와 앉아서 더위를 쫓고 있었다. 그런데 호랑나비가 그의 머리와 얼굴 주변을 맴돌았다. 유씨가 이 호랑나비를 부채로 쳐서 땅에 떨어뜨리자 바로 호도(胡桃)로 변해버렸다. 유씨는 당장 이 호도를 주워 손바닥에 놓고 만지작거렸는데 마침내 커지기 시작했다. 처음에는 주먹이나 사발만 하더니, 놀라 돌아보는 즈음 이미 쟁반만 해져 있었다. 유씨가 이것을 탁하고 치자 두 개의 부채가 되어 공중에서 빙빙 돌며 벌이 윙윙거리는 소리를 내다가 갑자기 유씨의 머리로 모여들었다. 이어서 유씨는 머리가 부숴지고 그녀의 치아가 나무에 달라붙었다. 이것들은 이윽고 날아가 버렸는데, 끝내 이게 무슨 흉괴인지 알 수 없었다.

---

75 백이(白耳) : 목이버섯의 일종.

76 위남(渭南) : 당대의 현명으로, 지금 산서성 위남현.

34. 상공(相公) 가탐(賈耽)[77]이 활주(滑州)[78]에 있을 때의 일이다. 경내에 큰 가뭄이 들어 가을 추수가 다 헛일이 될 상황이었다. 가탐은 장수 둘을 불러 일렀다.

"올해는 가뭄으로 흉년이 들었으니 그대들은 번거롭지만 삼군(三軍)과 백성을 구원하시오."

"진실로 군과 주민(州民)을 이롭게 할 수 있다면 죽어도 마다하지 않겠나이다."

그러자 가탐이 좋아하며 당부하였다.

"그대들은 번거롭지만 직접 걸어 다니면서 일을 처리하시오. 둘째 날에 분명 짙고 붉은 비단옷을 입은 기마병 둘을 만날 텐데, 탄 말은 다리가 희고 갈기가 길 거요. 이들이 저자를 지나 성문을 나갈 때 그대들은 뒤따라가서 저들이 사라진 곳을 표시해두면 우리의 계획은 성공할 수 있을 것이오."

두 장수는 먹을 것을 싸고 검은 옷을 준비하여 그들을 찾아 나섰다. 과연 가탐이 일러준 대로였다. 저자를 지나 성 밖 2백여 리에 이르자 큰 무덤이 나타났고 기마병은 그 안으로 사라져버렸다. 마침내 이들은 그곳에 돌을 쌓아 표시를 해두고 이틀을 묵고 돌아왔다. 가탐은 매우 기뻐하며 건장한 장졸 수백 명에게 영을 내려 가래와 삽을 들고 두 장수와 함께 표시해 둔 곳으로 가게 했다. 그리고 그 무덤을 파서 옛날에 쌓아둔 쌀 수십만 석을 얻게 되었다. 그러나 사람들은 끝내 어떻게 된 영문인지 알 수 없었다.

35. 호향(胡珦)[79]이 괵주(虢州)[80]를 다스릴 때이다. 사냥꾼이 사슴을 잡았

---

77 가탐(賈耽) : 당나라 천보 연간에 활주자사(滑州刺史)를 지낸 인물로, 자는 돈시(敦詩). 모두 13년간 재상으로 있으면서 치적이 많았다. 특히 지리서에 뛰어나 『고금군국현도사이술(古今郡國縣道四夷述)』 40권 등의 저술을 남겼으나 지금은 전하지 않는다.

78 활주(滑州) : 당대의 주명(州名)으로, 지금 하남성 활현(滑縣).

79 호향(胡珦) : 그의 생평은 자세하지 않은데, 역사에는 장적(張籍)의 장인으로만 알려

는데 무게가 180근이 나갔고 발굽 아래에 동전 고리가 박혀 있었다. 그 고리에는 전자(篆字)가 새겨져 있었으나 글 깨나 하는 사람도 이 글자가 무슨 자인지를 알 수 없었다.

36. 박사(博士) 구유(丘濡)가 들려준 이야기이다.

여주(汝州)[81] 근방의 고을에서 50년 전에 마을의 어떤 사람이 그의 딸을 잃은 일이 있었다. 그런데 그 딸이 몇 해 만에 느닷없이 자기발로 돌아와서는 얘기한 내용이 이렇다.

처음 잠자던 중에 어떤 물체에게 붙잡혀 끌려가 눈 깜짝할 사이에 어떤 곳에 당도했답니다. 날이 밝아 살펴보니 오래된 탑 안이었어요. 거기서 준수한 사내를 만났는데, 그가 그러더군요.

"나는 하늘에 사는 사람으로 너를 아내로 삼을 것이다. 하지만 그 기한이 정해져 있으니 의심하거나 두려워하지 말거라."

그러면서 밖을 엿보지 말라고 주의를 주었어요. 하루에 두 번 돌아와서 먹을 것을 내려 주고 돌아갔으며 때때로 구운 고기를 주었는데 데워져 있었답니다. 해가 지났고 저는 그가 나간 틈을 엿보아 몰래 훔쳐보게 되었지요. 그는 공중에 날듯이 뛰쳐 오르는데 불타는 머리털과 남색의 피부, 그리고 귀는 나귀와 같았답니다. 땅으로 내려오자 다시 사람이 되더군요. 저는 놀라고 두려운 나머지 땀이 흥건해졌답니다. 귀물이 돌아와서는 제가 훔쳐 본 것을 알아차리고는 이러더군요.

"네가 결국 나를 엿보고 말았구나. 난 실은 야차(野叉)로 너와 인연이 있지. 어쨌든 너를 해치지는 않을 것이야."

제가 평소 슬기로운 터라 이렇게 둘러댔지요.

"난 이미 당신의 아내가 되었거늘 싫어할 게 뭐 있겠어요? 다만 당신

져 있다.

80 괵주(虢州) : 당대의 주명으로, 지금 하남성 영보현(靈寶縣) 남쪽 일대.

81 여주(汝州) : 당대의 주명으로, 지금 하남성 임여현(臨汝縣).

이 이미 신령하신데 어찌 인간세계에 들락거리며 나더러 부모님을 뵈옵지 못하게 한단 말입니까?"

"우리들은 죄업이 있는지라 혹시라도 인간들과 뒤섞여 있다가는 염병이 창궐하게 된다네. 지금 내 자취가 드러나고 말았으니 당신 마음대로 보구려. 그리고 머지않아 당신을 보내주리다."

그 탑은 사람이 사는 곳과는 지척에 있었지요. 귀물이 내려오는 걸 보면, 공중에선 형체 없이 있다가 땅에 내려와서는 바야흐로 사람들과 뒤섞이더군요. 간혹 흰옷을 입고 있는 자가 있으면 귀물은 손으로 가린 채 옆으로 피하고, 간혹 사람의 머리를 치고 얼굴에 침을 뱉기도 했답니다. 그러나 행인들은 아무도 그를 보지 못하더군요. 그가 돌아오자 제가 물었지요.

"전에 보니 당신이 거리에 있을 때 공손하게 대하는 사람도 있고 장난치며 쉽게 대하는 사람도 있던데, 그건 왜 그런가요?"

그는 웃더군요.

"세상에 쇠고기를 먹는 자는 내 그를 능히 속일 수 있소. 그런데 간혹 충직하고 효성스러우며 계율과 법도를 지키는 승려나 도사를 만나면 곤혹스럽다네. 내가 그들을 기만하고 범했다간 하늘의 내침을 면치 못하오."

그리고 다시 한 해가 지나자 그가 갑자기 울먹이며 저에게 이러더군요.

"인연이 이미 다했으니 비바람을 기다렸다가 당신을 보내드리리다."

그러면서 푸른 돌 하나를 주었는데 크기가 계란만 했어요.

"집에 가면 이것을 갈아 복용하구려. 독기를 내릴 수 있다오."

그리고 어느 날 밤 바람이 불고 번개가 치자 그는 급히 저를 붙잡고,

"이제 가시게!"

라고 하였답니다. 불가의 말처럼 팔을 굽혔다 피자 이미 집에 당도하여 뜰 가운데 떨어졌고요.

이런 이야기였다. 그의 어머니가 귀물이 준 푸른 돌을 갈아 마시게 했더니 그녀의 몸에서 어떤 물건이 나왔다. 푸른 색 진흙 같은데 한 말 남

짓이었다.

37. 대력(大曆) 연간, 이공좌(李公佐)[82]는 여주(廬州)[83]에 있었다. 서리 왕경(王庚)이란 자가 휴가를 얻어 집으로 돌아가는 길에 한 밤 성곽 밖을 지나가고 있었다. 갑자기 말을 탄 무사가 소리치며 길을 트는 행렬을 만나게 되었다. 왕경은 급히 큰 나무로 피해 엿보면서 이곳에 이런 고관이 있을 리가 만무한지라 의아한 생각이 들었다. 기병 뒤에 자주색 옷을 입은 한 사람은 위엄이 꼭 절도사 같았다. 그리고 뒤로는 수레 하나가 막 물을 건너고 있었다. 수레 고삐를 잡은 자가 앞으로 나와 아뢰었다.

"수레의 멍에끈이 끊어졌나이다!"

자색옷을 입은 사람이 명하였다.

"장부를 점검하라!"

드디어 이속 두셋이 장부를 점검하는 것을 보더니,

"여주(廬州) 아무 고을의 장아무개 처의 등살을 가져와 합치도록 하여라!"

라고 하는 것이었다. 그녀는 바로 왕경의 이모였다. 얼마 안 있어 이속이 돌아왔는데, 몇 자 남짓 되는 두 개의 흰 부위를 가지고 있었다. 이윽고 이들은 물을 건너 사라졌다. 왕경이 집에 도착해 보니 이모는 아직 별탈이 없었다. 그런데 잠을 자고 나자 느닷없이 등의 통증을 호소하더니 반나절 만에 죽고 말았다.

38. 원화(元和, 806~820) 초, 어떤 선비가 있었다. 그의 성과 이름은 알 수 없다. 술에 취해 대청마루에 누워 있다가 깨어나 보니, 묵은 병풍 안에 그려져 있던 부인들이 평상 앞으로 나와 답가(踏歌)[84]를 하는 게 아닌가.

---

82 이공좌(李公佐) : 원화(元和)·회창(會昌) 시기의 전기 작가로 자는 옹몽(顓蒙). 미관직을 전전했으나 빼어난 필치로 우수한 전기 작품을 남겨 대표적인 당대 작가가 되었다. 「남가태수전(南柯太守傳)」·「사소아전(謝小娥傳)」·「여강풍온전(廬江馮媼傳)」 등을 남겼다.

83 여주(廬州) : 당대의 주명으로, 여주 여강군(廬江郡). 지금 안휘성 여강현.

장안의 여자들 춘양절에 답청을 하니	長安女兒踏春陽
가는 곳마다 봄볕에 간장이 끊어지누나	無處春陽不斷腸
춤추는 소매 휘어진 허리 망각의 늪이거늘	舞袖弓腰渾忘却
고운 눈썹 속절없이 가을 서리 기운 띠었어라.	蛾眉空帶九秋霜

그 중 양쪽으로 구름머리를 한 여인이 물었다.

"어찌하여 휘어진 허리라고 한 거지?"

노래하던 이가 웃으며,

"자네는 나의 활처럼 휘어진 허리를 보지 못했나?"

라고 하면서 이내 구름머리를 땅에 늘어뜨리자 허리의 자태가 그말대로 드러났다. 선비가 놀랍고 두려운 나머지 이들을 꾸짖자, 순간 다시 병풍 속으로 들어가 버렸다. 다른 일은 더 일어나지 않았다.

39. 재상 정여경(鄭餘慶)[85]이 양주(梁州)[86]에 있을 때의 일이다. 용흥사(龍興寺)의 승 지원(智圓)은 칙륵(勅勒)의 술수[87]를 잘 구사하여 사악한 기운을 물리치고 병을 치료하는 효험을 많이 봤다. 그러다보니 매일 수십 명이 의뢰하기에 이르렀다. 하지만 지원은 나이가 들어감에 따라 이 일에 조

84 답가(踏歌) : 발을 굴러 장단을 맞추면서 노래한다는 뜻. 흔히 세시풍속에서 중추절 밤에 부인들이 이 답가를 부르며 춤을 추었다. 『서경잡기(西京雜記)』에 의하면, 한나라 때 궁녀들이 시월 중순 밤에 땅을 밟으며 박자를 맞추어 노래를 부르고 춤을 췄다고 하여 이 답가의 유래를 설명하고 있다. 따로 '답청(踏青)'이라고 하여 봄날 교외에서 부인들이 놀이하는 풍속이 있었는데, 시의 내용으로 보면, 오히려 여기서의 답가는 이 답청에서의 노래로 이해된다.

85 정여경(鄭餘慶) : 746~820. 당나라 때의 문신으로, 자는 거업(居業). 덕종・순종・헌종・목종 등 네 왕 밑에서 재상을 지냈다. 이 이야기는 그가 산남서도절도사(山南西道節度使)로 재임하고 있을 때의 일이다.

86 양주(梁州) : 당대의 주명으로, 지금 섬서성 남정현(南鄭縣). 예로부터 요충지로 이때는 산남서도절도사의 주둔지였다.

87 칙륵(勅勒)의 술수 : 칙륵은 종족의 이름으로, 북제(北齊) 때 삭주(朔州) 지방(지금의 산서성 산음 지방)에 거주하며 선비어(鮮卑語)를 사용하였다. 뒤에 불교, 특히 밀교(密教)의 주문(呪文)을 이곳에서 사용하였던 바, 여기서도 밀교의 주문을 뜻한다.

금씩 싫증을 느끼게 되었다. 성의 동편 빈 땅으로 거주를 옮기고자 하였다. 정공은 그를 적잖이 공경하던 터라, 그를 위해 초가집을 마련하고 나무를 심어주는가 하면 사미승(沙彌僧) 한 명을 두어 보필하도록 했다. 이리하여 지원이 그곳에 산 지 몇 년이 되었다. 어느 한가한 날 지원은 각반만 한 채 지는 해를 바라보고 있었다. 바로 그때 갈옷을 입은 어떤 부인이 나타났다. 아주 단아한 자태로 섬돌에 이르러 인사를 하였다. 지원은 급히 옷을 고쳐 입으며 괴이쩍어 물었다.

"행자께선 어인 일로 오셨습니까?"

그러자 여인은 눈물을 흘리는 것이었다.

"첩은 불행하여 남편을 잃고 자식은 아직 어린데다 노모께선 병이 위중하답니다. 화상께서 신령한 법력이 있는 줄 알고 찾아왔으니 제발 살려 주세요."

"빈도는 본래 성황당(城隍堂)에서 시끄럽게 떠드는 것을 싫어할뿐더러 남의 부름이나 요청을 번거로워합니다. 행자님 모친의 병은 잘 치료할 수 있을 겁니다."

그래도 여인은 재삼 울며,

"어머니의 병이 위독하여 부축하여 일어날 수도 없는 상황이랍니다."

라고 하면서 간청하였다. 지원도 안타까운 나머지 허락을 해주었다. 그러자 여인은 이렇게 일러주었다.

"여기서 북쪽으로 20여 리 가면 한 마을이 나옵니다. 그 마을 옆에 노가(魯家)의 농원이 있사옵니다. 거기서 위십랑(韋十娘)이 사는 데를 물어 찾아오시면 됩니다."

지원은 다음 날 아침 그녀가 말해준대로 20여 리를 가서 여기저기 찾았으나 알려준 곳을 찾을 수 없었다. 그래서 허탕을 치고 돌아와야 했다. 그 다음 날 여인이 다시 찾아왔기에 지원은 책망을 했다.

"빈도가 어제 약속대로 멀리 갔으나 어찌하여 그렇게 틀리단 말입니까?"

"어제 화상께서 오셨던 그곳과는 2,3리 떨어진 곳에 있답니다. 화상께서는 자비로운 분이시니 필시 다시 오실 줄 믿사옵니다."

지원은 화를 냈다.

"노승이 이렇게 늙고 쇠약하니 이젠 결코 가지 않을 거요."

급기야 여인도 목소리를 높였다.

"자비란 게 어디에 있단 말입니까? 이런 일에는 모름지기 가셔야 하지요."

그러면서 섬돌을 올라와 화상의 팔을 잡아 당겼다. 지원은 놀라면서도 이 여인이 사람이 아닌가 싶어 몽롱한 사이에 칼로 그녀를 찔렀다. 여인은 마침내 엎어졌는데 옆에 있던 사미승도 잘못하여 그 칼을 맞고 피를 흘리며 죽고 말았다. 지원은 망연자실하여 급히 행자와 함께 쌀항아리 아래에 이들을 묻어버렸다. 사미승은 본래 이 마을 사람으로, 그의 집과 이 절과는 17,8리쯤 떨어져 있었다. 그가 죽은 날 그의 집 식구들은 모두 밭에 나가 있었는데, 어떤 사람이 검은 옷을 입고 두건을 쓴 채 밭으로 걸어와 마실 것을 청하였다. 마을 사람들이 찾아온 이유를 묻자, 근처 지원화상의 절에서 묵고 있다고만 대답하였다. 사미승의 아버지는 기뻐하며 아들의 소식을 알려달라고 하자, 죽은 일을 자세히 일러주며 요괴에게 홀려서 그렇게 된 것이라고 일러주었다. 사미승의 부모는 통곡을 하며 지원을 찾아갔으나 지원은 그래도 속이려 하였다. 그의 부모는 가래의 끈으로 지원을 묶어 관아에 소송을 하였다.

정공은 깜짝 놀라 도둑 잡는 관리더러 이 일을 상세하게 밝히라고 하였다. 뭔가 필시 원통한 일이 있다는 생각이 들어서였다. 지원의 진술서에는 '빈도가 묵은 죄가 있사오니 오직 죽음이 있을 뿐이옵니다'라고 되어 있었다. 관리도 그를 죽을죄로 확정해버렸다. 그런데 지원이 7일 동안 말미를 주면 그동안 불경을 외며 내세를 위한 자료와 양식을 준비하겠다고 요청하였다. 정공은 그의 사정이 안됐다 싶어 허락해 주었다. 지원은 목욕재계를 하고 제단을 설치한 다음 서둘러 인계(印契)[88]를 하며 목인(木人)을 묶고서 잡귀를 신문하기 시작했다. 사흘 밤이 지나자 여인이 제단 위에 나타나 말을 하였다.

"우리 수가 적지 않거늘, 먹을 것을 구해놓아도 걸핏하면 화상들이 나타나 우리를 쫓아냈소. 사미승은 아직 살아 있으니, 다시는 주문을 외지 않겠다고 맹세하면 반드시 그를 보내드리다."

지원은 다시는 그러지 않기로 맹세를 하였다. 그러자 여인은 기뻐하며,

"사미승은 성의 남쪽 아무 마을 몇 리쯤에 있는 오래된 무덤 안에 있소"

라고 일러주었다. 지원이 이 사실을 관리에게 알렸다. 관리가 그의 말대로 찾아가 확인해 보니 사미승이 과연 그곳에 있었다. 정신은 이미 멍한 상태였다. 사미승의 관을 열어보니, 바로 갈대 빗자루였다. 이리하여 지원은 억울함을 풀게 되었고 이때부터 이런 일을 끊고 범자(梵字, 즉 불경)는 한 글자도 입에 올리지 않았다.

40. 원화(元和) 初, 낙양(洛陽)의 백성 왕청(王淸)은 품팔이로 번 다섯 꿰미 돈으로 밭가의 말라 죽은 밤나무 한 그루를 샀다. 이것을 땔나무로 만들어 이익을 볼 참이었다. 그런데 그날 밤 이웃 사람이 이 나무를 잘라서 훔쳐 속을 쪼개자, 그 안에서 흑사(黑蛇)가 불쑥 대가리를 내밀었는데 크기가 팔뚝만 하였다. 이것이 사람의 말소리를 내었다.

"나는 왕청(王淸) 나무이니라. 너는 이 나무를 쪼개지 말거라."

그 자는 놀랍고 두려워 도끼를 버린 채 줄달음을 치고 말았다. 날이 밝자 왕청이 자식들을 데리고 가서 이 나무를 땔나무로 만들고 다시 그 뿌리를 팠다. 그 뿌리 아래에서 큰 옹기 두 개가 나왔고, 거기에는 돈이 가득 들어 있었다. 왕청은 이 돈으로 이익을 취해 10여 년 만에 대단한 부자가 되었다. 옹기 속의 돈은 마침내 용의 모양으로 변하였는데, 이를 '왕청본(王淸本)'이라 한다.

---

88 인계(印契) : 밀교에서 요괴를 물리쳐 항복시키는 손짓 따위를 일컫는 말.

41. 원화(元和) 연간, 소심(蘇湛)이란 자가 봉작산(蓬鵲山)으로 유람을 왔다가 휴대한 식량으로 밥을 해먹기 위해서 불을 지폈다. 그 주변을 한 곳도 빠뜨리지 않고 둘러본 소심은 갑자기 아내에게 이런 말을 하는 것이었다.

"내 산속을 다니다가 깎아지른 벼랑에서 거울처럼 빛나는 광채를 목격하였으니 필시 선경일 터, 내일 그곳에 내 몸을 던질거요. 이제 당신과 영별하고자 하오."

이 말을 들은 처자식들이 울며 애걸하였으나 그를 만류할 수는 없었다. 날이 밝자 마침내 그가 떠났다. 처자식들은 종을 데리고 몰래 그의 뒤를 따랐다. 산으로 수십 리를 들어가자 멀리 바위에서 흰빛이 보였다. 그 빛은 둥글고 직경은 한 장쯤 되었다. 소심은 마침내 가까이 다가가 그 빛에 다다르자마자 길게 외마디 소리를 질렀다. 처와 아이들이 급히 다가가 구하려고 하였으나 그의 몸은 이미 누에고치처럼 거미줄에 감기고 말았다. 작은 솥만한 검은 거미들이 바위 아래로 달려들었다. 종이 예리한 칼로 거미줄을 잘라 끊어내었으나 소심은 이미 뇌가 함몰된 채 죽은 상태였다. 소심의 아내가 장작을 쌓아 그 벼랑에 불을 질렀더니 악취가 온 산을 뒤덮었다.

42. 전하는 이야기이다. 배민(裴旻)[89]이 산길을 가고 있는데, 그 산의 거미가 거미줄을 베를 짜듯 늘어뜨리면서 배민이 있는 곳에까지 접근해 왔다. 배민이 활을 당겨 쏘아 죽였는데, 크기가 큰 수레바퀴만 했다. 배민은 거미줄을 몇 자 가량을 끊어 보관하였다. 그런데 그의 부하 중에 김창(金創)이란 자가 그 거미줄을 조금 잘라 몸에 붙였다가 피를 흘리며 그 자리에서 죽고 말았다.

89 배민(裴旻) : 그의 생평은 자세하지 않으나, 역사에는 좌금오대장군(左金吾大將軍)을 지낸 것으로 나와 있다.

유양잡조 권15

귀신·요괴 기록(하)【諾臯記下】

1. 화주(和州)[1]의 녹사(錄事)[2] 유(劉) 아무개는 대력(大曆) 연간 관직에서 파면되어 화주의 근방 고을에 살고 있었다. 그는 식사량이 몇 사람 분량으로 특히 회를 잘 먹었다. 항상 '회의 맛은 한번도 배부른 적이 없다는 데 있다'고 하였다. 그 마을에 더부살이를 하고 있는 자가 그물로 백여 근의 물고기를 잡아 교외의 정자에서 모임을 가졌다. 유 아무개가 젓가락질을 하는데, 처음에 몇 접시의 회를 먹더니 갑자기 목구멍이 막혀 토하는 것 같았다. 이윽고 한 개의 뼈구슬이 나왔는데 크기가 검은 콩만 했다. 이것을 다완(茶碗)에 넣고 접시를 덮는 것이었다. 그런데 회를 채

1 화주(和州) : 당대의 주명으로, 지금 안휘성 화현(和縣) 일대.

2 녹사(錄事) : 주현(州縣)의 직명으로, 주부(主簿)와 함께 주로 문서와 기록을 담당하였다.

반도 먹기 전에 희한하게 다완이 옆으로 엎어졌다. 유 아무개가 들어서 확인한 순간, 뼈구슬은 이미 몇 마디 정도로 커져 있었고, 생김새는 꼭 사람 같았다. 좌객들은 다투어 구경을 하였다. 그런데 볼 때마다 커져 조금 뒤에는 크기가 사람만 해졌다. 이윽고 유 아무개를 휘어잡고 때리는 바람에 피가 흘러내렸다. 한참 뒤 나뉘어져 달아나는데, 하나는 대청의 서편으로 돌아가고 또 하나는 대청의 왼편으로 돌아서 뒷문에 이르렀다. 이들은 서로 마주치자마자 합쳐져 한 사람이 되었는데, 바로 유아무개였다. 그는 정신이 나갔다가 반나절이 지나서야 비로소 말을 할 수 있었다. 연유를 물었으나 아무것도 기억하지 못했다. 이때부터 유 아무개는 회를 싫어하게 되었다.

2. 풍탄(馮坦)이란 자는 항상 병을 달고 살았는데, 의원이 뱀술을 담아 먹어보라고 했다. 처음에 뱀술을 한 동이 담가 먹었더니 병이 반쯤 나았다. 그래서 다시 집안사람들을 시켜 정원에서 뱀 한 마리를 잡아 항아리에 넣어 7일 동안 봉해두도록 했다. 이윽고 개봉을 하자 이 뱀이 뛰어올랐다. 한 자 남짓한 주둥이를 내밀며 문밖으로 기어나가더니 어디론가 사라져버렸다. 이 뱀이 지나간 곳은 몇 마디만한 땅두둑이 생겼다.

3. 낭중(郎中) 육소(陸紹)가 이런 이야기를 해주었다.

내 기억에 어떤 사람이 뱀술을 담갔는데, 전후로 잡아 죽인 뱀이 수십 마리였다. 그런 어느 날 술항아리에 다가가 속을 살피고 있는 참에 어떤 물체가 뛰쳐나와 자신의 코를 물었다. 그것을 잡아떼어보니 바로 뱀 아가리 뼈였다. 이 때문에 집혀 나간 코의 상처가 마치 의형(劓刑)을 당한 것처럼 보였다.

4. 진박(陳朴)이란 자는 원화(元和) 연간(806~820)에 숭현리(崇賢里)[3]의 북편 거리에 살고 있었다. 그의 집 대문 밖에 큰 홰나무가 있었다. 항상 황

혼 무렵 그 나무로 가서 밖을 살피곤 했는데, 그럴 때면 여인네나 여우, 크고 묵은 까마귀 따위가 이 나무속으로 날아 들었다. 진박은 나무를 베서 살펴봐야겠다고 세 뭉치로 잘라 보았다. 그 하나는 속이 비었고, 또 하나에는 독두율(獨頭栗)[4] 120개가 들어 있었으며, 나머지 통 안에는 한 자 남짓의 어린아이 시체가 보자기에 싸여 있었다.

5. 승려 무가(無可)[5]가 들려준 이야기이다.

근래 전하기로 백장군(白將軍)이란 이가 있었다. 그가 한번은 곡강(曲江)[6]에서 세마(洗馬)를 하였다. 그런데 말이 갑자기 놀라 날뛰며 달아나는데 앞발에 어떤 물체가 붙어 있었다. 흰색으로 혁대처럼 생겼고, 몇 겹의 끈으로 감겨 있었다. 급히 이것을 떼어 주자 몇 되 정도의 피가 흘러나왔다. 백장군은 괴이하여 이 물체를 종이에 싸 옷상자 안에 넣어두었다. 어느 날 그는 손님을 전송하러 산수(滻水)[7]에 왔다가 이것을 꺼내 손님들에게 보였다.

"물에 한번 넣어보지 않으십니까?"

손님들의 이 말에 백장군은 채찍을 이용하여 흙을 쌓아 구멍을 만들어놓고 그 안에 이 벌레를 집어넣고 대야 물을 부었다. 잠시 뒤 벌레들이 꿈틀꿈틀 커지기 시작하며 구멍 안에서는 샘이 솟아올랐다. 벌레는 갑자기 방석처럼 똬리를 틀더니 향 연기처럼 검은 기운을 피우며 곧장 처마 밖으로 날아갔다. 사람들은,

"필시 용인가 봅니다!"

라고 하며 두려워하였다. 백장군이 급히 돌아오는데 몇 리를 가기도

---

3 숭현리(崇賢里) : 당대 장안(長安)의 거리 이름.
4 독두율(獨頭栗) : 밤의 일종이겠으나 미상이다.
5 무가(無可) : 당대의 시승(詩僧)으로, 시인 가도(賈島)의 사촌 동생으로 알려져 있다.
6 곡강(曲江) : 당대 장안성의 동남쪽 어귀에 있었던 인공 연못이다. 현종 때 조성되었으며, 근처 부용원(芙蓉苑)과 함께 명승지로 알려져 있다.
7 산수(滻水) : 섬서성에서 발원하여 파수(灞水)로 흘러들어가는 위하(渭河)의 한 지류.

전에 갑자기 비바람이 몰아치고 큰 우레가 몇 번 내리쳤다.

6. 경공사(景公寺)[8] 앞길에는 예전부터 큰 우물이 하나 있었다. 사람들은 이것을 팔각정(八角井)이라 불렀다. 원화(元和) 초에 어떤 공주(公主)가 여름에 이곳을 지나가다가 백성이 물을 긷는 것을 보고, 여종을 시켜 모서리를 은으로 장식한 사발에 우물물을 떠 오라고 하였다. 그런데 여종이 잘못하여 이 사발을 우물에 빠뜨렸는데 한 달 뒤에 위하(渭河)에서 나왔다고 한다.

7. 동평(東平)[9]에서 아직 군사활동이 없을 때였다. 거인(擧人) 맹불의(孟不疑)는 소의(昭義)[10] 땅으로 여행을 갔다가 밤에 한 역사에 도착, 발을 씻을 참이었다. 마침 그곳으로 치청(淄青)의 장평사(張評事)라는 사람이 수십 명의 시종들을 거느리고 왔다. 맹불의가 뵙고자 했으나 장평사는 술에 취해 처음엔 돌아보지도 않았다. 불의는 어쩔 수 없어 자리에서 물러나 서편 방에 묵었다. 장평사가 역사의 관리를 연이어 부르며 전병(煎餅)을 찾았다. 불의는 조용히 엿보면서 한편으로는 그의 거만함에 화가 치밀었다. 한참 뒤 전병이 익을 즈음, 멧돼지 같은 검은 물체 하나가 전병을 담은 쟁반을 따라오다가 등불 그림자가 비치면 사라졌다. 이렇게 하기를 대여섯 번이나 반복되는데도 장평사는 끝내 이를 알아차리지 못했다. 불의는 두려운 마음에 잠을 이룰 수가 없었다. 이윽고 장평사는 코를 골며 곯아 떨어졌다. 삼경이 지나서 불의가 겨우 눈을 붙이려는 즈음 갑자기 어떤 검은 옷을 입은 남자가 장평사와 힘겨루기를 시작하였다. 한참을

8 경공사(景公寺) : '조경공사(趙景公寺)'로, 당대 장안의 상락방(常樂坊)에 있었던 사원. 뒤에 속집 권5 「사탑기」상편에 다시 나온다.

9 동평(東平) : 운주(鄆州) 동평군(東平郡)으로, 당대에 이곳에 대도독부(大都督府)가 설치되어 치청절도사(緇清節度使)가 주둔하였다.

10 소의(昭義) : 당대의 현명으로, 자주(磁州)에 속했다. 지금 하북성 자양현(磁陽縣) 북서쪽 일대.

서로 멱살을 잡고 동편 편방(偏房)[11] 안으로 들어가면서 절구질 하듯 주먹다짐 소리가 들려왔다. 한 식경쯤 지나 장평사는 머리를 풀어 헤치고 양쪽 어깨를 드러낸 채 편방을 나와서는 다시 침상에 들었다. 오경이 되자, 장평사는 종을 불러 촛불을 밝혀 머리를 정리하고는 불의에게 찾아왔다.

"어젯밤엔 취중이라 수재(秀才)와 함께 묵는 줄 전혀 몰랐었소."

그러면서 식사를 내오라고 하여 담소를 나누었는데 매우 유쾌했다. 얘기하는 중간에 작은 미소로 몇 번이나,

"어젯밤 일은 매우 부끄럽소. 부디 남에게 말하지 말았으면 좋겠소."

라고 하였다. 맹불의가 '잘 알겠다'고 하자 다시 말을 이었다.

"나도 일정이 급해 일찍 출발해야 하니, 수재께서 먼저 가시오."

그리고는 신발 속에서 금 한 덩이를 찾아 불의에게 내주었다.

"많지 않은 돈이오. 이전 일은 비밀로 부쳐주시게."

불의는 감히 사양하지 못하고 먼저 출발하였다. 며칠을 갔을 때 불의는 사람을 죽인 도적을 잡았다는 소식을 접하게 되었다. 길에서 그 사정을 알아보니 사람들이 이렇게 들려주었다.

"치청(淄靑)의 장평사(張評事)가 아무 역사에 도착했다가 하늘이 밝아오지 않은 이른 시점에 떠났는데, 말의 고삐가 사라져버렸다는 거요. 역사의 관리가 역사로 돌아와 고삐를 찾았다지요. 역사의 서편 건물 안 자리를 뒤지다가 해골 하나만 발견했다고 하네요. 그 해골은 살점이 하나도 없었으며, 바닥에도 피 한 방울 없었으나 다만 신발 한 짝이 곁에 남아 있었다네요."

전하기를, 이 역은 예로부터 흉흉한 일이 있었으나 끝내 무슨 변괴인지 알 수 없었다고 한다. 거인(擧人) 축원응(祝元膺)은,

"맹불의의 얘기를 직접 듣고 나면 야식을 먹을 땐 꼭 제를 지내야할 걸!"

---

11 편방(偏房): 규방의 하나로, 주로 첩이나 측실이 거처하는 방이다.

이라는 농담을 했다. 또,

"맹불의는 평소 불교를 믿지 않았고 시에 뛰어났는데 이런 구절이 있다. '훤한 대낮 고향은 멀고, 청산은 아름다운 시구 안이로다.[白日故鄕遠, 青山佳句中]' 뒤에 그는 항상 유람에 뜻을 두고 다시는 과거에 응시하지 않았다."

고 알려주었다.

8. 유적중(劉積中)[12]이 일찍이 장안 근처에 있는 현(縣)의 농원에서 살고 있을 때였다. 아내는 병이 위중한 터, 어느 날 밤에는 잠을 자지 못하고 있었다. 그런데 갑자기 머리는 희고 키는 겨우 석 자 정도인 어떤 여인이 나타났다. 등불 그림자 사이로 나와서는 적중에게 말을 걸었다.

"부인의 병은 저만이 고칠 수 있거늘, 왜 저에게 기도하지 않지요?"

유적중은 평소 강직했던 터라 그녀를 나무랐다. 그러자 그녀도 서서히 한 손을 치켜들더니,

"후회하지 말지, 후회하지 말아!"

라고 하고는 사라졌다. 아내는 이때부터 갑자기 가슴의 통증이 심해져 거의 죽을 상황이 되었다. 적중은 어쩔 수 없이 그녀에게 도와달라는 기도를 했다. 그녀는 '벌써 다시 왔다'고 하면서 나타났다. 적중이 읍을 하고 자리를 내어주자, 노파는 차 한 잔을 찾았다. 입으로 뭔가 비는 것 같더니 다시 돌아보며 부인에게 차를 따라 주라고 하였다. 차 한 잔이 입에 들어가자마자 아내의 통증은 멎었다. 이때부터 그녀가 걸핏하면 나타났지만 집안 식구들은 두려워하지 않게 되었다. 해가 넘기고 그녀는 다시 유적중에게 이런 부탁을 했다.

"나에게는 딸아이가 있지요. 이제 시집갈 때가 되었으니 번거롭지만 주인께서 좋은 사윗감을 하나 찾아주시오."

---

12 유적중(劉積中) : 여기 이외의 자료에는 나오지 않아 미상이다.

적중은 씩 웃었다.

"인간과 귀신의 길이 다르거늘, 참으로 이루기 어려운 부탁을 하는구려."

"인간을 찾는 게 아니라, 다만 오동나무를 새겨 사람과 비슷하게 만들면 충분하다오."

적중은 좋다고 하여 그녀를 위해 오동나무를 준비하였다. 그런데 밤사이 이 나무가 감쪽같이 사라져버렸다. 그녀는 다시 적중에게 말했다.

"계속 주인을 번거롭게 하는구려. 이번에는 포공(鋪公)과 포모(鋪母)[13]를 만들어주시오. 만약 가능하다면 아무 날 밤 내가 수레를 마련해서 이것들을 맞이하리다."

유적중은 속으로 따져봐도 별다른 수가 없어 이것도 해주기로 했다. 하루가 지나 유시(酉時, 오후 5~7시)가 되었을 때 종과 수레, 말, 그리고 실린 물품이 대문에 도착했다. 그녀도 함께 와서,

"주인도 가시지요!"

라고 하였다. 유적중은 아내와 함께 수레에 올랐다. 날이 아직 어두운 가운데 어떤 곳에 도착하였다. 붉은 대문에 담장이 높은 집이었다. 조롱의 촛불이 줄지어 늘어서서 손님을 맞이하였다. 설치한 휘장의 규모는 마치 왕공(王公)의 집과 같이 화려했다. 유적중이 인도를 받아 대청으로 들어가자 수십 명의 귀족이 있었다. 이들 중에는 이미 잘 알던 사람도 있고 이미 죽은 자도 있었으나 서로 바라만 볼 뿐 말이 없었다. 아내가 들어간 방에는 팔뚝만한 밀랍 촛불이 있고 푸른빛 비단이 화려하게 빛났다. 여기에도 수십 명의 부인들이 있었다. 생존해 있거나 죽은 자, 그리고 면식이 있는 자와 없는 자가 각각 반반이었다. 이들 역시 서로 바라만 볼 뿐이었다. 오경이 되자 유적중과 아내는 몽롱한 채 물러나 집으

13 포공(鋪公)과 포모(鋪母): 과거 혼인 때 신부측 신방을 꾸미는 남녀로, 수당(隋唐) 시기에 혼인 절차에서 중요한 역할을 담당하였다. 이들은 전문직으로 고용되어 신방의 도구와 신혼 절차를 주재하였다.

로 돌아왔다. 마치 술에서 깬 것 같은데 열에 하나 둘도 기억할 수 없었다. 몇 개월 후 그녀는 다시 찾아와서 절을 하였다.

"작은 딸이 커서 지금 다시 주인께 부탁을 하려고 하는데 …… ."

유적중은 더 이상 참을 수 없었다.

"이 늙은 요괴가 감히 나를 이렇게 괴롭힌단 말이냐?"

고 소리치며 베개를 내던지자, 그녀는 그 베개가 떨어지는 중에 사라졌다. 그러나 아내는 마침내 다시 병이 발작하였다. 그래서 적중과 자식들이 땅에 술을 부어가며 그녀를 위해 기도를 올렸으나 다시는 나타나지 않았다. 아내는 끝내 가슴의 통증으로 죽고 말았다. 이어 적중의 누이도 가슴에 통증이 생기는 병이 났다. 그래서 이사를 가려고 하는데 모든 집기들이 자리에 아교처럼 달라붙어 신발처럼 가벼운 것들도 들 수가 없었다. 어쩔 수 없이 도사를 초청, 장주(章奏)[14]를 하늘에 고하고 법승에게 불법을 설하게 하는 등 모든 수단을 다 동원했다. 그러던 어느 한가한 날 유적중이 약방문을 읽던 참이었다. 계집종 소벽(小碧)이 밖에서 들어오더니 손을 늘어뜨리면서 서서히 걸어와서는 크게 소리를 쳤다.

"유사(劉四)! 옛날 없던 때를 기억하는가?"

이윽고 슬피 울었다.

"나는 성궁(省躬)이라네. 최근 태산(泰山)에서 돌아오는 길에 하늘을 나는 야차(野叉)를 만났는데, 자네 누이의 심장과 간을 가지고 있더군. 그래서 내가 그것을 빼앗아 왔지."

그러면서 소매를 들자 소매 안에 꿈틀거리는 물체가 있었다. 왼쪽을 보며 누군가에게 명을 내리는 듯하였다.

"이제 안치하도록 하라!"

다시 소매 속에서 바람이 이는 것 같더니 그 바람이 주렴을 스치고 방안으로 들어갔다. 그가 대청 위로 올라와서는 유적중과 마주하여 앉았

---

14 장주(章奏) : 통상 신하가 천자에게 올리는 문서를 말하나, 도교에서는 천제(天帝)에게 올리는 문장을 뜻한다.

다. 생사여부를 묻고 평소의 일들을 이야기하였다.

유적중과 두성궁(杜省躬)은 동년 급제한 친한 사이였는데, 이 계집종의 행동거지와 말씨가 두성궁과 똑같았다. 이윽고,

"나는 일이 있어서 오래 머물 수 없다네."

라고 하면서, 유적중의 손을 잡고 오열을 하였다. 유적중도 슬픔을 가누지 못하던 차 이 계집종이 갑자기 쓰러졌다. 깨어나서는 하나도 기억하지 못했다. 누이도 그때부터는 별 탈이 없었다.

9. 임천군(臨川郡)[15]의 남성현령(南城縣令) 대찰(戴詧)은 처음에 관왜방(館娃坊)[16]에 집을 샀다. 휴가를 얻어 동생과 대청마루에서 한가하게 앉아 있는데, 갑자기 여자들이 모여서 웃는 소리가 들렸다. 소리가 가까워지다가 멀어지기도 하여 대찰은 자못 의아했다. 소리는 점점 가까워졌고 순간 수십 명의 여자들이 대청 앞으로 들어와서는 여기저기 흩어지더니 어느 순간 사라져버렸다. 이와 같은 일이 며칠 동안 반복되었으나 대찰은 어떻게 해야 할지 몰랐다. 대청의 섬돌 앞에 한 아름이 되는 마른 배나무가 있었는데, 아무래도 이 나무에서 이런 현상이 일어나는 것으로 판단한 대찰은 이 나무를 베어버렸다. 나무뿌리 아래에서 한 덩이만한 돌이 드러났다. 아래를 더 파보니 점점 널찍해지는 게 번철모양을 하고 있었다. 그 위를 불로 달구고 식초를 끼얹으면서 계속 파내려갔다. 대여섯 자를 더 팠으나 더 보이는 게 없었다. 그런 중에 갑자기 여자들이 나타나 파낸 구덩이를 에워싸더니 손뼉을 치며 크게 웃는 것이었다. 잠시 후 그들은 대찰을 끌고 구덩이 안으로 들어가서는 그 돌 위로 던져버렸다. 집안 식구들이 놀라며 두려워할 즈음 여자들이 다시 돌아와 크게 웃

15 임천군(臨川郡) : 지금 강서성 임천(臨川)으로, 임천·남성(南城)·숭인(崇仁)·남풍(南豊) 등 네 개 현을 관할하였다.

16 관왜방(館娃坊) : 미상이나 오(吳) 땅, 즉 강소성 오현(吳縣)에 '관왜궁(館娃宮)'이 있었던 바, 이 지역의 행정구역으로 짐작된다. 참고로 관왜궁은 월나라의 서시(西施)로 인해 붙여진 것이라고 한다.

자 대찰도 그들을 따라 나왔다. 대찰이 막 나왔을 때 다시 그의 동생이 사라져버렸다. 집안사람들은 통곡을 하였으나 대찰만은 곡하지 않고 말하였다.

"동생도 분명 살아나올 것인데 왜 우느냐?"

그러나 그는 죽을 때까지도 이에 대한 구체적인 사정은 얘기하려 하지 않았다.

10. 독고숙아(獨孤叔牙)[17]가 집안사람을 시켜 물을 길어오게 하였다. 그런데 두레박이 무거워 길어 올릴 수가 없자, 두 세 사람이 거들어 들어 올렸다. 그 안에는 바로 사람이 들어있었다. 대자리 모자를 쓴 채 우물의 난간을 붙잡고 크게 웃다가 다시 우물 속으로 떨어져버렸다. 물을 긷던 자가 떨어질 때 그의 모자를 낚아 채 뜰의 나무에 걸어두었다. 그런데 매번 비가 내릴 때면 빗물이 고인 곳에선 누런 곰팡이가 생겼다.

11. 사수재(史秀才)란 이는 원화(元和) 연간에 도사들과 함께 화산(華山)을 유람한 적이 있었다. 날이 더울 때라 한 작은 시내에 둘러 앉아 쉬게 되었다. 왠 손바닥만한 크기의 나뭇잎이 물에 떠내려 왔는데, 윤이 나고 붉게 물든 게 썩 눈길이 갔다. 사수재는 남몰래 이것을 주워 품속에 넣었다. 그런데 한 한식경 정도 지나자 품속이 점점 무거워짐을 느꼈다. 사수재가 조용히 일어나 품속을 살펴보니 그 나뭇잎에서 비늘이 돋아나 움직이기 시작했다. 사수재는 놀랍고 두려워 이것을 수풀 속에 던져버리고 급히 여러 사람들에게 알렸다.

"저것은 필시 용일 것이야. 속히 가자고!"

잠시 뒤 숲속에서 흰 연기가 일더니 골짜기 전체를 가득 메웠다. 사수재가 산을 채 반도 내려오지 못했는데 엄청난 바람과 번개가 몰아쳤다.

---

17 독고숙아(獨孤叔牙) : 미상인데, 참고로 독고(獨孤)씨는 흉노에서 나온 쌍성이다.

12. 사론(史論)이 장군이 되었을 때의 일이다. 느닷없이 아내가 거처하는 방안에서 빛이 났다. 이상하다 싶어 아내와 함께 방안을 샅샅이 뒤졌으나 보이는 것이라고는 없었다. 어느 날 아내가 아침 일찍 화장을 하려고 화장품 상자를 열었는데, 그 안엔 뜬금없는 오색의 거북이 들어 있었다. 크기는 동전만 하고 오색의 기운을 토해내 방안을 가득 채웠다. 그 후로 이 거북이를 늘 옆에 두고 길렀다.

13. 공부원외랑(工部員外郞) 장주봉(張周封)[18]의 전언이다.

옛날 그의 농원이 장안성 동쪽 구척자(狗脊觜)[19][『수경주(水經注)』에 '구가자(狗架觜)'라고 하였다—원주] 서편에 있었다. 태세(太歲)[20]의 초하룻날 농원의 담장을 쌓았는데, 이것이 하룻밤에 다 무너져버렸다. 기초가 부실하여 무너진 것으로 판단한 그는 다시 농원에 머물던 사람들을 데리고 담을 쌓았다. 그런데 채 몇 자 쌓지도 않았을 즈음 밥을 하던 자가 놀라 소리를 질렀다.

"변괴가 일어났소!"

급히 가서 살펴보니, 몇 되나 되는 밥알이 전부 위로 치솟았다가 떨어져 땅을 덮었고, 쌓고 있던 담장에도 누에고치처럼 고르게 달라붙어 한 톨도 포개지지 않았다. 밥은 담장의 절반을 자지하며 퍼져 있어서 마치 무슨 경계를 구분해 놓은 것 같았다. 무당을 불러 땅에 제를 올리고 빌자 다른 일은 일어나지 않았다.

---

18 장주봉(張周封): 단성식의 친구로, 이 책에서 일화를 전해주는 주요 정보원으로 등장한다.

19 구척자(狗脊觜): 지금 『수경주』에는 '구가자'라는 지역은 보이지 않고, 「위수(渭水)」편(권19)에 '구가보(狗枷堡)'라는 하천이 두릉(杜陵) 지역에 있었다고 나와 있다. 아마도 이 구가보를 이렇게 표기한 것으로 판단된다.

20 태세(太歲): 원래 목성의 딴 이름인데, 여기서는 목성을 기년으로 삼은 어느 해를 지칭한다. 통상 목성의 공전 주기는 12년인 바, 이는 지상의 12간지와 일치한다. 따라서 갑자년이 목성의 기년이 되면, 이 해는 갑자년 태세가 되는 것이다.

14. 산소(山蕭)는 '산조(山臊)'[21]라고도 한다. 『신이경(神異經)』[22]에는 '삼(㺀)'으로, 『영가군기(永嘉郡記)』[23]에는 '산매(山魅)'로 나와 있다. 또 '산락(山駱)', '교(蛟)', '탁육(濯肉)', '열육(熱肉)', '훈(暉)', '비룡(飛龍)'이라고도 하는데, 비둘기처럼 생겼고 푸른색이어서 '치오(治烏)'라고도 한다. 이 새의 둥지는 다섯 말들이 그릇만하다. 회를 발라 꾸몄는데, 적백색이 사이사이 들어 있어 마치 활 쏘는 과녁처럼 보인다. 둥지를 침범하는 자가 있으면 호랑이를 부려 사람을 해치고 사람이 사는 집을 태워버리기도 한다. 세속에서는 이를 '산소(山魈)'라고 한다.

15. 오상노(伍相奴)는 요인허(擾人許)라고도 하는데, 오상묘(伍相廟)[24]에 많다. 옛 전설에 의하면, 성이 도씨(姚氏), 왕씨(王氏), 또는 왕씨(汪氏) 등으로 알려져 있다. 옛날 홍수를 만났을 때 도수피(都樹皮)를 먹다가 굶어죽어 조도(鳥都)가 되었다. 또 피골(皮骨)은 저도(猪都)가 되고, 부녀자들은 인도(人都)가 되었다. 조도의 왼쪽 겨드랑이 아래에 인경(印鏡)이 있는데 넓이가 두 치 한 푼이며, 오른쪽 다리에는 엄지발가락이 없고 오른손에는 손가락 세 개가 없다. 왼쪽 귀가 멀었으며 오른쪽 눈도 보이지 않는다. 나무뿌리에 사는 것을 저도(猪都)라고 하고, 나무줄기 중간쯤에 있어 더위잡아 올라갈 수 있는 곳에 사는 것을 인도(人都)라 하며, 나무의 가지 끝에 사는 것을 조도(鳥都)라 한다. 이것을 금하게 하는 방법으로는 토롱법(土壟法)과 산작법(山鵲法)이 있다. 하는 방법은 이렇다. 오른손 두 번째 손가락의 제일 윗마디 주변을 끊어 산도(山都)[25]의 눈을 못보게 하고, 또 왼

---

21 산조(山臊) : 산속에 산다는 괴조로, 당대에는 이것을 '산소(山蕭)'로 불렀던 모양이다.

22 『신이경(神異經)』 : 한나라 때 동방삭(東方朔)이 편찬한 설화집으로, 『산해경』과 함께 고대의 기이한 이야기를 채록한 대표적인 저작이다.

23 『영가군기(永嘉郡記)』 : 남북조시대 송(宋)나라의 정집(鄭緝)이 편한 군지(郡誌)이다.

24 오상묘(伍相廟) : 춘추시대 초나라 사람 오자서(伍子胥)를 모신 사당으로, 회음현(淮陰縣)에 있었다. 예로부터 이 묘에서는 영험한 일이 자주 일어났다고 전해진다.

25 산도(山都) : 원숭이과의 동물로, 얼굴이 길고 입술은 검으며 몸에는 털이 많다. 사람을 보면 웃는 습성이 있다고 한다.

손으로 그 목구멍을 막는 것이다. 남방에서는 산도의 둥지를 먹는데 맛이 영지와 비슷하다고 한다. 또 둥지 속 겉으로 신발의 언치를 만들어 각기병(脚氣病)[26]을 치료한다고 한다.[27]

16. 옛날부터 전해지기를, 야호(野狐)의 이름은 '자호(紫狐)'이다. 한밤에 꼬리를 때리면 불이 나온다. 요괴로 변할 때는 반드시 해골을 머리에 인 채 북두성에 절을 하는데, 이 때 해골이 땅에 떨어지지 않으면 변하여 사람이 된다고 한다.

17. 유원정(劉元鼎)[28]이 채주자사(蔡州刺史)가 되었을 때의 일이다. 채주가 난리로 폐허가 되어 식장(食場)[29]에 여우들이 멋대로 드나들었다. 유원정은 관리를 파견해 여우들을 생포하게 해서 매일 격구장(擊毬場)에 개를 풀어 여우들을 쫓게 하는 것을 낙으로 삼았다. 이렇게 하여 죽인 여우의 수가 한 해에 백 마리는 되었다. 뒤에 옴이 걸린 여우 한 마리를 잡아 대여섯 마리 개들을 풀어 쫓게 했는데, 개들이 감히 쫓지 못하고 그 여우도 달아나질 않는 것이었다. 유원정은 퍽 이상하여 장군 집의 사냥개와 감군(監軍)이 자랑하는 큰 견공을 수소문하여 끌고 오게 하였으나, 이것들마저도 여우에게 접근해서는 귀를 늘어뜨리고 주변을 빙 둘러 지키고 있을 뿐이었다. 이 여우는 한참 뒤에 서서히 걸어서 곧장 청사로 올라가더니 대반(臺盤)[30]을 뚫고 설청 뒤로 나가 채주성 담벼락에 이르러 이윽

26 각기병(脚氣病) : 영양실조로 생기는 병으로, 흔히 다리가 붓고 마비되며 묵직하고 저린 느낌이 든다.

27 치료한다고 한다 : 이 항목의 내용은 전체적으로 미상이다.

28 유원정(劉元鼎) : 미상이다. 다만 『신당서』(권71)에 자주자사(慈州刺史)를 지낸 유원정이란 인물이 나오는데, 이 인물인지는 확실치 않다. 자주(慈州)를 채주로 잘못 표기했을 가능성도 없지 않다.

29 식장(食場) : 미상인데, "창장(倉場)이라고 한다"는 원주로 봐서, 곡식을 저장했던 창고로 보인다.

30 대반(臺盤) : 궤안(几案)이나 식탁 따위.

고 사라져버렸다. 유원정은 이후로 다시는 여우를 잡으라는 영을 내리지 않았다. 도술 중에도 천호별행법(天狐別行法)이라는 게 있다. 천호(天狐)[31]의 아홉 개의 꼬리는 모두 금빛 색깔인데 일월궁(日月宮)에서 사역을 하다가 초제(醮祭)날과 맞아 떨어지게 되면 음양에 통달하게 된다.

18. 남방의 짐승 중에 풍리(風狸)[32]라는 것이 있다. 원숭이처럼 생겼는데 눈썹이 길고 부끄러움을 잘 타 사람을 보면 고개를 숙여버린다. 이것의 오줌은 풍질(風疾)을 치료하는데 효험이 있다. 도술가들은 '풍리장(風狸杖)은 예형초(翳形草)[33]보다 얻기가 어렵다'고들 한다. 남방 사람들은 긴 줄을 교외 밖 큰 나무 아래에 묶고, 사람을 나무 곁에 숨겨놓는다. 풍리가 구멍 속을 통해 엿보다가 3일이 지나도 사람의 모습이 보이지 않으면 이내 풀속을 더듬어 느닷없이 풀줄기를 뽑아서는 한 자 정도로 잘라 나무 위의 새둥지를 뒤져 이 풀줄기로 새를 가리키는데, 그 가리키는 것에 따라 새가 떨어지게 된다. 이것을 주워서 먹는 것이다. 사람이 그가 느슨한 틈을 보아 재빨리 달려가 빼앗으려 하면, 풍리는 잽싸게 새를 씹어서 먹어버린다. 간혹 여의치 않으면 풀속에 버려버리고, 만약 그것도 여의치 않으면 떨어진 새를 수백 번이나 사정없이 때리기 때문에 나중에는 사람이 이 새를 쉽게 잡을 수 있다. 잡은 것은 새든 짐승이든 가리키는 데에 따라 즉시 죽으며, 하고 싶은 것이면 자기 뜻대로 할 수 있다고 한다.

19. 개성(開成)[34] 말, 영흥방(永興坊)[35]의 백성 왕을(王乙)이 우물을 팠으나

---

31 천호(天狐) : 하늘과 통해 천년을 산다는 이른바 구미호(九尾狐).

32 풍리(風狸) : 누런 원숭이를 닮았으며, 거미 따위를 잡아먹는다고 한다. 바람을 만나면 하늘로 날아오를 수 있어서 붙여진 이름이다.

33 예형초(翳形草) : 미상이나 사람의 형체를 숨기는 데 효능이 있는 풀로 판단된다.

34 개성(開成) : 당나라 문종(文宗)의 연호로, 해당기간은 836~840년.

35 영흥방(永興坊) : 장안성의 방리 가운데 하나로, 궁궐수비대인 금오위(金吾衛)의 왼편에 있었다.

한 길 남짓 파들어 가도 물이 나지 않았다. 그런데 갑자기 바닥 아래에서 사람 말소리와 닭 우는 소리가 들렸다. 상당히 시끄러워 마치 벽을 사이에 두고 나는 소리 같았다. 우물을 파던 이는 두려운 생각이 들어 더 이상 파지 못했다. 가사(街司)[36]가 이 사실을 금오(金吾)[37] 위처인(韋處仁) 장군에게 아뢰자, 위처인은 일이 괴이하다고 하여 상부에 더 이상 보고하지 말고 급히 묻어버리라고 하였다. 왕망(王莽)이 주진(周秦)의 고사[38]를 찾았다는 사실에 의거해 보면 이렇다.

알자(謁者)[39]가 대궐에서 여산본(驪山本)[40]을 얻었는데, 이사(李斯)[41]가 도형(徒刑)을 받은 자 72만 명을 통솔하여 능묘를 조성하는데 규정에 따라 37리[42]를 파들어 가자 거기서 지하 샘물이 가로막았다. 그래서 임금에게 이렇게 아뢰었다.

"이미 파 들어갈 만큼 깊이 파들어 가, 뚫어도 뚫리지 않고 태워도 태워지지 않나이다. 두드려도 텅 비어 있으며 아래로 마치 하늘이 펼쳐진 듯하옵니다."

이를 보면 두꺼운 땅 아래에 별천지가 있는 줄 알 수도 있지 않을까.

20. 태화(太和) 3년(829), 수주(壽州)[43]의 우후(虞候)[44]인 경을(景乙)이 장안

---

36 가사(街司) : '가리(街吏)'라고 하며, 도성의 도로를 순찰하던 관리.

37 금오(金吾) : 당대 궁궐 수비를 책임졌던 관부로, 좌우 금오위(金吾衛)를 두고 장군을 각각 2명씩 두었다.

38 주진(周秦)의 고사 : 전한 말에 신(新)왕조를 연 왕망(王莽)이 주(周)나라와 진(秦)나라의 여러 사적들을 찾은 일로 짐작되나 구체적인 사항은 미상이다.

39 알자(謁者) : 한대의 관제로, 궁정의 표장(表章)을 접수하거나 황제의 조서를 전달하던 직책.

40 여산본(驪山本) : 정확한 의미는 알 수 없으나, 의미상 여산(驪山)에서 능을 조성하던 일을 기록한 문서로 짐작된다.

41 이사(李斯) : ?~BC 208. 진나라 때의 정치가. 초(楚) 땅 출신으로, 전국시대 진나라가 육국을 통일하는데 크게 공헌하였다. 또 문자를 정리하여 고대 문자통일에 기여한 바가 컸다.

42 37리 : 원문에는 '里'가 '年'으로 되어 있으나, 『태평광기』에 의거 번역하였다.

43 수주(壽州) : 당대에 설치한 주명으로, 지금 안휘성 수현(壽縣).

서쪽에서 가을 수자리[45]를 마치고 돌아오는 길이었다. 오랫동안 병으로 누워 있던 아내가 그를 보자마자 갑자기 이런 말을 했다.

"내 몸의 반이 쪼개져 동편 정원으로 가버렸으니 속히 좇아가 줘요."

경을은 너무 놀라 동편 정원으로 달려갔다. 어둠이 깔리고 있는 즈음 여섯 자가 넘는 한 물체가 나타났다. 그 모습은 마치 어린아이가 나체로 서있는 것 같았고, 대그릇 하나를 끌고 있었다. 경을이 급한 마음에 그를 치려고 하자, 그 물체는 대그릇은 남겨 놓은 채 달아났다. 경을이 그 안을 살펴보니 아내의 몸 반쪽이 들어 있었다. 경을은 놀라 나자빠졌는데 순간 반쪽이 어디로 갔는지 보이지 않았다. 집으로 돌아와 아내를 보니 머리와 눈썹 사이에서 가슴에 이르기까지 손가락 크기 만한 금이 그어져 있었고, 붉은 색의 막이 비쳤다. 아내는 다시 경을에게 이렇게 말하였다.

"젖 두 되만 준비해서 정원 안에서 본 물체가 있던 곳에 부어주세요. 나는 전생에 남의 후처가 되어 자식에게 젖을 아끼다가 그만 죽게 하였지 뭡니까. 그로 인해 소송이 일어나 저승에서 판결을 내려 저의 반쪽 몸만 되돌아가게 한 것이지요. 당신이 아니었으면 바로 죽었을 거예요."

21. 태화(太和) 말, 형남(荊南)[46] 송자현(松滋縣)[47]의 남쪽에 한 선비가 있었다. 그는 친척의 농원에 더부살며 공부를 하게 되었다. 처음 도착한 날 저녁 이경이 지날 즈음 등불을 밝히고 서안에 앉았다. 그런데 갑자기 겨우 반 마디밖에 안 되는 소인(小人)이 갈건(葛巾)을 쓰고 지팡이를 짚고서 문으로 들어왔다.

---

44 우후(虞候) : 절도사와 비슷한 지방관으로, 지방의 불법행위를 감찰하는 임무를 수행하였다. 당대 중기 이후에 설치했다.

45 가을 수자리 : 추방(秋防)으로, 당나라 때는 돌궐(突厥), 토번(吐蕃) 등이 가을이면 변방에 쳐 들어왔기 때문에 매년 가을이 되면 병력을 동원하여 변경을 지키는 관리를 파견하였다. 주로 하남(河南), 강회(江淮)의 병력을 동원하여 지켰다.

46 형남(荊南) : 형주(荊州)의 남쪽이란 의미로, 형주 강릉부(江陵府)를 지칭한다.

47 송자현(松滋縣) : 당대의 현명으로, 지금 호북성 송자현 서남 지역.

"막 도착했는데 주인도 없으니 적막하겠군!"

그 소리는 마치 쇠파리가 윙윙거리는 것 같았다. 선비는 평소 담대하던 터라 처음에 못 본척하였더니 이내 평상으로 올라와 욕을 했다.

"속히 주객의 예를 차리지 않을까?"

소인은 서안으로까지 올라와 책을 엿보며 계속 구시렁거렸다. 급기야 벼룻물을 종이 위에 엎어버리는 것이 아닌가. 선비가 더 이상 참을 수 없어 붓으로 내리치자 땅에 떨어져 몇 마디 소리를 지르더니 문을 나가 사라졌다. 잠시 뒤 이번에는 네다섯의 여인들이 나타났다. 나이가 들기도 하고 젊기기도 한데 모두 한 치 크기였다. 선비를 불렀다.

"선관(仙官)께서 당신이 혼자 공부를 하시니 우리더러 이야기를 나누며 오묘한 진리를 토론하라고 했거늘, 어찌 어리석고 완고하여 경솔하게 그를 다치게 한 것이오? 지금 선관을 뵈러 가시오."

그러면서 접근하는 게 개미길 이어지듯 하고, 모습은 마치 하인들 같았다. 이들이 선비를 치면서 몸으로 기어오르자, 선비는 꿈을 꾸듯 황홀하기만 했다. 급기야 선비의 사지를 깨물었고, 그 고통은 참을 수 없을 지경이었다.

"당신이 가지 않으면 이제 당신 눈을 멀게 할 거야."

네다섯 마리가 마침내 얼굴로 올라왔다. 선비는 놀랍고 두려워 그것들을 따라 문을 나와 집의 동편에 이르니, 멀리 한 대문이 보였다. 아주 작았지만 모습은 꼭 절도사의 관문 같았다. 선비가 버럭 소리를 질렀다.

"어떤 요망한 것들이기에 감히 사람을 이처럼 능멸한단 말인가?"

그러자 저들은 다시 찌르고 물어뜯었다. 정신이 몽롱한 사이에 선비는 이미 작은 문 안으로 들어오게 되었다. 그 안에는 어떤 사람이 높은 관을 쓰고 전각에 앉아 있었고, 섬돌 아래에는 시위하는 자가 천 명을 헤아렸다. 시위병들은 모두 한 마디 남짓 밖에 되지 않았다. 높은 관을 쓴 자가 선비를 꾸짖었다.

"네가 혼자 있는 게 안쓰러워 작은 아이를 시켜 가서 알리라고 하였거늘, 무슨 이유로 해를 입혔단 말이냐? 그 죄로 마땅히 허리를 베어야 할 게야!"

이와 함께 수십 명이 저마다 다 칼을 들고 팔을 휘두르며 선비를 겁박해 왔다. 선비는 너무 놀라 사죄하였다.

"어리석은 제가 식견이 낮아 선관님을 알아보지 못하였나이다. 제발 남은 목숨을 살려주소서."

그러자 한참 뒤에야,

"이제야 알아듣고 뉘우쳤군!"

이라고 하면서 끌어내라고 하였다. 그러자 어느새 선비는 그 작은 문 밖에 있었다. 독서하던 방으로 돌아오니 이미 오경이었고, 잔불이 아직 꺼지지 않은 상태였다. 날이 밝아 그 자취를 따라 가보았다. 동편 벽 오래된 담장 아래에 밤톨만한 작은 구멍이 나 있고, 그 안을 도마뱀이 드나들고 있었다. 선비는 즉시 인부 몇 명을 데리고 그곳을 팠다. 몇 길을 파내려가자 도마뱀이 새겨진 돌 십여 개가 나왔다. 큰 것은 붉은 색에 한 자쯤 크기로, 이게 아마도 왕이었던 것 같다. 흙이 마치 누대처럼 생겨서 선비는 섶을 가져다가 그곳을 태워버렸다. 그 후로는 다른 일은 없었다.

22. 장안의 선평방(宣平坊)에 사는 한 관인이 밤에 집으로 돌아오고 있었다. 후미진 골목에 이르렀을 때 기름 파는 장사치를 만나게 되었다. 모자를 늘어뜨리고 나귀를 몰며 기름통 하나를 싣고 오는데 옆으로 피할 생각이 없었다. 관인의 말몰이가 그의 머리를 때리자 나귀에서 떨어져서는 갑자기 한 저택의 대문으로 들어가는 것이었다. 관인은 이상해서 따라 들어갔는데, 큰 홰나무 아래에서 자취가 사라져버렸다. 관인은 사실을 이 집에 알리고 즉시 그곳을 팠다. 몇 자를 파들어 가자 나무의 뿌리는 말라 있었고, 아래에 큰 두꺼비가 층층이 쌓여 있었다. 두 개의 필탑(筆鍩)[48]도 그곳에 끼워져 있기에 나무의 수액을 받아 그 안을 가득 채웠

다. 그랬더니 거대한 흰 버섯이 궁궐 문의 부구정(浮漚釘)[49]만 한데, 덮개는 이미 떨어져 나간 상태였다. 두꺼비는 바로 그 나귀였으며, 필탑은 기름통, 버섯은 바로 그 사람이었다. 선평방에서는 이 기름을 파는 장사치가 한 달 남짓 돌아다니면서 기름을 파는데 질도 좋고 값이 싼 게 이상하다 싶었었다. 이 괴상한 일이 밝혀지자 기름을 먹은 자들은 모두 병이나 구토와 설사를 하였다.

23. 능주(陵州)[50] 용흥사(龍興寺)의 승려 혜각(惠恪)은 계율에 얽매이지 않았으며 돌절구통을 들 정도로 장사였다. 또 손님을 잘 맞아주어 그에게 의지하는 사람이 많았다. 한번은 한밤중에 절의 승려 십여 명을 모아 놓고 전병(煎餠)을 함께 먹게 되었다. 그런데 이경(二更)이 되자, 호록(胡鹿)[51] 같은 털이 난 큰 손을 가진 요괴가 나타나,

"전병 하나 주오!"

라며 큰소리를 쳤다. 중들은 놀라서 흩어졌지만 혜각만은 전병 몇 개를 집어 자기 손바닥 안에 넣고 주지 않았다. 요괴가 주먹을 휘두르자, 혜각은 힘을 잔뜩 써서 순간 제압했다. 그러자 요괴가 애걸을 하는데 그 소리가 매우 절박하였다. 혜각은 절의 일꾼들을 불러 이것을 잘라버리도록 했다. 그런데 끊고 보니 새의 깃털이었다. 다음 날 피가 흐른 흔적을 뒤따라갔다. 그 자취가 절의 서남쪽 계곡으로 이어졌다가 바위 틈으로 사라진 상태였다. 혜각이 사람들을 데리고 와서 그곳을 파보니 그 구덩이에서 예석(礐石)[52]이 나왔다.

48 필탑(筆䥖) : 철로 주변을 장식한 필통.
49 부구정(浮漚釘) : 궁궐문 따위에 장식을 한 못으로, 수포 같은 무늬를 아로새긴 것을 말한다.
50 능주(陵州) : 당대의 주명으로, 지금 사천성 인수현(仁壽縣) 지역.
51 호록(胡鹿) : 주로 중국 북쪽에서 사는 사슴의 한 종류.
52 예석(礐石) : 검은 빛이 나는 아름다운 돌.

24. 개성(開成, 836~840) 초, 동시(東市)[53]의 한 백성이 아버지 상을 당해 상구(喪具)를 마련하기 위해 나귀를 타고 저자로 나갔다. 백여 걸음을 갔을 때 갑자기 자기를 태운 나귀가 말을 하는 것이 아닌가.

"나의 성은 백씨(白氏)이고 이름은 원통(元通)이오. 당신 집에서 내 힘을 충분히 썼으니, 다시는 나를 타지 마시오. 나는 남시(南市)의 밀기울을 파는 집에 5천 4백 냥을 빚졌소. 나도 당신에게 그만큼 부채가 있으니, 지금 나를 팔아주시오."

백성은 기이한 일이라 당장 나귀를 끌고 가 살 사람을 찾아 팔았다. 나귀가 힘이 세 5천 냥을 받을 수 있었다. 밀기울 파는 집을 찾아가 5천 4백 냥을 갚아주었다. 그런데 팔린 나귀는 이틀 뒤 죽고 말았다.

25. 운주(鄆州) 사창(司倉)[54] 감(闞)아무개는 형주(荊州)에 집이 있었다. 딸의 유모 유씨(鈕氏)에게는 아들이 하나 있었는데, 사창의 아내가 자식처럼 아껴 옷가지나 음식을 제공해 주었다. 그런데 어느 날 아내가 우연히 야생 능금 한 개를 얻어 장난삼아 자기 아들에게 주었다. 그러자 유모는 화를 내는 것이었다.

"낭자께서 이제 컸답시고 나를 잊었군. 물건이 있을 때면 내 아들에게도 주더니, 지금은 왜 편애를 하지?"

그러면서 주인 아들을 입으로 깨물고 팔로 때리기까지 하였다. 주인 아들에게 이렇게 두 세 차례나 행패를 부렸다. 집안사람들이 놀랍고 두려워 그 아들에게서 능금을 뺏었다. 그런데 아들의 생김새와 크기가 유모의 아들과 똑같아졌다. 아내는 유모가 요괴라는 것을 알아차리고 사과를 했다. 유씨가 다시 주인의 아들을 키질하듯 하자 비로소 처음의 모습

---

53 동시(東市) : 장안성 안의 상업 구역의 하나로, 당시 만년현(萬年縣) 관할이었다. 그리고 남시(南市)는 낙양성 안에 있었다.

54 사창(司倉) : 당대 각 주(州)에 두었던 육조의 참군사(參軍事) 중 하나. 따로 사공(司功)·사호(司戶)·사병(司兵)·사법(司法)·사사(司士) 등을 두었다.

으로 돌아왔다. 사창은 이것이 재앙의 전조라고 판단, 몰래 하인을 시켜 괭이로 내리치게 했다. 괭이는 그녀의 머리를 정확히 맞혔고, 쪼개지는 소리가 중문과 사립문에 울렸다. 유씨는 버럭 성을 내며 사창에게 욕을 하였다.

"네가 이리 한단 말이지. 후회하지 말거라!"

이렇게 되자 사창은 다른 방법이 없다고 판단하고 아내와 함께 절하고 기도를 하였다. 그러자 유씨의 화가 풀렸다. 유씨는 지금도 그 집에 살고 있고, 집안사람들은 그녀를 신처럼 떠받들고 있다. 다른 일도 퍽 많았다고 한다.

26. 형주(荊州)의 선비 후우현(侯又玄)이 한번은 교외의 황폐한 무덤 가에 나왔다가 그 아래로 떨어진 적이 있다. 팔꿈치를 다쳤는데 상처가 컸다. 수백 걸음을 가서 한 노인을 만났다.

"어찌하여 그리 아파하오?"

우현이 다친 팔꿈치를 보여주자,

"나에게 마침 좋은 약이 있으니 아픈 부위에 바르고 10일 동안만 덮어두면 반드시 나을 거요."

라고 일러주었다. 우현이 그의 말대로 하여 10일 후 열어보자 그쪽 팔이 떨어져버리는 것이 아닌가. 우현의 형제 대여섯도 저마다 병이 들어 한 달 남짓 피가 나와 멈추질 않았다. 우현의 양팔에는 느닷없이 예닐곱 군데 상처가 났는데, 작은 것은 유전(楡錢)[55]만 했고 큰 것은 동전만 하였다. 상처모양이 다 사람 얼굴을 하고 있었으며 죽도록 없어지질 않았다고 한다. 당시 형주의 수재 두엽(杜曄)이 모인 손님들에게 얘기해 준 이야기이다.

---

55 유전(楡錢) : '유협전(楡莢錢)'이라 하며, 모양이 느릅나무씨 꼬투리처럼 생긴 돈으로, 한나라 때부터 쓰였다.

27. 산인 허비(許卑)가 들려준 이야기이다.

강좌(江左)[56]에서 수십 년 전의 일이다. 한 장사치의 어깻죽지에서 사람 얼굴을 한 종기가 났으나 다른 통증은 없었다. 장사치는 장난삼아 술을 그 입에 떨어뜨렸더니 얼굴 부분이 붉어졌으며, 먹을 것을 주면 웬만한 것은 다 받아먹었다. 음식을 먹으면 어깻죽지 안의 살이 부풀어 올라 그 안에 위가 있는가 싶었다. 간혹 음식을 먹지 않으면 한쪽 팔이 저려왔다고 한다. 용하다는 의원이 약이라는 약을 다 써, 금석(金石)의 시술이나 초목(草木)의 약재를 모두 투여했으나 별다른 효험이 없었다. 그런데 패모(貝母)[57]를 투여하자 그 종기의 얼굴이 눈썹을 모으고 입을 닫는 것이었다. 장사치는 기뻐하였다.

"이 약이 필시 효험이 있는가 보군."

그러면서 작은 갈대로 만든 대롱으로 그 입을 아무렇게나 벌리고 부었더니 며칠 뒤에 부스럼이 생기며 마침내 나았다.

28. 공부원외랑(工部員外郎) 장주봉(張周封)이 들려준 이야기이다.

금년 봄 나는 성묘를 위해 휴가를 얻어 돌아오는 길에 호성(湖城)[58]의 한 여관에 묵었다. 거기서 이런 이야기를 듣게 되었다.

'작년 가을 하북(河北)의 군장(軍將)이 이곳을 지나가는데, 교외 밖 몇 리에 이르러 갑자기 한 되 정도의 돌개바람이 불었다. 말 앞에서 불기에 군장이 채찍으로 내리치자 이 바람은 오히려 더 커졌다. 이윽고 말머리로 올라오자 말의 갈기가 나무 서듯이 쭈뼛 섰다. 군장은 두려워져 말에서 내려 살펴보았다. 갈기의 길이는 몇 자쯤으로 그 안에 가는 두레박줄이 있었는데, 마치 붉은 실 같이 보였다. 그때 말은 선채로 울부짖었다.

---

56 강좌(江左) : 양자강의 가장 하류 지역을 일컫는 말로, 지금의 강소성 일대.

57 패모(貝母) : 백합과의 다년생 풀로, 주로 관상용이다. 이 중에 인경(鱗莖)은 약재로 쓰인다.

58 호성(湖城) : 당대의 현명으로 괵주(虢州) 홍농군(弘農郡) 소속이었다. 지금 하남성 문향현(閿鄉縣) 일대.

군장이 화가 나서 차고 있던 칼로 휘두르자 돌개바람은 비로소 흩어져 사라졌고 말도 따라서 죽었다. 군장이 말의 배를 갈라서 살펴보았으나 상처는 없었다. 이게 무슨 변괴인지 알 수 없었다고 한다.'

유양잡조 권16

동식물 잡찬(1)【廣動植之一】

【서문】

나는(단성식) 천지간의 조화로 태어나 돌연 순환하여 만들어진 것들은 서로 복잡하게 뒤섞여 있다고 생각한다. 그러므로 『산해경(山海經)』과 『이아(爾雅)』에서도 이런 실체를 규명하지 못했다. 그래서 이전 학자들이 지은 것을 모아 보니, 초목이나 금어(禽魚) 중에는 아직 경사(經史)에 열거되지 않은 것이 있으며, 이미 경사에 실려 있는 것 중에도 충분히 확인되지 않은 경우도 있었다. 또 눈과 귀로 직접 본 것이지만 서적에는 없는 것도 있었다. 그래서 나는 '광동식(廣動植)'을 엮나니, 바라건대 선비들의 구릉(丘陵)의 학문[1]을 파헤치고자 한다. 옛날에 조비(曹丕)는 화포(火布)

에 관해 저술했고,[2] 등수(滕脩)는 새우의 수염에 대해서 의문을 제기했으며,[3] 채모(蔡謨)는 방게를 식별하지 못했고,[4] 유도(劉縚)는 타래붓꽃을 잘못 불렀으니,[5] 지금 보면 우스운 일이다. 학자가 어찌 이런 대강대강하는 것을 허용하겠는가?

1. 【총서(總敍)】 우가(羽嘉)는 비룡(飛龍)을 낳고, 비룡은 봉황을 낳고, 봉황은 난새를 낳고, 난새는 뭇새를 낳았다.[6]

○ 응룡(應龍)이 건조(建鳥)를 낳고, 건조는 기린(麒麟)을 낳고, 기린은 뭇 짐승을 낳았다.

○ 분린(分鱗)은 교룡(蛟龍)을 낳고, 교룡은 곤경(鯤鯁)을 낳고, 곤경은 건사(建邪)를 낳고, 건사는 뭇 물고기를 낳았다.

○ 분담(分潭)은 선룡(先龍)을 낳고, 선룡은 현항(玄黿)을 낳고, 현항은 영귀(靈龜)를 낳고, 영귀는 뭇 거북을 낳았다.

---

1 구릉(丘陵)의 학문 : 상술(相術)이나 잡술 따위를 구릉이라 하는 바, 여기서는 정통 학문 이외의 잡술을 일컫는 것으로 판단된다.

2 조비(曹丕)는 화포(火布)에 관해 저술했고 : 한나라 때 서역에서 화한포(火澣布)를 진상한 일이 있었는데, 위(魏)나라 때에 이에 대해 묻는 사람들이 있자, 조비는 『전론(典論)』에서 이에 대해 밝힌 일이 있나.

3 등수(滕脩)는 …… 의문을 제기했으며 : 원문에는 '등순(滕循)'으로 나와 있으나, 이 고사의 주인공은 등수이다. 등수는 진나라 때 서악후(西鄂侯)에 봉해진 인물로 자는 현선(顯先)이다. 오나라가 진나라를 평정한 후 그가 자사(刺史)가 되었을 때의 일이다. 동향 사람이 새우의 수염 길이가 한 자가 넘는다는 말을 하자, 이는 근거가 없는 허위라며 나무란 적이 있었다. 그런데 동해에서 네 자가 넘는 새우를 잡아오자 결국 설복하였다고 한다.

4 채모(蔡謨)는 방게를 식별하지 못했고 : 채모는 동진(東晉) 때의 정치가로, 서진 말에 임금을 호위하여 전란을 피해 장강을 건너다가 방게를 보고 게로 잘못 알고 잡아서 끓여 먹다가 토했다고 한다.

5 유도(劉縚)는 타래붓꽃을 잘못 불렀으니 : 유도(劉縚)는 양(梁)나라 유소(劉昭)의 아들로, 학문을 좋아하여 『선성본기(先聖本紀)』 10권을 저술하였다. 이 일에 대해서는 미상이다.

6 우가(羽嘉)는 …… 뭇새를 낳았다 : 이 언급은 『회남자(淮南子)』에 나오는 내용으로, 이 총서 부분은 거개가 『회남자』에서 절록한 것이다.

○ 일풍(日馮)은 현양알(玄陽閼)을 낳고, 현양알은 인태(鱗胎)를 낳고, 인태는 간목(幹木)을 낳고, 간목은 뭇 나무를 낳았다.

○ 초요(招搖)는 정군(程君)을 낳고, 정군은 현옥(玄玉)을 낳고, 현옥은 예천(醴泉)을 낳고, 예천은 응황(應黃)을 낳고, 응황은 황화(黃華)를 낳고 황화는 뭇 풀을 낳았다.

○ 해간(海閒)은 굴용(屈龍)을 낳고, 굴용은 용화(容華)를 낳고, 용화는 율(蔈)을 낳고, 율은 조(藻)를 낳고, 조는 물풀을 낳았다.

○ 갑충(甲蟲)은 그림자가 숨고, 우충(羽蟲)은 몸이 숨는다.

○ 풀을 먹는 것은 힘이 세나 우둔하며, 육식을 하는 것은 용감하고 날래다.

○ 물어 삼키는 것은 구멍이 여덟 개이며 알을 낳고, 씹어 먹는 것은 구멍이 아홉 개이며 태생이다.

○ 뿔이 없는 것은 기름지며 앞쪽이 발달했고, 뿔이 있는 것은 탄탄하면서 뒤쪽이 더 발달했다.

○ 잎사귀를 먹는 것은 실을 뽑아낼 수 있고, 흙을 먹는 것은 숨을 쉬지 않는다. 먹되 마시지 않는 것은 누에고치이고, 마시되 먹지 않는 것은 매미이며, 마시지도 먹지도 않는 것은 하루살이이다. 귀뚜라미는 뒤로 가는 종류에 속하고, 뱀은 구불구불 가는 것에 속한다. 귀뚜라미와 지렁이는 옮겨다니며 울고, 매미는 곁에서 우는 것에 속한다. 발황(發皇)[7]은 날개로 울며, 베짱이는 다리에서 소리가 나며, 영원(蠑螈, 여름누에)은 밥통으로 운다.

○ 매미는 30일 만에 죽는다.

○ 전어(鱣魚)는 3월이면 맹진(孟津)[8]을 오른다.

○ 자고새는 해를 향해 난다.

○ 방어와 쏘가리, 거오(車螯)와 이각(移角)[9]은 모두 서로 비슷하게 생겼다.

---

7 발황(發皇) : 매미류이겠으나 미상이다.

8 맹진(孟津) : 하남성 맹현(孟縣) 남쪽에 있는 나루터로, 상당히 높은 지역으로 유명하다.

○ 봉황의 수컷은 '절절(節節)'하며 울고, 암컷은 '족족(足足)'하며 운다. 날며 우는 것을 '귀희(歸嬉)'라고 부르며, 멈춰서 우는 것을 '제질(提袟)'이라고 부른다.

○ 기린은 수컷 중에 우는 것을 '서성(逝聖)'이라 하며, 암컷 중에 우는 것을 '귀화(歸和)'라 하며, 봄에 우는 것을 '부조(扶助)', 여름에 우는 것을 '양수(養綏)'라 한다.

○ 자라 중에 귀가 없는 것을 '수신(守神)'이라 한다.

○ 호랑이 중에 다섯 개의 발톱이 있는 것[10]을 '추(貙)'라 한다.

○ 물고기 가운데 360년을 사는 것은 교룡(蛟龍)이 되어 날개로 날아 물을 떠난다.

○ 물고기 가운데 2천 근의 무게가 나가는 것을 '교(蛟)'라 한다.

○ 무양(武陽)[11]의 작은 물고기는 무게가 한 근이지만 머리는 천 개가 달렸다.

○ 동해(東海)의 큰 물고기는 눈동자 크기만 해도 세 되들이 옹기만 하다.

○ 도지죽(桃支竹)은 네 치가 한 마디가 되고, 모과(木瓜)는 한 자에 121개의 마디가 있다.

○ 목란(木蘭)은 껍질을 벗겨도 죽지 않는다.

○ 형목(荊木)은 속이 방형(方形)이다.

○ 뱀은 물에 사는 것, 풀에 사는 것, 나무에 사는 것, 흙에 사는 것이 있다.

○ 공작(孔雀) 중에 꼬리 끝이 한 치인 것을 '주모(珠毛)'라 한다.

○ 학(鶴)의 좌우 다리 안 첫 번째 발톱을 '병조(兵爪)'라 한다.

○ 촉군(蜀郡)에는 토끼와 집비둘기가 없다.

---

9 거오(車螯)와 이각(移角) : 둘 다 방합의 종류.

10 다섯 개의 발톱이 있는 것 : 호랑이를 비롯한 일반 포유류의 발톱은 네 개인 것이 정상이다.

11 무양(武陽) : 한대에 설치한 현으로, 지금 사천성 팽산현(彭山縣) 동쪽 지역.

○ 강남(江南)에는 이리와 말이 없다.

○ 주제현(朱提縣)[12] 이남으로는 비둘기와 참새가 없다.

○ 조류는 4,500종이 있고, 짐승은 2,400종이 있다.

○ 효조(鴞楚)는 비둘기가 낳은 것이다.

○ 라마(騾馬)는 새끼에게 젖을 먹이지 않는다.

○ 채옹(蔡邕)[13]은 반설(反舌)[14]을 두꺼비라 했으며, 『회남자(淮南子)』에서는 귀뚜라미를 눈에놀이[蠛蠓]라 했으며, 『시의(詩義)』[15]에서는 해충[螽]을 땅강아지[螻蛄]라 했으며, 고유(高誘)[16]는 때까치[乾鵲]를 귀뚜라미라 했다.

○ 토끼는 새끼를 토해서 낳으며, 가마우지도 새끼를 토해서 낳는다.

○ 오이나 박의 어린 것을 '서(犀)'라 하며, 호도(胡桃)의 씨를 '하막(蝦蟆)'이라 한다.

○ 두꺼비는 창자가 없다.

○ 거북이의 창자는 머리에 붙어 있다.

○ 올챙이는 꼬리가 떨어져 나가면 발이 생긴다.

○ 새 중에 새끼를 배지 않는 것을 '금(禽)'이라 하고, 새끼를 기르는 것을 '유(乳)'라 한다.

○ 뱀은 북쪽을 향해 주리를 틀고, 까치둥지는 태세(太歲)[17]를 등지고 있다. 제비는 중앙을 향해 엎드리고, 호랑이는 충파(衝破)[18]를 떨친다. 때

---

12 주제현(朱提縣) : 한대에 설치한 현으로, 지금 사천성 의빈현(宜賓縣) 서남쪽 지역.

13 채옹(蔡邕) : 동한(東漢) 때의 저술가로, 자는 백개(伯喈). 천문과 서화, 고금(鼓琴) 등 학문 전반에 뛰어났다. 중랑장(中郎將) 등을 지냈으며, 정치적 격변 속에서 옥사(獄死)하였다. 저서로 『채중랑집(蔡中郎集)』이 전한다.

14 반설(反舌) : 두꺼비의 일종이나 좀 다른 종류로 알려져 있다.

15 『시의(詩義)』 : 미상.

16 고유(高誘) : 한나라 말기의 학자로, 여러 경전에 주석을 단 것으로 유명하다. 『맹자』와 『효경』의 주석을 비롯해, 『여씨춘추주(呂氏春秋注)』·『전국책주(戰國策注)』 등을 남겼으나, 현전하지 않는다.

17 태세(太歲) : 이 책 권15의 13번 참조. 예로부터 목성이 위치하는 방향은 흉방(凶方)이라고 하여 이쪽으로 땅을 파거나 집을 짓는 일을 금하였다.

18 충파(衝破) : 미상.

까치는 다가올 일을 미리 알고, 성성이[猩猩]는 지난 일을 잘 기억한다.

○ 황새는 그림자를 안으며, 두꺼비는 소리를 안는다.

○ 매미는 제후(齊后)[19]가 변한 것이며, 새는 두우(杜宇)가 낳은 것이다.

○ 야자나무의 열매를 '월왕두(越王頭)'라 하며, 호루(壺樓)를 '두우항(杜宇項)'이라 한다.

○ 자고(鷓鴣)는 울 때 '향남불북(向南不北)'이라고 하며, 도려(逃閭)는 '현호노계항(懸壺盧繫項)'이라 한다.

○ 콩은 열네 개를 한 족(族)이라 하며, 밤은 열두 개를 한 촌(寸)이라 한다.

2. 인삼(人蔘)은 각지에서 자라며, 난(蘭)은 길수록 좋다.

○ 열매가 있는 것을 과(果)라 하고, 또 나무에 달린 것을 과라 한다.

○ 소맥(小麥)은 서북쪽을 꺼려하고, 대맥(大麥)은 북쪽을 꺼려한다.

○ 제(薺), 정력(葶藶), 석명(菥蓂)[20]을 삼엽(三葉)이라 하는데, 초여름에 말라 시든다.

○ 오두(烏頭)[21]는 껍질 밖에 털이 나며, 석겁(石劫)[22]은 마디에서 꽃이 핀다.

○ 나무에 다시 꽃이 피는 것은 여름철 우박이 내리는 때이며, 오얏나무에 꽃이 다시 피는 것은 가을 큰 서리가 내릴 때이다.

○ 나무 중에 처음부터 떨기로 자라는 것은 없다. 가지는 다 아래를 향하며, 한 자에서부터 한 장에 이르기까지 생장하다가 저절로 죽는 것

19 제후(齊后) : 전해오는 이야기로, 제왕(齊王)의 왕비가 화를 내며 죽었는데, 그 해골이 변해서 매미가 되어 뜰의 나무에 붙어 울었다고 한다.

20 제(薺), 정력(葶藶), 석명(菥蓂) : 냉이의 다른 이름들이다.

21 오두(烏頭) : 성탄꽃과의 다년초로, '바곳'이라 한다. 뿌리는 독이 있어 마취제로 사용하여 왔다.

22 석겁(石劫) : '석겁(石蜐)'이라고도 하며, 거북손이라고도 한다. 갑각류 절지동물로 머리 부분이 거북의 다리처럼 생겼으며, 껍질이 석회질로 되어 있다. 대개 바닷가 바위에 붙어 산다.

은 모두 좋지 않은 징조이다.

○ 마을 안에서 한 해 동안 까마귀가 없으면 도적떼가 나타나고, 고을 안에 갑작스레 새가 사라지면 태양도 사라진다.

○ 닭이 이유 없이 날게 되면 집안에 화가 생긴다. 닭이 한낮인데도 나무에서 내려오지 않으면 아내와 첩이 간통하는 일이 생긴다.

○ 뱀이 엉키어 있는 것을 보면 3년 안에 죽으며, 또 겨울에 뱀을 침실에서 보게 되면 병란이나 화급한 일을 당한다.

○ 사람이 밤에 누웠다가 이유 없이 상투가 없어지면 이는 쥐들이 나쁜 짓을 한 것이다.

○ 집의 기둥에서 이유 없이 영지가 자랐을 때, 흰색이면 상(喪)이 생기고, 붉은 색이면 피를 보며, 흑색이면 해치는 일이 생기며, 황색이면 기쁜 일이 생긴다. 또 그 생김새가 사람의 얼굴을 하고 있으면 재물이 없어지고, 소나 말 같으면 먼 곳으로 요역을 가게 되며, 거북이나 뱀 같으면 밭이나 누에치는 일을 망치게 된다.

○ 덕이 그윽하고 은미한 데에 미치면 비목어(比目魚)가 나타난다.

○ 처첩에게 법도가 있으면 흰 제비가 날아와 둥지를 튼다.

○ 산 위에서 파가 자라면 그 밑에는 은이 나며, 산 위에 염교가 자라면 그 아래에는 금이 나며, 산 위에 생강이 자라면 그 아래에는 구리나 주석이 나게 된다. 옥이나 보배가 나는 산에는 나뭇가지가 모두 아래로 드리워져 있기 마련이다.

○ 갈홍(葛洪)이 일찍이 상림령(上林令)[23]으로 있을 때, 어천(魚泉)이란 곳에서 조정의 신료들이 진상한 20여 종의 풀과 나무를 얻었다. 이웃사람 석경(石瓊)이 길홍을 찾아가 한번 빌려달라고 하자, 다 버리고 말았다.

○ 속언에 이런 말이 있다.

---

23 상림령(上林令) : 한대의 관명으로, 장안 서쪽에 있었던 상림원(上林苑)을 관장하던 벼슬이다. 이 상림원은 무제가 확장하여 만든 궁정 정원으로, 사마상여(司馬相如)가 「상림부(上林賦)」를 지어 그 화려함을 찬미한 바 있다.

"물고기를 사고 연어를 얻는 것은 채소를 먹는 것만 못하다. 차라리 대대로 내려온 집을 떠날지언정 웅어의 머리를 버리진 않겠다. 낙수(洛水)의 잉어와 이수(伊水)의 방어(魴魚)는 소와 양보다 귀중한 것이다."

○ 합란속(合瀾蠋)[24]을 얻게 되면 호기를 부리기에는 부족하지만 그래도 그 가치는 꽤 높다.

○ 빈랑(檳榔)과 부유(扶留)는 근심을 잊게 해준다.

○ 백마(白馬)와 첨류(甛榴)[25]는 그 열매 하나가 소 한 마리 값이다.

○ 초목이 밝게 빛나는 것은 짙은 황색이 어지럽게 흔들리기 때문이다.

날짐승【羽篇】

3. 봉황. 뼈가 검고 암컷과 수컷이 아침저녁으로 우는 소리가 각각 다르다. 황제(黃帝)가 영윤(伶倫)[26]에게 명하여 열 두 개의 피리를 만들어 그 소리를 베껴두게 하였으니, 수컷의 소리를 성(聲)이라 하고, 암컷의 소리를 음(音)이라 하여, 그 음악이 봉황대(鳳凰臺)에 울렸다. 그 봉황의 다리 아래에는 흰 돌 같은 것이 있어서 음악이 연주되면 봉황이 날아와 이곳에서 예를 차리고 하였다. 봉황이 미문 곳을 살펴두었다가 그곳을 세 자 깊이로 파 들어가면 계란 같은 둥근 돌이 나온다. 아주 흰데 이것을 복용하면 마음과 정신이 편안해진다.

4. 공작. 불가서(佛家書)에서는 '공작은 우레소리를 듣고 잉태한다'고 한다.

---

24 합란속(合瀾蠋) : 미상.

25 백마(白馬)와 첨류(甛榴) : 열매가 달리는 희귀한 나무들일 텐데 미상이다.

26 영윤(伶倫) : 황제의 악사(樂師)로, 그는 황제의 명을 받아 봉황의 우는 소리를 듣고 십이율을 제정하였던 바, 그것이 지금 황종(黃鐘)과 율려(律呂)로 알려져 있는 것이다.

5. 황새. 강회(江淮) 지역에서는 황새 떼가 빙빙 돌며 나는데 이것을 '관정(鸛井)'이라 한다. 학도 빙빙 돌며 날기를 좋아하는데, 이 때는 꼭 비바람이 일게 된다. 사람이 황새의 둥지를 더듬어 새끼를 꺼내면 그 반경 60리에 가뭄이 든다고 한다. 떼 지어 날기를 잘하며 엷은 하늘에 구름을 끌어 비를 재촉하면 비가 대지에 흩뿌린다.

6. 까마귀. 까마귀가 땅 위에서 울면 길조의 소리가 아니다. 사람이 길을 떠나는데 까마귀가 앞에서 울면서 인도하면 좋은 일이 많이 생긴다고 한다. 그러나 이런 사실은 옛날 점서(占書)에는 실려 있지 않다.

○ 정원(貞元) 14년(798) 정주(鄭州)와 변주(汴州)에서 까마귀 떼가 전서(田緖)[27]와 이납(李納)[28]의 집 경내로 날아들어 나무를 물어와 성을 쌓았다. 높이가 두 세 자이고 넓이가 사방 10여 리였다. 전서와 이납은 이를 원치 않아 성을 불태워버리라고 했다. 그러나 이틀 후 성이 다시 전처럼 쌓아져 있었고, 까마귀 떼의 부리에서는 피가 흐르고 있었다.

○ 세속에서는 까마귀가 나는데 날개가 겹쳐져 있으면 하늘에서 비가 내린다고 한다.

7. 까치. 둥지 안에는 반드시 마룻대가 있다. 상공(相公) 최원(崔圓)[29]의 부인이 집에 있을 때이다. 후원에서 자매들과 놀이를 하다가 둥지를 틀

---

27 전서(田緖) : 위박절도사(魏博節度使) 전승사(田承嗣)의 아들로, 아버지가 죽자 그 뒤를 이어 절도사가 된 인물이다. 또한 이납(李納)에게 환심을 사서 중앙정부에 발탁되어 요직을 역임하였다.

28 이납(李納) : 치청절도사(淄青節度使) 이정기(李正己)의 아들로, 이정기가 죽자 이 지역을 물려받아 다른 번진(藩鎭)과 연합, 스스로를 '제왕(齊王)'이라고 하며 당왕조에 반기를 들었다가 뒤에 귀순했다.

29 최원(崔圓) : 당나라 현종, 숙종(肅宗) 때의 문신. 안록산의 난으로 현종이 촉 땅으로 피신할 때 호종을 하였으며, 지방의 절도사로 나가 치적이 있었다. 여기서는 최원의 아내가 까치가 상량하는 것을 혼자 보게 되어 결국 최원의 집안이 고귀해졌다는 의미이다.

고 있는 까치 두 마리를 보게 되었다. 한 쌍이 붓대롱 같이 생긴 한 자 남짓 길이의 나뭇가지를 물어 와서 둥지 안에 설치하였다. 그러나 주변 사람들은 아무도 이것을 보지 못했다. 민간의 얘기로는 '까치가 상량(上梁)하는 것을 보게 되면 반드시 신분이 고귀해진다'고 한다.

○ 대력(大曆) 8년(773), 건릉(乾陵)[30]에 있는 상선관(上仙觀)의 천존전(天尊殿)에서 한 쌍의 까치가 섶과 진흙을 물어다가 전각의 틈과 부서진 곳 열다섯 군데를 메우는 일이 있었다. 이에 재상이 표문(表文)을 올려 칭송하였다.

○ 정원(貞元) 3년(787), 중서성(中書省)[31]의 오동나무 가지 위에 까치가 진흙으로 둥지를 만들었다. 이 둥지를 태우면 여우나 요괴를 물리칠 수 있다고 한다.

8. 제비. 여우나 흰족제비, 쥐 같은 동물은 제비가 저들을 보게 되면 털이 빠진다. 어떤 이가 말하기를, '물속에서 동면하는 제비도 있다'고 한다. 옛말에 따르면, 제비가 집으로 들어오지 않는 이유는 우물의 물이 말라버렸기 때문이다. 그럴 땐 오동나무로 남녀 한 명씩의 용인(俑人)을 만들어 우물 속에 던지면 제비가 반드시 온다고 한다. 앞가슴에 검은 반점이 있고 소리가 큰 것을 '호연(胡燕)'이라 하는데, 그 둥지 안은 명주 한 필이 깔릴 만큼 넓다.

9. 참새. 불교 경전에 이르기를, '참새는 사막에서 태어나 사막의 모래

---

30 건릉(乾陵) : 당나라 고종인 이치(李治)의 능묘로, 섬서성 건현(乾縣) 서북쪽 양산(梁山)에 있다.

31 중서성(中書省) : 삼성(三省) 중에 하나. 당나라 관제에서 행정의 중추 기관으로, 중서성이 정책을 결정하면 문하성(門下省)이 이를 심의하고, 상서성(尙書省)이 심의된 사항을 집행하는 시스템이었다. 각각 중서령(中書令), 시중(侍中), 상서령(尙書令)이란 장관을 두었다. 참고로 중서성의 경우, 중서령 2인, 중서시랑(中書侍郎), 2인, 중서사인(中書舍人) 6명을 두었다.

로 목욕하고 알을 낳는다'고 한다. 촉(蜀) 땅 조오산(弔烏山)[32]에는 꿩과 참새가 와서는 몹시 슬퍼하며 조문한다. 이때 그곳 백성들은 밤에 횃불을 밝힌 채 엿보다가 이것들을 잡는다. 그 가운데는 먹지 않아 모이주머니가 텅 빈 것들도 있는데, 아마도 슬퍼서 먹지 않았던 것이 아닌가 싶다. 그래서 사람들은 의로운 새라고 하여 죽이지 않았다.

10. 집비둘기. 대리승(大理丞) 정복례(鄭復禮)[33]가 이르기를, '파사(波斯)의 선박에서는 집비둘기를 많이 기른다. 집비둘기는 잘 날아 한 번에 수천 리를 날아간다. 그래서 매번 한 마리를 자기 집으로 보내 소식을 전하고 안부를 물었다'고 한다.

11. 앵무새. 날 수 있다. 일반적으로 새들의 발가락은 앞이 세 개이고 뒤가 하나인데, 앵무새만은 네 발가락이 고르게 나누어져 있다. 또 뭇새들은 아래 눈꺼풀이 위로 깜박거리는데, 유독 이 새는 사람처럼 두개의 눈꺼풀이 함께 껌벅거린다.

○ 현종(玄宗) 때 사람 말을 잘하는 오색 앵무새가 있었다. 임금이 주변에 명하여 자신의 곤룡포를 끌어당기라고 하자, 이 앵무새는 순간 눈을 부릅뜨며 이들을 나무랬다. 기왕부(岐王府)[34]의 문학(文學)[35] 웅연경(熊延京)이 「앵무편(鸚鵡篇)」을 지어 올려 이 일을 찬미하였고, 장연공(張燕公)[36]이

---

32 조오산(弔烏山) : 미상이나, 『수경주(水經注)』에 의하면 '봉황이 죽으면 까마귀가 조문을 한다'는 기록이 있는 바, 촉 땅에 있는 봉우산(鳳羽山)으로 비정되고 있다.

33 정복례(鄭復禮) : 단성식의 친구 중 한 사람이나 미상이다. 대리승(大理丞)은 이 시기 감찰기관이었던 대리시(大理寺)의 장관을 말한다.

34 기왕부(岐王府) : 기왕(岐王)은 현종의 아우인 이융범(李隆範)으로, 기왕을 보필하는 관서를 기왕부라 하였다.

35 문학(文學) : 한대 이후 주군(州郡)이나 국왕 옆에 둔 글을 담당하는 관리. 한때 경학박사(經學博士)로 부르기도 했다. 당대에는 제왕부(諸王府)에도 설치했다. 웅연경은 미상이나, 그가 「앵무편(鸚鵡篇)」을 지은 사실은 여러 자료에 나온다.

36 장연경(張燕公) : 곧 장열(張說)로, 그에 대해서는 이 책 권8의 3번 참조.

하례하는 표문을 올리면서 이 새를 '시락조(時樂鳥)'라 칭하였다.

12. 두견새. 춘분 때가 되면 서로 재촉하듯 울기 시작하는데, 제일 먼저 우는 것은 피를 토하고 죽는다. 일찍이 어떤 사람이 산길을 가는데 한 떼의 두견새 무리가 조용히 모여 있었다. 그는 무료한 나머지 두견의 울음소리를 흉내냈다가 그 자리에서 죽고 말았다. 두견이 처음 울 때 그 소리를 가장 먼저 듣는 사람은 이별하는 일이 생긴다. 그리고 측간에서 우는 소리를 듣게 되면 상서롭지 못한 일이 일어난다. 그 액운을 막는 방법은 개소리를 내서 그 소리를 맞받아쳐야 한다.

13. 구관조. 옛말에 의하면, 이것을 시켜 불을 얻어오도록 할 수 있으며, 사람의 말을 흉내내는 것이 앵무새보다 낫다고 한다. 이 새의 눈동자를 가져다가 사람의 젖과 섞어 갈아 눈 안에 떨어뜨리면 높은 하늘 밖의 사물까지도 볼 수 있다.

14. 거위. 제남군(濟南郡) 장공성(張公城)의 서북쪽에는 '아포(鵝浦)'가 있다. 남연(南燕) 시기에 한 어부가 이 물가 곁에 살면서 늘 거위 소리를 들었다. 이것들 중엔 아주 맑은 방울소리를 내는 게 있었다. 잘 살펴보니 그 중 한 마리가 목이 퍽 길었다. 그 놈을 그물로 잡았더니 목에 구리방울이 은사슬로 묶여 있었고, 방울에는 '원정원년(元鼎元年)'[37]이라는 네 글자가 희미하게 드러나 있었다.

15. 진(晉)나라 때 영도현령(營道縣令)[38] 하잠지(何潛之)가 현의 외곽에서

37 원정원년(元鼎元年) : 원정(元鼎)은 한나라 무제(武帝)의 연호로 그 원년은 기원전 116년이다.

38 영도현령(營道縣令) : 영도현은 한나라 때 설치한 현으로, 지금 호남성 영원현(寧遠縣) 서쪽 지역.

새 한 마리를 잡았다. 크기는 백로만 하고 무릎 위와 넓적다리 아래에는 저절로 생겨난 구리 고리가 둘러져 있었다.

16. 해오라기. 옛말에 화재를 막아주는 새라 한다. 높은 나무에 둥지를 틀며 굴에서 새끼를 낳는다. 새끼는 어미의 날개를 물고 날다가 아래로 내려와 어미를 보살핀다.

17. 소리개. 전해지기를, 송골매는 새끼 세 마리를 낳는데 그 중 한 마리가 소리개가 된다고 한다. 숙종(肅宗)의 장황후(張皇后)[39]가 권력을 독점하여 매번 임금께 술상을 올릴 때 항상 현뇌주(鵄腦酒)[40]를 올렸다. 이 술은 사람을 오랫동안 취하게 하고 건망증에 사로잡히게 한다.

18. 기이한 새. 천보(天寶) 2년(743), 평로(平盧)[41]에 자충(紫蟲)[42]이 출현하여 벼의 싹을 먹어치웠다. 이때 동북쪽에서 머리가 붉은 새가 나타나 떼로 날아다니면서 이 자충을 다 잡아먹었다.

19. 개원(開元) 23년(735)에는 유관(楡關, 즉 산해관)에서 며루가 일어 평주(平州)[43] 지역까지 퍼져갔다. 이때는 참새떼들이 이것들을 먹어치웠다.

○ 또 개원 연간에 패주(貝州)[44]에 누리떼가 벼를 갉아먹었는데, 수천

---

39 장황후(張皇后) : 숙종의 황후로, 현종의 생모인 소성황후(昭成皇后) 두씨(竇氏)와 자매지간이다. 그녀는 안록산의 난 이후 숙종을 옹립하는데 기여하였고, 황후가 된 후에는 권신 이보국(李輔國)의 도움을 받아 숙종을 제압하고 정권을 휘둘렀다.

40 현뇌주(鵄腦酒) : 즉 소리개 뇌를 넣어 만든 술.

41 평로(平盧) : 당대에 절도사가 파견되었던 지역으로, 청주(青州)에 치소가 있었다. 지금 산동성 익도현(益都縣).

42 자충(紫蟲) : 자색의 메뚜기 따위이겠으나 미상이다. 일종의 메뚜기떼의 습격이 연상된다.

43 평주(平州) : 당대의 주명으로, 북평군(北平郡) 소속이었다. 지금 하북성 노룡현(盧龍縣) 지역.

44 패주(貝州) : 당대의 주명으로, 지금 하북성 청하현(淸河縣) 일대.

마리의 큰 흰새와 수만 마리의 작은 새들이 누리떼를 다 잡아먹었다.

20. 대력(大曆) 8년(773), 한 거대한 새가 무공(武功)[45]에서 발견되었다. 뭇 새들이 뒤를 쫓으며 시끄럽게 울어댔다. 행영장(行營將)[46] 장일분(張日芬)이 이 새를 활로 쏴 잡았더니, 날갯죽지가 돋아 있었고 여우 머리를 하고 있었다. 또 다리가 네 개인데 발톱이 돋아 있었다. 길이는 네 자 세 치로 모양새는 꼭 박쥐같았다. 또 빈주(邠州)[47]에서는 머리가 흰 새가 발견되었는데, 구관조에게 젖을 먹이고 있었다.

21. 서왕모(西王母)의 사자. 제군(齊郡)[48]의 함산(函山)에 서식하는 어떤 새는 다리가 푸르고 부리는 붉으며, 노랗고 흰 날개에 목덜미가 진홍색이다. '왕모사자(王母使者)'라는 것이다. 옛날 한나라 무제(武帝)가 이 산에 올랐다가 길이가 다섯 치 되는 옥함(玉函)을 얻었다. 무제가 산에서 내려오자 옥함이 갑자기 흰 새로 변해 날아가 버렸다. 세상에 전해지기를, 이 산 위에 서왕모(西王母)의 약상자가 있었고, 이 상자를 항상 이 새더러 지키게 했다고 한다.

22. 토수조(吐綬鳥). 어복현(魚復縣)[49]의 남산(南山)에 있는 새로, 크기가 구관조만한 것이 있다. 깃털은 주로 검은 빛이 돌지만 황백색도 섞여 있다. 그리고 머리와 주둥이 주변은 꿩과 비슷하다. 이 새는 간혹 두세 치 되는 물체를 토해내곤 하는데, 토해낸 것은 붉은 색이며 화려하게 빛이 난다. 그 모양과 색깔이 인끈과 같았다. 그래서 '토수조(吐綬鳥)'라 부른다.

---

45 무공(武功) : 당대의 현명으로, 지금 섬서성 무공현 서북 지역.

46 행영장(行營將) : 행영은 군대가 출정할 때 머무르는 관영으로, 행영장은 이곳을 책임진 장수.

47 빈주(邠州) : 당대의 주명으로, 지금 섬서성 빈현(邠縣).

48 제군(齊郡) : 한대에 설치한 군으로, 지금 산동성 임치현(臨淄縣).

49 어복현(魚復縣) : 한대에 설치했으며, 지금 사천성 봉절현(奉節縣) 동북 지역.

또 모이를 먹을 땐 반드시 모이주머니를 만들어 저장을 해두기에 앞가슴이 되 만한 크기로 부풀어 있었다. 모이주머니가 다른 것과 부딪칠까 조심하느라 다닐 때면 항상 풀이나 나무 따위를 피해서 다녔다. 그래서 '피주조(避株鳥)'라고도 불린다.

23. 관전(鸛鶾). '타예(墮羿)'라고도 하는데 생김새는 까치 같다. 사람이 활을 쏘면 그 화살을 주둥이로 물어 잡은 다음 다시 사람에게 쏜다.

24. 몽주(鸏鵃). 부리가 크고 구부려져 있고 한 자 길이다. 적황색의 이 부리는 두 되의 양을 자랑한다. 남방 사람들은 이 부리를 술잔으로 쓴다.

25. 송절조(菘節鳥). 다리가 네 개이며 꼬리는 쥐꼬리 같고 생김새는 공작 같다. 종남산(終南山)[50] 깊은 골짜기에 산다.

26. 노수(老鵵). 진(秦) 땅의 산골짜기에 사는 어떤 새는 올빼미 같이 생겼으나 청황색이며 날갯죽지가 있다. 연기를 즐겨 마시며, 사람을 보면 순간 놀라 나무에서 떨어져 풀이나 구멍 속에 머리를 처박는다. 항상 몸뚱이를 드러내놓고 어린아이 울듯이 소리를 낸다. 이 새를 '노수(老鵵)'라 한다.

27. 시호(柴蒿). 장안 근처의 산에 시호조(柴蒿鳥)가 사는데 머리는 뻐꾸기처럼 관을 썼고, 크기는 산닭만 하다.

28. 도도조(兜兜鳥). 울음소리가 혼자 통곡하는 것 같다. 정월 이후에 소리를 내기 시작해 5월이 되면 자취를 감추어버린다. 생김새는 구관조와

50 종남산(終南山) : 섬서성 남쪽을 가로지르는 산. 동쪽으로 하남성에 잇닿아 있고 서쪽으로 감숙성과 닿아 있다. 장안의 남쪽에 있기 때문에 일반적으로 '남산'이라고 한다.

비슷하다.

29. 하막호(蝦蟆護). 남산(즉, 종남산) 아래에 서식하는 하막호(蝦蟆護)라는 새는 주로 밭에서 있으며, 머리에는 푸른색 벼슬이 나 있고 다리는 붉다. 백로와 비슷하다.

30. 야행유녀(夜行遊女). '천제녀(天帝女)', '조성(釣星)'이라고도 한다. 밤에 날아다니고 낮에는 숨어 지내는 게 귀신같다. 또 깃털이 덮히면 나는 새가 되지만, 깃털이 빠지면 여자가 된다. 새끼가 없기 때문에 곧잘 남의 자식을 빼앗곤 한다. 가슴에서는 젖이 나온다. 그래서 사람들은 젖을 먹일 때 어린아이를 내놓아서는 안 되며, 어린아이 옷도 드러내 놓고 말리지 않는다. 만약 깃털이 어린아이 옷으로 떨어지면 이 새에게 아이를 뺏길 수도 있기 때문이다. 야행유녀는 간혹 핏방울을 옷에 묻혀 표시하기도 한다. 혹자는 '아이를 출산하다가 죽어서 변한 것'이라고 한다.

31. 귀거조(鬼車鳥). 전해지기를, 옛날 이 새는 머리가 열 개로 사람의 혼을 거두는 능력이 있었는데, 머리 하나는 개에게 물렸다고 한다. 진(秦) 땅에서 이 새가 날면 하늘이 흐려지고 가끔씩 힘센 수레가 지나가며 내는 굉음 같은 소리가 나곤 했다. 어떤 이는 '이는 수계(水鷄)가 지나가는 소리다'고 한다.

○『백택도(白澤圖)』[51]에서는 '창우(蒼鸆)'라 하였고, 『제곡서(帝嚳書)』[52]에는 '역창(逆鶬)'이라 하였는데, 공자(孔子)와 자하(子夏)가 본 새이다. 보력(寶曆) 연간(823~826)에 국자사문조교(國子四門助教)[53] 사형(史逈)이 나에게 얘기

---

51 『백택도(白澤圖)』: 황제(黃帝)가 순수를 갔을 때 백택(白澤)에서 온갖 기괴한 사물들의 변화를 그림으로 나타난 것인데, 현재는 전해지지 않는다.

52 『제곡서(帝嚳書)』: 삼황오제(三皇五帝) 중의 한 사람인 제곡(帝嚳)이 남긴 글이나 책이겠으나, 구체적인 것은 미상이다.

53 국자사문조교(國子四門助教): 당나라 때 국자감은 칠학(七學)으로 편제되어 있었고,

해주기를, '일찍이 배유(裵瑜)[54]가 주석을 한 『이아주(爾雅注)』를 보았는데, 거기에 창조(鶬鳥)와 미괄(麋鴰)은 머리가 아홉 개 달린 새라고 되어 있었다'라고 알려주었다.

32. 세조(細鳥). 한나라 무제(武帝) 때 필륵국(畢勒國)[55]에서 세조(細鳥)를 진상했는데, 둘레가 한 자 크기인 옥으로 만든 조롱 수백 개에 담겨 있었다. 이 새의 머리는 파리처럼 생겼으며 고니 소리를 냈다. 필륵국에서는 이 새로 날씨를 알아왔기에 '후일충(候日蟲)'이라 불렀다. 궁녀의 옷을 입히는 등 이 새는 조정에서 남달리 총애를 받았다.

33. 수금조(嗽金鳥). 곤명국(昆明國)[56]에서 나는 새로, 참새처럼 생겼다. 누런 빛이 나며 항상 바다 위를 비행한다. 위(魏)나라 명제(明帝) 때 곤명국에서 이 새를 바쳤는데, 모이로 진주와 거북이 뇌를 주면 그때마다 쌀같이 생긴 금가루를 토해냈다. 이 금가루를 녹여 그릇이나 의복 따위를 만들었다. 궁녀들이 다투어 이 새가 토해 낸 금으로 비녀나 귀고리를 만들었는데, 이것을 '벽한금(辟寒金)'이라 한다. 수금조가 추위를 무서워하지 않았기 때문이다. 궁녀들은 이런 시로 서로 조롱하였다.

벽한금을 입지 않으면	不服辟寒金
어찌 임금의 마음을 얻으며	那得帝王心

그 안에 사문관(四門館)을 두었다. 이 사문관은 관리의 자제를 교육시키는 기관으로, 박사 6인과 조교(助敎) 6인씩을 두었다. 사형(史逈)이란 이는 바로 이 조교를 지낸 인물이다.

54 배유(裵瑜): 그의 생평은 미상이나, 『송사(宋史)』「예문지(藝文志)」에 '배유가 『이아주(爾雅注)』 5권을 지었다'는 언급이 보인다.

55 필륵국(畢勒國): 정확한 지역은 미상이다. 다만, 곽자횡(郭子橫)의 『동명기(洞冥記)』에 의하면, '이 나라사람들은 키가 작고 말을 잘하기로 유명하다'고 나와 있다.

56 곤명국(昆明國): '곤명이(昆明夷)'라 하여 사천성 서남과 귀주, 운남성 등지에 살던 종족으로, 위진 시대 이후 정주하여 국가를 이루었다.

벽한전을 차지 않으면	不服辟寒鈿
어찌 임금의 사랑을 얻으랴!	那得帝王憐

34. 배명조(背明鳥). 오(吳)나라 때 월준(越巂)[57]의 남쪽에서 배명조(背明鳥)를 진상했는데, 학처럼 생긴 것이다. 밝은 곳 보기를 싫어하여 둥지도 반드시 빛을 등지고 지었다. 소리는 울 때마다 달랐다.

35. 가람조(岢嵐鳥). 하서(河西)[58]의 적오진(赤塢鎭)에 출현하는 새로, 까마귀와 비슷하게 생겼으나 더 크다. 이 새가 진영 위를 날면 좋지 않은 일이 많이 생겼다.

36. 숙상(鷫鷞). 제비처럼 생겼으나 조금 더 크다. 다리가 짧고 발자국이 쥐와 비슷하다. 그러나 땅에는 있지 않고 항상 숲에서 지낸다. 잘못하여 힘을 잃고 땅에라도 떨어지면 저 스스로 일어나지 못하다가 누군가가 들어주면 푸른 하늘로 솟구친다. 양주(涼州)[59]에서 난다.

37. 국조(鵴鳥). 무주현(武周縣)[60]의 합화산(合火山)엔 국조(鵴鳥)가 서식한다. 까마귀와 비슷하게 생겼으나 부리는 붉다. 그래서 '적취조(赤觜鳥)'라 하며, '아국조(阿鵴鳥)'라 하기도 한다.

38. 훈호(訓胡). 악조(惡鳥)로 이 새가 울면 꽁무니에서도 소리가 난다.

---

57 월준(越巂) : 지금 사천성 서창현(西昌縣)의 동남 지역으로, 원래는 독립적인 종족이었으나 한나라 때 중국에 편입 월준군이 되었다.

58 하서(河西) : 황하의 이서 지역을 통칭하는 용어로, 주로 섬서성 · 감숙성 · 회족자치구 지역을 일컫는다. 적오진의 구체적인 위치는 미상이다.

59 양주(涼州) : 한대에 설치한 현으로, 지금 감숙성 영하(寧夏) 지역. 과거에는 내몽골 일부 지역까지 관할하였다.

60 무주현(武周縣) : 한대에 설치한 현으로, 지금 산서성 좌운현(左雲縣) 남쪽 지역.

39. 백로(百勞). 박로(博勞)이다. 전해지기를, 백기(伯奇)[61]가 변한 것으로, 이 새가 밟은 가지를 가져다가 어린 아이를 때리면 말을 빨리 한다고 한다. 남방 사람들은 계모가 임신을 하여 아이에게 젖을 먹일 때 그 아이가 학질이 걸리면 오직 이 백로의 털로만 치료할 수가 있다고 한다.

들짐승【毛篇】

40. 사자(師子). 불가 경전에 이르기를, '사자의 힘줄로 현을 만들어 타면 다른 줄은 모두 끊어져 버린다'고 한다.

○ 서역에는 흑사자(黑師子)와 봉사자(捧師子)가 있다.

○ 집현교리(集賢校理) 장희복(張希復)이 말하기를, '옛날에 사자 꼬리로 만든 총채가 있었는데, 여름철에 파리나 모기가 감히 그 위에 모여들지 않았다'고 했다.

○ 옛말에 따르면 소합향(蘇合香)[62]은 사자의 분뇨라고 한다.

41. 코끼리. 옛날부터 전해지기를, 코끼리는 오래도록 기억하는 습성이 있어서 자기 새끼의 거죽을 보면 반드시 눈물을 흘린다고 한다. 한 마리의 무게가 1천 근이 나간다.

○ 불교 경전에는 '코끼리는 칠구(七久)[63]로 땅을 딛고 어금니는 여섯

---

61 백기(伯奇) : 고대 전설상의 효자. 주나라 선왕(宣王) 때 중신이었던 윤길보(尹吉甫)의 장자로, 어머니가 죽고 계모의 모함으로 들에 버려지는 비운을 맞는다. 그래서 그가 「이상조(履霜操)」를 지어 아버지에게 올리자, 윤길보는 이에 감화를 받아 후처를 죽이고 아들을 다시 받아들였다고 한다.

62 소합향(蘇合香) : 소합(蘇合)은 조록나무과의 활엽 교목으로, 이 나무의 수지(樹脂)로 만든 향이다. 이외에도 약재, 살충제 등으로도 사용한다.

63 칠구(七久) : 미상. 이본 중에는 '七九'로도 나와 있다. 불가에 '칠지(七肢)로 땅에 붙인다'는 언급이 있는데, 여기서 칠구는 칠지를 말하는 것으로 판단된다. 칠지(七肢)는 코끼리의 네 다리와 꼬리, 그리고 상아 2개를 합친 것이다.

개다. 어금니가 날 때는 반드시 우레소리가 난다'고 한다.

○ 또 이르기를, '용상(龍象)[64]은 예순 살이 되어서야 뼈가 비로소 다 자란다'고 한다. 지금 형주(荊州) 지역의 코끼리는 흑색이며 상아가 둘인데, '강저(江猪)'[65]라고 부른다.

○ 함형(咸亨)[66] 3년(672), 주등국(周澄國)[67]에서 파견한 관리가 임금(즉 고종)에게 표문을 올렸다. 그 내용은 이러하다.

'가가국(訶伽國)에 있는 흰 코끼리는 주둥이에 네 개의 상아가 있고 몸은 다섯 개의 다리로 움직입니다. 이 코끼리가 있는 지역은 무조건 풍년이 들며, 상아를 씻은 물을 마시면 병이 금방 낫습니다. 그러니 군대를 보내 잡아들이소서.'

○ 코끼리 쓸개는 사계절에 따라 네 넓적다리로 옮아 다닌다. 봄에는 앞쪽 왼쪽 다리에 있다가 여름에는 앞쪽 오른쪽 다리로 옮아가는데, 마치 거북이의 몸이 고정되어 있지 않은 것과 같다. 코끝에 손톱이 있어서 바늘도 집을 수 있다. 몸의 부위는 열두 부분으로 나누어지는데 코도 이 부분 중에 하나이다.

○ 도홍경은, '여름철에 약을 조제하려면 약 옆에 상아를 두어야 한다'고 했다. 남방 사람들의 말은 이렇다.

'코끼리는 개 짖는 소리를 싫어하여 때문에 사냥꾼이 식량을 휴대하고 높은 나무에 올라가 곰의 거처처럼 은신처를 만들어 엿보고 있다가 코끼리 무리들이 지나가면 개 짖는 소리를 들려준다. 그러면 코끼리들은 모두 코를 통해 포효하며 주변을 돌 뿐 더 이상 나가지 못한다. 이러기를 대엿새 하다보면 탈진해서 그 자리에 쓰러지는데 이때 몰래 죽이면

64 용상(龍象) : 큰 코끼리의 일종으로, 불가 경전에 자주 나온다.

65 강저(江猪) : 원래 강저는 '강돈(江豚)', '해돈(海豚)'이라고도 하며, 돌고래를 지칭한다. 여기서는 코끼리를 달리 부르는 용어로 쓰인 바, 구체적인 사항은 미상이다.

66 함형(咸亨) : 당나라 고종(高宗)의 연호로, 해당기간은 670~673년.

67 주등국(周澄國) : 아래 가가국(訶伽國)과 함께 모두 미상이다. 다만, 이 내용은 『신당서(新唐書)』에도 나온다.

된다.'

귀 뒤에 구멍이 있는데 북 가죽처럼 얇아 한번 찌르기만 해도 그 자리에서 죽는다. 가슴 앞에는 작은 늑골이 있다. 이것을 재에 묻혀 술과 함께 복용하면 사람이 물에 떴다 가라앉았다 할 수 있다. 코끼리 고기를 먹으면 사람의 몸이 무거워진다.

○ 옛 전적에 이르기를, '코끼리는 새끼를 밴 지 5년이 되어야 낳는다'고 한다.

42. 호랑이. 호랑이가 교미를 하면 달무리가 진다. 선인(仙人) 정사원(鄭思遠)[68]은 늘 호랑이를 타고 다녔다. 그의 오랜 친구인 허은(許隱)이 치통을 앓아 치료해 달라고 하자,

"치통엔 호랑이 수염만이 효과가 있으니, 열이 날 때 수염을 이 사이에 끼워두면 바로 낫는다네."

라고 하였다. 그러면서 정사원은 자기가 타고 다니는 호랑이의 수염 몇 가닥을 뽑아다가 허은에게 주었다. 이때부터 호랑이 수염이 치통에 특효가 있는 것으로 알려졌다.

○ 호랑이가 사람을 죽일 때는 죽은 사람이 절로 일어나 옷을 벗게 한 다음에 그를 잡아먹는다. 호위(虎威)[69]는 마치 '을(乙)' 자처럼 생겼으며 길이는 한 치 정도 된다. 양쪽 옆구리 거죽 안에 위치해 있으며 꼬리 끝에도 이 뼈가 있다. 벼슬아치가 호위를 차고 관청에 나가면 고급스럽게 보여 다른 관인들에게 질시를 받지 않는다고 한다.

○ 호랑이는 밤에 사물을 볼 때, 한쪽 눈에서는 빛을 내고 다른 한쪽

---

68 정사원(鄭思遠) : 위진 시대 도가의 전수자로, '정은(鄭隱)'이라고도 한다. 그는 중국 남방 도교의 정점에 있었던 갈홍(葛洪)의 스승으로, 좌자(左慈), 갈현(葛玄)에서 갈홍으로 이어지는 도교 전승의 핵심인물이기도 하다.

69 호위(虎威) : '호을(虎乙)'이라고도 하는데, 호랑이의 양 옆구리와 꼬리 부분에 있는 뼈로 자랄수록 을(乙)자 모양으로 구부러진다고 한다. 이 뼈를 몸에 지니면 재앙을 물리친다고 알려져 있다.

눈으로는 사물을 관찰한다. 사냥꾼이 기다렸다가 화살을 쏘면 빛이 땅에 떨어져 흰 돌이 되는데, 이 돌은 어린아이의 경기를 치료하는 효능이 있다.

43. 말. 북쪽 이민족 중 호란(護蘭)[70]지역의 말을 '오백마(五白馬)'라 한다. 또 '옥면암진마(玉面諳眞馬)'는 열세 살난 말을 가리키는데, 열세 살 이하는 보통 씨보존을 위해 남겨둔다. 옛날 말의 종류로는 군마(軍馬)가 여덟 자, 전마(田馬)가 일곱 자, 노마(駑馬)가 여섯 자였다.

○ 과주(瓜州)[71]에서는 말 먹이로 내가래풀을 쓰고, 사주(沙州)[72]에서는 납가새를, 양주(涼州)에서는 발돌혼(敎突渾),[73] 촉(蜀) 땅에서는 돌피를 쓴다. 또 무뿌리를 먹이면 말이 살찐다. 안북(安北)[74]에서는 사봉근침(沙蓬根針)[75]을 먹인다.

○ 대식국(大食國)의 말은 사람의 말을 알아듣는다.

○ 실달국(悉怛國)[76]과 달간국(怛幹國)에서는 좋은 말이 난다.

○ 말은 네 살이 되면 이빨 두 개가 나고 스무 살이 되면 이가 모두 고르게 된다.

○ 말의 몸에 대한 명칭으로 수서(輸鼠), 외부(外梟), 오두(烏頭), 용시(龍翅), 호구(虎口)[77] 등의 이름이 있다.

---

70 호란(護蘭) : '구란(俱蘭)'의 오기이거나 다른 표현으로 판단된다. 구란은 Kuran의 음역으로, 현재의 아프가니스탄 동부지역. 석불로 유명하다.

71 과주(瓜州) : 당대에 설치한 주명으로, 지금 감숙성 안서(安西)의 서쪽 지역.

72 사주(沙州) : 당대에 설치한 주명으로, 지금 감숙성 돈황(敦煌) 지역.

73 발돌혼(敎突渾) : 말이 먹는 풀의 종류이겠으나 미상이다.

74 안북(安北) : 당대의 육도호부(六都護府) 가운데 한 지역으로, 지금 내몽골 일대에 해당한다. 철륵(鐵勒), 회흘(回紇) 등 13개 부락을 묶어 연연도호부(燕然都護府)라고 했다가, 뒤에 안북도호부로 고쳤다.

75 사봉근침(沙蓬根針) : 역시 이 지역에서 나는 말먹이용 풀의 종류이겠으나 미상이다.

76 실달국(悉怛國) : 토번국을 지칭하는 것으로 판단된다. 당대(唐代)에 토번의 임금의 성이 실달(悉怛)이었다. 달간국(怛幹國)은 미상이다.

77 수서(輸鼠), 외부(外梟), 오두(烏頭), 용시(龍翅), 호구(虎口) : 모두 말의 신체 부위를

○ 돼지 통에서 말을 먹이는 일이나 석회(石灰)를 구유에 바르는 일, 그리고 땀이 난 상태인데도 문에 묶어 두는 일 등 세 가지를 하면 뱃속의 망아지가 떨어지고 만다.

○ 목덜미에 곱슬곱슬한 털이 난 말, 백마(白馬) 중에 검은 털이 섞여있는 말, 안장 아래 부분과 겨드랑이 아래 털이 곱슬곱슬한 말, 오른쪽 겨드랑이에 흰 털이 나 있는 말, 양쪽 뒷발이 흰 말, 네 다리가 모두 검은 말, 눈 아래에 가로로 털이 난 말, 황마(黃馬) 중에 주둥이가 흰색인 말, 입 주위에 털이 빙둘러 나 있는 말, 몸 뒤의 한구(汗溝)[78] 윗부분이 꼬리 끝까지 연결되어 있는 말, 눈이 벌건 말, 자주 깜박이기도 하고 눈을 잘 뒤집는 말, 백마인데 눈이 검은 말, 눈이 희고 사시인 말은 모두 타서는 안 된다. 야안(夜眼)[79]은 '부선(附蟬)'이라 하며, 시간(尸肝)[80]은 '현봉(懸烽)' 또는 '계설(雞舌)'이라고 하는데, '녹질(綠袟)'이라 함은 방언이다. 지황(地黃)과 감초(甘草)를 먹이면 쉰 살이 되어도 망아지 세 마리를 낳을 수 있다.

44. 소. 북방 사람들은 소가 비쩍 마르면 대개 뱀을 코나 입으로 넣어주는데, 그러면 '독간(獨肝)'이 되게 된다. 물소 중에 이 독간이 있으면 사람을 죽일 수 있다고 한다. 역적(逆賊) 이희열(李希烈)[81]이 이것을 먹고 죽었다.

○ 소를 감정하는 법은 다음과 같다. 수피(垂皮)[82]가 나뉘어져 있으면

일컫는 용어로, 수서는 대퇴부 뒤의 살을, 외부는 말발굽 주변의 뼈를, 오두는 뒷다리 바깥 관절을, 용시는 미상이며, 호구는 몸에 움푹 들어간 경혈 부위를 지칭한다.

78 한구(汗溝) : 말의 흉부와 복부에서 다리로 이어지는 땀이 나는 부위.

79 야안(夜眼) : 말 다리의 관절부에 생기는 굳은 살.

80 시간(尸肝) : 역시 말의 한 부분이겠으나 미상이다.

81 이희열(李希烈) : 당나라 대종(代宗) 때의 무장으로, 치청절도사(淄青節度使) 이납(李納)이 반란을 일으키자 그를 토벌하라는 명을 받았으나 오히려 이납과 결탁 자신을 건흥왕(建興王)이라 자칭하고 천하도원수(天下都元帥)라고 불렀다. 그는 관군과 대치하던 중 쇠고기를 먹고 죽은 것으로 알려져 있다.

82 수피(垂皮) : 소의 목 아래 앞 다리 사이로 늘어진 거죽.

오래 살고, 가슴이 넓으면 잘 크고, 호근(豪筋)[83]이 발달하면 길들이기 어렵고, 발굽에 후근(後筋)이 있으면 항상 소리를 내며 울고 누렇게 된다. 뿔이 차가우면 병이 있는 것이며, 머리의 가마가 주천(珠泉)[84]에 있으면 오래 살지 못한다. 눈을 심하게 깜박이는 것은 사람을 잘 받으며, 검은 뿔 난 것은 주인의 일을 방해한다. 털이 적고 뼈가 많으면 힘이 세고, 오줌을 앞쪽으로 싸면 좋은 소다. 또 늑골이 벌어져 있으면 기르기 힘들다. 세 살 때 이가 두 개, 네 살 때 네 개, 다섯 살 때 여섯 개가 나며, 여섯 살 이후로는 해마다 척추골이 한 마디씩 붙는다.

○ 영공(甯公)[85]이 기르던 소는 음홍(陰虹)[86]이 목에 붙어 있었다. 음홍은 두 개의 심줄이 꼬리로부터 목에까지 연결되어 있는 것이다.

45. 북방의 오랑캐인 선색국(先索國)[87]의 이사도(泥師都)란 이는 두 아내에게서 자식 넷을 두었다. 그 중 한 자식이 기러기로 변해 버렸다. 그래서 이사도는 급기야 나머지 세 자식들에게는,

"너희들은 고전(古旃)을 따르거라."

라고 하였다. 고전은 바로 소이다. 이리하여 세 자식들은 소를 따랐는데, 그 소의 분뇨는 모두 육락(肉酪)[88]이 되었다.

○ 태원현(太原縣) 북쪽에 은우산(銀牛山)이 있다. 한나라 건무(建武) 21년(45), 어떤 사람이 흰 소를 타고서 남의 밭을 밟고 지나가자 농부가 화를 내며 나무랐다. 그러자 그는,

---

83 호근(豪筋) : '호(豪)'는 원문에는 '毫'로 나와 있으나, 오자이다. 호근은 소의 다리 뒤편의 근육을 말한다.

84 주천(珠泉) : 소 눈의 아래 부분.

85 영공(甯公) : 영척(甯戚)으로, 춘추시대 제나라 환공(桓公) 때 재상을 지낸 인물로, 특히 소를 잘 감정한 것으로 유명하다.

86 음홍(陰虹) : 소의 꼬리가 시작되는 아랫부분.

87 선색국(先索國) : 북방 지역의 이민족일 텐데, 구체적인 사항은 다른 곳에서도 찾을 수 없다.

88 육락(肉酪) : 고기가 들어간 타락의 일종일 텐데 미상이다.

"나는 북해(北海)에서 온 사신으로 천자의 봉선(封禪)을 보러 가는 길이오."

라고 하며, 소를 탄 채 산으로 올라갔다. 농부가 그 뒤를 따라 산을 올라갔으나 오직 소의 발자국만 보였고, 그 소가 싸놓은 똥은 모두 은이었다. 이듬해 세조(世祖)가 봉선을 올렸다.[89]

46. 사슴. 우부낭중(虞部郎中) 육소(陸紹)의 동생이 노지현(盧氏縣)[90]의 현위(縣尉)로 있을 때이다. 그가 한번은 사냥꾼들의 사냥을 참관하다가 느닷없이 물가에서 대여섯 마리 사슴과 마주치게 되었다. 이것들은 사람을 보고도 놀라지 않았으며 털의 반점이 그림 같았다. 육소의 동생은 사냥꾼들이 이 사슴들을 보고도 쏘지 않은 게 이상하여 이유를 물었더니 사냥꾼들의 대답이 이랬다.

"이것들은 선록(仙鹿)입니다. 활을 쏘아봤자 상처를 입힐 수 없을뿐더러 저에게도 이롭지 않습니다."

육소의 동생은 이 말을 믿지 않고 쏘라고 강요하였다. 사냥꾼이 어쩔 수 없이 한 발을 쏘자, 사슴은 화살을 맞은 채 사라졌다. 그런데 사냥에서 돌아오는 길에 활을 쐈던 사냥꾼이 벼랑에 떨어져 왼쪽 다리가 부러졌다.

○ 『남강기(南康記)』[91]에, '합포(合浦)에 사슴이 있는데, 머리에 구불구불한 등나무 줄기가 네 가지로 나뉘어 위로 뻗어 있고 그 길이가 한 길은 된다'고 나와 있다.

---

89 이듬해 세조(世祖)가 봉선을 올렸다 : 세조는 즉 한나라 무제로, 실제 그가 태산(泰山)을 순수(巡狩)하고 봉선한 일은 건무 32년인 56년으로 나와 있는 바, 여기와는 다소 차이가 있다.

90 노지현(盧氏縣) : 당대에 설치한 현으로, 지금 하남성 노지현.

91 『남강기(南康記)』 : 진(晉)나라 등덕명(鄧德明)이 찬한 책으로, 그 일부가 명나라 도종의(陶宗儀)가 편찬한 『설부(說郛)』에 들어있다.

47. 무소. 무소 중에 통천(通天)이라는 것은 그림자를 싫어하며, 항상 탁한 물을 마신다. 오줌을 누고 있을 때는 사람이 쫓아와도 발을 떼지 못한다. 뿔의 무늬가 온갖 물상과 닮아 있는데, 어떤 이는 '무소뿔이 뚫려 있는 것은 병이 있어서 그렇다'고 하기도 한다. 무늬에는 도삽(倒揷), 정삽(正揷), 요고삽(腰鼓揷) 등의 구분이 있다. 도삽은 뿔의 중간 이하로 뚫려 있는 것이며, 정삽은 중간 이상이 뚫려 있는 것이며, 요고삽은 중간이 끊어져서 뚫려 있지 않은 것이다. 그래서 파사(波斯)에서는 상아를 '백암(白暗)'이라 부르고, 무소의 뿔을 '흑암(黑暗)'이라 부른다. 내(단성식) 문하의 의원 오사고(吳士皐)가 전에 남해군(南海郡)[92]에서 벼슬을 했을 때, 한 상선의 선주(船主)에게서 들은 내용이다.

"우리나라에서 무소를 잡을 때는 먼저 산길에 나무 막대를 마치 목책처럼 많이 꽂아 놓습니다. 무소는 앞다리를 굽히지 않고 곱게 편 채 항상 나무에 기대어 쉬게 되는데, 그 나무가 부러지면 무소도 함께 넘어져 일어나지 못합니다."

무소를 일명 '노각(奴角)'이라고도 한다. 짐새가 서식하는 곳에는 반드시 무소가 있다. 또 무소는 하나의 모공에서 세 가닥의 털이 난다. 유효표(劉孝標)[93]는 '무소가 떨어져 나간 뿔을 묻어놓으면 사람들이 가짜 뿔로 바꿔치기 한다'고 하였다.

48. 낙타. 부끄러움을 많이 탄다. 「목란편(木蘭篇)」[94]에 "명타(明駝)는 천 리를 가는 발을 가졌다[明駝千里脚]"고 하였는데, 사람들은 대부분 명(明)

---

92 남해군(南海郡) : 당대의 군명으로, 광주(廣州)에 소속되어 있었다. 지금 광동성 광주시 일대.

93 유효표(劉孝標) : 유준(劉峻). 양(梁)나라 때의 문학가로, 효표는 그의 자이다. 형주호조참군(荊州戶曹參軍) 등을 역임했으며, 동양(東陽)의 자암산(紫岩山)에서 강학하며 「변명론(弁命論)」 등을 저술하였다.

94 「목란편(木蘭篇)」 : 일반적으로 '목란시(木蘭詩)'라고 하며, 남북조시대의 민가(民歌)로 알려져 있다. 소녀 목란이 아버지를 대신하여 종군했다가 간난신고 끝에 무사 귀환한다는 서사적 내용으로 후대 문학의 소재로도 많이 원용되었다.

자를 잘못하여 명(鳴)자로 쓴다. 낙타는 누워도 배가 땅에 붙지 않는다. 구부린 발에서 빛이 새어나오면 천리를 갈 수 있다는 것이다.

49. 천철웅(天鐵熊). 당나라 고종(高宗) 때 가비섭국(加毗葉國)에서 천철웅(天鐵熊)을 진상했는데, 이것은 흰코끼리와 사자를 잡을 수 있었다.

50. 이리. 크기는 개만 하고, 푸른색을 띤다. 짖을 땐 온 몸의 구멍에서 분비물이 튄다. 대퇴부의 심줄은 크기가 오리알만 한데, 도적질을 한 자에게 이것을 태워 쐬면 도적의 손이 오그라든다. 어떤 이들은 '이리의 힘줄이 실처럼 엉켜 있는 것은 소낭충(小囊蟲)[95]이 그렇게 한 것이다'고 한다. 이리의 배설물을 태우면 연기가 직각으로 올라가므로 봉화를 피울 때 쓴다.

○ 어떤 이는, '낭(狼)과 패(狽)는 서로 다른 동물이다. 패는 앞다리가 아주 짧기 때문에 어디를 갈 때면 항상 낭의 뒷다리에 올라타야 한다. 만약 낭을 놓쳐버리면 패는 움직일 수 없다. 그래서 세상에서 일을 그르쳤을 때를 가리켜 '낭패'라고 하는 것이다'고 한다.

○ 임제군(臨濟郡) 서쪽에는 이리의 무덤이 있다. 근래에 어떤 사람이 이곳 들판을 혼자 지나가다가 이리 수십 마리와 맞닥뜨리게 되었다. 그는 급한 나머지 풀더미 위로 올라갔다. 그랬더니 이리 두 마리가 이내 굴속으로 들어가서는 한 늙은 이리를 업고 나왔다. 늙은 이리가 그가 있는 곳으로 다가오더니 주둥이로 몇 가닥의 풀을 뽑아내자 뭇 이리들도 다투어 풀을 뽑아냈다. 풀더미가 무너지려하는데 다행히 사냥꾼을 만나 구해주어 살 수 있었다. 그는 사냥꾼과 함께 이 무덤을 파헤쳐 이리 백여 마리를 잡아 죽였다. 늙은 이리는 아마도 패(狽)였던 것 같다.

---

95 소낭충(小囊蟲) : 실처럼 생긴 유충.

51. 맥택(貊澤). 크기는 개만 하다. 그 기름은 퍽 유용하다. 손에 묻혀 구리나 철, 또는 자기 안에 쌓인 물건들을 문지르면 모두 투명해진다. 이 맥택의 뼈로 물 따위를 담아도 세지 않는다.

52. 길굴(狤猵). 변방 밖의 발번주(勃樊州)[96]에서는 훈육향(熏陸香)[97]이 난다. 이 훈육향은 풍지(楓脂)[98]와 비슷한데, 길굴은 이것을 잘 씹어 먹는다. 큰 것은 열 근이 나가며 수달처럼 생겨 머리와 몸, 그리고 사지에 털이 전혀 없다. 오직 콧등 위를 따라 척추에서 꼬리까지 푸른 털이 나 있는데, 그 넓이는 한 치 정도이고 길이는 서너 푼이다. 이것을 사냥한 자가 찔러도 칼이 들어가지 않았고 섶을 쌓아 태워도 죽지 않자, 마지못해 큰 작대기로 내리치니 골이 부서지면서 마침내 죽었다.

53. 황요(黃腰). '당이(唐已)'라고 하며, 사람이 이것을 보게 되면 불길한 일이 생긴다. 속설에는 호랑이를 잡아먹는다고 한다.

54. 향리(香狸). 이것의 물길이 이어진 모이주머니를 가져다가 술기운을 쐬어 말리면 그 향이 꼭 사향 같다.

55. 야희(耶希). 머리가 두 개 달린 사슴으로, 독초(毒草)를 먹는다. '태시(胎矢)'라는 것이 이것인데, 이(夷)[99]에서는 '녹(鹿)'을 '야(耶)'라 하고 '시(矢)'를 '희(希)'라 한다.

---

96 발번주(勃樊州) : 미상.

97 훈육향(熏陸香) : 유향(乳香)이라고도 하며, 대개 인도나 페르시아 지방에서 나무의 진액을 채취하여 만든 향이다.

98 풍지(楓脂) : '풍향지(楓香脂)', '풍교(楓膠)'라고도 하며, 단풍나무에서 분비하는 액으로 향이 좋고 약재로도 쓰인다.

99 이(夷) : 당대에 운남성 지역에 거주했던 소수 민족의 하나. 여기서는 오랑캐 지역을 통칭했을 수도 있다.

56. 외(𧴬). 황구(黃狗)와 비슷하다. 배설하는 장소가 일정하여 만약 먼 데를 갔다가 자기 거처로 돌아오지 못할 경우에는 풀로 자기 꽁무니를 막아서라도 참는다.

57. 가국(猳玃). 촉(蜀) 땅의 서남쪽 고산지대에는 일곱 자 정도의 크기로 원숭이처럼 생긴 것이 있는데 이를 가국이라 한다. '마화(馬化)'라고도 한다. 남의 여자 훔치기를 좋아하는데, 훔치는 때와 훔친 여자들의 외형이 다 비슷하였고 잡힌 여자들은 모두 양씨(楊氏) 성을 가진 이들이었다. 그래서 촉 땅의 양씨 성을 가진 자는 왕왕 원숭이 발톱을 하고 있다.

58. 비비(狒狒). 이것의 피를 마시면 귀신을 볼 수 있다고 한다. 천 근을 질 수 있는 힘을 가졌고 웃을 때면 윗입술이 이마를 가린다. 원숭이처럼 생겨 사람의 말을 하는데 새소리 같다. 생사를 예견하는 능력을 가졌으며, 그 피로 비단을 염색할 수 있고, 머리털로 가채를 만들 수 있다. 옛날에는 '반종(反踵)'이라 했으며, 사냥꾼은 이것을 '무슬(無膝)'이라 부른다. 잠을 잘 때는 항상 다른 물건에 기대어 잔다. 송(宋)나라 건무(建武)[100] 연간에 고성군(高城郡)에서 암컷과 수컷 두 마리를 진상하였다.

59. 재자(在子)는 자라 몸체에 사람의 얼굴을 하고 있다. 콩잎으로 이것을 구우면 '재자(在子)'라고 하면서 운다고 한다.

60. 큰 꼬리를 가진 양. 강거국(康居國)[101]에서 큰 꼬리를 가진 양이 나는데, 꼬리 끝으로 갈수록 넓어진다. 무게는 열 근 정도 된다.

---

100 건무(建武) : 육조시대 남제(南齊)의 명제(明帝)의 연호로, 해당기간은 494~498년. 여기서 '송나라'라고 한 것은 오류이다.

101 강거국(康居國) : 고대 서역의 국명으로, 남쪽으로 대월지(大月氏), 대완국(大宛國) 등과 접해 있었다.

또 승려 현장(玄奘)이 서역에 갔을 때 대설산(大雪山) 높은 고개 아래 한 마을이 있었다. 그곳 마을에는 크기가 나귀만한 양을 치고 있었다. 계빈국(罽賓國)에는 푸른색의 들양이 나는데, 꼬리가 물총새 빛깔 같다. 그곳 사람들은 이것을 잡아먹는다.

유양잡조 권17

동식물 잡찬(2)【廣動植之二】

어패류【鱗介篇】

1. 용. 머리 위에 박산(博山)[1] 모양을 한 부분이 있는데, 이것을 '척목(尺木)'이라 한다. 척목이 없으면 용은 하늘로 날아오를 수 없다.

2. 정어(井魚). 정어는 뇌에 구멍이 나 있어서, 물을 들이킬 때 이 뇌 구멍을 오므렸다가 토해내면 마치 날리는 샘물이 내뿜어 떨어지는 것 같

1 박산(博山) : 원래 박산은 바다 가운데 있다는 전설상의 산인데, 육조시대부터 당대까지 '박산로(博山爐)'라 하여 산 모양을 한 향로가 사용되었던 바, 이것이 갓 모양과 비슷했다고 한다. 그래서 흔히 갓의 다른 이름으로 쓰인다.

다. 이럴 때면 바다에서 뱃사람들이 다투어 빈 그릇에 이것을 담아둔다. 염도가 진한 바닷물을 이 정어의 뇌구멍을 통해 정수를 하면 샘물처럼 담백해지기 때문이다. 이것은 내가 인도의 승려 보리승(菩提勝)[2]의 이야기를 보고 적은 것이다.

3. 이상한 물고기. 동해(東海)의 어부들이 말하기를, '최근 길이가 대여섯 자 되는 물고기를 잡았는데 위와 장이 호록(胡鹿)과 도삭(刀槊)[3]의 모양을 하고 있었다'고 한다. 어떤 사람들은 이것을 '진황어(秦皇魚)'라 부른다.

4. 잉어. 등에 한 줄기 비늘이 있고 비늘 마다 작은 흑점이 있으며, 크고 작은 비늘이 모두 서른여섯 개이다. 나라의 법에, '잉어를 잡으면 즉시 놓아주어야 하고 먹어서는 안 된다'고 되어 있다. 또 잉어를 '적혼공(赤鯶公)'이라 높여 부르며, 이것을 판 자는 곤장 60대에 처해진다. 리(鯉)자가 이(李)자와 같기 때문이다.[4]

5. 황어(黃魚). 촉(蜀) 땅에서는 황어를 죽일 때면 반드시 하늘이 흐려지고 비가 내린다.

6. 오징어. 옛날에 이것을 '하백도사(河伯度事)'라 불렀다. 작은 것이 큰 물고기를 만나면 당장 사방 몇 자 넓이의 먹물을 뿌려 자신의 몸에 뒤집어쓴다. 강동(江東) 사람들은 이 먹물로 계약서를 써서 남의 재물을 빼앗

---

2 보리승(菩提勝): 미상이나, 이 책 권4 29번에 나오는 보살승(菩薩僧)과 같은 인물로 추정된다.

3 호록(胡鹿)과 도삭(刀槊): 호록은 북방 지역의 순록 종류이며, 도삭은 칼과 창이다. 여기서는 순록의 뿔이나 칼·창처럼 위나 장이 날카롭고 뾰족하게 생겼다는 의미로 판단된다.

4 리(鯉)자가 이(李)자와 같기 때문이다: 당나라 왕조가 이씨 성이었음을 말한다. 그래서 당나라에서는 잉어를 아주 중시하여 잉어모양의 어부(魚符)를 만들어 백관들이 차고 다녔다.

곤 하였다. 글씨의 흔적이 연한 먹물로 쓴 것 같아서 해가 넘어가면 글자는 사라지고 빈 종이만 남게 되기 때문이다. 바닷사람들은, '옛날 진시황제가 동쪽으로 유람할 때 산대(算袋)[5]를 바다에 버렸는데 이것이 변하여 이 물고기가 되었다'고 한다. 오적은 생김새가 산대처럼 생겨 양쪽의 띠가 아주 길다. 일설에 오징어는 닻이 있으니, 바람을 만나면 앞 수염 하나를 내려 닻으로 삼는다고 한다.

7. 담어(鮎魚). 다른 물고기들이 알을 낳으려 하면 담어가 이것들의 배를 핥아준다. 그래서 세상에서는 이 담어를 물고기들의 생모(生母)라 부른다.

8. 나들이상어. 장안현(章安縣)[6]에서 난다. 배를 넣었다 뺐었다 할 수 있어, 새끼가 아침에는 밖으로 나와서 먹을 것을 찾아다니고 저녁이면 어미의 뱃속으로 들어간다. 뱃속은 네 마리 새끼를 넣을 수 있다. 아가미는 붉은데 금빛처럼 빛이 나고, 매우 힘이 세 그물로도 잡을 수 없다. 그래서 민간에서는 '하백건아(河伯健兒)'라 부른다.

9. 상어. 상어는 새끼가 놀라면 어미의 뱃속으로 들어가 버린다.

10. 마두어(馬頭魚). 상포(象浦)[7]에 어떤 물고기가 있는데, 검은색이며 길이는 다섯 길 남짓이다. 머리가 말처럼 생겼고, 사람이 물에 들어가는 것을 살피다가 들어가면 잡아먹는다.

---

5 산대(算袋) : 관리들이 붓과 벼루 등을 보관하던 자루.

6 장안현(章安縣) : 한대에 설치한 현으로, 처음에 회포현(回浦縣)이라고 했다가 나중에 장안현으로 고쳤다. 지금 절강성 임해현(臨海縣) 동남쪽에 고성이 남아 있다.

7 상포(象浦) : 절강성 악청현(樂淸縣) 서쪽에 위치한 포구.

11. 인어(印魚). 길이는 한 자 세 치이며, 이마엔 글자가 박힌 사각의 도장이 새겨져 있다. 다른 큰 물고기가 죽으면 먼저 이 인어가 도장을 찍어 봉인을 하듯이 확인을 해준다.

12. 우럭바리. 승려 행유(行儒)가 알려준 얘기이다.

건주(建州)[8]에 있는 석반어(石斑魚, 우럭바리)는 곧잘 뱀과 교미를 한다. 남방에는 인가 가까이에 벌집이 많아 단지만한 벌집에서 벌떼가 사람을 쏘곤 한다. 이럴 때 그곳 사람들은 석반어를 잡아다가 벌집이 있는 나무 곁에 가서 구운 다음, 장대 위에 매달아 해를 향해 석반어 그림자를 벌집 위에 드리운다. 그러면 잠시 후 제비만한 크기의 수백 마리의 새떼가 다투어 그 벌집을 공격하게 된다. 결국 벌집은 나뭇잎처럼 부서져 떨어지고 벌들도 모조리 죽는다.

13. 도롱뇽. 메기처럼 생겼는데, 다리가 네 개이고 꼬리가 길어 나무에 잘 오른다. 날이 가물면 물을 머금고 산으로 올라가 풀이나 잎으로 자신을 덮은 채 주둥이를 벌리고 있으면 새가 와서 그 물을 마시는데, 이때 새를 빨아들여 잡아먹는다. 소리는 어린 아이의 소리와 비슷하다. 삼협(三峽)에 사는 사람들은 이것을 잡아먹는다. 먼저 나무에 묶고 때리면 몸에서 마치 닥나무 액 같은 흰 즙이 나오는데, 이것을 제거하면 먹을 수 있다. 이렇게 하지 않으면 독이 있다.

14. 참게. 암컷은 늘 수컷을 짊어지고 다녀서 어부가 참게를 잡으면 꼭 쌍으로 잡는다. 남방 사람들은 어물전을 늘어놓고 이 참게를 파는데, 수컷은 속살이 적다. 예로부터 전해지기를, '참게가 바다를 건널 땐 등에 서로 달라붙어 그 높이가 한 자 남짓이라 꼭 돛처럼 바람을 따라 유영해

8 건주(建州) : 당대의 주명으로, 건주 건안군(建安郡). 지금 복건성 건구(建甌).

간다'고 한다. 지금 참게의 껍질에는 물체가 하나 붙어 있는데 높이가 일고여덟 치로 산호석 같다. 이것을 사람들은 '참게 돛[鱟帆]'이라 부른다. 나도 예전에 형주(荊州)에서 한 마리를 얻은 적이 있다. 지금 민령(閩嶺)[9]에서는 참게장을 주요 음식으로 친다. 참게는 다리가 열두 개이며 껍질로 갓을 만들 수 있는데, 이것은 백각(白角)[10]에 버금가는 것으로 쳐준다. 남방 사람들은 이것의 꼬리를 가져다가 작은 등긁개로 만든다.

15. 날치. 낭산(朗山)[11]의 낭수(浪水)에 어떤 물고기가 있는데 길이가 한 자이며 날 수 있다. 날 땐 하늘과 구름 속으로 뛰어 올랐다가 쉴 때는 깊은 못 바닥으로 돌아간다.

16. 온천에 사는 물고기. 남방 사람이 계곡을 따라 삼정성(三亭城)이란 곳에 이르렀는데, 그 성 아래 온천이 있었고 그 안에 작은 물고기가 살고 있었다.

17. 양두어(羊頭魚). 주릉(周陵)[12]의 계곡 안에 물고기가 사는데, 그 머리가 양처럼 생겼다. 세상 사람들은 이것을 양두어라고 부른다. 살은 많고 뼈가 적으며 다른 물고기보다 훨씬 맛이 좋다.

18. 가물치. 제남군(濟南郡) 동북쪽에 '종갱(鍾坑)'이란 곳이 있다. 전해지기를 위(魏)나라 경명(景明)[13] 연간에 어떤 사람이 우물을 파다가 물고기를 잡았는데 크기가 거울만 했다. 그날 밤 강물이 넘쳐 이 구덩이에 흘러들었고, 그 안에 살던 사람들은 모두 종어가 되었다고 한다.

---

9 민령(閩嶺) : 복건성과 광동성 지역을 부르는 말. 과거 이곳을 민땅이라고 했다.
10 백각(白角) : 갈아서 광을 낸 쇠뿔.
11 낭산(朗山) : 당대의 현명으로, 지금 하남성 확산(確山) 일대.
12 주릉(周陵) : 미상.
13 경명(景明) : 북위(北魏) 선무제(宣武帝)의 연호로, 해당기간은 500~503년.

19. 바다거북[瑇瑁]. 교배를 두 번 하지 않은 동물로는 호원(虎鴛)[14]과 바다거북이 있다.

20. 소라. 앵무라(鸚鵡螺)[15]는 앵무새와 같이 생겼는데, 이것을 보면 좋지 않은 일이 생긴다. 소라는 우레 소리를 들으면 쭈그러든다.

21. 게. 8월이면 뱃속에서 털이 생기는데, 꼭 벼의 까끄라기와 같은 게 한 치쯤 자란다. 동쪽을 향해 해신(海神)에게 이 털을 바치는데 바치기 전에는 먹을 수 없다.

○ 선원국(善苑國)[16]에서 백족해(百足蟹)가 나는데, 길이는 아홉 자이며 집게발은 네 개이다. 이것을 끓여 아교를 만드는데, '오교(螯膠)'라는 것이다. 이것은 봉훼교(鳳喙膠)[17]보다 낫다.

○ 평원군(平原郡)[18]의 공물인 당해(糖蟹)는 하간(河間)[19]의 외곽에서 잡은 것으로 매년 살아있는 것을 바친다. 당해를 잡으려면 얼음을 깨고 불을 비추면서 늙은 개의 살을 매달아 놓는다. 그러면 당해가 개고기인 것을 알고 바로 떠오르는데 이 때 잡아 올린다. 한 마리의 값이 백 냥이다. 이것을 양탄자로 빈틈없이 싸서 역마에 묶어 급히 노상으로 달리게 한다.

22. 꽃게. 큰 것은 한 자 남짓이며 양쪽 집게발이 굉장히 세다. 8월이면 호랑이와도 싸울 수 있는데, 호랑이가 외려 당하지 못한다. 큰 조수를

14 호원(虎鴛) : 수리의 한 종류일 텐데 미상이다.

15 앵무라(鸚鵡螺) : 연체동물로 장어와 비슷하게 생겼는데, 후미에 기이한 소라 껍질이 있다. 이 껍질은 갈색이나 적갈색의 무늬가 아름다워 술잔이나 장식품으로 많이 사용했다.

16 선원국(善苑國) : 한대에 서역에 있었던 나라 이름으로, 이곳에서 백족해(百足蟹)가 난다는 내용은 곽자횡(郭子橫)의 『동명기(洞冥記)』에도 나온다.

17 봉훼교(鳳喙膠) : 미상이나 봉황새의 부리를 녹여서 만든 아교로 추정된다.

18 평원군(平原郡) : 당대의 군명으로, 덕주(德州)에 속해 있었다. 지금 산동성 평원현.

19 하간(河間) : 당대의 현명으로, 지금 하북성 헌현(獻縣) 일대.

따라 껍질을 벗으며 벗을 때마다 몸이 자란다.

23. 돌고래. 돌고래는 '계(瀱)'라고도 부른다. 물고기도 아니고 그렇다고 교룡도 아닌데, 크기는 웬만한 배만 하다. 길이가 두 세 길이며 색깔은 메기와 비슷하다. 배 아래에 젖꼭지 두 개가 있으며 암컷과 수컷의 생식기는 사람과 비슷하다. 그 새끼를 잡아다가 해안에 놓아두면 우는 소리가 갓난아이의 울음소리와 비슷하다. 정수리 위에 난 구멍은 머리부분과 통해 있어 헉헉하며 숨을 내뿜을 때면 소리가 난다. 이 때는 반드시 큰 바람이 불기 때문에 여행하는 사람들은 이것으로 날씨를 예측하였다. 전해지기를, 게으른 부인이 변한 것이라고 한다. 한 마리를 잡으면 서너 섬의 기름을 얻을 수 있다. 이 기름을 가져다가 등불을 밝혀서 독서를 하거나 길쌈을 하는데 비추면 순간 어두워져버리나, 즐겁게 노는 곳에 비추면 밝아진다.

24. 계비(係臂). 거북처럼 생겼다. 바다에 들어가 이것을 잡으려면 사람은 반드시 먼저 제사를 지내야 한다. 이때 잡고자 하는 수를 고하게 되는데, 그러면 계비가 제힘으로 나와 잡을 수 있지만 만약 그렇게 하지 않으면 풍랑이 일어 배가 뒤집어진다.

25. 대합조개. 비바람을 기다렸다가 껍질을 날개삼아 날 수 있다.

26. 홍게. 집게발이 하나이고 매우 작은데, 그 중 큰 것은 싸움을 시키고 작은 것은 식용으로 쓴다.

27. 속살이게. 껍질은 달팽이 비슷한데 한 짝은 작은 게이고, 다른 한 짝은 고둥이다. 고둥껍질 속에 붙어 살며 항상 고둥을 열고 나와 먹을 것을 찾다가 고둥이 문을 닫으려 하면 급히 껍질 안으로 들어간다.

28. 굴조개. 모(牡)는 수컷을 말하는 것이 아니다. 갑각류 중에는 오직 굴조개만이 염분이 함유된 물을 만들 수 있다.

29. 옥도(玉珧). 방합과 비슷하고 길이는 두 치, 넓이는 다섯 치이다. 껍질 안의 줄기를 구우면 소의 천엽과 같은 맛이다.

30. 수환(數丸). 모양은 방게처럼 생겼다. 이것들은 다투어 흙을 가져다가 둥근 환을 만드는데, 환이 3백 개가 차면 조수가 밀려든다. '사환(沙丸)'이라고도 한다.

31. 천인열(千人捏). 게와 비슷하게 생겼고 크기는 동전만 하다. 껍질이 매우 견고하여 힘센 사내가 있는 힘껏 깨뜨리려고 해도 죽지 않는다. 민간에서는 '천 사람이 짓이겨도 죽지 않는다 해서 붙여진 이름이다'고 한다.

곤충 · 벌레류【蟲篇】

32. 매미. 허물을 벗기 전을 '복육(復育)'이라 부른다. 전해지기를, '말똥구리가 변태한 것'이라고 한다. 수재(秀才) 위현(韋翾)의 농장이 두곡(杜曲)[20]에 있었다. 그가 언젠가 겨울에 나무뿌리를 팠다가 썩은 뿌리에 복육이 붙어 있는 것을 보고 괴이쩍어 했는데, 마을 사람들이 '매미는 본래 썩은 나무가 변해서 된 것이다'고 알려주었다. 그래서 복육 한 마리를 갈라 살펴보니 뱃속이 썩은 나무로 채워져 있었다.

33. 나비. 흰 나비는 자벌레 고치가 변태한 것이다. 수재 고비웅(顧非熊)

---

20 두곡(杜曲) : 섬서성 장안현(長安縣) 남쪽에 위치한 명승지로, 두씨(杜氏)가 이곳에 세거해서 붙여진 이름이다.

이 젊었을 때 한번은 두엄더미 속에서 해진 녹색 치마천이 금세 나비로 변하는 것을 목격하였다. 공부원외랑(工部員外郎) 장주봉(張周封)은, '백합꽃을 함에 넣고 그 틈을 진흙으로 바른 다음 하룻밤이 지나면 이것이 커다란 호랑나비로 변한다'고 알려주었다.

34. 개미. 진(秦) 지방에 몸짓이 크고 검은 개미가 많다. 서로 싸우기를 잘 하여 그 지방에서는 '마의(馬蟻, 말개미)'라 부른다. 다음으로 색깔이 약간 붉은 것은 '세의(細蟻)'인데, 이 중 검은 색에 느리고 둔한 것은 그 힘이 자기 몸 만한 쇠를 들 수 있다. 또 약간 누런색의 것은 약자들을 정복할 수 있는 지혜를 갖고 있다. 내가(단성식) 어려서 놀 때 멧대추나무 가시로 파리를 찔러 저들이 오는 길에 두곤 했다. 그러면 개미들이 이 파리를 건드리며 밀고가 개미굴에서 한 자 또는 몇 치 거리에 도착한다. 굴속으로 들어가자마자 안에 있는 개미들은 새끼줄처럼 줄줄이 나온다. 마치 소리쳐서 저들을 불러낸 것 같았다. 그 행렬에는 예닐곱 마리 사이마다 머리 큰 개미가 끼어 있었는데, 군대의 대오처럼 질서정연하였다. 파리를 옮겨갈 때에는 머리 큰 개미가 행렬의 양 옆이나 맨 뒤에 위치하여 불의의 사태에 대비하는 것 같았다.

○ 원화(元和) 연간(806~820), 나는 장흥리(長興里, 즉 장흥방)에서 집을 빌려 살고 있었다. 마당 한가운데에 개미둑 구멍이 하나 있었다. 이곳의 개미는 큰 붉은개미와 닮았고, 아주 검은 놈들이었다. 허리는 약간 붉은 빛이 돌았고 머리는 뾰족하고 다리는 긴 편으로 다른 어느 개미보다도 신속하게 움직였다. 매번 자벌레나 작은 물고기를 산채로 잡아 굴로 들어가서는 굴을 무너뜨려 막아버렸다. 아마도 잡아온 것을 도망치지 못하게 하기 위함인 듯 했다. 이후 사는 굴을 몇 군데나 옮기는 바람에 다시는 이런 광경을 볼 수 없었다.

○ 산인(山人) 정종예(程宗乂)는, '정집공(程執恭)[21]이 역주(易州)와 정주(定州)[22]에 있었을 때 들판에서 세 자 남짓 높이의 의루(蟻樓)를 보았다'고 했다.

35. 거미. 도사 허상지(許象之)가 말하기를, '한식날에 지은 밥을 그릇으로 덮어 어두운 방 안에 두었다가 여름이 되면 이 밥알이 모두 거미로 변한다'고 하였다.

36. 지네. 수안현(綏安縣)에는 지네가 많다. 큰 것은 토끼를 만나면 기를 이용해 빨아들이며, 작은 것은 도마뱀을 빨아들일 수 있다. 세네 자 정도 거리가 떨어져 있어도 토끼와 도마뱀의 뼈와 살이 저절로 녹아 버린다.

37. 나나니벌[蠮螉]. 나의 서재에 이 벌레가 많다. 대개 이것들은 책 속에 집짓기를 좋아하며 붓통 속에 들어가 윙윙거리기도 하는데 그 소리가 들을 만 하다. 가끔 책을 펼치다 보면 온통 승호(蠅虎, 깡충거미)만한 작은 거미들이 들어차 있다. 이것들은 곧잘 진흙으로 막을 쳐놓고 있었다. 이것을 보고 비로소 나나니벌이 상충(桑蟲)[23]만을 짊어지고 가지 않는다는 걸 알게 되었다.

38. 땅거미. 내 서재 앞에는 비가 내리고 나면 땅거미가 많아진다. 구멍[진(秦) 땅 사람들이 이렇게 부른다─원주]의 깊이는 지렁이의 구멍만 하다. 그 안에는 거미줄이 처져 있고, 흙덮개는 지면과 평평하며 크기가 느릅나무의 열매만 하다. 이것들은 늘 그 덮개를 열고 파리나 자벌레가 지나가는 것을 엿보다가 순간 덮개를 희번덕하여 사로잡는다. 그런 뒤에 구멍 안으로 들어가 덮개를 닫아버리는데, 흙과 같은 색깔이라 전혀 틈을

---

21 정집공(程執恭) : 즉 정권(程權, ?~819). 횡해군절도사(橫海軍節度使)를 지낸 부친 정회직(程懷直)을 이어 이 지역을 한때 지배했다. 역주와 정주는 모두 이 횡해군의 지배 구역이었다.

22 역주(易州)와 정주(定州) : 당대의 주명으로, 지금 하북성 역현(易縣)과 정현(定縣).

23 상충(桑蟲) : 배추벌레. '명령(螟蛉)'이라는 것으로, 푸른 빛깔의 나비 유충이다. 나나니벌이 이 유충을 업고 가 제 새끼로 삼는다고 해서, 타인에게서 맞아들인 양자(養子)를 비유하기도 한다.

찾을 수 없다. 그 모습이 거미와 비슷한데, 『이아(爾雅)』에서는 '왕질척(王蛈蜴)'이라 했고, 『귀곡자(鬼谷子)』[24]에서는 '질모(蛈母)'라 했다. 진(秦) 땅의 아이들은 땅거미를 두고 이렇게 장난을 친다.

땅거미 땅거미야 문을 굳게 지켜라 顚當顚當牢守門
나나니벌이 쳐들어오면 도망칠 곳 없으니. 蠮螉寇汝無處奔

39. 파리. 장안은 가을에 파리가 많다. 내가 언젠가 백가서(百家書)의 제 5권을 읽다가 파리에게 꽤나 시달림을 받았다. 눈썹에 부딪치고 글자를 가리기까지 하여, 쫓아도 소용이 없었다. 그러다 우연히 한 마리를 쳐서 죽였다. 죽은 것을 자세히 살펴보니, 날개는 꼭 매미 같고 머리는 벌과 흡사했다. 본래 썩은 것을 잘 찾아내고 술과 고기를 좋아하며, 머리와 날개를 쓰다듬어 정리하는 버릇이 있다. 이 중에 푸른 것은 소리가 제법 크며, 등이 금빛인 것은 소리가 맑고 고운데, 그 소리가 날개에서 난다. 쇠파리는 음식을 쉬게 만든다. 커다란 것은 머리가 불처럼 붉다. 어떤 이는, '대마승(大麻蠅)[25]은 띠 뿌리가 변한 것이다'고 한다.

40. 좀벌레. 보궐(補闕) 장주봉(張周封)이 말하기를, '일찍이 벽 위에서 흰 오이씨가 반대좀으로 변하는 것을 보고, 『열자(列子)』에서 "썩은 오이가 물고기가 된다[朽瓜爲魚]"[26]는 뜻을 알게 되었네'라고 하였다.

41. 말똥구리. 숲에 쇠똥구리나무가 있다.

---

24 『귀곡자(鬼谷子)』: 초(楚) 땅 귀곡(鬼谷)에 은거했던 귀곡자(鬼谷子)가 지은 작품으로, 양(梁)나라 때 도홍경(陶弘景)이 주를 달아 정리하였다. 모두 3권으로 도교에 관련한 일화집이다.

25 대마승(大麻蠅): 쉬파리의 일종.

26 썩은 오이가 물고기가 된다[朽瓜爲魚]: 『열자』의 「천서(天瑞)」편에 나오는 문구이다.

42. 천우충(天牛蟲). 검고 껍질이 단단한 벌레이다. 장안에서는 여름철에 이 벌레가 울타리나 벽 사이에 나타나면 반드시 비가 내린다. 나는 일곱 번이나 이를 시험해 보았으나 그때마다 모두 맞았다.

43. 괴이한 벌레. 온회(溫會)[27]가 강주(江州)[28]에 있을 때 손님들과 함께 고기잡이를 구경하게 되었다. 그런데 한 어부가 느닷없이 강가 언덕을 정신없이 내달려왔다. 온회가 무슨 일이냐고 물었으나 그 어부는 손을 뒤로 하여 자기 등을 가리킬 뿐을 말을 하지 못했다. 그는 피부가 검었는데 자세히 살펴보니 누런 잎사귀 같이 생긴 물체가 등에 붙어 있었다. 크기는 한 자 남짓 하고 그 위에 눈이 쭉 둘러붙어 있었다. 이것이 등을 깨물고 있어서 떼어낼 수가 없었던 것이다. 온회가 불로 지지게 하자, 그제야 떨어졌다. 각각의 눈 아래에는 모두 못처럼 생긴 주둥이가 달려 있었다. 하지만 어부는 몇 되의 피를 흘리고서 죽고 말았다. 아무도 이 벌레를 아는 자가 없었다.

44. 냉사(冷蛇). 신왕(申王)[29]은 육질(肉疾)[30]을 앓아 배가 정강이까지 내려왔다. 그래서 외출을 할 때면 흰 비단으로 묶고 다녀야 했으며, 여름철이면 코로 숨쉬기조차 불가능할 정도였다. 이에 현종(玄宗)이 남방에 조서를 내려 냉사(冷蛇) 두 마리를 잡아 올리라고 하여 신왕에게 하사하였다. 이 냉사는 길이가 두세 자로 희었으며, 사람을 물지 않았다. 냉사를 만지고 있으면 마치 얼음을 쥐고 있는 것처럼 몸이 차가워졌다. 신왕은 뱃살

27 온회(溫會) : 당나라 목종(穆宗) 때의 인물로, 단성식의 부친 단문창(段文昌)이 검남서천절도사(劍南西川節度使)로 있을 때 막하로 있었다.

28 강주(江州) : 당대의 주명으로, 지금 강서성 구강(九江) 일대. 백거이(白居易)가 좌천되어 이곳에 있으면서 유명한 「비파행(琵琶行)」을 지었다.

29 신왕(申王) : 이위(李撝)로, 당나라 예종(睿宗)의 아들. 어머니는 궁녀인 유씨(柳氏)였는데, 측천무후가 그녀의 신분이 천하다고 하여 궁궐에서 자라지 못하고 승려에게 맡겨져 자랐다. 예종이 즉위하자 신왕(申王)으로 봉해졌다.

30 육질(肉疾) : 일종의 비만증.

이 몇 겹으로 접혔는데, 여름날 냉사를 그 위에 놓고부터는 다시 더위로 고생하는 일은 없었다.

45. 이상한 벌. 이 벌은 꿀벌과 비슷하게 생겼으나, 조금 더 크다. 힘차게 나는 속도가 빠르다. 나뭇잎을 둥글게 잘라 말아서는 나무구멍이나 벽의 벌어진 틈 속으로 들어가 집짓기를 좋아한다. 내가 한번은 벽을 뚫어 이 벌을 찾았는데, 말린 잎 속마다 더러운 것들로 가득 차 있었다. 어떤 이는 '더러운 게 조만간 꿀로 변한다'고 했다.

46. 흰벌 집. 수행리(脩行里) 내 사저(私邸)에는 몇 이랑의 과수원이 있다. 임술년(842)에 삼 열매처럼 생긴 어떤 벌이 흙을 이겨 뜰 앞 처마에다 집을 지었는데, 크기가 계란만 하고 색깔이 아주 흰 게 보기에 좋았다. 그런데 동생이 싫어한 나머지 부숴버렸다. 그해 겨울 과연 손과 발이 트고 부어올랐다. 『남사(南史)』에, '송나라 명제(明帝)가 백문(白門)[31]을 말하기를 꺼려했다'고 나와 있다. 또 『금루자(金樓子)』에는 '자식이 결혼하는 날에 매서운 눈보라가 몰아쳐 휘장과 장막이 흰색으로 변하면 불길하다'고 나와 있다. 그러니 세속에서 흰색을 꺼려한 지가 오래되었음을 알겠다.

47. 독벌. 영남(嶺南)의 독버섯 중에는 밤에 밝은 빛을 내다가 비를 맞으면 썩어서 큰 벌로 변하는 것이 있다. 이 벌은 검은 색에 주둥이는 톱처럼 날카로우며 길이는 세 치 남짓이다. 한밤중에 사람의 귀나 코 속으로 들어가 심장의 힘줄을 끊어버린다고 한다.

48. 죽밀봉(竹蜜蜂). 촉(蜀) 땅에 죽밀봉(竹蜜蜂)이 있는데, 야생 대나무 위

---

31 백문(白門) : 원문은 '白問'으로 나와 있으나, 오류이다. 백문은 남조(南朝) 건강궁(建康宮)의 문인 선양문(宣陽門)을 일컫는다. 남북조시대 송나라 명제 유욱(劉彧)은 길흉화복설에 민감하여 이 선양문 쪽은 불길하다고 여겨 그곳 출입을 꺼렸다고 한다.

에 집짓기를 좋아한다. 벌집의 크기는 계란만 하고 꼭지가 있으며, 전체 길이가 한 자쯤 된다. 벌집과 꿀이 모두 감색으로 보기에 좋으며 일반 꿀보다 갑절은 달다.

49. 물구더기. 남방의 산골짜기 시내에 이 벌레가 많은데, 길이는 한 치 남짓이고 색이 검다. 여름이 깊어지면 이것이 등에로 변해 사람을 쏘는데 독성이 강하다.

50. 물벌레. 상포(象浦)의 냇가에 있는 물벌레는 나무를 뚫고 배를 갉아먹어 수십 일이면 배가 망가지고 만다. 이 벌레는 아주 가늘고 작다.

51. 포창(抱槍). 물벌레로 말똥구리처럼 생겼으나 조금 더 크다. 배 아래에 멧대추나무 가시처럼 튀어나온 가시 같은 게 있는데, 사람을 찌르며 독이 있다.

52. 부자(負子). 물벌레로 새끼들을 등에 업고 다니는 경우가 많다.

53. 카멜레온. 남방에 피역(避役, 카멜레온)이라는 게 있다. '십이진충(十二辰蟲)'이라고도 불린다. 도마뱀처럼 생겼지만, 다리는 길고 몸은 푸른색과 붉은색을 띠며, 살이 붙은 갈기가 있다. 더운 여름철이면 울타리나 벽 사이에서 나타나는데, 민간에서는 '이것을 보는 사람은 일이 뜻대로 이루어진다'고 한다. 그 머리는 순식간에 열두 가지 동물의 모양으로 변한다. 나의 육촌형 단심(段鄩)이 이것을 직접 본 적이 있다.

54. 송진 먹는 벌레. 여름철에 송진을 먹는데, 앞다리는 소나무에 붙이고 뒷다리로 송진을 쥐어 꽁무니 안으로 집어넣는다.

55. 파랑강충이. 매미처럼 생겼으며, 새우만한 유충은 풀잎에 붙어 있다. 이 유충을 잡아가면 그 어미가 날아서 따라온다. 이것을 끓여 먹으면 매우면서 맛이 있다.

56. 왕뚱이. 귀뚜라미처럼 생겼으나, 그보다 약간 더 크고 다리가 길며 부뚜막 옆에 구멍을 파고 살기를 좋아한다. 민간에서는 '부뚜막에 왕뚱이가 있으면 풍족하게 먹을 징조다'라고 한다.

57. 사표(謝豹). 괵주(虢州)[32]에 사표라는 벌레가 있는데, 땅 속 깊숙한 데서 산다. 사마(司馬) 배심(裴沈)[33]의 아들이 한번은 구덩이를 파서 이 벌레를 잡았다. 작은 것은 두꺼비 정도인데 공처럼 둥글다. 사표는 사람을 보면 앞다리를 교차시키고 머리를 뒤집어쓰는 모습이 부끄러워하는 것 같다. 또 두더지처럼 땅을 잘 파, 순식간에 몇 자 깊이를 팔 수 있다. 간혹 땅에 나왔다가 사표조(謝豹鳥)[34] 소리를 듣게 되면 당장 머리가 터져 죽고 만다. 그래서 민간에서 사표라 부른다.

58. 쇄거충(碎車蟲). 매미처럼 생겼고 푸른색이다. 높은 나무에 서식하기를 좋아한다. 그 소리가 사람의 휘파람 소리 같다. 종남산(終南山)에 산다. ○ 한 책에는 '창주(滄州)[35]에서는 조전(搔前)이라고 부르며, 태원(太原) 땅에는 크고 검은 것도 있다. 매미 소리를 낸다'고 나와 있다. 쇄거(碎車)는 속칭 몰염충(沒鹽蟲)이라 한다.

59. 도고(度古). 책을 엮는 끈과 비슷하게 생겼으며, 색깔은 지렁이와

32 괵주(虢州) : 당대의 주명으로, 지금 하남성 영보현(靈寶縣) 남쪽 일대.

33 배심(裴沈) : 여기 외에는 그의 행적은 미상이다.

34 사표조(謝豹鳥) : 두견새로 알려져 있다. 주로 옛날 오(吳)나라에서 두견새를 이렇게 불렀는데 그 유래는 미상이다.

35 창주(滄州) : 당대의 주명으로, 지금 하남성 창현(滄縣) 동남쪽 일대.

비슷하다. 두 자 남짓에 머리는 삽모양 같다. 등에는 흑황색의 난삼(襴衫)처럼 생긴 것이 있는데, 조금만 건드려도 끊어져버린다. 도고는 지렁이를 쫓아다니다가 지렁이가 더 이상 움직이지 않으면 곧장 위로 올라가 덮친다. 한참 뒤 지렁이의 형체는 없어지고 침 같은 뱃속의 진흙덩이만 남는다. 또 독성이 있어 닭이 먹으면 그 자리에서 죽는다. 민간에서는 '토고(土蠱)'라 부른다.

60. 돼지벌레[雷蜞]. 지렁이만 한데 다른 물건으로 건드리면 당장 둥글게 쪼그라들어 공처럼 된다. 한참 있다가 머리를 빼면서 공 모양은 점점 작아지고 이윽고 지렁이처럼 된다. 어떤 이는 '사람을 무는데 독성이 아주 강하다'고 한다.

61. 모(矛). 뱀의 머리에 자라의 몸을 하고 있다. 물에 들어갈 수 있으며 나무도 기어오른다. 영남 지방에 서식하는데 남방 사람들은 이것을 '모(矛)'라 한다. 이것의 기름은 아주 미세하여 구리로 만든 그릇 속으로도 흘러내리므로 계란 껍질에 담아 두어야만 세지 않는다. 종기의 독을 없애는 데 효과가 있다.

62. 남색 뱀. 머리에 강한 독이 있으며 꼬리는 독을 해독하는 효능이 있다. 오주(梧州)[36]의 진가동(陳家洞)에서 나는데, 남방 사람들은 이 뱀 머리를 독약에 탄 것을 '남약(藍藥)'이라고 부른다. 이 약을 사람이 복용하면 즉사하게 되는데, 꼬리를 포로 떠서 쓰면 다시 그 독을 풀 수 있다.

63. 왕뱀. 길이가 열 길이며, 사슴을 통째로 삼킨다. 소화가 다 되면 나무에 주리를 튼 채 사슴의 뼈를 토해낸다. 상처를 치료할 때 이 뱀의 기

36 오주(梧州) : 당대의 주명으로, 지금 시안(始安) 자치구 계림(桂林) 지역.

름을 쓰면 매우 좋다. 어떤 이는, '여자의 옷을 왕뱀에게 던지면 똬리를 튼 채 움직이지 못한다'고 한다. 이것의 쓸개는 상순(上旬)에는 머리 가까이에, 중순(中旬)에는 심장에, 그리고 하순(下旬)에는 꼬리 근처에 있다.

64. 전갈. 쥐며느리 중에 큰 것은 대부분 변태해서 전갈이 된다. 전갈은 대개 새끼를 등에 업고 다닌다. 나는 일찍이 새끼 십여 마리를 등에 업은 전갈을 본 적이 있다. 새끼들은 흰색으로 겨우 낟알만 했다. 또 전에 장희복(張希復)의 말을 들었는데, '진주(陳州)[37]의 오래된 창고에 있는 전갈은 동전 같이 생겼고, 사람을 물면 누구나 다 죽는다'고 했다. 강남 땅에는 예전에는 전갈이 서식하지 않았으나, 개원(開元) 초에 한 주부(主簿)가 죽통(竹筒)에 전갈을 싣고 양자강을 건너 온 이후 지금 강남에서도 서식하게 되었다. 그래서 민간에서는 이것을 '주부충(主簿蟲)'이라고 부른다. 전갈은 항상 달팽이에게 먹히는데 달팽이가 지나가는 흔적이 있으면 전갈은 그쪽으로 가지 않는다. 전해지기를, '만백(滿百)[38]을 지나가면 전갈에게 쏘인다'고 알려져 있다. 전갈의 앞을 '석(螫)'이라 하고, 뒤를 '채(蠆)'라 부른다.

65. 이[虱]. 전해오는 말에 의하면, 슬고증(虱蠱症)[39]에 걸렸을 땐 적룡(赤龍)이 목욕한 물을 마시면 낫는다고 한다. 이[虱]는 수은을 싫어하므로 사람에게 이가 생겼을 때는 옷에 향을 쐬거나 목욕을 해도 없앨 수 없고, 오직 수은이라야 없앨 수 있다.[40] 도사 최백(崔白)의 말에 따르면, '형주(荊州)의 수재 장고(張告)가 머리가 두 개 달린 이를 잡은 적이 있다'고 한다. 어떤 풀은 산발치의 습한 곳에 자라는데, 잎이 백합처럼 생겼고 하나의

37 진주(陳州) : 당대의 주명으로, 지금 하남성 회양(淮陽) 지역.
38 만백(滿百) : 촉 땅이나 운남 지역의 지명으로 판단되나 미상이다.
39 슬고증(虱蠱症) : 이의 독으로 인해 생긴 병.
40 오직 수은이라야 없앨 수 있다 : 이 부분은 원문에는 빠져 있으나, 『태평광기』(권477) 「슬건초(虱建草)」 부분에 의거하여 번역하였다.

줄기에 대칭으로 잎이 나며 줄기는 약간 붉고 높이는 한 두 자쯤 된다. 이것을 '슬건초(虱建草)'라 하는데, 서캐나 이를 없애는데 쓰인다. 또 수죽(水竹)이란 것은 잎이 대나무 같고 물속에서 사는데 작지만 역시 이를 제거하는데 제격이다.

66. 누리. 형주(荊州)의 한 주술사는 호가 법통(法通)이다. 본래 안서(安西) 출신으로, 젊었을 적 동천축국(東天竺國)에서 출가했다. 그의 말이다.

'누리 가운데 아랫배에 '범(梵)' 자가 새겨진 것이 있다. 이것들은 하늘에서 내려온 것으로, 도리천(忉利天)이나 범천(梵天)에서 온 것이다. 서역에서는 이 글자를 살펴서 본천단법(本天壇法)[41]으로 이것들을 제거한다.'

그러나 지금 누리의 머리에 '왕(王)'자가 있는 것은 도대체 이해할 수 없는 부분이다. 어떤 사람은, '물고기 새끼가 변한 것'이라고 하는데, 그럴 성 싶다. 옛말에도 '누리가 곡식을 먹는 것은 관아의 관리들이 불러들인 것이다'고 하는데, 관리가 백성을 수탈하면 누리가 곡식을 먹는다는 격이다. 즉 몸통이 검고 머리가 붉은 누리는 무관(武官)이고, 머리가 검고 몸통이 붉은 것은 문관(文官)에 해당한다.

67. 야호비체(野狐鼻涕). 사마귀이다. 세상에서는 이를 '야호비체(野狐鼻涕)'[42]라 부른다.

41 본천단법(本天壇法) : 미상.
42 야호비체(野狐鼻涕) : 사마귀의 모양새를 보고 이렇게 부른 것으로 판단된다.

유양잡조 권18

동식물 잡찬(3)【廣動植之三】

나무【木篇】

1. 소나무. 소나무를 말할 때 '양립(兩粒)'이니 '오립(五粒)'이니 하는데, 입은 '렵(鬣)'이라고 해야 맞다. 내가 사는 수행리(修行里) 사저의 대청 앞에는 다섯잎송 두 그루가 있는데, 그 크기는 겨우 사발만 하다. 갑자년(844)에 솔방울을 맺었다. 그 맛이 신라(新羅)와 남조(南詔)[1]의 것과 차이가 없었다. 다섯잎송은 껍질이 비늘처럼 생기지 않았다. 환관 구사량(仇士

1 남조(南詔) : 당왕조 시기에 만족(蠻族)이 세운 국가로, 오만(烏蠻)이 주체가 되어 세운 여섯 조(詔) 중 가장 남쪽에 위치해서 이렇게 불렀다. 한때 운남성 전체와 사천성의 남부, 귀주성의 서부 일대를 장악했다.

良)[2]의 물레방아 정자가 성의 동편에 있었고 거기에 껍질이 비늘처럼 생기지 않은 두잎송이 있다. 거기에는 일곱잎송도 있으나 어디서 구해 온 것인지는 알 수 없다. 속설에 공작송(孔雀松)은 세잎송이라 한다. 소나무의 수명은 뿌리에 달려 있는데, 뿌리가 뻗다가 돌이 있으면 옆으로 기울게 된다. 그러면 천년을 넘기기 어렵다.

2. 대나무. 대나무 꽃을 '복(葍)'이라 하며, 죽은 것을 '주(篘)'라 한다. 60년마다 한번 새뿌리가 나오는데, 그때 꽃은 열매를 맺고 말라죽는다.

3. 함타죽(篏墮竹). 줄기의 크기는 사람의 발가락만하다. 죽통 속은 흰 막이 가려 막고 있는데, 꼭 젖은 밀가루를 붙여놓은 듯하다. 큰 대로 자라면 통의 껍질이 떨어지기도 전에 작은 벌레가 갉아먹어 버린다. 대꺼풀이 떨어진 뒤 벌레가 갉아 먹은 자리는 붉은 흔적이 남는데, 마치 수놓은 그림처럼 예쁘다.

4. 극죽(棘竹). '파죽(笆竹)'이라고도 한다. 마디마다 가시가 있으며, 수십 그루가 떨기를 이루고 있다. 남이(南夷)[3]에서는 이것을 심어 성벽을 삼는다. 그러면 웬만해서는 공격할 수 없다. 간혹 저절로 무너져 뿌리가 드러나기도 하는데, 뿌리는 술단지 만하고 종횡으로 얽혀 있어서 그 모양이 마치 물레처럼 보인다. 이것을 먹으면 사람의 이가 빠진다고 한다.

5. 근죽(筋竹). 남방 사람들은 이것으로 창을 만든다. 죽순이 아직 대나무로 자라지 않았을 때는 쇠뇌의 시위로 쓸 수 있다.

---

2 구사량(仇士良): 환관으로, 헌종을 거쳐 목종, 경종(敬宗), 문종, 무종(武宗) 재위 기간 동안 궁정의 일을 맡아 보며 권세를 누렸다. 이른바 당나라 환관 세력 발호의 중심에 있었던 인물이다. 장안의 안흥방(安興坊)에 그의 저택이 있었다.

3 남이(南夷): 당대에 있었던 중국의 서남쪽 지역의 소수민족.

6. 백엽죽(百葉竹). 가지 하나에 잎이 백 개가 달리며, 독이 있다.

7. 『죽보(竹譜)』[4]에는 대나무 종류로 모두 서른아홉 가지가 나와 있다.

8. 자죽(慈竹). 여름철 비가 내린 뒤 이 대나무의 수액이 땅에 떨어지면 풀자리[蓐]가 생기는데, 꼭 사슴뿔 같이 생겼고 흰색이다. 이것을 먹이면 이질을 고칠 수 있다.

9. 괴상한 나뭇가지. 대력(大曆) 연간(766~779) 성도(成都)의 백성 곽원(郭遠)이 땔나무를 하다가 상서로운 나뭇가지 하나를 주었다. 나뭇결에 '천하태평(天下太平)'이라는 글자가 드러나 있었다. 나라에서는 조서를 내려 이것을 비각(秘閣)[5]에 보관하도록 하였다.

10. 장안 서쪽 지국사(持國寺)[6] 절문 앞에는 홰나무 몇 그루가 있다. 김감(金監)이란 이가 이 중 한 그루를 사서 부리고 있던 솜씨 좋은 목수더러 자르게 했다. 그런데 나무 안을 살피고 나온 목수는, '이 나무는 다른 나무와 다른 게 없다'고 하였다. 김감은 크게 혀를 차며 아쉬워하더니 다시 붙이라고 하였다.

"자네가 감당할 게 못되는가 보군. 이제 자네에게 내 솜씨를 보여주겠네."

그러더니 나무의 결대로 자르자 한 조각은 천왕(天王)의 모습이, 다른

4 『죽보(竹譜)』: 진(晉)나라 대개지(戴凱之)가 찬한 대나무에 관한 책이다. 모두 70여 종의 대나무가 4언의 운문 형식으로 기술되어 있는 바, 여기서 39종이라고 한 것은 착오로 판단된다.

5 비각(秘閣): 일반적으로 상서성(尙書省)을 일컬으나, 여기서는 비서(秘書) 따위를 따로 보관하는 궁정의 창고로 판단된다.

6 지국사(持國寺): 미상. 혹시 '소국사(昭國寺)'의 오기가 아닌가 싶다. 소국사는 뒤에 「사탑기(寺塔記)」에 나온다.

조각은 탑과 창의 모양이 드러났다.

11. 도관원외랑(都官員外郎)[7] 진수고(陳修古)의 말의 의하면, '서천(西川)[8]에 이름을 기억할 수 없는 고을의 한 관리가 옥졸(獄卒)과 나무를 교환하여 땔감으로 쓰려고 했는데, 이 나무에 천존상(天尊像)이 있었다'고 한다.

12. 괴이한 나무. 누약(婁約)은 상산(常山)[9]에 살고 있었다. 한번은 참선을 한 채 앉아 있는데, 한 시골 노파가 나무 하나를 들고 와서는 뜰에 심으면서 '이 나무는 청정수(蜻蜓樹)다'고 하였다. 세월이 흘러 이 나무에서는 꽃향기가 진동했고 잎도 무성했다. 꼬리가 길고 몸이 붉은 새 한 마리가 항상 이 나무 위에서 살았다.

13. 이상한 과일. 섬피국(贍披國)[10]에 천여 마리의 소를 치는 사람이 있었다. 한번은 소 한 마리가 무리를 이탈하여 갑자기 간 곳을 알 수 없었다. 이 소가 날이 저물어서야 돌아왔는데, 생김새와 표정, 그리고 울음소리가 사뭇 달라져 있어 다른 소들이 이상해했다. 이튿날도 혼자 다른 곳으로 가자, 주인이 뒤를 따랐다. 이 소는 한 굴로 들어갔다. 대여섯 리를 더 들어가자 갑자기 앞이 툭 트이고 환해졌다. 그곳의 꽃과 나무는 모두 인간 세상에 있는 것이 아니었다. 소는 한 곳에서 풀을 뜯어 먹었다. 그

---

7 도관원외랑(都官員外郎) : 도관(都官)은 당대(唐代)의 관명으로, 형부(刑部)에 소속되어 포로나 노예의 장부를 관장하였다. 참고로 원외랑은 수대(隋代)에 상서성에 두었던 정원외 관직으로, 평상시에는 소속된 부서의 장부를 맡아보았으며, 시랑(侍郎)이 결원일 때는 그 직무를 대신하였다.

8 서천(西川) : 사천(四川)의 서부 지역을 일컫는 말.

9 상산(常山) : 당대의 군 이름으로, 현재 두 곳이 알려져 있다. 즉 하북성 정정현(正定縣)은 당대에 상산군(常山郡)으로, 절강성 상산현(常山縣)은 당대에 상산현이었다.

10 섬피국(贍披國) : Campa의 음역으로, 현재 베트남의 중부지역에 있었던 나라. '섬박(贍博)', '섬파(贍婆)' 등으로도 표기했다. 이 시기에는 야생 코끼리가 많은 나라로 중국에 알려졌다고 한다.

풀도 무슨 풀인지 알 수 없었다. 또 황금색의 어떤 과일이 있어서 주인이 그 중 하나를 훔쳐 돌아오다가 귀신에게 빼앗기고 말았다. 다시 그 다음날 그곳으로 가서 이 과일을 땄다. 이것을 가지고 동굴 입구에까지 이르렀을 때 귀신이 다시 뺏으려고 했다. 주인은 급한 나머지 삼켜버렸다. 그랬더니 그의 몸이 갑자기 길어져 머리만 겨우 동굴 밖으로 나왔고 몸은 굴에 끼고 말았다. 며칠 뒤 그는 돌로 변해 버렸다.

14. 감자(甘子). 천보(天寶) 10년(751), 현종이 신료들에게 하교하였다.

"근래 궁궐 안에 감자나무 두세 그루를 심었는데 이번 가을에 열매가 150개나 열렸소. 강남(江南)이나 촉(蜀) 지방에서 진상한 것과 차이가 없구려."

이에 신료들이 하례하는 표문을 올렸다.

"비와 이슬이 고르게 내림은 뒤섞인 하늘의 기운을 함께 입은 것이며, 풀과 나무가 타고난 성질이 있음은 땅의 기운을 빌려서 은밀히 통했기 때문이옵니다. 그러니 강외(江外)[11]의 진기한 과수가 궁궐 안의 아름다운 열매로 변한 것이옵니다."

전해오기로, 현종이 촉(蜀) 땅으로 몽진갔던 그 해에 나부산(羅浮山)[12]의 감자나무에선 열매가 열리지 않았다고 한다. 영남(嶺南) 지방의 개미는 진(秦) 땅의 왕개미보다 크며, 감자나무에 집을 짓고 산다. 감자나무 열매가 달릴 때 그 개미가 열매를 따라 올라가기 때문에 감자나무의 껍질은 얇고 매끄럽다. 그래서 종종 감자 열매가 개미집에서 발견되곤 하는데, 한 겨울에 이것을 따다 먹으면 보통 것보다 몇 배나 맛이 있다.

15. 녹나무. 강동(江東) 사람들은 이 나무를 가져다가 배를 만드는데,

---

11 강외(江外) : 즉 장강(長江) 이남 지역.

12 나부산(羅浮山) : 광동성 증성현(增城縣) 동쪽에 있는 산으로, 동진(東晉) 때 갈홍(葛洪)이 이 산에서 신선술을 터득한 이후로 신선의 자취로 유명한 산이 되었다.

이 배로 뱃사람들이 교룡과 싸운 적이 있다고 한다.

16. 석류(石榴). '단약(丹若)'이라고도 한다. 양(梁)나라 대동(大同)[13] 연간에, 동주(東州)[14]의 후당(後堂)에 있는 석류의 열매는 모두 씨가 쌍으로 들어있었다. 남조(南詔)의 석류는 씨가 크고 껍질이 얇아 마치 등지(藤紙)[15] 같은데, 맛은 낙양(洛陽)의 것보다 월등하다. 석류 중에 단 것은 '천장(天漿)'이라 한다. 이것은 종유석의 독을 없애는 데 좋다.

17. 감나무. 민간에서는 감나무가 일곱 가지 장점을 가졌다고 한다. 수명이 긴 것이 첫째이고, 그늘을 많이 제공해준다는 점이 둘째이며, 새가 둥지를 틀지 못하는 것이 셋째이며, 벌레가 생기지 않은 것이 넷째이며, 서리맞은 잎을 감상할 만한 게 다섯째이고, 좋은 열매가 열린다는 것이 여섯째이고, 낙엽이 크고 두툼한 것이 일곱째이다.

18. 한제행(漢帝杏). 제남군(濟南郡) 동남쪽에 분류산(分流山)이 있는데, 이 산 위에는 살구나무가 많다. 크기는 배만 하고 색깔은 귤처럼 누렇다. 이 지방 사람들은 이것을 '한제행(漢帝杏)'이라 부른다. '금행(金杏)'이라 부르기도 한다.

19. 지의내(脂衣柰). 한(漢)나라 때는 자내(紫柰)[16]라고 했다. 크기가 됫박만 하고 씨는 자주색이며 꽃은 푸르다. 이것을 갈면 즙이 나오는데 이것으로 옻칠을 할 수 있으며, 옷에 묻으면 빨아도 지워지지 않는다.

---

13 대동(大同) : 양나라 무제(武帝)의 연호로, 해당기간은 535~545년.

14 동주(東州) : 누구의 호일 텐데, 미상이다.

15 등지(藤紙) : 당송 시대에 월(越) 땅에서 많이 사용하였던 오래된 등나무 껍질로 만든 종이. 그 제작 방법도 다양하며, 종이가 귀한 시절에 많이 사용하였다.

16 자내(紫柰) : 능금과의 일종으로 흰색, 자주색, 푸른색의 세 종류가 있다고 한다.

20. 선인조(仙人棗). 진(晉)나라 때 태창현(太倉縣)의 남쪽 적천(翟泉)의 서편에 화림원(華林園)[17]이 있었다. 이 화림원에 선인조가 자라고 있는데 길이가 다섯 치이고 씨는 바늘처럼 가늘다.

21. 황련목[楷]. 공자(孔子)의 묘(墓)에 특히 황련목이 많다.[18]

22. 치자(梔子). 다른 꽃은 대개 꽃잎이 여섯 개 이하인데, 치자의 꽃만은 여섯 개다. 도홍경(陶弘景)이, '치자는 꽃이 여섯 잎으로 나누어졌고 화방(花房)도 여섯 길로 나눠어 있으며, 이 꽃의 향은 아주 진하다'고 하였다. 전해지기를, 서역의 '첨포화(薝蔔花)'가 이것이라고 한다.

23. 선도(仙桃). 침주(郴州)[19]에 있는 소탐(蘇耽)[20]의 선단(仙壇)에서 유래했다. 누군가가 지성으로 기도를 드리면 그때마다 선도가 단 위에 떨어지는데, 어떤 때에는 대여섯 개까지 떨어졌다. 돌덩이처럼 생겼으며 적황색이다. 이것을 잘라보면 속에 씨가 세 겹으로 쌓여져 있는 것처럼 보인다. 이 씨를 갈아서 마시면 온갖 병을 치료할 수 있고 사악한 기운을 없애는데 더욱 좋다.

24. 사라(娑羅). 파릉(巴陵)[21]에 있는 어떤 절의 승방(僧房) 평상 아래에서 느닷없이 한 그루 나무가 자라났다. 베어내도 다시 베어낸 만큼 컸다. 외

---

17 화림원(華林園) : 육조시대에 화림원은 낙양(洛陽), 업도(鄴都), 건업(建業) 등 세 곳에 있었다고 한다. 여기는 낙양에 있는 것을 말한다.

18 황련목이 많다 : 산동 곡부(曲阜)에 공자묘(孔子墓)가 조성되었을 때 제자 자공(子貢)이 이 황련목을 직접 심었으며, 그 후에 번성하였다.

19 침주(郴州) : 당대의 주명으로, 지금 호남성 침현(郴縣).

20 소탐(蘇耽) : 고대의 신선으로, 어렸을 적부터 효성이 지극하였다. 어머니가 생선국을 찾자 한식경 만에 호주(湖州)의 저자에 가서 생선을 사왔는데, 그 거리가 1천 4백리나 되었다. 그는 뒤에 학을 타고 승천하였다고 전해진다.

21 파릉(巴陵) : 당대의 현명으로, 지금 호남성 악양(岳陽) 지역.

국의 승려가 보고,

"이것은 사라(娑羅)이다."

고 하였다. 원가(元嘉)[22] 초에 이 나무에서 연꽃 같은 꽃이 폈다. 천보(天寶) 초에 안서도(安西道)[23]에서 사라의 가지를 진상하면서 장계를 올렸다.

"신이 관할하는 네 개의 진(鎭)이 발한나국(拔汗那國)[24]과 가장 가까이에 있사온데, 이곳에 사라수(娑羅樹)라는 나무가 특별히 기이하고 빼어납니다. 이 나무 주변에는 잡풀들이 자라지 않고 악조(惡鳥)도 깃들지 못하옵니다. 뻗어 나온 줄기는 단단하기가 소나무나 전나무에 손색이 없고, 드리운 그늘도 복숭아나무나 오얏나무에 못지않사옵니다. 근래 관리를 발한나에 보내 이 나무 가지 200개를 끊어오게 한 것입니다. 이것으로 장락궁(長樂宮)[25]에 뿌리를 내리고 건장궁(建章宮)[26]에서 싹을 틔울 수 있다면 잎이 펼쳐져 드리우게 될 그늘은 달 속의 계수나무와 견줄 수 있고, 가지가 맞닿아 생기는 그림자는 천상의 백유(白楡)[27]에 필적할 것이옵니다."

25. 적백색 버드나무. 양주(涼州)에서 나며, 큰 것은 숯을 만들 수 있다. 또 잿물에 구리를 넣고 끓이면 은을 만들 수 있다.

26. 선수(仙樹). 기련산(祁連山)[28] 정상에는 선수(仙樹) 열매가 난다. 여행

---

22 원가(元嘉) : 위진남북조시대 송(宋)나라 문제(文帝)의 연호로, 해당기간은 424~453년.

23 안서도(安西道) : 당나라 때 안서지역에 네 곳의 절도사(節度使)를 파견하여 안서도호부가 형성되었던 바, 구자(龜玆, 쿠차), 언기(焉耆), 우전(于闐), 소륵(疏勒) 등 네 곳이었다. 이 지역을 통칭하여 안서도라 한다.

24 발한나국(拔汗那國) : Fergana의 음역으로, 서역의 나라이름이다. 일반적으로 대완국(大宛國)으로 알려져 있는데, 이란어를 쓰며 포도와 명마(名馬)의 산지로 유명하다.

25 장락궁(長樂宮) : 한나라의 궁전으로, 장안 서북쪽에 위치해 있었다. 후한 때 영락궁(永樂宮)으로 고쳤다가 천보 연간에 훼철되었다.

26 건장궁(建章宮) : 한나라의 궁전으로, 무제 때 백양대(栢梁臺) 자리에 조성하여 미앙궁(未央宮)과 함께 나란히 위치하였다.

27 백유(白楡) : 원래는 흰느릅나무를 지칭하나, 그 모양이 별을 닮았다고 해서 별의 이칭으로 쓰인다. 주로 한시에서 별을 표현할 때 많이 썼다.

하는 사람들이 이것을 먹으면 갈증을 해소할 수 있다. '사미목(四味木)'이라고도 하는데, 열매는 대추 같이 생겼다. 대나무 칼로 베어 먹으면 단맛이, 쇠칼로 베어 먹으면 쓴맛이, 목도(木刀)로 베어 먹으면 신맛이, 갈대칼로 베어 먹으면 매운 맛이 난다.

27. 일목오향(一木五香). 뿌리에서는 전단(栴檀)의 향이, 마디에서는 침향(沈香)이, 꽃에서는 계설향(雞舌香)이, 잎에서는 곽향(藿香)이, 그리고 진액에서는 훈육향이 난다.

28. 후추. 수은을 만들어낼 수 있다. 수유(茱萸)는 기운을 올리는데 좋으나 후추는 기운을 내리는데 효과적이다.

29. 닥나무. 농사짓던 밭을 오래 묵혀두면 거기서 꼭 이 나무가 자란다. 잎이 여러 쪽으로 갈라져 있으면 저(楮)이고, 없으면 구(構)이다.

30. 황양목(黃楊木). 원래 잘 자라기 힘든 나무이다. 세간에서는 불이 붙지 않기 때문에 이 나무를 귀하게 여긴다. 어떤 이는, '물로 시험해서 가라앉으면 불에 타지 않는 것이다'고 한다. 이 나무는 반드시 그늘이 졌거나 어두울 때 베야 한다. 특히 별이 전혀 없는 밤에 이것을 베다가 베개로 만들면 갈라지지 않는다.

31. 포도(葡萄). 민간에서는 '포도넝쿨은 서남 방향으로 뻗어 나가는 경향이 있다'고 한다. 유신(庾信)이 위(魏)나라 사신 울근(尉瑾)에게 이런 말을 했다.

"내가 업(鄴) 땅에 있을 때 포도를 많이 먹어보았는데, 그 맛이 아주 좋

---

28 기련산(祁連山) : 감숙성 장액현(張掖縣) 서남쪽에 위치한 산으로, 감주(甘州)와 양주(涼州)의 경계이며 그 서쪽이 안서지역이다.

왔소."

그러자 진소(陳昭)가 물었다.

"생김새가 어떻던가요?"

서군방(徐君房)이 대답하였다.

"고염나무와 비슷하지요."

유신이 이 말을 받았다.

"그대는 도무지 사물을 구별할 줄 모르는구려. 싱싱한 여지(荔枝)와 비슷하다고 해야 하지 않겠소?"

위조사(魏肇師)도 거들었다.

"위(魏)나라 무제(武帝)는, '여름철이 끝나고 가을로 접어들 무렵이면 더위가 남아 있기 마련인데, 이때 술에 취했다가 깨어나 이슬이 맺힌 포도를 먹으면 단 것도 그리 달지 않고 신 것도 그리 시지 않다'고 했지요. 말만 해도 정말이지 침이 흐르며 좋아라 할 것인데, 하물며 직접 먹어 본 분이야 어떻겠습니까?"

이제 울근이 말했다.

"포도는 본래 대완국(大宛國)이 산지로, 장건(張騫)이 들여 온 것입니다. 황색과 백색, 흑색 등 세 종이 있는데, 제대로 익었을 때 열매가 서로 다닥다닥 붙어 별처럼 달리고 구슬처럼 모여 있지요. 서역에서는 대부분 이것으로 술을 담근 답니다. 해마다 조공으로 바쳐 와, 한나라 장안에도 적지 않았던 듯합니다. 두릉(杜陵)[29]의 밭 쉰 무(畝)[30] 가운데는 포도나무 백 그루가 있었다고 하니까요. 지금 서울에도 금림(禁林)에만 있는 것이 아닙니다."

다시 유신이 말했다.

"농원이나 집집마다 포도를 심으면 그늘이 지고 시렁이 잇닿겠지요."

---

29 두릉(杜陵) : 한나라 선제(宣帝)의 능. 섬서성 장안현 동남쪽 함녕(咸寧)에 있었다.

30 무(畝) : 전답의 면적 단위로, 사방 여섯 자를 1보(步)라 하는데, 100보를 1무(畝)라 한다. 현재는 약 100㎡가 1무가 된다.

그러자 진소가 물었다.

"그 맛이 귤이나 유자와는 어떻게 다릅니까?"

유신이 대답하였다.

"즙은 귤이나 유자보다 훨씬 맛있지만, 향은 그만 못하지요."

울근이 거들었다.

"귤은 겉은 황금색이고 속이 희기 때문에 싸서 진상할 수 있는데, 포도는 입으로 들어가자마자 절로 녹아들기 때문에 정말이지 맛을 음미하기 어렵지요."

32. 패구현(貝丘縣)의 남쪽에 포도곡(蒲萄谷)이 있다. 골짜기에서 나는 포도를 곧바로 따서 먹을 순 있지만, 혹여 따서 가져가려고 하면 곧장 가는 길을 잃게 된다. 민간에서는 이것을 '왕모포도(王母葡萄)'라 부른다. 천보(天寶) 연간에 승려인 담소(曇霄)가 여러 산을 유람하다가 이 골짜기에 들어와 포도를 발견하고 따 먹었다. 또 지팡이로 만들어 쓸 수 있음직한 말라버린 포도넝쿨을 발견했는데, 손가락만한 굵기에 길이나 다섯 자 남짓이었다. 이 넝쿨을 자신의 사찰로 가지고 와 심었더니 마침내 다시 살아났다. 몇 길 높이로 자라 폭이 열 길 되는 그늘을 드리워, 올려다보면 마치 장막을 펼쳐놓은 듯하였다. 그 안에 포도알이 주렁주렁 열려 영롱한 보랏빛으로 금방이라도 떨어질 것만 같았다. 당시 사람들은 이곳을 '초룡주장(草龍珠帳)'이라고 불렀다.

33. 능소화(凌霄花). 이슬이나 물에 젖으면 사람의 눈을 상하게 한다.

34. 송정(松楨). 즉 종등(鍾藤)이다. 잎이 큰 것을 진안(晉安)[31] 사람들은 쟁반으로 사용한다.

---

31 진안(晉安) : 당대의 현명으로, 지금 사천성 남부현(南部縣) 서북쪽 지역.

35. 후소(侯騷). 덩굴로 자란다. 열매는 계란만 한데, 그 맛이 달면서도 차가워 몸을 가볍게 해주고 숙취를 해소해 준다. 『광지(廣志)』[32]에 '왕태복(王太僕)[33]이 바친 데서 유래했다'고 나와 있다.

36. 여제(蠡薺). 열매가 탄환만 하다. 위(魏)나라 무제(武帝)가 즐겨 먹었다.

37. 주배등(酒杯藤). 크기가 사람 팔뚝만 하고 꽃잎이 단단하여 술잔으로 사용할 수 있다. 열매의 크기는 손가락만 한데 이것을 먹으면 숙취를 해소할 수 있다.

38. 백내(白柰). 양주(涼州)의 야저택(野猪澤)에서 나며 크기는 토끼 머리만 하다.

39. 비려(比閭). 백주(白州)[34]에서 나며 꽃잎이 깃털처럼 생겼다. 이 나무를 베서 수레를 만들면 종일토록 타고 다녀도 부서지지 않는다.

40. 보리수(菩提樹). 마가타국(摩伽陀國)[35]에서 나며, 마하보리사(摩訶菩提寺)[36]에 있다. 대개 석가여래가 득도했을 때의 나무이므로 '사유수(思惟樹)'라고도 불린다. 줄기는 황백색이며, 가지와 잎은 짙푸른색으로, 겨울에

32 『광지(廣志)』: 육조시대 곽의공(郭義恭)이 찬한 잡가서로, 모두 2권인데 지금은 전하지 않는다.

33 왕태복(王太僕): 태복(太僕)을 지낸 왕 아무개이겠으나 미상이다.

34 백주(白州): 당대의 주명으로, 지금 광서(廣西)의 치완족 자치구인 박백현(博白縣).

35 마가타국(摩伽陀國): Magadha의 음역으로, 고대 중인도에 있었던 나라. '마갈타국(摩竭陁國)' 등으로도 표기하며, BC 3세기 경 마우리아 왕조 때 강성하였다가 5세기에 들어와 쇠퇴하였다.

36 마하보리사(摩訶菩提寺): 현장(玄奘)의 『서역기(西域記)』에는 '마하보리승가람(摩訶菩提僧伽藍)'으로 표기되어 있으며, 이를 한역하여 '대각사(大覺寺)'라 했다.

도 잎이 시들지 않는다. 부처가 열반에 드는 날에 색이 변하여 잎이 떨어지더니 이윽고 다시 살아났다. 이 날이 되면 국왕과 나라사람들은 큰 불사(佛事)를 거행하고 보리수의 잎을 주워 돌아와서는 상서로운 것으로 여겨 잘 간직하였다. 보리수의 높이는 4백 자로 그 아래에는 은탑(銀塔)을 세워 주변을 에워싸게 한다. 이 나라 사람들은 사시사철 항상 분향하고 부처에게 헌화하면서 이 나무를 돌며 예불을 드린다.

당나라는 정관(貞觀) 연간(627~649) 자주 사신을 파견하여 사찰에서 불공을 드리고 가사(袈裟)를 희사하였다. 또 고종(高宗)은 경현(顯慶)[37] 5년(660)에 이 절에 비(碑)를 세우고 성덕을 기리기도 했다. 보리수의 인도의 명칭은 둘이 있는데, 그 하나는 '빈발리바력차(賓撥梨婆力叉)'이고 또 하나는 '아습갈타바력차(阿濕曷咃婆力叉)'이다. 『서역기(西域記)』에는 '비발라(卑鉢羅)'로 기록되어 있다. 부처가 이 나무 아래에서 득도했기 때문에 도(道)라는 호칭을 붙여 '보리(菩提)'라 불렀으며, '바력차'는 한역(漢譯)으로 '수(樹)'이다. 옛날 중천축(中天竺)의 무우왕(無憂王)[38]이 이 나뭇가지를 잘라내서는 대바라문(大婆羅門)[39]을 섬기는 사람들더러 섶처럼 쌓게 하고 태우게 했다. 그런데 불길 속에서 갑자기 나무 두 그루가 자라났다. 무우왕은 이에 참회를 하고 '회보리수(灰菩提樹)'라 부르고, 마침내 그 둘레로 돌담을 쌓았다. 설상가왕(設賞迦王)[40] 대에 이르러 다시 보리수를 파내었는데, 샘까지 파들어가도 뿌리는 끝없이 뻗어 있었다. 상설가왕은 파낸 구덩이에 불을 놓고 사탕수수 즙을 부어 보리수를 말려 죽이려고 하였다. 훗날 무우왕의 증손인 마갈타국(摩竭陀國)[41]의 만주왕(滿胄王)이 천 마리의 소젖을

---

37 경현(顯慶): 당나라 고종(高宗)의 연호로, 해당기간은 656~660년.

38 무우왕(無憂王): 즉 아쇼카왕. 한역으로는 '아육왕(阿育王)'으로, 인도 왕으로는 처음 바라문교에 입교하였고 불교를 국교화한 것으로 유명하다.

39 대바라문(大婆羅門): 즉 석가모니. 참고로 이 부분이 '火婆羅門'으로 되어 있는 이본도 있으나, 이 경우는 '배화교'로 해석할 수 있다.

40 설상가왕(設賞迦王): 즉 샤쇼카왕. 그는 동인도의 카르카슈바나 국왕으로 보리수를 파괴한 것으로 전해진다.

41 마갈타국(摩竭陀國): 다음 항목의 '마가타국(摩伽陀國)'도 같은 이름이다. 고대 중인

주변에 뿌리게 했는데, 이틀 뒤 나무는 다시 예전처럼 살아났다. 그래서 다시 돌담을 두 길 넉 자 높이로 쌓았다. 현장(玄奘)이 서역에 갔을 때 이 나무가 돌담 위로 두 길 남짓 올라와 있는 것을 보았다.

41. 패다(貝多). 마가타국(摩伽陀國)에서 나며, 길이가 예닐곱 길 정도 되고 겨울에도 시들지 않는다. 이 나무는 세 가지 종류가 있는데, 하나는 '다라사력차패다(多羅娑力叉貝多)', 둘째는 '다리바력차패다(多梨婆力叉貝多)', 셋째는 '부바력차다라다리(部婆力叉多羅多梨)'이다. 모두 그 잎에 글씨를 쓸 수 있는데, 부도(部闍)라는 것만은 껍질에다 글씨를 쓴다. '패다(貝多)'는 범어로, 이를 한역하면 '나뭇잎'이라는 뜻이다. 그리고 '패다바력차(貝多婆力叉)'는 한어(漢言)로 '잎이 있는 나무'라는 뜻이다. 서역에서는 불경을 쓸 때 이 세 종의 껍질과 잎을 이용하였는데, 그렇게 하면 5,6백년은 족히 보존할 수 있다.

○ 『숭산기(嵩山記)』[42]에 숭고사(嵩高寺) 안에 사유수(思惟樹)가 있다고 했는데, 이것이 바로 패다(貝多)이다.

○ 불교에 『패다수하사유경(貝多樹下思惟經)』[43]이 있고, 고휘(顧徽)[44]의 『광주기(廣州記)』에 '패다 잎은 비파(枇杷)와 비슷하다'고 나와 있으나 이는 모두 잘못된 것이다.

○ 교지국(交趾國)에서 근래 패다수 가지가 나는데, 탄재(彈材)로는 으뜸이다.

도의 나라이름으로, '마갈국(摩竭國)', '마갈제국(摩竭提國)' 등으로 표기한다.

42 『숭산기(嵩山記)』: 당나라 때 노휴(盧鵂)가 지은 책으로, 숭산의 산수를 기록하였으며, 1권이다. 노휴는 천보 연간 때의 인물이나 미상이다.

43 『패다수하사유경(貝多樹下思惟經)』: 위(魏)나라 문제(文帝) 때 월지국의 우바새(優婆塞) 지겸(支謙)이 한역한 불경으로 알려져 있다.

44 고휘(顧徽): 삼국시대 때의 인물로, 손권(孫權)에게 발탁되어 파동태수(巴東太守) 등을 역임하였다. 『광주기(廣州記)』는 현재 전하지 않아 미상이다.

42. 용뇌향수(龍腦香樹). 바리국(婆利國)[45]에서 나며, 그곳 사람들은 '고불파율(固不婆律)'로 부른다. 또 파사국(波斯國)에서도 난다. 나무 높이는 여덟 아홉 길, 둘레는 예닐곱 아름이나 된다. 잎은 둥글고 잎사귀 뒤쪽은 희며 꽃과 열매는 열리지 않는다. 두툼하게 자라는 것과 바짝 마르게 자르는 것이 있는데, 마른 것에서는 파율고향(婆律膏香)이 난다. 일설에는 '마른 것에선 용뇌향(龍腦香)이 나오고, 두툼한 것에서는 파율고(婆律膏)가 난다'고 한다. 이 향과 고(膏)는 목심(木心) 안에 있기 때문에 이 나무를 잘라 쪼개보면 나무 끝에서 진액이 나오는데, 이 부분을 잘라 홈을 파서 수액을 받는다. 이 수액을 약으로 복용하면 특별한 효능이 있다.

43. 안식향수(安息香樹). 파사국에서 나며, 그곳 사람들은 '벽사수(辟邪樹)'라 부른다. 높이는 세 길이며, 껍질은 황흑색을 띤다. 잎은 사각이 져 겨울 내내 시들지 않는다. 2월에 노란색의 꽃이 피며, 꽃술은 옅은 푸른색이며 열매는 열리지 않는다. 이 나무의 껍질을 깎아보면 엿처럼 끈끈한 진액이 나오는데, 이것을 '안식향(安息香)'이라 한다. 6,7월이 되면 진액이 단단하게 엉겨 붙는다. 이것을 가져다가 태우면 정신이 맑아지고 나쁜 기운을 죄다 물리칠 수 있다.

44. 무석자(無石子). 파사국에서 나며, 그곳 사람들은 '마적(摩賊)'이라 부른다. 높이는 예닐곱 길이며, 둘레는 여덟아홉 자이다. 잎은 복숭아 잎과 비슷한데 더 길다. 3월에 흰색의 꽃이 피며 꽃심은 약간 붉다. 열매는 탄환처럼 둥근데, 처음에는 푸른색이다가 익으면 황백색을 띤다. 벌레들이 갉아 먹어 구멍이 난 열매는 다 익은 것이다. 껍질에 구멍이 나지 않은 것은 약재로 쓴다. 이 나무가 1년이 되면 무석자(無石子)가 열리고, 다시 1년이 되면 발루자(跋屢子)[46]가 열리는데, 크기는 손가락만 하고 길이는 세

45 바리국(婆利國) : Bali의 음역으로, 지금 인도네시아의 발리섬.
46 발루자(跋屢子) : Ballu 또는 Barru의 음역으로, 지금의 도토리에 해당한다.

치이며 위에 껍질이 있다. 껍질 안의 씨알맹이는 밤처럼 누렇고 먹을 만하다.

45. 자비수(紫鈚樹). 진랍국(眞臘國)[47]에서 나며, 이 나라에선 '늑거(勒佉)'라 부른다. 파사국에서도 난다. 높이는 한 길 정도이고 줄기와 가지는 무성하다. 잎은 귤잎과 비슷하며 겨울 내내 시들지 않는다. 3월이면 흰색의 꽃이 피는데 열매를 맺지는 않는다. 짙은 안개나 이슬, 그리고 비 따위가 내려 이 나무를 적시면 나뭇가지에서 금세 자비의 액이 나온다. 이는 파사국의 사신 오해(烏海)와 사리심(沙利深)의 설명으로, 진랍국의 사신으로 절충도위(折衝都尉)의 사문(沙門)인 타사니발타(陀沙尼拔陀)[48]의 말도 이와 같았다. 또 개미가 흙을 이 나무 아래로 옮겨 집을 짓는데, 개미 둑이 비나 이슬을 맞아 응결되면 자비가 된다. 곤륜국(崑崙國)[49]에서 나는 것이 제일 좋고, 파사국에서는 나는 것이 그 다음으로 좋다.

46. 아위(阿魏). 가도나국(伽闍那國)[50]에서 나는데, 이곳은 바로 북천축(北天竺)이다. 그곳 사람들은 아위를 '형우(形虞)'라 부른다. 파사국에서도 나는데, 그곳에서는 '아우절(阿虞截)'이라 부른다. 이 나무는 여덟, 아홉 길까지 자라며 껍질은 청황색이다. 3월에 서이(鼠耳)[51]와 비슷한 잎이 나고 꽃이 피는데 꽃과 열매는 없다. 가지를 자르면 엿 같은 진액이 나와 오

---

47 진랍국(眞臘國) : 지금의 캄보디아. 이 지역에서 나는 산물이 적지 않아 원대(元代)에 주달관(周達觀)이 『진랍풍토기(眞臘風土記)』를 남긴 바 있다.

48 타사니발타(陀沙尼拔陀) : 사료에는 '시사니발타(施沙尼拔陀)'로 표기되어 있다. 그의 행적은 미상이다.

49 곤륜국(崑崙國) : 일반적으로는 서융(西戎)의 하나로, 곤륜산 주변을 일컫지만, 여기서는 남해제도(南海諸島), 구체적으로는 중인도반도 지역을 가리킨다.

50 가도나국(伽闍那國) : Gazna의 음역으로, 지금의 아프가니스탄의 가즈니 지역에 있었던 나라 이름.

51 서이(鼠耳) : '서곡초(鼠麴草)'라 하는 풀로, 국화과의 2년생으로 높이는 예닐곱 자까지 자란다. 봄과 여름 사이에 꽃이 피며 노란색이다.

래되면 단단하게 엉겨 붙는데, 이것을 아위(阿魏)라 한다. 불림국(拂林國)의 승려 만(彎)의 설명도 마가타국(摩伽陀國)의 승려 제바(提婆)와 같은데, '그 진액에다 쌀이나 콩 가루에 섞어 아위를 만든다'고 한다.

47. 바나사수(婆那娑樹). 파사국에서 난다. 불림국에서도 나는데, 그곳에서는 '아부타(阿蔀嚲)'라 부른다. 대여섯 길까지 자라며 껍질은 청록색이다. 잎은 아주 반질반질하며, 겨울이나 여름철에도 시들지 않는다. 꽃이 피지 않고 열매가 열린다. 그 열매는 나무줄기에서부터 나오고 크기는 동과(冬瓜)만 한데 껍질에 싸여 있다. 껍질에는 가시가 나 있고, 과육은 아주 달아서 먹기에 좋다. 씨는 대추만 한데 열매 하나에 수백 개가 들어 있다. 씨 속은 밤처럼 누렇고 볶아서 먹으면 아주 맛이 있다.

48. 파사조(波斯棗). 파사국에서 나며, 그곳에서는 '굴망(窟莽)'이라 부른다. 세네 길까지 자라며 둘레는 대여섯 자 정도이다. 잎은 토등(土藤)[52]과 비슷하며 시들지 않는다. 2월에 꽃이 피며 파초 꽃과 비슷하다. 꽃받침이 두 개 있는데, 점점 벌어져서 그 사이로 십여 개의 화방(花房)이 나온다. 열매는 두 치 크기이고 황백색이며 씨가 있다. 열매가 익으면 씨는 검어져 마른 대추처럼 된다. 맛이 엿처럼 달아 먹기에 좋다.

49. 편도(偏桃). 파사국에서 나며, 그곳 사람들은 '파담(婆淡)'이라 부른다. 대여섯 길까지 자라며 둘레는 네다섯 자 정도다. 잎은 복숭아나무와 비슷하지만 더 넓고 크다. 3월에 흰색의 꽃이 피며 꽃이 지고나면 열매를 맺는다. 열매도 복숭아와 비슷한데 모양이 납작하기 때문에 '편도(偏桃)'라고 부른다. 과육은 쓰고 떫어 먹을 수 없지만, 그 안의 씨는 아주 달아 서역의 여러 나라에서는 매우 귀하게 취급한다.

---

52 토등(土藤) : 동인도에서 나는 식물로, 양지 바른 산기슭에서 자란다고 알려져 있다.

50. 반나장수(槃砮穡樹). 파사국에서 나고 불림국(拂林國)에서도 나는데, 불림국 사람들은 '군한(群漢)'이라 부른다. 세 길 정도까지 자라고 둘레는 네다섯 자이다. 잎은 가는 벵골보리수와 비슷하며, 겨울 내내 시들지 않는다. 꽃은 귤꽃처럼 생겼으며 흰색이다. 열매는 푸른색이며 크기는 멧대추만 한데 맛이 달고 기름져서 먹을 만하다. 서역 사람들은 이것을 눌러 기름을 짜 몸에 발라 피부병을 치료한다.

51. 제돈수(齊暾樹). 파사국에서 나며 불림국에서도 나는데, 불림국 사람들은 '제예(齊虛)'라 부른다. 두세 길까지 자라며 껍질은 청백색이다. 꽃은 유자꽃과 비슷한데 향기가 매우 진하다. 열매는 양도(楊桃)[53]와 비슷하며 5월이면 익는다. 서역 사람들은 이 열매를 압축하여 기름을 짜 병과(餅菓)를 튀길 때 쓰는데, 이는 중국에서 호마 기름을 쓰는 것과 같다.

52. 후추. 마가타국(摩伽陀國)에서 나며, '매리지(昧履支)'라고 부른다. 그 묘목은 넝쿨로 자라고 줄기는 아주 여리고 약하다. 잎은 한 치 반 정도 되고, 가는 가지가 나는데 잎과 길이가 같다. 줄기 위에 열매가 달리는데 두 개 씩 마주보고 있다. 잎은 새벽이 되면 펴지고 저녁이면 닫히는데, 닫힐 때 열매를 그 속에 쌓게 된다. 열매는 한초(漢椒)[54]와 비슷하며 아주 맵다. 6월에 수확한다. 요즘 사람들이 호반육식(胡盤肉食)[55]을 만들 때는 꼭 사용한다.

53. 백두구(白荳蔻). 가고라국(伽古羅國)[56]에서 나며, 그곳에서는 '다골(多

---

53 양도(楊桃) : '오렴자(五斂子)'라고도 하며, 새콤달콤한 맛이 나는 별 모양의 열매. 중국 남해 지역에서 생산된다.

54 한초(漢椒) : '촉초(蜀椒)'를 말한다. 중국에서는 후추를 매운 정도에 따라 다섯 가지로 나누는데, 그 가운데 하나가 한초이다. 참고로 다섯 가지는 한초 외에 파초(巴椒), 천초(川椒), 남초(南椒), 점초(點椒) 등이다.

55 호반육식(胡盤肉食) : 서역식 육고기 요리.

骨)'이라 부른다. 파초처럼 생겼으며, 잎은 두약(杜若)[57]과 비슷하다. 여덟 아홉 자까지 자라며 겨울이나 여름에도 시들지 않는다. 꽃은 옅은 황색이며 열매는 포도처럼 송이로 달리는데, 처음 열렸을 때는 옅은 푸른 빛을 띠다가 익으면 흰색으로 변한다. 7월에 수확한다.

54. 필발(蓽撥).[58] 마가타국(摩伽陀國)에서 나며, 그곳 사람들은 '필발리(蓽撥梨)'라 부른다. 불림국에서는 '아리가타(阿梨訶咃)'라고 부른다. 묘목은 길이가 서너 자이며 줄기가 젓가락처럼 가늘다. 잎은 집채(蕺菜)[59]의 잎과 비슷하고, 열매는 오디처럼 생겼다. 8월에 수확한다.

55. 불제(䭗齊). 파사국에서 나며, 불림국에서는 '알발리타(預勃梨咃)'라 부른다. 한 길 남짓 크며 둘레는 한 자쯤 된다. 껍질은 푸른색이고 얇으면서도 아주 말끔하며 광채가 난다. 잎은 아위(阿魏)와 비슷하며, 매년 세 장의 잎이 가지 끝에서 자라난다. 꽃이 피지 않고 열매도 달리지 않는다. 서역 사람들은 8월이면 이 나무를 베는데 동짓달이 되면 다시 새 가지가 더 무성하게 자란다. 만약 가지치기를 해주지 않으면 말라 죽고 만다. 7월에 가지를 자르면 누런 즙이 나오는데 꼭 꿀과 같다. 약간의 향기가 나며 약재로 쓰면 병을 치료할 수 있다.

56. 파사조협(波斯皂莢). 파사국에서 나며, 그곳 사람들은 '홀야첨묵(忽野詹默)'이라 부른다. 또 불림국에서는 '아리거벌(阿梨去伐)'이라 부른다. 서너 길까지 자라며 둘레는 네다섯 자이다. 잎은 구연(枸櫞, 즉 레몬)과 비슷한데, 그보다는 작고 겨울에도 시들지 않는다. 꽃은 피지 않고 열매가 열

---

56 가고라국(伽古羅國) : 미상이나, 지금 말레이 반도 지역으로 추정된다.

57 두약(杜若) : 향초로, '산강(山薑)'이라고도 한다. 맛이 시면서도 향기롭다.

58 필발(蓽撥) : 등나무과에 속하는 넝쿨 식물로, 말린 줄기와 싹은 약재로 쓰인다.

59 집채(蕺菜) : 삼백초과의 다년생초로 산기슭의 음습한 지역에서 자란다. 줄기는 한 자 남짓이며 가지가 넝쿨로 자란다. 초여름에 담황색의 꽃이 핀다.

린다. 어린 것은 두 자 정도 자라는데 속이 칸막이처럼 되어 있어 그 안에 각각 열매가 하나씩 들어 있다. 손톱만 하고 붉은색이며 아주 단단하다. 열매 속은 먹물처럼 검고 맛은 달아 먹기에 좋고 약재로도 쓰인다.

57. 몰수(沒樹). 파사국에서 나며, 불림국에서는 '아치(阿縒)'라 부른다. 높이는 한 길쯤 되고 껍질은 청백색이다. 잎은 홰나무 잎과 비슷한데 더 길다. 꽃은 귤꽃과 비슷하나 더 크다. 열매는 검은색으로 산수유 열매만 한데, 그 맛이 시고 달아 먹을 수 있다.

58. 아발삼(阿勃參). 불림국에서 나며, 높이는 한 길 남짓이다. 껍질은 청백색이며 잎은 가늘고 쌍잎이다. 꽃은 무청과 비슷하며 샛노랗다. 열매는 후추와 비슷하고 붉은색이다. 가지를 잘라보면 기름 같은 진액이 나오는데, 이것을 옴에 바르면 낫지 않는 경우가 없다. 그 기름은 아주 귀해 값이 금보다 비싸다.

59. 날지(捺祗). 불림국에서 나며, 묘목의 길이는 서너 자 정도 된다. 뿌리는 오리알만 하고 잎은 달래 잎과 비슷한데, 잎자루가 매우 길다. 줄기 끝에 여섯 장의 황백색 꽃잎이 나고, 수술은 황적색이며 열매를 맺지 않는다. 겨울에 났다가 여름에 죽기 때문에 냉이나 보리와 비슷하다. 꽃을 따서 찧어 기름을 만드는데, 이것을 몸에 바르면 중풍을 막을 수 있다. 불림국의 왕과 나라 안의 귀인들이 모두 이 기름을 사용한다.

60. 야실밀(野悉蜜). 불림국에서 나며, 파사국에서도 난다. 묘목은 길이는 일고여덟 자이며 잎은 매화나무 잎과 비슷하고 사시사철 푸르다. 꽃은 받침이 다섯 개이고 흰색이며 열매는 맺지 않는다. 꽃이 필 때면 온 들녘에 향기가 풍기는데, 영남(嶺南)의 첨당(詹糖)[60]과 비슷하다. 서역 사람들은 늘상 이 꽃을 따서 찧어 기름을 만드는데, 굉장히 향이 좋고 매끄

럽다.

61. 저니실(底櫛實). 파사국에서는 '아역(阿驛)'이라 부르며, 불림국에서는 '저이(底櫛)'라 부른다. 네다섯 길까지 자라며 가지와 잎이 무성하다. 잎은 다섯 잎으로 패마(椑麻)와 비슷하다. 꽃이 피지 않은 채 열매가 달린다. 열매는 붉은색으로 감과 비슷하고 그 맛도 단감과 같다. 한 달에 한 번씩 익는다.

60 첨당(詹糖) : 귤나무와 비슷하며 주로 광동 지역에서 많이 난다. 가지나 잎을 쪄서 향으로 쓰는데, 그 향은 말리화(茉莉花) 향과 비슷하다.

유양잡조 권19

동식물 잡찬(4)【廣動植類之四】

풀류【草篇】

1. 영지. 천보(天寶) 초, 임천군(臨川郡) 사람 이가윤(李嘉胤)의 집 기둥 위에서 영지가 자랐는데, 모양이 부처상 같았다. 태수 장경일(張景佚)이 기둥채 잘라 임금에게 진상하였다.

2. 대력(大曆) 8년(773), 여주(廬州) 여강현(廬江縣)[1]에서 자지(紫芝)[2]가 나왔는데, 길이가 한 길 다섯 자나 되었다. 이외에도 영지의 종류는 매우 많다.

---

1 여강현(廬江縣) : 당대의 현명으로, 지금 안휘성 합비현(合肥縣).

2 자지(紫芝) : 영지와 비슷한 자색, 또는 검은 빛이 나는 버섯.

3. 삼성지(參成芝). 잘랐다가 다시 붙일 수 있다.

4. 야광지(夜光芝). 한 그루에 아홉 개의 열매가 열린다. 땅에 떨어진 열매는 일곱 치에 거울만 하고, 밤에 보면 소의 눈처럼 생겼다. 모군(茅君)[3]이 구곡산(句曲山)에 심었다고 한다.

5. 은진지(隱辰芝). 모양이 되처럼 생겼으며, 갓에 마디가 있고 줄기는 그물 모양이다.

6. 봉뇌지(鳳腦芝). 선경(仙經)[4]에 이렇게 나와 있다.

'땅을 여섯 자 깊이로 파서 둥근 보석 하나를 심고, 황수(黃水)[5]의 물 아홉 홉을 부은 다음 흙으로 단단히 다져주면 3년 뒤에 박처럼 생긴 싹이 난다. 열매는 복숭아와 비슷하며 오색인데, 이것을 봉뇌지(鳳腦芝)라 한다. 그 열매를 먹고나서 땅에 침을 뱉으면 봉황이 되는데, 이것을 타고 하늘로 올라갈 수 있다.'

7. 백부지(白符芝). 큰 눈이 내릴 때도 꽃을 피운다.

8. 오덕지(五德芝). 수레와 말의 형상이다.

9. 균지(菌芝). 누각처럼 생겼다.

---

3 모군(茅君) : '모영(茅盈)'. 한나라 때의 신선으로, 자는 숙신(叔申). 동생 모고(茅固), 모충(茅衷)과 함께 득선한 것으로 유명한데, 그래서 세상에서는 이들을 '삼모군(三茅君)'이라 한다.

4 선경(仙經) : 도가의 경전을 일컬으며, 이 내용이 구체적으로 어느 경전에 실려 있는지는 미상이다.

5 황수(黃水) : 중국 하남성 신정현(新鄭縣) 서북쪽에 있었던 강으로, 자연산(自然山)에서 발원하여 동남쪽으로 흘러 유수(洧水)와 합류한다.

○ 30년 동안 도술 익히기를 게을리 하지 않으면, 천하의 금시조(金翅鳥)[6]가 이 균지를 물고 온다고 한다.

10. 나문산(羅門山)[7]의 석지(石芝)를 먹으면 지선(地仙)이 된다고 한다.

11. 연밥. 오래 묵은 연밥은 물속에 넣으면 반드시 가라앉으나 소금물로 끓이면 떠오른다. 기러기가 연밥을 먹고 산의 돌 사이에 똥을 떨어뜨리면 백년이 가도 썩지 않는다. 전하는 말에 따르면, '도토리가 물에 떨어져 연밥이 된다'고 한다.

12. 이끼. 자은사(慈恩寺)[8]의 당삼장원(唐三藏院) 뒤 처마 밑 섬돌에 개성(開成) 말경 고거(苦苣)[9]처럼 생긴 이끼가 벽돌 위로 퍼졌다. 짙푸른빛에 가볍고 부드러워 보기에 좋았다. 담론승(談論僧)[10] 의림(義林)은 태화(太和) 초, 기법사(基法師)[11]의 유해를 이장하려고 하였다. 막 무덤을 파헤치자 향기가 사람을 엄습했고, 벽돌로 조성된 대(臺) 위에 옆으로 누워 있는 기법사의 모습은 꼭 살아 있는 것 같았다. 벽돌 위엔 이끼가 두 치 남짓 끼어 있었는데, 황금색이고 단향목을 태우는 듯한 기운이 느껴졌다.

---

6 금시조(金翅鳥) : 원래 '가루라(迦樓羅)', '가류라(迦留羅)' 등으로 불리는 새로, Garuda의 음역이다. 불가 고사에 나오는 전설상의 새로 『법원주림(法苑珠林)』에 의하면, '난생, 태생, 습생, 화생(化生) 등 네 종류가 있으며, 이 새가 바다에 내려와 날개로 바닷물을 치면 바다가 두 갈래로 갈라진다'고 나와 있다.

7 나문산(羅門山) : 미상이다. 나부산(羅浮山)의 오기인 듯 싶다.

8 자은사(慈恩寺) : 당나라 장안성 안 진창방(晉昌坊)에 있었던 사찰로, 지금까지 남아 있는 고찰이다. 이 책 속집 권6 「사탑기(寺塔記)」 하편에 나온다.

9 고거(苦苣) : '야거(野苣)', '고매(苦蕒)'라고도 하며, 시화과에 속하는 다년초 식물. 어린 잎은 먹을 수 있으며, 민간에서는 이것을 위장약으로 애용하였다.

10 담론승(談論僧) : 설법이나 토론을 주관하는 승려로, 당나라 때 특히 중시되었다.

11 기법사(基法師) : 규기(窺基, 632~682). 속성은 울지(尉遲)씨로, 7세에 불가에 귀의하여 현장법사에게 사사하였다. 그는 특히 역경(譯經) 사업에 공헌이 컸으며, 자은사에서 오래 머물러 당시 사람들은 그를 '자은법사(慈恩法師)'라 불렀다.

13. 와송(瓦松). 최융(崔融)[12]의 「와송부(瓦松賦)」 서문은 이러하다.

"숭문관(崇文館)[13]의 와송(瓦松)은 관사의 처마 아래에서 자란다. 이것을 나무라고 하지만 산사람들에게 물어봐도 자세히 아는 이가 없고, 이것을 풀이라고 하기도 하지만 신농씨(神農氏)의 기록[14]을 찾아보아도 그런 내용을 볼 수 없다."

그리고 부는 이렇다.

찬란히 빼어난 자태는	煌煌特秀
황금 영지가 처마에서 자라는 듯	狀金芝之産霤
또렷하게 허공에 매달린 모습은	歷歷虛懸
성유(星楡)[15]가 하늘에 뿌려진 듯	若星楡之種天
꽃과 가지 무성하게 자랐고	葩條郁毓
뿌리는 서로 이어져 뻗쳤어라.	根柢連卷
자태(紫苔) 사이로 이슬 배어	間紫苔而裛露
푸른 기와 뚫고 안개를 머금었네.	凌碧瓦而含煙

또 이렇다.

위궁(魏宮)의 오비(烏悲)[16]에게 부끄럽고	慚魏宮之烏悲

12 최융(崔融) : 당대의 문인으로, 고종 때 과거에 급제하여 숭문관학사(崇文館學士)가 되었다. 측천무후 때 문재를 인정받아 국사(國史) 편찬에 참여하였다. 이교(李嶠) · 소미도(蘇味道) 등과 함께 문명을 떨쳤다.

13 숭문관(崇文館) : 당나라 정관(貞觀) 13년(639)에 설치한 국가의 경적(經籍) 및 기타 도서를 담당한 기관. 담당관으로 학사와 직학사(直學士)를 두었는데, 최융이 학사를 지냈다.

14 신농씨(神農氏)의 기록 : 즉 『신농본초경(神農本草經)』을 말한다.

15 성유(星楡) : 앞에 나온 백유(白楡)와 같은 용어로, 느릅나무 숲처럼 총총하게 떠 있는 별들을 뜻한다.

16 오비(烏悲) : '오구(烏韭)'의 오기로 판단된다. 오구는 양치류 고사리과 식물이다. 위궁(魏宮)은 위나라 명제(明帝)가 와송을 좋아한 데서 유래한다. 이에 대해서는 다음

한전(漢殿)의 홍련(紅蓮)[17]에겐 무색하네. 恧漢殿之紅蓮

최공(崔公)은 박학하여 사물에 대해 정통한데, 어찌 와송에 대해선 진작 저술이 있었다는 걸 알지 못했단 말인가?

○ 『박아(博雅)』[18]에는 '집안에 있는 것을 석야(昔耶)라 하며 담장에 있는 것을 원의(垣衣)라 한다'고 나와 있으며, 『광지(廣志)』에는 이것을 '난향(蘭香)'이라고 하고, 오래된 집의 기와에서 자란다고 하였다. 위(魏)나라 명제(明帝)가 와송을 좋아한 나머지 장안의 서쪽에서 그 기와를 낙양(洛陽)으로 실어와 궁전의 지붕을 덮게 했다. 전대의 시인 중에는 이 석야(昔耶)를 끌어다 시재로 많이 썼는데, 그 중에 양(梁)나라 간문제(簡文帝)가 장미(薔薇)를 읊은 시에서,

섬돌엔 푸른 비단이 덮였고 緣階覆碧綺
처마엔 석야가 비치는구나. 依簷映昔耶

라고 하였다. 어떤 이는, '집을 짓는 목재는 대개 대부분 소나무를 사용하는데, 토(土)·목(木)의 기운이 새어나가면 기와에서 와송이 자란다'고 한다.

○ 대력(大曆) 연간에 함원전(含元殿)[19]을 수리할 때 어떤 사람이 장계를 올려 자신이 기와를 놓겠다고 자청하였다.

항목에 보인다.

17 홍련(紅蓮): 한대에 홍련은 서역에서 들어와 궁전의 완상품이 되었다고 한다.

18 『박아(博雅)』: 즉 『광아(廣雅)』. 삼국시대 위(魏)나라 장읍(張揖)이 찬한 박학서로, 고한어(古漢語)와 훈고(訓古)에 있어서 중요한 저작이다. 서체와 편목은 『이아(爾雅)』를 따랐으되, 한대(漢代)의 경서에 대한 전주(箋注) 및 방언과 설문(說文) 등을 광범위하게 참조하여 보완하였다.

19 함원전(含元殿): 장안에 있던 궁성의 궁전 가운데 하나. 이 시기 이화(李華)가 지은 「함원전부(含元殿賦)」에 의하면, 경복전(景福殿)과 영광전(靈光殿) 사이에 있었던 것으로 나와 있다.

"기와 공사는 오직 저만이 제대로 할 수 있사옵니다. 소인의 조부께서 이미 이 궁전에 기와를 놓아본 적이 있습니다."

그러나 여러 와공(瓦工)들이 받아들이지 않자,

"당신들은 기와 공사를 마쳤을 때 와송이 자라지 않게 할 수 있겠소?"

라고 하여, 그들은 마침내 설복하였다.

○ 또 이아흑(李阿黑)이란 자도 집짓기를 잘하였다. 그는 기와를 마치 나란한 이처럼 배열하고 그 사이가 실틈도 없게 하여 와송이 자라지 못하였다. 『본초(本草)』에서는 '기왓장에 끼는 이끼를 '옥유(屋遊)'라고 한다'고 나와 있다.

14. 오이. 향을 싫어하는데 그 중에서도 특히 사향(麝香)을 싫어한다. 정주(鄭注)[20]가 태화(太和) 초 공무로 하중(河中)[21]에 가게 되었다. 애첩 백여 명이 모두 말을 타고 뒤따랐는데, 그 향기가 몇 리 밖까지 퍼져 사람들의 코를 자극하였다. 그 해에 장안에서 하중 땅에 이르는 길에 있는 오이는 모두 죽어 하나도 수확하지 못했다.

15. 마름. 요새 사람들은 이것을 '능기(菱芰)'라고만 부른다. 초목을 해설한 여러 책들을 봐도 역시 잘 구분해 놓지 않았다. 오직 오안빈(伍安貧)[22]의 『무릉기(武陵記)』에 '사각과 삼각은 '기(芰)'이고 양각은 '능(菱)'이라 한다'고 나와 있다. 지금 소주(蘇州)에 있는 절요릉(折腰菱)은 대부분 양각이다. 내가 일찍이 형주(荊州)에 있을 때 어떤 스님이 영성(郢城)[23]에서

20 정주(鄭注) : 당나라 문종(文宗) 때의 무신으로, 환관 왕수징(王守澄)의 권세에 의지하여 절도사 들을 역임하였다.

21 하중(河中) : 하중부(河中府)로, 산서성 영제현(永濟縣)에 소재한 진(鎭). 정주는 이때 하중절도사(河中節度使)로 부임하는 중이었다.

22 오안빈(伍安貧) : 원문은 '王安貧'으로 나와 있으나 오류이다. 양대(梁代)의 인물로, 『무릉기(武陵記)』는 그가 남긴 무릉 지역의 지리지로 지금은 전하지 않는다.

23 영성(郢城) : 춘추시대 초나라 평왕(平王)의 도읍으로, 지금 호북성 강릉현(江陵縣) 동남 지역. 형주와 가까운 곳이다.

나는 마름 한 말을 보내왔는데, 삼각이며 가시가 없어서 부평초와 쉽게 구별이 되었다.

○ 마름은 일명 '수율(水栗)'이라 하며, '해후(薢茩)'라고도 한다.

○ 한나라 무제(武帝)의 곤명지(昆明池)에 '부근릉(浮根菱)'이 있는데, 뿌리가 수면 위로 떠오르고 잎은 물결 속으로 잠긴다. 이것을 '청수지(青水芰)'라고도 부른다.

○ 현도(玄都)에 있는 마름은 푸른색이고 닭이 나는 모습을 하고 있어서 '번계지(翻雞芰)'라 한다. 선인(仙人) 부백자(鳧伯子)[24]는 늘 이 번계지를 캤다.

16. 토사자(兎絲子). 대체로 가시덤불이나 명아주와 비슷한데, 산사람들은 이 두 풀과 같은 종류인지에 대해서는 의심한다.

17. 천명정(天名精). '녹활초(鹿活草)'라고도 한다. 옛날 즉 송나라 원가(元嘉)[25] 연간에 청주(青州)의 유진(劉儘)이 활을 쏘아 사슴 한 마리를 잡았다. 사슴의 배를 갈라 오장을 꺼내고 이 풀로 뱃속을 채우자, 사슴이 벌떡 일어났다. 놀란 유진이 풀을 빼내자 사슴은 다시 쓰러졌다. 이와 같이 세 번을 했으나 그때마다 똑같았다. 이리하여 유진은 이 풀을 몰래 가져와 심어놓고 사람들의 창상과 골절상을 치료하여 큰 효험을 보았다. 그래서 민간에서는 이것을 '유진초(劉儘草)'라 부른다.

18. 모란. 전대의 사료엔 모란을 언급한 예가 없는데, 유일하게 『사강락집(謝康樂集)』[26] 중에, '대숲 사이와 물가에 모란이 많다[竹間水際多牡丹]'

24 부백자(鳧伯子) : 『동명기(洞冥記)』에 등장하는 선인으로, 그는 현도(玄都)의 취수(翠水)라는 물가에서 마름을 캐서 먹었다고 하여 후대에 마름을 언급할 때 항상 거론되는 인물이다.

25 원가(元嘉) : 위진남북조 시대 송나라 문제(文帝)의 연호로, 해당기간은 424~453년.

26 『사강락집(謝康樂集)』 : 육조시대 송나라의 문인인 사령운(謝靈運)의 문집. 사령운은

는 언급이 보인다. 내가 수(隋)나라의 『종식법(種植法)』[27]을 찾아보니, 70권 중에 모란에 대한 설명은 없었다. 그러니 수나라 때 화훼와 약용식물 중에는 모란이 포함되지 않았음을 알 수 있다.

○ 개원(開元, 713~741) 말, 낭관(郎官)이 된 배사엄(裴士淹)[28]은 공무차 유주(幽州)와 기주(冀州)에 갔다가 돌아오는 길에 분주(汾州)의 중향사(衆香寺)에 들르게 되었다. 거기서 백모란 한 그루를 얻어서 장안의 자기 집에 심었다. 천보(天寶) 연간에 이 백모란은 장안의 특별한 구경거리가 되었다. 당시 명공(名公) 한 분이 「배급사 집의 모란을 보고(裴給事宅看牧丹)」라는 시를 지었다.[29] 그리고 그때 명공이 배사엄을 찾아 백모란을 얻으려 했으나, 한 그루도 얻지 못했다고 한다. 그 시는 이러하다.

장안의 젊은이 가는 봄이 아쉬워	長安年少惜春殘
다투어 자은사의 자모란을 찾네.	爭認慈恩紫牡丹
따로 옥쟁반에 차가운 이슬 맺혔거늘	別有玉盤承露冷
일어나 달빛 아래 보는 사람 없어라.	無人起就月中看

태상박사(太常博士) 장승(張乘)은 일찍이 좨주(祭酒) 배통(裴通)[30]이 백모란

시문뿐만 아니라 서화에도 뛰어나 그의 산수화는 후대에 큰 영향을 미쳤다. 그가 강락공(康樂公)을 습작(襲爵)하였기 때문에 사강락이라 일컬어진다.

27 『종식법(種植法)』: 『당서(唐書)』 「경적지(經籍志)」에 '제갈영(諸葛穎)이 찬했으며, 모두 77권이다'는 언급으로 보아, 거질의 종식에 관한 책이었을 것으로 판단되나 현재 전하지 않는다.

28 배사엄(裴士淹): 개원 시기에 예부상서(禮部尙書)를 지낸 인물로, 여기 언급으로 볼 때 장안의 장흥방(長興坊)에 살고 있음을 알 수 있다.

29 명공(名公) 한 분이 …… 시를 지었다: 여기 명공은 노륜(盧綸)이라는 인물이며, 이 시는 「배급사댁백모란(裴給事宅白牧丹)」이란 제목으로 『전당시(全唐詩)』에 실려 있다. 다만 여기 내용과는 약간의 차이가 있다. 참고로 『전당시』에 실려 있는 시의 전문은 다음과 같다. "長安豪貴惜春殘, 爭翫街西紫牡丹. 別有玉盤承露冷, 無人起就月中看."

30 배통(裴通): 배사엄과 같은 시기에 산 인물로, 자가 문현(文玄)이며, 예부상서를 지냈다.

에 대해 얘기하는 것을 들었다. 또 재상 방관(房琯)[31]은 '모란의 모임에 나는 참석하지 않았다'고 말한 적이 있다. 지덕(至德)[32] 연간에는 마복야(馬僕射)[33]가 태원(太原)을 다스릴 때 붉은색과 자주색 두 가지 모란을 캐 성 안에 옮겨 심었다.

○ 모란은 원화(元和) 초까지만 해도 드물었지만 지금은 접시꽃과 그 수를 겨뤄볼 만큼 많아졌다.

○ 시랑(侍郎) 한유(韓愈)의 먼 사촌 조카가 강회(江淮)에서 찾아왔는데, 나이가 아주 어렸다. 한유는 그더러 학원(學院)의 친척 자제들과 함께 공부를 하도록 했다. 그런데 친척 자제들에게 모욕을 당하기 일쑤였다. 한유는 이 사실을 알고 마침내 길 서편에 있는 사찰을 빌려 따로 글을 읽도록 하였다. 열흘 정도 지나 이번에는 절의 주강(主綱)[34]이 그가 제멋대로 경솔하게 군다고 하소연을 했다. 한유는 그더러 당장 강회로 돌아가라고 하면서 나무랐다.

"저잣거리의 천한 이들도 먹고 입는 걸 해결하기 위해 한 가지라도 잘하는 게 있거늘, 너는 이런 식으로 밖에 못하니 나중에 뭐가 되려고 이러느냐?"

조카는 절을 올리고 나서는 서서히 입을 열었다.

"저에게 한 가지 재주가 있사온데, 숙부님이 알지 못하시니 아쉽군요."

그러면서 섬돌 앞의 모란을 가리켰다.

"숙부님이 이 꽃을 보고 싶으시면 푸른색이든 자주색이든 노란색이든 붉은색이든 말씀만 하세요."

---

31 방관(房琯) : 이 책 권2의 43번 참조.

32 지덕(至德) : 당나라 숙종(肅宗)의 연호로, 해당기간은 756~757년.

33 마복야(馬僕射) : 이 시기에 마린(馬璘), 마수(馬燧) 등이 태원 땅을 다스렸는데, 정확히 누구를 말하는지 미상이다. 두 사람 다 복야를 지낸 바 있다.

34 주강(主綱) : 절의 사무를 관리하는 사람을 일컫는 말. 절에는 주지 밑에 삼강(三綱), 즉 상좌(上座), 유나(維那), 전좌(典座)가 있었다.

기특하게 여긴 한유는 이윽고 보고자 하는 색을 제시해서 시험을 해 보았다. 조카는 갈대로 엮은 발을 세워 모란 떨기를 모두 가리고 사람들이 엿보지 못하게 하였다. 그리고 모란 떨기의 사면을 뿌리가 드러나도록 깊이 팠다. 사람이 들어가 앉을 만 한 넓이였다. 그곳에서 그는 자광(紫鑛)·경분(輕粉)·주홍(朱紅)[35]만을 가져다가 아침저녁으로 그 뿌리에 뿌리며 관리하기 시작했다. 그렇게 이레가 지나자 이내 구덩이를 메워버리고 숙부에게 아뢨다.

"안타깝게도 한 달 정도 늦게 필 것입니다!"

이때는 초겨울이었다. 이 모란은 본래 자주색이었는데 꽃이 피고보니 홍백에 녹색이 섞여 있었다. 또 꽃송이마다 한 연(聯)의 시가 쓰여 있고, 글자는 선명한 자주색이었다. 이 시는 바로 한유가 관직에 나왔을 때 지은 시로, '진령(秦嶺)[36]에 구름 머무는데 집은 어디런가, 남관(藍關)[37]에 눈발 날리니 말이 가질 못하네[雲橫秦嶺家何在, 雪擁藍關馬不前]'[38]라는 열 네 자였다. 한유는 어찌나 놀랐는지 모른다. 조카는 마침내 인사를 하고 강회로 돌아가서는 끝내 벼슬에 나가지 않았다.

○ 홍당사(興唐寺)[39]에 모란 한 그루가 있는데, 원화(元和) 연간에 꽃이 1,200송이나 폈다. 색깔도 정훈(正暈),[40] 도훈(倒暈)[41], 옅은 홍색, 옅은 자주

---

35 자광(紫鑛)·경분(輕粉)·주홍(朱紅): 자광(紫鑛)은 수지명(樹脂名)으로 유단향(乳檀香)의 한 종류이며, 연지(燕脂)를 만들 때 쓰인다. 경분(輕粉)은 염화 제일수은으로, 백색의 분말이다. 그리고 주홍(朱紅)은 황과 수은으로 만든 붉은 빛의 안료이다.

36 진령(秦嶺): '진산(秦山)'이라고도 하는데, 일반적으로 종남산(終南山)을 뜻한다. 섬서성에 있으며, 이곳이 과거 진(秦) 땅이었기 때문에 이렇게 부른다.

37 남관(藍關): 즉 남전관(藍田關). 섬서성 남전현 동남쪽에 있었던 요새.

38 진령(秦嶺)에 구름 머무는데 …… 말이 가질 못하네: 시 제목은 「좌천지남관시질손상(左遷至藍關示姪孫湘)」이며, 이 두 구는 이 시의 6,7구에 해당한다. 참고로 시 전체 내용은 이러하다. "一封朝奏九重天, 夕貶潮州路八千. 欲爲聖朝除弊事, 肯將衰朽惜殘年. 雲橫秦嶺家何在, 雪擁藍關馬不前. 知汝遠來應有意, 好收吾骨瘴江邊."

39 홍당사(興唐寺): 당대 장안의 대녕방(大寧坊)에 있었던 사찰.

40 정훈(正暈): 꽃 색깔이 중심 부분은 짙고 바깥쪽으로 가면서 옅어지는 것.

41 도훈(倒暈): 꽃 색깔이 중심 부분은 옅고 바깥쪽으로 가면서 짙어지는 것.

색, 진한 자주색, 황백색이 섞인 연한 분홍 등 다양한데, 유독 진한 홍색만 없었다. 또 꽃잎에는 말심(抹心)[42]이 없는 것도 있고, 겹꽃잎이 달린 것 중에는 꽃면의 직경이 일고여덟 치나 되는 것도 있었다.

○ 홍선사(興善寺)[43]의 소사원(素師院)에 있는 모란은 그 색깔이 일품이다. 원화 말에 한 꽃가지에서 합환화(合歡花)[44]가 피었다.

19. 금등(金燈, 까치무릇). '구형(九形)'이라고도 하며, 꽃과 잎이 서로 만나지 않는다. 민간에서는 집에 심는 걸 꺼려하는데, 그래서 일명 '무의초(無義草)'라고 한다.

20. 합리(合離). 토란처럼 덩이뿌리여서 열두 개의 작은 뿌리가 고리처럼 둘러 있는데, 서로 이어져 자라는 것 같지만 실제로는 이어져 있지 않고 기맥이 닿아 있을 뿐이다. '독요(獨搖)', '이모(離母)'로도 불린다. 합리를 먹는 지역의 사람들은 모두 '적전(赤箭)'이라고 부른다.

21. 촉규(蜀葵). 본래 오랑캐 지역의 접시꽃이라고 하여 '호규(胡葵)'라 부른다. 일반 접시꽃과 비슷하다. 큰 것은 붉으며 심을 뽑아 베를 짤 수 있다. 말랐을 때 태워서 재를 만들어 불씨를 넣어두면 오랫동안 꺼지지 않는다. 겹꽃잎이 달린 것도 있다.

22. 가지. '가(茄)'자는 본래 연줄기를 일컬으며, '혁(革)'과 '하(遐)'의 반절음이다. 지금은 음이 '가'라고 하는데 어디서 유래한 것인지 알 수 없다. 나는 절하(節下)[45]에 나가 있었을 때 가지 몇 개를 먹었다. 그때 우연

42 말심(抹心) : 꽃 중심의 튀어나온 부분.

43 홍선사(興善寺) : 당대 장안의 정선방(靖善坊)에 있었던 사찰.

44 합환화(合歡花) : 두 송이의 꽃이 한 꽃받침에서 피는 것.

45 절하(節下) : '휘하(麾下)'와 같은 말로, 단성식이 절도사 이덕유(李德裕)의 휘하에 있었던 바, 그때를 가리킨다.

히 공부원외랑(工部員外郞) 장주봉(張周封)에게 가지에 대한 고사를 물었더니,

"일명 '낙소(落蘇)'라고 하며, 이것에 대해서는 『식료본초(食療本草)』[46]에 잘 나와 있다네."

라고 알려 주었다. 그런데 『식료본초』에 있다고 한 것은 오류로, 원래 『습유본초(拾遺本草)』[47]이다. 나는 은후(隱侯)[48]의 「행원(行園)」 시를 기억하고 있다.

찬 오이 밭두둑에 널려있고	寒瓜方臥壟
가을 줄은 비탈에 가득하네.	秋菰正滿陂
자줏빛 가지 그 빛깔 흐드러졌고	紫茄紛爛漫
푸른 토란은 들쭉날쭉 무성하네.	綠芋鬱參差

가지는 '곤륜과(崑崙瓜)'라고도 한다. 영남(嶺南)의 가지는 뿌리가 오래 묵으면 나무로 자라기도 하는데 대여섯 자까지 큰다. 요향(姚向)[49]이 일찍이 남선사(南選使)가 되어 이런 종류를 직접 보았다. 『본초』에는 '광주(廣州)의 신화수(愼火樹)[50]가 있는데, 그 굵기가 서너 위(圍)[51]가 된다'고 나와

46 『식료본초(食療本草)』: 당나라 때 장정(張鼎)이 찬한 식품에 관한 책으로, 모두 3권이다. 원래 이 책은 동주자사(同州刺史)를 지낸 맹선(孟詵)이 찬한 『보양방(補養方)』을 증보한 것이다.

47 『습유본초(拾遺本草)』: 통상 '본초습유'라고 부른다. 당나라 개원 연간에 진장기(陳藏器)가 찬한 책으로, 원래 『신농본초경(神農本草經)』이란 책에 누락되었거나 소략한 부분을 보완한다는 취지에서 엮어졌다.

48 은후(隱侯): 즉 심약(沈約, 441~513). 남조 송나라 사람으로, 자는 휴문(休文). 제(齊)·양(梁)나라에서도 벼슬을 했으며, 상서령(尙書令)을 지냈다. 시호가 은(隱)이어서 은후라 한다. 특히 그는 시(詩)의 사성팔병설(四聲八病說)을 주장하였다. 참고로 「행원」시는 『전당시(全唐詩)』에 실려 있다.

49 요향(姚向): 단성식과 동시대의 인물로, 특히 글씨에 능해 구양수(歐陽修)는 '요향의 글씨는 필력이 굳세다'고 평하기도 하였다.

50 신화수(愼火樹): 『월남지(越南志)』에 따르면, 신화수는 불을 막을 수 있다고 하여 이름이 붙여진 것이다. 이 나무를 지붕 위에 많이 심는데, 이는 불을 예방하기 위한 것이다.

있는데, 신화(愼火)란 경천(景天)[52]을 말한다. 민간에서는 이것을 '호화초(護火草)'라 부른다.

○ 잘 익은 가지를 먹으면 장과 위를 튼튼하게 해주어 기운이 나고 담(痰)을 빼준다. 뿌리는 튼 살과 동상을 치료할 수 있다. 가지가 많이 달리게 하려면 꽃이 필 때를 기다렸다가 그 잎을 뜯어 사람이 지나다니는 길에 뿌려놓은 다음 재를 가져다가 둘러놓는다. 사람들이 이것을 밟으면 가지가 반드시 많이 달린다. 이것을 민간에서는 '가지를 시집보낸다[稼茄子]'고 말한다. 승려들은 대부분 구워서 먹는데 그러면 맛이 더욱 좋다. 신라(新羅)에서 나는 가지는 약간 흰 편이며 꼭 계란처럼 생겼다. 서명사(西明寺)[53]의 승려 현조(造玄)의 승원(僧院) 안에 이것과 같은 종이 있다.

○『수경(水經)』에, '석두성(石頭城) 서쪽 맞은편에 채포(蔡浦)가 있다. 그 길이가 백 리가 되며, 위쪽에는 커다란 갈대밭이 있고 아래쪽에는 가자포(茄子浦)가 있다'고 나와 있다.

23. 신기한 버섯. 때는 개성(開成) 원년(836) 봄으로, 나의 수행리(修行里) 사저 서재 앞에는 말라죽은 박태기나무가 있었다. 가지 몇 군데가 좀이 먹고 부러져 이것을 베어내자 한 자 정도의 밑동만 남았다. 3년(838) 가을이 되자, 이 고목의 밑동에서 되만 한 버섯이 자라났다. 아래로 다섯 개의 발이 달렸고 갓에는 황색과 백색의 빛무리가 서렸는데, '아치(鵝鵗)'[54]처럼 녹색 치마가 드리워진 게 높이가 한 자 남짓은 되었다. 겨울이 되자[55] 색깔이 검게 변하면서 죽어버리기에 불에 태우자 토란향 같은 냄새

51 위(圍) : 길이의 단위로, 1위는 다섯 치에 해당한다.

52 경천(景天) : 다년생 풀로, 학명은 Sedum Purpureum이다. 잎과 줄기에 수분이 매우 많다.

53 서명사(西明寺) : 장안 연강방(延康坊) 서남쪽에 있었던 사찰로, 고종(高宗)의 태자인 효경태자(孝敬太子)의 병이 나은 것을 기념하여 건립하였다고 전해진다. 뒤에 '복수사(福壽寺)'라 이름을 고쳤다.

54 아치(鵝鵗) : 미상인데, 혹시 '아포(鵝抱)'를 말하는 것이 아닌가 싶다. 아포는 바위에 붙어사는 풀로 뿌리는 무와 비슷하며 약재로 쓰인다.

55 겨울이 되자 : 이 부분은 의미상『태평광기』원문을 따랐다.

가 났다. 내가 한번은 향로를 화단에 놓고 이것을 향으로 사르면서 불경을 염송하였더니 제자들이 좋은 징조라고 했다. 나중에 지괴서(志怪書)를 살펴보았더니 다음과 같은 내용이 있었다.

'남제(南齊) 때 오군(吳郡) 사람인 저사장(褚思莊)은 평소 불교를 신봉하여 들보 아래에서 잠을 자곤 했다. 들보를 잇댄 짧은 기둥은 녹나무로, 지면과의 거리가 네 자 남짓이고 마디가 있었다. 그런데 대명(大明)[56] 연간에 영지같이 생긴 물체가 갑자기 이 마디에서 자라났다. 선명한 노란색으로, 점점 자라 며칠이 지나서는 급기야 천불상(千佛狀)을 이루었다. 얼굴과 눈과 손가락, 그리고 광배(光背)와 의복 등이 모두 갖추어져 마치 금조각을 은은하게 입힌 듯한 모습이었다. 만져보면 그렇게 부드러울 수가 없었다. 매년 늦봄에 자라났다가 늦가을이면 시들었는데, 시들 때는 불상의 모습은 그대로인 채 다만 색깔이 갈색으로 변했다. 시들 때가 되면 저사장의 집에서는 이것을 상자 속에 보관하였다. 이렇게 5년이 되자, 저사장은 더 이상 그 아래에서 잠을 잘 수가 없었다. 그렇다고 집안이 따로 크게 번성하는 일도 없었으나 집안사람들은 모두 장수를 하여 그의 부친은 97세를 살았고, 형은 70세인데도 젊은이처럼 건장하였다.'

○ 또 양(梁)나라 간문제(簡文帝)의 연향원(延香園)에는 대동(大同) 10년(544) 대숲에서 영지 하나가 자랐다. 여덟 치 길이로 갓은 닭 벼슬 같았다. 열매는 검은 색이며, 자루는 연뿌리 같이 줄기 속이 비었고, 줄기의 겉과 안 모두 순백색이다. 뿌리 아래 부분은 옅은 적색이며 닭벼슬 같은 열매가 열리는 곳은 대나무 마디 같아 벗겨내도 또 마디가 생겼다. 또한 마디가 있는 곳에서 따로 한 종이 자라났는데, 그물을 펼쳐놓은 것처럼 맺혀 있었다. 사면의 둘레는 대여섯 치로 둥근 원모양으로 둘렀으며, 자루 위로 자리를 펼친 듯하여 서로 붙지 않을 정도로만 떨어져 있다. 그 모양이 많은 눈을 가진 그물을 엮어 놓은 듯 한데, 그것이 가볍고 정교해

56 대명(大明) : 남제(南齊) 송나라 효무제(孝武帝)의 연호로, 해당기간은 457~464년.

서 볼 만하다. 자루도 껍질을 벗길 수 있었다. 도가서를 살펴보니, 위희지(威喜芝)[57]와 비슷했다.

24. 무초(舞草). 아주(雅州)[58]에서 나며, 하나의 줄기에 세 잎이 달린다. 잎은 결명자와 같은데, 잎 하나는 줄기 끝에서 자라나고 나머지 둘은 줄기의 중간쯤에서 서로 마주 본 채 자란다. 사람이 가까이 가면 그쪽으로 기울고,[59] 손바닥을 치면서 노래를 부르면 필시 움직이는데, 그것이 꼭 춤을 추는 것 같다.

25. 호문초(護門草). 상산(常山)의 북쪽에 풀이 있는데, '호문(護門)'이라 한다. 이것을 문 위에 두면 밤에 사람이 지나가는 일이 있을 때 꾸짖는 듯한 소리를 낸다.

26. 선인조(仙人絛). 형산(衡山)에서 난다. 뿌리와 꼭지가 없으며 돌 위에서 자라는데, 그 모습이 동심대(同心帶)[60]와 같다. 가닥이 세 개이며 녹색으로, 흔히 볼 수 있는 것이 아니다.

27. 수련(睡蓮). 남해(南海)[61]에 수련이 있는데, 밤에는 꽃이 고개를 숙여 물속으로 들어간다. 둔전(屯田)[62] 위낭중(韋郎中)이 공무로 남해에 갔다가

57 위희지(威喜芝) : 선약(仙藥)의 한 종류. 소나무나 잣나무의 진액이 땅속으로 들어가 천년이 되면 복령(茯苓)이 되는데, 이 복령이 다시 만년이 되면 위희지가 된다고 알려져 있다.

58 아주(雅州) : 당대의 주명으로, 지금 사천성 아안현(雅安縣).

59 그쪽으로 기울고 : 이 부분은 의미상 『태평광기』 원문을 따랐다.

60 동심대(同心帶) : 머리를 묶는 한 종류로, 동심 형태로 묶고 중앙에 꼭지를 만든 형태이다.

61 남해(南海) : 당대의 군명으로, 광주(廣州)에 소속되어 있었다. 지금 광동성의 광주시.

62 둔전(屯田) : 당대의 관제로, 장안의 문무직전(文武職田)과 제사(諸司)의 공해전(公廨田)을 관장하였다. 공부(工部) 소속으로 낭중(郎中)과 원외랑(員外郎) 등의 직계가 있었다. 위낭중은 미상이다.

직접 보았다고 했다.

28. 만금태(蔓金苔). 진(晉)나라 때 외국에서 만금태를 진상했다. 황금처럼 빛이 나는 게 마치 반딧불이가 모아져 있는 것 같았다. 크기는 계란만 했다. 이것을 물속에 던지자 넝쿨이 물결 위로 뻗어 그 빛이 물결에 일렁이는데 불같은 해가 타는 듯했다. 또 이것을 '야명태(夜明苔)'라고도 한다.

29. 기이한 쑥. 전재실(田在實)은 포(布)의 아들이다. 태화(太和) 연간(827~835)에 전재실이 채주(蔡州) 북쪽을 지나가는데 길가에 쑥같이 생긴 풀이 나 있었다. 줄기는 사람 손가락만 하고, 그 끝에 난 잎은 마치 뱁새의 둥지가 나무 끝에 달려있는 듯 했다. 꺾어서 살펴보니 잎 속에는 이제 겨우 쥐엄나무 열매만한 쥐새끼 수십 마리가 있었다. 아직 눈도 뜨지 못한 채 찍찍거리고 있었다.

30. 밀초(蜜草). 북천축국(北天竺國)에는 밀초라는 것이 있다. 넝쿨로 자라고 큰 잎은 가을과 겨울에도 시들지 않는다. 이것이 서리와 이슬을 계속 맞으면 마침내 꿀로 변한다. 변방의 봉염(蓬鹽)[63]과 비슷한 것이다.

31. 노아조리(老鴉笊籬). 잎은 우엉처럼 생겼으나 조금 작다. 열매는 익으면 색이 검어지고 모양이 조리(笊籬) 같이 생겼다.

32. 압설초(鴨舌草). 물속에서 자라며, 순채와 비슷하다. 민간에서는 '압설초'라 부른다.

---

63 봉염(蓬鹽) : 변경 지방에서 나는 소금 따위를 만들어내는 쑥 종류를 지칭하는 것으로 판단되나 미상이다.

33. 호만초(胡蔓草). 옹주(邕州)와 용주(容州)[64] 일대에서 나며 떨기로 자란다. 꽃잎은 치자처럼 생겼으나 조금 더 크고 꽃송이를 이루지는 않는다. 황백색이다. 잎은 검은 빛이 돈다. 이것을 사람이 잘못 먹으면 며칠 안에 죽게 되는데, 흰 거위나 오리의 피를 마시면 해독이 된다. 누군가가 이 풀에 물건 하나를 던지며 축원하기를, '내가 너를 샀다'고 하면서 먹자 죽지 않았다.[65]

34. 동시초(銅匙草). 물속에서 자라며 잎이 가위처럼 생겼다.

35. 수내동(水耐冬). 이 풀은 겨울 내내 물속에 있어도 죽지 않는다. 장안성 남쪽에 있는 내 별서의 연못 속에 이 풀이 있다.

36. 천우(天芋). 종남산(終南山)에서 나며 잎은 마름과 비슷하나 더 두껍다.

37. 수구(水韭). 물가에서 자라며 일반 부추와 같으나 잎이 더 가늘고 길다. 먹을 수 있다.

38. 지전(地錢). 잎은 둥글고 줄기는 가늘다. 넝쿨 식물로 시냇가에서 자란다. 이것을 '적설초(積雪草)'라 하며, 또 '연전초(連錢草)'라고도 한다.

39. 비유주초(蚍蜉酒草). '서이(鼠耳)'라고 부르는 것은 생김새가 그러해서고 따로 '무심초(無心草)'라고도 부른다.

---

64 옹주(邕州)와 용주(容州): 당대의 주명으로, 영남도(嶺南道)에 속했으며, 이곳 관할로 따로 용옹경략사(容邕經略使)를 두었다. 지금 광서성 옹녕현(邕寧縣)과 용현(容縣) 지역.

65 죽지 않았다: 원문에는 '입사(立死)'로 나와 있으나, 『태평광기』에 '불사(不死)'로 나와 있는 바, 이를 따랐다.

40. 분증초(盆甑草). 즉 견우자(牽牛子)[66]이다. 결실을 한 뒤에 열매를 잘라보면 모양이 꼭 시루 같다. 그 안에는 거북처럼 생긴 씨가 들어 있다. 줄기는 마 넝쿨과 같다.

41. 만호도(蔓胡桃). 남조(南詔)에서 난다. 크기는 가막조개만 하고 양격(兩隔)[67]이며, 맛은 호도와 비슷하다. 사람들 중에는 이것을 '만중등자(蠻中藤子)'라고 부르기도 한다.

42. 유점초(油點草). 잎은 버들말즘과 같고 잎마다 검은 점이 마주보고 있다.

43. 삼백초(三白草). 이 풀은 처음 싹이 틀 때는 흰색이 아닌데, 여름에 접어들면서 잎의 끝부터 하얗게 된다. 농부들은 이때를 기다렸다가 밭에 옮겨 심는데, 세 잎이 하얗게 되면 이 풀이 다 자란 것이다. 잎은 마와 비슷하다.

44. 낙회(落廻)[일명 박락회(博落廻)－원주]. 강한 독이 있으며, 강회(江淮)의 산골짜기에서 난다. 줄기와 잎은 삼처럼 생겼는데, 줄기 속이 비어 있어서 불면 발라회(勃邏迴)[68] 같은 소리가 난다. 그래서 이렇게 이름 붙여진 것이다.

45. 구약(蒟蒻). 뿌리가 사발만 하고, 가을이 되면 잎에 이슬이 방울지는데 이 이슬방울이 떨어지는 곳에서 싹이 난다.

---

66 견우자(牽牛子) : 일반적으로 나팔꽃을 말한다.
67 양격(兩隔) : '양쪽으로 갈라져 있다'는 뜻으로 판단되나, 정확한 의미는 미상이다.
68 발라회(勃邏迴) : 당나라 때 군중(軍中)에서 불던 악기의 하나.

46. 귀조협(鬼皂荚). 강남 지역 연못에 서식하며 쥐엄나무와 같다. 한 두 자까지 자라며, 이 나무로 목욕을 하면 머리가 잘 자란다. 잎으로는 옷의 때를 제거할 수 있다.

47. 통탈목(通脫木). 아주까리처럼 생겼으며 산기슭에서 자란다. 꽃에 있는 가루는 악창(惡瘡)을 치료하는 데 효과가 있다. 줄기의 속은 비었고 그 안에 박속이 있는데 가벼우면서도 흰 게 보기에 좋다. 여공(女工)이 이것을 가져다가 장식품을 만든다.

48. 비시사화(毗尸沙花). 일명 '일중금전화(日中金錢花)'라고도 한다. 본래 외국에서 나는 것인데, 양(梁)나라 대동(大同) 1년(535)에 중국에 전래되었다.

49. 좌행초(左行草). 이 풀은 사람을 무정하게 만든다. 범양(范陽)[69]의 우두머리가 공납한 것이다.

50. 청초괴(青草槐). 용양현(龍陽縣)[70]의 비우산(裨牛山) 남쪽에 청초괴가 있는데, 떨기로 자라며 높이는 한 자 남짓이다. 그 꽃은 까치무릇처럼 생겼고 한여름에 핀다. 한 자료에는 이것이 천년을 산다고 한다.

51. 죽육(竹肉). 강회(江淮) 지역에는 죽육이란 것이 있다. 대나무 마디 위에서 자라며 탄환처럼 생겼다. 맛은 흰 목이버섯과 같다. 대주(代州)[71]의 북쪽에는 또 커다란 목이버섯이 있는데, 그 모양이 나무술잔 같다.

---

69 범양(范陽) : 당대에 범양 땅은 두 군데가 있었다. 하나는 유주(幽州) 범양군(范陽郡)으로 지금 북경 근방에 있었고, 또 하나는 하북성 탁현(涿縣) 지역이다. 여기서는 아마도 후자를 가리키는 것으로 보인다.

70 용양현(龍陽縣) : 당대의 현명으로, 지금 호남성 한수현(漢壽縣) 서쪽 지역.

71 대주(代州) : 당대의 주명으로, 지금 산서성 대현(代縣). 이곳의 서북쪽에 안문산(雁門山)이 있다.

'호손안(胡孫眼)'이라 부른다.

52. 석이(石耳). 여산(廬山)에 석이가 있는데 뜨거운 기운을 지녔다.

53. 야호사(野狐絲). 뜰에 넝쿨로 자라는 풀이 있다. 흰색이며 꽃은 옅게 붉은 빛이 돌고 크기는 쌀알 만하다. 진(秦) 땅 사람들은 이 풀을 '야호사(野狐絲)'라고 부른다.

54. 금전화(金錢花). 일설에, '본래 외국에서 나는데, 양(梁)나라 대동(大同) 2년(536)에 중국으로 진래되었다'고 한다. 양나라 때 형주(荊州)의 한 이속이 돈을 걸고 쌍륙(雙陸)을 하다가 돈이 다 떨어지자 이 금전화(金錢花)로 대신했다. 어홍(魚弘)[72]은, '꽃을 따는 것이 돈을 따는 것보다 낫다'고 했다.

55. 연꽃. 한나라 명제(明帝) 때 연못에 가지가 나누어진 연꽃이 있었다. 한 줄기에 네 개의 잎이 달렸는데, 그 모양이 수레의 덮개처럼 생겼다. 그리고 열매는 검은 구슬 같아 패옥처럼 장식으로 찰만 했다.

○ 영제(靈帝) 때 야서하(夜舒荷)가 있었다. 한 줄기에 네 송이의 연꽃이 피며 그 잎은 밤에 폈다가 낮에는 오므라든다.

56. 몽초(夢草). 한나라 무제(武帝) 때 다른 나라에서 부들과 비슷한 풀을 헌상했다. 이 풀은 낮에는 움츠러들어 땅속으로 들어갔다가 밤이면 다시 싹이 돋아났다. 이 풀을 품고 자면 꿈의 길흉을 미리 알 수가 있었다. 무제가 죽은 이부인(李夫人)[73]을 그리워하여 이 풀을 품고 자면 바로 꿈에

72 어홍(魚弘) : 남북조시대 양(梁)나라의 무신으로, 경릉태수(竟陵太守) 등을 역임하였다. 8척의 거구로 군공을 많이 세웠다.

73 이부인(李夫人) : 이연년(李延年)의 누이로, 비상한 미모와 춤솜씨로 무제의 총애를

이부인이 나타났다고 한다.

57. 오봉(烏蓬). 잎이 새의 날개 같다. 민간에서는 이것을 '선인화(仙人花)'라 부른다.

58. 작우(雀芋). 참새의 머리처럼 생겼다. 마른 땅에 두면 오히려 축축해지고 젖은 땅에 놓아두면 외려 건조해진다. 나는 새가 이 풀에 닿으면 땅에 떨어지고 달리던 짐승이 걸리면 엎어진다.

59. 망서초(望舒草). 부지국(扶支國)에서 나며, 붉은색으로 잎은 연잎과 같다. 달이 뜨면 잎이 펴지고 달이 지면 잎이 오므라든다.

60. 홍초(紅草). 산융(山戎)[74]의 북쪽에 어떤 풀이 있는데, 줄기의 길이는 한 장이고 잎은 질경이처럼 생겼으며 아침노을 같은 색을 띤다. 제나라 환공(桓公) 때 산융에서 종자를 진상하자 이것을 궁정 뜰에 심어 패자(霸者)의 상서로운 기상으로 삼았다.

61. 신초(神草). 위(魏)나라 명제(明帝) 때 금원(禁苑)에 시초(蓍草)처럼 생긴 합환초(合歡草)가 있었다. 한 포기에서 백 개의 줄기가 자랐다. 낮이면 여러 줄기들이 떨어져 있다가 밤이면 한 줄기로 합쳐졌다. 그래서 '신초(神草)'라 부른다.

62. 삼소(三蔬). 진(晉)나라 때 꽃과 채소를 가꾸는 밭이 금용성(金墉城)[75]

독차지하였다. 그녀가 죽자 무제는 감천궁(甘泉宮)에 그녀의 초상화를 그려놓고 추모하는 한편, 도사를 시켜 영혼을 불러냈다는 일화가 유명하다.

74 산융(山戎) : 고대 흉노의 별명이다. 원래 춘추시대 하북성 북방 지역에 거주하던 번족(藩族)인데, 후대에 흉노(匈奴)와 그 지역을 지칭하게 되었다.

75 금용성(金墉城) : 위나라 명제(明帝) 때 낙양성 서북편 어귀에 축조한 외성 가운데 하나.

의 동쪽에 있었다. 여기서 가꾸는 채소 중에 '운치(芸薇)'라는 것이 있는데, 모두 세 종류가 있었다. 자주색은 상품으로 신맛이 나며, 누런색은 중품으로 단맛이 나고, 푸른색이 하품으로 떫은맛이 난다. 항상 이 삼소(三蔬)를 천자의 식단에 넣어 식사 때 수라에 올렸다.

63. 장중개(掌中芥). 말다국(末多國)에서 난다. 그 씨를 가져다가 손바닥 위에 놓고 불면 한번 불때마다 자라난다. 이렇게 해서 세 자까지 커지면 그때 땅에 심는다.

64. 수망조(水網藻). 한나라 무제(武帝)의 곤명지(昆明池) 안에는 수망조가 자란다. 물 위에서 거꾸로 뻗어 늘어선 줄기가 여덟 아홉 자에 이른다. 그물눈처럼 생겨 오리가 이 풀 안으로 들어오면 나가질 못했기 때문에 붙여진 이름이다.

65. 지일초(地日草). 남방에는 지일초가 있다. 세 발 달린 까마귀가 내려와 이 풀을 뜯어먹으려 하면, 희화(羲和)[76]의 부하가 손으로 삼족오의 눈을 가렸다. 이 때 삼족오가 이 풀을 맛있게 먹지만 번민이 쌓여 더 이상 움직이지 못한다고 한다.

○ 동방삭(東方朔)이 한 이야기이다.

"어렸을 적에 우물에 빠져 땅속으로 들어갔다. 그곳에서 수십 년 동안을 몸을 붙일 데가 없었다. 헌데 어떤 사람이 나를 데리고 가서 이 풀 안에 머물게 했다. 그러나 도중에 홍천(紅泉)이 길을 가로막아 건널 수 없었다. 그러자 그가 나에게 신발 한 짝을 주어 이 신발을 타고 홍천을 건널 수 있었고, 풀이 있는 곳에 도착해서야 먹을 수 있었다."[77]

---

76 희화(羲和) : 중국 고대 신화에 나오는 태양을 관장하는 신. 여섯 마리 용을 타고 태양에 살고 있는 삼족오(三足烏)를 부렸다고 한다.

77 어렸을 적에 …… 먹을 수 있었다 : 이 내용은 『동명기(洞冥記)』에 나온다. 『동명기』

66. 협검두(挾劍豆). 낙랑(樂浪)[78]의 동쪽에 융택(融澤)이라는 연못이 있는데 그 안에 두협(豆莢)이 자란다. 사람이 칼을 차고 있는 모양을 하고 있으며 비스듬히 기울어진 채 자란다.

67. 목미(牧靡). 건녕군(建寧郡)[79] 오구산(烏句山) 남쪽 50리쯤에 목미초(牧靡草)가 있다. 이 풀은 해독하는데 좋다. 백화가 만발할 때, 까마귀나 까치가 모이를 잘못 먹고 부리에 독이 오르면 급히 목미초 위를 날면서 풀을 쪼아 독을 푼다.

는 『한무동명기(漢武洞冥記)』라고도 하며, 동한(東漢) 때 곽헌(郭憲)이 찬한 4책의 패설서로, 주로 동방삭과 관련된 이야기가 들어있다.

78 낙랑(樂浪) : 한사군(漢四郡)의 하나인 낙랑군. 그 중심 지역이 평양 일대였으므로, 여기서도 평양 지역을 가리키는 것으로 보인다. 그러나 융택(融澤)은 미상이다.

79 건녕군(建寧郡) : 삼국시대 촉 땅에 세운 군으로, 지금 운남성 곡정현(曲靖縣) 일대.

유양잡조 권20

맹금류【肉攫部】

1. 매를 잡는 법. 7월 20일이 가장 좋을 때다. 이때는 내지산(內地產)이 많고 변방의 것은 아주 적다. 8월 상순(上旬)이 그 다음이며, 8월 하순은 좋은 때가 아닌데, 이때는 변방의 매가 다 나타난다.

○ 매를 잡는 그물의 눈은 사방 한 치 팔 푼이며 가로로 80눈, 세로로 50눈 짜리를 쓴다. 황얼(黃蘖)[1]과 상수리나무 수액으로 물을 들여 흙색과 서로 비슷하게 한다. 메뚜기 따위의 곤충이 그물을 잘 갉아 먹으므로 황얼로 이를 막는다.

○ 그물 치는 간짓대, 도익(都杙),[2] 오공(吳公).[3]

1 황얼(黃蘖) : 낙엽교목으로 산지에서 자라며 줄기의 내피(內皮)가 황색이다. 염료와 약재로 쓰인다.

○ 책간(磔竿)[4]은 두 개인데, 하나는 순간(鶉竿)이고 또 하나는 합간(鴿竿)이다. 집비둘기는 잘 날아 먼 곳까지 순찰이 가능한데, 매를 보면 사람 앞에 와서 몸을 움츠리고 돌아보는 듯한 자세를 취한다. 그러면 집비둘기의 시선에 따라 매가 오는지 여부를 살피면 된다.

2. 새매를 잡는[5] 그물의 눈은 사방 두 마디이며 가로로 30개의 눈, 세로로 18개의 눈이 달린 그물을 이용한다.

3. 모든 맹금류는 새끼를 낳으면 지혜로워진다. 새끼가 알을 깨고 나오면 바로 둥지 밖에 두게 된다. 그러면서 어미는 새끼들이 밑으로 떨어지거나 햇빛에 쬐어 더위를 먹고 상할까 염려하여, 잎이나 나뭇가지를 물어다가 둥지 가에 꽂아 추락을 방지하거나 시원한 그늘을 만들어준다. 새끼가 얼마나 컸는지 확인해보고 싶으면 꽂아 둔 나뭇잎으로 짐작해 볼 수 있다. 만약 하루 이틀이 지나면 그 잎은 시들어도 아직 푸른빛을 띠고 있으며, 6,7일이 지나 잎이 약간 누렇게 되고 10일 이후에는 말라 시든다. 이 때 새끼 중에 점점 커지는 것을 골라 기른다.

4. 모든 늘짐승과 날짐승은 으레 모습과 그림자를 숨기고 감춰 주변 사물과 똑같이 하려는 경향이 있다. 이 때문에 뱀들은 땅의 색깔과 같게 하고, 모토(茅兎)[6]는 반드시 붉은 색을 띠며, 매는 나무색을 따른다.

---

2 도익(都杙): 매를 잡을 때 설치하는 말뚝일 텐데 정확한 사항은 미상이다.

3 오공(吳公): 원래 '지네'인데, 이 역시 매를 잡을 때 이용하는 도구일 텐데 미상이다. 혹시 지네가 다리가 많으므로 이와 관련된 설치물이 아닌가 싶다.

4 책간(磔竿): 매의 먹이를 매달아 두는 간짓대. 메추리 따위를 잘라 간짓대 끝에 매달아 매를 유인할 때 쓴 도구이다.

5 새매를 잡는: 원문에는 이 부분이 '木雞木雀鷂'로 되어 있는데, '木雞木雀' 네 글자는 무슨 착오가 있는 것으로 판단되어 번역에서는 뺐다.

6 모토(茅兎): 토끼의 한 종류이겠으나, 구체적인 사항은 자료로 나와 있지 않다.

5. 매의 둥지. 일명 '추(菆)'라고 한다. '추자(菆子)'라고 부르는 것은 새끼매를 뜻한다. 매는 4월 1일이면 새끼를 모두 방사했다가 5월 상순이 되어 털갈이가 끝나면 둥지로 들인다. 털갈이는 머리부터 시작되는데, 항상 아침에 정수리를 지나 복순(伏鶉)[7]에 이르면 끝나고, 또 목 아래의 양모(颺毛)를 지나 꼬리에 이르면 끝난다. 꼬리 아래에 있는 털을 '양모(颺毛)'라 한다. 이 때 등의 털과 양날개의 큰 깃, 덮힌 깃핵 및 꼬리털 열두 가닥 등이 모조리 뽑힌다. 양날개의 큰 털은 모두 44개이고 깃핵의 털도 44개이다. 8월 중순이면 둥지를 떠난다.

6. 수리와 각응(角鷹, 즉 매) 등은 3월 1일 새끼를 방사했다가 4월 상순이면 둥지에 다시 둔다.

7. 송골매. 북회응(北回鷹)[8]이 지나가고 나면 새끼를 방사했다가 4월 상순이면 둥지로 돌아온다. 털갈이는 하지 않는다.

8. 송골매.[9] 5월 상순이면 새끼를 방사하고 6월 상순이면 털갈이를 하고 둥지로 돌아온다.

9. 모든 맹금류는 처음엔 집비둘기[鴿] 모양으로 변하고, 두 번째는 변(鴘)[10]에서 왜가리[鶬] 모양으로 변해가다가 세 번째로 변하면 완전한 왜가리 모습을 하게 된다. 그 이후로는 여러 번 변태를 거듭하지만 모두 왜가리 모습을 유지한다.

---

7 복순(伏鶉) : 매의 어느 부분일 텐데 미상이다.

8 북회응(北回鷹) : 북방과 중국을 오가는 매 종류일 텐데 미상이다.

9 송골매 : 앞의 조목에 송골매(鶻)가 이미 나와 있는 바, 여기는 다른 종류일 텐데, 착오가 있는 것으로 판단된다.

10 변(鴘) : 이태 된 매로 이때는 깃털이 흰색이다. 이하 변은 '두 살 된 매', 또는 '두 살 매'로 번역하기로 한다.

10. 흰 송골매. 부리와 발톱이 흰 것으로, 한 번 변하여 두 살 된 매가 되고 이후 계속 변태하지만 흰색은 일정하여 변색하지 않는다. 부리와 발톱이 검고 가슴 앞부분에 세로무늬가 색깔이 있다. 날개와 꼬리에 무늬가 마디처럼 나 있다. 은은한 황색을 띠는 것은 한 번 변하여 두 살 된 매가 된다. 이때 양날개가 부풀어 오르고, 양쪽 허벅다리 사이의 털이 자백색을 띠며, 그 나머지 흰색은 변하지 않는다.

11. 제왕(齊王) 고위(高緯)[11]가 무평(武平) 6년(575), 유주행대복야(幽州行臺僕射)인 하동(河東)의 반자광(潘子光)이 보낸 흰 송골매를 받았다. 이 송골매는 몸 전체가 눈처럼 희었다. 가슴 앞에는 세로로 반점의 무늬가 가늘게 드리워져 있었는데, 이 무늬는 흐리지만 엷은 홍색이었다. 부리는 원래 약간의 청백색을 띠고 있었으나 끝으로 갈수록 점점 검었다. 발톱은 부리와 색이 같았다. 흰 송골매의 경우 양쪽 정강이 부분이 황색, 백색, 적색을 함께 띠고 있으면 상품이다. 황마색(黃麻色)을 띤 것은 한 번 변하여 두 살 된 매가 되는데 그 후 색깔은 크게 변하지 않는다. 다만 가슴 앞쪽에 세로로 난 반점이 점점 넓어지다가 좁아진다. 두 살 매가 변한 후 여러 번 변태를 거듭하면 등 위에 은은한 청색이 더해지며, 가슴 앞의 세로로 난 반점이 점점 좁고 가늘어지면서 점자 무릎 위엔 흰색이 선명해진다. 이것은 중품에 해당한다. 청마색(青麻色)은 변색으로 황마색에 두 살 된 매와 같지만, 이것은 하품에 해당한다.

○ 또 나오흘(羅烏鴪)과 나마흘(羅麻鴪)[12]이 있다.

12. 백토응(白兎鷹). 부리와 발톱이 흰 것으로, 한 번 변하여 두 살 된

---

11 고위(高緯) : 북제(北齊)의 후주(後主)인 고제(高帝). 무성제(武成帝) 고담(高湛)의 맏아들로, 565~577년까지 제위에 있었다. 그러나 북주(北周)의 군대가 진격해오자 남방의 진국(陳國)으로 탈출, 결국 포로가 되는 비운을 맞았다. 특히 그는 정사를 돌보지 않고 말타고 매를 치는 일에 빠져 있었다고 한다.

12 나오흘(羅烏鴪)과 나마흘(羅麻鴪) : 송골매의 한 종류이겠으나 미상이다.

매가 된 뒤부터는 계속 변태를 거듭하지만 흰색은 일정하여 다시 변색하지 않는다. 부리와 발톱이 검고 은은한 청백색을 띠며 가슴 앞쪽의 세로무늬와 깃털에 은은한 황백색의 반점이 있는 것은 한 번 변하면 등 위와 날개의 끝이 희미한 회색이 돌게 된다. 그리고 가슴 앞에 세로로 나던 무늬가 가로 무늬로 변한다. 변색이 되더라도 어슴푸레한 게 거의 변화가 없는 것처럼 보이며 허벅다리 사이는 여전히 하얗다. 두 살 매로 변한 이후에는 회색이 옅은 담갈색으로 변했다가 점점 흰색이 된다. 부리와 발톱이 매우 검고 몸에 황작(黃鵲)[13]처럼 짙고 옅은 반색(斑色)이 있는 것은 한 번 변해서 청백색의 두 살 매가 되고, 두 살 매가 된 후에는 여러 번 변하여 가슴 앞이 가로 무늬가 점점 가늘어 지면서 이윽고 왜가리 색이 된다.

13. 제왕(齊王) 고양(高洋)[14]은 천보(天保) 3년(552), 백토응(白兎鷹) 한 쌍을 갖게 되었는데, 어디서 얻은 것인지는 알 수 없으나 온 몸의 털이 눈처럼 하얗고 눈은 자주색이었다. 발톱은 원래 흰색인데 끝으로 갈수록 옅은 흑색을 하고 있었다.[따로 눈은 붉은색이며 부리와 발톱은 본래 흰색이었다는 언급이 있다—원주] 정강이 부분은 황색을 띠고 있어서 당시 이것을 '금각(金脚)'이라 불렀다.

14. 또 고제(高帝) 무평(武平, 570~575) 초에, 영군장군(領軍將軍) 조야의(趙野義)가 백토응 한 쌍을 진상했다. 머리와 정수리는 멀리서 보면 모두 흰색인데, 가까이서 자세히 보면 자주색이 털 가운데 섞여 있다. 등에는 흰 바탕에 자주색이 털 가운데에 찍힌 듯 박혀 있으며, 자주색 주변으로는

---

13 황작(黃鵲) : 까치의 한 종류로, 수컷은 연한 황록색에 배는 흰색이며, 암컷은 연노랑색에 암갈색의 줄무늬가 있다.

14 고양(高洋) : 북제(北齊)의 문선제(文宣齊)로, 550년에 제위에 올라 559년에 급사하였다. 그 또한 정사를 돌보지 않고 매 사냥 따위에만 열성이었다고 한다.

흰색과 붉은 색이 둘러져 있다. 또 흰색 밖은 다시 검은색으로 이어져 있으며, 날개깃에도 흰색 바탕에 자주색이 군데군데 나 있다. 가슴 앞은 흰색 바탕에 희미하게 연분홍색과 붉은색이 세로로 무늬처럼 나 있다. 눈동자는 노란 게 진짜 금 같다. 부리는 본래 미백색인데 끝으로 갈수록 점점 검어진다. 양쪽 정강이 안쪽은 옅은 황색이며 정강이 끝부분도 역시 황색이다. 발톱은 부리와 같은 색이다.

15. 산화백(散花白). 부리와 발톱이 검으면서 희미한 청백색을 띤다. 한 번 변하여 자색에 흰 무늬가 있는 두 살 매가 되며, 그 후로는 여러 번 변하면서 가로 무늬가 점점 가늘어진다. 가슴 앞의 자주색도 점점 없어져 흰색이 된다. 부리와 발톱이 아주 검은 것은 청백색의 두 살 매로 변했다가 그 후에는 여러 번 변해서 가로 무늬가 점점 가늘어지고 가슴 앞도 점점 회백색으로 변한다.

16. 적색(赤色). 변해서 두 살 매가 되는데 이때는 검은색을 띤다. 두 살 매가 된 이후에는 여러 번 변하여 가로 무늬가 점점 가늘어지며, 가슴 앞은 점점 흰색이 된다. 등은 색이 바뀌지 않아야 좋은 것이다.

17. 백당(白唐). 한 번 변하면 푸른색 두 살 매가 되고 희미한 회색을 띤다. 두 살 매가 된 후에는 여러 번 변해서 가로 무늬가 점점 가늘어지며 가슴 앞은 희미해지면서 점점 흰색이 된다.

18. 안란웅황(鴳爛雄黃). 한 번 변해서 두 살 매가 되면 물수리와 같은 색깔을 띤다. 두 살 매가 된 후로는 여러 번 변해서 가로 무늬가 점점 가늘어지고, 가슴 앞은 점점 옅은 흰색이 된다.

19. 황색(黃色). 한 번 변한 후에는 다시 여러 번 변하는 데 그 색은 물

수리와 비슷하지만 조금 더 짙다. 이는 대체로 안란웅황이 변색하는 것과 같다.

20. 청반(青斑). 한 번 변해서 어린 송골매가 되며 그 후에는 여러 번 변하여 가로무늬가 점점 가늘어지고 가슴 앞이 희미해지면서 점점 흰색이 된다. 이것은 적색에 다음가는 색이다.

21. 백당(白唐). 당(唐)이라 이름하는 것은 모두 검은색이다. 반점에 검은색이 들어있는 것은 한 번 변해서 청색이 된다. 이 흰 두 살 매는 여기저기 흑색을 띠는데, 그 후에는 여러 번 변해서 가로 무늬가 점점 가늘어지고 가슴 앞이 점점 옅은 흰색으로 변한다.

22. 적반당(赤斑唐). 얼룩무늬에 흑색이 들어있는 것을 말한다. 한 번 변해서 두 살 매가 되는데, 털빛은 흑색이 많으며 그 후에는 여러 번 변하여 가로무늬가 점점 가늘어지고 가슴 앞의 흑색은 점점 갈색으로 변하는데, 민간에서는 이 때문에 '흑창(黑鶬)'이라 부른다.

23. 청반당(青斑唐). 얼룩무늬에 흑색이 들어있는 것을 말한다. 한 번 변해서 두 살 매가 되는데 청색과 흑색을 띤다. 그 후에는 여러 번 변하여 가로무늬가 가늘어지지만, 가슴 앞의 색은 항상 검푸르다. 이는 가장 하급의 색이다.

24. 매의 암컷과 수컷은 크기로 구별이 될 뿐 그 나머지 생김새로는 구별이 되지 않는다. 치응(雉鷹)은 작지만 수컷매로, 깃과 털이 잡색이다. 새끼때부터 변태할 때까지는 큰 변화가 없다. 토응(兎鷹)[15]은 따로 기술할

15 토응(兎鷹) : 토끼 따위를 잡아먹는 매이다. 앞의 치응(雉鷹)은 주로 꿩 따위를 잡아먹는 매이다.

만한 것이 없다. 한 살이 된 치응 가운데 가슴 앞 세로무늬가 넓은 것을 민간에서는 '흘반(鴻斑)'이라고 부른다. 그 뒤 두 살 매나 왜가리만 해졌을 때는 가슴의 세로무늬가 변해서 가로무늬가 되는데, 더 넓고 커진다. 가슴 앞의 세로무늬가 본래부터 가는 것은 뒤에 두 살 매나 왜가리만 해졌을 때 가슴 앞 가로무늬도 가늘기 마련이다.

25. 형과백(荊窠白). 몸집은 짧으면서도 커 다섯 근 남짓이 나가며 새를 날쌔게 잡는다. '사리백(沙裏白)'이라고 하며, 대주(代州) 북쪽 사막 가운데 가시덤불로 둥지를 만들어 사는데, 안문(鴈門)과 마읍(馬邑)[16]을 향해 난다.

26. 대도적(代都赤). 등이 자주색이며 검은 수염이 나 있다. 흰 눈동자에 흰 털이 나 있고, 무게는 세 근 반에서 네 근 이하이다. 토끼를 잡아먹는다. 대천(代川)[17]의 적암(赤巖) 깊은 곳에서 나며 허구(虛丘), 중산(中山), 백간(白磵)[18]을 향해 난다.

27. 막북백(漠北白). 몸길이가 길고 크며 무게는 다섯 근 남짓이다. 가는 반점에 정강이가 짧다. 매 가운데 매우 큰 것으로 사막의 북쪽에 사는데, 어느 정도 거리에 있는지는 알 수 없다. 대천(代川)과 중산(中山)을 향해 난다. '서백도(西道白)'라고 부른다.

28. 방산백(房山白). 자주색 등에 가는 반점이 있다. 세 근 이상 네 근

16 안문(鴈門)과 마읍(馬邑) : 당대에 설치한 현명으로, 대주(代州)와 삭주(朔州)에 속해 있었다. 지금 산서성 안문현과 마읍현 일대.

17 대천(代川) : 대주(代州)에 있는 지역, 또는 그 주변 지역으로 상정되나 미상이다.

18 허구(虛丘) · 중산(中山) · 백간(白磵) : 허구(虛丘)는 구체적인 지역이 어디인지 미상이며, 중산(中山)은 한대(漢代)에 있었던 중산국(中山國)으로, 지금 하북성 성정현(省定縣) 일대이다. 그리고 백간은 백간수(白澗水)로, 하북성 내수현(淶水縣) 서북쪽을 흐르는 강 일대를 말한다.

이하이며 토끼를 잡아먹는다. 대주(代州) 동쪽 방산(房山)[19]의 백양나무나 가목(椵木)[20] 위에 살며, 범양(范陽),[21] 중산을 향해 난다.

29. 어양백(漁陽白). 배와 등이 모두 희며, 큰 것은 다섯 근이 나가며 토끼를 잡는다. 서무(徐無)[22]와 동서의 곡(曲)[23]에서 살아, 일명 '대곡소곡(大曲小曲)'이라 한다. 백엽수(白葉樹) 위에서 살며 장무(章武)[24] · 합구(合口)[25] · 박해(博海)[26]를 향해 난다.

30. 동도백(東道白). 배와 등이 모두 희며 큰 것은 여섯 근 남짓으로 매 중에서는 가장 크다. 노룡(盧龍), 화룡(和龍)[27] 북쪽에 사는데 정확한 근거지는 알 수 없다. 환림(渙林), 거흑(巨黑),[28] 장무(章武), 합구(合口), 광주(光州)[29]를 향해 난다. 다른 매에 비해 조금 연약해 보이지만, 사냥감을 만나면 앞선 매들보다 빨리 난다.

31. 토황(土黃). 산골짜기면 어디든 있다. 상수리나무 위에 살며 큰 것도 있고 작은 것도 있다.

---

19 방산(房山) : 당대의 현명으로, 안록산의 난이 발발한 지역. 지금 하북성 평산현(平山縣)이 이곳이다.

20 가목(椵木) : 나무이름으로, 유자나무의 일종이다.

21 범양(范陽) : 당대(唐代) 유주(幽州) 범양군(范陽郡)으로, 지금 북경 일대.

22 서무(徐無) : 하북성 옥전현(玉田縣) 북쪽에 있는 산.

23 동서의 곡(曲) : 미상. 혹시 동곡성현(東曲城縣)과 서곡성현(西曲城縣)을 말하지는 모르겠다. 이 두 곳은 지금 산서성 동북쪽에 있었던 현이다.

24 장무(章武) : 한대(漢代) 후국(侯國)이라 불렸던 곳으로, 지금 하북성 창현(滄縣) 동북쪽 일대.

25 합구(合口) : 합구진(合口鎭)으로, 지금 하북성 창현 서쪽 일대.

26 박해(博海) : 미상.

27 노룡(盧龍), 화룡(和龍) : 당대의 현명으로, 지금 하북성 노룡현(盧龍縣)과 요녕성 조양현(朝陽縣).

28 환림(渙林), 거흑(巨黑) : 두 곳 모두 구체적인 지역은 미상이다.

29 광주(光州) : 당대의 주명으로, 지금 하북성 황천(潢川) 일대.

32. 흑조리(黑皀鸝). 큰 것은 다섯 근이 나가며, 어양산(漁陽山)[30]의 소나무나 삼나무 위에 살고 거기서 대부분 죽는다. 때때로 먹잇감이 있으면 장무(章武) 지역으로 날아간다.

33. 백조리(白皀鸝). 큰 것은 다섯 근이 나가며 어양(漁陽), 백도(白道),[31] 하양(河陽), 막북(漠北)에서 살며 고목이 된 잣나무 위에 깃든다. 새를 잡아먹는다. 영구(靈丘),[32] 중산(中山), 범양(范陽), 장무(章武) 등지를 향해 난다.

34. 청반(青斑). 큰 것은 네 근이 나가며, 대북(代北)과 대천(代川)의 백양나무 위에 산다. 작은 반점이 있는 것이 특히 빠른데, 영구산(靈丘山)과 범양(范陽) 쪽으로 난다.

35. 변응(鴘鷹)의 임자(荏子). 청흑색의 것이 날쌔다. 벗은 털이 깨끗하고 눈이 밝은 것은 새끼를 기르는 법이 없는데, 이것이 특히 날쌔다. 만약 눈에 눈꼽이 많거나 벗은 털이 깨끗하지 않은 것은 이미 새끼를 기른 것이다. 이것들은 스스로가 자유롭지 못하기 때문에 잘 죽는 편이다. 또 조(絛)[33]의 끝에 꽂이 없는데도 멀리서도 모여들며, 간혹 조를 박차고 나올 때 끊어지는 듯한 소리를 낸다. 이는 단명할 조짐이다. 반면 주둥이 안이 붉고 발바닥을 뒤집었을 때 열이 있고 옷을 입은 사람이 따뜻한 기운을 느끼면 그것은 오래 살 조짐이다. 또 꼬리가 겹쳐 있고, 그 꼬리를 말았다 폈다 하면서 말뚝을 치거나, 한 마리가 서 있는데 무늬있는 털이 나 있고 머리를 감추고 잠을 자면 이 역시 오래 살 조짐이다.

○ 무릇 맹금은 날면서 먹잇감을 잘못 삼키는 걸 아주 꺼린다. 병이

30 어양산(漁陽山): 구체적인 산명이라기보다는 어양(漁陽)에 있는 산이라는 뜻으로 이해된다. 어양은 당대의 군명으로, 지금 하북성 계현(薊縣).

31 백도(白道): 지금 내몽골 자치구에 속한 지역으로, 지금 '화호특(和浩特)'이라 불린다.

32 영구(靈丘): 당대의 현명으로, 지금 산서성 영구현.

33 조(絛): '조(縧)'와 같은 의미로, 끈목이라 하며 매에 먹이를 줄 때의 용구.

차(汊)에 들어오면 열에 하나도 살지 못한다. 차(汊)는 인후골(咽喉骨) 앞 살 속이나 결분골(缺盆骨)[34] 안 아니면 멀떠구니 아래에 있다.

36. 흡통(吸筒).[35] 은조각으로 만들며 크기는 각응(角鷹)의 날개깃만 하다. 매 이하는 통의 크기를 날개깃에 준한다.

37. 모든 야조(夜條)[36]는 다섯을 넘지 않는데, 이 중 둘 셋은 단명한다. 조(條) 중에 붉은 팥의 즙을 흰 것과 서로 합치면 죽는다.

○ 무릇 강손(網損), 파상(擺傷), 토탑상(兎蹋傷), 학병조(鶴兵爪)[37]는 다 병이 된다.

---

34 결분골(缺盆骨) : 경혈의 이름으로, 쇄골 어깨 밑, 가슴 위쪽으로 오목한 곳에 있는 뼈.

35 흡통(吸筒) : 매의 먹이통.

36 야조(夜條) : 미상.

37 강손(網損), 파상(擺傷), 토탑상(兎蹋傷), 학병조(鶴兵爪) : 모두 매가 상처를 입었을 때의 의미이다. 강손은 그물에 걸려 다친 것이며, 파상은 묶여서 생긴 상처이며, 토탑상은 토끼를 잡다가 발톱에 상처가 난 것이며, 학병조는 학의 큰발톱[兵爪]에 다친 것을 말한다.